臺灣PISA 2012結果報告
TAIWAN PISA 2012 National Report

臺灣PISA國家研究中心 主編

目次

CHAPTER 4

學生問題解決能力表現分析 151

洪碧霞、張文宜、李岳勳、李健興、林千玉

CHAPTER 5　學生閱讀素養表現分析 **197**

洪碧霞、黃秀霜、李岳勳、張文宜、陳昌明

CHAPTER 6　學生科學素養表現分析 **259**

徐立真、涂柏原、林哲彥

CHAPTER 7

數學素養與學生學習投入、驅力及自我信念關聯探討307

林素微、王長勝

表次

圖次

作者簡介

教授（依姓氏筆畫排列）

李健興（第四章）
國立臺南大學資訊工程學系教授

李源順（第三章）
臺北市立大學數學系教授

吳裕益（第三章）
國立高雄師範大學特殊教育學系教授

林千玉（第四章）
國立臺南大學特殊教育學系副教授

林哲彥（第六章）
國立臺南大學材料科學系教授

林素微（第三章、第七章、第十章、第十一章）
國立臺南大學教育學系測驗統計碩博士班副教授

洪碧霞（第一章、第二章、第四章、第五章、第十一章）
國立臺南大學教育學系測驗統計碩博士班教授

涂柏原（第六章、第八章、第九章）
國立臺南大學教育學系測驗統計碩博士班副教授

徐立真（第六章、第八章）
國立臺南大學教育學系助理教授

陳昌明（第五章）
國立成功大學中國文學系教授

黃秀霜（第五章）
國立臺南大學教育學系教授

研究人員（依姓氏筆畫排列）

王長勝（第三章、第七章）
臺灣 PISA 國家研究中心研究助理

李岳勳（第四章、第五章）
臺南市文元國民小學教師

涂嘉玲（第九章）
臺灣 PISA 國家研究中心研究助理

張文宜（第一章、第四章、第五章）
桃園市仁和國民小學教師

劉妍希（第二章）
臺灣 PISA 國家研究中心研究助理

主編序

OECD（Organisation for Economic Cooperation and Development）主導的國際學生能力評量計畫（Programme for International Student Assessment, PISA），每三年一次針對 15 歲學生進行閱讀、數學和科學素養調查，評量的內涵側重學生運用知識技能面對真實挑戰的能力，而不僅只是學校課程的精熟程度。由於 PISA 所評量關鍵能力的定義呼應全球課程目標的改革趨勢，吸引許多國家陸續的參與。PISA 2012 以數學素養為主，閱讀和科學素養為輔，共有 65 個國家或地區納入正式分析比較，應試學生超過 51 萬人。另外有 44 個國家參加數位問題解決評量、32 個國家參加數位數學和閱讀素養評量。PISA 2012 同時蒐集與學習成效有關的學生和學校資料，包括學生問卷中的學生個人背景、學習習慣，以及對數學的態度、投入與動機；學校問卷則蒐集學校的人口統計特徵和學習環境品質的資料。

OECD 透過 PISA 明顯對歐盟甚至世界各國的教育政策造成實質的影響，比如說芬蘭藉由學生 PISA 優異表現，持續在受到肯定的學習機會均等與教師自主的政策下精益求精。德國一開始表現不如理想，因此，藉由 PISA 震撼的壓力，策略性的進行各項教育改革，希望兼顧中央監控與地方自主的平衡。英國則依據 PISA 資料，進一步探討英格蘭與蘇格蘭學生應試比率的差異。這是一種比較性的監控，也是一種科學取向的政治運作，OECD 的教育政策建議，目前廣受政策和學術人員的重視。面對地球村紀元的來臨，各國政府對國家競爭力的控制逐漸弱化，所謂國家競爭力或教育績效的檢核愈來愈重視國際的標準。

PISA 2012 臺灣共有 163 所學校、6,037 位學生參與書面評量、3,036 位學生參與數位評量。扣除休學、轉學、特殊學生，淨出席率達到 96.1% 和 96%，學校和學生參與情況良好。臺灣的教育機會均等狀態略優於 OECD 平均，如果以均優的芬蘭為標竿，當然還有明顯可改善空間。臺灣 15 歲學生整體素養表現尚佳，其中數學素養相對較為優異，閱讀素養呈現進步，科學素養的提升亟待積極介入。PISA 對素養的定義重視功能性的知識與技能應用，關心的是個人能主動參與社會的能量。社會參與不只是完成任務，同時包含積極的提升公共決策的品質。這個評量取向，相較於臺灣多數的教育評量設計，在新問題或新資訊的閱讀

理解和解題說理、論述有據這兩個層面的比重上高出許多。整體而言，臺灣學生的閱讀和溝通能力在各界的關心投入後有明顯提升，可見教育社群的具體行動可以造成差異。素養的豐厚是終身學習的歷程，這個歷程不僅透過學校正式的學習，同時也透過與家人、同學、同儕或更廣大社群的互動來進展。我們不能期待 15 歲學生已經習得成人所需的全部知能，但他們在閱讀、數學及科學領域，應具備扎實的基礎，面對新的問題挑戰，應能積極投入，以利終身的學習和適應。

除了將素養取向的評量落實外，展望未來的教育趨勢，PISA 進一步推出全面數位化的素養評量。PISA 2012 除了書面評量以數學為主，閱讀和科學素養為輔外，數位評量同時包含問題解決、數學和閱讀素養。面對數位評量，除了需要基本的導航能力外，主動嘗試及依據回饋進行因應調整的能力，也成為影響各項素養表現的要素。整體而言，臺灣學生數位評量的結果略遜於書面評量，面對 PISA 2012 數位評量未盡如人意的警訊，臺灣教育研究和實務社群宜積極正視數位學習和評量紀元來臨的事實。網路導航、評鑑資訊、主動嘗試、互動中合作修訂解題方案等重要能力，已經正式成為國際評量的焦點。

蒐集國際比較的教育成效指標資訊，是為了認識並提升臺灣的教育品質，努力厚植國人的關鍵能力和終身學習的意願。期盼《臺灣 PISA 2012 結果報告》能拓展讀者對 PISA 評量設計與結果資訊的認識，協助教育決策者關注教育成效評鑑的全球視野和客觀統計，同時激勵學校教師深入解讀 PISA 結果所潛藏的教學調整意涵。

臺灣 PISA 2012 計畫主持人

洪碧霞

2015 年 3 月 30 日

CHAPTER 1

緒論：臺灣 PISA 2012

洪碧霞、張文宜

什麼是現代公民必備的關鍵知識與能力？完成義務教育的學生面對未來學習或工作挑戰的準備程度如何？他們能否充分闡述自己的理念、有效與人溝通？能否找到終身志趣？經濟合作與發展組織（Organisation for Economic Cooperation and Development, OECD）發展的國際學生能力評量計畫（Programme for International Student Assessment, PISA），透過每三年一次針對 15 歲學生所進行的調查，希望能對這類問題提供具體的參考資訊。PISA 調查的目的在了解學生重要學習領域的表現，也包括學生的學習動機、學生對自己能力與學習策略的信念等資訊的蒐集。PISA 所評量關鍵能力的內涵為學生運用知識技能以面對真實挑戰的能力，而不僅只是學校課程的精熟程度，此一著重學習素養的評量取向，正呼應全球課程目標的改革趨勢，即不再強調複製知識的教育目標，轉而重視學生活用所學知識的能力。本章針對 PISA 2012 的內涵與特色進行概述，並介紹結果報告的架構。

一 PISA 簡介

　　PISA 的目的在評量 15 歲學生面對社會挑戰的準備狀態，也就是希望了解學生學習與問題解決的「素養」。評量的焦點在於學生應用知能面對真實挑戰的表現，而不僅只是對學校課程的精熟程度。PISA 透過每三年一次針對 15 歲學生的評量研究，證實所評量知能的重要意涵。比如說澳洲、加拿大及丹麥的縱貫研究顯示，PISA 2000 受測學生的閱讀表現與完成後續教育和職場工作的成功都呈現明顯的關聯性（Adams & Wu, 2003）。

PISA 的主要特徵（OECD, 2014a）如下：

1. 政策取向：連接學生的學習結果與個體特徵，以及校內外學習相關因素的資料，藉以了解學生表現的差異，同時找出卓越表現學校與教育系統的特徵。

2. 創新的「素養」概念：關注學生關鍵領域中能應用重要知識與技術的能力，強調學生能在多元的情境中，以有效的分析、推理和溝通能力來計劃、解決與溝通問題。

3. 終身學習的關聯性：PISA 不僅評量學生的認知表現，同時調查學生的學習動機、對自我與其學習策略的信念。

4. 規律性：讓各國可以監控重要教育目標的進展。

5. 地理區域的廣度與合作：PISA 2012 評量包括 OECD 34 個會員國和 31 個夥伴國家（或經濟體）。

　　PISA 評量的範圍、性質及背景資訊的蒐集是由參與國家的專家群所決定，同時參酌各國政府的共識和政策需求。為了使評量內涵能兼顧不同文化及語言的廣度與平衡，PISA 投入大量的人、物力。從測驗的設計、翻譯、抽樣與資料蒐集，都採用嚴格的品質檢核機制。因此，PISA 結果呈現頗佳的信、效度。透過 PISA，我們可以認識經濟先進或是發展中國家的學習成果。雖然 PISA 是由 OECD 所創辦，但它已成為世界許多地區主要的評量工具。除了 OECD 會員國外，這項調查也在許多地區實施（或計畫實施中）。比如說東亞和南亞，包括印度的喜馬偕爾邦、香港、印尼、澳門、馬來西亞、上海、新加坡、臺灣、印度的泰米爾納德邦、泰國和越南。而中歐、地中海、東歐和中亞也有多國參與，如阿爾巴尼亞、亞塞拜然、保加利亞、克羅埃西亞、喬治亞、哈薩克、吉爾吉斯、拉脫維亞、列支敦斯登、立陶宛、馬其頓、馬爾他、摩爾多瓦、蒙特內哥羅、羅馬尼亞、俄羅斯聯邦和塞爾維亞。中東的約旦、卡達、阿拉伯聯合大公國，中美洲及拉丁美洲的阿根廷、巴西、哥倫比亞、哥斯大黎加、荷蘭的安地列斯群島、巴拿馬、秘魯、千里達及托巴哥、烏拉圭、委內瑞拉的米蘭達，以及非洲的模里西斯、突尼西亞也都參與了這項測驗。

　　世界各國教育決策人員都相當重視 PISA 的評量結果，希望藉由與其他參與國家的比較，進一步了解自己國家學生的知能水平。許多參與國家自行出版 PISA 報告、公眾議題也常見 PISA 資料的引述，加上全球媒體的高度關注，充分顯示 PISA 的影響力（Bybee & McCrae, 2009; Korsnakova, McCrae, &

Bybee, 2009; Lafontaine & Monseur, 2007; OECD, 2009a, 2009b, 2010a; Thomson, 2009）。有些國家也開始發展並實施 PISA 相關的評量，作為他們國家評量的一部分或外加項目。

PISA 透過學生在閱讀、數學與科學的表現，讓世界各國了解教育的可能性。由於決策者能同時分析自己國家與其他國家的進步幅度，因此，PISA 同時可作為國家教育改革進度規畫的參考。由於參與國日漸增加，決策人員也可藉由其他教育系統所呈現的具體績效，設定政策目標、啟動研究或合作學習來研商教育改革的方法與路徑。雖然 PISA 無法辨識投入、過程與教育成果之間因果關係，但可藉由教育系統間重要特徵的異同分析與參照比較的資訊，提供教育人員、決策者及社會大眾參考。

二 PISA 2012 內涵與特色

PISA 2012 的主軸是數學，數學素養調查的內涵也包含數學學習相關資訊的蒐集。其中個人的部分包含學生在學習數學時投入的程度、動機與自我信念；數學教育的背景脈絡則包含支持數學能力與學習態度發展的學校、社會或家庭因素。另兩個額外的問卷，調查學生對於資訊科技的熟悉程度，以及學生的學習阻礙和對未來工作的準備程度。

PISA 數學評量兼顧數學的廣度與深度，分為三個層面。首先是情境，也就是涉及運用數學解決問題的各種情境脈絡與目的，包含個人、公共事務、科學以及職業等；其次是內容領域，也就是重要的數學概念，包括數量、空間與圖形、改變與關係、不確定性與資料分析；最後是認知面向，也就是在問題的釐清與解決問題的過程中，學生需要將情境和數學連結的數學歷程，包含「形成數學情境」、「應用數學概念、事實、程序與推理」以及「詮釋、應用與評鑑數學結果」三個類別。數位與書面的數學素養評量架構是完全相同的，雖然以電腦進行評量，但學生仍可使用紙筆協助思考和作答，數位數學評量由於電腦日新月異的科技，改變了試題的問題特徵和作答方式，而 3D 的視覺效果和工具也降低閱讀文字的比重，進一步彰顯數學本質。

PISA 數位問題解決評量的內涵依據問題情境本質、歷程與脈絡呈現評量架構。即藉由電腦的互動、模擬真實的生活情境，評量學生面臨問題時的解決歷

程。PISA 的數位問題解決評量並未設定單一特定領域知識，學生須重新組織、統整自己的知識與問題的資訊來解決問題。

PISA 2012 閱讀素養的評量關注涉及閱讀行為的各種情境，學生整體的閱讀表現。情境架構涵蓋個人、教育、職業及公眾。由於題材取自生活中廣泛的文字訊息，因此文本的形式相當多元，包括散文、敘事、論述、廣告文宣、官方文件或聲明、故事寓言、報告表單等。評量的重點在於對文本訊息的擷取、發展解釋、省思與評鑑文本內容、形式與特色，PISA 2012 閱讀素養即是在評量 15 歲學生運用閱讀能力來達成各項目的能力。數位閱讀素養評量與書面評量架構相同，不論文本、情境或歷程皆一致，但數位文本跳脫紙本固定編排的頁面和順序，閱讀步驟不明確，因此讀者需具備充分的導航能力，才能針對多樣複雜網頁的內容資訊，進行擷取、整合與應用。

PISA 2012 的科學素養評量主要包含物理、化學、生物、科學及地球與太空科學等。著重學生在描述、解釋及預測科學現象、了解科學調查與詮釋科學證據及結論等層面的能力，命題兼顧生命及健康科學、地球及環境科學與科技科學等情境脈絡。

PISA 2012 調查以數學素養為主軸，同時更新閱讀及科學素養的調查結果。在紙筆測驗方面，測驗分兩式，第一式包括 13 個題本，由 7 個數學群組、3 個閱讀群組與 3 個科學群組中進行編排；第二式則包含較多容易的試題，以提供低數學表現學生更詳細的描述資訊。題本中每個群組包含幾個單元，每一單元有共同的文本與幾個對應的試題。試題類型為選擇、多重是非、簡答及開放式問題等，後兩者由專業人員進行閱卷。每個群組作答時間 30 分鐘，每份題本包含 4 個群組，所以每位學生數學、閱讀和科學素養紙筆評量時間為 2 小時。而在數位評量方面，數位數學、閱讀及問題解決等每項測驗均由 2 個群組所組成，每個群組施測 20 分鐘，因此選擇實施三項測驗的國家學生評量時間為 2 小時，僅實施數位問題解決測驗的國家學生評量時間則為 40 分鐘，臺灣屬於前者，在 PISA 2012 參與了三項數位評量。

PISA 2012 共有 65 個國家或地區納入正式分析比較（如表 1.1），共有超過 51 萬名學生參與兩個小時的紙筆式評量。PISA 2012 的調查中，有 32 個國家額外參加了數位閱讀與數學的評量，以了解學生在數位環境中探索、理解和應用資訊的能力，另外有 44 個國家額外參加了數位問題解決測驗。此外，PISA 也同時

蒐集與學習成效有關的學生和學校資料，包括利用學生問卷蒐集學生個人背景、學習習慣，以及對數學的態度、投入和動機，學校問卷則蒐集學校的人口統計特徵和學習環境品質。

❖ 表 1.1　PISA 2012 參與國家或地區

OECD 成員	夥伴國家／地區
澳洲、奧地利、比利時、加拿大、智利、捷克、丹麥、愛沙尼亞、芬蘭、法國、德國、希臘、匈牙利、冰島、愛爾蘭、義大利、日本、韓國、以色列、盧森堡、墨西哥、荷蘭、挪威、波蘭、紐西蘭、葡萄牙、斯洛伐克、西班牙、瑞典、斯洛維尼亞、瑞士、土耳其、英國、美國	臺灣、阿爾巴尼亞、阿根廷、巴西、保加利亞、哥倫比亞、哥斯大黎加、克羅埃西亞、香港、塞普勒斯、印尼、約旦、哈薩克、拉脫維亞、列支敦斯登、立陶宛、澳門、馬來西亞、秘魯、蒙特內哥羅、卡達、羅馬尼亞、俄羅斯聯邦、塞爾維亞、上海、新加坡、泰國、突尼西亞、阿拉伯聯合大公國、烏拉圭、越南

資料來源：OECD（2014a）

　　素養的概念，是指學生能在真實情境應用所習得知能，以及當他們形成、解釋、解決不同問題時，能有效分析、推理和溝通的能力。PISA 2012 的數學素養是針對連續變項的評量，並不是有或無的檢核。然而就實際應用而言，如能在素養的連續變項上訂出一個決斷點，可作為素養不足的補救參考決定。因此，PISA 在素養的連續變項上訂出順序性的表現等級，方便作為各國教育政策介入的參考依據。

　　PISA 2012 結果報告提供 15 歲學生數學、閱讀和科學素養的剖面資訊，同時將素養表現與學生和學校特徵進行連結，學生數學、閱讀和科學素養及與素養有關指標的改變趨勢資料也納入討論。未來的評量將更重視學生在數位環境下的素養表現，側重以數位形式評量解決問題能力，以充分反映現代社會資訊和電腦科技所扮演的重要角色。

　　PISA 同時也檢視學生的學習策略、多領域問題解決能力和對不同主題的興趣。這種較全觀的評量設計始於 PISA 2000，詢問學生的動機、學習態度，對電腦的熟悉度，以及在自律學習下自我的管理與監控策略。PISA 2006 繼續保留學生動機與態度的評量，著重學生對於科學的態度與興趣。PISA 2009 則因評量主

軸為閱讀素養，特別重視學生對於閱讀的態度和動機。PISA 2012 聚焦在數學素養，因此關注學生數學的投入、動機、自我信念和數學素養的關聯，並深入剖析從 PISA 2003 至 PISA 2012 間學生態度的改變趨勢。這些議題在後續的章節中有詳細的說明。PISA 2012 報告重要的特色說明如下：

1. 新穎的學生數學知能基準剖面

PISA 2012 數學素養評量以 PISA 2000 至 PISA 2009 為基礎，修訂並拓展數學素養的內涵與評量方法，像是針對數學運作歷程類別的小幅重構、新試題與題組的發展，據此更新各水準學生表現內涵的描述，使其更貼近數學素養的定義概念。

2. 數位的評量形式

PISA 2006 初探數位評量在科學領域的可行性，並於 PISA 2009 針對學生電子文本閱讀素養進行調查，PISA 2012 則同時納入數位數學及電子文本閱讀的評量，有 32 個國家選擇參與；PISA 2012 也首次評量數位問題解決，有 44 個國家參與，臺灣均為首次參加。在數位數學評量中，學生須靈活應用數學知識與 ICT 素養，透過與試題互動的回饋來作答，像是透過小幫手的協助將資料轉化為圓餅圖，或是在試算表中規劃應用排序的策略來定位與蒐集所需資料。而在數位文本閱讀評量中，學生回答各種使用數位文本獲取資訊的模擬問題，像是使用搜尋引擎、選擇關鍵字及正確的頁面來獲取回答問題所需的資訊。在數位問題解決評量中，學生須採取可行的策略或使用互動工具，完成目標或解決問題。從領域的拓展及參與國家數量的增加來看，PISA 的評量取向也因應資訊化時代的發展而同步更新。

3. 對學生素養提供更廣、更仔細的評量

PISA 2012 數學素養評量除了延續 PISA 2009 所發展，以七個水準（未達水準 1 至水準 6）描述學生數學素養表現特徵的架構外，更發展出數學素養四個內容領域及三個數學歷程的分量表，統整以七個水準描述學生在這些分量表中的表現特徵，更精緻對照各國學生數學素養的異同，同時也針對優秀學生表現提供更詳細的分析描述。

4. 強調教育進展

PISA 已經實施五個回合，現在能夠探討的不只是各國學生現況的表現，也可讓各國了解較佳及較差學生的學習成果或差距的變化。每三年一次，PISA 評量學生數學、閱讀和科學素養，九年一輪，各領域皆有一次為主兩次為輔的資料。基本評量設計保持不變，讓 PISA 結果可進行教育成效改變的比較。長期而言，方便各國從教育標準的角度進行政策推動與學生進展的連結，即從國際標竿省思其教育成果變化的意涵。PISA 2012 重新聚焦於數學素養，提供各國具體評鑑 2003 至今九年時間所發生改變的機會，而 PISA 2012 亦可同時檢視 2000 年至 2012 年間閱讀素養的變化，以及 2006 年至 2012 年間科學素養的改變。

三 臺灣 PISA 2012 報告結構

PISA 2012 是重新檢視學生數學素養的評量，不只評量數學的知能，也評量學生的態度和數學學習的策略，同時更新學生的閱讀和科學素養的表現概況。本報告為臺灣 PISA 2012 的結果，第一章針對 PISA 2012 進行全觀介紹，第二章概述臺灣 PISA 2012 的執行設計與流程。第三至六章中分別介紹學生在數學（包含數位數學）、數位問題解決、閱讀（包含數位閱讀）與科學領域素養的界定、評量及結果說明。以主軸的數學素養為例，報告中先介紹臺灣學生統整的數學表現，再進一步審視不同數學內容及歷程的分量表、書面與數位形式和性別差異的結果。由於不同教育系統的成效比較，需同時考慮國家的社經狀況及其教育投資，報告中以臺灣為主，參照重要相關國家與地區進行結果解讀。每一項素養的討論同時含括 2006、2009 及 2012 年臺灣學生表現變化趨勢的對照。第七至十章則進一步探討與素養表現相關的變項，在第七章討論學生數學學習的習慣與方法，包括學生的投入、驅力及自我信念，並分析學生社經背景變項對數學素養表現與閱讀投入及學習策略的效應。第八章探討學校成功的要素，如資源、政策及措施，涉及數學素養與學校因素關係的探討，包含學生、學校與系統層級的特徵，以及教育品質和教育均等的議題。比如學校與學校制度如何提升整體學生表現，並同時緩和社會經濟背景對學生表現所帶來的衝擊，目的在提倡更公平、更完善的學習機會。第九章呈現學生表現的差異，特別是與學生整體表現息息相關

的校際差異討論，同時檢視影響學生與學校表現的要素，如社會經濟背景、移民身分、家庭結構，以及教育政策在這些要素上所扮演的調節角色。第十章針對學生在校數學內容及時間的學習機會進行探討，並透過數學學習機會和數學素養的檢視，討論課程內容的決定對學生學業成就的影響。第十一章統整呈現整個報告的結論與建議。

有關技術議題的討論，將在《PISA 2012 技術報告》（OECD, 2014b）詳述。技術報告內容包含問卷指標、抽樣議題、品質保證程序、編碼信度與測驗編製歷程等資訊。屆時相關資訊可在 OECD 的 PISA 網站（http://www.pisa.oecd.org）查詢。

四 臺灣 PISA 前瞻

除了落實素養取向的評量外，展望未來的教育趨勢，PISA 一方面深化數位化的素養評量，強調情境似真性的提升與依據回饋進行因應調整的能力外，也積極拓展評量領域的廣度，積極發展在數學、閱讀及科學素養外，屬於公民必備關鍵知能的素養評量。在 PISA 2012，有 44 個國家參與了數位問題解決能力的評量，18 個國家參與了金融素養評量，臺灣也參與了前項的評量。PISA 2015 則會進一步將問題解決能力擴增為合作式問題解決能力，強調社會人際互動的環境脈絡下解決問題的能力。本研究團隊自 2006 年開始接手 PISA 專案，參與各項 PISA 研習和協商會議，深切體驗世界各國教育與評量革新的強勢力道和明快節奏。有關 PISA 評量的理念、設計和新近消息請參閱臺灣 PISA 網站（http://pisa.nutn.edu.tw），其中書面評量和數位評量樣本試題尤其值得教育研究與實務社群的夥伴親身模擬應試。

PISA 自 2000 年實施以來，各國教育改革多同時參酌 PISA 結果，可見素養取向的評量，已大致獲得世界國家教育決策者的認同。對臺灣而言，參與 PISA 一方面認識 OECD 有關社會需求重要能力的定義，另一方面有助於了解 15 歲學生學習素養的整體表現概況，包括學生持續學習的樂趣與態度。由於 PISA 創新而真實的評量設計、標準化的抽樣和計分程序，以馭嚴謹的執行品質監控，大致能說服關心教育統計的產學各界。整體而言，PISA 跨國和跨時間評量結果的比較，受到相當普遍的重視。因此，持續參與 PISA 可進一步獲得臺灣教育成效的

趨勢統計。PISA 2015 調查將以科學為主軸，之後 PISA 將邁向另一個週期，從閱讀開始。

　　期盼《臺灣 PISA 2012 結果報告》能有效拓展國人對 PISA 評量設計與結果資訊的認識，協助教育決策者注意教育成效評鑑的客觀統計，同時激勵學校教師關心 PISA 結果所呈現的教學改進意涵。面對客觀評量結果，我們希望能有效凝聚各種反省和建議，積極提升教育品質，努力厚植國民的關鍵能力。

五　PISA 2012 臺灣頂尖學生表現概況

　　世界各國對於高階技術人力資源需求快速成長，形成了全球化的人才競爭現象。擁有高階知能的公民，不僅對於知識與技術的創新至關重要，更是經濟成長與社會發展的關鍵。而檢視頂尖學生在閱讀、數學與科學的表現有助於國家未來人才庫的評估。PISA 2012 對於閱讀、數學與科學等素養「頂尖表現」的定義，指的是分數達到水準五或六，即數學素養高於 607 分、閱讀素養高於 626 分，或是科學素養高於 633 分者。

　　為求進一步了解我國頂尖表現學生的概況並與國際進行對照比較，本報告針對 PISA 2012 數學素養表現優秀的國家進行頂尖學生人數比率的分析探討，除排名前十名的國家外，另增列過往 PISA 表現一直十分出色的芬蘭。圖 1.1 呈現的是各國達到頂尖水準的不同科目數學生人數比率，圖中灰色部分■表示單一科目頂尖學生人數的百分比，深灰色的部分■則是兩科同時頂尖的學生人數百分比，而黑色部分則是三科均為頂尖的學生人數百分比。以 OECD 會員國的平均數來看，16.2% 的學生至少一科頂尖，但是三科均為頂尖的學生比率僅有 4.4%。而臺灣學生，至少一科頂尖的比率為 37.5%，高出 OECD 平均許多；對照其他數學素養優秀的國家，也僅低於新加坡與上海而已。單一科目頂尖的人數比率 23.8%，排名第二，三科均為頂尖的比率僅有 6.1%，雖略高於 OECD 平均，但卻低於上海（19.6%）、新加坡（16.4%）、香港（10.9%）、南韓（8.1%）、日本（11.3%）及芬蘭（7.4%）等國，由此可知臺灣學生各領域同時表現卓越的比率不如其他教育績效優異的國家。

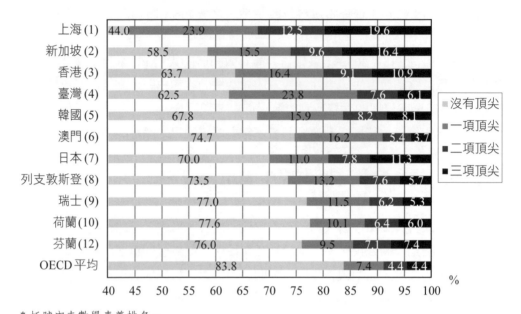

* 括號內表數學素養排名。

⊃ 圖 1.1　數學素養優秀國家各項素養頂尖學生人數比率對照

　　進一步分析各國學生在各領域頂尖人數比率，結果如表 1.2。從表中可知，多數國家在數學領域表現頂尖的學生人數都多於科學及閱讀，而臺灣「只有數學素養頂尖」的學生人數比率又特別高，占全體學生的 23.5%，其次是三科均為頂尖（6.1%）以及數學和閱讀兩科頂尖（5.4%）的學生。科學素養及閱讀素養頂尖的人數卻相對少了許多，特別是只有科學素養頂尖及閱讀和科學兩科頂尖的學生人數比率為 0%。整體來看，臺灣學生數學素養頂尖比率較高，但這些學生卻未必能在科學及閱讀素養上能有同樣卓越的成績，因此如何積極提升閱讀及科學領域表現頂尖的學生比率，同時保持國際間臺灣學生數學素養的優勢，將是未來臺灣教育重要的檢討方向之一。

❖表 1.2　臺灣與參照國家各項素養頂尖學生人數比率對照

國家	沒有頂尖	只有一項頂尖			只有兩項頂尖			三項頂尖
		數學頂尖	閱讀頂尖	科學頂尖	數學和閱讀頂尖	數學和科學頂尖	閱讀和科學頂尖	
臺灣	62.5	23.5	0.3	0.0	5.4	2.2	0.0	6.1
上海	44.0	23.3	0.3	0.3	5.2	7.3	0.0	19.6
新加坡	58.5	14.2	0.8	0.4	3.8	5.7	0.2	16.4
香港	63.7	14.2	1.4	0.8	4.1	4.6	0.4	10.9
韓國	67.8	14.7	0.9	0.3	5.0	3.1	0.1	8.1
澳門	74.7	15.3	0.6	0.3	2.6	2.7	0.1	3.7
日本	70.0	6.0	3.1	1.9	2.8	3.7	1.4	11.3
列支敦斯登	73.5	11.5	1.2	0.5	3.7	3.9	0.0	5.7
瑞士	77.0	10.0	0.9	0.6	2.8	3.3	0.1	5.3
荷蘭	77.6	7.4	1.4	1.3	1.8	4.0	0.5	6.0
芬蘭	76.0	3.1	2.9	3.5	0.9	3.9	2.3	7.4
OECD 平均	83.8	4.4	1.9	1.1	1.5	2.3	0.6	4.4

2 臺灣 PISA 2012 執行說明

洪碧霞、劉妍希

臺灣 PISA 2012 國家研究中心配合國際 PISA 總部的進度和規範，在 2011 年完成預試工作，並自 2012 年 3 月 19 日起，針對 163 所受測學校進行為期一個月的正式施測。預試的功能在檢核試題品質、試題翻譯以及讓各國執行人員熟悉施測程序，包含抽樣、施測與計分。本章簡要說明臺灣 PISA 2012 測驗實施的設計和程序。

一 PISA 2012 學生母群

　　為了確保跨國資料的可比較性，PISA 明確定義學生目標母群。因為各國學前教育與學前照顧的性質不同，進入正式學習年齡及教育系統的結構也都有所差異。為了達到有效的跨國教育系統比較，PISA 施測的對象以年齡進行界定，即 15 歲 3 個月至 16 歲 2 個月的學生，無論學生接受的是哪類學校教育：全職或兼職、學術或技職、公立或私立或外國學校，但受測學生至少須完成六年的正規教育〔有關 PISA 的學生母群定義，請參見《PISA 2012 技術報告》（OECD, 2014b）〕。

　　PISA 結果報告提供 15 歲在學學生知識技能的表現概況，這些學生在校內、外學習經驗可能不同，目前就學年級也隨各國的入學或升學政策多所差異。有些國家，PISA 受測學生目標母群來自不同的教育分軌或分流系統。PISA 以嚴格的技術標準定義學生目標母群，即排除不適切學校或學生後，剩下符合 PISA 施測年齡標準的學生群體（請參見 PISA 網站 www.pisa.oecd.org）。排除案例可以是學校或學生，可能原因包含學校偏遠、學校規模過小、人數過少，以及學校

的組織或校務因素。而排除的學生,可能是因為智能障礙,或非使用本地語言的學生。整體來說,國家的整體排除率必須低於 5%,學校內排除學生的比率最多 2%。

二　臺灣 PISA 2012 受測樣本與施測程序

PISA 計畫的調查對象為 15 歲學生(完成義務教育的學生),臺灣 PISA 國家研究中心(以下簡稱研究中心)所定義的 15 歲學生,為生日介於 1996 年 1 月 1 日至 1996 年 12 月 31 日的學生。依據臺灣教育學制,15 歲學生最常出現的年級為國中三年級(九年級)與高中職或五專一年級。雖然 15 歲學生分布於國中、高中、高職、五專四個學制,但像綜合高中、完全中學、高中職的普通類科,一間學校中可能含有兩種以上學制,必須加以分類處理,在抽樣分層時才能符合母群各學制的比例。2012 年正式施測以學校類型(school type)作為主要的分層變項,全國的 15 歲學生所就讀的學校類型共分為七項:(1) 一般國中;(2) 一般高中;(3) 一般高職;(4) 綜合高中(高中職混合學校);(5) 完全中學(國高中混合學校);(6) 複合學校(國中、高中與高職混合學校);(7) 五專。再加上公、私立與城、鄉的分層,抽樣設計分 28 層,依照母群在各層的比例,以規模大小比例的概率(probabilities proportional to their size, PPS)進行抽樣。

PISA 抽樣分成兩階段,第一階段由研究中心備齊學校名單、學生人數與分層變項資料後,將學校清單交給國外 PISA 總部。PISA Westat(抽樣專責單位)審查確認後,再配合各分區學校的學校規模、學生人數,分層抽取代表受測的學校。學校的抽樣是依學校 15 歲學生人數的比率來選取,規模較大的學校抽中的機會比規模較小的學校多。2012 年正式施測抽中的學校共 164 所,其中 1 所沒有 15 歲學生。抽樣前排除外僑學校、監獄學校與特教學校,根據 PISA 的抽樣規範,這些學校得免施測,正式施測樣本學校為 163 所。

第二階段由抽中的 163 所學校回傳學生資料,研究中心確認資料無誤後,將資料匯入 KeyQuest(PISA 總部抽樣軟體)進行抽樣,匯入的資料為下列六個變項:(1) 學生姓名;(2) 出生年月;(3) 性別;(4) 年級;(5) 就讀類科;(6) 特教需求。KeyQuest 以系統性抽樣的方式抽取 40 名學生,通常學校提供的資料是按班級順序排列,抽取的 40 名學生則均勻分散於不同的班級。KeyQuest 抽出各

校的 40 名受測學生，以統一格式輸出成為學生追蹤表（Student Tracking Form, STF）。同樣的抽樣方式，KeyQuest 從各校的 40 名受測學生，再從中抽出 20 名學生加測數位評量。研究中心於各校受測前四個星期將 STF 寄給各校協調主任。各校協調主任收到學生追蹤表，需核對名單是否有不符合 PISA 受測資格的學生（如：轉校、休學、年齡不符、特殊教育需求為無法正常施測者等），再按照名單通知教師、學生與學生家長，並進行後續施測場地與施測日期的安排。

　　臺灣 PISA 2012 不同年級和學校類型受測樣本的分布如表 2.1 和表 2.2，其中北區（基隆市、臺北市、新北市、桃園縣、新竹市、新竹縣、宜蘭縣）有 74 所學校、2,722 名學生，中區（苗栗縣、臺中市、南投縣、彰化縣、雲林縣）有 43 所學校、1,638 名學生，南區（臺南市、高雄市、屏東縣）有 43 所學校、

❖表 2.1　臺灣 PISA 2012 不同年級學生抽樣人數及比例

年級	學生數	百分比 (%)
八	6	0.1
九	1,989	32.9
十	4,051	67.0
總計	6,046	100.0

❖表 2.2　臺灣 PISA 2012 不同類別學校施測樣本與母群學生人數及百分比對照

學校類型		施測學生數（人）	施測學生百分比 (%)		母群學生數（人）	母群學生數百分比 (%)	
國中		1,681	25.9		84,899	26.0	
高中、高職	高中	760	11.7		35,219	10.8	
	高職	760	11.7		41,082	12.6	
	高中職混合	1,400	21.6	68.6	75,163	23.0	70.1
	完全中學（國中、高中）	760	11.7		39,010	11.9	
	複合學校（國中、高中、高職）	800	12.3		38,610	11.8	
五專		317	4.9		12,606	3.9	
總數		6,478	100.0		326,589	100.0	

1,565 名學生，東區（花蓮縣）有 2 所學校、75 名學生，離島（澎湖縣）有 1 所學校、37 名學生，不同學校類型受測樣本人數分配與母群的比率大致接近。臺灣 PISA 2012 實際出席書面評量學生為 6,037 名，出席率達到 93.5%，出席數位評量學生為 3,036 名，出席率達到 93.3%，若扣除休學、轉學、特殊學生，淨出席率分別達到 96.1% 和 96%，整體參與情況良好。

三 臺灣 PISA 2012 測驗流程

　　PISA 2012 受測學校抽出之後，即委任學校教務主任擔任協調工作，進行相關試務統籌。學校協調主任整合所有在校 15 歲學生的名單，將該清單寄送至中心，中心再隨機抽取清單內 40 名學生參加書面評量，由這 40 名學生再隨機抽取 20 名學生參加數位評量。學校協調主任依據學生追蹤表（STF）聯繫受測學生，並通知家長。施測人員由中心依國際規範進行研習培訓，施測人員負責聯繫學校協調主任安排施測相關事宜，學校協調主任協助安排學生參加測驗。施測安排有時可能會遇到困難，因為受測學生來自不同年級和不同班級。施測人員主要任務是確保題本發給正確的學生，並向學生介紹測驗須知，於測驗結束之後，施測人員收齊試題本，寄回中心進行評分。

　　PISA 2012 包含 13 式的書面題本和 32 式的數位題本，書面題本的每一式包含 PISA 不同群組、不同領域的試題，因數位評量是選考項目，所以僅參加數位問題解決素養評量的會有 8 式數位問題解決的題本，而選擇參加數位問題解決、數學與閱讀評量的會有 24 式包含數位問題解決、數學與閱讀的題本。在相同的測驗時間內，學生回答不同題本問題。測驗開始之前，施測人員根據標準化的施測程序介紹測驗，受測學生依測驗說明進行練習，數位評量也提供說明和練習。學生在書面評量進行一半時有短暫休息，在測驗結束後也有休息，最後再進行問卷填答。書面評量共包含兩個部分：兩小時評量學生的知識和技能，30 分鐘進行問卷填答。問卷調查的內容主要是蒐集學生的個人背景、學習習慣、數學學習的態度和動機等資料。數位評量接在書面評量後施測，通常上午進行書面評量，下午接續數位評量。

四 PISA 2012 計分說明

　　PISA 的調查，以題組式單元為構成單位，每個單元包含 1 到 4 個題目，共分 13 個測驗題本，每個題本約有 60 道題目。每個題本測驗時間為 120 分鐘，包含三個領域。PISA 2000 開啟第一屆評量，同時發展了數學、閱讀和科學試題，單元的資訊來源包含文本和圖表，針對不同文本和圖表再發展若干試題。約有一半的試題為選擇題，即學生從四或五個選項裡面選擇一個答案（選擇題），或從主張或陳述中選擇可能的反應（例如，是或否；同意或不同意；多重是非題）。其餘的問題要求學生提供他們自己的作答反應，包括只需簡短作答的簡答題和需提供不同角度論證的開放式問答題。

　　PISA 開放試題的計分，由接受過研習的專家，遵循國際計分規範進行評閱，有些問題只分答對和答錯，計為 1 和 0 分。另有些問題答案較為複雜，就有包含部分分數的多點計分，計分方式分為 2、1 和 0。為檢核評分者的一致性，評分設計有一部分包含多位閱卷人員針對同一批學生的作答進行評定。PISA 2012 首次嘗試線上閱卷，線上閱卷的優勢在於可立即提供閱卷者的一致性，若閱卷者的一致性低於 PISA 訂定的標準，閱卷者必須重新接受訓練並針對該試題重新閱卷。目的在檢核閱卷員的專業判斷，這設計讓 PISA 評量信度的檢核更有效率。

　　學生在閱讀、數學和科學的表現分別是以 PISA 2000、PISA 2003、PISA 2006 和 PISA 2009 的調查為基準（平均數設定為 500 分、標準差設定為 100），將計分進行線性轉換。各領域試題的詳細計分方式，請參見第三至第六章樣本試題計分說明。除清晰的計分邏輯和豐富的參考答案樣本外，每個國家學生的作答反應尚需交付國際評分專家小組進行計分，進一步檢驗各國計分結果的信度。計分過程的詳細資訊，可同時參閱《PISA 2012 技術報告》（OECD, 2014b）。

五 研究團隊

　　為有效執行 PISA 評量計畫，各國均設有國家中心（National Center, NC）作為執行 PISA 的專司單位。臺灣 PISA 2012 國家研究中心設置在國立臺南大

學，計畫主持人（National Project Managers, NPM）為測驗統計研究所的教授洪碧霞。計畫主持人統籌評量計畫，負責 PISA 的核心事項，對內協商資源配置與規畫研究會議；對外遵循計畫各階段任務與對應窗口聯繫，適切反應問題與建議。洪碧霞在國立臺南大學任教多年，曾開辦國立臺南師範學院測驗發展中心，並擔任中心主任多年，之後籌設測驗統計研究所，擔任創所所長，近年方從臺南大學教育學院的首任院長一職卸任。主持人之學術研究專長為測驗與評量，特別是在電腦化測驗與數學評量領域，已累積多年的研究經驗與成果，主要研究取向為融合微觀的認知成分分析、動態評量（dynamic assessment）理念，與鉅觀的電腦化適性測驗（computerized adaptive testing, CAT）量化記錄，嘗試在認知成分依據下進行教學介入設計，並在協助介入中觀察、評量、描述並模式化學生正向改變的動態剖面。

本計畫共邀請校內外如下八位教授擔任共同主持人：

1. 黃秀霜，現為國立臺南大學教育學系教授，並擔任校長一職，主要學術專長為認知心理學及閱讀心理學，研究重點主要是關於語文字彙與閱讀，並從認字出發探討學童的閱讀能力，及與閱讀成就表現相關之因素，諸如家庭環境變項、閱讀動機、教學方法等。此外，又將研究成果授權出版三種語文相關測驗，包括「中文年級認字量表」、「注音符號診斷測驗」及「英文認字測驗」。

2. 林哲彥，現為國立臺南大學材料科學系教授，主要學術專長為有機化學、色層分析及科學教育。近五年來的研究重心置於科學教育的學生學習科學特性之研究，特別是科學知識的構則與正當化，在科學師資培育也持續投入。

3. 吳裕益，現為國立高雄師範大學特殊教育學系教授，主要學術專長為心理與教育統計和心理學，具備豐富的高階複雜統計問題處理經驗，更有二十年以上負責臺灣地區高中入學考試的測驗專家經歷。吳教授優異的命、審、修題資歷，對本研究數學試題的研發統籌，注入強而有力的能量，而豐富的統計問題處理素養，更可強化本研究成果在進階資料分析的適當性和政策參考價值。

4. 李源順，現為臺北市立大學數學系教授，主要學術專長在數學教育領域，建構「數學教師知識庫」著重數學教師理論和實務專業與發展，並具備大型計畫「國際數學和教育成就趨勢調查」的專業數學國際化評比的豐富經驗。藉

由李教授數學專業和實務的研究經驗，對本計畫以數學素養為主的試題發展和結果分析與討論，將提供實質的助益。

5. 李健興，現為國立臺南大學資訊工程學系教授，並兼任研究發展處研發長，主要學術專長為網際網路應用、知識管理及人工智慧，其相關研究主題包括智慧型代理人、知識本體建構及應用、文件分類及摘要、能力成熟度整合模式（CMMI）、語意網、搜尋代理人、網絡服務、模糊理論及應用、基因演算法及影像處理等方面。他曾擔任多項國際會議主席、副主席，也是許多國際期刊的編輯委員。李教授在電腦方面的專業長才，可提升本團隊電腦方面的專業能力。

6. 涂柏原，現為國立臺南大學教育學系副教授，主要學術專長為教育測驗、試題反應理論、等化和電腦化適性測驗。他是測驗方面的專家，不但可提供 PISA 評量結果統計方面的諮詢協助，亦能提供 PISA 資料分析的議題，更可強化本團隊在進階的資料分析與論文的發表。

7. 徐立真，現為國立臺南大學教育學系測驗統計組碩博士班助理教授，主要學術專長為教育統計及測驗。她曾參加過 PISA 2009 和 PISA 2012 計畫，擔任計畫的協同主持人和共同主持人要職，對 PISA 評量的科學和閱讀領域、學生和學校問卷、評量的執行與評量後的資料分析都相當熟悉，當可協助本團執行 PISA 調查的研究工作。

8. 林素微，現為國立臺南大學教育學系測驗統計組碩博士班副教授，主要學術專長為數學學習心理學、數學診斷教學與評量、數學課程研究。林教授曾任國小教師、數學科研究教師、數學科編審委員、課程與教學深耕輔導組——數學學習領域委員，是目前九年一貫教育學數學領域的專家。她是目前臺灣唯一一位參與過 PISA 2006 至 PISA 2012 三屆計畫的核心人員，不僅能從旁協助，更能帶領本團隊執行 PISA 評量計畫。

除前述之主持人與八位共同主持人外，為強化本計畫的研究實力，本計畫尚邀請十位學者專家擔任協同研究人員。原則上各協同研究人員係從 PISA 調查的三項素養進行分工，負責的工作項目如表 2.3 所述，以數學素養為主的協同研究人員，配合協助諮詢科學和閱讀的協同研究人員，提供如與 PISA 總部協商抽樣流程、翻譯和研發試題及問卷規畫、三項素養評量閱卷計分和分析報告的分工，整合人力資源來強化本研究成果。

　　另外，國家中心設有博士後研究員一名，協助主持人統籌監控研究進度，並與其他專、兼任研究助理共同執行整個 PISA 評量計畫。臺灣 PISA 國家研究中心的團隊組成如圖 2.1 所示。

❖表 2.3　臺灣 PISA 2012 協同研究人員工作項目簡介

姓名	服務單位	職稱	負責工作
左太政	國立高雄師範大學數學系（所）	教授	審查數學素養試題與結果報告初稿，提供研究團隊數學素養試題設計諮詢，協助研究成果報告定稿
梁淑坤	國立中山大學教育研究所	教授兼所長	審查數學素養相關文獻，協助研發數學素養試題，提供研究團隊數學教育議題論述諮詢，協助研究成果報告定稿
楊德清	國立嘉義大學數理教育研究所	教授	審查數學素養評量文獻與試題，提供研究團隊數學教育議題論述諮詢，協助研究成果報告定稿
吳家怡	臺北私立衛理女中	校長	協助發展數學素養評量試題，提供研究團隊數學素養評量結果初稿撰寫諮詢，協助研究成果報告定稿
陳昌明	國立成功大學中國文學系（所）	教授	審查閱讀素養文獻和結果報告初稿，協助研究成果報告定稿
謝　堅	國立臺南大學應用數學系	講師	協助數學素養相關文獻審查，參與研發數學素養試題
謝秀月	國立臺南大學材料科學系（所）	副教授	協助科學素養養成文獻審閱，規劃執行科學素養評量閱卷計分工作
邱上真	國立高雄師範大學特殊教育學系（所）	教授	提供研究團隊閱讀及認知心理學議題的諮詢
謝宗欣	國立臺南大學生態科學與技術學系	教授	審查科學素養評量內涵文獻和科學素養評量結果報告初稿
吳正新	臺灣 PISA 國家研究中心研究員	博士後	協助主持人統籌監控研究進度，檢核中心與 PISA 總部溝通協商的書信和文件。整理文獻初稿，參與研發數學素養評量試題，完成研究成果報告初稿彙編

> **計畫主持人**
> 洪碧霞

> **共同主持人**
> 黃秀霜、林哲彥、吳裕益、李源順、
> 李健興、涂柏原、徐立真、林素微

> **協同研究人員**
> 左太政、梁淑坤、楊德清、吳家怡、
> 陳昌明、謝堅、謝秀月、邱上真、謝宗欣

> **中心人員**
> 博士後研究員：吳正新
> 專任助理：劉妍希、涂嘉玲、王長勝
> 兼任助理：張文宜、李岳勳、蘇義翔、楊依庭、鄭伊淳

⟲ 圖 2.1　臺灣 PISA 2012 國家研究中心的團隊及組成

3 學生數學素養表現分析

林素微、李源順、吳裕益、王長勝

現代的社會中，成年人都需要足夠的數學素養以滿足個人的生活、就業以及充分參與社會的能力，這些能力並不是只有那些以科技或科學為職業生涯的人獨具的專業或者需求，而是所有成年人都必須具備的重要能力。因此，了解年輕人，尤其是他們離開學校時，對於日常生活問題解決所必需的數學概念與原則學習和應用的準備度非常重要。

　　本章摘要了 PISA 2012 學生的數學表現。首先討論 PISA 如何定義、測量和報告這些數學表現，然後探討臺灣學生書面評量的結果；在數學表現的摘要整理之後，也針對臺灣學生不同數學素養分測驗的表現進行分析。此外，在此也提供了臺灣學生在數位評量的結果，以作為書面評量的補充，有兩個量尺化的結果：一個是數位版本，另一個則是書面與數位合併版。

第一節　PISA 評量學生數學素養表現的取向

一　PISA 數學定義

　　數學素養是個體在不同情境脈絡中，形成、應用以及詮釋數學的能力，其包含數學推理、數學概念、程序、事實以及工具的運用來描述、解釋和預測數學現象。數學素養輔助個體辨識數學在世界中所扮演的角色，並進而使其成為建設性、投入性及反思能力公民，可以做出思慮周全、有根據的判斷和決策。這定義明白闡述出為了充分參與社會生活，數學素養有其重要性，這樣的重要性來自於

數學可以描述、解釋和預測現象，透過數學的這些功能，使得我們能夠對現象有所洞察，進而作為知情決策和判斷的基礎。

這樣的數學素養，並不是全有或全無的個人屬性，相反的，它是有程度上的差異，且在不同的社會情境中有不同程度的需要。如同定義中明確地指出，數學素養涉及真實生活的作業，它可以從基本的商品服務買賣延伸到數學解釋的運用以及非常複雜現象的預測。基於這個理由，PISA 測量的目的不只是檢視學生可以複製數學內容知識的程度，同時也想要了解他們在新穎、不熟悉的情況下從其所知進行推斷並且運用數學知識的程度為何。這樣的定義來自於現今社會和工作場合的反思，因為當前對於成功的重視不在於人們知道什麼（what people know），而是在於人們可以藉由其所知而會做什麼（what people can do with what they know）。

此外，PISA 2012 數學素養定義對於真實生活情境的強調也反映在「工具」的使用。「工具」指的是實體和數位相關的設備、軟體和計算機，這些工具在 21 世紀工作場所中幾乎是無所不在。在 PISA 評量中，工具包括尺、計算機、試算表、線上貨幣轉換器和特定的數學軟體（如動態幾何），學生在完成相關測量任務需要運用相當程度的數學推理。

⬛ PISA 數學評量架構

圖 3.1 呈現的是 PISA 2012 數學架構的主要特徵。最大的方框顯示數學素養的評量來自於真實世界的挑戰或問題情境。中間的方框強調解決問題的數學思維和行動的本質。圖中最小的方框則描述解題者用來建構解法的歷程。

(一)情境脈絡分類

真實世界的挑戰或者情境可以情境脈絡以及數學領域兩種方式來進行分類。四個情境脈絡界定出生活中可能會用到數學的廣泛領域：「個人」指的是和個體以及家庭日常生活有關的問題情境；「社會」則和個體生活的社群有所關聯，社群也許是區域的、國家的，或者是全球性的；「職業」則和工作場合有關；而「科學」指的是在科學或者科技情境中運用數學。根據 PISA 的架構，這四類的試題題數有相同的比重。

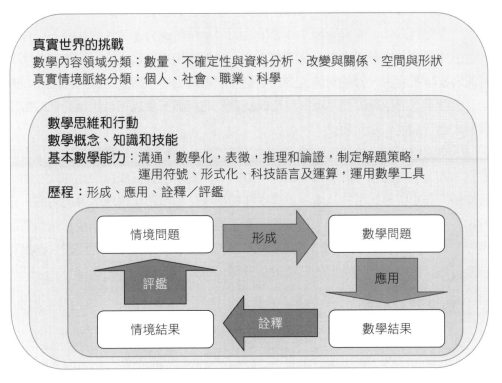

真實世界的挑戰
數學內容領域分類：數量、不確定性與資料分析、改變與關係、空間與形狀
真實情境脈絡分類：個人、社會、職業、科學

數學思維和行動
數學概念、知識和技能
基本數學能力：溝通，數學化，表徵，推理和論證，制定解題策略，
　　　　　　　運用符號、形式化、科技語言及運算，運用數學工具
歷程：形成、應用、詮釋／評鑑

情境問題	形成 →	數學問題
評鑑 ↑		應用 ↓
情境結果	← 詮釋	數學結果

◐ 圖 3.1　PISA 2012 數學架構的主要特徵

(二)內容領域分類

　　如圖 3.1 所示，PISA 試題也反映出四個數學內容領域，這四個內容領域的題數比例接近相同。

　　「數量」包含了真實世界中物件、關係、情境以及相關實體屬性的數量化，以及這些數量化不同表徵的理解、判斷、詮釋和論證等等。其涉及到測量、計數、大小、單位、指標、相對大小、數值的趨勢和組型的理解，以及數的多重表徵、心算、估算、結果的合理性評估等的數感應用。

　　「不確定性與資料分析」包含了兩個密切相關的議題：如何將集合中的資料訊息進行界定和摘要，以及如何體認到許多真實歷程中變異可能造成的影響。不確定性是科學預測、投票表決結果、天氣預報和經濟模式的一部分；變異發生於量產的過程、考試成績，以及調查結果；機會則是個人享受許多休閒活動的一部

分。學校所教導的機率與統計，即在解決上述這些議題。

「改變與關係」側重於物件與環境之間眾多短暫或者永久性的關係，這些改變發生於系統內或者環境中相互關聯物件、元素的相互影響。這些改變有些隨著時間的推移而發生，有些則涉及到其他物件或數量的變化而來。這個內容領域的素養包含了改變型態的基本理解以及改變發生的辨識，所以可以應用適切的數學模型來進行描述和預測變化。

「空間與形狀」包括生活中可見的各種現象，像組型、物體的性質、位置與方位、表徵、視覺訊息的解碼與編碼、導航、真實形狀與其表徵的動態式互動。幾何是「空間與形狀」的基本，但「空間與形狀」領域超越傳統的幾何內容、意義和方法，需要利用其他數學領域的元素，例如空間的視覺化，測量和代數的運用等。「空間與形狀」的數學素養涉及了透視圖理解、地圖建立與閱讀，運用科技進行形狀轉換，各種角度的三維景象詮釋，以及形狀表徵的建構等。

(三)數學歷程分類

圖 3.1 中的最小方框呈現出一個解題者在解決 PISA 任務可能會經歷的階段模式。行動開始於「真實情境問題」，解題者嘗試找出與問題情境有關的數學元素，進而形成數學情境，根據所確定的概念和關係，作出簡化情境的假設。據此，解題者將「情境問題」轉化成「數學問題」，便可運用數學來解決。圖 3.1 中向下的箭頭表示解題者採用數學概念、事實、程序和推理等運作以獲得「數學結果」。此階段通常包括數學的操弄、轉換和計算（無論有沒有用到工具）。接著，「數學結果」需要依據原始的問題來進行詮釋，方能得到「情境結果」，也就是說，解題者必須在真實世界問題脈絡中詮釋、應用和評估數學結果及其合理性。在形成、應用和詮釋這三個歷程中，每一個歷程都會運用到基本的數學能力，相對的，也會運用到解題者的數學知識。

然而，並非所有 PISA 試題都需要學生投入數學建模循環的每一個階段。試題將根據最主要的歷程需求來進行分類。根據這些數學歷程，在 PISA 2012 的報告中，正式命名為：

1. 形成數學情境；
2. 應用數學概念、事實、程序以及推理；
3. 詮釋、應用以及評鑑數學結果。

(四) 基本的數學能力

　　透過 PISA 試題開發以及學生反應分析的十年經驗，OECD 已經建立了一套構成數學表現的基本數學能力架構。這些基本數學能力是個體以數學方式來理解和參與世界所學到的認知能力。透過 PISA 2003 的資料，Turner 等人（2013）指出可從解題中所需的基本數學能力來進行了解，甚至預測 PISA 的試題難度。這些基本能力跨所有的內容領域，並且在三個數學歷程中有不同程度的運用。PISA 評 量 架 構（PISA 2012 Assessment and Analytical Framework, OECD 2013a）中有詳細的描述，有興趣的讀者可以參閱。

　　以下為 PISA 2012 提出的七項基本數學能力：

1. 「溝通」包含訊息的接受和表達。解題者透過問題或者目標的閱讀、解碼、解釋、敘述來形成一個心理模型。問題解決之後，解題者需要提出或者解釋其解法。

2. 「數學化」涉及真實世界和數學世界之間的來回思考。它有兩個部分：形成和詮釋。將問題形成一個數學問題可以包括結構化、概念化、提出假設，以及（或者）建構一個模型。詮釋涉及了決定數學運作的結果是否與原來問題有所關聯，或者如何與原來問題進行關聯，同時，也要判斷其充足性。在 PISA 數學評量架構中，「數學化」對應到形成與詮釋這兩個歷程。

3. 「表徵」需要選擇、詮釋、轉換，並且運用各種表徵來描述情境，與問題互動或者呈現出個體的運作情形。表徵包含統計圖表、示意圖、方程式、公式、文句描述以及具象的材料。

4. 「推理和論證」需連結到數學素養的不同階段和活動。這種能力建立於邏輯思維，進行問題元素間的探索和連結，進而能從中進行推理、檢核合理性，或針對問題陳述或者解法提供正當的理由。

5. 「制定解題策略」的特點為選擇或制定計畫或策略，運用數學來解決作業或者情境中的問題，並引導個體監控其策略執行的概況。「制定解題策略」涉及到搜尋多元資料之間的聯繫，使訊息得以結合成為有效的解決方案。

6. 「運用符號、形式化、科技語言及運算」涉及理解、詮釋、操弄以及使用符號或者算式和運算，根據定義、規則和形式化系統來運用形式化的構念，並使用算則。

7. 「運用數學工具」涉及知道並且能夠運用各種工具（實體或數位）來協助數學活動的進行，並且知道這些工具的可能限制。在 PISA 的數位數學評量中，透過各種電腦化工具的應用，擴展了學生展現他們使用數學工具能力的機會。

（五）書面和數位媒介

PISA 2012 發展了電腦化的數位評量，以選考的方式作為紙筆式書面評量的補充。65 個參與的國家和經濟體中，有 32 個參與了數位評量，臺灣也加入了此次的數位評量。針對這些國家和經濟體，國際結果報告是以書面評量為主，而數位結果作為補充資料。數位結果的呈現有兩種量尺：一個為數位量尺的單獨估計，另一個則是書面和數位量尺的合併估計，第二節第四部分則呈現臺灣與參照國家在這兩個量尺的表現。

數位評量的設計確保測量內涵為數學推理和歷程，而不是電腦使用的精熟度。每一道數位評量試題包含三個層面：

- 數學內涵（如同書面評量試題）。
- 和資訊及通訊科技（ICT）有關的一般知識和技能，如鍵盤和滑鼠的運用、一般慣例的理解（例如前進的箭號）。在 PISA 數位評量中，這些知識和技能的需求盡量降到最低程度。
- 數學和 ICT 交互的能力，例如從資料中運用簡單的「精靈」來製作一個圓形圖，或者在試算表中規劃和執行排序的策略以進行資料定位和蒐集。

（六）作答型態

PISA 數學的作答型態區分為「選擇式反應試題」和「建構式反應試題」。選擇式反應試題包括一般的選擇題、複雜的選擇題（學生必須從一系列的選擇題中選出正確答案），而針對數位評量的電腦化試題，則有「選擇式反應變化版」（例如從一個下拉式選單中進行選擇）。建構式反應試題則包括可例行計分的作答型態（例如單一數字或簡短語句，或者電腦化試題中可以自動擷取和處理的作答反應），以及其他需要專家計分的作答型態（例如，包含解釋或較為繁複計算的作答反應）。

三 不同類別 PISA 數學問題分析

(一)表徵不同架構類別的問題示例

　　圖 3.2 摘要出建構 PISA 評量的六個類別。其中的三個（歷程、內容以及媒介）會在報告中呈現。由於 PISA 問題是從真實情境中設定的，它們通常包含了多重的歷程、內容以及情境脈絡。因此有必要針對這些試題內涵進行判別，進而進行歷程、內容以及脈絡的歸類。即使這些試題可能擁有多重面向，試題的歸類將會依據該試題所反映出的最高認知焦點來進行。

　　PISA 2012 數學評量在每個內容、情境脈絡，以及作答反應型態類別上都有相同的試題比例，而數學歷程部分，四分之一的題目為「形成」，二分之一為「應用」，另外的四分之一則為「詮釋」。為了能全方位衡量學生的表現，題目的組合須反映出所有的難度水準。

報告類別			確保平衡的進階類別		
歷程類別	內容類別	媒介類別	情境類別	作答型態	認知要求
形成數學情境	數量	書面評量	個人	單選題	實徵難度（連續性）
	不確定性與資料分析		社會		
應用數學概念、事實、程序以及推理				複雜選擇題	
	改變與關係	數位評量	職業		跨基本數學能力
詮釋、應用以及評鑑數學結果	空間與形狀		科學	建構反應題（簡單、複雜）	

⊃ 圖 3.2　PISA 2012 數學評量試題建構的類別

問題示例一：哪一輛車？

　　在「哪一輛車？」單元中（請見本章第三節，頁 136）包含了三個問題。題

目中呈現一個資料表格，一位女孩可能從中選擇一輛車，並確認是她可以負擔的價格。

情境脈絡：由於買車是許多人生命中可能會有的經驗，三個問題全都是屬於個人的情境脈絡類別。

作答型態：問題 1 和問題 2 是單選題，問題 3 則要求算出一個數值，是屬於建構式反應試題，但不需要專家計分。

內容領域：問題 1 屬於「不確定性與資料分析」內容領域。該試題需要基本的表格行列轉換知識，以及整合資料處理能力來辨識出哪一輛車同時滿足三個條件，雖然解法中也需要基本的大數知識，然而這個知識不太可能會是試題難度的主要來源。相反的，問題 2 屬於「數量」內容領域，應該是 15 歲學生熟悉的內涵，許多學生對於排序不同位數的小數所需運用的十進制和位值概念有迷思概念。問題 3 也屬於「數量」內容領域，因為計算出 2.5%，相對於僅從表格中確定正確的數據，需要學生付出更多的認知努力。這個年齡的學生處理小數和百分比的困難反映在實徵的結果中：問題 1 被認為是一個簡單的題目，問題 2 接近國際平均難度水準，問題 3 則高於平均難度。

數學歷程：在將這些試題進行數學歷程的歸類時，需要考量他們與「真實世界」的關聯。「形成」歷程試題中的主要需求在於將真實世界的問題轉化為數學問題；「應用」歷程試題的主要需求則是屬於數學世界之內的問題；而「詮釋」歷程試題的主要需求則是在於運用數學資訊來提供真實世界的解法。問題 2 和 3 均屬於「應用」類別，因為這兩題的主要認知努力都是在數學內進行：小數的記法以及百分比的計算。在問題 1 中，資料表格的建構，包含找出關鍵變項的需求，是真實情境的數學化。因此問題 1 被歸類為「詮釋」類別，因為它需要透過與真實世界的連結來解釋這些數學資訊。

問題示例二：攀登富士山

情境脈絡：「攀登富士山」單元中包含了三個問題（請見本章第三節，頁 125），此題目歸類於社會的情境脈絡類別。問題 1 關心的是每日登山者的平均人數，是一個較廣泛的社會議題，此超越一個登山者個人關懷。被歸類為社會脈絡的試題涉及投票系統、公共交通、政府、公共政策、人口統計、廣告、國家統計和經濟。雖然個體也可以個別參與這些活動，但這些問題的焦點比較著重在社

會的角度。

　　作答型態：問題 1 是五選一的單選題，問題 2 需要回答出上午 11 點，因此，是一個建構反應題，需要專家計分確認學生書寫的時間格式是和標準答案等價的型態。問題 3 則要寫出 40 才能得到滿分，數字 0.4（以公尺為單位）則為部分分數，此題也是專家計分的建構反應題。

　　內容領域：問題 1 需要運用給定的日期算出開放的天數，然後再計算平均值。這個問題被歸類為「數量」內容領域，因為它包含了時間和平均的計算。然而平均公式是必要的，雖然涉及到關係，但由於這個問題需要運用平均來計算每日的人數，而不是著重於關係的訴求，所以這個問題沒有被歸類為「改變與關係」。問題 3 也是「數量」，因為其涉及了長度單位。問題 2 則被歸類為「改變與關係」類別，因為涉及到距離、時間、速度的關係。透過距離和速度的訊息、分別算出上山與下山的時間，再進而從結束時間計算出開始的時間點。如果問題中直接給定上下山的時間，而不是透過距離和速度來間接求出，那麼這個題目將會被歸類為「數量」內容領域。

　　數學歷程：問題 1 被歸類為「形成」歷程，因為在這個相當簡單的試題當中大部分的認知努力在於擷取兩段真實世界的訊息（開放季節以及登山總人數）並且建立一個待解的數學問題：從開放季節的起訖日期算出日數，並用這個訊息與登山者的總人數計算出每日的登山者平均數量。專家判斷此題對於 15 歲學生的認知要求在於將真實世界問題轉換到數學關係，而不是在於整數計算。問題 2 也是因為相同的理由被歸類到「形成」歷程：解決此題主要的認知努力需要將真實世界的資料轉換到數學問題，並確認所有涉及的關係，而不是計算或者詮釋答案為上午 11 點。在這個困難的試題中，數學結構包含多重關係：出發時間＝結束時間－登山所花的時間；登山所花的時間＝上山時間＋下山時間；上（下）山時間＝距離÷速度（或者等價的比例推理）；下山時間＝上山時間的一半；並且能夠體認到平均速度的假設已經簡化到包含一天中的速度變化，因而不用再考量休息時間。

　　相對的，問題 3 被歸類為「應用」歷程，此題中包含了一個主要關係：行走距離＝步長 × 步數。運用這個關係來解此題會有兩個困難點：公式的重整（學生可能會非正式的處理，而不是正式寫出關係），因此平均步長可以從距離和步數來算出，並進行適當的單位轉換。此題所需的認知努力主要在於執行這些步

驟，而不是找出關係和假設（這屬於「形成」歷程）或者以真實世界的觀點進行「詮釋」。圖 3.3 摘要出樣本試題的分類概況，本章第三節將呈現完整的試題。

試題／問題 （PISA 量尺）	歷程類別	內容類別	情境類別	作答型態
哪一輛車？問題 1 （327.8）	詮釋	不確定性與資料分析	個人	單選題
哪一輛車？問題 2 （490.9）	應用	數量	個人	單選題
哪一輛車？問題 3 （552.6）	應用	數量	個人	建構反應題 手冊計分
唱片排行榜問題 1 （347.7）	詮釋	不確定性與資料分析	社會	單選題
唱片排行榜問題 2 （415.0）	詮釋	不確定性與資料分析	社會	單選題
唱片排行榜問題 5 （428.2）	應用	不確定性與資料分析	社會	單選題
車庫問題 1 （419.6）	詮釋	空間與形狀	職業	單選題
車庫問題 2 （687.3）	應用	空間與形狀	職業	建構反應題 專家計分
小清騎單車問題 1 （440.5）	應用	改變與關係	個人	單選題
小清騎單車問題 2 （510.6）	應用	改變與關係	個人	單選題
小清騎單車問題 3 （696.6）	應用	改變與關係	個人	建構反應題 手冊計分
攀登富士山問題 1 （464.0）	形成	數量	社會	單選題
攀登富士山問題 2 （641.6）	形成	改變與關係	社會	建構反應題 專家計分
攀登富士山問題 3 （610.0）	應用	數量	社會	建構反應題 手冊計分

⊃ 圖 3.3　樣本試題的分類

試題／問題 （PISA 量尺）	歷程類別	內容類別	情境類別	作答型態
旋轉門問題 1 （512.3）	應用	空間與形狀	科學	建構反應題 手冊計分
旋轉門問題 2 （840.3）	形成	空間與形狀	科學	建構反應題 專家計分
旋轉門問題 3 （561.3）	形成	數量	科學	單選題

⊃ 圖 3.3　樣本試題的分類（續）

　　PISA 2012 數學試題是根據一個多重來源（作者包含近 30 個不同的參與國家團隊、國際數學教育團隊以及諮詢團隊）的多重素材題庫中進行選用。經過各國檢視、試用和重複修訂，以及所有參與國 15 歲學生的實地測試，PISA 2012 正式調查中包含了 36 個先前調查中已發展的紙筆式連結試題、74 個新的紙筆試題，以及 41 個新的電腦化試題。每位學生均完成紙筆試題中的一部分，最少 12 題，最多則為 37 題，依據他們被隨機分派的題本而定。PISA 的書面評量題本作答時間為兩個小時，題本中包含四個題目群組，分別由數學、閱讀和科學問題組合而成，每個群組約需半個小時，每一個數學題目群組約 12 ～ 13 個試題為原則。數位評量部分，學生則進行一個小時的測驗，來自數學、閱讀以及問題解決的試題群組，進行螺旋循環方式的安排。

　　測驗的設計，和 PISA 先前的評量雷同，建構出一個數學精熟水準的單一量尺，所以每一個試題都會連結到量尺上的特定位置，此為試題難度；每一位受測者的表現也會連結到同樣的量尺上，此為他（她）被估出來的數學精熟程度。

　　測驗中試題的相對難度是透過受測者回答該題的正確率來進行估計，個體的相對精熟程度則是針對他們的答對題數比率來估計。一個單一連續量尺可以呈現試題難度以及受測者精熟度之間的關係。藉由建構試題難度的量尺，可以將試題所需的數學水準進行定位；而建構受測者的精熟度量尺，則可以描述每一位受測者所擁有的數學水準。不同精熟水準的描述可以和評量中特定的試題關聯起來，學生的精熟度估計反應出學生可能在哪些種類的作業有成功的表現，這意味著學生可能能夠成功完成他們在量尺中精熟位置所對應的難度水準或者該難度水準以

下的試題。反之，他們就不太可能成功完成與其位置對應的難度水準以上的試題。圖 3.4 說明了這個機率模式的運作方式。

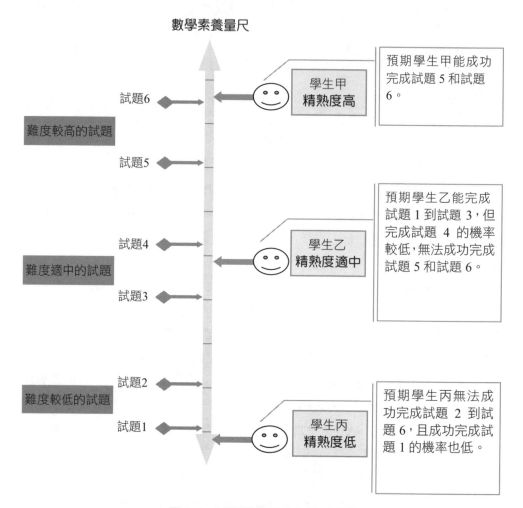

⇒ 圖 3.4　試題難度與學生表現的關係

　　如果個體精熟水準高於特定的測驗試題，他們就越有可能成功完成該試題（或者其他難度相當的試題）；而個體精熟水準低於特別的試題，他們就不太有可能成功完成該試題，以及其他難度近似的題目。

　　PISA 2012 提供了一個整體的數學量尺，這個量尺將此次評量中所有數學試題都含括在內，同時，也分別針對了三個數學歷程以及四個數學內容類別提供相

對的量尺。整體的數學量尺是基於 PISA 2003 調查（第一次以數學為主軸）中所有 OECD 國家的作答表現進行估計，此量尺的平均數為 500、標準差為 100。透過 2003 和 2012 的共同試題得以將 2012 的資料和先前的量尺連接起來。在 PISA 2012，試題難度的範圍是根據 PISA 2003 建立的六個數學精熟水準來呈現。難度的範圍從最低的水準 1 到最高的水準 6，每一個水準均依據其對應的試題認知需求來描述成功完成這些作業任務所需要的知識和技能，進而描繪每一個水準的實質意義。精熟水準 1 的學生可能可以完成難度水準 1 的試題，但不可能完成更高水準的任務要求；水準 6 的試題意味著在數學知識及相關技能上都有最大的挑戰，在這個範圍的學生則可能可以完成這個水準的試題，以及所有其他的 PISA 數學任務。

　　圖 3.5 呈現的是 PISA 2012 部分試題在量尺上的位置。這些試題請見本章第三節。由於 PISA 每三年評量一次，為能進行跨時間的趨勢資料分析，必須保留

水準	最低分數	樣本試題
6	669	旋轉門：問題 2（840.3） 小清騎單車：問題 3（696.6） 車庫：問題 2，滿分（687.3）
5	607	車庫：問題 2，部分得分（663.2） 攀登富士山：問題 2（641.6） 攀登富士山：問題 3，滿分（610.0）
4	545	攀登富士山：問題 3，部分得分（591.3） 旋轉門：問題 3（561.3） 哪一輛車？：問題 3（552.6）
3	482	旋轉門：問題 1（512.3） 小清騎單車：問題 2（510.6） 哪一輛車？：問題 2（490.9）
2	420	攀登富士山：問題 1（464.0） 小清騎單車：問題 1（440.5） 唱片排行榜：問題 5（428.2）
1	358	車庫：問題 1（419.6） 唱片排行榜：問題 2（415.0）
未達水準 1		唱片排行榜：問題 1（347.7） 哪一輛車？：問題 1（327.8）

● 圖 3.5　不同數學素養水準的樣本試題圖

充足的試題作為後續調查使用，因此，第三節呈現的樣本試題僅為 PISA 2012 部分的公布試題。

四 不同水準 PISA 數學問題分析

PISA 的數學調查結果報告主要根據 OECD 國家的學生樣本進行數學能力的總體估計，以界定精熟程度並進而發展每個數學素養水準學生的典型描述。六個精熟水準的界定同樣是根據 PISA 2003，最高水準稱為「水準 6」，最低的水準則為「水準 1」。然而，這些描述根據 PISA 2012 新的歷程類別以及大量發展的新試題，在內涵描述上已經有一些更新。

(一)數學素養水準 6 —— 得分高於 669 分

PISA 數學評量水準 6 的學生能夠成功地完成最困難的 PISA 試題。在水準 6 中，學生可以將其在複雜問題情境中探索及建模出來的訊息進行概念化、類推化並且運用，而且能夠在非標準化的情境脈絡中善用他們已習得的知識。他們可以連結不同的訊息來源以及表徵，並且遊刃有餘。在此水準的學生能夠進行進階的數學思考以及推理。這些學生能夠應用這些洞察及了解，伴隨著其對符號化以及形式化數學運作及關係的精熟，進一步發展新的方法及策略來處理陌生情境。此水準的學生能夠反思他們的行動，能根據他們的發現、詮釋及論證，來形成並且明確地溝通他們的行動及反思，並且可以解釋他們應用在原始情境的理由。

「小清騎單車」的問題 3 需要用到水準 6 的精熟度，這一個問題需要對於平均速度有較深入的理解，需要體察到連結總時間和總距離的重要性。平均速度不會剛好就是來回速度的平均，即使從兩個速度的平均（26.67 km/h，以及 30 km/h）所得到的錯誤答案（28.3 km/h）和正確的答案（28 km/h）並不會差異太大。這題包含對此現象的數學理解和真實世界理解，導致在基本數學能力「數學化」、「推理和論證」以及「運用符號、形式化以及科技的語言及其運算」有較高的認知要求。

學生知道要先算出總時間（9 + 6 = 15 分鐘）以及總距離（4 + 3 = 7 km），答案便可以從比例推理得出（因為 ¼ 小時走 7 km，那麼 1 小時走 28 km）。這個問題被歸類為「應用」歷程，因為題目主要的要求在於平均速度的數學定義以

及單位轉換，尤其是那些使用速度—距離—時間公式的學生。本題是題庫中較為困難的試題之一，相當於素養水準 6。

(二)數學素養水準 5 ── 得分介於 607 至 669 分（含）

水準 5 的學生可以針對複雜情境發展和運用模型、確認可能的限制以及進行假設。他們可以選擇、比較並且評估適切的問題解決策略來處理複雜的問題。此水準的學生可以有策略地運用廣泛或者發展精良的思維以及推理技巧，適切的連結表徵、符號化和形式化特徵，以及適用這些情境的洞察。他們開始會反思他們的運作並且能形成及溝通他們的詮釋與推理。

「攀登富士山」單元中的問題 3 是典型的水準 5 試題。這個問題被歸類為「應用」歷程類別。題目中有一個主要關係：行走距離＝平均步長 × 步數。運用這個關係來解決問題會有兩個困難點：公式的重整（學生可能會非正式的處理，而不是正式寫出關係），因此平均步長可以從距離和步數來算出，並進行適當的單位轉換。此題所需的認知努力主要在於執行這些步驟，而不是找出關係和假設（這屬於「形成」歷程）或者以真實世界的觀點進行「詮釋」。

(三)數學素養水準 4 ── 得分介於 545 至 607 分（含）

水準 4 的學生可以針對複雜、具體情境有效地運用明確的模型，這個情境可能包含了一些限制或者需要進行某些假設。此水準的學生可以選擇和整合不同的表徵，包括符號化表徵，將其與真實世界情境進行連結。此水準的學生可以在簡單的情境脈絡中運用他們有限的技能並以某種程度的洞察進行推理。他們可基於其詮釋、推理和行動來進一步進行解釋與論證的建構和溝通。

「旋轉門」單元問題 3 是此水準的代表試題，其包含了比率以及比例推理，門一分鐘旋轉了 4 圈，所以會有 $3 \times 4 = 12$ 的容納區間，可以讓 $2 \times 12 = 24$ 人進入建築物中。在 30 分鐘內，便有 $24 \times 30 = 720$ 人進入（因此，正確的答案為選項 D）。有相當多的 PISA 試題包含了比例推理，比例推理是數學素養的核心，尤其針對 15 歲的學生。許多真實情境包含直接的比例或者比率，在這樣的情況下通常會用到一連串的推理。整合這一連串的推理需要「制定策略」將訊息以有邏輯的方式串連在一起。

這個試題在「數學化」基本數學能力上也有相當大的需求，特別是在「形成」歷程。學生需要了解真實情況，例如將門如何旋轉進行視覺化，一次呈現一個容納空間，作為人們進入大樓的必經之路。對現實世界問題的理解可以使題目中給定的資料以正確的方式組裝出來。此單元的問題被歸類為「科學」情境脈絡，即使他們沒有明確地涉及科學或工程概念，此類的其他試題也是如此。科學情境類別所包括的試題主要在於解釋這些事物之所以存在真實世界的理由。

(四)數學素養水準 3 —— 得分介於 482 至 545 分（含）

水準 3 的學生可以清楚執行試題中所描述的程序，包含需要後續的決定。他們的詮釋有足夠的基礎來進行一個簡單模型的建立或者簡單解題策略的選擇和應用。在此水準的學生能夠基於不同的訊息來源進行詮釋和運用表徵以及從中直接推理。他們通常會有一定的能力處理百分比、分數和小數，以及比例關係的運作。他們的解法顯示出他們已可從事基本的解釋和推理。

「旋轉門」單元問題 1 是此水準的代表試題。這個試題看起來非常簡單：找出兩個旋轉翼之間的角度是 120 度，但是學生的作答反應顯示出這個試題在水準 3。這可能因為「溝通」、「表徵」、「數學化」的認知要求以及需要特定的圓形幾何知識。三維的旋轉門情境脈絡必須透過理解題目中的書面描述，要針對題目起始情境中的三個圖有所理解，明白這三個圖分別呈現了相同旋轉門的不同二維訊息：直徑、人們進出旋轉門的方向、旋轉翼。在此題中，「表徵」是主要的基本數學能力，學生必須以數學的方式來詮釋這些圖，從上述的圖提出觀點，但也需要將真實的旋轉門視覺化以利回答問題 2 和 3。

(五)數學素養水準 2 —— 得分介於 420 至 482 分（含）

水準 2 的學生在直接推論的脈絡中可以解釋和辨識情境，他們可以從單一來源中抽取出相關的訊息並且運用單一表徵模式。在此水準的學生可以應用基本算則、公式、程序或者慣例來解決包含整數的問題，也能夠進行結果的文字詮釋。

「小清騎單車」的問題 1 是水準 2 的典型試題，該試題是單選題，需要比較 10 分鐘騎 4 km 以及 5 分鐘騎 2 km 的速度。此題被歸類為「應用」歷程類別，因為它需要明確的數學理解，知道速度是一種比值且比例是關鍵。此題可以經由將數量兩倍化的辨識而完成解答（2 km～4 km；5 分鐘～10 分鐘），這是非常

簡單的比例記法。因此，針對水準 2 的試題，成功表現的學生可以展現出非常基本的速度理解和比例計算。當然，學生可能會用比較複雜的方式解題（例如：計算出兩個速度都是每小時 24 km），但並非必要如此進行。針對此題，PISA 結果並沒有納入解題方法的相關訊息。此題的正確答案是 B（小清前 10 分鐘的平均速度與後 5 分鐘的平均速度相同）。

（六）數學素養水準 1 ── 得分介於 358 至 420 分（含）

水準 1 的學生可以回答熟悉脈絡中的問題，這些問題已經呈現出所有的相關資訊且問題也都被明確界定。該水準的學生可以根據明確情境裡的直接指示來找出訊息並且執行例行的程序，也就是說，他們可以展現出明確的行動以及遵守給定的規範。

未達水準 1 的學生可能能夠完成非常直接、簡單的數學任務，例如從標示清楚的統計圖或表格中進行報讀，學生只要找出圖表中和題目敘述對應的文字即可，所以選擇的標準非常清楚，圖表和文字敘述的關係也都很明確；他們也可在定義清楚的指示下進行整數的計算。

「車庫」的問題 1 是對應到水準 1 上端的難度，非常接近水準 1 和水準 2 的界線。它要求學生根據題目所提供的建築物視圖（此視圖是從前方觀察的角度繪製而來），進而找出從後方觀察的視圖。這個圖涉及到真實世界中「後方」的詮釋，因此這個試題被歸類為「詮釋」歷程，正確的答案為 C。類似這樣的心理旋轉作業對某些人來說必須透過運用直觀的空間視覺化來處理；而有些人則需要明確的推理歷程，他們可能會分析多個物件（門、窗、最近的角落）的相對位置，而不用一個一個地與選項中的圖片進行對應；其他人可能會畫一個鳥瞰圖，然後實際地旋轉這個圖。此案例可以說明不同學生可能會用不同方法來解決 PISA 試題：有些學生會用明確的推理，而有些人則採取自身的直觀想法。

「唱片排行榜」的問題 1 的難度為 347.7，是未達水準 1 的試題，是 PISA 2012 題庫中最簡單的試題。它需要學生找出四月份的長條，從中選出鐵甲威龍樂團正確的長條，然後報讀長條的高度來得到正確答案為 B（500），無須進行刻度的報讀與進行內插法。

第二節　學生的數學表現

本節將分成以下五個部分進行臺灣學生數學表現的討論：首先，針對整體的數學表現與性別差異進行探討，接著針對數學素養不同水準人數比率分配進行討論；第二部分和第三部分分別針對不同數學歷程（形成、應用、詮釋）、數學內容領域（改變與關係、空間與形狀、數量、不確定性與資料分析）分測驗的表現與性別差異進行分析；第四部分則針對不同測驗媒介（書面以及數位評量）進行學生表現的分析對照；最後的第五部分，則針對臺灣自參加 2006 以來的數學表現趨勢進行探討。

在 PISA 2012 的國際報告中，各項結果多以 OECD 國家平均作為參照指標。在此，本研究報告亦以 OECD 國家平均為標竿，並以此次數學表現排名前十名國家，同時額外納入芬蘭作為表現說明的對照。

一　學生的整體數學素養表現與性別差異

（一）整體學生的平均數學表現

在此呈現參與 PISA 2012 各個國家和經濟體的平均數學成績。由於各國的結果是基於他們的學生樣本而非全國母群，而且是透過有限的評量試題，而不是所有的評量作業。因此，在結果的推論時可能會有些不確定性，在進行比較時需要將此列入考量；通常差異若達統計顯著性，則這樣的差異結果不太可能是因為機會因素（也就是實際上沒有真正差異存在）而造成的結果。

在 PISA 2012 的調查中，OECD 平均為 494 分，圖 3.6 中呈現出 PISA 2012 所有參與國整體的數學素養表現平均數，從最高分的上海（613）排序至最低分的秘魯（368）。同時，依照這些國家平均數學素養表現與 OECD 平均之間的差距，PISA 將之歸為三群，在圖 3.6 中以三種底色進行區隔，分別為：(1) 顯著高於 OECD 平均數的國家；(2) 與 OECD 平均數差異未達統計顯著的國家；以及 (3) 顯著低於 OECD 平均數的國家。

由圖 3.6 可知，PISA 2012 排名前七個國家都是亞洲國家或者經濟體，臺灣

（560）名列第四，和第三名的香港（561）以及第五名的韓國（554）的平均數未達統計顯著差異。

平均數	國家	與前述國家平均數差異未達統計顯著的國家
613	上海	
573	新加坡	
561	香港	臺灣、韓國
560	臺灣	香港、韓國
554	韓國	香港、臺灣
538	澳門	日本、列支敦斯登
536	日本	澳門、列支敦斯登、瑞士
535	列支敦斯登	澳門、日本、瑞士
531	瑞士	日本、列支敦斯登、荷蘭
523	荷蘭	瑞士、愛沙尼亞、芬蘭、加拿大、波蘭、越南
521	愛沙尼亞	荷蘭、芬蘭、加拿大、波蘭、越南
519	芬蘭	荷蘭、愛沙尼亞、加拿大、波蘭、比利時、德國、越南
518	加拿大	荷蘭、愛沙尼亞、芬蘭、波蘭、比利時、德國、越南
518	波蘭	荷蘭、愛沙尼亞、芬蘭、加拿大、比利時、德國、越南
515	比利時	芬蘭、加拿大、波蘭、德國、越南
514	德國	芬蘭、加拿大、波蘭、比利時、越南
511	越南	荷蘭、愛沙尼亞、芬蘭、加拿大、波蘭、比利時、德國、奧地利、澳洲、愛爾蘭
506	奧地利	越南、澳洲、愛爾蘭、斯洛維尼亞、丹麥、紐西蘭、捷克
504	澳洲	越南、奧地利、愛爾蘭、斯洛維尼亞、丹麥、紐西蘭、捷克
501	愛爾蘭	越南、奧地利、澳洲、斯洛維尼亞、丹麥、紐西蘭、捷克、法國、英國
501	斯洛維尼亞	奧地利、澳洲、愛爾蘭、丹麥、紐西蘭、捷克
500	丹麥	奧地利、澳洲、愛爾蘭、斯洛維尼亞、紐西蘭、捷克、法國、英國

圖例：
- ■ 顯著高於 OECD 平均數
- ▨ 與 OECD 平均數差異未達顯著
- ■ 顯著低於 OECD 平均數

➲ 圖 3.6　各國學生數學素養平均分數對照

平均數	國家	與前述國家平均數差異未達統計顯著的國家
500	紐西蘭	奧地利、澳洲、愛爾蘭、斯洛維尼亞、丹麥、捷克、法國、英國
499	捷克	奧地利、澳洲、愛爾蘭、斯洛維尼亞、丹麥、紐西蘭、法國、英國、冰島
495	法國	愛爾蘭、丹麥、紐西蘭、捷克、英國、冰島、拉脫維亞、盧森堡、挪威、葡萄牙
494	英國	愛爾蘭、丹麥、紐西蘭、捷克、法國、冰島、拉脫維亞、盧森堡、挪威、葡萄牙
493	冰島	捷克、法國、英國、拉脫維亞、盧森堡、挪威、葡萄牙
491	拉脫維亞	法國、英國、冰島、盧森堡、挪威、葡萄牙、義大利、西班牙
490	盧森堡	法國、英國、冰島、拉脫維亞、挪威、葡萄牙
489	挪威	法國、英國、冰島、拉脫維亞、盧森堡、葡萄牙、義大利、西班牙、俄羅斯聯邦、斯洛伐克、美國
487	葡萄牙	法國、英國、冰島、拉脫維亞、盧森堡、挪威、義大利、西班牙、俄羅斯聯邦、斯洛伐克、美國、立陶宛
485	義大利	拉脫維亞、挪威、葡萄牙、西班牙、俄羅斯聯邦、斯洛伐克、美國、立陶宛
484	西班牙	拉脫維亞、挪威、葡萄牙、義大利、俄羅斯聯邦、斯洛伐克、美國、立陶宛、匈牙利
482	俄羅斯聯邦	挪威、葡萄牙、義大利、西班牙、斯洛伐克、美國、立陶宛、瑞典、匈牙利
482	斯洛伐克	挪威、葡萄牙、義大利、西班牙、俄羅斯聯邦、美國、立陶宛、瑞典、匈牙利
481	美國	挪威、葡萄牙、義大利、西班牙、俄羅斯聯邦、斯洛伐克、立陶宛、瑞典、匈牙利
479	立陶宛	葡萄牙、義大利、西班牙、俄羅斯聯邦、斯洛伐克、美國、瑞典、匈牙利、克羅埃西亞
478	瑞典	俄羅斯聯邦、斯洛伐克、美國、立陶宛、匈牙利、克羅埃西亞
477	匈牙利	西班牙、俄羅斯聯邦、斯洛伐克、美國、立陶宛、瑞典、克羅埃西亞、以色列

◯ 圖 3.6　各國學生數學素養平均分數對照（續）

平均數	國家	與前述國家平均數差異未達統計顯著的國家
471	克羅埃西亞	立陶宛、瑞典、匈牙利、以色列
466	以色列	匈牙利、克羅埃西亞
453	希臘	塞爾維亞、土耳其、羅馬尼亞
449	塞爾維亞	希臘、土耳其、羅馬尼亞、保加利亞
448	土耳其	希臘、塞爾維亞、羅馬尼亞、賽普勒斯、保加利亞
445	羅馬尼亞	希臘、塞爾維亞、土耳其、賽普勒斯、保加利亞
440	賽普勒斯	土耳其、羅馬尼亞、保加利亞
439	保加利亞	塞爾維亞、土耳其、羅馬尼亞、賽普勒斯、阿拉伯聯合大公國、哈薩克
434	阿拉伯聯合大公國	保加利亞、哈薩克、泰國
432	哈薩克	保加利亞、阿拉伯聯合大公國、泰國
427	泰國	阿拉伯聯合大公國、哈薩克、智利、馬來西亞
423	智利	泰國、馬來西亞
421	馬來西亞	泰國、智利
413	墨西哥	烏拉圭、哥斯大黎加
410	蒙特內哥羅	烏拉圭、哥斯大黎加
409	烏拉圭	墨西哥、蒙特內哥羅、哥斯大黎加
407	哥斯大黎加	墨西哥、蒙特內哥羅、烏拉圭
394	阿爾巴尼亞	巴西、阿根廷、突尼西亞
391	巴西	阿爾巴尼亞、阿根廷、突尼西亞、約旦
388	阿根廷	阿爾巴尼亞、巴西、突尼西亞、約旦
388	突尼西亞	阿爾巴尼亞、巴西、阿根廷、約旦
386	約旦	巴西、阿根廷、突尼西亞
376	哥倫比亞	卡達、印尼、秘魯
376	卡達	哥倫比亞、印尼
375	印尼	哥倫比亞、卡達、秘魯
368	秘魯	哥倫比亞、印尼

⊃ 圖 3.6　各國學生數學素養平均分數對照（續）

資料來源：OECD, PISA 2012 Database.

　　表 3.1 呈現的是臺灣與參照國家學生數學素養排名,以及整體、不同性別與各百分等級表現對照,由表中可知,臺灣在 PISA 2012 平均分數為 560 分,標準差(116)相較第二高的新加坡(105)有明顯的差距,顯示臺灣的數學教育仍然隱含著許多值得關心的議題。

❖表 3.1　臺灣與參照國家數學素養排名、整體、不同性別與各百分等級表現對照

國家	排名	全部學生		性別差異			百分等級					
		平均數	標準差	男學生	女學生	差異 (男－女)	5th	10th	25th	75th	90th	95th
臺灣 2012	4	560	116	563	557	5	363	402	478	645	703	738
臺灣 2009	5	543	105	546	541	5	366	405	471	618	675	709
臺灣 2006	1	549	103	556	543	13	373	409	477	625	677	707
上海	1	613	101	616	610	6	435	475	546	685	737	765
新加坡	2	573	105	572	575	-3	393	432	501	650	707	737
香港	3	561	96	568	553	**15**	391	430	499	629	679	709
韓國	5	554	99	562	544	**18**	386	425	486	624	679	710
澳門	6	538	94	540	537	3	379	415	476	605	657	685
日本	7	536	94	545	527	**18**	377	415	473	603	657	686
列支敦斯登	8	535	95	546	523	**23**	370	403	470	606	656	680
瑞士	9	531	94	537	524	13	374	408	466	597	651	681
荷蘭	10	523	92	528	518	**10**	367	397	457	591	638	665
芬蘭	12	519	85	517	520	-3	376	409	463	577	629	657
OECD 平均		494	92	499	489	**11**	343	375	430	558	614	645
OECD 整體		487	98	493	481	**12**	331	362	417	555	617	651

註:統計達顯著者標以粗體。

　　圖 3.7 呈現的是 PISA 2012 參與國家的數學平均表現和變異對應圖,圖中依據平均表現的高低(以 OECD 國家平均 494 分為決斷點)以及變異的高低(也就是百分等級 90 和百分等級 10 的平均差異分數,以 OECD 國家這兩個群體的差異 239 分為決斷點)將所有國家的表現進行分類,圖的上、下方分別代表平均

表現的高和低，圖的左、右方則代表變異大和小，雖然多數優秀國家皆落在高平均表現、高變異的區塊內，但臺灣是圖中最左側的一點，臺灣這兩個百分等級學生的平均差異為 301 分，是所有國家中差距最大的，彰顯了臺灣學生的數學表現變異幅度甚巨的隱憂。

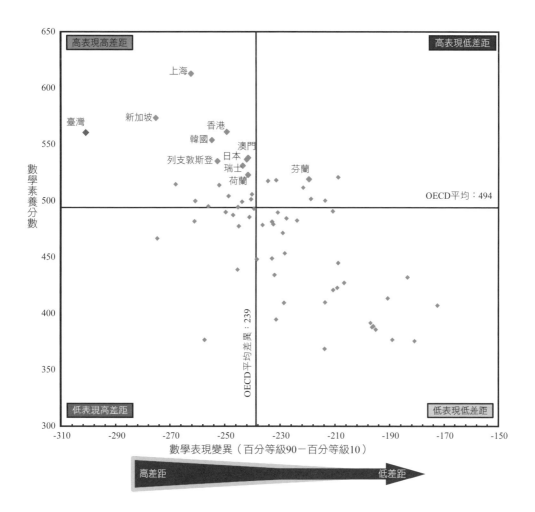

⊃ 圖 3.7　臺灣與參照國家數學素養表現的平均與變異

資料來源：OECD, PISA 2012 Database, Table I.2.3a.

　　若從不同性別來看，臺灣男學生的平均分數是 563，僅次於上海、新加坡、香港；臺灣女學生的平均分數為 557，僅次於上海和新加坡，但略優於香港。在整個 OECD 國家平均中，男女生的數學素養差距為 11 分。和一般人認為男性有數學優勢的刻板印象不同，65 個國家中僅有 37 個國家男學生的數學表現顯著比女學生好，而有 5 個國家則是女學生比男學生好。臺灣整體而言則是男學生略優於女學生 5 分左右，但未達顯著差異（請參見表 3.1 及圖 3.8）。

　　若從各百分等級的表現來看，臺灣百分等級 95 的學生平均 738 分，僅次於上海 765 分；百分等級 90 的學生平均 703 分，僅次於上海與新加坡；這顯示我國的高分群學生在 PISA 表現相當優異。反觀百分等級 5 和 10 的學生，在前十名的國家中，臺灣百分等級 5 的學生分數最低，而百分等級 10 的學生平均分數僅略高於第十名的荷蘭，顯示相較於參照國家的低分群，臺灣低分群學生的數學表現上更為低落（請參見表 3.1）。

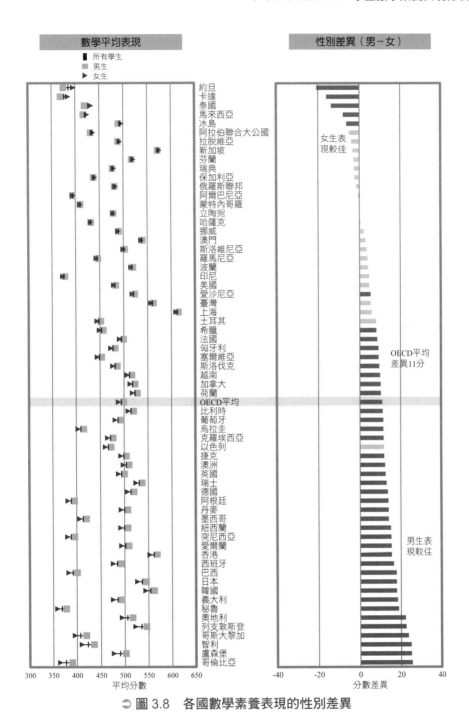

○ 圖 3.8　各國數學素養表現的性別差異

註：1. 深色的標示表示分數差異達顯著水準。2. 國家的排序是根據學生性別的數學成績差異（男－女）。

資料來源： OECD, PISA 2012 Database, Table I.2.3a.

（二）數學素養不同水準人數比率分配

PISA 將數學素養分成六個素養水準（參見表 3.2），以下就六個素養水準進行討論，並以 PISA 2012 排名前十名的國家作為參照比較。表 3.3 呈現的是臺灣與參照國家不同數學素養水準學生人數百分比對照。由表中可知，臺灣有 18% 的學生達到水準 6，也就是說，臺灣有近五分之一的學生達到國際界定的最高數學素養水準。在前十名的國家中，只有上海、新加坡、臺灣、香港和韓國五個國家在這最高水準的人數比率達 10% 以上，其中上海和新加坡分別有 30% 以及 19%，學生人數比率略高於臺灣；香港及韓國在這個水準的學生比率則各約有 12%。相對於 OECD 國家平均的 3.3%，我們優質的學生比率是相當高的，但是仍然有再強化的空間。

❖表 3.2　六個數學素養水準的摘要描述

水準	最低分數	該水準或以上的臺灣學生人數百分比	學生典型表現
6	669	18.0%	在水準 6 中，學生可以將其在複雜問題情境中探索及建模出來的訊息進行概念化、類推化並且運用，而且能夠在非標準化的情境脈絡中善用他們的知識。他們可以連結不同的訊息來源以及表徵，並且遊刃有餘。在此水準的學生能夠進行進階的數學思考以及推理。這些學生能夠應用這些洞察及了解，伴隨著其對符號化以及形式化數學運作及關係的精熟，進一步發展新的方法及策略來處理陌生情境。此水準的學生能夠反思他們的行動，能根據他們的發現、詮釋、論證，及其與原情境的適切性，來形成並且明確地溝通他們的行動及反思。
5	607	37.2%	水準 5 的學生可以針對複雜情境發展和運用模型、確認限制以及進行假設。他們可以選擇、比較並且評估適切的問題解決策略來處理複雜的問題。此水準的學生可以有策略地運用廣泛、發展精良的思維以及推理技巧、適切的連結表徵、符號化以及形式化特徵，以及適用這些情境的洞察。他們開始會反思他們的運作並且能形成以及溝通他們的詮釋與推理。

❖表 3.2　六個數學素養水準的摘要描述（續）

水準	最低分數	該水準或以上的臺灣學生人數百分比	學生典型表現
4	545	56.9%	水準 4 的學生可以針對複雜、具體情境進行有效地運用明確的模型，這個情境可能包含了一些限制或者需要進行某些假設。這些學生可以選擇和整合不同的表徵，包括符號化，將其與真實世界情境進行連結。此水準的學生可以在簡單的情境脈絡中運用他們有限的技能並以某種程度洞察進行推理。他們可以基於他們的詮釋、論證和行動，進一步進行解釋與論證的建構和溝通。
3	482	74.0%	水準 3 的學生可以清楚執行試題中所描述的程序，包含需要後續的決定。他們的詮釋有足夠的基礎來進行一個簡單模型的建立或者簡單解題策略的選擇和應用。在此水準的學生能夠基於不同的訊息來源進行詮釋和運用表徵以及從中直接推理。他們通常會有一定的能力處理百分比、分數和小數，以及比例關係的運作。他們的解法顯示出他們已可從事基本的解釋和推理。
2	420	87.1%	水準 2 的學生在直接推論的脈絡中可以解釋和辨識情境，他們可以從單一來源中抽取出相關的訊息並且運用單一表徵模式。在此水準的學生可以應用基本算則、公式、程序或者慣例來解決包含整數的問題，也能夠進行結果的文字詮釋。
1	358	95.4%	水準 1 的學生可以回答熟悉脈絡中的問題，這些問題已經呈現出所有的相關資訊且問題也都被明確界定。他們可以根據明確情境裡的直接指示來找出訊息並且執行例行的程序。他們可以展現出明確的行動以及遵守給定的規範。

❖表 3.3　臺灣與參照國家不同數學素養水準學生人數百分比對照

國家	素養水準						
	未達 1 （未達 357.77）	1 (357.77~ 420.07)	2 (420.07~ 482.38)	3 (482.38~ 544.68)	4 (544.68~ 606.99)	5 (606.99 ~669.30)	6 （超過 669.30）
臺灣 2012	4.5	8.3	13.1	17.1	19.7	19.2	18.0
臺灣 2009	4.2	8.6	15.5	20.9	22.2	17.2	11.3
臺灣 2006	3.6	8.3	14.3	19.4	22.4	20.1	11.8
上海	0.8	2.9	7.5	13.1	20.2	24.6	30.8
新加坡	2.2	6.1	12.2	17.5	22.0	21.0	19.0
香港	2.6	5.9	12.0	19.7	26.1	21.4	12.3
韓國	2.7	6.4	14.7	21.4	23.9	18.8	12.1
澳門	3.2	7.6	16.4	24.0	24.4	16.8	7.6
日本	3.2	7.9	16.9	24.7	23.7	16.0	7.6
列支敦斯登	3.5	10.6	15.2	22.7	23.2	17.4	7.4
瑞士	3.6	8.9	17.8	24.5	23.9	14.6	6.8
荷蘭	3.8	11.0	17.9	24.2	23.8	14.9	4.4
芬蘭	3.3	8.9	20.5	28.8	23.2	11.7	3.5
OECD 平均	8.0	15.0	22.5	23.7	18.2	9.3	3.3
OECD 整體	9.1	16.9	23.3	22.2	16.5	8.6	3.3

　　臺灣在數學素養水準 5 的比率則有 19.2%，和水準 6 的比率接近。PISA 將水準 5 和 6 視為高分群，若合併這兩個水準來看，臺灣則有 37.2% 的學生屬於國際界定的高分群，僅次於上海 55.4% 以及新加坡的 40%，而 OECD 國家平均則有 12.6%。水準 4 是臺灣學生最多人達到的水準，比率為 19.7%，換句話說，臺灣水準 4 以上（含）的學生比率接近 57%，相對於 OECD 平均的 30.8%，臺灣學生兩個就有超過一個的數學表現在這個水準之上。而臺灣學生在水準 3 的人數比率約為 17.1%，整體而言，臺灣學生在水準 3、4、5、6 這四個較高素養水準的人數比率相當接近。OECD 國家平均在水準 3 以上的人數比率為 54.5%，上海則是 88.7%、新加坡和香港則均為 79.5%，臺灣則約為 74%。

　　為能充分參與現代社會，數學素養水準 2 被視為是數學精熟度的基準線（請參見圖 3.9），有四個國家超過 90% 的學生比率在水準 2 以上，分別是上海、香港、新加坡以及韓國。臺灣則有 87.1%，顯示根據這個基準線，臺灣還有 12.9% 的學生（亦即水準 1 和未達水準 1 的人數比率），他們的數學素養仍亟待強化，這個弱勢群的比率，在前七名的亞洲國家中，臺灣是最高的，顯示臺灣應該正視

這群弱勢學生的學習狀況，積極研議有效的補救之道。

　　表 3.4 和表 3.5 呈現的是臺灣與參照國家不同數學素養水準男、女學生人數百分比對照，由這兩個表可以看出在 OECD 平均、全體參與國家的水準 5 或 6（高分群）當中，男學生均比女學生有較高的人數比率；臺灣與參照國家也幾乎是這個趨勢（上海和列支敦斯登例外，其水準 5 的女學生比率略高於男學生），臺灣男學生分別均有 20.0% 的人數比率屬於水準 5 和 6，女學生在這兩個水準的比率則分別為 18.3% 和 16.1%。相反的，在 OECD 平均、全體參與國家的水準 3 以下（含），則以女生的比率較高。在低分群，也就是水準 1 和未達水準 1 部分，臺灣則是男學生的比率高於女學生，男學生未達水準 1 和水準 1 的比率各為 5.3% 與 9.0%，女學生則分別是 3.7% 與 7.7%。綜上而言，臺灣學生數學表現的個別差異越來越大可以從標準差（116）看出來，高分群的比率（37.1%）雖然不少，但弱勢群的比率（12.9%）也不容小覷，其中，又以男學生的個別差異（121）最大，更為兩極化（高分群 40% vs. 低分群 14.3%）（請參見圖 3.10）。

❖ 表 3.4　臺灣與參照國家不同數學素養水準男學生人數百分比對照

國家	素養水準						
	未達 1 （未達 357.77）	1 (357.77~ 420.07)	2 (420.07~ 482.38)	3 (482.38~ 544.68)	4 (544.68~ 606.99)	5 (606.99 ~669.30)	6 （超過 669.30）
臺灣 2012	5.3	9.0	12.3	14.6	18.8	20.0	20.0
臺灣 2009	4.7	8.6	15.1	19.2	21.5	18.4	12.6
臺灣 2006	3.7	7.8	13	18.5	22.3	21.5	13.2
上海	1.0	2.9	7.6	12.8	18.9	23.9	32.8
新加坡	2.9	6.8	12.4	16.6	21.0	20.4	19.9
香港	2.7	5.8	11.5	17.8	24.2	22.6	15.3
韓國	2.9	6.3	13.3	19.5	22.7	19.9	15.5
澳門	3.7	7.8	15.5	23.4	23.5	17.9	8.2
日本	3.3	7.6	15.2	21.9	24.2	17.9	9.9
列支敦斯登	2.1	9.1	14.0	24.5	23.1	17.0	10.2
瑞士	3.5	8.3	16.4	23.5	24.4	15.9	8.0
荷蘭	3.4	10.4	17.5	23.7	23.5	16.1	5.3
芬蘭	4.0	10.0	20.4	26.8	22.4	12.1	4.2
OECD 平均	7.9	14.2	21.4	23.2	18.7	10.5	4.2
OECD 整體	8.9	16.3	22.0	21.7	17.3	9.7	4.2

❖表 3.5　臺灣與參照國家不同數學素養水準女學生人數百分比對照

國家	素養水準						
	未達 1 （未達 357.77）	1 (357.77~ 420.07)	2 (420.07~ 482.38)	3 (482.38~ 544.68)	4 (544.68~ 606.99)	5 (606.99 ~669.30)	6 （超過 669.30）
臺灣 2012	3.7	7.7	14.0	19.5	20.6	18.3	16.1
臺灣 2009	3.6	8.7	16.0	22.7	22.9	16.1	10.0
臺灣 2006	3.6	8.9	15.7	20.4	22.5	18.6	10.2
上海	0.7	2.9	7.4	13.4	21.4	25.2	29.0
新加坡	1.4	5.3	12.0	18.6	22.9	21.6	18.1
香港	2.4	6.1	12.6	21.9	28.2	20.1	8.7
韓國	2.6	6.5	16.2	23.6	25.3	17.5	8.3
澳門	2.7	7.3	17.5	24.6	25.5	15.6	6.9
日本	3.0	8.2	18.9	27.7	23.2	13.9	5.2
列支敦斯登	5.1	12.3	16.6	20.6	23.4	17.9	4.2
瑞士	3.6	9.5	19.2	25.5	23.4	13.4	5.5
荷蘭	4.3	11.5	18.4	24.8	24.1	13.6	3.3
芬蘭	2.6	7.8	20.6	30.9	24.0	11.3	2.8
OECD 平均	8.1	15.8	23.6	24.3	17.7	8.2	2.4
OECD 整體	9.4	17.6	24.6	22.8	15.7	7.4	2.4

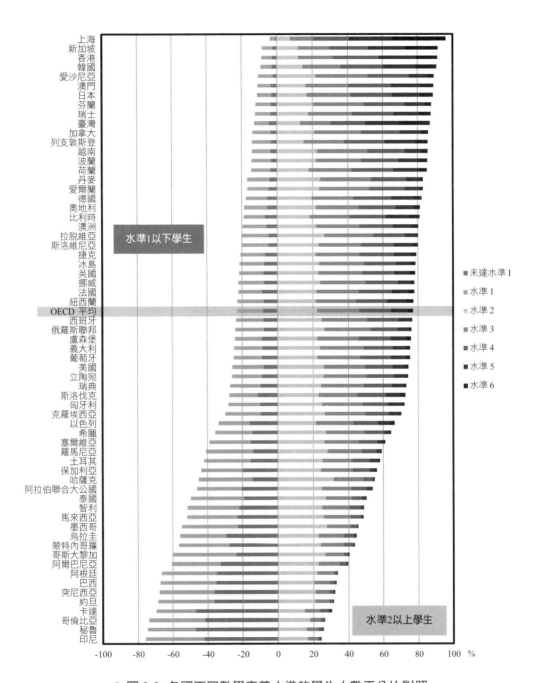

⇒ 圖 3.9 各國不同數學素養水準的學生人數百分比對照

資料來源：OECD, PISA 2012 Database, Table 1.2.1a.

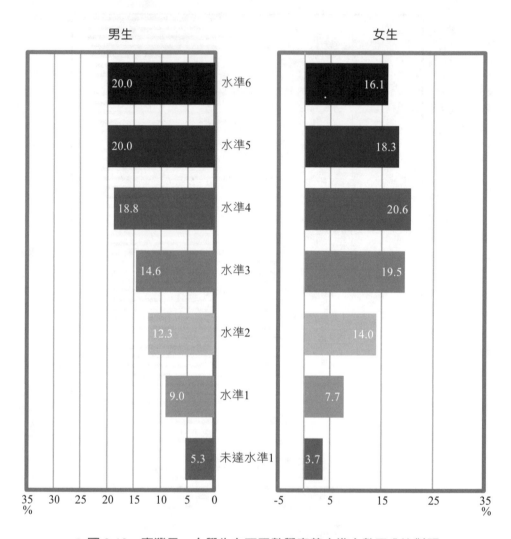

◯ 圖 3.10　臺灣男、女學生在不同數學素養水準人數百分比對照

資料來源：OECD, PISA 2012 Database, Table I.2.2a.

二　學生在不同數學歷程分測驗的表現與性別差異

　　在第二部分中，將針對學生在三個數學歷程分測驗（形成、應用以及詮釋）進行探討。一般而言，分測驗分數和全測驗的分數有高度的相關，學生在數學分測驗的表現和全測驗的表現雷同。然而，觀察分測驗和全測驗的關係時，國家間存有變異，這個變異可能反映出國家間課程強調上的差異。

　　如同本章第一節的討論，PISA 2012 的每一個數學試題都被歸類至某一個數學歷程類別，即使該試題可能同時包含多個歷程。大約有四分之一的試題被歸為「形成數學情境」歷程，約二分之一的試題被歸為「應用數學概念、事實、程序以及推理」歷程，剩餘的四分之一則是強調「詮釋、應用以及評鑑數學結果」歷程。

(一) 學生在「形成數學情境」分測驗的表現

　　個體為了使用他們的數學知識和技能來解決問題，他們往往先要將問題轉譯成一種數學可處理的形式。PISA 架構稱這個歷程為「形成數學情境」。

　　學生在 PISA 的評量中可能需要辨識或引入簡化的假設，這將有助於數學題目的分析。透過辨識問題的哪些面向和解答有關，以及哪些可以忽略，他們必須辨認問題的文字、圖像、關係或其他問題特徵，並且需要以適當的方式表達相關的訊息，例如以數值計算的形式，或者是一個代數式。這個歷程有時稱為「轉譯」問題，通常是將真實世界的觀點轉換成一個數學上的問題。例如，在某些有關運動形式（例如使用公共交通或騎單車旅行）的問題，學生可能需要知道運用「速度」概念作為參照，並理解這是指行進距離與給定時間之間的關係，也可能運用到公式：速度 = 距離／時間，來給予問題明確的數學形式的一個重要步驟。

　　圖 3.3 中列出的樣本試題中，被歸為此類的題目包含旋轉門問題 2 和問題 3，以及攀登富士山問題 1 和問題 2。圖 3.11 呈現的即是「形成數學情境」分測驗的六個能力水準的摘要描述，表 3.7 則是臺灣與參照國家在此分測驗各能力水準的學生人數百分比對照。

水準	學生能做什麼
6	水準 6（含）以上的學生能應用各式各樣的數學內容知識進行情境脈絡中的資料或資訊、幾何圖案或物體的轉換和表徵，成為數學的形式，以便深入探究。在這個水準的學生能應用和遵循多步驟策略，其中涉及重要的建模步驟以及延伸的計算，來形成並解決複雜真實生活問題。例如，在各種情況下涉及材料和成本的計算，或找出地圖上不規則區域的面積；從情境脈絡的資訊中（如有關旅遊時間、距離和速度）辨識哪些資訊是相關的（和哪些是不相關的），並用公式列出它們之間適切的關係；跨多個關聯變項應用推理來設計適當的資料呈現方式，以利於進行適切的比較；以及應用代數方程式表徵已知的情境脈絡。
5	在這個水準的學生能應用他們在數學領域的各種知識，從問題情境中轉換資訊或資料成為數學形式。他們可以從涉及多個變項的不同表徵中，將資料轉換成適合於數學處理的形式。他們能列出及修改變項間關係的代數運算式；有效的使用比例推理方式設計出計算方法；從不同的來源蒐集資訊，形成並解決涉及幾何物體、特徵和性質的問題，或是分析幾何圖案或關係，並以標準的數學術語加以表達；根據改變的脈絡情況轉換已知的模型；以文字描述的方式列出連續的計算過程；以及活化統計概念，如隨機或抽樣，並且應用機率來形成模式。
4	在水準 4 的學生能從相關的表徵（例如，一張表格及一張地圖，或電子試算表及繪圖工具）連結資訊和資料，並運用連續的推理步驟列出所需的數學運算式，用來執行計算或以其他方式解決情境問題。在這個水準的學生能夠從歷程的文字描述形成線性方程式（例如，在買賣的情境下），形成並應用成本對比來進行銷售物品的價格比較；對應給定的實體描述針對已知的圖形表徵進行辨識；以數學術語界定連續的計算過程；辨識某一情境的幾何特徵並使用其幾何知識和推理來分析問題，例如，估計面積或連結有關相似形的幾何情境脈絡時會對應到比例推理；當不同的限制適用時，能結合所需的多項決策規則或者進行計算；以及當脈絡資訊合理直接時能形成代數運算式，例如在計算時間時，連結距離和速度資訊。
3	在水準 3 的學生能辨識並從文字、表格、圖形、地圖或其他表徵中提取資訊和資料，並運用它們來表示數學關係，包含詮釋或改寫有關於應用情境的簡單代數運算式。在這個水準的學生能將簡單函數關係的文字描述轉換成數學形式，例如單位成本或費率；從涉及兩個以上步驟的策略連接到問題成分或探索成分的數學特徵；應用幾何概念和技能進行推理，來分析組型或者辨識形狀或特定地圖位置的屬性，或需要辨識資訊以執行某些相關的計算，包括涉及簡單比例模型或推理的計算；以及理解和連結機率的陳述來形成機率的計算，例如在製造流程或醫療測試的情境脈絡中進行機率相關的處理。

⊃ 圖 3.11　數學形成分測驗的六個能力水準摘要描述

水準	學生能做什麼
2	在這個水準中，學生能了解簡單流程和作業的相關書面說明和資料，進而以數學形式來加以表達。他們可以使用文本或表格中的資料（例如，提供某些產品或服務的成本資訊）以便形成所需的運算，例如，辨識一段時間長度，或呈現成本的比較，或計算平均數；分析一個簡單的組型，例如，藉由形成計數規則或辨識與延伸數字序列；有效地處理不同的二維和三維物體或情境的標準表徵，例如發展策略來搭配某個表徵與其他比較不同的場景，或使用標準慣例辨識數學的隨機試驗結果。
1	在這個水準中，學生能辨認或修改並使用明確簡單的情境脈絡模型，能從幾個這樣的模型之中進行選擇以搭配情境。例如，他們可以在購物情境中擇一使用加法和乘法模型；從多個二維物體中選擇一個來表徵熟悉的三維物體；以及從幾個統計圖表中選出一個可以表徵人口增長情形。

➲ 圖 3.11　數學形成分測驗的六個能力水準摘要描述（續）

　　OECD 國家在「形成數學情境」分測驗的平均得分為 492 分。這個分數略低於整體數學的平均得分（494），這顯示，對於 OECD 國家的學生而言，要求其形成數學問題是相對比較困難的作業。這可能是因為大多數在校學生處理的數學問題，已經被「轉譯」成數學形式。而相對於 OECD 國家的結果，在高表現國家或者經濟體而言，學生在「形成」歷程分測驗的表現相對高出國家整體數學平均得分，上海、新加坡、香港、韓國、澳門、瑞典和荷蘭分別高出 4 到 12 分不等，而臺灣在這個分測驗的得分高出整體數學平均得分（19）最多，其次是日本（18），顯示臺灣學生將真實情境問題「轉譯」成數學形式是相對容易的作業。在這個分測驗當中，表現最好的幾個國家依序是：上海（624）、新加坡（582）、臺灣（578）、香港（568）、韓國（562）；臺灣在此分測驗的表現位居第三名，但和第二名的新加坡、第四名的香港未達顯著差異。

　　針對性別差異來看，跨整個 OECD 平均而言，男學生在「形成」分測驗比女生高約 16 分，臺灣男學生在此分測驗大約比女學生得分高 11 分，在與參照國家對照之下，比上海（8）、澳門（9）有較大的差距，但相對於香港、韓國、日本、列支敦斯登、瑞士以及荷蘭，這樣的差距略小。新加坡是唯一女學生得分高於男學生的國家，但僅有 1 分的差距（請參見表 3.6）。

❖表 3.6 臺灣與參照國家數學形成分測驗排名、整體、不同性別與各百分等級表現對照

國家	排名	全部學生		性別差異			百分等級					
		平均數	標準差	男學生	女學生	差異(男－女)	5th	10th	25th	75th	90th	95th
臺灣	3	578	137	584	573	11	345	393	482	678	751	791
上海	1	624	119	629	620	**8**	413	462	547	710	769	807
新加坡	2	582	122	581	582	-1	374	419	496	670	737	773
香港	4	568	115	579	557	**22**	369	415	493	649	711	744
韓國	5	562	111	573	550	**22**	377	417	487	642	704	738
澳門	7	545	112	549	540	**9**	360	400	471	623	685	721
日本	6	554	110	563	544	**19**	370	410	481	631	695	730
列支敦斯登	9	535	101	548	520	**28**	362	395	467	608	665	698
瑞士	8	538	104	548	528	**20**	361	402	468	611	672	707
荷蘭	10	527	101	535	519	**16**	358	393	455	600	657	689
芬蘭	11	519	97	520	518	2	359	393	453	585	645	678
OECD 平均		492	101	499	484	**16**	327	362	421	562	624	660
OECD 整體		485	108	493	477	**16**	315	348	407	559	629	670

註：統計達顯著者標以粗體。

❖表 3.7 臺灣與參照國家數學形成分測驗不同水準學生人數百分比對照

國家	素養水準						
	未達 1(未達357.77)	1(357.77~420.07)	2(420.07~482.38)	3(482.38~544.68)	4(544.68~606.99)	5(606.99~669.30)	6(超過669.30)
臺灣	6.1	7.8	11.1	14.2	16.4	17.1	27.3
上海	1.8	3.7	7.0	11.9	17.2	20.5	37.9
新加坡	3.7	6.5	11.6	15.6	18.5	18.8	25.3
香港	4.2	6.5	11.9	16.8	21.5	19.9	19.2
韓國	3.5	7.1	13.4	19.2	21.5	18.1	17.4
澳門	4.8	8.7	14.9	20.3	21.3	16.9	13.0
日本	4.0	7.6	13.6	20.7	21.5	17.1	15.3
列支敦斯登	4.5	9.5	16.9	21.1	23.1	15.7	9.2
瑞士	4.7	8.5	16.0	22.1	22.5	15.6	10.5
荷蘭	4.9	10.7	17.4	22.5	21.6	15.1	7.6
芬蘭	4.9	10.7	19.8	25.1	21.1	12.5	6.1
OECD 平均	10.3	15.6	21.3	21.6	16.6	9.5	5.0
OECD 整體	11.8	17.2	21.8	20.3	15.0	8.8	5.1

(二)學生在「應用數學概念、事實、程序以及推理」分測驗的表現

針對 PISA「應用數學概念、事實、程序以及推理」，學生必須辨識他們的「數學工具箱」裡哪一個元素和提出的問題（或者是他們已經形成的問題）有關，並將知識以有系統、有組織的方式應用到解法之中。例如，關於搭乘公共交通工具或騎單車旅遊的問題，一旦了解相關問題的基本關係，並且運用適當的數學型態表示之後，學生可能需要執行計算、將數值代入公式、解方程式，或者應用他們繪圖的規約來提取資料或者以數學性的方式表徵訊息。

圖 3.3 中列出的樣本試題中，被歸為此類的題目包含旋轉門問題 1 和哪一輛車？問題 2 和問題 3、車庫問題 2、攀登富士山問題 3、唱片排行榜問題 5，以及小清騎單車問題 1、問題 2 和問題 3。

圖 3.12 呈現的即是「應用數學概念、事實、程序以及推理」分測驗的六個能力水準的摘要描述，而表 3.9 則是臺灣與參照國家在此分測驗六個能力水準的學生百分比對照表。

水準	學生能做什麼
6	水準 6（含）以上的學生能使用各種數學領域中豐富的知識和程序技能。他們能夠形成並遵循多步驟的策略解決涉及多個階段的問題；以連結的方式跨多個問題成分應用推理；建立並解決多個變項的代數方程式；產出相關的資料和資訊來探究問題，例如使用電子試算表來排序和分析資料；以數學證明自己的結果和解釋結論，並以結構良好的數學論證來支持結果。在水準 6 的學生解題執行始終都是清晰、準確的。
5	在水準 5 的學生能運用多種不同的知識和技能來解決問題。他們能夠靈敏地將圖形和圖表形式的訊息連結到文本訊息；能夠在定義良好而且其明確限制的情況下，應用空間和數值推埋技巧表達和運作簡單的模型。他們通常有系統的執行解題，例如為了探索組合的結果，能夠在少量的推理步驟和過程中維持準確性。他們一般都能勝任各式的處理，能夠處理公式和使用比例推理，並且能夠處理與轉換以各種形式呈現的資料。
4	在水準 4 的學生能從情境脈絡的材料中辨識出相關的資料和資訊，並用它來執行作業，例如計算距離、使用比例推理來推出比例因素、轉換不同的單位到共同的量尺上，或將不同的圖形量尺彼此互相關聯。他們能夠靈活的處理距離—時間—速度關係，並能進行連續的算術計算。他們能夠使用並遵循簡單的策略以及描述代數方程式。

⊃ 圖 3.12 數學應用分測驗的六個能力水準摘要描述

水準	學生能做什麼
3	水準 3 的學生通常擁有良好的空間推理能力，例如使用圖形的對稱性質、辨認出以圖形形式呈現的組型，或使用角度概念解決幾何問題。在這個水準的學生能夠連結兩個不同的數學表徵，例如表格或統計圖中的資料，或以圖形表徵的代數式，能理解某一資料的改變對另外一個資料所造成的影響。他們能夠處理百分比、分數和小數以及比例關係。
2	在水準 2 的學生能運用少量的推理步驟，直接利用給定的資訊來解決問題，例如執行簡單的計算模型、辨識計算錯誤、分析距離—時間的關係，或分析一個簡單的空間組型。在這個水準的學生能理解小數的位值概念，並且能運用這種理解來比較熟悉情境中的數；正確將數值代入簡單的公式；從已知的圖形中辨認出百分比與圖形的正確對應，並運用推理能力來理解和探索各種不同資料的圖形表徵；及能理解簡單的機率概念。
1	在水準 1 的學生能辨識涉及真實生活情境下的簡單資料，例如出現在結構化表格，或是在文字與資料標籤直接對應的廣告；他們能執行實際作業，例如將錢幣金額兌換成較小的面額組合；從解題策略明顯的文本訊息中運用直接推理來解決給定的問題，特別是在所需的數學程序性知識可能有限的時候，例如整數的算術運算、整數的排序和比較；了解繪圖技巧和習慣用法；使用對稱性質來探索一個圖形的特徵，例如邊長和角度的比較。

⊃ 圖 3.12　數學應用分測驗的六個能力水準摘要描述（續）

　　OECD 所有國家在「應用」歷程分測驗所得到的平均得分為 493 分，和整體數學的平均得分相同，這反映出應用數學概念、事實、程序以及推理是學校數學教學的核心。這個分測驗的題數占了 PISA 2012 數學全測驗題庫的半數。表現最優秀的國家，依序為上海（613）、新加坡（574）、香港（558）、韓國（553）、臺灣（549）、列支敦斯登（536）、澳門（536）、日本（530）。臺灣在此一分測驗位居第五，和第四名的韓國未達顯著差異。絕大多數參與國家和經濟體的平均得分略高於國家整體數學平均得分 5 分左右。但臺灣在「應用」得分略低於臺灣整體數學平均得分 11 分，顯示對臺灣學生而言，多數在這個歷程上有困難。

　　針對 OECD 國家平均而言，男學生在「應用」分測驗比女生高約 9 分，臺灣男學生在此分測驗的表現只比女學生得分高出 4 分，就各個參照國家來看，列支敦斯登、日本和韓國分別有 18、17 分的性別差距，澳門的性別差距最小（2

分），其次是上海（3分），從上述的數據來看，臺灣學生在此一歷程表現的性別差異不大。和形成分測驗相同，新加坡是唯一女學生得分顯著高於男學生的國家，在應用歷程分測驗有 6 分的差距（請參見表 3.8）。

❖表 3.8　臺灣與參照國家數學應用分測驗排名、整體、不同性別與各百分等級對照

國家	排名	全部學生		性別差異			百分等級					
		平均數	標準差	男學生	女學生	差異（男－女）	5th	10th	25th	75th	90th	95th
臺灣	5	549	110	551	547	4	359	398	473	630	683	715
上海	1	613	93	614	611	3	447	486	553	679	726	752
新加坡	2	574	98	571	577	**-6**	404	441	507	645	696	724
香港	3	558	89	563	552	**11**	396	438	501	620	666	690
韓國	4	553	95	561	544	**17**	395	430	489	620	672	700
澳門	6	536	90	537	535	2	386	421	478	598	646	672
日本	8	530	90	539	521	**17**	376	412	471	595	645	673
列支敦斯登	7	536	94	545	527	**18**	374	407	469	608	654	685
瑞士	9	529	90	534	525	**9**	377	411	468	593	644	675
荷蘭	13	518	88	522	515	**8**	367	398	457	584	628	650
芬蘭	15	516	81	514	517	-3	380	411	463	571	619	646
OECD 平均		493	91	498	489	**9**	343	375	431	557	611	641
OECD 整體		486	97	491	480	**10**	329	360	417	554	614	646

註：統計達顯著者標以粗體。

❖表 3.9　臺灣與參照國家數學應用分測驗不同水準人數百分比對照

國家	素養水準						
	未達 1 （未達 357.77）	1 (357.77~ 420.07)	2 (420.07~ 482.38)	3 (482.38~ 544.68)	4 (544.68~ 606.99)	5 (606.99~ 669.30)	6 （超過 669.30）
臺灣	4.9	8.9	13.7	18.2	21.6	19.5	13.3
上海	0.6	2.2	6.7	13.3	21.1	26.9	29.3
新加坡	1.7	5.2	11.4	18.3	23.8	22.4	17.2
香港	2.0	5.5	11.8	21.0	28.5	21.9	9.2
韓國	2.3	6.0	14.5	22.4	25.0	19.2	10.5
澳門	2.7	7.1	16.7	25.3	26.4	16.2	5.5
日本	3.3	8.1	17.8	25.6	24.4	15.3	5.5
列支敦斯登	3.0	10.3	16.6	20.9	23.6	18.3	7.4
瑞士	3.2	8.5	18.4	25.2	24.6	14.4	5.7
荷蘭	4.0	10.5	19.2	24.2	25.5	13.9	2.6
芬蘭	2.8	9.1	21.4	30.5	23.1	10.7	2.4
OECD 平均	8.1	14.6	22.4	24.1	18.6	9.3	2.8
OECD 整體	9.6	16.5	23.1	22.7	16.7	8.6	2.8

(三)學生在「詮釋、應用以及評鑑數學結果」分測驗的表現

　　在詮釋數學結果時，學生需要將這些結果與原來的情境進行連結。例如，在一個需要謹慎詮釋統計圖資料的問題中，學生可能要進行物件之間的連結或者統計圖中關係的預測；在關於搭乘公共交通工具或騎單車旅遊的問題，一旦了解相關問題的基本關係，並且運用適當的數學型態進行表示以及執行某些數學歷程來產生結果之後，學生需要針對原始問題將這些結果進行評鑑，或者可能需要呈現這些所獲得的數學訊息和問題的情境脈絡元素有何關聯。

　　圖 3.3 中列出的樣本試題中被歸為此類的題目，包含唱片排行榜問題 1 和問題 2，哪一輛車？問題 1，以及車庫問題 1。圖 3.13 呈現的即是「詮釋、應用以及評鑑數學結果」分測驗的六個能力水準的摘要描述，而表 3.11 即為臺灣與參

照國家在此分測驗各能力水準的學生人數百分比分布摘要。

水準	學生能做什麼
6	水準6（含）以上的學生能以分析的方式連結多重而複雜的數學表徵來辨識和提取資料和資訊，進一步回答情境式的問題，並且能夠以書寫的形式提出他們的解釋和結論。例如，學生可以解釋不同情境條件關聯的兩個時間序列的圖形；或連結圖形與數值形式（如價格計算器）所呈現的關係，或連結試算表與圖形所呈現的關係，以提出有關情境條件的論述或結論。在這個水準的學生能夠應用數學推理於呈現的資料和資訊，以產生建立支持結論的相關步驟與關係（例如，使用比例尺資訊來分析地圖；分析複雜的代數公式和表徵變數間的關係；將資料轉變到新的時段；執行三方貨幣轉換；使用資料產生工具來找出回答問題所需的資訊）。在這個水準的學生能夠跨諸多不同問題成分，或在情境中跨不同問題蒐集、分析資料及其解釋，呈現出深度的洞察力和持續的推理能力。
5	在水準5的學生能根據對情境脈絡數學資訊的解釋，結合諸多歷程以便形成結論，例如形成或修改模型、解出一個方程式或執行計算，以及使用許多推理步驟來連結已識別的情境脈絡成分。在這個水準的學生能在情境與數學之間建立關聯，如涉及空間或幾何概念以及複雜的統計和代數概念。他們能輕易的解釋和評鑑一組合理的數學表徵，例如圖形，以辨識何者最能反映出分析後的情境成分。此水準的學生已經開始發展以書面形式溝通結論和解釋的能力。
4	在水準4的學生能應用適當的推理步驟（可能是多重步驟）從複雜的數學情境中提取資訊以及解釋繁複的數學物件，包括代數式。他們能解釋複雜的圖形表徵來辨識回答問題所需的資料或資訊；執行運算或資料操弄（例如在試算表中進行），以便產生其他所需的資料來決定是否符合限制的條件（例如測量條件或大小比較）；能解釋簡單的統計或機率的描述，例如在公共交通運輸或健康醫療的檢驗說明等情境下，針對該描述的意義與隱含在情境中的問題進行連結；針對一個改變的限制，構思計算程序需要的改變；以及分析兩組資料樣本（例如涉及製造過程），用來比較和提出及發表結論。
3	在水準3的學生開始能夠使用推理，包括空間推理，來支持他們對數學資訊所提的解釋，以便能對情境的特性進行推論。他們能有系統的組合多個推理步驟，來對數學和情境的材料做出各種相互的連結，或者當需要強調情境的不同面向時，例如當圖形呈現兩組資料序列或表格包含兩個變項資料，這兩個變項必須積極地進行關聯以便支持結論。他們能夠檢驗並探索替代方案，使用推理來解釋改變一些觀察的變項可能產生的影響。他們在需要跨數個相關的案例進行系統性分析的情境下，能使用適當的計算步驟，來協助資料分析和支持結論及解釋的形成，包括涉及比例和比例推理的計算。在這個水準的學生可以解釋和分析相對陌生的資料，以支持他們的結論。

⇒ 圖 3.13　數學詮釋分測驗的六個能力水準摘要描述

水準	學生能做什麼
2	在水準 2 的學生能將問題的情境脈絡成分連結到數學，例如透過執行適當的計算或表格閱讀。在這個水準的學生可以跨數個類似個案進行反覆的比較：例如，他們能夠解釋長條圖來辨識並提取資料，以便應用比較的情況。他們也能夠應用基本的空間能力，將視覺化表示的情境與其數學成分進行連結；辨識並執行必要的計算，以支持跨多個情境的成本比較；他們能根據已知情境來解釋簡單的代數式。
1	在水準 1 的學生能解釋直接表達的資料或資訊，以回答情境所描述的問題。他們能在熟悉的情況下透過比較簡單的數量關係概念來解釋已知的資料（如「較大」、「更短的時間」、「兩者之間」），例如針對物體測量結果與已知的基準值進行評估，或針對兩種運輸方法的平均行走時間進行比較，或針對少量的相似物件的特性進行比較。同樣的，他們也能對時間表或行程表中的資料進行簡單的解釋，以確定其時間或事件。在這個水準的學生可能會對隨機性和資料解釋等概念有初步的了解，例如，辨識有關彩券中獎機會說明的合理性，理解標記良好的圖表中的數值和關係訊息，以及了解兩個關聯圖表之間的基本情境意涵。

⇨ 圖 3.13　數學詮釋分測驗的六個能力水準摘要描述（續）

　　在「詮釋」歷程分測驗，表現最優秀的國家，依序為上海（579）、新加坡（555）、香港（551）、臺灣（549）、韓國（540）、列支敦斯登（540）、日本（531）、澳門（530）。我們在此分測驗位居第四，但與第二、三名的新加坡、香港，以及第五名和第六名的韓國和列支敦斯登沒有達到統計顯著的差異。

　　OECD 所有國在「詮釋」歷程分測驗所得到的平均得分為 497 分，高於整體數學的平均得分 3 分，這指出對學生而言，找出詮釋的數學訊息在數學問題解決歷程當中相對比較容易，也許在學校數學課當中，數學結果的評鑑可能是比較常見的一部分。雖然跨 OECD 平均來看，此分測驗得分略高於整體平均得分，但對高表現國家或經濟體而言，並不是這樣的現象。高表現國家中在此分測驗得分略低於國家整體數學平均得分 10 分以下者包含瑞士、日本和澳門；10 到 20 分之間的包含了韓國、臺灣、香港和新加坡；而上海則差距 34 分；高表現國家中僅有荷蘭和列支敦斯登在此分測驗得分相對高於國家整體平均分數。這顯示詮釋分測驗的表現似乎和整體數學表現的相關並不清楚。在 PISA 2012 結果中，有 9 個國家，在這分量表得分至少高於國家整體平均分數 10 分以上，而另外的 9 個國家則至少低於整體平均分數 10 分以上。後者包括五個表現最好的國家（香

港、臺灣、韓國、新加坡和上海）。因此，就臺灣而言，我們在詮釋這部分的歷
程表現稍弱，顯示臺灣學生在對數學結果「有感」的部分仍須再強化。

　　臺灣男學生在此分測驗大約比女學生得分高 3 分，OECD 國家平均的男學生
在「詮釋」分測驗比女生高約 9 分，在與參照國家相對照之下，僅比澳門的性別
差距（2 分）略大，但相對於上海、香港、韓國、日本、列支敦斯登、瑞士以及
荷蘭，這樣的差距略小。新加坡和芬蘭是在這個分測驗中女學生得分高於男學生
的國家，但新加坡僅有 5 分的差距，未達顯著水準；而芬蘭則有 11 分的顯著差
距（請參見表 3.10）。

❖表 3.10　臺灣與參照國家數學詮釋分測驗排名、整體、不同性別與各百分等級對照

國家	排名	全部學生		性別差異			百分等級					
		平均數	標準差	男學生	女學生	差異（男－女）	5th	10th	25th	75th	90th	95th
臺灣	4	549	105	550	548	3	366	407	478	625	680	710
上海	1	579	98	582	576	**7**	412	448	514	647	700	732
新加坡	2	555	106	553	557	-5	377	414	482	629	688	721
香港	3	551	93	557	545	**12**	385	425	492	616	666	696
韓國	5	540	98	545	535	10	373	412	476	609	662	693
澳門	8	530	92	530	529	2	374	409	469	594	645	674
日本	7	531	92	539	522	**17**	375	411	469	595	648	677
列支敦斯登	6	540	107	553	526	**27**	355	393	466	620	672	706
瑞士	9	529	101	535	523	**12**	357	396	462	600	655	687
荷蘭	11	526	100	530	521	**10**	357	389	455	599	653	682
芬蘭	10	528	88	523	534	**-11**	379	415	471	588	639	669
OECD 平均		497	98	502	492	**9**	335	370	430	565	622	655
OECD 整體		491	102	496	485	**11**	327	360	418	563	624	659

註：統計達顯著者標以粗體。

❖表 3.11　臺灣與參照國家數學詮釋分測驗不同水準人數百分比對照

國家	素養水準						
	未達 1 （未達 357.77）	1 (357.77~ 420.07)	2 (420.07~ 482.38)	3 (482.38~ 544.68)	4 (544.68~ 606.99)	5 (606.99~ 669.30)	6 （超過 669.30）
臺灣	4.2	7.9	14.2	19.6	22.9	18.9	12.3
上海	1.5	4.3	10.9	18.4	24.4	22.8	17.7
新加坡	3.3	7.7	14.0	19.8	22.7	18.6	14.0
香港	2.7	6.4	13.2	21.7	27.4	19.2	9.4
韓國	3.7	7.6	15.7	22.9	24.6	17.0	8.6
澳門	3.6	8.4	17.7	25.1	25.0	14.7	5.6
日本	3.4	8.5	17.6	25.1	24.3	15.0	6.1
列支敦斯登	5.2	9.4	15.1	19.3	21.2	19.1	10.6
瑞士	5.0	9.4	16.8	23.3	22.8	15.2	7.5
荷蘭	5.1	11.1	17.2	21.8	22.8	15.2	6.9
芬蘭	3.2	7.7	18.2	27.8	24.5	13.6	5.0
OECD 平均	8.8	14.3	21.1	22.9	18.5	10.2	4.2
OECD 整體	9.6	16.0	22.0	21.7	17.1	9.5	4.0

(四)臺灣以及參照國家在數學歷程分測驗表現的優點和缺點

綜合上述三個數學歷程分測驗的表現，圖 3.14 呈現的是臺灣及參照國家的整體數學表現平均得分，以及數學歷程各分測驗得分和整體分數的差距狀況。如圖所示，所有的歷程分測驗的表現都和整體表現平均得分進行對照，可以藉此針對這三個歷程表現的優缺點進行探討。

在圖中，臺灣學生在各個數學歷程表現中，「形成數學情境」歷程表現最好，顯示我們的學生將真實情境的問題轉換成一個數學問題有不錯的表現；而「詮釋、應用以及評鑑數學結果」表現最弱，則顯示學生在將數學結果與原情境進行連結或者反思時有待後續教學的強化。形成與詮釋這個歷程表現差距達 30

分，整個落差幅度僅次於上海（46 分）；上海和臺灣相同，也是形成歷程表現最好，詮釋最弱。而另一項值得關心的是，在排名前十名的國家中，臺灣是唯一應用歷程表現和整體表現平均落差幅度最高的，相差 11 分，其他國家在此歷程的表現的差異幅度都在 6 分以內。「應用數學概念、事實、程序以及推理」，學生必須辨識其所學的相關知識如何和問題有所關聯，並透過有系統、有組織的應用來得到數學解法。這顯示「應用」歷程的訓練上，臺灣未來可能需要再研擬更精緻的教學方案。

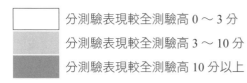

分測驗表現較全測驗高 0 ～ 3 分　分測驗表現較全測驗低 0 ～ 3 分
分測驗表現較全測驗高 3 ～ 10 分　分測驗表現較全測驗低 3 ～ 10 分
分測驗表現較全測驗高 10 分以上　分測驗表現較全測驗低 10 分以上

	平均數	不同歷程分測驗與全測驗的表現差異		
		形成	應用	詮釋
臺灣	560	19	-11	-11
上海	613	12	0	-34
新加坡	573	8	1	-18
香港	561	7	-3	-10
韓國	554	8	-1	-14
澳門	538	7	-2	-9
日本	536	18	-6	-5
列支敦斯登	535	0	1	5
瑞士	531	7	-2	-2
荷蘭	523	4	-4	3
芬蘭	519	0	-3	9
OECD 平均	494	-2	-1	3

⊃ 圖 3.14　臺灣與參照國家學生在不同歷程分測驗與全測驗表現的比較

資料來源：OECD, PISA 2012 Database, Tables I.2.3a, I.2.7, I.2.10 & I.2.13.

（五）數學歷程分測驗表現的性別差異

　　三個數學歷程在性別方面的差異，如同數學素養評量的整體表現，皆以男學生分數略高於女學生，但不同的數學歷程間仍有些變異。如表 3.6、表 3.8、表 3.10 所示，OECD 國家平均以形成分測驗的男女差距最大（16 分），應用以及詮釋分測驗較小（均為 9 分）。臺灣 15 歲學生在三個數學歷程分測驗的男女差距亦呈現相同組型，即男學生優於女學生，詮釋歷程表現的差異最小（3 分），形成歷程表現的性別差異最大（11 分），但三個數學歷程分測驗的性別差距皆小於 OECD 國家平均，其他參照國普遍以形成歷程表現差異最大，應用以及詮釋兩個分測驗的性別差異相若。同樣數學表現優質的亞洲國家當中，又以香港、韓國、日本的性別差異略大一些。

　　男女在三個數學歷程的表現差異，亦可就男女學生在不同素養水準的分配比率一窺究竟。表 3.12 至表 3.17 為臺灣與參照國家男女學生在三個數學歷程分測驗不同素養水準的學生人數比率。

　　以「形成」歷程為例，臺灣有 47.2% 的男學生屬於高分群，女學生則有 41.6%；表現最為突出的上海，屬於高分群的男學生比率為 59.4%，女學生高分群則為 57.5%；若僅觀察素養水準 6，男學生達到素養水準 6 的比率，僅上海與臺灣超過三成，臺灣與上海女學生達到水準 6 的比率分別為 24.3% 與 35.5%。對照「應用」歷程，臺灣 15 歲男、女學生有 35.2%、30.4% 為高分群；上海男、女學生高分群各占 56.5%、55.8%，顯示二地的男女學生在此數學歷程的差距較為嚴重。而在「詮釋」歷程，臺灣 15 歲男、女學生有 33.5%、29% 為高分群；上海男、女學生高分群各占 42.7%、38.4%。若僅分析素養水準 6，在應用與詮釋這兩個數學歷程分測驗中，上海、新加坡、臺灣、香港、韓國有 10% 以上的男學生達此水準，上海、新加坡與臺灣有 10% 以上的女學生達此水準。

　　除數學表現最優端的高分群比較之外，另一端的表現亦可看出男女的性別差距。以 OECD 國家平均而言，男、女學生未達水準 2 的弱勢群比率，女學生均比男學生略多，「形成數學情境」歷程的男、女弱勢群比率為 24.2%、27.8%；「應用數學概念、事實、程序以及推理」歷程，男、女學生弱勢群比率為 25.4%、26.9%；「詮釋、應用以及評鑑數學結果」歷程，男、女學生弱勢群比率為 22.5%、23.6%。臺灣男、女學生在形成歷程的弱勢群比率依序為 14.5%、

13.4%，在應用歷程的弱勢群比率為 15.2%、12.3%，在詮釋歷程的弱勢群比率分別為 13.5%、10.7%，性別差異情況與 OECD 國家平均相反。也就是說，臺灣男學生在三個數學歷程表現高分群的比率高於女學生，同樣的，弱勢群的比率亦高於女學生，可見男學生數學表現的個別差異比女生更為明顯。其中，形成與應用兩個數學歷程，相對於其他數學同樣表現優秀的參照國家，臺灣男學生弱勢群比率是最高的。

❖表 3.12　臺灣與參照國家數學形成分測驗不同水準男學生人數百分比對照

國家	素養水準						
	未達 1（未達357.77）	1（357.77~420.07）	2（420.07~482.38）	3（482.38~544.68）	4（544.68~606.99）	5（606.99~669.30）	6（超過669.30）
臺灣	6.6	7.9	10.0	12.8	15.4	16.9	30.3
上海	1.9	3.9	6.9	11.4	16.4	19.0	40.4
新加坡	4.4	7.0	11.4	15.0	17.6	18.2	26.4
香港	4.0	6.3	11.1	15.3	19.8	20.0	23.4
韓國	3.4	6.7	12.4	17.0	20.4	18.9	21.2
澳門	5.0	8.5	14.1	19.4	20.6	18.1	14.4
日本	4.2	7.0	12.0	18.8	21.5	18.3	18.1
列支敦斯登	3.0	7.3	16.1	22.0	23.2	15.8	12.6
瑞士	4.1	7.9	13.9	21.4	23.1	16.7	12.9
荷蘭	4.5	9.1	17.0	22.7	21.3	16.4	9.0
芬蘭	5.5	11.0	19.3	23.5	21.0	12.7	7.0
OECD 平均	9.6	14.6	20.3	21.4	17.3	10.6	6.2
OECD 整體	11.0	16.2	20.8	20.2	15.7	9.9	6.2

❖表 3.13 臺灣與參照國家數學形成分測驗不同水準女學生人數百分比對照

國家	素養水準						
	未達 1 （未達 357.77）	1 (357.77~ 420.07)	2 (420.07~ 482.38)	3 (482.38~ 544.68)	4 (544.68~ 606.99)	5 (606.99~ 669.30)	6 （超過 669.30）
臺灣	5.7	7.7	12.1	15.6	17.3	17.3	24.3
上海	1.7	3.5	7.2	12.3	17.9	22.0	35.5
新加坡	3.0	5.9	11.9	16.3	19.3	19.5	24.1
香港	4.3	6.8	12.8	18.5	23.4	19.9	14.3
韓國	3.5	7.5	14.5	21.7	22.7	17.2	12.9
澳門	4.6	9.0	15.7	21.3	22.0	15.8	11.7
日本	3.8	8.3	15.4	22.9	21.5	15.8	12.3
列支敦斯登	6.1	12.0	17.8	20.1	23.0	15.6	5.4
瑞士	5.2	9.1	18.1	22.8	22.0	14.6	8.2
荷蘭	5.4	12.5	17.9	22.4	22.0	13.8	6.1
芬蘭	4.1	10.4	20.3	26.7	21.2	12.2	5.1
OECD 平均	11.1	16.7	22.3	21.8	16.0	8.4	3.7
OECD 整體	12.7	18.2	22.8	20.4	14.3	7.6	3.9

❖表 3.14 臺灣與參照國家數學應用分測驗不同水準男學生人數百分比對照

國家	素養水準						
	未達 1 （未達 357.77）	1 (357.77~ 420.07)	2 (420.07~ 482.38)	3 (482.38~ 544.68)	4 (544.68~ 606.99)	5 (606.99~ 669.30)	6 （超過 669.30）
臺灣	5.7	9.5	12.7	16.2	20.7	20.3	14.9
上海	0.7	2.4	6.7	13.7	20.1	25.5	31.0
新加坡	2.2	5.9	12.2	17.2	22.8	22.0	17.7
香港	2.1	5.6	11.6	19.4	26.8	23.0	11.6
韓國	2.5	5.9	13.1	20.0	24.5	20.3	13.6
澳門	3.1	7.6	15.9	24.1	26.2	17.0	6.1
日本	3.7	7.5	15.7	23.3	25.2	17.2	7.5
列支敦斯登	2.0	9.1	15.8	21.1	24.4	18.4	9.2
瑞士	3.3	8.2	17.2	24.4	24.9	15.3	6.7
荷蘭	3.9	10.2	18.3	23.9	25.2	15.4	3.1
芬蘭	3.6	10.3	21.0	28.7	22.3	11.4	2.7
OECD 整體	9.5	15.9	21.7	22.3	17.4	9.7	3.5
OECD 平均	8.1	13.9	21.3	23.6	19.1	10.4	3.6

❖表 3.15　臺灣與參照國家數學應用分測驗不同水準女學生人數百分比對照

國家	素養水準						
	未達1 （未達 357.77）	1 (357.77~ 420.07)	2 (420.07~ 482.38)	3 (482.38~ 544.68)	4 (544.68~ 606.99)	5 (606.99~ 669.30)	6 （超過 669.30）
臺灣	4.0	8.3	14.6	20.2	22.5	18.7	11.7
上海	0.5	2.0	6.7	13.0	22.0	28.2	27.6
新加坡	1.0	4.4	10.7	19.4	24.9	22.9	16.7
香港	1.9	5.5	12.1	22.9	30.6	20.7	6.4
韓國	2.0	6.2	16.1	25.1	25.6	18.0	7.0
澳門	2.2	6.6	17.6	26.5	26.7	15.5	4.9
日本	3.0	8.7	20.1	28.1	23.6	13.1	3.3
列支敦斯登	4.1	11.6	17.4	20.6	22.7	18.3	5.3
瑞士	3.1	8.9	19.7	25.9	24.3	13.5	4.6
荷蘭	4.2	10.9	20.1	24.5	25.8	12.4	2.0
芬蘭	2.1	7.8	21.9	32.3	23.8	10.0	2.1
OECD 整體	9.7	17.2	24.5	23.0	16.0	7.5	2.1
OECD 平均	8.2	15.3	23.6	24.6	18.1	8.2	2.1

❖表 3.16　臺灣與參照國家數學詮釋分測驗不同水準男學生人數百分比對照

國家	素養水準						
	未達1 （未達 357.77）	1 (357.77~ 420.07)	2 (420.07~ 482.38)	3 (482.38~ 544.68)	4 (544.68~ 606.99)	5 (606.99~ 669.30)	6 （超過 669.30）
臺灣	5.1	8.4	13.3	17.6	22.2	20.0	13.5
上海	1.9	4.2	10.4	17.5	23.3	23.3	19.4
新加坡	4.3	8.4	13.7	18.6	22.2	18.3	14.4
香港	2.9	6.4	12.7	19.9	26.4	20.0	11.8
韓國	4.1	7.6	15.0	20.6	24.1	17.9	10.7
澳門	4.3	8.3	17.1	23.8	24.9	15.5	6.1
日本	3.5	7.8	16.0	22.9	24.6	17.2	8.0
列支敦斯登	2.9	8.5	14.2	20.2	21.3	19.8	13.1
瑞士	5.0	8.6	15.7	22.1	23.4	16.3	8.8
荷蘭	4.7	10.8	16.8	20.9	22.8	15.9	8.2
芬蘭	4.1	9.4	19.0	26.0	23.1	13.1	5.3
OECD 平均	8.9	13.6	20.0	22.1	18.9	11.3	5.2
OECD 整體	9.5	15.2	20.8	21.0	17.8	10.6	5.0

❖表 3.17 臺灣與參照國家數學詮釋分測驗不同水準女學生人數百分比對照

國家	素養水準						
	未達 1 （未達 357.77）	1 (357.77~ 420.07)	2 (420.07~ 482.38)	3 (482.38~ 544.68)	4 (544.68~ 606.99)	5 (606.99~ 669.30)	6 （超過 669.30）
臺灣	3.3	7.4	15.2	21.5	23.5	17.9	11.1
上海	1.2	4.4	11.4	19.2	25.5	22.3	16.1
新加坡	2.3	6.8	14.3	20.9	23.2	18.8	13.6
香港	2.5	6.4	13.9	23.7	28.6	18.4	6.5
韓國	3.3	7.5	16.5	25.6	25.1	15.9	6.1
澳門	2.8	8.4	18.3	26.5	25.1	13.9	5.0
日本	3.3	9.2	19.2	27.6	24.1	12.6	4.0
列支敦斯登	7.9	10.5	16.1	18.2	21.0	18.4	7.8
瑞士	5.1	10.2	18.0	24.4	22.2	14.0	6.2
荷蘭	5.4	11.4	17.7	22.7	22.8	14.4	5.5
芬蘭	2.2	6.0	17.4	29.7	26.1	14.0	4.7
OECD 平均	8.7	14.9	22.2	23.7	18.1	9.2	3.2
OECD 整體	9.6	16.8	23.3	22.5	16.5	8.4	3.0

三 學生在不同數學內容領域分測驗的表現與性別差異

　　PISA 2012 四個數學內容領域（改變與關係、空間與形狀、數量、不確定性與資料分析），主要在於掌握廣泛的數學現象，包含各種數學思維以及專業領域，並且與所有國家和經濟體數學課程有所關聯。

　　PISA 結果根據這個分類呈現，可以反映出課程的重點以及 15 歲學生被期望要習得的內容。例如，在前一輪的 PISA 2003 評量，從「不確定性與資料分析」和其他內容領域的結果剖面差異可以看出一個事實，參與國家／經濟體之間甚至國家內部的機率與統計教學是不一致的。同樣的，可能預期的是，學生主要學習的基本計算和量化技巧（和數量類別的相關最強）可能會因為他們課程對於代

數、數學函數和關係（和改變與關係類別的關聯最強）的強調而有不同的結果；以及，學生在學校系統中若相當強調幾何，可能預期他們在空間與形狀類別相關的試題表現會較佳。

(一)學生在「改變與關係」分測驗的表現

　　此內容領域的 PISA 試題強調的是物件之間的關係，以及這些關係改變後所連結的數學歷程。圖 3.3 中列出的樣本試題中，被歸為此類的題目包含小清騎單車問題 1、問題 2 和問題 3，以及攀登富士山問題 2。小清騎單車的問題涉及到單車旅行時的速度、距離以及時間關係，攀登富士山則是涉及在步行登山時距離、速度和時間的關係思考。圖 3.15 呈現的即是「改變與關係」分測驗的六個能力水準的摘要描述：

水準	學生能做什麼？
6	水準 6 的學生能使用顯著的洞察力、抽象的推理和論證技巧以及科技的知識來解決涉及變項間關係的問題，並能將數學解答類推到真實世界的複雜問題，他們可以創造並使用一個整合多個數量函數關係的代數模型，他們應用深入的幾何洞察力來處理複雜組型，而且可以使用複雜的比例推理與百分比計算來探索數量的關係與改變。
5	水準 5 的學生能使用代數和其他形式化數學模型來解決問題，包括在科學的情境脈絡中，他們能使用複雜且多步驟的問題解決技能，而且能反思和溝通推理與論證，例如評估與使用一個公式來預測一個變項對另一個變項數量變化上的影響，他們能使用複雜的比例推理，例如處理比例問題，而且他們能完整的運用公式及算式，包括處理不等式的問題。
4	水準 4 的學生能理解與處理多重表徵的問題，包括真實世界情境的代數模型，他們能推理變項間簡單的函數關係，不僅能進行資料點的個別辨識，更能進一步辨識這些資料點的簡單基本組型，他們在解釋和推理函數關係時具有彈性（例如探究距離─時間─速度的關係），且能修改函數模型或圖形以符合情境中特定的改變，他們也能溝通結果的解釋與論證。
3	水準 3 的學生能處理兩個相關表徵（文字、圖、表、公式）的訊息、進行解釋，以及在熟悉的情境脈絡中使用推理。他們在溝通論證上表現出一定的能力。在此水準的學生能對於一個給定的函數模式進行簡單修改以符合新的情境，他們使用了一系列的計算程序來解決問題，包括資料排序、時間差距計算、將數值代入公式或是線性的內插法。

⊃ 圖 3.15　數學改變與關係分測驗的六個能力水準摘要描述

水準	學生能做什麼？
2	水準 2 的學生能從表格或圖形所提供的資料中找到相關訊息，並進行直接比較，例如針對給定的圖形和特定的變化過程進行配對。透過將文本與單一的關係表徵（圖、表、簡單公式）做連結，此水準的學生可以推理文本或數字形式中陳述之簡單關係的基本涵義，並且能在簡單的公式中正確的代入數字，有時會用文字來表達。在此水準的學生能在涉及數量連結的簡單情境脈絡中使用解釋和推理的技能。
1	在此水準的學生能對公式或圖形中清楚且直接陳述的單一關係進行評估，他們對於關係推理以及改變關係的能力都局限在簡單的表達或熟悉的情境中，他們可能會應用簡單的計算來解決關係陳述清楚的問題。

➲ 圖 3.15　數學改變與關係分測驗的六個能力水準摘要描述（續）

　　表 3.18 呈現的是臺灣與參照國家數學改變與關係分測驗排名，以及整體、不同性別與各百分等級表現對照。由表可知，OECD 國家平均在「改變與關係」分測驗所得到的平均得分為 493 分。整體表現前十名的國家當中除了荷蘭以外，其他國家的平均最少 530 分以上，依序為上海（624）、新加坡（580）、香港（564）、臺灣（561）、韓國（559）、澳門（542）、列支敦斯登（542），以及日本（542）。我們在此分測驗位居第四，但與第三名的香港，以及第五名的韓國沒有達到統計顯著的差異。整體而言，各國在這個分測驗的表現和整體數學表現雷同，但標準差均較大；以臺灣而言，我們在這個改變與關係分測驗的平均得分僅比整體數學表現平均高出 1 分（561 vs. 560），但標準差更大（121 vs. 116）。顯示在改變與關係的處理上，學生的個別差異更大。

　　OECD 國家平均的男學生在「改變與關係」分測驗比女生高約 11 分，臺灣與參照國家在這個內容領域上均呈現男學生略比女學生好的現象，臺灣男學生在此分測驗大約比女學生得分高 4 分，在與參照國家對照之下，僅比澳門、新加坡的性別差距（0 分和 1 分）略大，但相對於上海、香港、韓國、日本、列支敦斯登、瑞士以及荷蘭，這樣的差距略小。

❖表 3.18 臺灣與參照國家數學改變與關係分測驗排名、整體、不同性別與各百分等級對照

國家	排名	全部學生		性別差異			百分等級					
		平均數	標準差	男學生	女學生	差異（男－女）	5th	10th	25th	75th	90th	95th
臺灣	4	561	121	563	559	4	355	398	476	648	714	752
上海	1	624	112	629	619	**10**	431	473	547	704	764	797
新加坡	2	580	114	581	580	1	387	428	502	662	725	759
香港	3	564	103	572	556	**16**	380	426	497	636	691	723
韓國	5	559	107	569	548	**21**	382	422	488	633	692	727
澳門	6	542	100	542	543	0	375	413	478	612	667	700
日本	8	542	107	553	531	**22**	362	404	470	618	680	715
列支敦斯登	7	542	104	552	531	**21**	363	400	469	621	675	703
瑞士	10	530	103	536	524	**12**	359	396	459	602	661	695
荷蘭	13	518	103	522	514	**8**	345	388	453	593	642	669
芬蘭	12	520	97	521	520	1	363	400	458	584	643	677
OECD 平均		493	101	498	487	**11**	325	362	424	563	622	657
OECD 整體		488	107	494	482	**12**	316	352	414	562	628	665

註：統計達顯著者標以粗體。

　　表 3.19 呈現的是臺灣與參照國家在「改變與關係」分測驗不同素養水準學生人數百分比對照。和表 3.3 整體數學素養水準相比，基本上六個水準人數比率的分配狀態相當雷同。由表 3.19 可知，上海是最突出的，有 36.2% 的學生達到水準 6；其次是新加坡（22.9%），臺灣有 19.4% 的學生達到水準 6，比整體數學素養水準 6 的 18% 略高 1%，相對於 OECD 國家平均的 4.5%，我們優質的學生比率是相當高的。同樣的，若以 PISA 界定的高分群（水準 5 和水準 6）來看，臺灣的人數比率為 37.5%，僅次於上海 58% 和新加坡的 42.4%，但略高於第三名的香港（36%）。

　　而以水準 2 這個基準線來看，有四個國家超過 90% 的學生比率在水準 2 以上，分別是上海、香港、新加坡以及韓國。臺灣在水準 2 以上的學生比率為

86.4%，顯示臺灣還有 13.6% 學生屬於水準 1 和未達水準 1，他們在改變與關係分測驗上仍須再補強。這個弱勢群的比率，在前七名的亞洲國家中，臺灣是最高的。

❖表 3.19　臺灣與參照國家數學改變與關係分測驗不同水準人數百分比對照

國家	素養水準						
	未達 1 (未達 357.77)	1 (357.77~ 420.07)	2 (420.07~ 482.38)	3 (482.38~ 544.68)	4 (544.68~ 606.99)	5 (606.99~ 669.30)	6 (超過 669.30)
臺灣	5.2	8.5	12.8	17.3	18.8	18.1	19.4
上海	1.0	3.0	7.4	12.8	17.7	21.8	36.2
新加坡	2.7	6.3	11.4	16.5	20.7	19.5	22.9
香港	3.3	5.9	11.9	18.8	24.1	21.0	15.0
韓國	3.2	6.4	13.8	20.9	22.3	18.6	14.8
澳門	3.5	7.6	15.4	22.9	23.8	17.3	9.5
日本	4.7	8.1	15.9	21.7	21.3	16.4	11.9
列支敦斯登	4.7	9.2	15.0	19.9	20.3	20.1	10.8
瑞士	4.9	9.9	17.5	22.7	21.7	14.9	8.5
荷蘭	6.0	10.4	18.0	22.6	23.0	15.0	5.0
芬蘭	4.5	9.7	19.6	26.2	21.9	12.1	6.0
OECD 平均	10.4	14.5	20.9	22.2	17.5	9.9	4.5
OECD 整體	11.0	16.0	21.5	21.5	16.0	9.3	4.6

(二)學生在「空間與形狀」分測驗的表現

　　此內容領域的 PISA 試題強調的是物件之間的空間關係，以及空間世界中相關的測量和其他幾何層面。圖 3.3　樣本試題的分類中列出的樣本試題，被歸為此類的題目包含車庫問題 1 和問題 2，以及旋轉門問題 1 和問題 2。車庫的問題涉及空間推理（問題 1）以及針對一個真實世界物件模型處理測量和面積計算。

旋轉門包含了角度關係的知識、空間推理以及圓形幾何的一些計算。圖 3.16 呈現的即是「空間與形狀」分測驗的六個能力水準的摘要描述：

水準	學生能做什麼？
6	水準 6 的學生能解決涉及多重表徵或計算的複雜問題，能夠辨識、提取和連結相關的訊息，例如從圖表或地圖中提取相關的資訊並使用比例尺來計算面積或距離；他們能使用空間推理、顯著的洞察力和反思能力，例如透過解釋文本和相關的情境脈絡材料來制定有用的幾何模型，並在考慮到應用時的情境脈絡限制；他們能從數學知識的基礎中回憶和應用相關的程序性知識，像是應用圓形幾何、三角學、畢氏定理或面積和體積的公式來解決問題；他們也能歸納結果和發現、溝通解法並提供理由和論證。
5	水準 5 的學生能解決需要作出適當假設的問題，或是由提供的假設中將明確描述的限制列入考量以進行推理的問題，例如探究和分析一個房間的布局及它包含的家具；他們能使用定理或程序性知識（像是對稱性質、相似三角形性質或是計算類似形狀的面積、周長或體積的公式）來解決問題；此水準的學生也能使用純熟的空間推理、論證和洞察力來推斷相關結論，並解釋與連結不同表徵，例如從文本訊息中辨識地圖上的方向或位置。
4	水準 4 的學生能透過使用基本的數學知識（例如三角形中角和邊長的關係）來解決問題，且能在陌生的情境脈絡中解決多步驟、視覺和空間推理及論證的問題；他們能連結並整合不同的表徵，例如基於兩個不同的觀點來分析一個三維物件的結構，且能使用幾何性質來比較這些物件。
3	水準 3 的學生能解決熟悉情境脈絡中基本的視覺和空間推理問題，像是從地圖或 GPS 設備中計算距離或方向；他們能連結相似物件的不同表徵或是在一些簡單指定的變化下理解物件的屬性，也能設計一些簡單的策略並應用三角形和圓的基本性質；他們能使用適當支持的計算技術，例如分析地圖上的距離所需要的比例尺換算。
2	水準 2 的學生能藉由明確描述的基本幾何性質和限制進行理解並且下結論，來解決單一且熟悉的幾何表徵問題（例如圖表或其他的圖形）；在限制條件的情境下，他們也能評估與比較熟悉物件的空間特徵，像是比較兩個相同表面積之圓柱的高度與周長，或是決定一個給定的形狀是否能透過切割以產生其他特定的形狀。
1	水準 1 的學生能在常見幾何物體的照片或圖片的熟悉脈絡中，辨認和解決簡單的問題，並應用基本的空間技能，例如辨認基本的對稱性質、比較長度或角度大小或是使用程序性知識，像是形狀的切割。

⊃ 圖 3.16　數學空間與形狀分測驗的六個能力水準摘要描述

　　表 3.20 呈現的是臺灣與參照國家數學空間與形狀分測驗排名、整體、不同性別與各百分等級表現對照。由表可知，臺灣在此分測驗平均得分為 592 分，位居第二，僅次於上海（649），且第三名的新加坡（580）有顯著的差異；OECD 國家平均在「空間與形狀」分測驗所得到的平均得分為 490 分。同樣的，各國在這個分測驗分數的標準差均較大，以臺灣而言，我們在空間與形狀分測驗的平均得分比整體數學表現平均高出 32 分（592 vs. 560），但標準差更大（136 vs. 116）。

　　OECD 國家平均的男學生在「空間與形狀」分測驗比女生高約 15 分，臺灣與參照國家在這個內容領域上多數呈現男學生略比女學生好的現象，臺灣男學生在此分測驗大約比女學生得分高 7 分，和澳門的性別差異接近。而上海在空間與形狀分測驗的男、女學生分數相同，新加坡則和整體數學表現一樣，呈現出女學生略高於男學生的狀態（582 vs. 577）。

❖ 表 3.20　臺灣與參照國家空間與形狀分測驗排名、整體、不同性別與各百分等級對照

國家	排名	全部學生		性別差異			百分等級					
		平均數	標準差	男學生	女學生	差異（男－女）	5th	10th	25th	75th	90th	95th
臺灣	2	592	136	596	589	7	362	407	494	693	764	803
上海	1	649	114	649	649	0	445	493	575	728	787	822
新加坡	3	580	117	577	582	-5	380	423	500	664	727	764
香港	5	567	107	576	555	**21**	382	422	495	642	701	734
韓國	4	573	112	583	562	**20**	388	428	495	653	716	753
澳門	7	558	109	561	554	7	375	416	485	635	697	732
日本	6	558	100	566	548	**18**	393	429	489	627	688	723
列支敦斯登	9	539	99	550	527	**23**	373	406	475	611	667	695
瑞士	8	544	101	554	535	**19**	375	413	475	614	675	711
荷蘭	15	507	94	515	499	**16**	350	385	442	573	628	660
芬蘭	14	507	90	506	507	-1	361	393	446	567	624	658
OECD 平均		490	98	497	482	**15**	331	365	422	556	618	653
OECD 整體		482	107	489	474	**16**	315	347	406	553	624	665

註：統計達顯著者標以粗體。

　　表 3.21 呈現的是臺灣與參照國家在「空間與形狀」分測驗不同素養水準學生人數百分比對照。和表 3.3 整體數學素養水準相比，六個水準人數比率的分配狀態有相當幅度的差異。空間與形狀分測驗中，臺灣 31.1% 的學生達到水準 6，和整體數學表現的 18% 相比，顯示我們有相當高比率的優秀幾何人才。水準 6 人數比率最高的是上海（45.9%），其次是臺灣（31.1%），接著是新加坡（23.4%）和韓國（20.6%）。若以 PISA 界定的高分群（水準 5 和水準 6）來看，臺灣的人數比率為 48%，也就是說，我們有接近一半的學生是屬於國際界定的空間與形狀表現高分群，這比率僅次於上海 66.7%，但比新加坡 42.8% 高。

　　而以水準 2 這個基準線來看，OECD 平均有 74.2% 的學生在水準 2 以上（含），整體表現前十名的國家當中，列支敦斯登、瑞士、荷蘭分別有 88.5%、

❖表 3.21　臺灣與參照國家空間與形狀分測驗不同水準學生人數百分比對照

國家	素養水準						
	未達 1（未達 357.77）	1（357.77~ 420.07）	2（420.07~ 482.38）	3（482.38~ 544.68）	4（544.68~ 606.99）	5（606.99~ 669.30）	6（超過 669.30）
臺灣	4.6	7.2	10.9	13.3	16.0	16.9	31.1
上海	0.7	2.4	5.5	9.8	14.9	20.8	45.9
新加坡	3.2	6.4	11.2	16.7	19.7	19.4	23.4
香港	3.2	6.4	12.2	18.1	22.6	20.3	17.1
韓國	2.8	5.9	12.7	18.6	20.9	18.5	20.6
澳門	3.7	7.0	13.8	19.9	21.8	18.2	15.6
日本	2.3	6.1	14.4	22.4	23.1	17.9	13.8
列支敦斯登	3.9	7.6	16.2	23.9	21.7	16.9	9.8
瑞士	3.5	7.9	16.0	22.3	23.1	16.1	11.1
荷蘭	5.8	12.5	20.9	25.1	21.1	10.6	4.1
芬蘭	4.7	12.0	23.1	27.1	19.5	10.0	3.8
OECD 平均	10.0	15.8	22.3	22.2	16.3	8.9	4.5
OECD 整體	12.1	17.7	22.3	20.5	14.6	8.2	4.6

88.6%、81.8% 的學生在水準 2 以上，亞洲有五個國家超過 90% 的學生比率在水準 2 以上，分別是上海、香港、新加坡、韓國及日本。臺灣水準 2 以上的人數比率為 88.2%，顯示臺灣還有 11.8% 的學生比率（亦即水準 1 和未達水準 1 的人數比率）屬於弱勢群，同樣的，這個弱勢比率在前七名的亞洲國家中，臺灣是最高的。

(三)學生在「數量」分測驗的表現

此內容領域的 PISA 試題強調的是，以數量關係以及物件和現象之數值特性為出發點的比較和計算。圖 3.3 所列出的樣本試題中，被歸為此類的題目包含哪一輛車？問題 2 和問題 3、攀登富士山問題 1 和問題 3，以及旋轉門問題 3。哪一輛車？試題涉及針對不同物件的數值特性進行推理，並且以百分比進行計算。攀登富士山也涉及已知數量的計算。旋轉門問題 3 則涉及了運用已知數量訊息來進行推理和計算。圖 3.17 呈現的即是「數量」分測驗的六個能力水準的摘要描述：

水準	學生能做什麼？
6	水準 6（含）以上的學生能概念化並處理複雜的數量歷程與關係的模型，制定解題的策略，形成結論、論證和明確的解釋；他們能詮釋與理解複雜的資訊並連結多個複雜的訊息來源，解釋圖形的訊息並運用推理來辨識、建模和應用數字組型；他們能基於提供的資料來分析和評估解釋性的陳述，處理形式化和符號化的表達，在複雜和陌生的情境脈絡中計畫並執行連續的計算，包含大數的處理，例如依序執行貨幣換算、輸入正確的值以及進行四捨五入。這個水準的學生能準確處理小數，他們能使用進階的推理來處理關於比例、數量的幾何表徵、組合邏輯與整數關係；他們能詮釋並理解科學脈絡中，數量關係的形式化表達。
5	水準 5 的學生能形成比較的模型，並比較結果來決定最高的價錢，且能詮釋真實世界情境的複雜訊息（包括圖表、圖形和複雜的表格，例如使用不同刻度的兩個圖表），他們可以產出兩個變項所需的資料，並對它們之間的關係描述給予評估。這個水準的學生能溝通推理與論證，辨識數字的意義並舉一反三，且能利用提供的資料進行評估並提供書面的建議；他們能使用日常生活的知識進行估計，計算相對和（或）絕對的改變，計算平均數，計算相對和（或）絕對的差異，包括給定原始資料來計算百分比的差異，並且能做單位的換算（例如不同單位的面積計算）。

➲ 圖 3.17　數學數量分測驗的六個能力水準摘要描述

水準	學生能做什麼？
4	水準 4 的學生能詮釋複雜的指令和情境，將文本的數字訊息與圖形表徵做連結，辨識並使用多個來源的數量訊息，在陌生的陳述中演繹系統規則，制定一個簡單的數字模型，建立比較模型，且能解釋他們所得到的結果。他們能進行精確、更為複雜或反覆的計算；能利用題目中一趟旅程的距離和速度來計算時間，執行情境脈絡中大倍數的簡單除法，進行多步驟的計算，且能準確地應用給定的算則進行多步驟處理。這個水準的學生能在複雜情境的簡單模型中，執行涉及比例推理、除法或百分比的計算。
3	水準 3 的學生能使用基本的問題解決歷程，包括設計一個簡單的策略進行測試、理解並處理給定的條件限制，使用嘗試錯誤法，並能在熟悉的脈絡中使用簡單的推理。這個水準的學生能詮釋一個有順序計算過程的文字描述，且能正確的執行此過程；他們在不熟悉的資料文字說明中，能辨識並提取直接了當的資料，解讀描述簡單組型的文字和圖表，也能執行一些計算，包括處理大數、速度和時間問題以及單位換算（例如由年利率換算為日利率）；他們能理解混合了 2 到 3 位的小數中不同位數所代表的值，並能處理價錢問題，能夠針對一系列（4 個）小數進行排序，計算長達三位數的百分比，且能應用語言中給定的運算規則。
2	水準 2 的學生能詮釋簡單的表格以辨識和提取相關的數量資訊，也能詮釋簡單的數量模型（例如比例關係）並應用基本的算術運算；他們能辨識相關的文字訊息和表格資料之間的連結來解決文字題；能夠詮釋與應用涉及數量關係的簡單模型，辨識用來解決一個直接問題的簡單計算；此水準的學生能進行簡單的基本算術運算，能依序排出 2 到 3 位的整數與小數點以下 1 或 2 位的小數，也能計算百分比。
1	水準 1 的學生能解決資訊明確、情境直接且範圍有限的基本問題。這個水準的學生能處理情境中顯而易見的計算活動要求，其數學任務非常基本，例如單步驟的簡單運算，或是將簡單表格中的每一行加總並比較這些結果；他們能閱讀並詮釋一個簡單的數字表格，提取資料並進行簡單的運算，使用計算機來產生相關的資料，且能從生成的資料向外推演，利用簡單的線性模型進行推理和計算。

● 圖 3.17　數學數量分測驗的六個能力水準摘要描述（續）

　　表 3.22 呈現的是臺灣與參照國家數學數量分測驗排名，以及整體、不同性別與各百分等級表現對照。由表可知，OECD 國家平均在「數量」分測驗所得到的平均得分為 495 分。前十名的國家依序為上海、新加坡、香港、臺灣、列支敦斯登、韓國、荷蘭、澳門、瑞士、芬蘭，數學整體表現第七名的日本在數量分測驗表現則排名第十四名。我們在此分測驗平均得分為 543 分，位居第四，和前三

名的上海、新加坡、香港的平均數差異均達統計的顯著性，但和第五、六名的列支敦斯登和韓國並未達顯著差異。整體而言，多數表現優秀的國家在這個分測驗分數的標準差較小，以臺灣而言，我們在數量分測驗的平均得分比整體數學表現平均低了 17 分（543 vs. 560），但學生之間的差異幅度（標準差）也略小（108 vs. 116）。

OECD 國家平均的男學生在「數量」分測驗比女生高約 11 分，臺灣與參照國家在這個內容領域上多數呈現男學生略比女學生好的現象，臺灣男學生在此分測驗大約比女學生得分高 8 分，澳門的性別差異最小，男、女學生差異僅 5 分。而上海和香港在數量分測驗的男、女學生分數相差 9 分；新加坡和芬蘭的女學生表現略佳於男學生，其平均分數分別略高於男學生 6 分和 3 分。

❖表 3.22　臺灣與參照國家數量分測驗排名、整體、不同性別與各百分等級表現對照

國家	排名	全部學生		性別差異			百分等級					
		平均數	標準差	男學生	女學生	差異（男－女）	5th	10th	25th	75th	90th	95th
臺灣	4	543	108	548	540	8	357	396	470	622	677	707
上海	1	591	98	596	586	**9**	419	460	528	658	710	741
新加坡	2	569	104	566	572	**-6**	390	428	500	642	699	731
香港	3	566	101	570	561	9	383	430	501	637	688	718
韓國	6	537	94	543	531	**12**	377	416	477	604	654	682
澳門	8	531	92	533	528	**5**	375	411	469	595	646	675
日本	14	518	94	527	508	**19**	359	395	456	584	638	670
列支敦斯登	5	538	100	548	527	**22**	364	398	467	615	660	686
瑞士	9	531	96	536	526	**10**	369	404	467	598	652	684
荷蘭	7	532	97	537	527	**10**	365	398	463	604	653	682
芬蘭	10	527	87	525	528	-3	382	415	469	586	638	669
OECD 平均		495	97	501	490	**11**	334	369	429	563	620	653
OECD 整體		484	103	490	478	**12**	317	352	411	557	619	653

註：統計達顯著者標以粗體。

表 3.23 呈現的是臺灣與參照國家在「數量」分測驗不同素養水準學生人數百分比對照。和表 3.3 整體數學素養水準相比，六個水準人數比率的分配狀態有相當幅度的差異。數量分測驗中，臺灣僅有 11.6% 的學生達到水準 6，和整體數學表現的 18% 相比，顯示我們的優秀數量人才比率略低。數量分測驗水準 6 人數比率最高的仍是上海（20.9%），其次是新加坡（16.9%）和香港（14.6%）。若以 PISA 界定的高分群（水準 5 和水準 6）來看，OECD 國家平均的學生比率為 14%，臺灣的人數比率為 30.3%，低於上海 46.2%、新加坡 37.4%，以及香港 36.7%。

❖表 3.23　臺灣與參照國家數量分測驗不同水準學生人數百分比對照

國家	素養水準						
	未達 1 （未達 357.77）	1 (357.77~ 420.07)	2 (420.07~ 482.38)	3 (482.38~ 544.68)	4 (544.68~ 606.99)	5 (606.99~ 669.30)	6 （超過 669.30）
臺灣	5.1	9.2	14.0	19.3	22.1	18.7	11.6
上海	1.3	3.7	8.8	16.3	23.7	25.3	20.9
新加坡	2.5	6.3	11.9	18.5	23.3	20.5	16.9
香港	3.3	5.3	11.4	18.6	24.6	22.1	14.6
韓國	3.4	7.4	16.2	23.9	25.1	17.1	6.8
澳門	3.4	8.4	17.7	24.6	25.0	15.0	5.8
日本	4.9	10.3	19.5	25.2	22.3	12.7	5.1
列支敦斯登	4.6	8.2	16.6	19.1	23.1	19.9	8.4
瑞士	4.0	8.9	17.3	23.7	23.9	15.0	7.1
荷蘭	4.2	10.3	16.4	21.3	24.0	16.9	6.9
芬蘭	2.9	8.1	19.3	27.7	24.3	12.7	5.0
OECD 平均	9.2	14.3	21.1	22.9	18.5	10.1	3.9
OECD 整體	11.1	16.6	21.9	21.6	16.5	8.9	3.4

　　而以基準線水準 2 來看，OECD 平均有 76.5% 的學生在水準 2 以上（含），整體表現前十名的國家當中，僅有上海、新加坡、香港三個國家超過 90%，臺灣則有 85.7%，換句話說，臺灣還有 14.3% 的學生比率屬於水準 1 和未達水準 1 的薄弱群。

(四)學生在「不確定性與資料分析」分測驗的表現

　　此內容領域的 PISA 試題強調的是資料以及不同資料表徵形式的詮釋與處理，並且涉及了機率推理。圖 3.3 列出的樣本試題中，被歸為此類的題目包含哪一輛車？問題 1、唱片排行榜問題 1、問題 2 和問題 5。哪一輛車？問題 1 涉及了二維表格中的資料解釋來找出符合各種標準的物件。唱片排行榜則設計了詮釋長條圖以及理解統計圖中所刻劃的關係。圖 3.18 呈現的是「不確定性與資料分析」分測驗的六個能力水準摘要描述：

水準	學生能做什麼？
6	水準 6 的學生能詮釋、評估及批判性地反思一系列複雜的統計或機率資料、訊息和情境來分析問題。這個水準的學生展現了橫跨數個問題成分的洞察力和推理；他們理解資料與其所對應情境之間的連結，且能充分利用這些連結來探究問題情境，他們展現了適切的計算來進行資料探究或是機率問題解決；他們能產出並溝通結論、推理和解釋。
5	水準 5 的學生能詮釋和分析一系列統計或機率資料、訊息和情境，並能在要求連結不同問題成分的複雜脈絡中解決問題；他們能有效使用比例推理來將簡單資料與其所對應的母群進行連結，能適當地詮釋隨著時間推移的一系列資料，且能有系統地使用和探究資料。這個水準的學生能使用統計與機率的概念和知識來反思、推論、產出並溝通結果。
4	水準 4 的學生能活化和應用一系列資料表徵以及統計或機率的歷程，詮釋資料、訊息和情境並解決問題；他們能有效處理限制，例如抽樣實驗的統計情境，他們也能解釋並主動轉換兩個相關的資料表徵（例如統計圖和資料表）。這個水準的學生能執行統計與機率的推理以獲得情境脈絡的結論。

⊃ 圖 3.18　數學不確定性與資料分析分測驗的六個能力水準摘要描述

水準	學生能做什麼?
3	水準 3 的學生能詮釋並處理來自包含多個資料來源的單一表徵資料與統計訊息（例如一個呈現多個變項的統計圖），或是來自兩個相關的資料表徵（例如一個簡單的資料表和統計圖）；他們能處理並詮釋描述統計、機率概念以及題目中的條件限制（例如擲硬幣或買彩券），且能由資料中得出結論（例如計算或使用簡單的集中量數或變異量數）。這個水準的學生能在簡單的情境脈絡中進行基本的統計與機率推理。
2	水準 2 的學生能辨識、提取和理解呈現在簡單且熟悉形式中的統計資料，例如一個簡單的表格、長條圖或圓形圖；他們能在熟悉的情境脈絡中辨識、了解並使用基本描述統計與機率概念（例如擲硬幣或擲骰子）。這個水準的學生能詮釋簡單表徵的資料，並應用適合的計算程序針對給定資料與問題情境脈絡進行連結。
1	水準 1 的學生能辨識和報讀呈現在小型表格或簡單、標記周延的統計圖訊息，進而在忽略誘答的訊息後，能找到並提取特定的資料數值，並且能知道這些資料與題目的關聯。這個水準的學生能認識並使用基本的隨機概念，並在熟悉的實驗脈絡中辨識迷思概念（例如彩券的開獎結果）。

⊃ 圖 3.18　數學不確定性與資料分析分測驗的六個能力水準摘要描述（續）

　　表 3.24 呈現的是臺灣與參照國家在此分測驗的排名，以及整體、不同性別與各百分等級表現對照。由表可知，OECD 國家平均在「不確定性與資料分析」分測驗所得到的平均得分為 493 分。前十名的國家依序為上海、新加坡、香港、臺灣、韓國、荷蘭、日本、列支敦斯登、澳門、瑞士。臺灣在此分測驗平均得分為 549 分，位居第四，和第三名香港的平均分數未達顯著差異，但顯著優於韓國。整體而言，多數表現優秀的國家在這個分測驗分數的標準差較小，以臺灣而言，我們在不確定性與資料分析分測驗的平均得分比整體數學表現平均低了 11 分（549 vs. 560），但標準差也略小（108 vs. 116）。

　　OECD 國家平均的男學生在「不確定性與資料分析」分測驗比女生高約 9 分，臺灣與參照國家在這個內容領域上多數呈現男學生略比女學生好的現象，臺灣男學生在此分測驗大約比女學生得分高 4 分，和上海雷同；澳門的性別差異最小，男學生的平均表現略比女學生高出 2 分。新加坡、芬蘭女學生在此分測驗表現的平均分數分別略高於男學生 4 分和 5 分。

❖表 3.24　臺灣與參照國家不確定性與資料分析分測驗排名、整體、不同性別與各百分等級表現對照

國家	排名	全部學生		性別差異			百分等級					
		平均數	標準差	男學生	女學生	差異 (男－女)	5th	10th	25th	75th	90th	95th
臺灣	4	549	108	550	547	4	364	403	474	627	684	716
上海	1	592	96	594	590	4	427	464	528	660	712	741
新加坡	2	559	104	558	561	-4	384	421	487	634	692	725
香港	3	553	91	559	547	**12**	392	430	494	617	666	694
韓國	5	538	97	546	528	**18**	374	413	473	606	661	690
澳門	9	525	89	526	524	2	374	409	467	587	637	666
日本	7	528	90	534	522	**12**	376	410	468	591	642	671
列支敦斯登	8	526	97	536	514	**22**	359	390	456	599	648	679
瑞士	10	522	97	529	514	**14**	357	396	457	589	644	677
荷蘭	6	532	99	536	527	9	367	399	461	606	659	687
芬蘭	12	519	91	516	521	**-5**	367	403	460	580	634	664
OECD 平均		493	93	497	489	9	338	373	430	558	613	644
OECD 整體		487	97	492	483	9	332	364	419	556	615	648

註：統計達顯著者標以粗體。

　　表 3.25 呈現的是臺灣與參照國家在「不確定性與資料分析」分測驗不同素養水準學生人數百分比對照。和表 3.3 整體數學素養水準相比，六個水準人數比率的分配狀態差異頗大，尤其是水準 6 的部分。不確定性與資料分析分測驗中，臺灣僅有 13.1% 的學生達到水準 6，和整體數學表現的 18% 相比，顯示我們優秀的統計人才比率相對略低。不確定性與資料分析分測驗水準 6 人數比率最高的仍是上海（21.7%），其次是新加坡（15.1%），香港、韓國和荷蘭則分別有 9.2%、8.3% 以及 8.0%。若以 PISA 界定的高分群（水準 5 和水準 6）來看，OECD 國家平均的學生比率為 12.4%，臺灣的人數比率為 31.8%，低於上海 46%、新加坡 34%，但比香港 29.2% 和韓國 24.7% 略高。

　　而以 PISA 界定的素養水準基準線來看，OECD 平均有 76.8% 的學生在水準 2 以上（含），整體表現前十名的國家當中，僅有上海、香港、新加坡三個國家超過 90%，上海為 95.6%、香港為 91.8%，新加坡 90.3%。韓國、澳門以及日本則在 88～89% 左右，而臺灣僅有 86.9%，換句話說，臺灣還有 13.1% 的學生比率在水準 1 和未達水準 1，這個弱勢群比率在同樣數學表現優質亞洲國家中是最高的。

❖表 3.25　臺灣與參照國家不確定性與資料分析分測驗不同水準學生人數百分比對照

國家	素養水準						
	未達 1（未達 357.77）	1（357.77~ 420.07）	2（420.07~ 482.38）	3（482.38~ 544.68）	4（544.68~ 606.99）	5（606.99~ 669.30）	6（超過 669.30）
臺灣	4.4	8.6	14.4	19.2	21.5	18.7	13.1
上海	1.0	3.4	9.0	17.0	23.6	24.3	21.7
新加坡	2.7	7.0	14.2	19.4	22.7	18.9	15.1
香港	2.3	6.0	13.2	22.5	26.9	20.0	9.2
韓國	3.6	7.6	16.7	23.6	23.8	16.4	8.3
澳門	3.5	8.5	18.7	26.3	24.8	13.7	4.5
日本	3.2	8.7	18.0	26.2	24.2	14.5	5.2
列支敦斯登	5.0	9.9	18.1	22.2	22.7	15.4	6.7
瑞士	5.0	9.9	18.9	24.4	22.4	13.4	6.0
荷蘭	4.1	10.2	17.3	21.7	22.0	16.7	8.0
芬蘭	4.2	9.5	19.7	27.4	22.9	11.9	4.4
OECD 平均	8.3	14.8	22.5	23.8	18.1	9.2	3.2
OECD 整體	8.9	16.6	23.2	22.8	17.0	8.6	2.9

(五)臺灣以及參照國家在數學內容領域分測驗表現的優點和缺點

　　圖 3.19 呈現的是臺灣及參照國家的整體數學表現平均得分，以及數學內容領域各分測驗得分和整體分數的差距狀況。如前一節所討論的數學歷程分測驗和整體表現的差距，透過這樣的比較可以看出我們學生在相關數學歷程表現的長處和短處；同樣的，透過各內容領域分測驗的表現和整體表現平均得分進行對照，亦可以藉此彰顯出臺灣學生在這四個內容領域表現的優缺點。

　　由圖中可以看出，各國在四個內容領域的相對強勢表現以及變異程度有很大的歧異。很明顯的，多數數學表現較佳的國家在「空間與形狀」分測驗有較佳的表現，其次是「改變與關係」；而在「數量」及「不確定性與資料分析」當中相對表現較弱，但此一現象並不適用於所有國家和經濟體。

　　對 OECD 國家的學生而言，最簡單的是「數量」分測驗，「空間與形狀」最難，這兩個測驗相對於整體數學表現，接近 6 分左右的差距。日本在表現最佳的「空間與形狀」和表現最差的「數量」分數差異達近 40 分，是 OECD 國家中分測驗表現落差最大的；而落差最小的 OECD 國家則為土耳其，在此我們並不

特別進行討論。而就所有參與國家或經濟體而言，落差最大的則是上海，其表現最好的內容領域（空間與形狀）和最差的內容領域（數量）差異幅度達 58 分。臺灣學生在各個數學內容領域表現中，同樣也是「空間與形狀」內容領域表現最好，而「數量」表現最弱，其次是「不確定性與資料分析」，這空間與形狀和數量兩個內容領域表現差距達 48 分，整個落差幅度僅次於上海。「數量」是生活中常見的數學活動，臺灣中小學主要數學課程的學習也是以此為大宗，但表現卻相對較為薄弱；而「不確定性與資料分析」的表現與「空間與形狀」的落差也有43 分，顯示我們對於真實情境的資料以及不同資料表徵形式的詮釋與處理仍有待強化。針對「數量」以及「不確定性與資料分析」兩個內容領域的課程規劃以及教材教法設計，未來可能需要研擬更精緻、有效的教學方案。

		分測驗表現較全測驗高 0～3 分			分測驗表現較全測驗低 0～3 分
		分測驗表現較全測驗高 3～10 分			分測驗表現較全測驗低 3～10 分
		分測驗表現較全測驗高 10 分以上			分測驗表現較全測驗低 10 分以上

	平均數	不同內容分測驗與全測驗的表現差異			
		改變與關係	空間與形狀	數量	不確定性與資料分析
臺灣	560	1	32	-16	-11
上海	613	11	36	-22	-21
新加坡	573	7	6	-5	-14
香港	561	3	5	4	-8
韓國	554	5	19	-16	-16
澳門	538	4	20	-8	-13
日本	536	6	21	-18	-8
列支敦斯登	535	7	4	3	-9
瑞士	531	-1	13	0	-9
荷蘭	523	-5	-16	9	9
芬蘭	519	2	-12	8	0
OECD 平均	494	-1	-4	1	-1

⊃ 圖 3.19　臺灣與參照國家學生在不同內容分測驗與全測驗表現的比較

資料來源：OECD, PISA 2012 Database, Tables I.2.3a, I.2.16, I.2.19, I.2.22 & I.2.25.

(六)數學內容領域分測驗表現的性別差異

　　四個數學內容領域在性別方面的差異，如同數學素養評量的整體及各數學歷程表現，皆以男學生分數略高於女學生，但不同的數學內容間的性別差距仍有些變異。如表 3.18、表 3.20、表 3.22 和表 3.24 所示，OECD 國家平均在「改變與關係」、「空間與形狀」、「數量」、「不確定性與資料分析」四個內容領域的男女差距分別為 11、15、11、9 分，其中以「空間與形狀」的性別差異最大，而「不確定性與資料分析」的性別差異最小。臺灣 15 歲學生在這四個內容領域的男、女學生平均分數差距分別為 4、7、8、4 分，其中以「數量」的性別差異最大，而「改變與關係」、「不確定性與資料分析」的性別差異最小，且四個數學內容領域分測驗的性別差異皆小於 OECD 國家平均。其他參照國家或者經濟體中在各內容領域的性別差異狀況並不一致，上海、日本、韓國在「改變與關係」內容領域上性別差異最大，香港、澳門、列支敦斯登、瑞士、荷蘭和 OECD 國家平均一樣，都是在「空間與形狀」分測驗的性別表現差異最大。新加坡則是在「數量」表現的性別差異略大一些，女學生平均表現高出男學生 6 分。

　　表 3.26 至表 3.33 為臺灣與參照國家男女學生在四個數學內容領域分測驗不同素養水準的學生人數比率。

　　臺灣男學生在「改變與關係」、「空間與形狀」兩個分測驗水準 6 的人數比率均高於女學生，兩者在水準 5 的比率接近，而水準 2 到水準 4 則以女學生比率較高，但水準 1 和未達水準 1 則又以男學生比率較高。而在「數量」以及「不確定性與資料分析」兩個分測驗中，則是男學生在兩個極端部分，也就是高分群的水準 5 與水準 6，以及低分群的水準 1 和未達水準 1，其比率均高於女學生。此四個內容領域的男、女學生人數分配比率和整體，以及三個數學歷程表現狀態都是呈現出男學生表現高分群的比率高於女學生，同樣的，弱勢群的比率亦高於女學生，可見男學生數學表現的個別差異比女學生更為明顯。

❖表 3.26　臺灣與參照國家改變與關係分測驗不同水準男學生人數百分比對照

國家	素養水準						
	未達 1（未達 357.77）	1（357.77~ 420.07）	2（420.07~ 482.38）	3（482.38~ 544.68）	4（544.68~ 606.99）	5（606.99~ 669.30）	6（超過 669.30）
臺灣	6.2	8.8	11.9	15.6	17.9	18.1	21.6
上海	1.1	3.2	6.9	12.3	16.8	21.1	38.6
新加坡	3.2	7.0	11.6	15.4	19.6	18.6	24.5
香港	3.6	5.9	11.0	16.9	23.1	21.4	18.2
韓國	3.6	6.0	12.5	18.7	21.0	19.9	18.4
澳門	4.1	8.1	15.0	22.4	22.3	17.7	10.4
日本	4.6	7.6	13.9	19.8	21.3	17.7	15.0
列支敦斯登	3.3	8.5	13.7	21.4	20.1	18.4	14.6
瑞士	4.6	9.8	16.0	22.0	21.7	16.1	9.8
荷蘭	6.0	9.4	17.6	21.9	23.0	16.0	6.1
芬蘭	5.3	10.5	18.8	24.6	21.0	12.7	7.1
OECD 平均	10.4	13.8	19.7	21.7	17.9	10.9	5.6
OECD 整體	10.9	15.3	20.4	20.8	16.5	10.3	5.8

❖表 3.27　臺灣與參照國家改變與關係分測驗不同水準女學生人數百分比對照

國家	素養水準						
	未達 1（未達 357.77）	1（357.77~ 420.07）	2（420.07~ 482.38）	3（482.38~ 544.68）	4（544.68~ 606.99）	5（606.99~ 669.30）	6（超過 669.30）
臺灣	4.1	8.1	13.6	19.0	19.6	18.1	17.4
上海	1.0	2.8	7.9	13.3	18.6	22.5	34.0
新加坡	2.2	5.5	11.1	17.6	21.8	20.4	21.2
香港	3.1	5.8	12.9	21.1	25.2	20.5	11.3
韓國	2.9	6.8	15.3	23.5	23.8	17.0	10.8
澳門	2.9	7.2	15.8	23.3	25.3	17.0	8.5
日本	4.7	8.7	18.1	23.9	21.3	14.9	8.4
列支敦斯登	6.2	10.0	16.5	18.2	20.6	22.0	6.5
瑞士	5.1	10.0	19.1	23.4	21.6	13.6	7.2
荷蘭	6.0	11.5	18.5	23.2	22.9	14.1	3.9
芬蘭	3.6	8.9	20.5	27.9	22.8	11.5	4.8
OECD 平均	10.5	15.2	22.1	22.8	17.1	8.9	3.4
OECD 整體	11.2	16.6	22.7	22.2	15.6	8.3	3.4

❖表 3.28　臺灣與參照國家空間與形狀分測驗不同水準男學生人數百分比對照

國家	素養水準						
	未達 1 （未達 357.77)	1 (357.77~ 420.07)	2 (420.07~ 482.38)	3 (482.38~ 544.68)	4 (544.68~ 606.99)	5 (606.99~ 669.30)	6 （超過 669.30)
臺灣	5.3	7.5	10.5	12.1	14.2	17.0	33.4
上海	0.9	2.8	5.8	9.9	14.4	19.8	46.5
新加坡	4.1	7.2	11.4	15.7	18.8	18.9	24.0
香港	3.3	6.3	11.2	16.5	20.6	20.8	21.4
韓國	2.8	6.0	12.2	16.6	19.2	18.4	24.7
澳門	3.9	7.0	13.4	18.7	21.0	18.8	17.2
日本	2.5	6.0	12.7	20.0	23.0	19.4	16.5
列支敦斯登	3.2	5.6	15.6	23.7	22.9	17.7	11.4
瑞士	3.0	7.0	14.6	21.2	23.9	17.1	13.3
荷蘭	4.9	11.3	19.7	25.4	21.8	12.0	4.9
芬蘭	5.5	12.6	22.2	25.8	19.5	10.1	4.4
OECD 平均	9.1	14.8	21.4	22.2	17.1	9.9	5.5
OECD 整體	11.2	16.6	21.4	20.7	15.3	9.2	5.7

❖表 3.29　臺灣與參照國家空間與形狀分測驗不同水準女學生人數百分比對照

國家	素養水準						
	未達 1 （未達 357.77)	1 (357.77~ 420.07)	2 (420.07~ 482.38)	3 (482.38~ 544.68)	4 (544.68~ 606.99)	5 (606.99~ 669.30)	6 （超過 669.30)
臺灣	3.9	6.9	11.3	14.4	17.8	16.9	28.8
上海	0.6	2.1	5.2	9.7	15.3	21.8	45.4
新加坡	2.4	5.5	11.0	17.7	20.6	19.9	22.8
香港	3.1	6.7	13.5	19.9	25.1	19.6	12.2
韓國	2.9	5.9	13.2	20.9	22.8	18.5	15.8
澳門	3.5	7.0	14.1	21.1	22.7	17.6	14.0
日本	2.2	6.2	16.4	25.0	23.2	16.2	10.8
列支敦斯登	4.8	10.0	16.9	24.1	20.3	15.9	7.9
瑞士	3.9	8.7	17.4	23.5	22.3	15.1	9.0
荷蘭	6.8	13.7	22.1	24.8	20.3	9.1	3.2
芬蘭	3.8	11.3	24.0	28.3	19.5	9.9	3.1
OECD 平均	10.9	16.9	23.1	22.3	15.5	7.9	3.4
OECD 整體	13.0	18.7	23.3	20.3	13.9	7.2	3.6

❖表 3.30　臺灣與參照國家數量分測驗不同水準男學生人數百分比對照

國家	素養水準						
	未達 1 （未達 357.77）	1 (357.77~ 420.07)	2 (420.07~ 482.38)	3 (482.38~ 544.68)	4 (544.68~ 606.99)	5 (606.99~ 669.30)	6 （超過 669.30）
臺灣	5.8	9.3	12.7	17.4	21.6	19.8	13.5
上海	1.3	3.8	8.3	15.8	22.1	25.6	23.1
新加坡	3.1	7.4	12.2	17.8	22.0	20.2	17.4
香港	3.5	5.2	11.3	17.5	23.1	22.7	16.7
韓國	3.8	7.1	14.7	22.3	24.9	18.7	8.4
澳門	3.7	8.4	17.1	23.6	24.4	16.2	6.6
日本	5.0	9.3	17.2	23.8	23.1	14.5	7.1
列支敦斯登	2.8	7.6	17.1	19.5	20.6	20.8	11.5
瑞士	4.1	8.6	16.1	22.4	24.4	15.9	8.4
荷蘭	3.7	9.3	16.7	20.9	23.4	17.8	8.2
芬蘭	3.4	9.2	19.2	26.4	23.3	12.7	5.8
OECD 平均	9.0	13.5	20.1	22.5	19.0	11.1	4.8
OECD 整體	10.8	15.7	20.7	21.4	17.2	10.0	4.3

❖表 3.31　臺灣與參照國家數量分測驗不同水準女學生人數百分比對照

國家	素養水準						
	未達 1 （未達 357.77）	1 (357.77~ 420.07)	2 (420.07~ 482.38)	3 (482.38~ 544.68)	4 (544.68~ 606.99)	5 (606.99~ 669.30)	6 （超過 669.30）
臺灣	4.3	9.1	15.3	21.2	22.5	17.7	9.8
上海	1.3	3.7	9.3	16.7	25.2	25.0	18.8
新加坡	1.8	5.1	11.7	19.4	24.7	20.9	16.5
香港	3.0	5.4	11.6	19.9	26.4	21.5	12.2
韓國	3.0	7.7	17.9	25.8	25.4	15.4	4.9
澳門	3.1	8.4	18.3	25.7	25.7	13.8	4.9
日本	4.9	11.4	22.1	26.7	21.4	10.6	2.9
列支敦斯登	6.7	9.0	16.1	18.6	26.0	18.9	4.8
瑞士	3.9	9.2	18.5	25.1	23.3	14.1	5.8
荷蘭	4.6	11.4	16.1	21.6	24.6	16.1	5.6
芬蘭	2.3	7.0	19.3	29.0	25.4	12.8	4.2
OECD 平均	9.3	15.1	22.2	23.4	18.0	9.0	2.9
OECD 整體	11.5	17.5	23.1	21.8	15.7	7.8	2.5

❖表 3.32　臺灣與參照國家不確定性與資料分析分測驗不同水準男學生人數百分比對照

國家	素養水準						
	未達 1 （未達 357.77）	1 (357.77~ 420.07)	2 (420.07~ 482.38)	3 (482.38~ 544.68)	4 (544.68~ 606.99)	5 (606.99~ 669.30)	6 （超過 669.30）
臺灣	5.2	8.9	13.5	17.2	21.3	19.8	14.1
上海	1.2	3.7	8.6	16.5	22.6	24.2	23.2
新加坡	3.5	7.7	14.0	18.2	22.1	19.0	15.4
香港	2.5	5.9	12.4	21.1	25.5	20.9	11.7
韓國	3.8	7.0	15.1	21.4	23.9	17.9	10.9
澳門	4.1	8.7	18.0	25.1	24.4	14.8	5.0
日本	3.6	8.4	16.3	24.1	25.0	16.0	6.6
列支敦斯登	4.1	8.1	17.5	22.9	21.7	16.3	9.5
瑞士	4.8	9.1	17.6	23.3	23.1	14.7	7.4
荷蘭	3.9	9.5	16.6	21.8	22.1	16.8	9.3
芬蘭	5.0	10.8	19.5	25.9	21.8	12.1	4.9
OECD 平均	8.5	14.1	21.3	23.2	18.6	10.3	4.1
OECD 整體	8.9	16.0	21.9	22.2	17.6	9.7	3.7

❖表 3.33　臺灣與參照國家不確定性與資料分析分測驗不同水準女學生人數百分比對照

國家	素養水準						
	未達 1 （未達 357.77）	1 (357.77~ 420.07)	2 (420.07~ 482.38)	3 (482.38~ 544.68)	4 (544.68~ 606.99)	5 (606.99~ 669.30)	6 （超過 669.30）
臺灣	3.7	8.3	15.2	21.2	21.7	17.7	12.2
上海	0.9	3.1	9.3	17.4	24.6	24.4	20.3
新加坡	1.9	6.3	14.4	20.7	23.3	18.8	14.7
香港	2.1	6.0	14.1	24.0	28.5	18.9	6.4
韓國	3.4	8.2	18.6	26.2	23.6	14.8	5.2
澳門	2.9	8.4	19.5	27.5	25.3	12.4	4.1
日本	2.8	9.0	19.9	28.5	23.3	12.8	3.7
列支敦斯登	5.9	12.0	18.8	21.4	24.0	14.3	3.5
瑞士	5.3	10.7	20.2	25.5	21.8	12.0	4.6
荷蘭	4.4	10.8	18.2	21.7	21.9	16.5	6.6
芬蘭	3.3	8.1	20.0	28.9	24.1	11.8	3.8
OECD 平均	8.1	15.4	23.7	24.5	17.7	8.2	2.4
OECD 整體	8.8	17.2	24.6	23.5	16.3	7.4	2.2

　　若與參照國家進行對照，則會發現不同性別在各內容領域高素養水準的人數比率分配，基本上和全體學生在該內容領域的分配比率有雷同的剖面。以「改變與關係」歷程為例，臺灣有 39.7% 的男學生屬於高分群（水準 5 和水準 6），女學生則有 35.5%；表現最為突出的上海，屬於高分群的男、女學生比率分別為 59.7%、56.5%，其次是新加坡，男、女學生比率為 43.1% 與 41.6%；若僅觀察素養水準 6，男學生達到素養水準 6 的比率超過 20% 的國家或者經濟體，依序為上海 38.6%、新加坡 24.5%、臺灣 21.6%。女學生在此水準比率超過 20% 者，僅有上海 34% 與新加坡 21.2%，臺灣則有 17.4%。

　　而從另一端的弱勢群比率亦可看出男女的性別差距。以 OECD 國家平均而言，男、女學生未達水準 2 的弱勢群比率，女學生均比男學生略多，「改變與關係」、「空間與形狀」、「數量」、「不確定性與資料分析」四個內容領域的男學生弱勢群比率為 24.2%、23.9%、22.5%、22.6%，女學生在這四個領域的弱勢群比率分別為 25.7%、27.8%、24.4% 與 23.5%。臺灣男學生在四個數學歷程的弱勢群比率依序為 15%、12.8%、15.1%、和 14.1%，女學生則依序為 12.2%、10.8%、13.4% 以及 12%，情況與 OECD 國家平均恰好相反。值得關心的是弱勢的男學生，臺灣有相當高的比率，在整體成績排名前十名的國家或經濟體當中，臺灣男學生在「改變與關係」、「空間與形狀」的弱勢群比率（15%、12.8%）僅略低於荷蘭（15.4%、16.2%），而「數量」、「不確定性與資料分析」兩個內容領域，臺灣的男生弱勢群比率均比其他表現優秀的國家高。

四　書面與數位數學素養評量對照

(一)整體學生的數位數學素養

　　PISA 2012 同時發展數位數學素養評量作為選考科目，基於電腦的普及以及資訊融入教學的趨勢，臺灣參與這項選考。PISA 2012 此次共有 65 個國家參與 PISA 紙筆測驗，而其中的 32 個國家參加了數位評量。此處呈現臺灣和參照國家在數位數學素養的平均表現狀況，並與書面的數學素養表現進行對照，以作為國內數學教育日後課程規劃以及教學設計的相關參考。

　　針對學生的數位數學素養，PISA 提供了兩種量尺：數位版本、書面與數位合併版兩種。圖 3.20 及圖 3.21 即是各國在此兩種量尺的數位數學素養平均分數對照。表 3.34 和表 3.35 分別呈現了臺灣與參照國家在這兩種量尺下的測驗排名、整體、不同性別與各百分等級表現對照。由表 3.34 可知，OECD 國家平均在數位數學素養所得到的平均得分為 497 分。書面前十名的三個歐洲國家（列支敦斯登、瑞士和荷蘭）以及芬蘭均沒有參與數位評量，因此，在此我們僅以前十名中的七個亞洲國家進行對照。從表 3.34 中可以看出數位數學素養的排名依序為：新加坡（566）、上海（562）、韓國（553）、香港（550）、澳門（543）、日本（539）、臺灣（537）。國家間的數位排名和書面排名有小幅的變動。相對於書面的第四名，我們在數位數學素養位居第七，是七個亞洲國家之末，但與第五、六名的澳門和日本沒有達到統計顯著差異（請參見圖 3.20）。相對於書面數學素養的高異質性，我們在數位表現的標準差和整體的 OECD 國家平均相近。而書面與數位合併量尺下臺灣則位居第五，僅次於上海、新加坡、香港、韓國，但與香港和韓國未達顯著差異。

　　僅以數位量尺來看，OECD 國家平均的男學生數位數學素養比女生高約 12 分，臺灣與參照國家均呈現男學生的數位數學素養表現比女學生好，臺灣男學生大約比女學生得分高 15 分，在與參照國家相對照之下，僅有新加坡的性別差距最小（1 分），其他書面表現優秀的亞洲國家在數位數學素養的性別差異則分別有 13 ～ 18 分的差距，此顯示在數位表現上，男學生有較佳的優勢。而就各百分等級學生的平均數位表現來看，相對於其他參照國家，臺灣的表現並不太理想，百分等級 5、10 以及 25 的學生平均表現都相對最弱，百分等級 75、90、95 較優秀的學生群的表現也僅和第五、六名的澳門、日本在伯仲之間。

平均數	國家	與前述國家平均數差異未達統計顯著的國家
566	新加坡	上海
562	上海	新加坡、韓國
553	韓國	上海、香港
550	香港	韓國、澳門
543	澳門	香港、日本、臺灣
539	日本	澳門、臺灣
537	臺灣	澳門、日本
523	加拿大	
516	愛沙尼亞	比利時、德國
511	比利時	愛沙尼亞、德國、法國、澳洲、奧地利
509	德國	愛沙尼亞、比利時、法國、澳洲、奧地利
508	法國	比利時、德國、澳洲、奧地利、義大利、美國
508	澳洲	比利時、德國、法國、奧地利
507	奧地利	比利時、德國、法國、澳洲、義大利、美國
499	義大利	法國、奧地利、美國、挪威、斯洛伐克、丹麥、愛爾蘭、瑞典、俄羅斯聯邦、波蘭、葡萄牙
498	美國	法國、奧地利、義大利、挪威、斯洛伐克、丹麥、愛爾蘭、瑞典、俄羅斯聯邦、波蘭、葡萄牙
498	挪威	義大利、美國、斯洛伐克、丹麥、愛爾蘭、瑞典、波蘭
497	斯洛伐克	義大利、美國、挪威、丹麥、愛爾蘭、瑞典、俄羅斯聯邦、波蘭、葡萄牙
496	丹麥	義大利、美國、挪威、斯洛伐克、愛爾蘭、瑞典、俄羅斯聯邦、波蘭、葡萄牙
493	愛爾蘭	義大利、美國、挪威、斯洛伐克、丹麥、瑞典、俄羅斯聯邦、波蘭、葡萄牙
490	瑞典	義大利、美國、挪威、斯洛伐克、丹麥、愛爾蘭、俄羅斯聯邦、波蘭、葡萄牙、斯洛維尼亞
489	俄羅斯聯邦	義大利、美國、斯洛伐克、丹麥、愛爾蘭、瑞典、波蘭、葡萄牙、斯洛維尼亞
489	波蘭	義大利、美國、挪威、斯洛伐克、丹麥、愛爾蘭、瑞典、俄羅斯聯邦、葡萄牙、斯洛維尼亞、
489	葡萄牙	義大利、美國、斯洛伐克、丹麥、愛爾蘭、瑞典、俄羅斯聯邦、波蘭、斯洛維尼亞
487	斯洛維尼亞	瑞典、俄羅斯聯邦、波蘭、葡萄牙
475	西班牙	匈牙利
470	匈牙利	西班牙
447	以色列	
434	阿拉伯聯合大公國	智利
432	智利	阿拉伯聯合大公國
421	巴西	
397	哥倫比亞	

■ 顯著高於 OECD 平均數
□ 與 OECD 平均數差異未達顯著
■ 顯著低於 OECD 平均數

⊃ 圖 3.20　各國學生數位數學素養平均分數對照

平均數	國家	與前述國家平均數差異未達統計顯著的國家
587	上海	
570	新加坡	
555	香港	韓國、臺灣
553	韓國	香港、臺灣
549	臺灣	香港、韓國
541	澳門	日本
538	日本	澳門
520	加拿大	愛沙尼亞
518	愛沙尼亞	加拿大、比利時
513	比利時	愛沙尼亞、德國、奧地利
511	德國	比利時、奧地利、澳洲、波蘭
506	奧地利	比利時、德國、澳洲、波蘭、法國
506	澳洲	德國、奧地利、波蘭、法國
503	波蘭	德國、奧地利、澳洲、法國、丹麥、愛爾蘭、義大利
502	法國	奧地利、澳洲、波蘭、丹麥、愛爾蘭、義大利
498	丹麥	波蘭、法國、愛爾蘭、斯洛維尼亞、義大利、挪威、美國
497	愛爾蘭	波蘭、法國、丹麥、斯洛維尼亞、義大利、挪威、美國、斯洛伐克
494	斯洛維尼亞	丹麥、愛爾蘭、義大利、挪威、美國、斯洛伐克、葡萄牙
493	義大利	波蘭、法國、丹麥、愛爾蘭、斯洛維尼亞、挪威、美國、斯洛伐克、葡萄牙、俄羅斯聯邦
493	挪威	丹麥、愛爾蘭、斯洛維尼亞、義大利、美國、斯洛伐克、葡萄牙
490	美國	丹麥、愛爾蘭、斯洛維尼亞、義大利、挪威、斯洛伐克、葡萄牙、俄羅斯聯邦、瑞典
489	斯洛伐克	愛爾蘭、斯洛維尼亞、義大利、挪威、美國、葡萄牙、俄羅斯聯邦、瑞典
488	葡萄牙	斯洛維尼亞、義大利、挪威、美國、斯洛伐克、俄羅斯聯邦、瑞典
486	俄羅斯聯邦	義大利、美國、斯洛伐克、葡萄牙、瑞典、西班牙
484	瑞典	美國、斯洛伐克、葡萄牙、俄羅斯聯邦、西班牙
479	西班牙	俄羅斯聯邦、瑞典、匈牙利
473	匈牙利	西班牙
457	以色列	
434	阿拉伯聯合大公國	智利
427	智利	阿拉伯聯合大公國
409	巴西	
387	哥倫比亞	

■ 顯著高於 OECD 平均數
□ 與 OECD 平均數差異未達顯著
■ 顯著低於 OECD 平均數

➲ 圖 3.21　各國學生書面與數位合併之數學素養平均分數對照

❖ 表 3.34　臺灣與參照國家數位數學素養排名、整體、不同性別與各百分等級表現對照

國家	排名	全部學生		性別差異			百分等級					
		平均數	標準差	男學生	女學生	差異 （男－女）	5th	10th	25th	75th	90th	95th
臺灣	7	537	89	545	530	15	386	419	478	600	649	676
上海	2	562	94	572	553	**18**	404	439	500	628	679	708
新加坡	1	566	98	566	566	1	399	434	500	635	689	717
香港	4	550	87	558	540	**17**	394	435	499	608	654	680
韓國	3	553	90	561	543	**18**	403	437	494	615	665	695
澳門	5	543	83	549	536	**13**	401	433	489	600	647	674
日本	6	539	88	546	531	15	391	426	482	597	649	682
OECD 平均		497	89	503	491	12	347	382	439	559	609	638
OECD 整體		505	92	510	500	**10**	351	387	445	568	622	653

註：統計達顯著者標以粗體。

❖ 表 3.35　臺灣與參照國家書面與數位合併之數學素養的排名、整體、不同性別與各百分等級表現對照

國家	排名	全部學生		性別差異			百分等級					
		平均數	標準差	男學生	女學生	差異 （男－女）	5th	10th	25th	75th	90th	95th
臺灣	5	549	99	554	543	10	379	414	479	620	673	702
上海	1	587	93	594	582	**12**	426	462	524	654	703	731
新加坡	2	570	100	569	570	-1	400	436	501	641	695	723
香港	3	555	87	563	547	**16**	398	438	502	615	661	687
韓國	4	553	91	561	544	**18**	401	434	491	618	668	696
澳門	6	541	85	544	537	**8**	394	428	484	601	648	675
日本	7	538	87	545	529	**16**	391	424	480	598	648	678
OECD 平均		497	87	503	491	12	353	384	437	558	609	638
OECD 整體		502	90	507	497	10	354	385	440	565	619	651

註：統計達顯著者標以粗體。

（二）數位數學素養不同水準人數比率分配

　　針對 PISA 六個素養水準來看學生的數位數學素養，表 3.36 呈現的是臺灣與參照國家不同數位數學素養水準學生人數百分比對照。由表中可知，OECD 國家平均有 2.6% 的學生其數位數學素養達到水準 6，臺灣有 6% 的學生達到此水準，在參照國家中，也只有上海、新加坡在這最高水準的人數比率達 10% 以上。其中上海和新加坡分別有 12.3% 以及 14.4%，香港（6.7）、韓國（9.0）和日本（6.6）在此水準的學生人數比率略高於臺灣；澳門（5.6）則略少於臺灣。

　　臺灣在數位數學素養水準 5 的比率則有 16.1%，比水準 6 的比率高出 10%。若合併這兩個水準來看，臺灣則有 22.1% 學生的數位數學素養屬於國際界定的高分群，新加坡高分群最多（35.6），其次是上海（33.3）、韓國（27.7）、香港（25.4）、澳門（22.2）、臺灣（22.1）、日本（21.4），而 OECD 國家平均則有 11.3。水準 4 是臺灣學生最多人達到的水準，比率為 26.4，換句話說，臺灣水準 4 以上（含）的學生比率接近一半，相對於 OECD 平均的 31%，臺灣學生兩個就有一個的數學表現在這個水準之上。而臺灣學生在水準 3 的人數比率約為 25%。整體而言，臺灣學生在水準 3、4、5、6 這四個較高素養水準的人數比率將近 75%。

　　而以基準線水準 2 來看，OECD 有 80% 的學生在水準 2 以上（含），整體表現優秀的亞洲國家當中，六個國家在此基礎線以上的人數比率均超過九成，上海為 93.1%、韓國 92.8%、新加坡為 92.4%，澳門 92.4%、香港 92.3%、日本 91.1% 左右，臺灣則為 89.7%。換句話說，在這些國家當中，臺灣還有 10.3% 的學生比率在水準 1 和未達水準 1，這個弱勢群比率在同樣數學表現優質亞洲國家中是最高的。

　　表 3.37 是臺灣與參照國家不同書面與數位合併之數學素養水準學生人數百分比對照。在合併量尺下，OECD 國家平均有 2.5% 的學生其數學素養達到水準 6，臺灣則有 10.7% 的學生達到此水準。在參照國家中，也只有上海、新加坡和臺灣在這最高水準的人數比率達 10% 以上，其中上海和新加坡分別有 19.8% 以及 16.2%，其餘參照國家在數學素養水準 6 的人數比率則分別為韓國 9.8%、香港 8.2%、日本 6.3% 和澳門 5.8%。

❖表 3.36　臺灣與參照國家不同數位數學素養水準學生人數百分比對照

國家	素養水準						
	未達 1 （未達 357.77)	1 (357.77~ 420.07)	2 (420.07~ 482.38)	3 (482.38~ 544.68)	4 (544.68~ 606.99)	5 (606.99~ 669.30)	6 （超過 669.30）
臺灣	2.8	7.5	16.2	25.0	26.4	16.1	6.0
上海	1.8	5.1	13.2	20.8	25.8	21.0	12.3
新加坡	2.0	5.7	12.4	19.7	24.7	21.2	14.4
香港	2.6	5.2	12.1	24.5	30.3	18.7	6.7
韓國	1.8	5.4	14.3	23.9	26.9	18.7	9.0
澳門	1.7	5.9	15.3	26.4	28.5	16.6	5.6
日本	2.4	6.6	16.3	26.5	26.9	14.8	6.6
OECD 平均	6.9	13.1	22.7	26.3	19.7	8.7	2.6
OECD 整體	5.8	11.7	22.1	26.4	20.9	9.8	3.3

❖表 3.37　臺灣與參照國家不同書面與數位合併之數學素養水準學生人數百分比對照

國家	素養水準						
	未達 1 （未達 357.77)	1 (357.77~ 420.07)	2 (420.07~ 482.38)	3 (482.38~ 544.68)	4 (544.68~ 606.99)	5 (606.99~ 669.30)	6 （超過 669.30）
臺灣	3.1	8.0	14.7	20.4	23.9	19.2	10.7
上海	1.0	3.5	9.7	17.1	24.3	24.6	19.8
新加坡	1.9	5.7	12.3	19.0	23.5	21.5	16.2
香港	2.2	5.1	11.9	22.7	29.4	20.5	8.2
韓國	1.8	5.7	14.5	23.5	25.4	19.3	9.8
澳門	2.1	6.5	15.8	26.0	27.1	16.7	5.8
日本	2.3	6.8	16.8	26.3	26.0	15.4	6.3
OECD 平均	6.3	13.8	23.2	25.9	19.3	8.9	2.5
OECD 整體	5.5	13.1	23.1	25.8	19.8	9.6	3.1

臺灣在水準 5 的比率則有 19.2%，合併後的量尺顯示上海高分群（水準 5 及水準 6）最多（44.4），其次是新加坡（37.7）、臺灣（29.9）、韓國（29.1）、香港（28.7）、澳門（22.5）、日本（21.7），而 OECD 國家平均則有 11.4%。如前所述，將書面與數位評量的表現合併估計之後，臺灣的數位弱勢就被書面優勢所中和，但我們不應以此自足，需再審慎思考學生數位數學素養精進發展的可能協助方式。

而以基準線水準 2 來看，OECD 有 79.8% 的學生在水準 2 以上，整體表現優秀的亞洲國家當中，六個國家的水準 2 以上的人數比率均超過九成（上海 95.5%、香港 92.7%、新加坡和韓國 92.5%、澳門 91.4%、日本 90.8%），臺灣則為 88.9%。換句話說，在這些國家當中，臺灣還有 11.1% 的學生比率在水準 1 和未達水準 1，再次彰顯出臺灣弱勢群比率偏高的憂慮。

圖 3.22 呈現的是臺灣學生的書面、數位，以及書面數位合併的數學素養表現剖面，圖中呈現的是不同量尺表現下的臺灣學生人數百分比對照。由圖可知，在書面數學素養的表現上，臺灣有相當高比率的較高素養水準學生；而數位數學

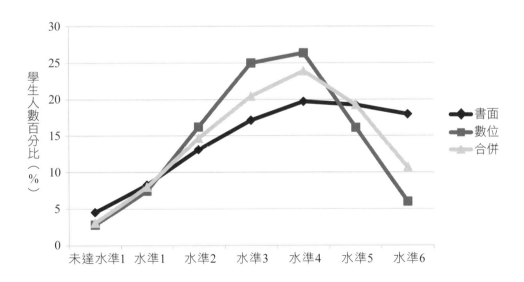

● 圖 3.22　臺灣學生在書面、數位，以及書面與數位合併之數學素養的不同水準人數比率對照

素養則沒有看到這個優勢，水準 5 和水準 6 的學生比率相對偏低，尤其是水準 6；在合併量尺下，臺灣學生在各水準的人數比率則介於書面和數位之間。值得注意的是，臺灣書面數學素養優勢群雖然比較高，但弱勢群也相對較數位數學素養高，除了彰顯出臺灣弱勢群偏高之外，也顯示出臺灣在書面數學素養的歧異程度大於數位數學素養的表現。在國民義務教育中，數學一項是重要的學科，而書面又是此學科最傳統也最常運用的評量表現，此一現象值得臺灣教育深度省思。

　　表 3.38 和表 3.39 呈現的是臺灣與參照國家不同數位數學素養水準男、女學生人數百分比對照，而表 3.40 和表 3.41 呈現的是臺灣與參照國家不同書面與數位合併之數學素養水準男、女學生人數百分比對照。整體而言，在與其他參照國家進行表現對照之下，臺灣男、女學生的人數比率和全體學生的人數比率的對應方式雷同，因此不多贅述。圖 3.23 針對表 3.38 和表 3.39 當中臺灣男、女學生在各數學素養水準人數比率對照進行呈現，同樣的，圖 3.24 則針對表 3.40 及表 3.41 進行整理。由圖 3.23 可以清楚看出，針對不同數位數學素養的水準，臺灣男學生在水準 5 和水準 6 的比率高於女學生，同樣的，男學生未達水準 1 和水準 1 的比率也比女學生高。也就是說，臺灣女學生的數位數學素養表現分配較為集中，而男學生的數學素養表現較為兩極化。將書面與數位的表現合併之後的性別差異狀態亦是如此，請參見圖 3.24。

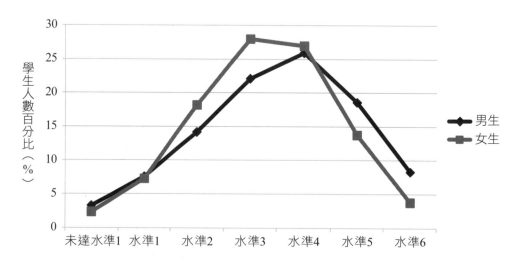

⊃ 圖 3.23　臺灣男、女學生不同數位數學素養水準人數比率對照

❖表 3.38 臺灣與參照國家不同數位數學素養水準男學生人數百分比對照

國家	素養水準						
	未達 1 （未達 357.77)	1 (357.77~ 420.07)	2 (420.07~ 482.38)	3 (482.38~ 544.68)	4 (544.68~ 606.99)	5 (606.99~ 669.30)	6 （超過 669.30）
臺灣	3.3	7.6	14.2	22.1	25.9	18.6	8.3
上海	2.0	4.9	11.0	19.4	25.3	21.5	16.0
新加坡	2.6	6.3	12.3	18.8	23.4	21.0	15.6
香港	2.6	5.2	11.2	21.4	29.5	20.9	9.2
韓國	1.8	4.8	12.7	22.2	27.2	19.9	11.3
澳門	1.8	5.9	13.9	24.3	28.1	18.7	7.3
日本	2.6	6.4	15.1	24.0	26.5	16.8	8.6
OECD 平均	6.7	12.4	21.1	25.4	20.5	10.3	3.5
OECD 整體	6.0	11.2	20.6	25.2	21.5	11.1	4.3

❖表 3.39 臺灣與參照國家不同數位數學素養水準女學生人數百分比對照

國家	素養水準						
	未達 1 （未達 357.77)	1 (357.77~ 420.07)	2 (420.07~ 482.38)	3 (482.38~ 544.68)	4 (544.68~ 606.99)	5 (606.99~ 669.30)	6 （超過 669.30）
臺灣	2.3	7.3	18.2	27.9	26.9	13.7	3.8
上海	1.7	5.3	15.2	22.2	26.4	20.4	8.8
新加坡	1.4	5.1	12.5	20.6	26.1	21.3	13.0
香港	2.5	5.3	13.2	28.1	31.2	16.1	3.8
韓國	1.8	6.1	16.1	25.9	26.5	17.4	6.3
澳門	1.5	5.9	16.8	28.6	29.0	14.4	3.8
日本	2.1	6.8	17.6	29.2	27.3	12.6	4.4
OECD 平均	7.1	13.7	24.3	27.2	18.9	7.2	1.6
OECD 整體	5.4	12.1	23.7	27.7	20.3	8.5	2.3

❖表 3.40　臺灣與參照國家不同書面與數位合併之數學素養水準男學生人數百分比對照

國家	素養水準						
	未達 1 （未達 357.77）	1 (357.77~ 420.07)	2 (420.07~ 482.38)	3 (482.38~ 544.68)	4 (544.68~ 606.99)	5 (606.99~ 669.30)	6 （超過 669.30）
臺灣	3.7	8.7	13.2	17.4	23.2	20.6	13.1
上海	1.0	3.7	9.0	15.8	23.1	24.6	22.9
新加坡	2.5	6.3	12.5	17.9	22.0	21.3	17.5
香港	2.2	5.2	11.5	19.5	27.9	22.6	11.1
韓國	1.8	5.5	12.9	21.7	25.1	20.4	12.6
澳門	2.3	6.9	14.5	24.3	26.5	18.2	7.1
日本	2.6	6.6	15.2	23.6	26.0	17.6	8.4
OECD 平均	6.3	13.1	21.9	24.9	20.1	10.3	3.4
OECD 整體	5.8	12.7	21.6	24.4	20.6	10.9	4.1

❖表 3.41　臺灣與參照國家不同書面與數位合併之數學素養水準女學生人數百分比對照

國家	素養水準						
	未達 1 （未達 357.77）	1 (357.77~ 420.07)	2 (420.07~ 482.38)	3 (482.38~ 544.68)	4 (544.68~ 606.99)	5 (606.99~ 669.30)	6 （超過 669.30）
臺灣	2.6	7.4	16.0	23.2	24.5	17.8	8.4
上海	0.9	3.3	10.4	18.3	25.6	24.6	16.9
新加坡	1.2	5.0	12.0	20.1	25.2	21.7	14.8
香港	2.2	5.0	12.3	26.5	31.1	18.1	4.9
韓國	1.8	5.9	16.3	25.7	25.7	18.1	6.5
澳門	1.9	6.0	17.1	27.8	27.7	15.0	4.5
日本	2.0	7.1	18.6	29.3	26.0	13.0	3.9
OECD 平均	6.4	14.5	24.6	26.9	18.6	7.4	1.6
OECD 整體	5.3	13.4	24.8	27.2	18.9	8.2	2.1

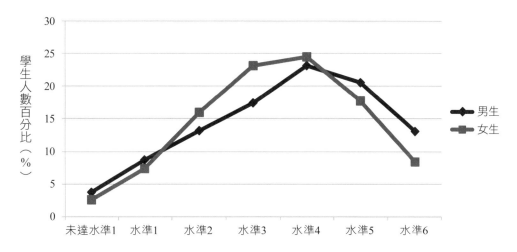

⊃ 圖 3.24 臺灣男、女學生不同書面與數位合併之數學素養水準人數比率對照

五 趨勢分析

(一)學生的平均表現趨勢

　　國家的平均數學表現除了可利用來進行國與國之間整體的表現比較之外，亦可以用來進一步檢視這個國家能夠為學生提供未來成功參與生活所需的技能和能力所達到的程度。藉由平均表現的趨勢，可讓我們一目了然國家間如何改善學校系統以實現此一目標。

　　PISA 2012 的數學針對 64 個國家和經濟體進行了數學趨勢。其中 38 個國家的 2012 數學表現可和其餘三次的 PISA 調查（2003、2006 和 2009）進行比較，17 個國家或經濟體的 2012 表現可和前兩次調查結果（也就是 2006、2009）進行比較，而有 9 個國家和經濟體則可針對 2012 和前一次調查結果（2009）進行處理。由於臺灣於 2006 第一次參與 PISA，因此臺灣的趨勢資料包括了 2006、2009、2012 三次的資料點。

　　為了對國家或經濟體的趨勢有較佳的理解，同時讓比較的國家數量最大化，PISA 報告側重於學生表現的年度改變。年度改變量（annualised change）是在觀

察期間，考慮到所有觀測之後所算出的平均年度改變量。參加四次 PISA 調查的國家，年度改變量將會考慮到全部的四個時間點，而較少調查資料的國家，則根據有效可用的訊息來列入考量。

年度改變量是量測表現趨勢一個比較強韌的方式，因為它是基於所有可用的訊息（而不是某一年度和 2012 的表現差異），特別是多次參加 PISA 評比的國家而言更為適合。它是以年為計算單位，因此它被解釋為在觀察期間表現的年平均改變，並允許自 2003 年以來，至少有兩個 PISA 調查估計結果的國家都可以進一步進行數學表現的比較。

自 2003 年以來，OECD 國家平均每年數學有 0.3 分的退步。根據所有國家或經濟體的趨勢資料，截至 2012 年，有 25 個國家逐年提升數學表現，相較之下，有 14 個國家和經濟體 2003 到 2012 的平均表現逐漸惡化。剩餘的 25 個國家和經濟體在這期間的數學表現的平均改變則沒有達到統計意義。從圖 3.25 可以看出，阿爾巴尼亞、哈薩克、馬來西亞、卡達、阿拉伯聯合大公國（排除杜拜）每年平均提高超過 5 分的數學表現。OECD 國家則是以色列的數學表現有所提升（每年平均提高 4 分），墨西哥、土耳其（每年平均提高超過 3 分），義大利、波蘭、葡萄牙（每年平均提高 2 分以上），智利、德國和希臘（每年平均提高 1 分以上）。自 2003 年以來每次都參加的國家中，巴西、義大利、墨西哥、波蘭、葡萄牙、突尼西亞和土耳其自 2003 年以來每年平均提高數學成績超過 2.5 分。

跨時間的平均改善呈現的僅是國家／經濟體軌跡的一個層面，並不代表國家或經濟體的改善是固定不變、快速增加或逐步趨緩的。為了評估國家改善的加速或減速程度時，只能針對有三次參與的國家和經濟體，進行處理（也就是說除了 PISA 2012 的資訊之外，至少還有兩次以上的參與點才能進行評估）。在列入考量的 55 個國家和經濟體中，有 18 個國家年度改變量呈現線性的改善，澳門和波蘭學生平均的數學成績的改善率是加速的，他們在 2009 至 2012 其間的進步幅度高於 2003 至 2006。例如，波蘭在 2003 至 2006 雖然成績提高了 5 分（無統計顯著性），2006 至 2009 維持同樣的水準，但在 2009 至 2012 之間快速提升了 23 分。同樣的，澳門的成績在 2003 至 2009 之間並沒有改變，但在 2009 至 2012 之間提升了 13 分。

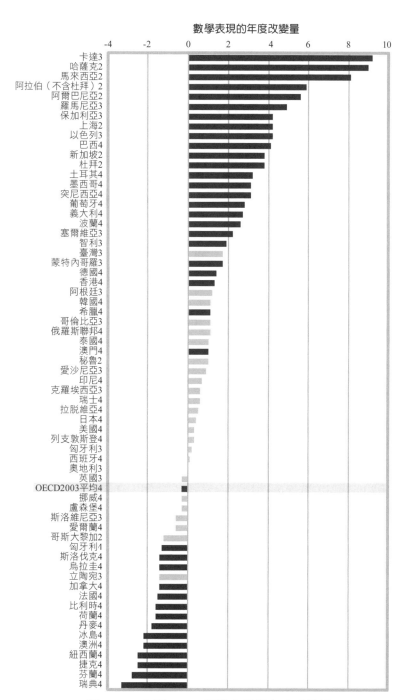

數學表現的年度改變量

➲ 圖 3.25　各國 PISA 數學素養的年度改變量

資料來源：OECD, PISA 2012 Database, Table 1.2.3b.

　　有 13 個國家和經濟體的改善率保持相對恆定（巴西、保加利亞、智利、德國、香港、以色列、義大利、蒙特內哥羅、葡萄牙、羅馬尼亞、塞爾維亞、突尼西亞和土耳其）。相對的，卡達、墨西哥和希臘則呈現出改善率是逐步趨緩的（也就是減速）：也就是先前的 PISA 調查改善率幅度較高，在之後的調查後相對幅度較低。例如墨西哥在 2003 和 2006 之間的數學平均成績從 385 提高到 406 分（改變量高於 20 分）的變化，然後在 2009 年再次提高到 419 分，但在 2012 下跌至 413 分（但下滑的幅度不顯著）（見圖 3.26）。

　　沒有呈現正向年度改變量的 25 個國家中，23 個至少有三次的參與點，這些國家在 PISA 2012 之前呈現退步的現象。其中，臺灣、克羅埃西亞、愛爾蘭和日本沒有呈現改善的跡象。以臺灣為例，2006 至 2009 從 549 分退步為 543 分，雖然 2012 年提升至 560 分，但相對於 2006 年則呈現的進步情形是不明顯的（見圖 3.26）。

　　PISA 分析了參與國家或經濟體在 2003 年的數學平均表現和 2003 至 2012 平均改變量之間的關係。結果指出國家／經濟體早期的數學表現和年度改變量之間的相關為 -0.60，也就是說，國家或經濟體第一次參與的初始分數可以解釋年度改變量 35% 的變異。國家的初始分數較低則傾向有較快的改善率（OECD, 2014a），然而這種關係，絕不是既定的。雖然改善最多的國家很可能是在 2003 表現較為低落，但有些國家和經濟體在 2003 的學生表現是屬於平均或高表現，也隨著時間的推移而有所改善。例如香港、澳門、德國等表現優質的國家或經濟體，一開始的 PISA 數學成績相當於或者高於 OECD 國家平均，但其數學表現的年度改變量仍然逐步改善中。表 3.42 呈現的是臺灣與參照國家在 PISA 2003、2006、2009 和 2012 數學素養表現的平均數對照，由表中可知，在這些表現優秀的國家中，臺灣從 2009 到 2012 的提升幅度最高（17 分），但因為自 2006 開始參加，因此一共跨越了六年的時間，而 2006 到 2012 的提升幅度為 10 分左右，平均之後，臺灣的年度改變量為 1.7 分。而上海和新加坡均在 2009 始加入 PISA 調查，目前為止僅跨越了三年，分別提升 13 分和 11 分，平均年度改變量則為 4.2 和 3.8。除了臺灣、上海、新加坡分別從 2006 或 2009 才第一次加入 PISA 調查，其他國家均在 2003 就已經參加，以香港、韓國和澳門而言，他們平均年度改變量約為 1 左右，顯示這些國家平均的數學素養每年進步 1 分左右，而在 PISA 2003 屬於高分群的荷蘭和芬蘭平均數學表現分別為 538、544，但至 2012 年則降至 523、519，呈現退步的改變，年度改變量分別為 -2、-3。

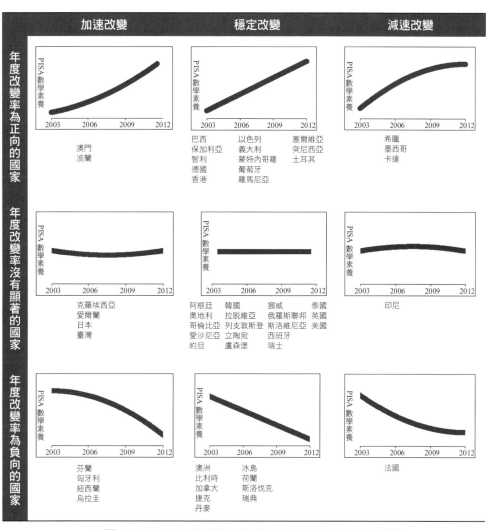

○ 圖 3.26　PISA 歷次各國數學素養年度改變量曲線圖

(二)高、低數學素養水準的學生比率趨勢

　　根據澳洲、加拿大、丹麥和瑞士等國的縱貫研究結果顯示，表現低於水準 2 的學生在過渡到更高的教育和之後數年的工作中，往往會面臨嚴重的障礙。因此，表現低於此精熟水準基準線的學生比率，指出了該國家提供該國人民最低能力水準會面臨的困難程度（OECD, 2014a）。相對的，數學位於水準 5 或水準 5

❖ 表 3.42　臺灣與參照國家在歷次 PISA 數學素養表現的平均數對照

國家	PISA 2003	PISA 2006	PISA 2009	PISA 2012	2003 與 2012 差異 (PISA 2012－PISA 2003)	2006 與 2012 差異 (PISA 2012－PISA 2006)	2009 與 2012 差異 (PISA 2012－PISA 2009)	年度改變量 a	數學表現的曲線改變 線性趨向 (2012年度) 改變	二次趨向 (加速化或減速化的趨勢)
臺灣	m[b]	549	543	560	m	10	17[c]	1.7	9.4	1.3
上海	m	m	600	613	m	m	13	4.2	m	m
新加坡	m	m	562	573	m	m	11	3.8	m	m
香港	550	547	555	561	11	14	7	1.3	3.7	0.3
韓國	542	547	546	554	12	6	8	1.1	1.8	0.1
澳門	527	525	525	538	11	13	13	1.0	4.8	0.4
日本	534	523	529	536	2	13	7	0.4	5.0	0.5
列支敦斯登	536	525	536	535	-1	10	-1	0.3	2.8	0.3
瑞士	527	530	534	531	4	1	-3	0.6	-0.9	-0.2
荷蘭	538	531	526	523	-15	-8	-3	-1.6	-0.6	0.1
芬蘭	544	548	541	519	-26	-30	-22	-2.8	-9.3	-0.7
OECD 平均 2003	500	498	499	496	-3	-1	-3	-0.3	-0.6	0.0
OECD 平均 2006	m	494	496	494	m	0	-2	-0.1	-0.1	0.0
OECD 平均 2009	m	m	496	494	m	m	-2	-0.1	-0.1	0.0

註：a. 年度改變量是針對各國所有的資料點進行計算。

　　b. m 表示無資料。

　　c. 統計達顯著者標以粗體。

以上的學生可以處理複雜的任務，被認為是 PISA 最高表現者。此水準學生的比率，代表著一個學校系統可以讓學生的數學實力在複雜的知識社會中取得成功的能力。

國家或經濟體平均表現的改變，可能起因於不同表現水準分配的變化。例如，某些國家或經濟體低於水準 2 的比率減少而導致其平均表現的改善；而某些國家或經濟體，他們平均表現的改善很可能是由於水準 5 或水準 5 以上表現優異學生比率的增加。然而，各個國家的趨勢有所不同。有些國家或經濟體可以看到低分群學生比率降低，同時高表現學生比率增加，這是因為其學校系統在表現高、低兩個極端群的表現有所改善所致。而仍有其他國家改進之處僅限於弱勢學生的比率減少，或者是高表現學生比率增加。

表 3.43 呈現的是臺灣與參照國家學生在 2003 至 2012 歷屆 PISA 數學素養水準未達 2、水準 5 以上人數百分比對照。在 2003 至 2012 年間，OECD 國家平均數學表現未達基準線的學生增加了 0.7 個百分點，而相當於水準 5 或水準 5 以上的學生比率則降低了 1.6%。根據 PISA 2012 和先前 PISA 數學表現的比較，國家或經濟體可以分為幾個類別：低分群比率降低而高分群比率提升、低分群比率降低但高分群比率沒有增加、高分群比率提升而低分群比率沒有降低，以及高分群比率降低而低分群比率反而提升。在參照國家中，新加坡是第一類的代表，新加坡從 2009 開始加入，其未達基準線的學生降低了 1.6%，而相當於水準 5 或水準 5 以上的學生比率則提升了 4.4%。臺灣及參照國家中並沒有屬於第二類型的，但 OECD 國家中，如德國、土耳其、突尼西亞、巴西等國是屬於此類型的國家。臺灣則是屬於第三類，也就是高分群的比率增加，但低分群比率卻沒有改變，從 2006 到 2012，我們在高分群的比率增加了 5.3%，而 2009 至 2012 年間增加了 8.6%，但低分群僅有在 2006 到 2012 略為提升了 0.9%，2009 至 2012 則沒有變化，參照國家多數和我們的情況類似，如韓國、澳門、香港、日本、列支敦斯登都是。芬蘭和荷蘭則是屬於第四類國家，他們從 2003 至 2012 年間，基礎水準以下的學生比率分別提升了 5.5% 和 3.9%，而高分群比率則分別下滑了 8.1% 和 6.3%。

❖ 表 3.43　臺灣與參照國家學生在歷屆國數學素養水準未達 2 及 5 以上人數百分比對照

國家	PISA 2003 未達2 (未達 420.07)	PISA 2003 5以上 (超過 606.99)	PISA 2006 未達2 (未達 420.07)	PISA 2006 5以上 (超過 606.99)	PISA 2009 未達2 (未達 420.07)	PISA 2009 5以上 (超過 606.99)	PISA 2012 未達2 (未達 420.07)	PISA 2012 5以上 (超過 606.99)	2003與2012 差異 (PISA 2012 - PISA 2003) 未達2 (未達 420.07)	2003與2012 差異 5以上 (超過 606.99)	2006與2012 差異 (PISA 2012 - PISA 2006) 未達2 (未達 420.07)	2006與2012 差異 5以上 (超過 606.99)	2009與2012 差異 (PISA 2012 - PISA 2009) 未達2 (未達 420.07)	2009與2012 差異 5以上 (超過 606.99)
臺灣	m^a	m	12.0	31.9	12.8	28.6	12.8	37.2	m	m	0.9	5.3^b	0	**8.6**
上海	m	m	m	m	4.9	50.4	3.8	55.4	m	m	m	m	-1.1	**5.0**
新加坡	m	m	m	m	9.8	35.6	8.3	40.0	m	m	m	m	-1.6	**4.4**
香港	10.4	30.7	9.5	27.7	8.8	30.7	8.5	33.7	-1.9	3.0	-1.0	**6.0**	-0.2	3.1
韓國	9.5	24.8	8.9	27.1	8.1	25.6	9.1	30.9	-0.4	**6.1**	0.3	3.8	1.0	5.3
澳門	11.2	18.7	10.9	17.4	11.0	17.1	10.8	24.3	-0.4	**5.7**	-0.2	**6.9**	-0.2	**7.2**
日本	13.3	24.3	13.0	18.3	12.5	20.9	11.1	23.7	-2.3	-0.6	-2.0	**5.4**	-1.4	2.8
列支敦斯登	12.3	25.6	13.2	18.5	9.5	18.1	14.1	24.8	1.8	-0.8	0.9	6.4	4.6	6.8
瑞士	14.5	21.2	13.5	22.6	13.5	24.1	12.4	21.4	-2.1	0.2	-1.1	-1.3	-1.0	-2.8
荷蘭	10.9	25.5	11.5	21.1	13.4	19.9	14.8	19.3	**3.9**	-6.3	3.3	-1.9	1.4	-0.6
芬蘭	6.8	23.4	6.0	24.4	7.8	21.7	12.3	15.3	**5.5**	**-8.1**	**6.3**	**-9.2**	**4.4**	**-6.4**
OECD 平均 2003	21.5	14.6	21.3	13.5	20.8	13.4	22.2	13.1	0.7	**-1.6**	**0.9**	-0.4	**1.6**	-0.4
OECD 平均 2006	m	m	22.5	12.8	22.0	12.7	23.0	12.6	m	m	0.5	-0.2	**1.2**	-0.1
OECD 平均 2009	m	m	m	m	22.0	12.7	23.1	12.6	m	m	m	m	**1.2**	-0.1

註：a. m 表示無資料。
　　b. 統計達顯著者標以粗體。

❖ 表 3.44　臺灣與參照國家在歷屆 PISA 不同百分位數學生的數學素養平均數對照

國家	PISA 2003				PISA 2006				PISA 2009				PISA 2012				2003 與 2012 差異 (PISA 2012 - PISA 2003)				各百分等級的年度改變量			
	10th	25th	75th	90th	10th	25th	75th	90th	10th	25th	75th	90th	10th	25th	75th	90th	10th	25th	75th	90th	10th	25th	75th	90th
臺灣	m[a]	m	m	m	409	477	625	677	405	471	618	675	402	478	645	703	m	m	m	m	-1.2	0.0	**3.0**[b]	**4.0**
上海	m	m	m	m	m	m	m	m	462	531	674	726	475	546	685	737	m	m	m	m	4.3	5.0	3.6	3.5
新加坡	m	m	m	m	m	m	m	m	422	490	638	693	432	501	650	707	m	m	m	m	3.2	3.5	**3.9**	**4.6**
香港	417	485	622	672	423	486	614	665	428	492	622	673	430	499	629	679	13	14	7	8	1.5	**1.6**	**0.9**	**1.1**
韓國	423	479	606	659	426	485	612	664	430	486	609	659	425	486	624	679	2	7	**18**	**20**	**0.4**	**0.8**	**1.7**	**1.8**
澳門	414	467	587	639	416	467	585	632	415	468	584	634	415	476	605	657	1	9	**18**	**18**	0.0	**1.1**	**2.5**	**2.8**
日本	402	467	605	660	404	463	587	638	407	468	595	648	415	473	603	657	13	6	-2	-3	**1.5**	**1.0**	0.3	0.2
列支敦斯登	408	470	609	655	402	464	588	643	421	484	593	637	403	470	606	656	-5	0	-2	1	0.4	0.6	0.0	-0.1
瑞士	396	461	595	652	401	464	600	652	401	468	604	658	408	466	597	651	**12**	6	2	-1	**1.2**	**0.6**	**0.2**	0.1
荷蘭	415	471	608	657	412	467	596	645	406	460	593	640	397	457	591	638	**-19**	**-13**	**-17**	**-18**	**-2.1**	**-1.5**	**-1.7**	**-1.9**
芬蘭	438	488	603	652	444	494	605	652	431	487	599	644	409	463	577	629	**-29**	**-25**	**-26**	**-23**	**-3.5**	**-3.0**	**-3.1**	**-2.7**
2003 平均	378	436	565	620	379	436	562	615	379	437	564	617	377	433	561	616	-1	**-3**	**-4**	**-4**	-0.1	**-0.3**	**-0.3**	-0.3
2006 平均	m	m	m	m	376	432	558	612	376	434	560	613	375	430	558	614	m	m	m	m	0.1	-0.1	-0.1	-0.1
2009 平均	m	m	m	m	m	m	m	m	376	434	560	613	375	430	558	613	m	m	m	m	0.1	-0.1	-0.1	0.0

註：a. m 表示無資料。
　　b. 統計達顯著者標以粗體。

　　表 3.44 為臺灣與參照國家在 2003 至 2012 歷屆 PISA 不同百分位數學生的數學素養平均數對照。由表中可知臺灣從第一次參與的 2006 表現和 2012 表現成績進行比對，百分等級 10 和百分等級 25 分別退步了 7 分和 1 分，這個百分等級學生的年度改變量分別為 -1.2 和 0，也就是說，在 PISA 的量尺上，百分等級 10 的學生平均每年退步 1.2 分，百分等級 25 的學生則沒有發生任何改變。相對的，PISA 2012 百分等級 90 的學生相對於 PISA 2006 提高 26 分，而百分等級 75 的學生則提高了 20 分，兩個百分等級的年度改變量分別為 4 和 3 分，換句話說，高能力群的學生進步幅度大，而且能力越高，進步的幅度越大。整體而言，臺灣高分群與低分群學生的差距越來越大，弱勢群的表現提升，應當是未來提升教育公平性一個重要的議題。

(三)性別差異的趨勢

　　OECD 國家平均在第一波以數學為主軸的 PISA 2003 中，男學生的數學表現優於女學生 11 分。39 個國家或經濟體中，有 27 個國家或經濟體呈現男學生的優勢（僅冰島是女學生優於男學生）。其中，列支敦斯登、韓國和澳門的性別差異最大，男女差距高於 20 分。而香港、日本、荷蘭則沒有性別差距（OECD，2004）。而同時參與 PISA 2003 和 PISA 2012 的國家中，有 26 個國家呈現明顯男優於女的性別差異，此外，2003 僅有冰島呈現出女生具有數學優勢，但在 2012，女學生數學表現較優的國家則有冰島和泰國。

　　表 3.45 和圖 3.27 呈現的是臺灣在 PISA 2006 至 2012，不同年級的男女學生數學素養分數對照。整體來看，臺灣男學生比女學生的數學表現略佳，PISA 2006、PISA 2009 以及 PISA2012 呈現男學生比女學生高出 13、5、6 分左右，且未達統計顯著；若分年級來看，三次的 PISA 表現均呈現十年級的性別差異大約維持在 12 分左右，九年級的變化幅度比較大，PISA 2006 時男學生比女學生高出 15 分，而在 PISA 2009 時則是九年級女生平均數學表現高於男學生 10 分，PISA 2012 時九年級女學生仍然高出男學生 5 分左右。顯示在臺灣，數學不完全是男學生占優勢的學科。

❖ 表 3.45　臺灣 PISA 2006 至 2012 不同年級男女學生數學素養分數對照

國家	排名	平均數 (SD)	男學生平均數 (SD)	女學生平均數 (SD)	差異 （男－女）
臺灣 2012	4	560(116)	563(121)	557(110)	6
九年級	-	543(109)	541(114)	546(105)	-5
十年級	-	570(117)	576(122)	564(112)	12
臺灣 2009	5	543(105)	546(108)	541(101)	5
九年級	-	535(103)	530(109)	540 (97)	-10
十年級	-	548(106)	554(107)	541(103)	13
臺灣 2006	1	549(103)	556(104)	543(101)	13
九年級	-	539 (97)	546 (98)	531 (94)	15
十年級	-	555(106)	561(107)	549(104)	12

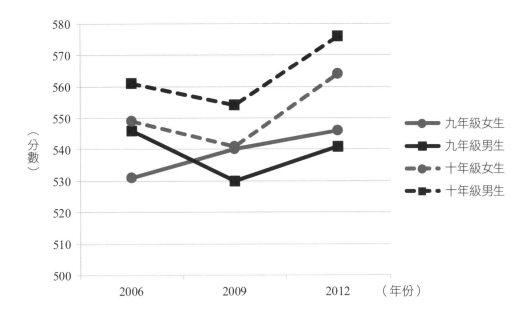

⊃ 圖 3.27　臺灣 PISA 2006 至 2012 不同年級男女學生數學素養分數對照

趨勢也可反映在男學生和女學生在 PISA 高分群比率的變化（分數相當於素養水準 5 或以上），以及低分組（得分低於精熟水準 2 者）。表 3.46 呈現的是臺灣 PISA 2006 至 2012 不同數學素養水準男、女學生人數百分比對照。由表可知，PISA 2006、2009、2012 三次調查中，臺灣最高水準（水準 6）的男學生人數比率依序為 13.2%、12.6% 以及 20.0%，而此水準的女學生在這三次的人數比率分別為 10.2%、10% 以及 16.1%，男女學生在 PISA 2012 的高分群比率均有所提升，但以男學生提升的比率較高，三個年度最高水準的男學生比率較女學生的比率高出了 3%、2.6% 以及 3.9%。合併水準 5 和水準 6 來看國際界定的高分群，則會發現此群男學生在 2006、2009 以及 2012 的人數比率分別為 34.7%、31% 以及 40%，女學生比率則為 28.8%、26.1% 和 34.4%。

而檢視 PISA 2006、PISA 2009 以及 PISA 2012 男、女學生低分群的比率，則發現 2006 女學生低分群比率（12.5）高於男學生比率（11.5），但 2009 的情況恰好相反，女學生的比率 12.3%，低於男學生的 13.3%，2012 則此差距持續擴大，男學生的弱勢比率提升至 14.3%，而女學生的弱勢比率則小幅降低至 11.4%。

❖表 3.46　臺灣 PISA 2006 至 2012 不同數學素養水準男、女學生人數百分比對照

性別	年度	未達 1（未達 357.77）	1（357.77~ 420.07）	2（420.07~ 482.38）	3（482.38~ 544.68）	4（544.68~ 606.99）	5（606.99~ 669.30）	6（超過 669.30）
男	2012	5.3	9.0	12.3	14.6	18.8	20.0	20.0
	2009	4.7	8.6	15.1	19.2	21.5	18.4	12.6
	2006	3.7	7.8	13.0	18.5	22.3	21.5	13.2
女	2012	3.7	7.7	14.0	19.5	20.6	18.3	16.1
	2009	3.6	8.7	16.0	22.7	22.9	16.1	10
	2006	3.6	8.9	15.7	20.4	22.5	18.6	10.2

(四)調整抽樣以及人口變項後的數學表現趨勢

國家或經濟體的數學表現改變可能有很多來源。即使教育服務層面的改善，可能還因為國家的人口結構變化而發生改變。透過嚴格的抽樣和方法論標準，可以確定 PISA 測量的是所有國家或者經濟體 15 歲在學學生的數學表現，但由於

移民或者其他人口和社會發展趨勢，參照母群的特點可能會有所改變。

　　表 3.47 呈現的是將年齡、性別、社經地位、移民背景和家中使用語言納入考量調整後，臺灣與參照國家調整後的數學素養表現。假設 2003、2006、2009 的人口變項和 2012 具有相同的人口背景狀態下，OECD 國家平均的數學表現逐年下降 1 分。在調整以前，會發現 2006 以來，所觀察到的趨勢並沒有顯示改變，而調整後的差異則意味著，如果不是這些人口結構的變化，OECD 國家平均而言自 2006 年以來的平均數學表現是惡化的。以臺灣為例，年度改變量 1.7（請參見表 3.47），但排除了這些人口變項的影響之後，2009 至 2012 學生的素養能力雖有大幅的增長（542 變成 560），但 2006 至 2012 僅進步了 3.6 分，年度改變量則為 0.6 左右，也就是說，臺灣學生的數學素養逐年增加 0.6 分。和臺灣類似情形的參照國家或經濟體包含上海（4.2 變成 3.1）和新加坡（3.8 變成 2.7）；而許多參照國家在未考量相關人口變項之前所估計出的年度改變量為正值，但經過調整後則反而成為負值，這個情況的國家或經濟體包含韓國（1.1 變為 -0.4）、澳門（1.0 變成 -0.3）、瑞士（0.6 變成 -0.7）、日本（0.4 變成 -1.3）以及列支敦斯登（0.3 變成 -1.8）；有兩個國家原來呈現退步的情形，納入相關人口背景變項之後，負向的年度改變量更大，這兩個國家分別為荷蘭（-1.6 變成 -2.9）以及芬蘭（-2.8 變成 -3.8），顯示納入這些人口變項考慮之後，這兩個國家的退步情形更為嚴重。臺灣及參照國家當中，僅有列支敦斯登在調整前、後的年度改變量大於 2 分，這些國家數學素養並沒有太大的幅度變化。

　　圖 3.28 呈現的是將年齡、性別、社經地位、移民背景和家中使用語言納入考量調整後，各國的年度改變量。如圖所示，整體提高數學表現國家或經濟體共有 25 個，其中 16 個國家或經濟體在納入人口結構的變化之後仍呈現進步。在這些國家和經濟體，年齡、移民背景和家中使用語言的變化並不能完全解釋所觀察到的數學提升。另外，16 個國家或經濟體，則顯示他們參與 PISA 期間數學表現逐漸弱化，只有盧森堡的表現惡化在納入人口背景變項之後未達統計顯著。

　　進一步比較調整和未經調整的數學表現趨勢，哥斯大黎加、捷克、杜拜、以色列、哈薩克、馬來西亞、墨西哥等國家未調整和調整的年度改變量差異小於 20%，這意味著學生人口特徵在 2003 年和 2012 年之間沒有太大的改變，學生人口特徵的變化和學生的平均表現無關，或者教育服務已經因應學生母群的變化而進行調整，使得任何可能會影響學生表現的改變都已經在教育服務進行調整因

應。同樣的，在哥倫比亞、匈牙利、約旦、拉脫維亞、盧森堡和斯洛伐克未調整和調整後的年度改變量之間的差異小於 0.5。而調整和未經調整發生顯著改變的國家則有智利、列支敦斯登、蒙特內哥羅、卡達、斯洛維尼亞、阿拉伯（杜拜除外），在這些國家或經濟體，調整和未調整的年度改變量之間的差異大 2 分，顯示人口結構的變化趨勢在數學成績上有相當的影響。

調整後的趨勢僅是一種假設，幫助我們理解學生跨時間點表現的變化根源。觀察表 3.47 中未調整的趨勢，以及貫穿本章摘要的學校系統整體演進，彰顯出國家或經濟體在企圖提高學生和學校數學表現可能面臨的挑戰。為了更深入理解表現趨勢，可進一步分析各國學生母群如何透過移民和社經背景而改變，以及這些特徵和數學表現如何關聯。第七章探索學生的學校學習投入，對學習數學的意向和自我信念。第九章將探討學校組織和教育資源等屬性如何改變數學表現，提供進一步的政策和實務洞察，也許可以用來解釋觀察到的數學表現趨勢。

❖表 3.47　臺灣與參照國家調整後的數學素養表現

國家	調整後的 PISA 2006 結果	調整後的 PISA 2009 結果	調整後的 PISA 2012 結果	2006 與 2012 差異（PISA 2012 － PISA 2006）	2009 與 2012 差異（PISA 2012 － PISA 2009）
臺灣	556	542	560	3.6	**17.8[b]**
上海	m[a]	603	613	m	**9.4**
新加坡	m	565	573	m	**8.0**
香港	553	559	561	7.7	2.3
韓國	554	547	469	0.0	6.5
澳門	527	527	538	**10.2**	**11.2**
日本	527	529	536	**9.2**	7.4
列支敦斯登	537	544	536	-1.1	-8.7
瑞士	535	536	531	-4.1	-4.6
荷蘭	534	530	523	**-10.6**	-7.4
芬蘭	553	539	519	**-34.7**	**-20.2**
2006 平均	498	495	492	**-4.0**	-1.0
2009 平均		495	491		-1.0

註：a. m 表示無資料。
　　b. 統計達顯著者標以粗體。

118

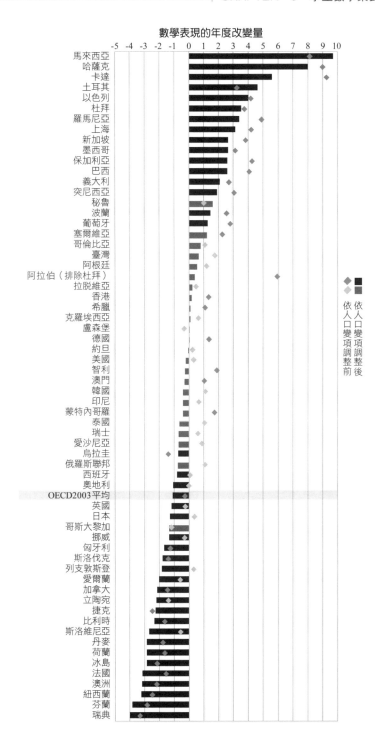

⊃ 圖 3.28　調整前、後的 PISA 數學素養年度改變量

資料來源：OECD, PISA 2012 Database, Tables 1.2.3b & 1.2.4.

第三節 PISA 2012 數學素養評量試題示例

一 小清騎單車

小清剛獲得一輛新單車，單車的手把上有測速器。

這個測速器可以讓小清知道，她騎單車的距離以及路程的平均速度。

問題❶ 小清騎單車

在一趟路程中，小清在前 10 分鐘騎了 4 km，接著的 5 分鐘騎了 2 km。

下列哪一個敘述是正確的？

A. 小清前 10 分鐘的平均速度比後 5 分鐘的平均速度快。

B. 小清前 10 分鐘的平均速度與後 5 分鐘的平均速度相同。

C. 小清前 10 分鐘的平均速度比後 5 分鐘的平均速度慢。

D. 從上述資料無法判斷小清的平均速度。

- 題旨：根據已知的距離和所花時間比較平均速度
- 內容領域：改變與關係
- 情境脈絡：個人

- 數學歷程：應用
- 題型：單選題
- 難度：440.5（水準 2）
- 答對百分比（OECD 國家）：52.91%

- 小清騎單車　問題 1 計分
  滿分：B. 小清前 10 分鐘的平均速度與後 5 分鐘的平均速度相同。
  零分：其他答案。
  　　　　沒有作答。

試題說明

　　這個單元談的是單車速度的問題，它的故事軸線是關於特定的個體，因此歸類於「個人」情境脈絡。這個單元的脈絡若有些微的改變則可能被歸為「職業」或「科學」情境。這些類別的設計是為了要確認評量中運用來吸引學生的情境脈絡廣度，並且作為生活中可能運用到數學種種情況的檢核表。但情境類別並不會在報告中進行討論。此題主要關心的是距離、時間以及速度的關係，因此這些問題歸類為「改變與關係」內容領域。

　　問題 1 是單選題，需要比較 10 分鐘騎 4 km 以及 5 分鐘騎 2 km 的速度。此題被歸類為「應用」歷程類別，因為它需要明確的數學理解，知道速度是一種比值且比例是關鍵。此題可以經由將數量兩倍化的辨識而完成解答（2 km–4 km；5 分鐘–10 分鐘），這是非常簡單的比例記法。因此，針對水準 2 的試題，成功表現的學生可以展現出非常基本的速度理解和比例計算。如果距離和時間的比例相同，速度就會一樣。當然，學生可能會用比較複雜的方式正確解題（例如：計算出兩個速度都是每小時 24 km），但這並非必要。針對此題，PISA 結果並沒有納入解題方法的相關訊息。正確的答案是 B（小清前 10 分鐘的平均速度與後5 分鐘的平均速度相同）。

問題❷ 小清騎單車

小清騎了 6 km 到阿姨家。

她的測速器顯示整趟路程的平均速度是 18 km/h。

下列哪一個敘述是正確的？

A. 小清花了 20 分鐘到達阿姨家。

B. 小清花了 30 分鐘到達阿姨家。

C. 小清花了 3 小時到達阿姨家。

D. 無法判斷小清花了多少時間到達阿姨家。

- 題旨：根據已知的平均速度和路程距離來計算所花時間
- 內容領域：改變與關係
- 情境脈絡：個人
- 數學歷程：應用
- 題型：單選題
- 難度：510.6（水準 3）
- 答對百分比（OECD 國家）：36.86%

- 小清騎單車　問題 2 計分

  滿分：A. 小清花了 20 分鐘到達阿姨家。

  零分：其他答案。

  　　　　沒有作答。

試題說明

　　問題 2 是水準 3 的試題。同樣的，它被歸類在「應用」歷程範圍，透過對速度的平均意義的理解，藉由簡單的比例推理即可解決：一小時走 18 公里，三分之一的距離，時間也會是一小時的三分之一，也就是 20 分鐘（因此正確答案為 A：小清花了 20 分鐘到達阿姨家）。

問題❸ 小清騎單車

小清從家中騎單車到 4 km 外的河邊,花了 9 分鐘。騎回家時她抄了一條較短的近路,這條路徑長 3 km,只花了 6 分鐘。

小清往返河邊路程的平均速度是多少?答案以 km/h 表示。

路程的平均速度:_____ km/h

- 題旨:根據兩段路程已知的平均速度和所花時間,計算整段路程的平均速度
- 內容領域:改變與關係
- 情境脈絡:個人
- 數學歷程:應用
- 題型:建構反應題
- 難度:696.6(水準 6)
- 答對百分比(OECD 國家):5.75%

- 小清騎單車　問題 3 計分

  滿分:28。

  零分:其他答案。

  　　　• 28.3〔不正確的方法:二個旅程(26.67 和 30)的平均速度〕
  　　沒有作答。

試題說明

　　問題 3 需要對於平均速度有較深入的理解,以及體察到連結總時間和總距離的重要性。平均速度不會剛好就是來回速度的平均,即使從兩個速度的平均(26.67 km/h,以及 30 km/h)所得到的錯誤答案(28.3 km/h)和正確的答案 28 km/h 並不會差異太大。這題包含對此現象的數學和真實世界理解,導致在基本數學能力「數學化」、「推理和論證」以及「運用符號、形式化以及科技的語言及其運算」有較高的認知要求。

　　學生知道要先算出總時間(9 + 6 = 15 分鐘)以及總距離(4 + 3 = 7 km),答案便可以從比例推理得出(¼ 小時走 7 km,那麼 1 小時走 28 km)或者是透

過更複雜的公式取向（例如，距離／時間＝ 7/（15/60）＝ 420/15 ＝ 28）。這個問題被歸類為「應用」歷程，因為題目最大的要求在於平均速度的數學定義以及單位轉換，尤其是那些使用速度－距離－時間公式的學生。本題是題庫中較為困難的試題之一，相當於素養水準 6。

　　本單元的三個問題的難度越來越大，可以從三個問題的整體策略來進行分析。問題 1 中，在於比較兩個比值；問題 2 的解法，則從速度和距離求出時間並進行單位轉換；在問題 3 的四個數量中，學生必須以反直觀的方式將其組合在一起。合併每一個行程的距離與時間訊息，分別將兩個距離和兩個時間都合併起來，得出一個新的距離和時間，最後算出平均速度。對大部分優秀的學生而言，所有的計算都很簡單，但實際上學生的方法可能會運用的計算可能會複雜許多。

二 攀登富士山

「攀登富士山」包含三個問題，且被歸類於「社會」情境脈絡。

富士山是日本著名的休眠火山。

問題❶ 攀登富士山

富士山只在每年的 7 月 1 日至 8 月 27 日對外開放，這期間大約有 200,000 人來攀登富士山。

平均每天有多少人來攀登富士山？

A. 340

B. 710

C. 3400

D. 7100

E. 7400

- 題旨：依據已知的總數和特定時段（提供了日期），找出平均每日的人數比率。
- 內容領域：數量
- 情境脈絡：社會
- 數學歷程：形成
- 題型：單選題

- 難度：464（水準 2）
- 答對百分比（OECD 國家）：46.93%

- 攀登富士山　問題 1 計分
  滿分：C. 3400。
  零分：其他答案。
  　　　沒有作答。

試題說明

　　問題 1 關心的是每日登山者的平均人數，是一個較廣泛的社會議題。被歸類為「社會」情境脈絡的試題涉及投票系統、公共交通、政府、公共政策、人口統計、廣告、國家統計和經濟。雖然個體也可以個人化的參與這些活動，但這些問題的焦點比較著重在社會的角度。情境脈絡的分類主要是為確保評量在情境分配的平衡，並不會在結果報告中特別使用。如果在措詞上從公園管理人的角度來稍微改寫，這個單元可能就會屬於「職業」情境類別。

　　問題 1 是五選一的單選題，問題 2 需要回答出上午 11 點，因此，是一個建構反應題，需要專家計分確認學生書寫的時間格式是和標準答案等價的型態。問題 3 則要寫出 40 才能得到滿分，數字 0.4（以公尺為單位）則為部分分數，此題也是專家計分的建構反應題。

　　問題 1 需要運用給定的日期算出開放的天數，然後再計算平均值。這個問題被歸類為「數量」內容領域，因為它包含了時間和平均的計算。然而平均公式是必要的，這的確涉及到關係，由於這個問題需要運用平均來計算每日的人數，而不是著重於關係的訴求，所以這個問題沒有被歸類為「改變與關係」。問題 3 也是「數量」，因為其涉及了長度單位。問題 1 的正確答案為 C：3400。

問題❷ 攀登富士山

從禦殿場到富士山的登山步道長約 9 公里（km）。

遊客必須在晚上八點前完成來回 18 km 的路程。

山本估計自己可以以平均每小時 1.5 km 的速度登山，並以兩倍的速度下山。此速度的估算包含用餐和休息所花費的時間。

按照山本估計的速度，他最遲要在何時出發才能在晚上八點前回來？

- 題旨：形成給定兩種不同的速度、旅程總距離以及到達的時間，計算旅程的開始時間
- 內容領域：改變與關係
- 情境脈絡：社會
- 數學歷程：形成
- 題型：建構反應題
- 難度：641.6（水準 5）
- 答對百分比（OECD 國家）：14.25%

- 攀登富士山　問題 2 計分
    滿分：（上午）11 點〔不論有、無註明上午，或其他等價的時間寫法，例如 11：00〕。
    零分：其他答案。
    　　　沒有作答。

試題說明

　　問題 2 則被歸類為「改變與關係」類別，因為涉及到距離、時間、速度的關係。透過距離和速度的訊息、分別算出上山與下山的時間，再進而從結束時間計算出開始的時間點。如果問題中直接給定上下山的時間，而不是透過距離和速度來間接求出，那麼這個題目將會被歸類為「數量」內容領域。由於 PISA 問題都被設定在真實的情境中，他們通常涉及多個數學主題和潛在的數學現象，因此判斷主要訴求來源以進行試題分類是很重要的。

　　數學歷程的分類同樣也需要根據試題主要的訴求來進行判斷，問題 1 被歸類為「形成」歷程，因為在這個相當簡單的試題當中，大部分的認知努力在於擷取兩段真實世界的訊息（開放季節以及攀登總人數）並且設定一個待解的數學問題：從開放季節的起訖日期算出日數，並用這個訊息與登山者的總人數計算出每日的登山者平均數量。專家判斷此題對於 15 歲學生的認知要求在於將真實世界問題轉換到數學關係，而不是在於整數計算。問題 2 也是因為相同的理由被歸類到「形成」歷程：主要的認知努力需要將真實世界的資料轉換到數學問題，並確認所有涉及的關係，而不是計算或者詮釋答案為上午 11 點。在這個困難的試題中，數學結構包含多重關係：出發時間＝結束時間－登山所花的時間；登山所花的時間＝上山時間＋下山時間；上（下）山時間＝距離÷速度（或者等價的比例推理）；下山時間＝上山時間的一半；並且能夠體認到平均速度的假設已經簡化到包含一天中的速度變化，因而不用再考量休息時間。

問題❸ 攀登富士山

山本帶著一個計步器去記錄在禦殿場登山步道所走的步數。

他的計步器顯示他在上山時走了 22,500 步。

山本在禦殿場登山步道共走了 9 km，以公分（cm）為單位估算他步伐的平均長度。

答：_____ cm

- 題旨：把以 km 為單位的已知長度除以特定數字，並將商數以 cm 表示
- 內容領域：數量
- 情境脈絡：社會
- 數學歷程：應用
- 題型：建構反應題
- 難度：610（水準 5）
- 答對百分比（OECD 國家）：11.58%

- 攀登富士山　問題 3 計分

　　滿分：40。

　　部分分數：換算成公分時有錯，但答案中有數字 .4。

　　　　　　・0.4〔答案以公尺為單位〕。

　　　　　　・4000〔換算錯誤〕。

　　零分：其他答案。

　　　　　沒有作答。

試題說明

　　問題 3 被歸類為「應用」歷程，此題中包含了一個主要關係：行走距離＝步數 × 步長。運用這個關係來解此題會有兩個困難點：公式的重整（學生可能會非正式的處理，而不是正式寫出關係），因此平均步長可以從距離和步數來算出，並進行適當的單位轉換。此題所需的認知努力主要在於執行這些步驟，而不是找出關係和假設（這屬於「形成」歷程）或者以真實世界的觀點進行「詮釋」。

三 旋轉門

　　三個問題的題幹鎖定在一個旋轉門，它可以防止熱氣進入或者離開建築物，這在寒冷以及炎熱國家是很常見的。

　　三翼式旋轉門在圓形的空間內旋轉。圓形的空間直徑是 2 公尺（200 公分）。旋轉門的三片旋轉翼把空間等分成三個部分。下面的俯視圖顯示旋轉翼三個不同的位置。

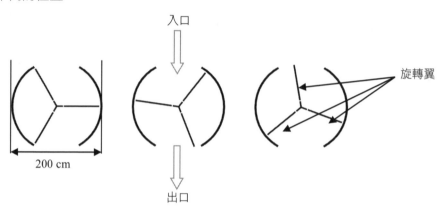

問題❶ 旋轉門

兩片旋轉翼之間的角是多少度？

角度大小：＿＿＿＿＿＿。

- 題旨：計算扇形的圓心角
- 內容領域：空間與形狀
- 情境脈絡：科學
- 數學歷程：應用
- 題型：建構反應題
- 難度：512.3（水準 3）
- 答對百分比（OECD 國家）：77.60%

■ 旋轉門　問題 1 計分

　　滿分：120〔接受等價的優角：240〕。

　　零分：其他答案。

　　　　　沒有作答。

試題說明

　　第一個問題看起來非常簡單：找出兩個旋轉翼之間的角度是 120 度，但是學生的作答反應顯示出這個試題在水準 3。這可能因為「溝通」、「表徵」、「數學化」的認知要求以及需要特定的圓形幾何知識。三維的旋轉門的情境脈絡必須透過書面描述來進行理解，它也需要了解一開始題目情境描述中的三個圖都是針對一個旋轉門（不是三個）提供了不同的二維訊息——首先是直徑，其次是人們進出旋轉門的方向，第三個是將圖中的線連結到文中所提到的旋轉翼。「表徵」是主要的基本數學能力，學生必須以數學的方式來詮釋這些圖。這個試題被歸類在「空間與形狀」內容領域，因為需要知道一個完整的旋轉是 360 度的相關知識，以及這題需要進行多個圖形的空間理解。

　　這些圖提供上述的視角，但也需要學生將真實的旋轉門視覺化以利回答問題 2 和 3。

問題❷ 旋轉門

旋轉門的兩個門口（圖中的弧形虛線）的大小相同。如果門口太寬，正在旋轉的旋轉翼便無法形成緊閉的空間，空氣便能在出口和入口之間自由流動，造成不必要的熱量增減。情況如右圖所示。

要使空氣無法在出口和入口之間自由流動，每個門口的最大弧長是多少公分（cm）？

空氣可能從
這位置流入

最大弧長：_____cm

- 題旨：實際幾何問題的建模和解決
- 內容領域：空間與形狀
- 情境脈絡：科學
- 數學歷程：形成
- 題型：建構反應題
- 難度：840.3（水準 6）
- 答對百分比（OECD 國家）：3.47%

- 旋轉門　問題 2 計分
  滿分：答案介於 103 到 105。〔計算圓周長的六分之一，例如（$\frac{100\pi}{3}$），也可接受。如果作答中有清楚的說明使用 π=3，則答案為 100 也可以接受。註：沒有計算過程，而只寫答案為 100，可能是利用簡單的猜測，認為它具有相同的半徑（單片旋轉翼的長度）。〕
  零分：其他答案。
  ・209〔寫出二個出入口的總長度，而不是單一個出入口的長度〕
  沒有作答。

試題說明

　　問題 2 是此次調查中最具挑戰的試題之一，難度位於水準 6 的上層。它指出旋轉門作為建築物室內以及室外的空氣閘口，解決此題需要幾何推理，因此將

此題歸類於「空間與形狀」內容領域。此一多步驟作答反應的閱卷複雜度導致許多國家在這題的表現只有滿分或者零分。針對滿分表現，這個複雜的幾何推理需要算出以公分為單位、門最大的開口是圓周的六分之一。這個試題被歸類為「形成」歷程類別，同時它會用到大量的「數學化」基本數學能力，因為必須謹慎分析真實的情境，且將其轉換到幾何的用語並再返回門的情境脈絡。

　　如同問題中提供的圖示，如果前後兩個門口之間的牆壁短於一個扇形的弧長，空氣將從室外進到室內，反之亦然。由於這些扇形區域中的弧長都是圓周的三分之一，另外，有兩個牆壁，這些牆壁合起來必須封閉至少三分之二的圓周長，留下不超過三分之一的周長作為兩個開口。證明前後兩個開口的對稱、每一個開口可以不超過六分之一的周長。進一步的幾何推理，需要檢核如果使用這樣的開口長度，是否會確實維持空氣不會自由進出。因此，這個問題會運用到相當的「推理與論證」基本數學能力。

問題❸ 旋轉門

旋轉門每分鐘旋轉 4 圈。門的三個部分每個最多可容納兩個人。

在 30 分鐘內，通過旋轉門進入建築物的最多人數是多少？

A. 60

B. 180

C. 240

D. 720

- 題旨：識別資訊並建立（隱含的）量化模式來解決問題
- 內容領域：數量
- 情境脈絡：科學
- 數學歷程：形成
- 題型：單選題
- 難度：561.3（水準 4）
- 答對百分比（OECD 國家）：46.42%

- 旋轉門　問題 3 計分
  滿分：D. 720。
  零分：其他答案。
  　　　沒有作答。

試題說明

　　問題 3 代表的是不同型態的挑戰，其包含了比以及比例推理，門一分鐘旋轉了 4 圈，所以會有 $3 \times 4 = 12$ 的容納區間，可以讓 $2 \times 12 = 24$ 人進入建築物中。在 30 分鐘內，便有 $24 \times 30 = 720$ 人進入（因此，正確的答案為選項 D）。有相當多的 PISA 試題包含了比例推理，比例推理是數學素養的核心，尤其針對 15 歲的學生。許多真實情境包含直接的比例或者比率，在這樣的情況下通常會用到一連串的推理。整合這一連串的推理需要「制定策略」，將訊息以有邏輯的方式串連在一起。

　　這個試題在「數學化」基本數學能力上也有相當大的需求,特別是在「形成」歷程。學生需要了解真實情況,也許是將門如何旋轉進行視覺化,一次呈現一個容納空間,作為人們進入大樓的必經之路。對現實世界問題的理解可以使題目中給定的資料以正確的方式組裝出來。

　　此單元的問題被歸類為「科學」情境脈絡,即使它們沒有明確地涉及科學或工程概念,此類的其他試題也是如此。科學情境類別所包括的試題主要在於解釋這些事物之所以存在真實世界的理由。問題 2 是說明科學本質一個很好的案例。這個試題並不需要形式化的幾何證明,但需要正確回答,最好的學生可能會建構出這樣的證明出來。

四 哪一輛車？

「哪一輛車？」單元中包含三個問題。題目中呈現一個資料表格，某一位女孩可能從中選擇一輛車，並確認是她可以負擔的價格。

哪一輛車？

樂瑤剛取得汽車駕駛執照，想要買她的第一輛車。

下表顯示在當地經銷商找到的四輛汽車的資料。

型號	阿爾法	保特	卡斯特	迪馳
年份	2003	2000	2001	1999
標價（西德蘭元）	4,800	4,450	4,250	3,990
已行駛距離（公里）	105,000	115,000	128,000	109,000
引擎排氣量（公升）	1.79	1.796	1.82	1.783

問題❶ 哪一輛車？

樂瑤想要一輛符合以下全部條件的車：

- 已行駛距離不超過 120,000 公里。
- 2000 年或以後製造。
- 標價不超過 4,500 西德蘭元。

哪一輛車符合樂瑤的條件？

A. 阿爾法

B. 保特

C. 卡斯特

D. 迪馳

- 題旨：在商業情境中選擇符合四個數值條件或說法的選項
- 內容領域：不確定性與資料分析

- 情境脈絡：個人
- 數學歷程：詮釋
- 題型：單選題
- 難度：327.8（未達水準 1）
- 答對百分比（OECD 國家）：81.14%

- 哪一輛車？　問題 1 計分
  滿分：B. 保特。
  零分：其他答案。
  　　　沒有作答。

試題說明

　　由於買車是許多人在生命中可能會有的相關經驗，「哪一輛車？」的三個問題全都是屬於「個人」的情境脈絡。問題 1 和問題 2 是單選題，問題 3 則要求出一個數值，是屬於建構式的反應試題，但不需要專家計分。問題 1 屬於「不確定性與資料分析」內容領域。該試題需要基本的表格行列轉換知識，以及整合資料處理能力來辨識出哪一輛車同時滿足三個條件。而解法中也需要基本的大數知識，然而專家判斷這個知識對 15 歲學生而言應該不是試題難度的主要來源。正確的答案是 B：保特。

問題❷ 哪一輛車？

哪一輛車的引擎排氣量最少？

A. 阿爾法

B. 保特

C. 卡斯特

D. 迪馳

- 題旨：在情境中選出四個選擇中最小的數值
- 內容領域：數量
- 情境脈絡：個人
- 數學歷程：應用
- 題型：單選題
- 難度：490.9（水準 3）
- 答對百分比（OECD 國家）：37.48%

- 哪一輛車？　問題 2 計分
  滿分：D. 迪馳。
  零分：其他答案。
  　　　沒有作答。

試題說明

　　問題 2 屬於「數量」內容領域，應該是 15 歲學生熟悉的內涵，許多學生對於排序「參差的」小數（許多小數的小數點後面位數不同）所需運用的十進制和位值概念有迷思概念。在此正確答案為 D：迪馳。

問題❸ 哪一輛車？

樂瑤須另外繳交汽車標價的 2.5% 作為稅款。

阿爾法的附加稅款是多少？

附加稅款：_____ 西德蘭元

- 題旨：在商業情境中計算千位數值的 2.5%
- 內容領域：數量
- 情境脈絡：個人
- 數學歷程：應用
- 題型：建構反應題
- 難度：552.6（水準 4）
- 答對百分比（OECD 國家）：25.56%

- 哪一輛車？　問題 3 計分

  滿分：120。

  零分：其他答案。

  　　・4800 西德蘭元的 2.5%〔值必須計算出來〕。

  　　沒有作答。

試題說明

　　問題 3 也屬於「數量」內容領域，因為計算出標價的 2.5%，也就是 1,200 元，預計會比僅從表格中確定正確的數據，需要學生付出更多的認知努力。這個年齡的學生處理小數和百分比的困難反映在實徵的結果中：問題 1 被認為是一個簡單的題目，問題 2 接近國際平均水準，問題 3 則高於平均難度。

　　將試題進行數學歷程的歸類，考量他們與「真實世界」的關聯是必要的。「形成」歷程試題中的主要需求在於將真實世界的問題轉化為數學問題；「應用」歷程試題的主要需求則是屬於數學世界之內的問題；而「詮釋」歷程試題的主要需求則是在於運用數學資訊來提供真實世界的解法。問題 2 和 3 均屬於「應用」類別，因為這兩題的主要認知要求都是在數學內進行：小數的記法以及百分

比的計算。在問題 1 中，呈現了資料表格，其建構（找出諸多關鍵變項等）是真實情境的數學化。因此問題 1 被歸類為「詮釋」類別，因為它需要透過與真實世界的連結來解釋這些數學實體。

五 唱片排行榜

　　「唱片排行榜」單元中的三個問題在正式施測中均低於平均難度,這三題都是單選題,所以認知要求只有接受性的溝通。這個單元呈現出六個月的音樂銷售長條圖,長條圖的複雜度在於它呈現了四個不同的資料系列(四個不同的樂團)。學生必須從圖的表徵中閱讀數值並且得出結論。這是「不確定性與資料分析」內容領域常見的題型,全部三個試題都被歸類為「社會」情境類別,因為它提供了關於社群行為的資訊,在這個案例中,也就是音樂的選擇。

　　一月份,銀河樂團和動力袋鼠樂團發行了新光碟。二月份,小甜心樂團和鐵甲威龍樂團也發行了新光碟。下圖顯示這些樂團由一月至六月的光碟銷售量。

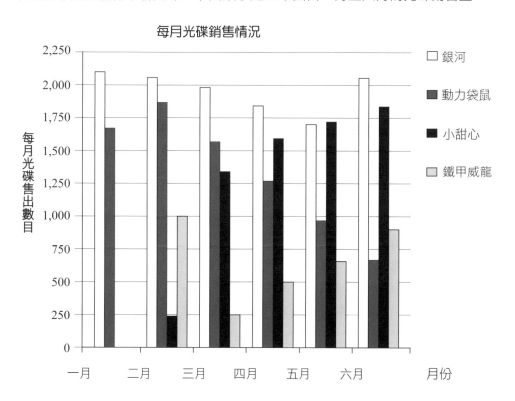

問題❶ 唱片排行榜

四月份鐵甲威龍樂團賣出多少張光碟？

A. 250

B. 500

C. 1,000

D. 1,270

- 題旨：報讀長條圖
- 內容領域：不確定性與資料分析
- 情境脈絡：社會
- 數學歷程：詮釋
- 題型：單選題
- 難度：347.7（未達水準 1）
- 答對百分比（OECD 國家）：87.27%

- 唱片排行榜　問題 1 計分

  滿分：B. 500。

  零分：其他答案。

  　　　沒有作答。

試題說明

　　問題 1 的難度為 347.7，是未達水準 1 的試題，是 PISA 2012 題庫中最簡單的試題。它需要學生找出四月份的長條，再從中選出正確代表「鐵甲威龍」樂團的長條，然後報讀長條的高度來得到正確答案為 B（500）。無須進行刻度的報讀與進行內插法。這個問題被歸類為「詮釋」歷程類別。

問題❷ 唱片排行榜

在哪一個月份，小甜心樂團的光碟銷售量首次超過動力袋鼠樂團？

A. 沒有任何月份

B. 三月

C. 四月

D. 五月

- 題旨：報讀長條圖，並且比較兩個長條的高度
- 內容領域：不確定性與資料分析
- 情境脈絡：社會
- 數學歷程：詮釋
- 題型：單選題
- 難度：415（水準 1）
- 答對百分比（OECD 國家）：79.54%

- 唱片排行榜　問題 2 計分

  滿分：C. 四月。

  零分：其他答案。

  　　　沒有作答。

試題說明

　　問題 2 略為困難一些，是水準 1 範圍中較簡單的試題。需要從一月開始逐月找出兩個樂團的長條並且比較他們的高度，無須進行縱軸刻度的閱讀，只需要針對相鄰兩個長條進行非常簡單的視覺特徵比較（哪一個較大），並確定正確的反應選項為 C（四月）。和問題 1 相比，問題 2 在「溝通」（接受性的溝通）、「表徵」以及「制定策略」的要求略高，在其他的基本數學能力則相似。這個問題被歸類為「詮釋」歷程類別。

問題❺ 唱片排行榜

動力袋鼠樂團的經理感到擔心，因為他們二月到六月的光碟銷售量下降。

如果這個下降趨勢持續，他們七月份的銷售量估計是多少？

A. 70 張

B. 370 張

C. 670 張

D. 1,340 張

■ 題旨：報讀長條圖，並且計算在六個月內的光碟銷售量

■ 內容領域：不確定性與資料分析

■ 情境脈絡：社會

■ 數學歷程：應用

■ 題型：單選題

■ 難度：428.2（水準 2）

■ 答對百分比（OECD 國家）：76.67%

■ 唱片排行榜　問題 5 計分

　滿分：B. 370 張。

　零分：其他答案。

　　　　沒有作答。

試題說明

　　問題 5 需要找出動力袋鼠樂團的系列資料，並且在題幹的引導下觀察到負向的趨勢，它涉及了數字的運算以及選出正確的約估值。有幾種方法可以繼續下一個月的趨勢。學生可能會利用從二月至六月減少總量的五分之一，其他學生可能會利用尺沿著動力袋鼠樂團的所有長條頂端，發現七月的長條可能會落在 250 以及 500 之間。正確的答案選項為 B（370 張）。這個試題則落在數學量尺中的水準 2，這個問題被歸類為「應用」歷程類別，因為在這個水準的多數學生可能會採取計算路線，而執行精確的計算可能是這個試題最大的困難所在。

六　車庫

　　「車庫」單元包含兩個問題，都被歸類於「空間與形狀」內容領域，因為他們處理空間視覺化以及建築規劃圖的閱讀；同時，這些題目都是屬於「職業」情境類別，因為這些試題都是在建築、油漆，以及其他完成建築方案相關的情境脈絡上。由於需要從圖中獲取數學訊息，這兩個問題都需要運用到「表徵」的基本數學能力。

　　一個車庫製造商其「基本」系列產品的那些款式都包含一個窗戶和一道門。宇喬從「基本」系列中選擇了以下的款式。窗戶和門的位置如圖所示。

問題❶ 車庫

下列各圖顯示不同「基本」款式車庫的後方。其中只有一個圖符合宇喬選擇的款式。

宇喬選擇了哪個款式？圈選 A、B、C 或 D。

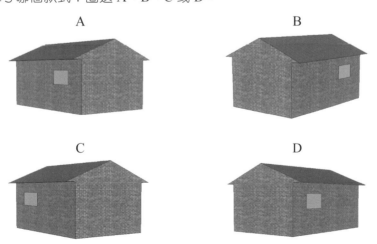

- 題旨：運用空間能力，找出一個 3D 圖來對應已知的 3D 圖
- 內容領域：空間與形狀
- 情境脈絡：職業
- 數學歷程：詮釋
- 題型：單選題
- 難度：419.6（水準 2）
- 答對百分比（OECD 國家）：65.14%

- 車庫　問題 1 計分

  滿分：C.〔圖片 C〕。

  零分：其他答案。

  　　　沒有作答。

試題說明

　　問題 1 非常接近水準 1 和水準 2 的界線。它要求學生根據題目所提供的從正面觀察的建築物視圖，進而找出從背面觀察的視圖。這個圖必須涉及到真實世界「背面」的詮釋，因此這個試題被歸類為「詮釋」歷程。正確的答案為 C。類似這樣的心理旋轉試題對某些人來說只需透過運用直觀的空間視覺化來處理，而其他人則需要明確的推理歷程。他們可能會分析多個物件（門、窗、最近的角落）的相對位置，而不管他們需要一個一個地與選項中的圖片進行對應。還有些人可能會畫一個鳥瞰圖，然後實際地旋轉這個圖。這個案例可以說明不同的學生會用相當不同的方法來解決 PISA 試題：有些學生會用明確的推理，而有些人則採取他的直觀想法。

問題❷ 車庫

以下兩個平面圖顯示宇喬選擇的車庫的尺寸,以公尺為單位。

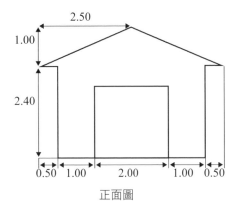

正面圖

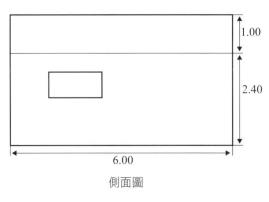

側面圖

屋頂由兩個完全相同的長方形部分組成。

計算屋頂的總面積。寫出你的計算過程。

_____

_____

_____

_____

- 題旨:使用畢氏定理或測量來理解平面圖和計算長方形面積
- 內容領域:空間與形狀
- 情境脈絡:職業
- 數學歷程:應用
- 題型:建構反應題
- 難度:687.3(水準 6)
- 答對百分比(OECD 國家):2.66%

■ 車庫　問題 2 計分

滿分：（代碼 21）任何介於 31 到 33 的數值，不論在計算過程中，有無正確
指出使用畢氏定理均可（包括計算中的數值有指出使用此方法）〔無需
寫出單位（m^2）〕

- $12 \times 2.6 = 31.2$
- $12\sqrt{7.25}\ m^2$
- $12 \times 2.69 = 32.28\ m^2$
- $12 \times 2.7 = 32.4\ m^2$

部分分數：（代碼 11）做法正確且運用了畢氏定理，但計算錯誤，或使用錯
誤的長度，或者沒有以兩倍來計算屋頂面積。例如：

- $2.5^2 + 12 = 6$，$12 \times \sqrt{6} = 29.39$（正確運用畢氏定理但計算錯誤）。
- $2^2 + 12 = 5$，$2 \times 6 \times \sqrt{5} = 26.8\ m^2$（使用了錯誤的長度）。
- $6 \times 2.6 = 15.6$（沒有以兩倍來計算屋頂面積）。

（代碼 12）計算步驟沒有運用畢氏定理，但採用了合理的屋頂寬度數
值（例如：介於 2.6 到 3 的任何數值）並且正確地完成後續的計算。

- $2.75 \times 12 = 33$
- $3 \times 6 \times 2 = 36$

零分：其他答案。

- $2.5 \times 12 = 30$（答案超出屋頂寬度估計的可接受範圍 2.6～3）。
- $3.5 \times 6 \times 2 = 42$（答案超出屋頂寬度估計的可接受範圍 2.6～3）。

沒有作答。

試題說明

問題 2 需要針對數學圖示並知道運用畢達哥拉斯定理來進行複雜的計算，
有多個理由可以說明得到這個題目部分分數的答案（車庫編碼中代碼 11 及 12 的
圖 ABC）屬於水準 5，以及滿分答案（編碼 21）為水準 6。問題 2 需要建構式
反應，僅針對不正確答案的推理解釋給予部分分數，但沒有針對解釋內容品質給
予部分分數。最高的認知要求為「表徵」基本數學能力，從正面和側面的視野，
理解並推演出確切的訊息。「數學化」也會用到，尤其需要將正面圖與側面圖中
1.0 m 的屋頂高度進行整合。本題也運用「制定策略」能力，學生需從提供的訊

息來進行如何算出面積的計畫。以下的說明圖呈現出解法的基本結構,為執行這樣的計畫也需要謹慎的監控。此外,針對部分分數代碼 11 和 12 的學生作答反應進一步的分析也看到有趣的差異。代碼 12 的學生會以實務取向來處理,而代碼 11 的學生則可以正確地使用畢氏定理。

解決問題 2 的計畫

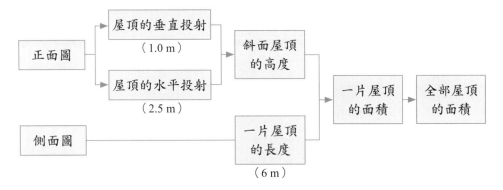

4 學生問題解決能力 表現分析

洪碧霞、張文宜、李岳勳、李健興、林千玉

面對陌生的問題時，15 歲學生如何解決呢？PISA 2012 電腦化問題解決測驗以學生生活的實際情境為脈絡，評量學生跨學科的問題解決能力。本章將以表現優異的國家或地區為參照，對照討論臺灣學生的問題解決能力，分析男女學生的表現差異，同時提供電腦化問題解決的樣本試題，具體溝通問題解決能力調查的意涵。

PISA 的問題解決能力，不同於學科領域特定的問題解決能力，著重學生解決問題的一般認知歷程。PISA 2012 將問題解決能力定義為個體投入以理解及解決問題的認知歷程，問題的解決方式不是立即明顯的，且此能力包括個體樂於投入情境以成為有建設性及反思力公民的潛能（OECD, 2011a）。此定義除了強調能覺察所面對問題的情境與性質外，更關注個體能展現主動解決問題的行動與態度。PISA 問題解決的情境涵蓋範圍很廣，像是電子設備的操作、陌生環境的適應以及日常飲食的安排等，目的在盡量貼近學生日常生活的真實問題。

PISA 2003 首次評量問題解決能力，採用紙筆式評量。PISA 2012 在問題解決能力部分則是全面改採電腦化評量形式，除評量學生問題解決的認知歷程外，也以問卷調查學生問題解決的動機及情感因素，例如毅力或開放性等。在參與 PISA 2012 的 65 個國家或地區中，有 44 個國家或地區參與電腦化問題解決能力評量。本章將介紹 PISA 2012 數位問題解決能力的評量結果，說明臺灣學生的問題解決表現，最後統整討論評量結果對我國學生問題解決能力發展的啟示，並提供教師教學上的調整或省思建議。

第一節　PISA 評量學生問題解決能力的取向

一　PISA 問題解決能力定義

PISA 2012 將問題解決能力定義為「個體投入以理解及解決問題的認知處理歷程，問題解決方式不是立即明顯的，且此能力包括個體樂於投入情境以成為有建設性及反思力公民的潛能」。問題解決始於覺察問題，建立對問題情境本質的理解，需要釐清問題、擬定計畫、執行解決方案以及監控與評估解題歷程。定義中的「投入」、「理解」與「解決問題」是指評量學生解決問題歷程中察覺並使用適當策略的能力。而 PISA 所定義的待解決問題，是指新穎、非例行，且解決方案不是顯而易見的問題，通常是學生無法單純應用知識輕鬆解決的問題。而 PISA 2012 問題解決測驗的試題情境重視日常生活的真實性，透過電腦化的互動優勢，模擬學生真實的生活場景，以評量學生生活中面臨問題的解決歷程。

雖然 PISA 評量的問題解決能力是非例行性的問題，但是學生如果具備一般性策略知識，無論是否在校習得，對於問題解決都能有所助益。學生願意主動面對新穎、不熟悉問題情境的態度，也是問題解決能力重要的成分之一。

二　PISA 問題解決能力評量架構

PISA 問題解決能力評量依據不同的問題情境本質、歷程和脈絡進行設計，其中部分層面成為結果報告的分量尺，另一些層面則只是為了確保內容抽樣的充分性，表 4.1 是 PISA 2012 問題解決能力評量架構的主要元素說明。

問題情境本質特徵指的是解題所需資訊的已知程度，在解決問題的作業說明中，若提供解題所需的充分資訊，這類問題的情境本質歸類為「靜態」。像是透過交通路線圖的判讀找出最省時的通勤路線，即是這一類的問題；若是需要解題者與問題進行互動，藉由所獲得的回饋資訊解決問題，則歸類為「動態」。典型的例子像是要求學生利用自動售票機購買一張符合需求的車票，學生必須透過模擬操作的結果回饋，逐步確認操作是否正確，並確認購買的車票是否符合需求。

❖表 4.1　PISA 2012 問題解決能力評量架構

主要特徵	內涵	說明
情境本質	動態	解題所需資訊尚未充分，部分資訊須透過探索獲得
	靜態	提供解題所需的所有關聯資訊
解決歷程	探索與理解	探索與理解解題的關聯資訊
	表徵與形成假設	建構問題情境的圖像、表格、符號或語言表徵，並對關聯的因素及因素間的關係形成假設
	計畫與執行	設定目標或次目標以形成計畫，並依序執行
	監控與反思	監控歷程、對回饋進行因應，針對解決方案、已知資訊和相關策略進行省思
情境脈絡	設定──關乎科技	問題情境是否包含電子設備
	焦點──關乎個人或社會	問題情境是與個人還是社會關聯

　　PISA 將問題解決的認知歷程分為四個階段，分別是「探索與理解」、「表徵與形成假設」、「計畫與執行」以及「監控與反思」。其中「探索與理解」指的是學生透過觀察、互動、資料搜尋與覺察限制等方式對問題狀況進行探索，同時藉由對已知或透過互動所得資訊的理解進行解題。「表徵與形成假設」包括使用圖表、符號或文字來表徵問題，並以一致的心理表徵基礎形成假設進行解題，例如預測某個行動可能造成的結果。「計畫與執行」包括形成計畫或策略來解決問題並確實執行。「監控與反思」則經由對歷程、回饋因應，以及解決方案、解題資訊與策略應用的省思來解題。在問題解決的歷程中，PISA 並沒有假設解決問題的流程有一定的順序，也不一定包括上述四個階段，每個問題解決評量的試題都只關注單一的認知歷程階段。四個問題解決歷程主要的區別在於「知識獲取」或「知識應用」。「知識獲取」包括「探索與理解」和「表徵與形成假設」兩個歷程，指學生要能以心理表徵來產出與操作資訊，這是一個從具體到抽象、將資訊化為知識的過程；而「知識應用」則是呼應「計畫與執行」，需要學生解決具體的問題，是一個從抽象到具體、將知識付諸行動的過程。至於「監控與反思」則通常同時包含了知識的獲取與應用，不同情境與歷程的試題數量分配參見表 4.2。

❖表 4.2　PISA 2012 問題解決能力評量不同情境與歷程題數分配

問題情境本質	問題解決歷程			
	探索與理解 （10 題）	表徵與形成假設 （9 題）	計畫與執行 （16 題）	監控與反思 （7 題）
靜態 （15 題）	5	2	6	2
動態 （27 題）	5	7	10	5

　　在問題情境脈絡的特徵上，PISA 以兩個向度進行試題的分類，一是問題「設定」，指的是試題是否與科技相關，像是要求學生操作自動售票機、電子鐘或是冷氣機的試題，就屬於包含科技元素的情境脈絡。而另一向度則是「焦點」，指的是問題情境關乎個人還是社會，前者是與學生個人、家庭或同儕相關的問題情境，若是與社群或整體社會關聯的問題情境，則歸類為後者。

三　PISA 問題解決能力評量試題類型與計分

（一）電腦化測驗的優勢

　　PISA 2003 以紙筆測驗形式首度對學生跨學科的問題解決能力進行評量，PISA 2012 是第二次有關問題解決能力的調查，採電腦化測驗方式進行，與紙筆測驗所評量的構念有很大的差異。特別是具有互動歷程的作業，需要學生透過模擬操作的方式探索問題情境，同時依據互動回饋所獲得的資訊解決問題，是電腦化評量的優勢及特色所在。而電腦化評量能提供更多擬真反應的試題類型，使學生的回答更貼近真實情境，像是「車票」單元要求學生利用不熟悉的售票機來購買車票。除此之外，在部分傳統題型的試題中，除了針對學生的答案進行評分外，同時也納入學生作答反應歷程的評定。比如有個試題要求學生指出某部機器損壞的位置，學生必須透過對機器的探索來取得有用的資訊，而在操作的過程中，學生的錯誤嘗試則無法得分，電腦只對有效的操作給分，這些操作的歷程檔案是學生表現評分的內涵之一。

　　由於採用電腦化評量，學生 ICT 素養自然也可能影響表現，PISA 的問題解決能力評量盡量降低 ICT 素養的需求，學生具備最基本的電腦操作能力即可順利完成測驗，像是滑鼠及鍵盤使用、拖曳物件，或是點選按鈕與超連結等。

(二)靜態與動態作業的特徵

　　PISA 2003 的問題解決能力評量，屬於靜態的作業，學生是在已知的限制中選擇答案或是分析情境中變項的關係。PISA 2012 同樣也有這類型的試題，但由於 PISA 2012 問題解決能力評量採電腦化施測，因此任務設計可提供新型態的刺激資訊，像是動畫，或是新的題型，例如拖放式（drag and drop）試題。PISA 2012 大多數動態的試題，主要參酌兩個問題解決研究中十分重要的基礎文獻，一是「MicroDYN」系統（Greiff, Holt et al., 2013a; Wüstenberg, Greiff, & Funke, 2012），另一是「有限狀態自動機」（finite state automata）（Buchner & Funke, 1993; Funke, 2001）。這類試題最大特徵是任務的狀態與操作的指令數都是「有限的」，而學生在這些有限條件的未知系統環境中從事探索或是操作，藉以獲得重要的解題資訊來完成任務。本章第三節的試題示例中，將針對這類試題提供更詳細的描述。

　　在 PISA 2012 問題解決能力評量結果的資料處理，試題以單向度進行難度參數量尺化，依據該量尺同時針對學生的能力及試題的難度特徵進行描述，當學生的能力高於試題難度愈多，表示學生愈可能答對該試題，反之則愈可能答錯。此量尺的平均分數為 500，大約三分之二 OECD 國家的學生分數介於 400 至 600 之間。

四　不同問題解決能力水準的表現描繪

　　PISA 2012 的問題解決能力評量，試題的難度分為六個水準，水準 1 為最低，然後依序為水準 2、3、4 等，最高為水準 6。表 4.3 呈現問題解決能力的試題圖與不同水準樣本試題對應的量尺難度參數及試題特徵。第一欄呈現試題所在的能力水準及該水準的最低量尺分數，第二欄是樣本試題編號，第三欄是該試題的量尺分數所表徵的難度，第四欄則是該試題的特徵描述。要注意的是，相同單元中不同試題的難度互異，例如「自動吸塵器」單元就包括低於水準 1、水準

3、水準 4 及水準 6 等不同難度水準的試題。表 4.4 呈現不同問題解決能力水準學生表現的摘要描述，第一欄呈現水準及其最低分數，第二欄為通過該水準的學生人數比率，第三欄是學生的表現特徵。

❖表 4.3　問題解決能力評量試題圖及各水準樣本試題特徵

水準 最低分數	樣本試題	試題量 尺分數	試題特徵
低於水準 1 低於 358 分	交通 問題 1	340	了解簡易交通網路圖的車程時間，判斷圖中兩點間最省時的路線。試題中所需解題資訊均為已知，學生可透過幾次簡單的嘗試找到解答。
1 358 分	交通 問題 3	408	使用交通網路圖評估各種不同的可能性，找到能滿足三位參與者都能在限制時間內抵達的會議地點。
	自動吸塵器 問題 3.1	414	觀察吸塵器在動畫中的行為後，描述局部操控陌生系統的邏輯。
2 423 分	交通 問題 2	446	指出地圖中兩點間最短的距離。問題中的提示可用以確認答案是否為最短路徑。
	車票 問題 2.1	453	在給定的情境中操作自動售票機買票，情境中沒有限定必須滿足某些限制（例如票價必須最便宜）。學生可以購買一日票或是四趟的地鐵單程票，其中的票價有折扣，但學生無須在兩者間比較及判斷何者較便宜。學生可以在前一個題目中學習售票機的基本功能，買票的過程包含多個步驟。
3 488 分	自動吸塵器 問題 1	490	了解陌生系統的運作，針對特定情境，透過觀察，判斷系統運作的正確描述。
	空調系統 問題 1.1	492	探索並表徵空調系統中多個依變項間的關係，空調系統有三個控制器，可以控制溫度及溼度，學生需要透過操作了解每一個控制器的功能，再以三個箭號來表徵輸入（控制器）與輸出（溫度及溼度）的因果關係。在這個題目中，若是學生採用「每次改變一個變因」的有效方式來探索變項間的關係，但卻無法在圖中完成正確表徵，則給予部分分數。
	空調系統 問題 1.2	523	
	車票 問題 1	526	操作不熟悉的自動售票機購置車票，學生依據明確指示選擇步驟，但並未提供學生所須採用步驟的指示，解決問題包含多個步驟。

❖表 4.3　問題解決能力評量試題圖及各水準樣本試題特徵（續）

水準 最低分數	樣本試題	試題量 尺分數	試題特徵
4 553 分	自動吸塵器 問題 2	559	以空間推理預測陌生系統的運作情形。作業先提示自動吸塵器在房間裡的運作情形後，要學生預測若吸塵器在不同起點時會如何運作，而這個新起點位在吸塵器原移動的軌跡上，因此對於吸塵器移動的預測並不需要理解其移動的所有原則，僅需部分的理解及仔細的觀察即可。
	車票 問題 3	579	針對存在未預期阻礙的任務執行已擬定的計畫，這個阻礙是在幾個步驟的操作後才會出現的問題。學生要在有折扣機制的售票機購票，但在選擇折扣功能後，機器卻告知「暫不提供此種車票」，故受試者只能購買全額的地鐵票。
	空調系統 問題 2.1	592	操作空調系統中多個依變項以達到預定的結果，試題中的控制器可用以改變溫度或溼度水準。在四回合的操作限制下，學生若能使溫溼度盡量接近目標水準，不需兩者都達到目標就算部分答對。
5 618 分	車票 問題 2.2	638	目標導向的探索以完成任務。利用自動售票機購買車票，過程中能調整回應以符合作業中所有關聯的限制。學生不僅需依據三項指示購買車票，同時也需比較兩種選擇的價格以找到最便宜的車票，解決問題包含多個步驟。
	空調系統 問題 2.2	672	有效的操作空調系統中多個依變項以達到預定的結果，作業中的控制器可用以改變溫度或溼度水準。只容許學生進行四回合的操作，但可以多種方式使溫度及溼度達到目標。只要立刻進行修正，學生修正錯誤是被允許的。學生須以已知的因果資訊計畫其後續的多個步驟，同時監控目標達成的進展，迅速因應。
6 683 分	自動吸塵器 問題 3.2	701	完整描述陌生系統的運作邏輯。在觀察自動吸塵器的運作模式後，推論並說明完整的運作規律，即當吸塵器遇到某種類型的阻礙會有什麼反應。

❖表 4.4 不同問題解決能力水準學生表現的摘要描述

水準 最低分數	通過水準的 學生人數比率	學生表現特徵
6 683	2.5%	水準 6 的學生能對迥異的問題情境發展完整且一致的心理模式，有效解決複雜問題。他們能以高度策略化的行為探索問題情境，以理解與問題有關的所有資訊，而這些資訊可能是以不同的形式呈現，需要問題解決者解釋及統整所有相關的成分。當面臨非常複雜的裝置，像是以不常見或非預期方式運作的家電時，他們能迅速學習如何操作這些裝置，並以適當的方法達成目標。水準 6 的問題解決者能建立與系統有關的一般性假設，並能完整的檢驗這些假設，能依據假設形成合乎邏輯的結論，也能辨認資訊不足無法形成結論的狀態。為了達成目標，這些高度精熟的問題解決者能創造複雜、流暢的多步驟計畫，同時持續監控整個執行歷程。有需要時，他們也會修正策略並同時考慮潛在及外顯的條件限制。
5 618	11.4%	水準 5 的學生能系統性的探索複雜問題情境，以理解關聯訊息的結構。當面臨不熟悉、中度複雜的裝置，像是自動販賣機或家電時，他們能迅速因應，操控裝置。為了解決問題，水準 5 的問題解決者能預先找出滿足所有限制的最佳策略。他們能迅速調整計畫，而當發現意料之外的困難或偏離目標的錯誤時能立即返回。
4 553	31.0%	水準 4 的學生能以特定的方式探索中度複雜的問題情境，他們能掌握情境中解題必要成分間的連結，同時能操控中度複雜的電子設備，像是不熟悉的自動販賣機或家電，但他們無法持續保持效能。這些學生能形成多步驟的計畫並監控計畫的進展。他們通常能調整自己的計畫或是依據回饋重新設定目標，能嘗試不同的可能並檢驗能否滿足多重條件，也能對系統失靈的原因形成假設，並描述如何檢驗這個假設。
3 488	56.6%	水準 3 的學生能掌握不同表徵形式的資訊，他們能探索問題情境並推論成分間的簡單關係。他們也可以操控簡單的電子設備，但對於較複雜裝置的操作則有困難。水準 3 的學生能勝任單一條件的問題解決，例如在歸納幾個可能的解決方案後，檢視這些方案是否符合某一特定條件。而當面臨多重條件限制或內在相互關聯的問題時，他們能固定單一的變項後觀察其他變項改變所產生的效應。他們能設計並執行給定的假設考驗以確認假設的適當性。他們也能了解預做計畫及監控歷程的需求，同時能在必要時嘗試不同的選擇。

❖ 表 4.4　不同問題解決能力水準學生表現的摘要描述（續）

水準 最低分數	通過水準的 學生人數比率	學生表現特徵
2 423	78.6%	水準 2 的學生能探索不熟悉的問題情境，並能理解部分的情境內涵，能嘗試理解及操控電子設備，例如家電或自動販賣機等，但卻只能部分成功。水準 2 的學生能檢驗簡單以及給定的假設，並能解決單一條件限制的問題。能夠計畫並執行單一步驟以達成次目標，同時也能監控整個解題歷程。
1 358	91.8%	水準 1 的學生能以有限的方式探索問題的情境，然而這些情境多半與其過去的經驗相似。透過對於相似情境的觀察，學生能夠描述部分簡單日常生活設施的運作方式。一般說來，水準 1 的學生能解決直觀的問題，這些問題只需滿足單一限制，且通常僅需一到兩個步驟即可達成目標。水準 1 的學生通常無法預先擬定計畫或設定次目標。

（一）問題解決能力水準 6 —— 得分高於 683 分

　　水準 6 的學生是有效能的問題解決者，他們能成功解決問題解決評量的各類試題，表示他們能對不同的問題情境發展完整而一致的心理模式，有效解決複雜問題。就算解題所需的資訊是以不同的形式呈現，他們也能以高度策略化的行為探索問題情境，並對所有資訊形成全觀的認識與理解，進而統整。當面臨複雜的電子設備時，他們能快速有效的學習如何操作這些設備，同時找出適當的方法達成目標。這些學生是最有能力的問題解決者，能建立與系統有關的通則假設，並能完整的檢驗這些假設，能依據假設形成合乎邏輯的結論，也能辨認資訊不足無法形成結論的狀態。為了達成目標，這些高度精熟的解題者能創造複雜、靈活、多步驟的計畫，同時在持續監控這些計畫的執行過程中也知道何時需要更新策略，在變換策略時能同時考慮潛在及外顯的限制，確保滿足所有條件。

（二）問題解決能力水準 5 —— 得分介於 618 至 683 分（含）

　　水準 5 的學生能系統性的探索複雜的問題情境，以理解關聯訊息的結構。當面臨不熟悉、中度複雜的裝置，像是自動販賣機或家電時，他們能迅速因應，操控裝置，以有效及系統性地掌握關聯變項。為了解決問題，水準 5 的學生能預先

找出能滿足所有限制的最佳策略。他們能迅速調整計畫，而當發現意料之外的困難或偏離目標的錯誤時，他們也能立即返回原來的狀態。

(三)問題解決能力水準 4 —— 得分介於 553 至 618 分（含）

水準 4 的學生能以特定的方式探索中度複雜度的問題情境，以了解相關的資訊。他們掌握情境中解題必要成分間的連結，同時能操控中度複雜的電子設備，像是不熟悉的自動販賣機或家電，但無法持續保持其效能，不一定每次都能完整或有效的運作。這些學生能形成多步驟的計畫並監控計畫的進展。他們通常能調整自己的計畫或是依據回饋重新設定目標，能嘗試不同的可能並檢驗是否滿足多重限制，也能對系統失靈的原因形成假設，並描述如何檢驗這個假設。

(四)問題解決能力水準 3 —— 得分介於 488 至 553 分（含）

水準 3 的學生能掌握不同表徵形式的資訊，能探索問題情境並推論成分間的簡單關係，也能操控簡單的電子設備，但對於較複雜裝置的操作則有困難。水準 3 的學生能勝任單一條件的問題解決，例如在歸納幾個可能的解決方案後，檢視這些方案是否符合某一特定條件，而當面臨多重條件限制或內在相互關聯的問題時，他們能固定單一的變項後觀察其他變項改變所產生的效應。他們能設計並執行給定的假設考驗以確認假設的適切性，也能了解計畫及監控歷程的需求，同時能在必要時嘗試不同的選擇。

(五)問題解決能力水準 2 —— 得分介於 423 至 488 分（含）

水準 2 的學生能探索不熟悉的問題情境，並能理解部分的情境內涵，他們能嘗試理解及操控電子設備，例如家電或自動販賣機等，但卻只能部分成功。水準 2 的解題者能檢驗簡單的給定假設，並能解決單一特定限制的問題。他們能計畫並執行單一步驟以達成次目標，同時也能監控整個解題歷程。

水準 2 可視為精熟層次的底線，這個水準以上的學生能發揮問題解決能力，有效並具生產力的參與生活事務。他們在處理問題時能朝向目標邁進，有時也能獲得解答，像是在學習後能了解和控制一些原本不熟悉其操控方式的生活機器，如遙控器、家電或販賣機。

(六)問題解決能力水準 1 —— 得分介於 358 至 423 分（含）

　　水準 1 的學生能以有限的方式探索問題情境，然而這些情境多半與其過去的經驗相似。透過對於相似情境的觀察及先備知識，學生能描述部分簡單日常生活機器的運作規則。一般說來，水準 1 的學生能解決直接的問題，這種問題只有一個簡單的條件，且通常僅需一到兩個步驟即可達成目標。相較於水準 2，水準 1 的學生通常無法擬定計畫或是設定次目標。

　　就整體 OECD 的國家來看，大約 92% 的學生都能具備水準 1 以上的問題解決能力，但某些國家則有較高比率的學生無法達到此一水準，像是馬來西亞、巴西或以色列等國家，此類學生的比率超過 20%，而保加利亞及哥倫比亞的比率甚至超過三分之一，顯示各國學生的問題解決能力呈現不小的程度差異。

(七)問題解決能力未達水準 1 —— 得分低於 358 分

　　由於 PISA 2012 問題解決能力評量的設計不適用於評量基礎的問題解決能力，因此測驗中並未包含足夠多的試題充分描述能力未達水準 1 學生的表現特徵。然而從學生的作答反應中仍可發現，能力未達水準 1 的學生能在熟悉的情境脈絡中使用非系統性的策略來解決簡單的問題。有時他們也能在清晰結構的問題中找出解決方案。整體說來，能力未達水準 1 的學生大致只具備有限的問題解決能力。

第二節　學生的問題解決表現

一　學生的問題解決能力表現

　　由於 PISA 2012 的評量主軸為數學素養，針對學生數學素養的表現提供深入的分析。本章報告中將以數學素養表現前十名的國家或地區為主要參照，同時納入整體參與國家或地區的平均，其中數學素養排名第八的列支敦斯登及第九的瑞士並未參與此次問題解決能力評量，因此無法納入比較，另外加入以學生 PISA 素養優異著稱的芬蘭。

　　為了實質描述學生的表現，PISA 2012 的問題解決能力評量根據統計資訊將量尺分為不同水準，再針對每個水準的試題進行說明，具體描述成功完成這些試題所需的知識與技能。PISA 2012 將 OECD 國家整體學生問題解決能力的平均數設定為 500，標準差為 96。圖 4.1 是 PISA 2012 問題解決評量各參與國家或地區的平均分數對照，圖中第二欄與第三欄的國家或地區平均數未達顯著差異。例如第七名的臺灣，與香港及上海兩地的平均數沒有顯著差異。

　　PISA 2012 學生問題解決的表現，以新加坡、韓國為最優異，平均數依序為 562 和 561。排名第三的日本（552）和韓國沒有顯著差異，而臺灣學生的平均數為 534，排名第七，與澳門（540）、香港（540）及上海（536）的表現相近。同樣高於 OECD 國家平均的國家還包括：加拿大（526）、澳洲（523）、芬蘭（523）、英國（517）、愛沙尼亞（515）、法國（511）、荷蘭（511）、義大利（510）、捷克（509）、德國（509）、美國（508）、比利時（508）等國。而奧地利（506）、挪威（503）、愛爾蘭（498）、丹麥（497）及葡萄牙（494）等五國的表現與 OECD 平均無顯著不同。就 OECD 國家平均來看，最高（韓國）和最低（智利）的國家相差 113 分，而夥伴國家或地區的平均數高低差異則擴大為 163 分。圖 4.2 為 PISA 2012 各國不同問題解決能力水準學生比率的對照，有關各國學生在不同水準的人數分配比率及標準誤，請同時參見《PISA 國際報告》（PISA 2012 Results）。

　　表 4.5 為臺灣與參照國家或地區學生問題解決能力排名、平均數、標準差、性別差異等統計數對照。臺灣學生 PISA 2012 問題解決能力平均數為 534、標準差為 91，排名第七，變異程度低於整體施測國家或地區平均（96）及荷蘭（99）、瑞典（96）和新加坡（95）等國，與上海（90）、韓國（91）、香港（92）及芬蘭（93）相仿，但高於日本（85）及澳門（79）兩國。採用中文版施測的臺灣、上海、香港與澳門表現相近，但澳門平均數最高，變異數最小。

平均數	國家	與前述國家平均數差異未達統計顯著的國家
562	新加坡	韓國
561	韓國	日本、新加坡
552	日本	韓國
540	澳門	香港、上海
540	香港	臺灣、澳門、上海
536	上海	香港、臺灣、澳門
534	臺灣	香港、上海
526	加拿大	英國、芬蘭、澳洲
523	澳洲	英國、芬蘭、加拿大
523	芬蘭	英國、澳洲、加拿大
517	英國	美國、愛沙尼亞、芬蘭、德國、奧地利、捷克、法國、澳洲、加拿大、比利時、荷蘭、義大利
515	愛沙尼亞	美國、英國、德國、捷克、法國、荷蘭、義大利
511	法國	美國、英國、愛沙尼亞、德國、奧地利、捷克、比利時、荷蘭、挪威、義大利
511	荷蘭	美國、英國、愛沙尼亞、德國、奧地利、捷克、法國、比利時、挪威、義大利
510	義大利	美國、英國、愛沙尼亞、德國、奧地利、捷克、法國、比利時、荷蘭、挪威
509	捷克	美國、英國、愛沙尼亞、德國、奧地利、法國、比利時、荷蘭、挪威、義大利
509	德國	美國、英國、愛沙尼亞、奧地利、捷克、法國、比利時、荷蘭、挪威、義大利
508	美國	英國、愛沙尼亞、德國、奧地利、捷克、法國、愛爾蘭、比利時、荷蘭、挪威、義大利
508	比利時	美國、英國、德國、奧地利、捷克、法國、荷蘭、挪威、義大利
506	奧地利	美國、英國、德國、捷克、法國、愛爾蘭、比利時、荷蘭、挪威、義大利

顯著高於 OECD 平均數
與 OECD 平均數差異未達顯著
顯著低於 OECD 平均數

◗ 圖 4.1　各國學生問題解決能力平均分數對照

平均數	國家	與前述國家平均數差異未達統計顯著的國家
503	挪威	美國、德國、奧地利、捷克、法國、愛爾蘭、比利時、荷蘭、丹麥、葡萄牙、義大利
498	愛爾蘭	美國、奧地利、瑞典、丹麥、葡萄牙、挪威
497	丹麥	瑞典、愛爾蘭、葡萄牙、挪威、俄羅斯
494	葡萄牙	瑞典、愛爾蘭、丹麥、挪威、俄羅斯
491	瑞典	波蘭、斯洛伐克、愛爾蘭、丹麥、葡萄牙、俄羅斯
489	俄羅斯	波蘭、斯洛伐克、瑞典、丹麥、葡萄牙
483	斯洛伐克	波蘭、瑞典、西班牙、斯洛維尼亞、俄羅斯
481	波蘭	斯洛伐克、瑞典、西班牙、斯洛維尼亞、塞爾維亞、俄羅斯
477	西班牙	波蘭、斯洛伐克、斯洛維尼亞、克羅埃西亞、塞爾維亞
476	斯洛維尼亞	波蘭、斯洛伐克、西班牙、塞爾維亞
473	塞爾維亞	波蘭、西班牙、斯洛維尼亞、克羅埃西亞
466	克羅埃西亞	匈牙利、以色列、西班牙、塞爾維亞
459	匈牙利	土耳其、以色列、克羅埃西亞
454	土耳其	匈牙利、以色列、智利
454	以色列	土耳其、匈牙利、智利、克羅埃西亞、賽普勒斯
448	智利	土耳其、以色列、賽普勒斯
445	賽普勒斯	以色列、智利
428	巴西	馬來西亞
422	馬來西亞	巴西
411	阿拉伯聯合大公國	烏拉圭、保加利亞、蒙特內哥羅
407	蒙特內哥羅	烏拉圭、保加利亞、阿拉伯聯合大公國
403	烏拉圭	保加利亞、阿拉伯聯合大公國、蒙特內哥羅、哥倫比亞
402	保加利亞	烏拉圭、阿拉伯聯合大公國、蒙特內哥羅、哥倫比亞
399	哥倫比亞	烏拉圭、保加利亞

⊃ 圖 4.1　各國學生問題解決能力平均分數對照（續）

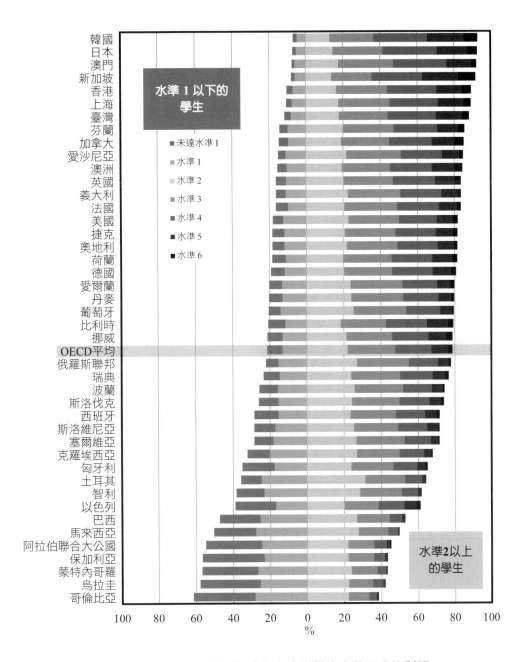

⊃ 圖 4.2   各國不同問題解決能力水準學生人數百分比對照

資料來源：OECD, PISA 2012 Database, Table V.2.1.

❖表 4.5   臺灣與參照國家學生問題解決能力描述統計及性別差異對照

國家	排名	平均數	標準差	男學生平均數	女學生平均數	差異（男－女）
臺灣 (4)*	7	534	91	540	528	12
新加坡 (2)	1	562	95	567	558	**9**
韓國 (5)	2	561	91	567	554	**13**
日本 (7)	3	552	85	561	542	**19**
澳門 (6)	4	540	79	546	535	**10**
香港 (3)	5	540	92	546	532	**13**
上海 (1)	6	536	90	549	524	**25**
芬蘭 (12)	9	523	93	520	526	**-6**
荷蘭 (10)	13	511	99	513	508	5
OECD 平均		500	96	503	497	**7**

註：* 括號內數字為 PISA 2012 數學素養排名。
　　統計達顯著者標以粗體。

❖表 4.6   臺灣與參照國家不同水準問題解決能力學生人數百分比對照

國家	素養水準						
	未達 1（未達 358.49）	1（358.49~423.42）	2（423.42~488.35）	3（488.35~553.28）	4（553.28~618.21）	5（618.21~683.14）	6（超過683.14）
臺灣	3.4	8.2	17.8	26.3	25.9	14.6	3.8
新加坡	2.0	6.0	13.8	21.9	27.0	19.7	9.6
韓國	2.1	4.8	12.9	23.7	28.8	20.0	7.6
日本	1.8	5.3	14.6	26.9	29.2	16.9	5.3
澳門	1.6	6.0	17.5	29.5	28.9	13.8	2.8
香港	3.3	7.1	16.3	27.4	26.5	14.2	5.1
上海	3.1	7.5	17.5	27.4	26.2	14.1	4.1
芬蘭	4.5	9.9	20.0	27.1	23.5	11.4	3.6
荷蘭	7.4	11.2	19.9	26.0	22.0	10.9	2.7
OECD 平均	8.2	13.2	22.0	25.6	19.6	8.9	2.5

　　表 4.6 及圖 4.3 呈現臺灣與參照國家或地區在 PISA 2012 問題解決能力各水準學生人數的百分比對照。臺灣約有半數的學生問題解決能力達水準 3 或水準 4，與多數參照國家或地區的分配概況類似。達到頂尖水準（水準 5 以上）的學生，能靈活的運用策略解釋、統整資訊，有效率的解決各種型態的問題。臺灣水準 5 以上的學生人數比率為 18.4%，與上海（18.2%）及香港（19.3%）兩地相仿，不如新加坡（29.3%）、韓國（27.6%）及日本（22.2%）。對於培養具備優異問題解決能力的學生，仍有不少需要努力的空間。臺灣身處高度競爭的亞洲，對於未來可能面臨的區域人才競爭，宜進一步積極面對、有效因應。

　　PISA 以水準 2 為問題解決能力的基礎水準，此水準的學生，可初步著手解決生活上可能遇到的簡單問題，也展現主動參與個人及社會生活的意願。臺灣未達水準 2 的學生比率約為 11.6%，略高於上海（10.6%）及香港（10.4%）兩地，

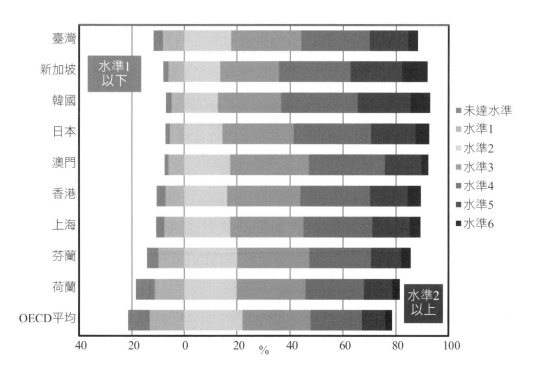

⊃ 圖 4.3　臺灣與參照國家不同水準問題解決能力學生人數百分比對照
（以水準 2 為基準）

資料來源：OECD, PISA 2012 Database, Table V.2.1.

與新加坡（8%）、澳門（7.6%）、日本（7.1%）及韓國（6.9%）的差距更為明確，顯示如何輔助臺灣問題解決能力薄弱學生是相當值得關注的議題。

二 學生問題解決能力與數學、科學及閱讀素養的關聯

PISA 2012 問題解決能力評量重點不在測量特定領域的知識，而是聚焦在解決問題的關鍵認知歷程，但這些歷程與各領域的教與學關聯密切。表 4.7 呈現的是臺灣學生問題解決能力、數學、閱讀及科學素養的相關。臺灣學生的問題解決能力與各素養呈現高度相關，其相關組型與整體參與國家的調查結果相近，但關聯略高，其中與數學素養的相關（0.86）略高於與閱讀素養的相關（0.81），顯示一般性的問題解決能力與各領域素養關聯密切。

進一步來看，雖然學生問題解決能力與各素養間的相關很高，但不同內容素養間的相關卻又略高於與問題解決能力的關聯，顯示問題解決能力可能仍存在與各內容素養相異而獨立的成分。

❖表 4.7　臺灣學生問題解決能力、數學、閱讀及科學素養的表現相關

	數學素養	閱讀素養	科學素養
問題解決能力	**0.86**(0.81)	**0.81**(0.75)	**0.83**(0.78)
數學素養		**0.89**(0.85)	**0.93**(0.90)
閱讀素養			**0.91**(0.88)

註：括弧內數字為整體參與國的相關。
　　統計達顯著者標以粗體。

三 問題解決能力的性別差異

PISA 2012 問題解決能力調查結果顯示，各參與國家或地區男女學生的差異方向有些不一致，在 44 個參與國家或地區中，35 個國家或地區的男學生表現優於女學生，8 個國家的女學生優於男學生，1 個國家的男女學生表現相當（參見表 4.8）。以整體平均來看，男學生的平均高於女學生 7 分，兩者差異的幅度並不算太大。臺灣男學生的問題解決能力較佳，平均為 540 分，優於女學生平均的

528 分,性別間差距為 12 分,略高於 OECD 國家。在排名前十名的國家當中,除芬蘭之外,皆呈現了男學生優於女學生的情形,當中又以上海學生的性別差距最大,男學生表現高於女學生 25 分。

❖表 4.8 　各國男女學生問題解決能力差異對照

國家	問題解決能力					
	男生		女生		男女差異(男生-女生)	
	平均數	標準誤	平均數	標準誤	差異	標準誤
新加坡	567	1.8	558	1.7	**9**	2.5
韓國	567	5.1	554	5.1	**13**	5.5
日本	561	4.1	542	3.0	**19**	3.7
澳門	546	1.5	535	1.3	**10**	2.0
香港	546	4.6	532	4.8	**13**	5.2
上海	549	3.4	524	3.8	**25**	2.9
臺灣	540	4.5	528	4.1	**12**	6.3
加拿大	528	2.8	523	2.5	**5**	2.2
澳洲	524	2.4	522	2.2	**2**	2.6
芬蘭	520	2.8	526	2.6	**-6**	3.0
英國	520	5.4	514	4.6	**6**	5.5
愛沙尼亞	517	3.3	513	2.6	**5**	3.1
法國	513	4.0	509	3.5	**5**	3.1
荷蘭	513	4.9	508	4.5	**5**	3.3
義大利	518	5.2	500	4.5	**18**	5.7
捷克	513	3.9	505	3.5	**8**	4.1
德國	512	4.1	505	3.7	**7**	2.9
美國	509	4.2	506	4.2	**3**	3.1
比利時	512	3.1	504	3.1	**8**	3.7
奧地利	512	4.4	500	4.1	**12**	4.8
挪威	502	3.6	505	3.8	**-3**	3.6

❖表 4.8　各國男女學生問題解決能力差異對照（續）

國家	問題解決能力					
	男生		女生		男女差異（男生－女生）	
	平均數	標準誤	平均數	標準誤	差異	標準誤
愛爾蘭	501	4.8	496	3.2	**5**	5.0
丹麥	502	3.7	492	2.9	**10**	3.1
葡萄牙	502	4.0	486	3.6	**16**	2.6
瑞典	489	3.7	493	3.1	-4	3.6
俄羅斯	493	3.9	485	3.7	**8**	3.1
斯洛伐克	494	4.2	472	4.1	**22**	4.4
波蘭	481	4.9	481	4.6	**0**	3.3
西班牙	478	4.8	476	4.1	2	3.4
斯洛維尼亞	474	2.1	478	2.2	-4	3.0
塞爾維亞	481	3.8	466	3.2	**15**	3.5
克羅埃西亞	474	4.8	459	4.0	**15**	4.4
匈牙利	461	5.0	457	4.3	3	4.8
土耳其	462	4.3	447	4.6	**15**	4.0
以色列	457	8.9	451	4.1	6	8.5
智利	455	4.5	441	3.7	**13**	3.8
賽普勒斯	440	1.8	449	2.0	**-9**	2.5
巴西	440	5.4	418	4.6	**22**	3.3
馬來西亞	427	3.9	419	4.0	8	3.7
阿拉伯聯合大公國	398	4.6	424	3.2	**-26**	5.6
蒙特內哥羅	404	1.8	409	1.8	**-6**	2.8
烏拉圭	409	4.0	398	3.8	**11**	3.4
保加利亞	394	5.8	410	5.3	**-17**	4.9
哥倫比亞	415	4.1	385	3.9	**31**	3.8
OECD 平均	503	0.8	497	0.7	**7**	0.8

註：統計達顯著者標以粗體。

　　臺灣與參照國家或地區男女學生不同水準問題解決能力人數分配百分比對照如表 4.9。整體來看，男女學生最高比率的素養水準都是水準 3，其次則為水準 2 及水準 4，差異並不大。頂尖水準 5 以上的人數比率，OECD 國家的男學生在水準 5 以上的人數比率高於女學生約 3.5%。臺灣的男女學生各水準人數分配特徵略有不同，女學生以水準 3 的人數比率最多，男學生則是水準 4 人數比率最高，而臺灣男學生在水準 5 以上的人數比率又高於女學生 7.8%。優異人數比率差異幅度則小於日本（10.5%）及上海（8.7%）。男女學生頂尖水準人數比率的差距，也是造成整體結果男學生平均數優於女學生的重要原因。至於表現薄弱學生方面，水準 1 以下男女學生的比率差異則較不明顯，僅有 0.9%，與多數參照國家相近。

❖表 4.9　臺灣與參照國家男女學生不同水準問題解決能力人數百分比對照

| 國家 | 問題解決能力水準 | | | | | | | | | | | | |
| | 未達 1（未達 358.49） | | 1（358.49~ 423.42） | | 2（423.42~ 488.35） | | 3（488.35~ 553.28） | | 4（553.28~ 618.21） | | 5（618.21~ 683.14） | | 6（超過 683.14） | |
	男	女	男	女	男	女	男	女	男	女	男	女	男	女
臺灣	4.2	2.7	7.9	8.5	15.8	19.8	23.9	28.6	25.9	25.9	17.3	12.0	5.0	2.5
新加坡	2.3	1.7	6.3	5.5	13.0	14.6	20.1	23.8	25.8	28.3	20.4	19.0	12.0	7.1
韓國	2.3	2.0	4.8	4.7	11.6	14.5	21.8	25.9	28.6	29.1	21.5	18.3	9.4	5.5
日本	1.9	1.7	4.9	5.8	13.2	16.1	23.8	30.3	28.9	29.5	20.0	13.6	7.3	3.2
澳門	1.5	1.6	5.6	6.4	16.7	18.4	27.9	31.1	29.2	28.6	15.6	12.0	3.5	2.0
香港	3.1	3.6	6.6	7.7	15.3	17.6	25.9	29.1	27.2	25.8	15.7	12.4	6.1	3.9
上海	2.6	3.5	6.2	8.8	15.0	19.9	25.6	29.2	27.8	24.6	17.0	11.4	5.7	2.6
芬蘭	5.2	3.7	10.8	8.9	20.5	19.5	26.1	28.2	22.1	25.1	11.2	11.6	4.1	3.0
荷蘭	7.7	7.0	11.0	11.4	19.0	20.8	24.7	27.4	22.5	21.5	12.1	9.8	3.1	2.2
OECD 平均	8.7	7.8	12.8	13.5	20.7	23.3	24.5	26.8	20.2	19.0	10.0	7.7	3.1	1.8

四 臺灣學生問題解決能力的年級差異

由於 PISA 2012 的評量對象為 15 歲的學生，包含國中三年級（九年級）與高中（五專及高職）一年級（十年級），為了解年級對學生問題解決能力的影響，進一步分析九、十年級學生問題解決能力的差異，表 4.10 為臺灣九年級與十年級學生問題解決能力描述統計對照。十年級學生的問題解決能力平均數為 543 分，較九年級的 520 高 23 分。高於性別差異（12），顯示學校學習經驗對於學生問題解決能力具有相當明顯的影響。

❖表 4.10　臺灣九年級與十年級學生問題解決能力平均數對照

	問題解決能力表現	
	平均數	標準誤
九年級	520	4.4
十年級	543	3.6
年級差異（十年級－九年級）	23	5.7

五 學生在不同問題解決歷程的表現及性別差異

PISA 2012 將問題解決歷程分為四個：「探索與理解」、「表徵與形成假設」、「計畫與執行」及「監控與反思」，評量中每一單元裡的各試題只測量學生某一特定歷程。表 4.11 為不同歷程評量的樣本試題，試題內容可同時參閱第三節更完整的描述。

表 4.12 為臺灣與參照國家或地區學生在四個問題解決歷程的平均答對人數比率對照，臺灣在「探索與理解」及「表徵與形成假設」兩歷程的表現相對較佳。與參照國家或地區相比，臺灣整體表現優於芬蘭及荷蘭，而與上海、澳門及香港相近，但低於日本、韓國及新加坡等三國，其中又以「監控與反思」與上述三國差異較大，和新加坡相差 10.5%，顯見此一歷程是各國問題解決能力優劣的重要關鍵之一。

❖表 4.11　不同問題解決歷程樣本試題

主要的問題解決歷程	樣本試題
探索與理解	MP3 播放器：問題 1 自動吸塵器：問題 1 及問題 2 車票：問題 2
表徵與形成假設	MP3 播放器：問題 3 空調系統：問題 1 自動吸塵器：問題 3
計畫與執行	MP3 播放器：問題 2 空調系統：問題 2 車票：問題 1 交通：問題 1 及問題 2
監控與反思	MP3 播放器：問題 4 車票：問題 3 交通：問題 3

❖表 4.12　臺灣與參照國家學生在四個問題解決歷程的平均答對率對照

國家	問題解決歷程							
	探索與理解		表徵與形成假設		計畫與執行		監控與反思	
	百分比	標準誤	百分比	標準誤	百分比	標準誤	百分比	標準誤
臺灣	58.1	(1.0)	55.5	(1.2)	50.1	(0.8)	44.7	(1.0)
新加坡	64.1	(1.0)	59.7	(0.9)	55.4	(0.7)	55.2	(0.8)
韓國	64.7	(1.1)	60.7	(1.3)	54.5	(0.9)	53.7	(1.1)
日本	62.2	(0.9)	55.7	(0.9)	56.3	(0.7)	52.1	(0.7)
澳門	59.4	(0.9)	57.1	(0.9)	51.3	(0.5)	45.7	(0.8)
香港	60.2	(1.2)	54.9	(1.0)	51.1	(0.8)	48.2	(1.1)
上海	58.3	(1.1)	55.3	(1.2)	49.8	(0.7)	47.2	(1.1)
芬蘭	53.7	(0.6)	46.3	(0.7)	51.0	(0.6)	42.7	(0.6)
荷蘭	51.8	(1.2)	44.2	(1.3)	49.7	(1.1)	42.8	(1.2)
OECD 平均	47.9	(0.2)	42.7	(0.2)	46.4	(0.2)	40.3	(0.2)

表 4.13 則進一步呈現參照國家或地區問題解決歷程的相對優勢,臺灣以「探索與理解」及「表徵與形成假設」兩歷程較優,但在「計畫與執行」及「監控與反思」兩歷程相對較弱。在參照國家或地區中,澳門與臺灣的情形相仿。

❖ 表 4.13　臺灣與參照國家問題解決歷程相對優劣對照

歷程	答對率相對 優於其他歷程	與 OECD 國家 平均相仿	答對率相對 低於其他歷程
探索與理解	香港、芬蘭、臺灣、日本、澳門、新加坡、韓國	荷蘭、上海	
表徵與形成假設	香港、臺灣、日本、澳門、新加坡、韓國、上海		芬蘭、荷蘭
計畫與執行	芬蘭、荷蘭		香港、臺灣、日本、澳門、新加坡、韓國、上海
監控與反思	新加坡	香港、日本、荷蘭、韓國、上海	芬蘭、臺灣、澳門

從上述結果來看,臺灣學生相對容易掌握問題解決中的「探索與理解」及「表徵與形成假設」兩個歷程,呈現我國學生在「知識獲取」的優勢,但對於「知識應用」相對較弱。提升學生知識應用及規劃監控的能力,將是後續教學實務應積極省思調整的方向。

在性別差異上,臺灣男學生整體問題解決能力優於女學生,表 4.14 進一步從不同的問題解決歷程,檢視臺灣男女學生的剖面。表 4.14 是臺灣與參照國家男女學生各問題解決歷程答對率對照。臺灣在四個歷程的答對率都是男學生優於女學生,與參照國家或地區在「探索與理解」、「表徵與形成假設」及「監控與反思」等三歷程的趨勢相近,但在「計畫與執行」歷程,各國男女學生的答對率差異則變化較大。

❖ 表 4.14　臺灣與參照國家男女生各問題解決歷程平均答對率對照

國家	問題解決歷程							
	探索與理解		表徵與形成假設		計畫與執行		監控與反思	
	男	女	男	女	男	女	男	女
臺灣	61.1	55.3	59.1	52.1	50.7	49.5	46.7	42.8
新加坡	65.5	62.5	62.2	57.1	55.2	55.5	55.3	55.1
韓國	67.4	61.6	64.7	56.0	54.7	54.2	53.8	53.5
日本	64.3	59.9	58.9	52.3	57.1	55.5	54.0	50.1
澳門	62.4	56.4	60.1	54.2	52.2	50.4	46.5	44.9
香港	63.5	56.4	58.8	50.2	51.2	51.0	48.9	47.3
上海	60.2	56.6	61.8	49.3	53.4	46.5	48.6	45.8
芬蘭	52.8	54.7	46.0	46.6	49.3	52.9	41.2	44.2
荷蘭	52.5	51.0	44.8	43.6	50.1	49.3	42.5	43.1
OECD 平均	48.9	46.9	44.7	40.7	46.9	45.9	40.6	40.0

　　圖 4.4 是進一步將男學生在各問題解決歷程的平均答對率作為基準（固定為 1），再將女學生每個歷程相對於男學生的平均答對率作為參照（女學生答對率／男學生答對率），進行臺灣男女學生在各問題解決歷程表現差異的對照比較。結果顯示，相對於男學生的平均答對率，臺灣女學生在探索與理解、表徵與形成假設、計畫與執行、監控與反思四個歷程的相對比率依序是 0.90、0.84、1.21 及 1.01。臺灣男女學生在「監控與反思」歷程表現相近，但男學生在「探索與理解」及「表徵與形成假設」歷程表現高於女學生 10% 及 16%，女學生則是在「計畫與執行」歷程優於男學生，高出男學生 21%，顯示臺灣女學生較無法掌握「探索與理解」及「表徵與形成假設」的作業，而較能掌握「計畫與執行」作業，這也是臺灣男女學生問題解決能力差異的最主要關鍵。

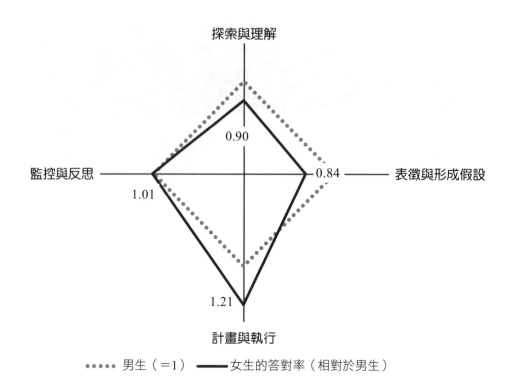

探索與理解

0.90

監控與反思   表徵與形成假設

1.01   0.84

1.21

計畫與執行

••••• 男生（＝1）　━━━━ 女生的答對率（相對於男生）

⟴ 圖 4.4　不同問題解決歷程臺灣男女學生相對答對率的差異對照

資料來源：OECD, PISA 2012 Database, Table V.4.11b.

六 學生在不同問題情境的表現及性別差異

　　除了問題解決的認知歷程外，PISA 2012 同時依據問題情境的「本質」及「脈絡」將試題進行分類。在問題情境本質上，試題可分為「動態」及「靜態」，而在問題情境脈絡上，試題則可以依據情境脈絡與科技有無關聯，及情境脈絡的焦點是屬於個人或社會來分類。透過分析學生在不同問題情境的表現，亦可對於各國學生的問題解決能力特徵有更清晰的描繪。圖 4.5 是臺灣與參照國家或地區在互動及靜態問題答對率的散布圖，愈接近圖的左上方表示在互動作業表現相對較佳，愈接近右下方則是以靜態作業表現較佳。從圖中可發現雖然臺灣與參照國家或地區學生表現趨勢相近，均是以靜態作業的表現相對較佳，但臺灣學生在互動與靜態兩種作業表現的相對差距卻較其他國家為大。圖 4.6 是參照國家

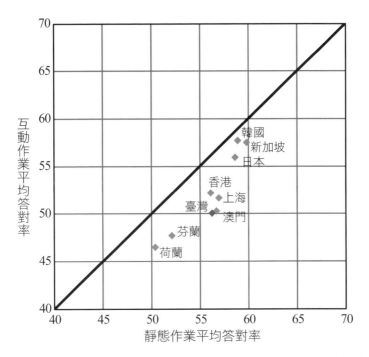

⟳ 圖 4.5　臺灣與參照國家學生在互動及靜態作業平均答對率相對地位對照

資料來源：OECD, PISA 2012 Database, Table V.3.1.

或地區在問題解決歷程及問題情境本質兩向度表現優劣的散布圖。臺灣與香港、
澳門及上海的學生在兩向度的表現相近，都是知識獲取的作業表現較佳，但互動
作業的表現較差；比起日本、韓國及新加坡等三國在知識獲取及互動作業上都有
較佳掌握的表現來看，臺灣顯然在互動式問題情境掌握上不如日本、韓國及新加
坡等三國。臺灣在未來課程及教學的調整上，應更積極提供主動探索且具互動調
整的情境或內涵，有效提升學生對於探索式問題情境的因應效能。

　　表 4.15、表 4.16 及表 4.17 則是臺灣及參照國家或地區男女學生在不同問題
情境作業的平均答對率對照。從整體參與國或地區來看，男女學生在不同問題情
境的表現上差異並不明顯，因此就整體參與國或地區的學生而言，作業的問題情
境並不是影響男女學生問題解決能力表現差異的主要因素。而進一步聚焦在臺灣
男女學生的表現上則會發現，雖然在不同的問題情境中，臺灣學生性別間差異較
OECD 平均差異略高，但對照不同問題解決歷程的性別差異來看，這項差異的幅
度也相對輕微。

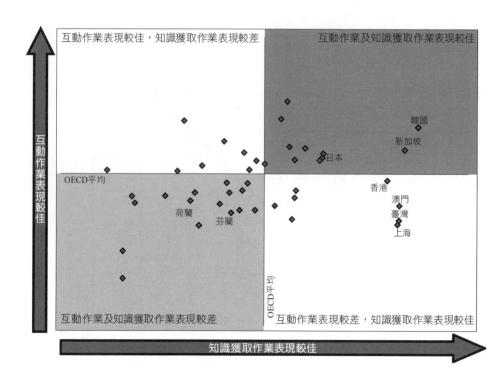

○ 圖 4.6　臺灣與參照國家問題解決歷程及問題情境本質兩向度相對優劣對照

資料來源：OECD, PISA 2012 Database, Table V.3.1 & V.3.6.

❖ 表 4.15　臺灣及參照國家在不同問題情境本質男女學生平均答對率對照

國家	問題情境本質					
	互動			靜態		
	全體	男	女	全體	男	女
臺灣	50.06	52.52	47.69	56.25	57.53	55.03
新加坡	57.50	57.85	57.14	59.83	61.63	57.99
韓國	57.66	59.07	56.05	58.88	60.89	56.57
日本	55.91	57.86	53.81	58.66	60.14	57.07
澳門	51.66	53.25	50.09	56.97	59.20	54.74
香港	52.17	53.95	50.09	56.14	58.15	53.89
上海	50.27	53.68	47.07	56.71	60.22	53.46
芬蘭	47.69	46.98	48.47	52.09	50.11	54.27
荷蘭	46.49	46.59	46.38	50.39	51.38	49.37
OECD 平均	43.76	44.67	42.81	47.11	47.97	46.19

❖表 4.16　臺灣及參照國家在不同問題情境脈絡設定男女學生平均答對率對照

國家	問題情境脈絡設定					
	科技關聯			與科技無關		
	全體	男	女	全體	男	女
臺灣	52.5	54.0	50.3	52.1	54.6	50.4
新加坡	60.4	58.1	54.3	56.3	60.2	60.6
韓國	58.4	60.1	55.2	57.8	59.4	57.2
日本	57.8	58.4	53.5	56.0	59.0	56.5
澳門	52.4	57.5	51.9	54.7	53.3	51.5
香港	55.0	54.2	49.9	52.2	56.6	53.1
上海	50.8	59.3	49.6	54.3	52.7	49.1
芬蘭	48.8	48.1	51.5	49.7	48.1	49.6
荷蘭	48.7	47.6	46.5	47.1	49.0	48.3
OECD 平均	45.5	45.6	43.2	44.4	46.1	44.8

❖表 4.17　臺灣及參照國家在不同問題情境脈絡焦點男女學生平均答對率對照

國家	問題情境脈絡焦點					
	關乎個人			關乎社會		
	全體	男	女	全體	男	女
臺灣	47.1	48.9	45.4	58.5	60.9	56.3
新加坡	53.8	54.4	53.3	63.8	65.1	62.4
韓國	53.9	55.1	52.6	63.2	65.4	60.6
日本	51.9	53.6	50.0	62.9	64.8	60.9
澳門	49.4	51.2	47.6	58.6	60.5	56.8
香港	49.5	50.7	48.1	58.5	61.3	55.5
上海	48.3	52.0	44.9	57.7	60.9	54.7
芬蘭	46.2	45.7	46.7	43.0	51.0	55.1
荷蘭	43.2	43.5	42.8	53.6	54.1	53.1
OECD 平均	41.5	42.5	40.5	49.1	49.9	48.2

七 小結

　　有效應變、解決問題，是當前社會國民必備的重要素養，PISA 2012 問題解決能力評量關注學生面對陌生情境與問題時所展現積極面對與解決問題的素養，臺灣學生在 44 個參與國家或地區中排名第七，整體水準屬於中上，表現不及日本、韓國及新加坡等鄰近亞洲國家，也些微落後於澳門、香港及上海等華語地區。為求積極提升我國學生核心素養，培育符合未來全球化市場所需的人才，強化我國學生的問題解決能力乃刻不容緩。師法積極投入問題解決能力研究及教學發展的國家，參酌其具實證效益的教育政策，作為我國教育目標與方案擬定的調整基礎，是目前迫切的研討議題。例如扎根問題解決能力研究多年的德國及澳洲，以及近年積極改善教學模式的日本與新加坡等國，在提升學生問題解決能力所獲致的耕耘成果，都極具參考價值。這些國家在提升學生問題解決的教育政策上，提供了好些具體策略及發展方向可供參考。像是發展以問題解決為中心的跨學科統整課程，日本的文部科學省自 1998 年起，即積極推動「生活力」（生きる力）教育，發展跨學科的課程整合，透過國際知識、社會公益或生態環境等的議題進行教學活動，提升學生獨立思考與解決問題的能力（MEXT, 2008）。另一項努力是推廣問題導向的專題學習模式（problem-based learning, PBL），近年來各國投入 PBL 教學的努力相當可觀，應用對象普及小學至大學階段，多數的研究及教學經驗均支持 PBL 的教學效益，認為 PBL 能有效提升學生問題解決能力，同時可促進學生自律學習、批判思考及合作學習等技能（Albion, 1999; Sage, 2000; Duch, Groh, & Allen, 2001）。隨著資通技術的進步，結合資訊科技優勢的專題學習更是極具發展潛力的嶄新教學型態，像是電腦輔助合作學習（computer-supported collaborative learning, CSCL）（Stahl, Koschmann, & Suthers, 2006），或是 U 化 PBL（ubiquitous problem-based learning）（Hung, Hwang, Lee, & Wu, 2011）等。因此，積極推廣問題解決導向的專題學習模式，透過問題探索來提升學生整合並應用知識與主動解決問題的核心素養，將是教育政策可斟酌發展的重點方向。

　　除了發展融入式的課程與教學參考資源之外，教師專業能力提升也是重要的努力層面，辦理相關研習，協助教師將跨領域或真實情境的問題解決能力的培育

融入課程，是教育主管單位具體可行的師資專業提升方向。

在教學現場，教師宜在教學歷程中提供更多具體、真實及有意義的問題情境，協助學生將學科問題解決經驗有效遷移至真實的生活中。教學歷程也應營造更多師生或學生之間的解題互動，設計更多具合作分享機制的作業，以引導學生主動探索問題，發展有效的問題解決策略。因應資訊科技的快速發展，教師宜積極的掌握科技輔助教學及電腦化測驗等數位教育資源的應用意涵。在教學實務中，以行動研究的取向，漸次提升學生線上解題的經驗和能力。教師及家長在關注學生解題能力發展的同時，亦應兼顧學生的情意層面，全面培養學生面對難題的開放性與投入解題的毅力，如此，我們才能有效協助學生因應未來多變的挑戰。

第三節　PISA 2012 問題解決能力評量試題示例

一　MP3 播放器

MP3 播放器
朋友送了一部 MP3 播放器給你，你可以用來播放和儲存音樂。點擊播放器上的三個按鍵（ ▶、 ● 、 ◀ ），你可以改變音樂的類型，增加或減少音量和低音的水平。
點擊「重設」把播放器回復至起始的狀態。

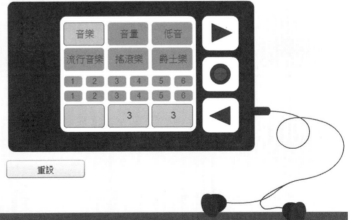

在 MP3 播放器單元,學生收到一部朋友所送的 MP3 播放器,但卻不會操作,所以開始各種嘗試。單元中作業的問題情境性質為「互動」,由於此單元的重點在個體必須發現機器的操作規則,因此屬於「科技與個人」情境的作業。

問題❶ MP3 播放器

問題 1: MP3 播放器 *CP043Q03*

MP3 播放器最下面的一行顯示了你已選擇的設定。判斷下面關於 MP3 播放器的陳述是否正確。請為每一個陳述選擇「對」或「錯」,來顯示你的答案。
- ◯ 對　◯ 錯　你需要使用中間的按鍵 (●) 來改變音樂的類型。
- ◯ 對　◯ 錯　在設定低音的水平之前,你必須先設定音量。
- ◯ 對　◯ 錯　一旦增加音量後,如果你改變現在收聽的音樂類型,你只可以將音量減少。

試題說明

第一題提供學生有關播放器運作的幾項說明,請學生判斷這些描述是否正確。這些是非題的描述提供鷹架讓學生探索系統,因此本題的問題解決歷程為「探索與理解」,其中的探索提供學生引導,但不設限。試題中提供「重設」按鈕允許學生隨時將播放器恢復原始狀態,並在需要時重新探索,題目沒有限制重設的次數,本題屬於二元計分的試題。

問題❷ MP3 播放器

問題 2: MP3 播放器 *CP043Q02*

把 MP3 播放器設定至搖滾樂、音量 4、低音 2。
並以最少的點擊次數完成。本題沒有「重設」按鍵。

試題說明

第二題歸類為「計畫與執行」。在這個題目中,學生必須計畫如何達成既定的目標,再將計畫付諸執行。部分給分的依據為電腦施測中所記錄學生答題的歷程資訊(意即學生以多少步驟達成目標)進行評分。作業要求學生盡可能以最少

的點擊次數來完成,同時不提供「重設」按鍵。如果點擊次數的使用未超過13次,表示學生能有效的達成目標,得到滿分;但若他們未使用有效的方式達成目標,只能得到部分分數。因為效率的要求,使得學生在此作業獲得滿分比較困難,得到部分分數則相對容易。

問題❸ MP3 播放器

問題 3: MP3 播放器 *CP043Q01*

下面顯示的是四個 MP3 播放器的螢幕。若 MP3 播放器正常的運作,則其中三個螢幕不可能出現。剩下的螢幕顯示正常運作的 MP3 播放器。哪個螢幕顯示 MP3 播放器正常地運作?

試題說明

　　第三個作業歸類為「表徵與形成假設」,學生需要對 MP3 播放器的整體運作功能形成心理表徵,以判斷題目中四個選項的可行性。本題提供重設按鈕,使學生可以不受限制地依照自己的需要操作播放器。此題為二元計分。

問題❹ MP3 播放器

問題 4: MP3 播放器 *CP043Q04*

描述你怎樣改變 MP3 播放器的運作方法,讓播放器不需要設置最下方的按鍵 (◄)。你仍然可以改變音樂的類型、增加或減少音量和低音的水平。

請輸入您的答案

試題說明

　　最後一題歸類為「監控與反思」,本題要求學生思考如何重新定義 MP3 播放器的功能。本題是少數需要專家評分的問答題。滿分的答案是能提出 MP3 播放器如何在只有一個按鈕的情況下持續運作的方法。本題要的不是唯一正確的答

案，學生可以運用創造思考想出方法，而其中最明顯的方法就是指出改變按鈕的運作方式，也就是點擊到最右邊時，只要再點擊一下就可跳回到最左邊。這是本單元中最難的試題，除因本題屬於問答題外，解題所需的抽象程度也甚高。學生為了描述可能的替代方案，必須要先想像虛擬的場景，再連結到個人對於目前播放器運作方式的心理表徵。本題同樣屬於二元計分。

二　空調系統

空調系統

你沒有新冷氣機的說明書。你需要找出它的使用方法。

你可以使用滑動軸（🔲），改變左邊的上、中和下控制器。每個控制器的初始設定用▲標示。

點擊「套用」，你會在溫度和濕度圖上看到房間溫度和濕度的任何變化。每個圖左邊的方格顯示現在的溫度和濕度水準。

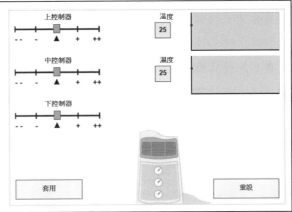

在空調系統單元中，學生有一臺新的空調設備，但沒有使用說明書，他們可以使用三個控制器（滑桿）來改變溫度及濕度的水準，但先得了解每個控制器的作用。螢幕右上方同時以數字及圖示呈現房間溫度與濕度的測量結果。這個單元的問題均屬「互動」，情境屬於「個人與科技」。

問題❶ 空調系統

問題1：空調系統 *CP025Q01*

推動滑動軸，找出是否每個控制器都影響溫度和濕度。你可以點擊「重設」重新開始。

在右圖中畫線，顯示每個控制器對什麼產生影響。

點擊一個控制器，然後再點擊「溫度」或「濕度」，就可以畫一條線。你在任何一條線段上點擊，就可以把它移除。

第一個作業，學生必須改變滑桿來了解每個控制器能否影響溫度或濕度。本題的問題解決歷程為「表徵與形成假設」，學生透過嘗試來判斷哪個控制器是對溫度作用，又哪個控制器是對濕度作用。再以畫出三個控制器與兩個結果（溫度與濕度）的箭頭標示來表徵其因果關係，本題沒有限制學生的操作次數。本題只有畫出完全正確的因果關係圖才能得到滿分，如果學生能用每次改變一個自變項的方式有效探索變項間的關係，但無法正確畫出關係圖，可以獲得部分分數。

問題❷ 空調系統

問題 2：空調系統 *CP025Q02*

右圖顯示三個控制器與溫度、濕度之間的正確關係。
用控制器將溫度和濕度設定到目標水準。你必須在四個步驟或四個步驟以內完成這項任務。
溫度圖和濕度圖中的紅色粗線表示目標水準。每個目標水準的數值範圍為 18-20，顯示在每條紅色粗線的左邊。你只可以點擊「套用」四次，而且沒有「重設」按鍵。

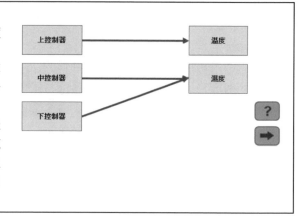

第二題，學生必須應用他們對空調設備運作的新知識，將溫度與濕度設定調到指定的目標水準（較初始狀態低），屬於「計畫與執行」。為了確保學生不需要再探索前一個作業的結果，作業直接呈現控制器與溫濕度水準的正確關係。這個試題中只允許進行四次的操作，因此學生必須預先進行計畫並應用簡單的系統化策略以成功解題。然而，目標的溫濕度水準其實可以在四個步驟內完成——甚至只要兩個步驟即可。只要能做到立即的補救動作，錯誤通常是可以修正的。學生可採取一些策略來解題，像是設定次目標或是依序固定溫度及濕度。如果學生可以在四個步驟內使溫度和濕度都接近目標水準，即可得到滿分，但若無法兩者

皆達到目標，則只能得到部分分數。

　　空調系統單元是一個典型的 MicroDYN 單元，其中第一題屬於知識獲取作業，第二題則是知識應用作業。在 MicroDYN 環境中，知識獲取的作業需要學生仔細監控介入後所產生的影響，例如當增加一個自變項水準時，會使得一個或多個依變數產生增加、減少、增減參雜或是沒有變化的結果。

三 車票

車票

火車站內有一台自動售票機。你可以使用右邊的輕觸式螢幕購買車票。你必須作出三個選擇。

- 選擇你需要的列車網絡（市區地鐵或郊區火車）。
- 選擇票價類型（全票或優惠票）。
- 選擇一張一日票或是一張有特定乘車次數的車票。一日票可在購票當天無限次乘坐。假如你購買的是有特定乘車次數的車票，則可以在不同的日子使用該車票。

當你完成三項選擇後，會出現「購買」按鍵。按下「購買」按鍵「前」，可以隨時使用「取消」按鍵。

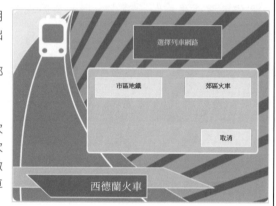

在車票單元，學生需要想像他們身處一個有自動售票機的車站。此單元的試題屬於「社會與科技」情境。

學生能在這部自動售票機上購買市區地鐵或郊區火車的全票及優待票，他們可以選擇一日票或計次票。本單元試題屬於互動問題情境，學生藉由操作陌生的機器來達成目的。

問題❶ 車票

問題 1: 車票 *CP038Q02*

購買一張可搭乘兩次郊區火車的計次全票。

按下「購買」按鍵後，你便不能再返回此題。

試題說明

第一題，學生必須購買一張可以搭乘兩次郊區火車的計次單程全票，歷程為「計畫與執行」。學生首先必須選擇列車類別（郊區火車），然後選擇票價類型（全票），接著選擇一日票或計次票，最後輸入搭乘的次數（2次）。解決這個問題需要多重步驟，也沒有依序提供學生解題所需的指示說明。相較於下一題，本題是相對的線性，但由於是陌生的新機器，因此相對於下一題，本題難度較高。

問題❷ 車票

問題 2: 車票 *CP038Q01*
你預計今天乘坐四次市區地鐵。你是學生，因此你可以使用優惠票。
請利用售票機找出最便宜的車票，然後按「購買」按鍵。
按下「購買」按鍵後，你便不能再返回此題。

試題說明

第二題，學生探索並購買在一天內可以搭乘四次市區地鐵最便宜的車票，因為是學生身分，所以可以使用優惠票。本題屬於「探索與理解」，恰如其名，學生為了完成作業，採取有目標的探索策略，首先至少要找出兩個最有可能的選項（一日地鐵優惠票，或搭乘四次的計次優惠票），接著驗證哪一種選擇是最便宜的。假如學生在正確購買最便宜的票（搭乘四次的計次票）之前曾檢視過兩選項的畫面，可以得到滿分。若學生購買上述其中一種票，卻沒有比較兩者票價，則只能獲得部分分數。本問題的解決包含了多重步驟。

問題❸ 車票

問題 3: 車票 *CP038Q03*

你想購買一張可搭乘兩次市區地鐵的計次票。你是學生，因此你可以使用優惠票。

使用售票機購買最經濟且尚未售完的車票。

試題說明

第三題，學生需購買一張可搭乘兩次市區地鐵的計次票，可選擇購買優惠票，屬於「監控與反思」。本題需要學生修改他們最初的計畫（購買地鐵優惠票），因為選擇優惠票時，售票機會顯示「此類車票已售完」。在本作業中，學生必須了解現下無法滿足他們最初計畫的所有條件，只得調整計畫，購買地鐵全票。

四 交通

交通

這是一幅連接市郊的都市道路系統地圖。地圖顯示早上 7:00，每段道路以分鐘計算的行車時間。你可以點擊道路，把它加入你的路線中。點擊道路可以將該段道路標示出來，並把它的時間加到總時間方格中。

再次點擊道路，便可將該段道路從你的路線中刪除。你可以使用「重設」按鍵來刪除你路線中的所有道路。

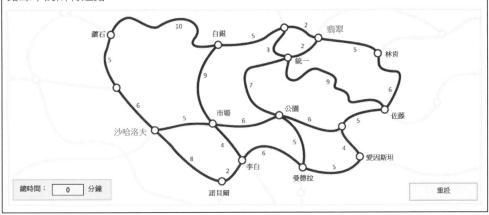

　　在交通單元中，學生看到一幅顯示車程時間的道路系統地圖，屬於「靜態」試題，因為一開始就提供關於旅程時間的所有資訊。這個單元仍然保有電腦化施測的可操作特徵，學生可以點擊地圖標示路線，並在左下角計算出所選路線的總時間。此單元屬於「社會」與「無關科技」情境。

問題❶ 交通

問題 1: 交通 *CP007Q01*

小明想從沙哈洛夫站去翡翠站。他想盡快完成旅程。請問,旅程最短的時間是多少?

- ○ 20 分鐘
- ○ 21 分鐘
- ○ 24 分鐘
- ○ 28 分鐘

試題說明

　　第一題屬於「計畫與執行」,學生需要找出從「沙哈洛夫站」到「翡翠站」這兩個在地圖上算是相對較近的兩點間最短時間的旅程路線。

問題❷ 交通

問題 2: 交通 *CP007Q02*

瑪莉想從鑽石站去愛因斯坦站。最快的路線需時 31 分鐘。

把路線標示出來。

試題說明

　　第二題也屬於「計畫與執行」。學生必須找出「鑽石站」到「愛因斯坦站」這兩個地圖上最遠兩點間最快的路線,學生以標示路線的方式作答,他們可以使用題目所提供的資訊,即最快路線需時 31 分鐘,避免學生系統性找出所有可能的選擇。也就是說,他們要能以目標值明確的方法探索整個交通網絡,找出需時 31 分鐘的路線。

問題❸ 交通

問題 3: 交通 *CP007Q03*

李奧住在白銀站，瑪莉住在林肯站，小唐住在諾貝爾站。他們想在圖中的一個郊區見面。他們都不想讓旅程超過15分鐘。他們可以在哪裡見面？

--- ▼

試題說明

第三題學生必須使用下拉式選單選擇滿足三個人旅程時間的會面地點，屬於「監控與反思」，因為學生需要從可能的答案中反推結果，同時以三個不同的角度評鑑選擇的結果。

五 自動吸塵器

自動吸塵器

動畫顯示一台新型自動吸塵器的移動情況。它正在進行測試。

點擊「開始」按鍵，看看吸塵器碰到不同類型物體時的反應。

你可以隨時利用「重設」按鍵，使吸塵器回到起始位置。

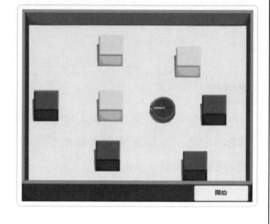

自動吸塵器單元提供學生自動吸塵器在房間裡移動情形的動畫，吸塵器會向前移動直到碰到障礙物，然後會依照少數明確的規則及所碰到障礙物的類型產生後續動作。只要有需要，學生可以無限地重複播放動畫觀察吸塵器的運作。儘管提供動畫，但這個單元的問題情境仍屬於「靜態」，因為學生無法影響吸塵器的移動方式或環境，而問題情境脈絡屬於「社會」及「無關科技」。

問題❶ 自動吸塵器

問題 1: 自動吸塵器 *CP002Q08*
吸塵器碰到紅積木時有什麼反應？

◎ 它立即移動到另一塊紅積木。
◎ 它轉動並移動到最近的黃積木。
◎ 它轉動四分之一圈（90度）並前進，直至碰到其他物體。
◎ 它轉動半圈（180度）並前進，直至碰到其他物體。

試題說明

　　第一題學生必須了解當吸塵器碰到紅色積木時的反應，歸類為「探索與理解」。為了理解，學生透過觀察進行判斷，正確敘述為「它會轉四分之一圈（90度）後再前進，直至碰到其他物體」。

問題❷ 自動吸塵器

問題 2: 自動吸塵器 *CP002Q07*
動畫開始時，吸塵器面向左邊牆。直至動畫結束，它推動了兩塊黃積木。
動畫開始時，如果吸塵器不是面向左邊牆，而是面向右邊牆，直至動畫結束，它會推動多少塊黃積木？

◎ 0　◎ 1
◎ 2　◎ 3

試題說明

　　第二題學生需要使用空間推理能力預測吸塵器的反應，如果吸塵器往另一個方向開始移動，它將會碰到幾個障礙物？也歸類為「探索與理解」。正確預測吸塵器的反應，至少需要理解部分規則，並能仔細觀察動畫，掌握所需的資訊，因為其中新的開始點位在吸塵器移動軌跡中。

問題❸ 自動吸塵器

問題 3: 自動吸塵器 *CP002Q06*

吸塵器的運作遵循一套規則。根據動畫，寫出一條規則，描述當吸塵器碰到黃積木時的反應。

試題說明

最後一題歸類為「表徵與形成假設」，學生必須描述當自動吸塵器碰到黃色積木時的反應。與第一個任務比較，本題需要學生自行建構答案，在空白處輸入文字。本題需要專家評分，滿分的答案要求完整描述兩個反應的說明（例：當碰到黃色積木時，它會把積木推到底，然後掉頭）。只寫出部分答案只能獲得部分分數，例如只列出兩規則的其中一個。所有參與國家只有少數學生在本題得到滿分。

5 學生閱讀素養表現分析

洪碧霞、黃秀霜、李岳勳、張文宜、陳昌明

臺灣 15 歲學生的閱讀素養表現如何呢？本章將比較各國的表現，呈現部分國家或地區與臺灣學生的對照，分析歷次 PISA 評量結果臺灣學生閱讀素養的變化，比較男女學生差異，並提供不同閱讀素養水準的樣本試題，進行評量內涵的深入說明。

閱讀素養著重學生在真實情境中理解與應用書面資訊的能力。PISA 2009 將閱讀素養定義為理解、運用、省思及投入文本，以達成個人目標、發展個人知識潛能、有效參與社會的知能（OECD, 2009b），這樣的定義超越訊息解碼、字面解釋等傳統觀念，期能培養更廣泛的資訊應用能力。因此，PISA 閱讀素養的概念涵蓋更廣的範圍或情境，人們閱讀不同敘寫方式的文本。透過不同的媒體，讀者應用各種方式閱讀和運用文本，以發現實用訊息，或是了解其他不同的作法和想法。歷程中，讀者不僅掌握基本、明確的資訊，並能獲取深刻、潛藏的意涵。

2000 年為 PISA 首次評量，以閱讀為主軸，2009 第四次 PISA 評量再次回到以閱讀為主軸。而 2012 第五次評量閱讀為次要調查領域，沿用 PISA 2009 的閱讀素養架構，評量時間較少，僅針對整體的學生表現進行更新，而沒有分測驗的細項分析。

本章介紹 PISA 2012 閱讀素養的評量結果。共有 65 個國家或地區參與 PISA 2012 閱讀素養的書面評量，而其中 32 個國家或地區也同時參加數位閱讀素養評量。

第一節　PISA 評量學生閱讀素養評量的取向

一　PISA 閱讀的定義

　　閱讀與閱讀素養的定義隨著時間、社會、經濟與文化的改變而更易，其中學習的概念，特別是終身學習的觀念更進一步擴展閱讀素養的範圍和功能。素養是個人透過不同的情境經驗、同儕互動和社群參與所建立的知識、技能和策略。閱讀素養包括多重的認知能力，從基本的解碼、字彙、文法、文章結構知識，到更廣泛的一般知識。它同時也包含後設認知能力，即處理文本時，能察覺並使用適當策略的能力。

　　PISA 2012 將閱讀素養定義為：「理解、運用、省思及投入文本，以達成個人目標、發展個人知識和潛能，並有效參與社會的知能。」這項定義從 PISA 2009 沿用至 2012。所以閱讀素養涉及讀者因不同目的所進行的文本訊息理解、運用及省思能力，兼顧讀者從文本獲得意義的運作角色（自主和互動）。應用情境包括：從個人到公眾，從學校到工作，從主動的公民權利到終身學習等。閱讀素養提供語文的工具，滿足現代人面對社會各項機構與複雜法律系統運作的需求，用以實現個人的目標（目標可以是獲得教育資格或工作，也可以是豐富和拓展個人生活）。

　　善於閱讀的人不僅具備閱讀知能，同時能重視並善用閱讀，所以教育的目標不應只是重視學生閱讀技能的精熟，同時也應包含學生閱讀投入（engagement）的提升。所謂投入，在 PISA 的定義包含情意和行為的特徵，比如：閱讀的興趣、自主、分享，或多元而經常的閱讀行為。

　　前述閱讀素養定義中的「理解、運用、省思」，連接了閱讀與認知的重要元素。「理解」指的是讀者從文本建構意義，包括大小不等的範圍、字面和隱含的意義。它可以是基礎的作業，如語詞意義的理解，也可以是複雜如長篇說明文或記敘文主旨的理解。「運用」意指閱讀是為了將文本的訊息和想法應用到目前的作業或目標，也可以是為了強化或改變信念。「省思」是指讀者會將讀到的內容與自己的經驗知識連結，應用文本而對生活的事物產生新觀點，或應用外在的參

照架構對文本形成評鑑，比如說評估文本是否與手邊的作業有關，決定文本能否提供所需的資訊，判斷文本資訊的真實性和可靠性。「投入」則涉及閱讀動機，多數人僅在有作業需求時才閱讀，有些人則會為了興趣而閱讀。就像有人只在教師、雇主或政府機關指示下閱讀，也有人習慣自行選擇閱讀。換言之，人們投入閱讀的程度不同，閱讀在其生活中扮演的角色也有所差異。

　　2009 年 PISA 閱讀素養進一步含括數位閱讀，定義中的文本包含書面和數位文本；類型為連續、非連續及混合型；文體多為記敘文、說明文和互動式文本。傳統的讀本多採紙本印刷，然而現今，讀者經常擷取螢幕呈現的資訊。數位文本開啟的閱讀，涵蓋額外的文本類型和內容，藉由新穎形式和內容結合而成的互動式文本，諸如部落格的評論分享或電子郵件回應串連的交流，實質注入閱讀的新元素。其中多元文本或是單一螢幕的超文本連結，以彈性的方式打破線性篇章結構，展開或連結的文本，常能提供更豐富詳細的資訊。

　　目前 PISA 的閱讀素養在數位閱讀中新增的一項類目為「環境」（environment），分為有著作權（authored）與資訊互動性（message-based/interactive）兩類文本。所謂含著作權的文本，讀者通常是資訊的接收者，無法改變文本的內容。反之，如果在資訊互動環境中讀者有機會增加或改變資訊內容，則比較傾向流動或合作的性質。在這類網址中，讀者不僅可以獲取訊息，同時也能有雙向溝通的功能。書面與數位文本主要的一項差異，在於數位文本常缺乏書面文本中作者所提供的明晰組織結構。書面閱讀讀者雖然可採行不同的閱讀路徑，但文本實體的結構非常明確；而網路資訊的結構則相對比較開放，讀者自主的閱讀路徑非常多元。不同的路徑可能導致不同層次的閱讀效能，讀者所要面對或承擔的責任壓力也跟著提高。

　　為了模擬真實問題的開放特質或真實解題時的獨立需求，部分的數位閱讀採複雜閱讀的作業形式進行設計。這類作業不僅回答問題關聯的文本相對而言比較不明確，解題步驟順序也缺乏明確指示。這類作業充分運用數位環境所能承載文本資源的廣度和密度，用以同時評量多元的技能：擷取檢索、解釋統整、省思評鑑。因此，這類作業的認知類別稱為複雜作業。

二 PISA 閱讀評量架構

　　PISA 閱讀素養評量依據文本、歷程和情境進行架構化，架構中某些元素是建構量尺和分量尺的基礎，另有些則只是為了確保內容抽樣的充分性。文本特徵涵蓋閱讀素材的媒介、環境、形式和文本類型。文本「媒介」分成書面和數位。「環境」分為含著作權與資訊互動性兩類，只應用在數位文本，包含網路環境、電腦桌面、電子郵件，或其他的數位環境例如手機、電子書、平板電腦等等。文本「形式」分連續和非連續，前者常見的文本結構是句子和段落，後者如列表、圖解等。文本形式除了連續與非連續兩類，另有混合文本、多重文本。混合文本包含連續與非連續文本，如：email、討論區；面對多重文本，讀者往往需跨網頁閱讀。而混合文本和多重文本，旨在確保充分涵蓋閱讀素養的定義。「文本類型」共有敘事文、說明文、記敘文、論述文、互易性文本和操作指南。數位文本則涵蓋額外的文本類型和內容，讀者必須利用各形式的導航工具進行閱讀。

1. 文本媒介

　　PISA 文本媒介包含書面和數位。印刷文本的實體形式，鼓勵（並非強迫）讀者依特定的順序閱讀文章內容。書面形式是固定而靜態的，讀者可立即掌握文本的數量；數位媒介文本具有導航的需求，數位文本的形式是不固定、動態的。兩者主要差異在於數位評量中閱讀內涵為邊界模糊的動態文本，必須使用瀏覽工具辨識重要問題、找尋並整合多元文本資訊，而書面閱讀則文本邊界固定明確。

　　數位閱讀評量更需要求學生善用策略，以瀏覽大量資訊、評估其可信度，相較於書面閱讀，數位閱讀更強調批判思考的應用。數位閱讀由於螢幕展示空間有限，讀者必須利用導航工具開啟頁面視窗，動態往返於相關網頁。在真實而複雜的數位閱讀作業中，透過往返、統整的動態歷程進行資訊的搜尋與閱讀。數位文本的導航工具形式眾多，包括捲軸、按鈕、表單、超連結、搜尋鍵、網站地圖等。這些導航工具的特徵與書面閱讀的目錄、索引、章節標題、頁碼和註解功能類似，其中以超連結的使用最為常見。

2. 環境

　　「環境」是 PISA 2009 閱讀素養架構新增的一項分類，適用在數位文本，包含各類數位環境，從電腦到今日的智慧型手機或平板電腦等。分成含著作權與資訊互動性兩類文本。含著作權文本的閱讀通常以作者為主，讀者是資訊的接受者，無法改變文本的內容，這類文本的著作權常為企業單位、政府部門、組織機構、個人所有或出版，這類文本常出現在網站首頁，如出版商活動或出版品、政府資訊、教育資訊、新聞或線上圖書館目錄等。反之，如果資訊互動環境中讀者有機會增加或改變資訊內容，則比較傾向流動或合作的性質。在這類網址中讀者不僅可以獲取訊息，同時也能有雙向溝通的功能。此類文本多為電子郵件、部落格、聊天室、討論室等。然而這兩種環境分類有時很難區隔，故混合文本就包含著作權與資訊互動這兩類，表 5.1 說明 PISA 2012 數位閱讀評量不同環境文本數量分配的百分比。

❖ 表 5.1　PISA 2012 數位閱讀評量不同環境文本數量分配百分比

環境	著作權	資訊互動	混合	整體
PISA 2012 作業百分比（％）	65	27	8	100

3. 文本形式

　　PISA 閱讀素養評量的文本區分連續與非連續，連續文本通常是由句子所組成，組織成段落，甚至可能變成較大的結構，諸如節、章、書。連續文本的主要分類是依據修辭的目的及文本的類型。非連續文本通常以合併列表組織成矩陣形式，連續和非連續文本同時出現在書面和數位媒介。混合和多重文本在這兩種媒介也非常普遍，尤其是數位媒介。

　　連續文本將各部分組織成段落，並將散落的各部分以標題和格式化特徵（字型大小、粗斜體形式）組織成具階層性的文本，協助讀者辨認文章的結構。論述性的提示也能提供文章組織的訊息，包括序列化提示（例如：首先、其次、第三）和因果連接語（例如：因此、基於這個理由、既然），呈現文本各部分的關係。書面媒介的連續文本包括報紙的報導、短文、小說、短篇故事、評論和信

件。非連續文本的組織不同於連續文本，故需要不同的閱讀方式。句子是連續文本的最小單位，非連續文本則由一組列表構成。有些是單一的簡表，但大部分由數個簡單的合併列表組成。非連續文本包括列表、表格、圖形、圖解、時程表、目錄、索引和表單，這些文本同時出現在書面與數位媒介。

連續文本和非連續文本要求讀者運用不同的文章結構和特徵知識，及小幅的差異策略。然而，在日常生活作業中，當需要跨數個文本統整資訊時，讀者往往需要同時利用這兩種文本形式的知識和策略。PISA 2012 閱讀架構指出，讀者能辨認混合文本和多重文本兩種不同形式，對閱讀是重要的。PISA 將混合文本定義為單一而連貫的物件，包括連續和非連續文本的要素。結構良好的混合文本，其元素（例如：包括圖形或表格的文字解釋）能相互支持，其中部分與整體的層次都是連貫而一致的。作者使用各種表徵溝通訊息，在書面媒介混合文本中，最常見的形式是雜誌、參考書和報告。表 5.2 說明 PISA 2012 書面和數位閱讀評量不同文本形式分配百分比。

❖表 5.2　PISA 2012 書面與數位閱讀評量不同文本形式分配百分比

文本形式	PISA 2012 作業百分比	
	書面	數位
連續文本（句子）	58	4
非連續文本（列表）	31	11*
混合文本（合併）	9	4
多重文本（一個以上的來源）	2	81
整體	100	100

註：* 以四捨五入進位整數為 12%（11.54），但會使整體超過 101%，因此取近似值 11%。

多重文本的定義是多篇獨立文章的集合體，在特定的情境同時呈現，或為評量目的而鬆散地結合在一起，文本間的關係可能不鮮明，也可能是互補或相互對立的，舉例來說，提供旅遊建議的不同公司網站未必提供相同的指引給遊客。多重文本可能全部使用同一種形式（例如連續文本），或同時包含連續和非連續文本，例如 PISA 數位閱讀評量的超連結使用，該媒介幾乎所有單元都以多重文本材料為主，作業要求讀者閱讀數個文本（可能是不同網站，或同一個網站的不同

網頁），每個文本以各種形式多樣化呈現，包括文章段落、項目清單、圖解和其他圖形。PISA 要求學生閱讀的文本，形式和種類是評量重要的特徵。在這五次的循環測驗中，有三分之二的作業或試題屬於連續文本，連續文本中又以說明文本為最常見，而數位閱讀評量則是非連續文本比例較高。

　　文本閱讀歷程是讀者用來處理文本的心理策略、方式或目的。PISA 2012 區分閱讀歷程為擷取與檢索、統整與解釋、省思與評鑑及第四個類別——複合，合併前三項歷程。圖 5.1 顯示 PISA 在書面與數位閱讀素養評量的三個閱讀歷程的重要特徵。擷取與檢索作業涉及尋找、選擇和蒐集資訊。統整與解釋作業涉及文本內部的統整。省思與評鑑作業則涉及文本以外知識、想法和價值的連結應用。

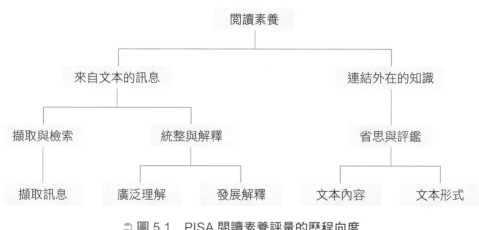

⊃ 圖 5.1　PISA 閱讀素養評量的歷程向度

　　這三個歷程並非完全獨立，經常需要交互關聯運作。從認知處理觀點來看，它們具有準階層性，沒有先經過訊息的擷取與檢索，不可能達到統整與解釋；沒有先經過訊息的擷取與某種程度的解釋，不可能對訊息做出省思與評鑑；然而PISA 評量作業常強調其中一個歷程。整體來說，每個 PISA 閱讀素養作業的歷程類別要視作業的目的而定，例如，檢索網頁中單一明確陳述的資訊（如搜尋全球網際網路的使用者）被歸類為擷取與檢索歷程的作業，即使它可能涉及評鑑數個搜尋結果網頁相關性的複雜步驟，或比較和對照描述以決定哪一個資訊來源可能最具權威性。書面閱讀素養為明確的固定文本，而數位閱讀為動態文本，需要

搜尋的工具，且常出現多元化文本。圖 5.2 呈現書面與數位閱讀的異同對照，粗體字為兩媒介較不一樣的區別，但 PISA 評量擇一進行資料蒐集。

	書面閱讀	數位閱讀
情境	個人、公共、教育、職業	個人、公共、教育、職業
文本：環境	無	著作權、資訊互動性
文本：形式	連續、非連續、混合、多重	連續、非連續、混合、多重
文本：類型	論說文、記敘文 說明文、記敘文 操作指南、**互易性文本**	論說文、記敘文（描述文文本） 說明文、**記敘文**（記敘性文本） 操作指南、互易性文本
歷程（1）	擷取與檢索 搜尋 **在具體的資訊空間定位和導航** **如：上圖書館、從分類中搜尋、找** **書** 使用導航工具 如：目錄、頁碼、辭彙表 線性資訊可控性低	擷取與檢索 搜尋 **在抽象的資訊空間熟悉和導航** **如：使用電腦定位器、使用搜尋引** **擎** 使用導航工具 如：項目單、超連結 線性資訊可控性低
歷程（2）	統整與解釋 統整較低程度的要求 文本幾乎同時呈現（1頁或2頁） 從廣泛理解中發展解釋	統整與解釋 統整較高程度的要求 文本分散各處（依據螢幕尺寸而定） 從廣泛理解中發展解釋
歷程（3）	省思與評鑑 **預先評鑑資訊** **如：使用目錄、略讀文章、確認有** **用資訊的可信度** 評鑑資料來源的可信度 通常較不重要，出版流程中已過濾 與篩選 評鑑內容的可信度 評鑑連貫和一致性、假設、根據個 人經驗省思	省思與評鑑 預先評鑑資訊 如：使用項目單、略過網頁、確認 有用資訊的可信度 評鑑資料來源的可信度 通常較重要，因開放的環境缺乏過 濾與篩選 評鑑內容的可信度 評鑑連貫和一致性、假設、根據個 人經驗省思
歷程（4）	複合 **資料來源的範圍不明確** **作業流程中連續步驟不直接** **如：從多重書面文本中尋找、評鑑** **和統整資訊**	複合 資料來源的範圍不明確 作業流程中連續步驟不直接 如：從多重數位文本中尋找、評鑑 和統整資訊

⊃ 圖 5.2　PISA 2012 書面與數位閱讀作業的異同對照

　　部分 PISA 數位閱讀作業被歸類為複合歷程，這些作業有相對的自由閱讀優勢，沒有書面的頁面、章節順序組織安排，讀者完成作業的步驟不固定，這些超連結資訊的處理運作具不確定性，故無法歸類為其中一個歷程。此類型作業最明顯的特徵是三個歷程的互動，因此被歸類為複合歷程，用以代表動態的認知處理歷程。PISA 2012 書面與數位閱讀素養評量不同認知歷程作業分配百分比如表5.3。

❖表 5.3　PISA 2012 書面與數位閱讀素養評量不同認知歷程作業分配百分比

閱讀歷程	PISA 2012 作業百分比	
	書面	數位
擷取與檢索	22	19
統整與解釋	56	23
省思與評鑑	22	19
複合	0	39*
整體	100	100

註：* 以小數點四捨五入整數為 38%（38.46），但整體會少於 100%，因此取近似值 39%。

　　數位和書面閱讀都需要相同的技巧和理解能力，但這兩種媒介也需要各自獨特的技能和知識，數位閱讀尤重所謂的 ICT 能力。數位閱讀評量的作業都需要學生閱讀，但個別作業需要不同比例的文本處理過程和導航（例如解釋文本中的一個段落）。有些作業很簡單，學生不用導航也不需文本處理。第二種作業，讀者可立即從螢幕上獲得資訊，幾乎不需要導航，但文本處理相對負荷增加。第三種作業，可能會要求一個或多個跨網站的導航步驟，而每一頁可能只有幾句話需要閱讀，導航比例加重而文本處理降低。第四種作業則涉及大量的導航和必要的文本處理過程（較高的數量、複雜程度）。

三　PISA 閱讀評量的試題類型與計分

　　PISA 2012 閱讀評量沿用 2009 的七個素養水準。圖 5.3 和圖 5.4 呈現不同水準書面和數位閱讀素養所需的閱讀技巧、知識及理解。不同水準作業特徵都以

學生回答問題的三個歷程來進行描述。三個歷程分別是擷取與檢索（搜尋、選擇資訊技能），統整與解釋（對文本理解的過程）及省思與評鑑（連結文本之外的知識、理念或價值）。PISA 2012 文本媒介分成書面和數位閱讀，書面閱讀的計分方式和閱讀素養的三個歷程有關，數位閱讀則又增加「複合」動態歷程。需要專家判斷評分的試題，包含問答與簡答形式；不需要專家評分的試題為選擇式題型、混合多重是非及選擇題。PISA 2012 選擇式題型 58% 不需要專家評分稍高，42% 需要專家評分，這個比率在書面或數位形式都是相同的。

水準 最低分數	試題特徵
6 698	此水準的試題通常需要讀者能詳實且精確的做出多種推論、比較和對比。要讀者能全面且詳細的理解一個或多個文本，並能整合多個文本的訊息。試題可能需要讀者在複雜的訊息下，處理不熟悉的想法，並就解釋產生抽象的類別。省思與評鑑試題可能需要讀者就不熟悉的主題提出假設，或批判性的評鑑一個複雜文本，考量多個標準或觀點，並應用來自文本以外的精細理解。此水準擷取與檢索試題最重要的條件是分析的精確性，及掌握文本中不顯眼的關鍵細節。
5 626	此水準擷取訊息的試題需要讀者尋找與組織潛藏於文本的訊息，推論文本中哪一個訊息是有關的。省思試題需要依據特定知識做出批判性評鑑或假設。解釋和省思試題需要對不熟悉的文本內容或形式有全面和詳細的了解。就所有的閱讀歷程來說，此水準的試題通常涉及處理與預期相反的概念。
4 553	此水準擷取訊息的試題需要讀者尋找與組織文本訊息。有些試題需要從整個文本考量，解釋一節文本中語文意義的細微差異。解釋性試題需要理解與應用陌生情境下的分類。省思試題需要讀者使用正式或一般知識對文本提出假設或批判性評鑑。讀者對陌生的內容、形式或長而複雜的文本，須能準確的理解。
3 480	此水準試題需要讀者尋找與辨認符合多個條件的幾項訊息間的關係。解釋性試題需要讀者整合文本，以確認大意、了解關係，或詮釋字詞的意義。讀者在比較、對照或分類時須考量多個特徵，通常訊息並不明顯，或有許多複雜的訊息，或有其他文本阻礙，例如與預期相反的想法或負面語彙。省思試題需要連結、比較和解釋，或需要讀者評鑑文本的單項特徵。部分省思試題需讀者就熟悉的、日常知識文本展現精緻的理解。其他試題不需要詳細的文本理解，但需要讀者利用不常見的知識。

➲ 圖 5.3　不同水準書面閱讀素養的試題特徵

水準 最低分數	試題特徵
2 407	此水準的部分試題需要讀者尋找一個或多個可能需要推論及符合多個條件的訊息。其他試題則需辨認文章大意、理解關係，或在訊息不明顯且讀者必須做出低階推論時，就有限的部分文本詮釋意義，有些試題可能需要依據文本的單一特徵進行比較或對照。此水準典型的省思試題需要讀者依據個人的經驗或看法，做一個比較或幾個文本與外部知識間的連結。
1a 335	此水準的試題需要讀者尋找一個或多個明確陳述的獨立資訊；辨認某個熟悉文本的主旨或作者目的，或簡單連結文本訊息與常見的日常知識。通常所需的文本訊息是明顯的，且很少有複雜的訊息，通常都明確地引導讀者考量與試題和文本有關的因素。
1b 262	此水準的試題需要讀者從簡短、句法簡單的文本中，尋找一個位於明顯位置的明確訊息，文本通常是熟悉的情境和類型，例如故事或簡單列表。文本通常能對讀者提供支持，諸如重複的訊息、圖表或熟悉的符號，很少有複雜訊息。對於需要解釋的試題，讀者可能須就相鄰的訊息做簡單連結。

⊃ 圖 5.3　不同水準書面閱讀素養的試題特徵（續）

水準 最低分數	試題特徵
5 以上 626	此水準的試題需要讀者在不明確的情境中尋找、分析並仔細評估資訊來連結至不熟悉的情境脈絡，讀者需要產生標準來評估文本。作業中需要在沒有明確的指引下對多個網站進行探索，並在不同的形式下對文本進行詳細的檢核。
4 553	此水準的作業需要讀者評估不同來源的訊息，探索包含不同形式文本的網站，並產生標準來評鑑熟悉、個人及實際的文本。另外，此水準作業也要求讀者在科學或技術性的文本中，根據定義的標準來解釋複雜的資訊。
3 480	此水準作業需要讀者整合資訊，有些需要跨網站搜尋標的資訊，有些需要對於沒有清楚描述的作業產生簡單的屬性。當需要評鑑時，只涉及直接可獲得或是部分有用的資訊。
2 407	此水準作業需要讀者尋找及解釋標的資訊，通常是和熟悉的文本相關。讀者可能需要搜尋少數的網站，在提供明確的指引下應用網路搜尋工具，並且只需要較低階層的推論。作業也需要統整不同形式的資訊，組織清楚契合類別的例子。

⊃ 圖 5.4　不同水準數位閱讀素養的試題特徵

PISA 主要的功能之一是提供趨勢資訊，PISA 2009 已根據書面閱讀所得到的量尺結果提供趨勢分析。數位閱讀測驗所建立的不同量尺，以及合併書面及數位測驗的結果，也可作為未來建立新的趨勢分析的基礎。因此，PISA 閱讀素養架構及測驗提供政策制定者、教育及研究社群豐富的資訊。

四 不同水準閱讀素養學生特徵描繪

沿用 PISA 2009 的架構，PISA 2012 試題難度分為七個水準：水準 1b 最低，然後是水準 1a、2、3 等，到最高的水準 6。圖 5.5 呈現不同水準的樣本試題及其對應的量尺分數。第一欄呈現該試題所在的素養水準；第二欄指出該水準的最低量尺分數，高於該分數的試題即落在該水準內；最後一欄顯示單元名稱與試題代號。注意的是，相同單元內的試題可分屬不同難度水準，例如「那就是戲」單元同時包括水準 2、6 的試題。因此，一個單元可包含幾個不同難度水準的試題。

水準	最低分數	樣本試題
6	698	那就是戲：問題 3（730）
5	626	勞動人口：問題 3（631）
4	553	熱氣球：問題 3（595）
3	480	熱氣球：問題 4（510）
2	407	那就是戲：問題 4（474）
1a	335	守財奴和他的金子：問題 1（373）
1b	262	守財奴和他的金子：問題 7（310）

◯ 圖 5.5　不同閱讀素養水準的樣本試題圖

(一)閱讀素養水準 6 —— 得分高於 698 分

此水準的作業通常需要讀者能詳實精確的進行多項推論、比較和對照。他們要能全面詳細的理解一個或多個文本，並能整合多項訊息。部分作業可能需要讀者針對複雜訊息，處理不熟悉的想法，並就解釋產生抽象的類別。省思與評鑑作

業可能需要讀者就不熟悉的主題提出假設，或批判評鑑複雜文本，考量多個標準或觀點，並連結文本以外的精細理解。此水準擷取與檢索作業最重要的條件是分析的精確性，能掌握文本中不顯眼的關鍵細節。

　　達到閱讀素養水準 6 的學生具有優秀的閱讀技能，他們能對文本進行微觀分析，此歷程需要學生展現對明確陳述資訊與未陳述意涵的細部理解；同時能以一般化觀點省思與評鑑所讀到的內容。由於達到這個素養水準的學生能成功完成多數的閱讀評量作業，證明他們能處理許多不同類型的閱讀材料：意味著他們是多元化的讀者，能從非典型形式的不熟悉內容領域組合訊息，也能充分駕馭典型結構與文本特徵熟悉的內容。根據 PISA 的界定，這些最高度發展讀者的另一項特徵是，當面臨與預期相反的新資訊時，他們能克服原先的概念，辨識文本新鮮和細微關鍵，同時能連結文本外的素養，進行批判性的應用。新資訊吸收與評鑑的整合能力，在講究創新與證據為本的知識經濟時代廣受重視，因此，最高閱讀素養水準的學生人數比率尤其值得重視。

(二)閱讀素養水準 5 ── 得分介於 626 至 698 分（含）

　　閱讀素養水準 5 的學生，能處理形式或內容陌生的文本。他們能找尋文章訊息，展現細部的理解，推論與作業有關的訊息；他們亦能就此類文本提出批判性評鑑，並建立假設，運用特定的知識。對於閱讀的歷程來說，這個水準的作業通常需要調適與預期相反的概念。水準 5 的學生所能完成的作業類型顯示他們是明日潛在的「世界級」知識工作者，達到此水準的學生人數比率與國家未來的經濟競爭力有關。

　　因為素養水準 6 的學生也能完成水準 5 的作業。往後文中使用「素養水準 5」，意指水準 5 或水準 6 的學生。本報告中，水準 5 和 6 的學生統稱為「傑出表現者」或「頂尖讀者」（top performers）。

(三)閱讀素養水準 4 ── 得分介於 553 至 626 分（含）

　　閱讀素養水準 4 的學生能完成困難的閱讀作業，例如：尋找隱含的訊息，從細緻的文句建構文本的意義、批判性評鑑文本。此水準涉及資訊擷取的作業，要求學生尋找並組織幾個隱含的訊息，有些作業要求綜觀整個文本，解釋文本段落中的細緻意義；其他解釋性作業則需要在陌生情境中理解與應用類別。此水準的

省思作業要求學生使用正式與一般知識提出假設，或對文本進行批判性評鑑。讀者必須展現出對長而複雜文本的精確理解，而該文本的內容或形式對讀者或許是陌生的。

(四)閱讀素養水準 3 —— 得分介於 480 至 553 分（含）

水準 3 的學生能完成複雜度適中的閱讀作業，例如找尋多項訊息，連結文本不同的部分，與日常生活知識做關聯。此水準的作業要求學生能找尋符合多個條件的幾項訊息，有時是確認其間的關係。解釋性的作業，要求學生整合文章中幾個部分以確認主旨、理解關係，或建構詞句意義。他們須能考量多個特徵以進行比較、對照或分類，通常要尋找的訊息不是那麼明顯，也有可能有些複雜，或文本中有其他的挑戰（例如與預期相左的想法或負面的語彙）。省思的作業可能需要連結、比較和解釋，或可能需要學生評鑑文本的單一特性。有些省思作業要求讀者連結至熟悉的日常知識，展現對文本的精緻理解。有些作業不要求細部的文章理解，但要求讀者連結文本外不常見的知識。

(五)閱讀素養水準 2 —— 得分介於 407 至 480 分（含）

閱讀素養水準 2 的學生能找尋符合多個條件的訊息，就單一特性進行比較和對照，即使訊息不夠明確，仍可了解文本中意義清晰的部分，並能連結文本與個人經驗。此水準的部分作業要求學生找尋一項或多項訊息，這些訊息可能要藉由推論，也可能需要符合幾個條件。有些作業則是確認文本的主旨、理解關係，或當訊息不明確，需要做出低階推論時，讀者要能就部分文本建構意義。此水準的作業可能涉及依據文本的單一特性進行比較或對照，典型的省思作業要求學生根據個人經驗和態度進行比較，或就文本與外部知識連結。

水準 2 可視為閱讀的基礎水準，此水準的學生所具備的閱讀素養，使他們能有效率且具生產性的參與生活。加拿大針對參與 PISA 2000 的學生進行追蹤調查，發現 PISA 2000 閱讀素養低於水準 2 的學生，到 19 歲甚至 21 歲時，有相當高比例未接受大專教育或在勞力市場屬低產能者。例如，在 PISA 2000 閱讀素養低於水準 2 的學生有超過 60% 在 21 歲仍未接受大專教育；反之，達到水準 2 有半數以上（55%）的學生完成大學教育。

（六）閱讀素養水準 1a —— 得分介於 335 至 407 分（含）

　　閱讀素養水準 1a 的學生能找尋文本中清楚陳述、相當明顯的訊息，能確認熟悉主題的主旨，並能確認這類文本訊息與其日常經驗的連結。此水準的作業要求學生找尋一項或多項獨立清楚陳述的訊息，能針對熟悉的主題確認其題旨或作者的文本目的，簡單連結文本訊息與日常知識。通常所需的文本訊息是明顯的，很少有複雜的訊息，作業通常明白指出所涉及的文本相關因素。

（七）閱讀素養水準 1b —— 得分介於 262 至 335 分（含）與未達 水準 1b —— 得分低於 262 分

　　閱讀素養水準 1b 的學生可自風格熟悉、內容簡短的文本中找尋清楚陳述的訊息，也能進行低階的推論。比如在沒有明述的情況下，確認二個句子的因果連結。此水準的作業要求學生能從風格與文本類型熟悉的簡短文本中，找尋位置顯著、清楚陳述的單一訊息，比如記述短文或簡單的清單。此種文本經常提供充分的支持給讀者，諸如重複的訊息、圖片或熟悉的符號。很少出現複雜的訊息；要求解釋的作業，學生只需就緊鄰的訊息做簡單的連結即可。得分在 262 分以下，也就是低於水準 1b 的學生通常尚未能成功完成 PISA 中最基本的閱讀作業。這並不表示這些學生是文盲，但是評量結果對於這些學生閱讀素養的描述資訊不足。這些學生可能極難在未來的教育及學習上受益。

第二節　學生的閱讀表現

一　學生的閱讀素養表現

　　PISA 係由 OECD 所主導的一項國際評量，在 PISA 2012 的國際報告中，各項結果多以 OECD 國家平均表現作為參照指標，因此本章亦將 OECD 國家平均納入作為對照，並同時以數學素養表現前十名以及芬蘭作為臺灣學生表現的討論依據。PISA 2012 的評量主軸是數學，閱讀評量比重較少，只能進行總分的討論。

　　PISA 2000 將所有 OECD 國家整體閱讀素養量尺的平均數設定為 500，標準差為 100。為了實質解釋學生的表現，根據統計參數將量尺分為不同水準，再針對每個水準的試題進行描述，說明成功完成這些試題所需的知識與技能（OECD, 2009b）。討論學生閱讀素養表現或比較國家相對地位，其中一個做法是觀察各國閱讀素養的平均表現，PISA 2012 OECD 國家主要參照閱讀素養的平均數為 496、標準差為 94，以此基準作為 PISA 2012 各國表現比較的主要對照。

　　觀察 PISA 2012 閱讀素養的表現，日本和韓國是 OECD 中表現最好的國家，平均數分別是 538 和 536，夥伴國家或地區則以上海最為優異，平均數 570，顯著優於前述兩個國家。上海的平均分數為閱讀素養水準 4（35.7），高於 OECD 平均數 496 的水準 3（29.1）。排名第二的香港（545）和第三的新加坡（542）其平均數也高於第四的日本（538），但三者間沒有顯著差異。另一群 OECD 國家表現高於 OECD 平均的有：芬蘭（524）、愛爾蘭（523）、加拿大（523）、波蘭（518）、愛沙尼亞（516）、紐西蘭（512）、澳洲（512）、荷蘭（511）、比利時（509）、瑞士（509）、德國（508）、法國（505）和挪威（504）。還有四個夥伴經濟體也高於 OECD 平均：臺灣（523）、列支敦斯登（516）、澳門（509）和越南（508）。英國（499）、美國（498）、丹麥（496）和捷克（493）的表現水準與 OECD 平均無顯著不同。圖 5.6 為 PISA 2012 所有參與國家的學生閱讀素養平均分數以及各國與 OECD 平均比較的詳細對照。就 OECD 國家平均來看，最高和最低的國家相差 115，若納入夥伴國家或地區，平均數相差 185。圖 5.7 為 PISA 歷次各國閱讀素養改變量曲線對照，圖 5.8 為 PISA 2012 各國學生在不同閱讀素養水準的人數分配比率，請同時參見《PISA 2012 國際報告》（PISA 2012 Results）。表 5.4 為臺灣與參照國家學生閱讀素養的排名、平均數、標準差、性別差異對照。臺灣在 PISA 2012 閱讀素養調查平均數為 523、標準差為 91，在所有國家或經濟體中排名為 8，較 PISA 2009 排名進步許多，變異程度也略有擴大。臺灣、上海、香港與澳門共同翻譯中文的測驗版本，再自行本土化部分詞彙。結果顯示上海與香港學生表現明顯優於臺灣與澳門，變異程度方面，上海學生的標準差最小，臺灣學生的標準差最大。

平均數	國家	與前述國家平均數差異未達統計顯著的國家
570	上海	■ 顯著高於 OECD 平均數 □ 與 OECD 平均數差異未達顯著 ■ 顯著低於 OECD 平均數
545	香港	新加坡、日本、韓國
542	新加坡	香港、日本、韓國
538	日本	香港、新加坡、韓國
536	韓國	香港、新加坡、日本
524	芬蘭	愛爾蘭、臺灣、加拿大、波蘭、列支敦斯登
523	愛爾蘭	芬蘭、臺灣、加拿大、波蘭、列支敦斯登
523	臺灣	芬蘭、愛爾蘭、加拿大、波蘭、愛沙尼亞、列支敦斯登
523	加拿大	芬蘭、愛爾蘭、臺灣、波蘭、列支敦斯登
518	波蘭	芬蘭、愛爾蘭、臺灣、加拿大、愛沙尼亞、列支敦斯登、紐西蘭、澳洲、荷蘭、越南
516	愛沙尼亞	臺灣、波蘭、列支敦斯登、紐西蘭、澳洲、荷蘭、越南
516	列支敦斯登	芬蘭、愛爾蘭、臺灣、加拿大、波蘭、愛沙尼亞、紐西蘭、澳洲、荷蘭、瑞士、澳門、比利時、越南、德國
512	紐西蘭	波蘭、愛沙尼亞、列支敦斯登、澳洲、荷蘭、瑞士、澳門、比利時、越南、德國、法國
512	澳洲	波蘭、愛沙尼亞、列支敦斯登、紐西蘭、荷蘭、瑞士、澳門、比利時、越南、德國、法國
511	荷蘭	波蘭、愛沙尼亞、列支敦斯登、紐西蘭、澳洲、瑞士、澳門、越南、比利時、德國、法國、挪威
509	瑞士	列支敦斯登、紐西蘭、澳洲、荷蘭、澳門、比利時、越南、德國、法國、挪威
509	澳門	列支敦斯登、紐西蘭、澳洲、荷蘭、瑞士、比利時、越南、德國、法國、挪威
509	比利時	列支敦斯登、紐西蘭、澳洲、荷蘭、瑞士、澳門、越南、德國、法國、挪威
508	越南	波蘭、愛沙尼亞、列支敦斯登、紐西蘭、澳洲、荷蘭、瑞士、澳門、比利時、德國、法國、挪威、英國、美國
508	德國	列支敦斯登、紐西蘭、澳洲、荷蘭、瑞士、澳門、比利時、越南、法國、挪威、英國
505	法國	紐西蘭、澳洲、荷蘭、瑞士、澳門、比利時、越南、德國、挪威、英國、美國

⊃ 圖 5.6　各國學生閱讀素養平均分數對照

平均數	國家	與前述國家平均數差異未達統計顯著的國家
504	挪威	荷蘭、瑞士、澳門、比利時、越南、德國、法國、英國、美國、丹麥
499	英國	越南、德國、法國、挪威、美國、丹麥、捷克
498	美國	越南、法國、挪威、英國、丹麥、捷克、義大利、奧地利、匈牙利、葡萄牙、以色列
496	丹麥	挪威、英國、美國、捷克、義大利、奧地利、匈牙利、葡萄牙、以色列
493	捷克	英國、美國、丹麥、義大利、奧地利、拉脫維亞、匈牙利、西班牙、盧森堡、葡萄牙、以色列、克羅埃西亞
490	義大利	美國、丹麥、捷克、奧地利、拉脫維亞、匈牙利、西班牙、盧森堡、葡萄牙、以色列、克羅埃西亞、瑞典
490	奧地利	美國、丹麥、捷克、義大利、拉脫維亞、匈牙利、西班牙、盧森堡、葡萄牙、以色列、克羅埃西亞、瑞典
489	拉脫維亞	捷克、義大利、奧地利、匈牙利、西班牙、盧森堡、葡萄牙、以色列、克羅埃西亞、瑞典
488	匈牙利	美國、丹麥、捷克、義大利、奧地利、拉脫維亞、西班牙、盧森堡、葡萄牙、以色列、克羅埃西亞、瑞典、冰島
488	西班牙	捷克、義大利、奧地利、拉脫維亞、匈牙利、盧森堡、葡萄牙、以色列、克羅埃西亞、瑞典
488	盧森堡	捷克、義大利、奧地利、拉脫維亞、匈牙利、西班牙、葡萄牙、以色列、克羅埃西亞、瑞典
488	葡萄牙	美國、丹麥、捷克、義大利、奧地利、拉脫維亞、匈牙利、西班牙、盧森堡、以色列、克羅埃西亞、瑞典、冰島、斯洛維尼亞
486	以色列	美國、丹麥、捷克、義大利、奧地利、拉脫維亞、匈牙利、西班牙、盧森堡、葡萄牙、克羅埃西亞、瑞典、冰島、斯洛維尼亞、立陶宛、希臘、土耳其、俄羅斯聯邦
485	克羅埃西亞	捷克、義大利、奧地利、拉脫維亞、匈牙利、西班牙、盧森堡、葡萄牙、以色列、瑞典、冰島、斯洛維尼亞、立陶宛、希臘、土耳其
483	瑞典	義大利、奧地利、拉脫維亞、匈牙利、西班牙、盧森堡、葡萄牙、以色列、克羅埃西亞、冰島、斯洛維尼亞、立陶宛、希臘、土耳其、俄羅斯聯邦
483	冰島	匈牙利、葡萄牙、以色列、克羅埃西亞、瑞典、斯洛維尼亞、立陶宛、希臘、土耳其

➲ 圖 5.6　各國學生閱讀素養平均分數對照（續）

平均數	國家	與前述國家平均數差異未達統計顯著的國家
481	斯洛維尼亞	葡萄牙、以色列、克羅埃西亞、瑞典、冰島、立陶宛、希臘、土耳其、俄羅斯聯邦
477	立陶宛	以色列、克羅埃西亞、瑞典、冰島、斯洛維尼亞、希臘、土耳其、俄羅斯聯邦
477	希臘	以色列、克羅埃西亞、瑞典、冰島、斯洛維尼亞、立陶宛、土耳其、俄羅斯聯邦
475	土耳其	以色列、克羅埃西亞、瑞典、冰島、斯洛維尼亞、立陶宛、希臘、俄羅斯聯邦
475	俄羅斯聯邦	以色列、瑞典、斯洛維尼亞、立陶宛、希臘、土耳其
463	斯洛伐克	
449	賽普勒斯	塞爾維亞
446	塞爾維亞	賽普勒斯、阿拉伯聯合大公國、智利、泰國、哥斯大黎加、羅馬尼亞、保加利亞
442	阿拉伯聯合大公國	塞爾維亞、智利、泰國、哥斯大黎加、羅馬尼亞、保加利亞
441	智利	塞爾維亞、阿拉伯聯合大公國、泰國、哥斯大黎加、羅馬尼亞、保加利亞
441	泰國	塞爾維亞、阿拉伯聯合大公國、智利、哥斯大黎加、羅馬尼亞、保加利亞
441	哥斯大黎加	塞爾維亞、阿拉伯聯合大公國、智利、泰國、羅馬尼亞、保加利亞
438	羅馬尼亞	塞爾維亞、阿拉伯聯合大公國、智利、泰國、哥斯大黎加、保加利亞
436	保加利亞	塞爾維亞、阿拉伯聯合大公國、智利、泰國、哥斯大黎加、羅馬尼亞
424	墨西哥	蒙特內哥羅
422	蒙特內哥羅	墨西哥
411	烏拉圭	巴西、突尼西亞、哥倫比亞
410	巴西	烏拉圭、突尼西亞、哥倫比亞
404	突尼西亞	烏拉圭、巴西、哥倫比亞、約旦、馬來西亞、印尼、阿根廷、阿爾巴尼亞
403	哥倫比亞	烏拉圭、巴西、突尼西亞、約旦、馬來西亞、印尼、阿根廷
399	約旦	突尼西亞、哥倫比亞、馬來西亞、印尼、阿根廷、阿爾巴尼亞、哈薩克

⟳ **圖 5.6　各國學生閱讀素養平均分數對照（續）**

平均數	國家	與前述國家平均數差異未達統計顯著的國家
398	馬來西亞	突尼西亞、哥倫比亞、約旦、印尼、阿根廷、阿爾巴尼亞、哈薩克
396	印尼	突尼西亞、哥倫比亞、約旦、馬來西亞、阿根廷、阿爾巴尼亞、哈薩克
396	阿根廷	突尼西亞、哥倫比亞、約旦、馬來西亞、印尼、阿爾巴尼亞、哈薩克
394	阿爾巴尼亞	突尼西亞、約旦、馬來西亞、印尼、阿根廷、哈薩克、卡達、秘魯
393	哈薩克	約旦、馬來西亞、印尼、阿根廷、阿爾巴尼亞、卡達、秘魯
388	卡達	阿爾巴尼亞、哈薩克、秘魯
384	秘魯	阿爾巴尼亞、哈薩克、卡達

⊃ 圖 5.6　各國學生閱讀素養平均分數對照（續）

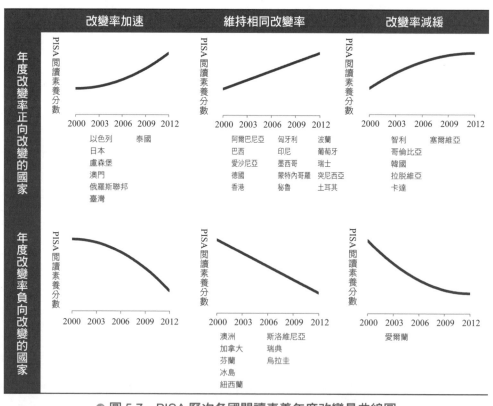

⊃ 圖 5.7　PISA 歷次各國閱讀素養年度改變量曲線圖

資料來源：OECD, PISA 2012 Database, Table I.4.3b.

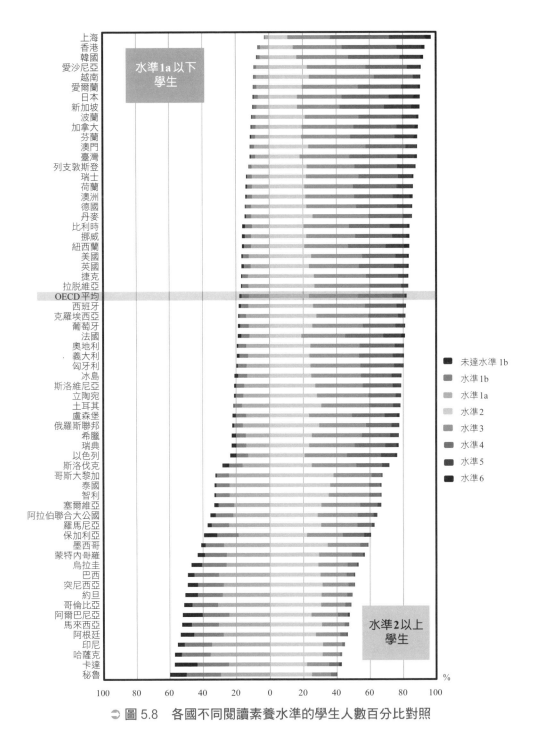

⊃ 圖 5.8　各國不同閱讀素養水準的學生人數百分比對照

資料來源：OECD, PISA 2012 Database, Table I.4.1a.

❖表 5.4　臺灣與參照國家學生閱讀素養排名、平均數、標準差、性別差異對照

國家	排名	平均數	標準差	男學生平均數	女學生平均數	差異（男－女）
臺灣	8	523	91	507	539	-32
上海	1	570	80	557	581	-24
香港	2	545	85	533	558	-25
新加坡	3	542	101	527	559	-32
日本	4	538	99	527	551	-24
韓國	5	536	87	525	548	-23
芬蘭	6	524	95	494	556	-62
列支敦斯登	12	516	88	504	529	-24
荷蘭	15	511	93	498	525	-26
瑞士	17	509	90	491	527	-36
澳門	16	509	82	492	527	-36
OECD 平均		496	94	478	515	-38

❖表 5.5　臺灣與參照國家學生不同閱讀素養水準人數百分比對照

國家	素養水準							
	未達 1b（未達 262.04）	1b (262.04~ 334.75)	1a (334.75~ 407.47)	2 (407.47~ 480.18)	3 (480.18~ 552.89)	4 (552.89~ 625.61)	5 (625.61~ 698.32)	6（超過 698.32）
臺灣	0.6	2.5	8.4	18.1	29.9	28.7	10.4	1.4
上海	0.1	0.3	2.5	11.0	25.3	35.7	21.3	3.8
香港	0.2	1.3	5.3	14.3	29.2	32.9	14.9	1.9
新加坡	0.5	1.9	7.5	16.7	25.4	26.8	16.2	5.0
日本	0.6	2.4	6.7	16.6	26.7	28.4	14.6	3.9
韓國	0.4	1.7	5.5	16.4	30.8	31.0	12.6	1.6
芬蘭	0.7	2.4	8.2	19.1	29.3	26.8	11.3	2.2
列支敦斯登	0.0	1.9	10.5	22.4	28.6	25.7	10.4	0.6
荷蘭	0.9	2.8	10.3	21.0	29.2	26.1	9.0	0.8
瑞士	0.5	2.9	10.3	21.9	31.5	23.8	8.2	1.0
澳門	0.3	2.1	9.0	23.3	34.3	24.0	6.4	0.6
OECD 平均	1.3	4.4	12.3	23.5	29.1	21.0	7.3	1.1

　　表 5.5 及圖 5.9 皆為臺灣與參照國家在 PISA 2012 閱讀素養各水準學生人數的百分比對照，其中 OECD 整體是將所有 OECD 國家視為一個整體單位，每個國家的權重即對應其 15 歲在校學生人數的比例；而 OECD 平均則是計算各國估計值的算術平均數而來，亦即各國的權重相同。臺灣的整體閱讀素養表現相較於 2009 年排名進步許多，水準 5 以上學生比例也增加為 11.8%，些許落後於前六名國家或地區水準 5 以上學生皆 13% 以上，頂尖讀者學生群仍存在可持續提升的空間。臺灣學生大多數為水準 3 及 4，共約 59%，和其他參照國雷同。水準 2 是閱讀素養的基礎水準，達此水準的學生，能有效率且具生產性的參與生活，臺

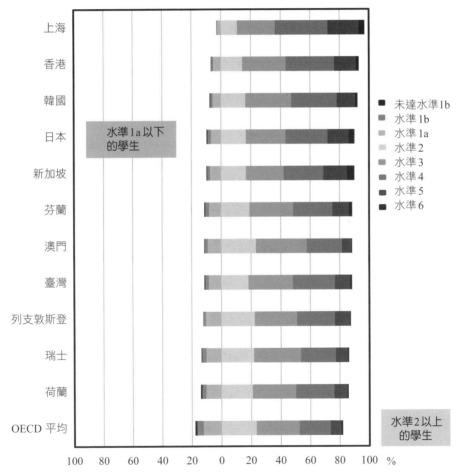

⊃ 圖 5.9　臺灣與參照國家學生不同閱讀素養水準人數百分比對照

資料來源：OECD, PISA 2012 Database, Table I.4.1a.

灣未達水準 2 的學生比率約為 11.5%，雖較 2009 年的 15.6% 進步許多，但相較於上海（2.9%）及香港（6.8%）仍有一段差距，顯示除了頂尖讀者學生群比率的提升外，落後讀者學生群比率的下降也須持續納入政策關注的焦點。

二 閱讀素養表現的性別差異

PISA 2012 閱讀素養調查結果顯示各國皆呈現女學生表現優於男學生的現象，OECD 國家男女平均差距 38 分，超過半個素養水準，約略相當於一個學年的進步量。臺灣學生的性別差距為 32 分，大致與 OECD 國家相當。換言之，臺灣男學生的閱讀素養大約落後女學生一學年的進展量。前十名的國家當中，芬蘭學生的性別差距特別大，從 2009 年的差距 55 分又再增加為 62 分，顯示男女學生差異未見改善。臺灣 2009 年性別差距為 37 分， 2012 年差異幅度略微減少至 32 分。表 5.6 和表 5.7 為臺灣與參照國家男、女學生不同閱讀素養水準人數百分比對照。

❖表 5.6　臺灣與參照國家男學生不同閱讀素養水準人數百分比對照

國家	素養水準							
	未達 1b（未達 262.04）	1b (262.04~ 334.75)	1a (334.75~ 407.47)	2 (407.47~ 480.18)	3 (480.18~ 552.89)	4 (552.89~ 625.61)	5 (625.61~ 698.32)	6 （超過 698.32）
臺灣	1.0	3.8	11.6	19.4	29.7	25.8	7.9	0.9
上海	0.2	0.5	3.6	13.5	27.1	34.6	17.7	2.8
香港	0.4	1.9	6.9	16.3	30.2	30.4	12.3	1.6
新加坡	0.8	3.0	9.5	18.3	25.7	25.5	13.3	3.8
日本	1.1	3.3	8.7	17.6	26.0	26.8	12.9	3.5
韓國	0.7	2.5	7.2	18.8	29.7	28.6	11.2	1.4
芬蘭	1.1	3.9	12.8	25.1	29.5	20.6	6.2	0.9
列支敦斯登	0.0	2.2	12.6	24.4	30.3	22.2	7.8	0.5
荷蘭	1.4	4.0	11.8	22.7	29.0	23.6	6.9	0.5
瑞士	0.9	4.3	13.3	24.9	30.3	19.9	5.8	0.6
澳門	0.6	3.4	12.5	26.2	33.0	19.6	4.4	0.3
OECD 平均	2.1	6.3	15.5	25.2	27.2	17.6	5.4	0.7

❖表 5.7 臺灣與參照國家女學生不同閱讀素養水準人數百分比對照

國家	素養水準							
	未達 1b （未達 262.04）	1b (262.04~ 334.75)	1a (334.75~ 407.47)	2 (407.47~ 480.18)	3 (480.18~ 552.89)	4 (552.89~ 625.61)	5 (625.61~ 698.32)	6 （超過 698.32）
臺灣	0.2	1.1	5.4	16.9	30.1	31.5	12.8	1.9
上海	0.0	0.1	1.4	8.6	23.5	36.8	24.7	4.7
香港	0.1	0.6	3.4	11.9	28.1	35.8	18.0	2.1
新加坡	0.1	0.8	5.3	15.0	25.1	28.3	19.2	6.3
日本	0.2	1.4	4.5	15.5	27.5	30.2	16.5	4.2
韓國	0.1	0.8	3.6	13.6	32.2	33.8	14.2	1.7
芬蘭	0.3	0.9	3.4	12.7	29.1	33.3	16.7	3.6
列支敦斯登	0.0	1.6	8.0	20.1	26.7	29.6	13.2	0.7
荷蘭	0.3	1.6	8.7	19.1	29.4	28.6	11.2	1.0
瑞士	0.1	1.5	7.2	18.8	32.6	27.8	10.6	1.3
澳門	0.0	0.8	5.3	20.2	35.6	28.7	8.6	0.8
OECD 平均	0.5	2.4	9.0	21.7	31.0	24.6	9.3	1.5

　　OECD 國家男女學生最常見的素養水準都是水準 3，女學生次高比率為水準 4，男學生次高比率為水準 2。就水準 4 以上的男女學生比率差距來看，優秀讀者比率的性別差距以日本最小，只有 7.7%，芬蘭優秀讀者比率的性別差距則相當大，達到了 25.9%；就未達水準 2 的落後讀者男女生比率差距來看，芬蘭達到 13.2%，也是參照國家中最高的。顯示不論優秀讀者或落後讀者，芬蘭的性別差距都相當嚴重。臺灣男女學生人數比率最多的水準也是水準 3，約為 30%，女學生在水準 4 以上的比率達到 46.2%，男生為 34.6%，明顯女學生在較高水準上的比率高出男學生些許。未達水準 2 的落後讀者比率上，男學生落後讀者的比率為 16.4%，女學生落後讀者的比率僅 6.7%，這些資訊可補充解釋男女學生平均的差異。

三 書面與數位閱讀素養評量對照

（一）整體學生的數位閱讀素養

　　PISA 2012 基於電腦普及和資訊融入教學的趨勢，同時提供數位閱讀素養評量作為選考科目，臺灣也參與這項調查。PISA 2012 共有 65 個國家參與 PISA 書面評量，其中 32 個國家參加數位閱讀和數學素養評量。本節呈現臺灣與參照國家在數位閱讀素養的評量結果，同時納入書面閱讀進行交叉討論，以作為後續閱讀推動規劃的參考。

　　針對學生的數位閱讀素養，PISA 提供兩種量尺：數位版本、書面與數位合併版。表 5.8 和表 5.9 分別呈現臺灣與參照國家在這兩種量尺下的排名、全體、不同性別與各百分等級分數對照。表 5.8 中 OECD 國家數位閱讀素養平均數為 497，本文所擇取的參照國家中的歐洲國家均沒有參加數位評量，這些國家分別是列支敦斯登、瑞士和荷蘭，書面閱讀十名外的唯一參照地區為澳門，因此數位閱讀及合併閱讀對照皆為亞洲國家。數位閱讀素養前五名依序為：新加坡（567）、韓國（555）、香港（550）、日本（545）、加拿大（532）。以參照國家來看，國家間的數位閱讀排名和書面閱讀排名有大幅的變動，其中上海數位與書面閱讀呈現較大的落差。相對於書面表現的第八名，臺灣學生數位閱讀素養排名降至第十，平均數為 519，在參照國家中略優於澳門。臺灣學生數位閱讀表現的標準差略低於新加坡及香港和整體 OECD 國家平均。

　　OECD 國家平均的女學生數位閱讀素養比男生高約 26 分，臺灣與參照國家均呈現相同組型，女學生的數位閱讀素養表現比男學生好，臺灣女學生大約比男學生得分高 17 分。在所有參照國家中，韓國的性別差距最小（7 分），其他亞洲國家在數位閱讀素養的性別差異約為 10 ～ 19 分的差距，顯示數位閱讀女學生有較佳的表現，但性別差異幅度比書面略小。而就各百分等級學生的平均數來看，相對於其他參照國家，臺灣較低百分等級學生的表現較不太理想，百分等級 5、10 以及 25 的學生平均表現相對最弱，而百分等級 75、90、95 較優秀的學生群的表現也較其他參照的優秀亞洲國家低，只高於排名於數位閱讀十名外的澳門。

❖ 表 5.8　臺灣與參照國家學生數位閱讀素養排名、平均數、標準差、性別差異對照

國家	數位排名	書面排名	全部學生		性別差異			百分等級					
			平均數	標準差	男學生	女學生	差異(男－女)	5th	10th	25th	75th	90th	95th
臺灣	10	8	519	89	511	528	**-17**	361	401	464	582	627	651
上海	6	1	531	84	526	536	**-10**	385	420	477	590	635	662
新加坡	1	3	567	90	558	576	**-18**	415	449	508	631	681	711
香港	3	2	550	94	541	560	**-19**	381	427	493	615	663	690
韓國	2	5	555	81	552	559	-7	420	456	508	609	652	677
澳門	11	18	515	70	506	525	**-18**	395	424	469	564	604	627
日本	4	4	545	78	537	553	**-16**	409	444	496	599	640	663
OECD平均			497	94	484	510	**-26**	332	373	438	563	611	638

註：統計達顯著者標以粗體。

　　表 5.9 呈現書面與數位的閱讀表現合併後的結果，臺灣維持在第八的表現，平均為 521 分，OECD 國家平均在合併的閱讀素養所得到的平均得分為 498 分。七個亞洲國家的合併閱讀素養排名依序為：新加坡（555）、上海（550）、香港（547）、韓國（545）、日本（541）、臺灣（521）、澳門（512）。臺灣在書面及數位合併量尺下的表現位居第八，但是和前五名的亞洲國家或地區有相當明顯的差異。

　　OECD 國家平均的女學生在書面與數位合併之閱讀素養比男生高約 32 分，在此量尺上，臺灣與參照國家均呈現女學生閱讀素養優於男學生，臺灣女學生比男學生高 25 分。參照國家中，韓國的性別差距最小（15 分），其他書面表現優秀的亞洲國家在合併後的閱讀素養性別差異在 17 ～ 27 分之間。整體而言，女學生的閱讀素養較男學生為佳。就各百分等級學生的平均數來看，相對於其他參照國家，臺灣百分等級 75、90、95 學生的平均得分分別為 583、625、649，僅優於排名十名外的澳門；百分等級 5、10 以及 25 的學生平均表現（365、405、468）則為參照的亞洲國家中最低，閱讀優異和弱勢群學生的適性介入都值得持續關注。

❖表 5.9　臺灣與參照國家學生閱讀素養（合併書面與數位）排名、平均數、標準差、性別差異對照

國家	合併排名	全部學生		性別差異			百分等級					
		平均數	標準差	男學生	女學生	差異 男－女	5th	10th	25th	75th	90th	95th
臺灣	8	521	87	509	533	**-25**	365	405	468	583	625	649
上海	2	550	78	542	559	**-17**	414	446	500	606	647	669
新加坡	1	555	92	542	567	**-25**	398	433	494	619	670	699
香港	3	547	84	537	559	**-22**	394	435	496	606	647	670
韓國	4	545	77	538	554	**-15**	410	448	499	599	639	660
澳門	11	512	72	499	526	**-27**	387	417	466	562	602	623
日本	5	541	83	532	552	**-20**	393	432	489	600	643	667
OECD平均		498	89	482	514	**-32**	341	379	440	562	608	633

註：統計達顯著者標以粗體。

（二）數位閱讀素養不同水準人數比率

　　針對 PISA 素養不同水準學生人數分配來看，表 5.10 呈現的是臺灣與參照國家不同數位閱讀素養水準學生人數百分比對照。OECD 國家平均只有 7.9% 的學生數位閱讀素養超過水準 4 的優秀讀者，臺灣有 10.3% 學生達到水準 4 以上，些微優於 OECD 平均。參照國家中，只有澳門（5.1%）低於臺灣，新加坡優秀讀者達到 26.8%，明顯領先其他國家甚多。

　　優秀讀者比率以新加坡（26.8%）為最高，其次是香港（21.1%）、韓國（18.3%）、日本（14.2%）、上海（12.5%）、臺灣（10.3%）、澳門（5.1%），而 OECD 國家平均為 7.9%。水準 3 是臺灣學生人數最多的水準，比率為 31.8%。整體而言，臺灣學生在水準 3 至 4 這兩個素養水準的人數比率約為 60%。

　　如果以基準水準 2 來看，OECD 有 82% 的學生在水準 2 以上（含），參照國家當中，除了臺灣的 89%，其他國家基準水準以上的人數比率均超過 92%，韓國 96.1%、新加坡為 95.6%、日本 95%、澳門 93%、香港 92.4%、上海為 92.1%，換句話說，在這些國家當中，臺灣還有 11% 的學生比率在水準 1 和

❖表 5.10　臺灣與參照國家不同數位閱讀素養水準學生人數百分比對照

國家	排名	數位閱讀素養水準				
		未達 2 （未達 407.47）	2 （407.47~ 480.18）	3 （480.18~ 552.89）	4 （552.89~ 625.61）	超過 4 （超過 625.61）
臺灣	10	11.1	19.3	31.8	27.6	10.3
上海	6	7.9	18.1	32.6	28.9	12.5
新加坡	1	4.3	12.5	26.0	30.3	26.8
香港	3	7.6	13.8	26.5	31.0	21.1
韓國	2	3.9	11.7	30.8	35.3	18.3
澳門	11	7.0	22.8	39.8	25.3	5.1
日本	4	4.9	14.4	32.3	34.1	14.2
OECD 平均		17.6	22.5	29.9	22.1	7.9

未達水準 1，在同樣閱讀表現優質的亞洲參照國家中，這個弱勢群比率仍屬最高。

(三)書面與數位合併閱讀素養不同水準人數比率

　　表 5.11 是臺灣與參照國家在書面與數位合併閱讀素養不同水準學生人數百分比對照。在合併量尺下，OECD 國家平均有 0.6% 的學生其閱讀素養達到水準 6，臺灣則有 0.8% 的學生達到此水準，在參照國家中，除了澳門（0.1%），其他國家皆達到 1% 以上，其中新加坡 5.1%，領先其他國家幅度較大，香港和日本、上海皆為 1.7%，韓國也有 1.2%。

　　臺灣在水準 5 的比率則有 9%，將水準 5 和水準 6 合併為頂尖讀者，臺灣有 9.8% 的學生達到此水準，在參照國家中，除了澳門（4.5%），其他國家皆達到 14% 以上，其中新加坡、香港和上海分別有 22.9%、16.9% 以及 16.6%，日本、韓國也分別有 14.8% 及 14.1%。將書面與數位評量的表現合併估計之後，臺灣學生的數位閱讀相對落後的幅度被書面表現所中和，排名相同，但對於學生數位閱讀和書面閱讀的落差，仍需格外關注，期待能協助學生更全方位精進發展。

❖表 5.11　臺灣與參照國家不同閱讀（合併書面與數位）素養水準人數百分比對照

國家	合併書面與數位閱讀素養水準							
	未達 1b （未達 262.04）	1b (262.04~ 334.75)	1a (334.75~ 407.47)	2 (407.47~ 480.18)	3 (480.18~ 552.89)	4 (552.89~ 625.61)	5 (625.61~ 698.32)	6 （超過 698.32）
臺灣	0.4	2.3	7.7	18.9	32.0	28.8	9.0	0.8
上海	0.1	0.5	3.8	13.9	30.4	34.7	14.9	1.7
新加坡	0.1	1.0	4.9	14.8	26.6	29.7	17.8	5.1
香港	0.2	1.3	4.9	13.5	28.8	34.5	15.2	1.7
韓國	0.2	1.0	3.5	13.5	32.7	35.0	12.9	1.2
澳門	0.1	1.1	6.8	23.0	39.2	25.2	4.4	0.1
日本	0.2	1.3	5.0	15.6	30.4	32.7	13.1	1.7
OECD 平均	1.1	3.9	11.5	23.3	30.9	22.3	6.4	0.6

　　以基礎水準 2 來看，OECD 有 83.5% 的學生在水準 2 以上，整體表現優秀的亞洲國家當中，臺灣為 89.6%，在所有參照國家中最低，這些國家水準 2 以上的人數比率均超過 91%（上海 95.6%、韓國 95.3%、香港 93.7%、新加坡 94%、日本 93.5%、澳門 91.9%）。換句話說，臺灣還有 10.4% 的學生未達基礎水準 2，相較於參照的亞洲國家，臺灣學生閱讀弱勢群比率仍待積極下調。

　　針對臺灣學生書面、數位，以及合併的閱讀素養表現，圖 5.10 呈現的是不同量尺臺灣各水準學生人數百分比對照。書面閱讀素養在相對排名上較數位閱讀素養略高，但各水準人數在這三種不同量尺折線圖並未呈現明顯的差距，也就是書面和數位的不同水準人數分配組型相當類似。

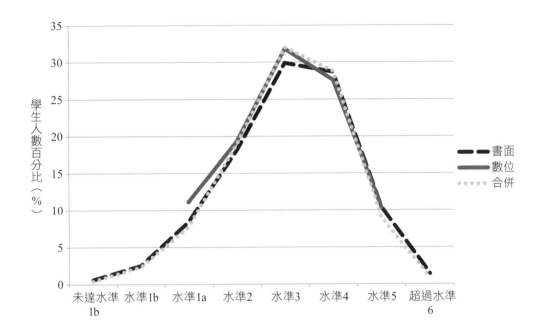

⮕ 圖 5.10 臺灣學生在書面、數位,以及合併閱讀素養的不同水準人數比率對照

(四)數位與合併閱讀素養不同水準男女學生人數比率

　　表 5.12 和表 5.13 呈現的是臺灣與參照國家數位閱讀素養不同水準男、女學生人數百分比對照,而表 5.14 和表 5.15 呈現的是臺灣與參照國家合併閱讀素養不同水準男、女學生人數百分比對照。整體而言,與其他國家對照,臺灣男、女學生的人數比率和全體學生的人數比率的概況雷同。圖 5.11 為臺灣男、女學生在數位閱讀素養不同水準人數比率對照,同樣的,圖 5.12 則為合併閱讀素養不同水準男女學生人數分配對照。由圖 5.11 可以清楚的看出,針對數位閱讀素養不同水準人數分配,臺灣女學生從水準 2 至水準 4 以上的比率皆高於男學生,男學生則是在水準 2 以下比率高於女學生。高分群比率較高,低分群比率較低是女學生整體表現優於男學生的呼應,雖然 PISA 閱讀的性別差異是全世界一致的現象,但差異幅度仍有相當變異,如何有效的提升男學生閱讀素養是值得投注心力、深入研究的議題。將書面與數位的表現合併之後,發現性別差異趨勢雷同,幅度略為縮小,請參見圖 5.12。

❖表 5.12　臺灣與參照國家不同數位閱讀素養水準男學生人數百分比對照

國家	數位閱讀素養水準				
	未達 2 （未達 407.47)	2 (407.47~ 480.18)	3 (480.18~ 552.89)	4 (552.89~ 625.61)	超過 4 （超過 625.61）
臺灣	14.4	19.9	30.1	25.9	9.7
上海	9.5	18.7	33.0	27.2	11.7
新加坡	6.2	13.6	26.9	28.5	24.8
香港	9.3	15.5	26.5	29.2	19.5
韓國	5.3	12.1	30.4	33.8	18.5
澳門	9.4	25.5	38.1	22.5	4.5
日本	6.6	16.0	32.4	31.9	13.1
OECD 平均	21.7	23.8	28.4	19.5	6.6

❖表 5.13　臺灣與參照國家不同數位閱讀素養水準女學生人數百分比對照

國家	數位閱讀素養水準				
	未達 2 （未達 407.47)	2 (407.47~ 480.18)	3 (480.18~ 552.89)	4 (552.89~ 625.61)	超過 4 （超過 625.61）
臺灣	7.9	18.7	33.4	29.2	10.9
上海	6.4	17.5	32.3	30.6	13.2
新加坡	2.5	11.4	25.1	32.2	28.8
香港	5.5	11.9	26.5	33.1	22.9
韓國	2.4	11.3	31.3	37.0	18.0
澳門	4.4	20.0	41.5	28.3	5.8
日本	3.1	12.7	32.2	36.6	15.5
OECD 平均	13.5	21.1	31.4	24.7	9.3

❖ 表 5.14　臺灣與參照國家閱讀（合併書面與數位）素養不同水準男學生人數百分比
對照

國家	合併書面與數位閱讀素養水準							
	未達 1b（未達 262.04）	1b（262.04~ 334.75）	1a（334.75~ 407.47）	2（407.47~ 480.18）	3（480.18~ 552.89）	4（552.89~ 625.61）	5（625.61~ 698.32）	6（超過 698.32）
臺灣	0.7	3.4	10.6	19.7	30.9	26.8	7.3	0.6
上海	0.1	0.7	4.8	16.2	31.2	32.3	13.2	1.4
新加坡	0.2	1.7	6.7	16.4	26.9	28.3	15.5	4.2
香港	0.3	1.8	5.9	16.2	28.8	32.4	13.2	1.4
韓國	0.4	1.5	4.8	15.4	32.0	32.8	12.0	1.3
澳門	0.2	1.8	9.7	26.4	37.5	21.0	3.3	0.1
日本	0.3	2.0	6.6	17.4	29.8	30.6	11.8	1.5
OECD 平均	1.6	5.5	14.4	25.1	29.0	19.0	5.0	0.4

❖ 表 5.15　臺灣與參照國家閱讀（合併書面與數位）素養不同水準女學生人數百分比
對照

國家	合併書面與數位閱讀素養水準							
	未達 1b（未達 262.04）	1b（262.04~ 334.75）	1a（334.75~ 407.47）	2（407.47~ 480.18）	3（480.18~ 552.89）	4（552.89~ 625.61）	5（625.61~ 698.32）	6（超過 698.32）
臺灣	0.2	1.3	4.9	18.1	33.1	30.7	10.7	1.0
上海	0.0	0.3	2.8	11.7	29.6	37.0	16.6	2.0
新加坡	0.0	0.3	3.1	13.1	26.2	31.1	20.2	6.1
香港	0.1	0.6	3.7	10.5	28.7	36.9	17.5	2.0
韓國	0.0	0.5	2.1	11.4	33.5	37.5	13.8	1.1
澳門	0.0	0.4	3.8	19.5	41.0	29.6	5.6	0.2
日本	0.0	0.6	3.2	13.6	31.0	34.9	14.7	2.0
OECD 平均	0.5	2.3	8.5	21.4	32.8	25.7	8.0	0.8

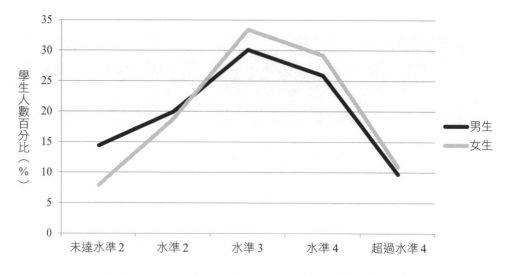

◯ 圖 5.11　臺灣男、女學生不同數位閱讀素養水準人數比率對照

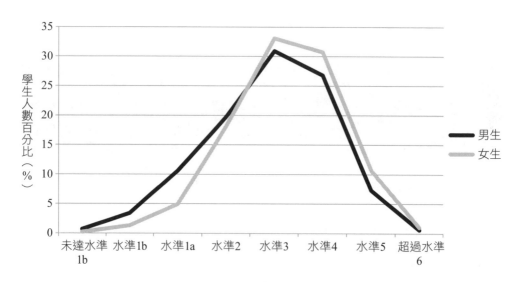

◯ 圖 5.12　臺灣男、女學生合併閱讀素養不同水準人數比率對照

四 趨勢分析

(一)臺灣 PISA 2006 至 2012 不同年級男女學生閱讀素養改變特徵

表 5.16 為臺灣 PISA 2006 至 2012 不同年級男女學生閱讀素養分數對照,圖 5.13 為臺灣 PISA 2006 至 2012 不同年級男女學生閱讀素養分數改變特徵對照。

❖表 5.16　臺灣 PISA 2006 至 2012 不同年級男女學生閱讀素養分數對照

年級	性別	年份	樣本人數（人／％）		母體人數	閱讀素養分數
九	女	2006	1,254	46.3%	49,949	498
		2009	917	49.0%	49,516	509
		2012	982	49.4%	52,214	534
	男	2006	1,455	53.7%	56,576	478
		2009	953	51.0%	52,795	463
		2012	1,007	50.6%	53,696	493
	全	2006	2,709	100.0%	106,525	487
		2009	1,870	100.0%	102,311	485
		2012	1,989	100.0%	105,909	513
十	女	2006	2,938	48.2%	89,792	512
		2009	2,000	50.6%	97,457	516
		2012	2,127	52.5%	96,699	542
	男	2006	3,156	51.8%	96,823	491
		2009	1,953	49.4%	97,086	485
		2012	1,924	47.5%	89,485	516
	全	2006	6,094	100.0%	186,615	501
		2009	3,953	100.0%	194,543	501
		2012	4,051	100.0%	186,184	529
全		2006	8,815	100.0%	293,513	496
		2009	5,831	100.0%	297,203	495
		2012	6,046	100.0%	292,542	523

從 2006 至 2012 縱貫六年三次的閱讀素養來看，不論是九年級或是十年級，女學生的閱讀素養都優於男學生，女學生在三次閱讀素養調查的表現大致維持著持續進步的趨勢，男學生在 2009 年的閱讀素養比 2006 年下滑，九年級男學生下降 15 分，十年級男學生下降 6 分。值得一提的是，雖然男學生在 2009 年表現下滑，但是在 2012 年的調查中，兩個年級的男學生表現都提升了約 30 分左右。

　　從六年縱貫閱讀素養資料來看，女學生呈現持續進步，而男學生雖然在 2009 年退步，在 2012 年則呈現明顯的進步幅度。值得注意的是，相較於 2006 年男女學生的差距，2009 年的男女學生表現差距因為男學生退步而明顯變大，而這樣的現象在 2012 年男女學生差距仍未明顯縮小，顯示雖然 2012 年整體學生閱讀素養進步，男女學生差距並未改善。

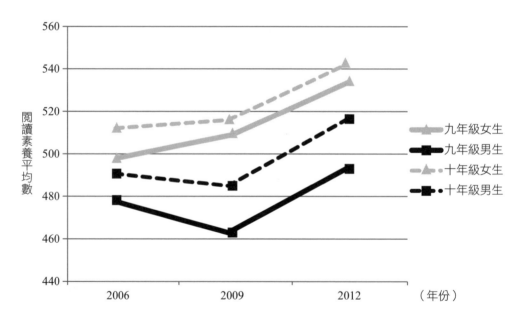

🔿 圖 5.13　臺灣 PISA 2006 至 2012 不同年級男女學生閱讀素養分數改變特徵對照

(二)臺灣 PISA 2006 至 2012 九年級不同百分等級學生閱讀素養改變特徵

　　表 5.17 為臺灣 PISA 2006 至 2012 九年級不同百分等級學生閱讀素養分數對照，圖 5.14 為臺灣 PISA 2006 至 2012 九年級不同百分等級學生閱讀素養分數遞增線對照。圖表同時包含九年級男女學生不同百分等級在臺灣 PISA 2006 至 2012 三次調查的閱讀素養對照。透過比較三次 PISA 調查中百分等級 15、25、50、75 及 95 的閱讀素養分數，觀察年級、性別變化趨勢的異同。首先以女學生來看，從 PISA 2006 至 2012 三次的縱貫表現和圖 5.13 有類似的結果，呈現持續進步的趨勢，而不同百分等級在不同年度進步的幅度也相當類似，顯示女學生在不同百分等級上的表現進步相當一致穩定。以男學生來看，PISA 2009 的表現為三次調查中素養分數最低的一次，除了百分等級 95 和 PISA 2006 相近外，其他百分等級皆為下滑的情形。整體平均進步幅度較大的 PISA 2012 從不同百分等級來看，在百分等級 15 及 25 男學生進步幅度上相較其他百分等級較小，顯示低閱讀素養男學生改變的趨勢雖是正向，但是進步幅度不如其他百分等級，而百分等級 50，也就是平均數附近的男學生，呈現較高的進步幅度。

　　整體來說，九年級女學生大致都優於男學生，PISA 2012 結果顯示九年級男學生閱讀素養百分等級愈高，其進步的幅度愈大，但在相同百分等級下，仍至少落後同年級女學生素養分數 30 分以上。

❖表 5.17　臺灣 PISA 2006 至 2012 九年級不同百分等級學生閱讀素養分數對照

年級	性別	年份	樣本人數（人／％）		母體人數	15th	25th	50th	75th	95th	平均
九	女	2006	1,254	46.3%	49,949	416	449	505	552	615	498
		2009	917	49.0%	49,516	425	460	516	563	627	509
		2012	982	49.4%	52,214	451	482	539	589	661	534
	男	2006	1,455	53.7%	56,576	389	423	484	538	600	478
		2009	953	51.0%	52,795	367	404	470	528	602	463
		2012	1,007	50.6%	53,696	395	436	501	558	631	493
	全	2006	2,709	100.0%	106,525	401	435	494	545	608	487
		2009	1,870	100.0%	102,311	392	430	494	548	616	485
		2012	1,989	100.0%	105,909	421	458	521	575	648	513

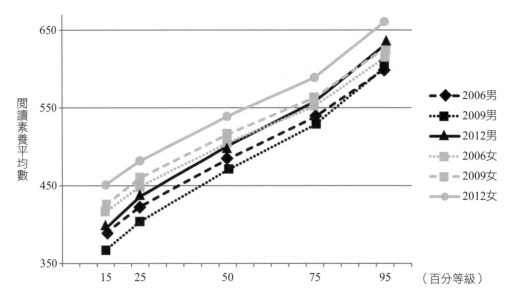

● 圖 5.14　臺灣 PISA 2006 至 2012 九年級各百分等級學生閱讀素養分數遞增線對照

（三）臺灣 PISA 2006 至 2012 十年級不同百分等級學生閱讀素養改變特徵

　　表 5.18 為臺灣 PISA 2006 至 2012 十年級不同百分等級學生閱讀素養分數對照，圖 5.15 為臺灣 PISA 2006 至 2012 十年級不同百分等級學生閱讀素養分數遞增線對照。圖表同時包含單獨十年級男女學生不同百分等級在臺灣 PISA 2006 至 2012 三次調查的閱讀素養對照。透過比較三次 PISA 調查中百分等級 15、25、50、75 及 95 的閱讀素養分數，觀察分開年級、性別變化趨勢的異同。首先以女學生來看，PISA 2009 相較於 PISA 2006，除了百分等級較低及較高者呈現些微進步外，其他百分等級在兩次調查表現相當接近，而相較前兩次調查，PISA 2012 則呈現各百分等級皆有一致穩定的進步。以男學生來看，相較於九年級，十年級在 PISA 2009 的表現下滑幅度較少，也就是和 PISA 2006 表現差距較小，而 PISA 2012 的表現遞增線趨勢和九年級男學生類似，在百分等級 25 以下進步幅度較小，百分等級 25 以上則有較大的進步，但百分等級 75 以上的高能力水準男學生仍落後女學生約一個年級的差距。

❖ 表 5.18　臺灣 PISA 2006 至 2012 十年級不同百分等級學生閱讀素養分數對照

年級	性別	年份	樣本人數（人／%）		母體人數	15th	25th	50th	75th	95th	平均
十	女	2006	2,938	48.2%	89,792	424	458	519	570	639	512
		2009	2,000	50.6%	97,457	433	464	519	571	645	516
		2012	2,127	52.5%	96,699	452	485	548	604	672	542
	男	2006	3,156	51.8%	96,823	396	433	501	554	621	491
		2009	1,953	49.4%	97,086	394	426	492	547	616	485
		2012	1,924	47.5%	89,485	407	454	529	584	653	516
	全	2006	6,094	100.0%	186,615	409	446	510	563	631	501
		2009	3,953	100.0%	194,543	412	444	506	559	633	501
		2012	4,051	100.0%	186,184	431	472	539	594	664	529

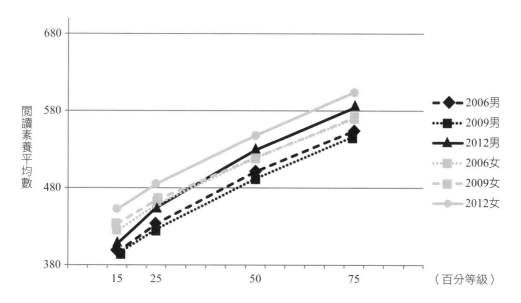

● 圖 5.15　臺灣 PISA 2006 至 2012 十年級不同百分等級學生閱讀素養分數遞增線對照

　　整體來說，在十年級不同百分等級學生的表現上，和九年級略有不同，如以三次 PISA 時間點的表現分開來看，女學生明顯皆優於男學生，但男學生在 PISA 2012 表現上進步幅度大，以差距女學生最小的百分等級 75 以上男學生來說，素養分數仍距離女生有約一個年級的差距。綜合九年級及十年級的表現，可以發現女學生優於男學生，在男女學生差距上，十年級男女學生的表現差距較九年級小，但素養分數差距仍有 20 分以上。

五　結論

　　閱讀素養是國家人力資源發展的重要指標，學生要能有效率的學習，就必須能夠了解目標的需求與方向。因此，近幾年來我國積極推動閱讀教育，投入資源與社會關注，除了鼓勵持續投入多元、廣泛的閱讀，也陸續將閱讀策略融入教學，期能協助學生奠定良好的基礎，建立豐厚的閱讀素養。在 PISA 2006 至 2012 三次的閱讀縱貫表現趨勢上，女學生的閱讀素養呈現持續正向提升的趨勢，男學生雖然在 PISA 2012 也呈現相當的進步趨勢，但整體仍明顯落後女學生；以十年級男女學生素養分數差異為例，從 2006 年的 21 分擴大到 2012 年的 26 分，落差並未隨時間減少。如果再仔細以不同百分等級來對照觀察，可以發現，女學生在不同百分等級的進步表現相當一致穩定，男學生則是百分等級越高，進步幅度越大，但是仍至少落後女學生 20 分以上。這顯示雖然 2012 年整體學生閱讀素養進步，但已經存在的男女學生差距並未改善，尤其對於學習不利的學生形成更深的閱讀素養落差，這樣的現象值得學界及教育現場對閱讀素養的培育政策或方案進行更多的檢討與省思。而在後續的規劃或學習介入策略的發展上，也應針對男學生的閱讀素養，無論是認知思考歷程，或學習特徵，進行更詳細的分析，提供更適性的學習資源，建構更為有效、多元的學習機會，以全面提升整體男學生的表現水準。

第三節 PISA 2012 閱讀素養評量試題示例

一 那就是戲

發生於<u>義大利</u>海邊的古堡。

第一幕

海邊美麗古堡中的華麗客廳。門在左右兩旁。會客室設在舞臺中央：
5　長沙發、桌子、兩張扶手椅。後面有兩扇大窗。星夜。舞臺上一片漆黑。簾幕升起時我們聽見男人在左面門後大聲交談。門打開，三個穿著燕尾服的紳士進來。其中一個馬
10　上開燈。他們靜靜地走到舞臺中間，站在桌子四周。他們一起坐下，<u>高爾</u>坐在左面的扶手椅，<u>杜雷</u>坐在右邊那張，<u>亞當</u>坐在中央的長沙發。近乎尷尬的長時間沉默。舒
15　服地伸伸懶腰。沉默，然後：

高爾
你為何想得這麼入神？

杜雷
我在想如何開始一齣戲劇真難，當
20　一切才剛開始，便得在開頭介紹所有主要角色。

亞當
我想那一定很難。

杜雷
25　難於——登天！戲開始了，觀眾靜下來。演員上臺，折磨於焉開始。這是無止盡漫長，有時長達一刻鐘觀眾才開始明白誰是誰和他們想做什麼。

30　### 高爾
你的頭腦真奇特，你可不可以暫時忘記你的職業？

杜雷
辦不到。

35　### 高爾
你連半小時不談劇場、演員、戲劇都不行，這個世界還有其他東西呢。

杜雷
40　沒有了。我是戲劇家，那是我的詛咒。

高爾
你不應該成為自己職業的奴隸。

杜雷
45　你如果不能駕馭它，就會變成它的奴隸，沒有中間地帶。相信我，開始一齣戲劇絕非兒戲，那是舞臺技巧中最棘手的問題。立即介紹你們的角色。就以這個場景來說，我們
50　三個。三位穿燕尾服的紳士。假設他們不是進入這間在宏偉古堡中的房間，而是在一齣戲劇剛剛開始時上臺。他們必須先閒聊一大堆沒趣的話題，觀眾才能弄清楚我們是
55　誰。站起來介紹我們自己不是更容易開始這一切嗎？（站起來）。晚安，我們三個是這座古堡的客人。我們剛從飯廳來，在那兒享用了一頓豐富的晚餐，喝了兩瓶香檳。我
60　名叫山多·<u>杜雷</u>，是個劇作家，寫劇本寫了三十年，那是我的職業。完畢。輪到你。

高爾

65　（站起來）。我名叫高爾，也是劇作家。我也寫劇本，而且所有的劇本都是和在場的這位紳士共同創作的。我們是著名的劇作二人組。所有優秀喜劇和輕歌劇的節目單上都會這樣寫：高爾和杜雷編。這自然

70　也是我的職業。

高爾和杜雷

（一起。）而這位年輕人⋯⋯

亞當

（站起來。）這位年輕人，容我介

75　紹，叫亞伯·亞當，二十五歲，作曲家。我為這兩位好好先生的最新輕歌劇作曲，這是我第一次的舞臺工作。這兩位天使般的前輩發掘了我，現在，有了他們扶持，我想成

80　名。他們讓我也獲邀來到這個古堡。他們幫我訂做大衣和燕尾服。換句話說，我目前仍是個默默無聞的窮小子。除此以外，我還是孤兒，由祖母養大。我的祖母已經去

85　世。我在這世上孤單一人。我沒有名氣，也沒有金錢。

杜雷

但你還年輕。

高爾

90　而且才華洋溢。

亞當

而且我還愛上了那女獨唱者。

杜雷

你其實不用說這個，反正每位觀眾

95　也會發現到。

（他們全部坐下。）

杜雷

現在這會不會是一齣戲劇最簡單的開場方法？

高爾

100　如果我們可以這樣做，那麼寫劇本還真容易。

杜雷

相信我，其實並不真的那麼困難。

105　只要把整件事當作⋯⋯

高爾

好了，好了，好了，不要再講劇場了。我感到厭煩了。我們明天再談吧，如果你還想的話。

〈那就是戲〉是匈牙利戲劇家佛朗·莫爾納一本劇作的開頭。

依據這兩頁的〈那就是戲〉回答下列問題。（注意：文章旁邊註有行數，幫助你找到問題提及的部分。）

問題❸ 那就是戲

簾幕升起前，劇中角色在做什麼？

- 文本情境：個人
- 文本形式：連續
- 文本類型：記敘文
- 閱讀歷程：統整與解釋——發展解釋
- 題型：簡答題
- 難度：730（水準 6）

- 那就是戲　問題 3 計分

    滿分：提及**晚餐**或**喝香檳**。可以改寫或直接引用原文。

    - 他們剛享用了晚餐和香檳。
    - 「我們剛從飯廳來，在那兒享用了一頓豐富的晚餐。」〔直接引述〕
    - 「一頓豐富的晚餐，喝了兩瓶香檳。」〔直接引述〕
    - 晚餐和酒。
    - 晚餐。
    - 喝香檳。
    - 享用晚餐和喝酒。
    - 他們在飯廳。

試題說明

　　此試題描繪 PISA 閱讀中最困難試題的數個特徵。根據 PISA 的標準，此文本為長篇文本，我們可以假設其所描繪的虛構世界與多數 15 歲學生的經驗極不相同。單元引言告訴學生〈那就是戲〉是匈牙利戲劇家佛朗·莫爾納一本劇作的開端，再無其他外來的定位。背景（發生於義大利海邊的古堡）對許多學生來說頗具異國風，其情境僅能經由漸進的對話揭開。字彙不會特別困難，語氣大多屬

閒聊式的，語言的風格帶點禮貌性。也許最重要的是，抽象的討論主題所引發的陌生感：劇中角色對於生活與藝術關係的複雜對話，即為劇場寫作的挑戰。因主題是關於部分的劇本敘述，此文本歸類於記敘文。

本單元所有試題與文本挑戰性的難度層次有關，特別是試題的認知需求亦可歸因於界定問題術語意義所需的高層次解釋。讀者需能警覺角色與演員的區別。問題指稱的是角色（非演員）在「簾幕升起前」在做什麼。這兒可能令人困擾的是，需要辨識劇場舞臺的「真實世界」——具有簾幕，與高爾、杜雷、亞當想像世界的轉移，後者在進入會客室（舞臺場景）前正在餐廳用晚餐。當問題是評量學生區辨真實與虛構世界的能力，而文本主題恰是關於此點時，此種問題似乎特別適當，所以本題的複雜度與文本的內容是一致的。

事實上，所需訊息不在預期位置使試題的難度層次更高。本題指稱的動作「簾幕升起前」，通常會引導讀者在開場、摘錄的開端尋找訊息。相反地，真正要找到該訊息是在文本中段，當杜雷表示他與他的朋友「剛從飯廳來」時。本題評分顯示數種可接受的作答反應，滿分讀者需能證明他們找到這個不起眼的訊息，他們必須消化吸收與預期相反的訊息——讀者必須全心貫注於文本，挑戰先前的概念——這是 PISA 非常有特色、要求最嚴格的閱讀試題。

問題❹ 那就是戲

「這是無止盡漫長，有時長達一刻鐘……」（26 ～ 27 行）

根據杜雷，為什麼一刻鐘是「無止盡漫長」？

A. 等待觀眾安靜坐在擁擠的劇場裡需要很長的時間。

B. 在戲劇的開頭要交代清楚情境似乎要無限的時間。

C. 戲劇家似乎總是需要很長的時間來寫戲劇的開頭。

D. 當戲劇中有重要事件發生時，時間似乎過得很慢。

- 文本情境：個人
- 文本形式：連續
- 文本類型：記敘文
- 閱讀歷程：統整與解釋──發展解釋
- 題型：選擇題
- 難度：474（水準 2）

- 那就是戲　問題 4 計分

  滿分：B. 在戲劇的開頭要交代清楚情境似乎要無限的時間。

試題說明

　　此題難度介於水準 2 與水準 3 的邊界，與上述試題說明一項事實，即單一文本可涵蓋各式各樣難度範圍的試題。

　　不像前面的試題，此試題題幹明白指出劇本的相關部分，甚至引用行數編碼，可減輕讀者找出所需訊息的壓力。然而，讀者必須了解此文句所在的文本脈絡，以做出正確回應。事實上，「在戲劇的開頭要交代清楚情境似乎要無限的時間」的意涵加強了節錄的其餘部分，即人物在戲劇開頭明確介紹自己作為解決方案，而不是等待行動來揭露他們的身分。至於題幹所引述的節錄話語，再三重複和強調支持了讀者對問題的統整與解釋。在這方面，此試題也明顯不同於問題 3 的僅提供一次所需訊息，而是鑲嵌於文本非預期的部分。

問題❼ 那就是戲

整體而言，戲劇家莫爾納在這段摘錄中做了什麼？

A. 他在顯示每個角色解決自己問題的方法。

B. 他在設定角色示範什麼是戲劇中的無止盡漫長。

C. 他在提供戲劇中的典型和傳統開場的範例。

D. 他在利用角色詮釋他自己的創作難題之一。

- 文本情境：個人
- 文本形式：連續
- 文本類型：記敘文
- 閱讀歷程：統整與解釋——形成廣泛的理解
- 題型：選擇題
- 難度：556（水準4）

- 那就是戲　問題7計分
  滿分：D. 他在利用角色詮釋他自己的創作難題之一。

試題說明

　　本試題讀者需採取一個整體的觀點，藉由統整與解釋跨文本的對話意涵，形成一個廣泛的理解。試題涉及確認一段劇本的概念主題，既文學又抽象。對多數15歲學生來說，這是相當陌生的領域，可能因而構成試題難度位在水準4。OECD國家有略低於一半的學生在這個試題得分，其他學生則平均分散在三個誘答項。

二　勞動人口

　　下列樹狀圖顯示某個國家勞動人口或「工作年齡人口」的結構。1995 年，該國的總人口數大約有 340 萬。

截至 1995 年 3 月 31 日的勞動人口結構（000s）[1]

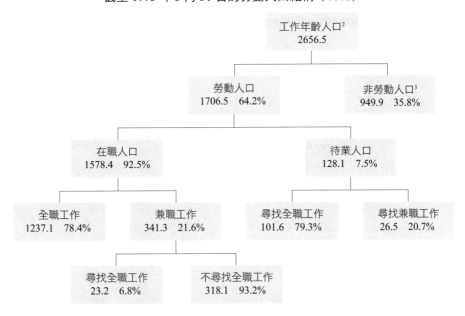

註釋

1. 人口數以千計。

2. 工作年齡人口介於 15 至 65 歲之間。

3.「非勞動人口」指那些不積極尋找工作及／或不能工作的人。

請依據前頁有關某國勞動人口的資料回答下列問題。

問題❸ 勞動人口

工作年齡人口中有多少人屬於非勞動人口？（請寫出實際人數，並非百分率）

- 文本情境：教育
- 文本形式：非連續
- 閱讀歷程：擷取訊息
- 難度：部分分數── 485（水準 3）
  滿分── 631（水準 5）

- 勞動人口　問題 3 計分
  滿分：把樹狀圖所顯示的數字和標題／註腳的「000s」合起，即等於 949,900；在 949,000 至 950,000 之間的約數也可以接受。900,000 或 100 萬（以阿拉伯數字或文字表述均可）也可以接受，但需附有顯示大約數字的修飾語。
    - 949,900
    - 不足九十五萬
    - 950,000
    - 九十四萬九千九百
    - 接近一百萬
    - 大約 90 萬
    - 949.9×100
    - 949（000）

  部分分數：找出樹狀圖中的數字，但沒有把該數字與標題／註腳的「000s」正確地合起來。寫成 949.9（以阿拉伯數字或文字表示）。假如答案出現如下面舉例的約數情況，也可以接受。
    - 949.9
    - 949.00
    - 接近一千
    - 不足 950
    - 接近 900
    - 不足 1,000

試題說明

　　本試題的難度包含兩個不同難度層次，得 1 分的是層次三，為 485 分；以及得 2 分的層次五，為 631 分。

　　得到 2 分（層次五）的學生能依據文本主體（樹狀圖）之外的註釋所提供的資訊，在文本主體（樹狀圖）中運用並結合數字的資訊。除此之外，學生還能應用註釋的資訊決定符合類別的正確人數。這兩項特徵產生的難度，使本試題成為在 PISA 閱讀測驗中最困難的擷取訊息試題之一。得 1 分（層次三）的學生能找到樹狀圖中正確類別的數值，尚未能使用註釋中提供的條件資訊。不過即使尚未能有這項重要的資訊，試題仍然是有相當的難度。

三 熱氣球

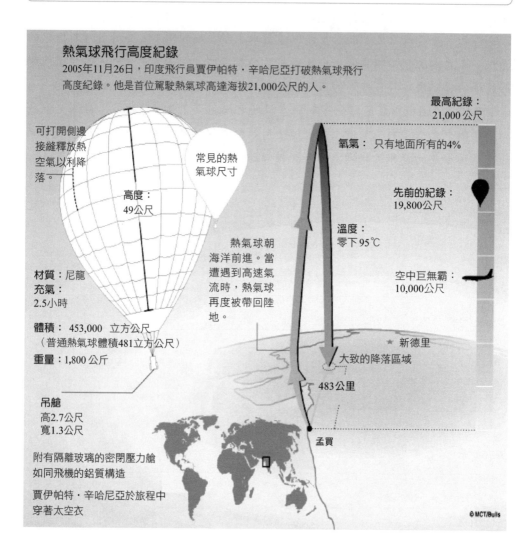

熱氣球飛行高度紀錄

2005年11月26日，印度飛行員賈伊帕特·辛哈尼亞打破熱氣球飛行高度紀錄。他是首位駕駛熱氣球高達海拔21,000公尺的人。

可打開側邊接縫釋放熱空氣以利降落。

常見的熱氣球尺寸

高度：
49公尺

材質：尼龍
充氣：
2.5小時

體積： 453,000 立方公尺
（普通熱氣球體積481立方公尺）
重量：1,800 公斤

吊艙
高2.7公尺
寬1.3公尺

附有隔離玻璃的密閉壓力艙如同飛機的鋁質構造

賈伊帕特·辛哈尼亞於旅程中穿著太空衣

最高紀錄：
21,000公尺

氧氣： 只有地面所有的4%

先前的紀錄：
19,800公尺

溫度：
零下95℃

空中巨無霸：
10,000公尺

熱氣球朝海洋前進。當遭遇到高速氣流時，熱氣球再度被帶回陸地。

★ 新德里

大致的降落區域

483公里

孟買

© MCT/Bulls

請依據前頁的〈熱氣球〉回答下列問題。

問題❽ 熱氣球

這篇文章的主旨為何？
A. 辛哈尼亞在熱氣球旅行中處處危險。
B. 辛哈尼亞刷新世界紀錄。
C. 辛哈尼亞飛越陸地及海洋。
D. 辛哈尼亞的熱氣球非常巨大。

- 文本情境：教育
- 文本形式：非連續
- 文本類型：敘述文
- 閱讀歷程：統整與解釋──形成廣泛的理解
- 題型：選擇題
- 難度：370（水準 1a）

- 熱氣球　問題 8 計分
　滿分：B. 辛哈尼亞刷新世界紀錄。

試題說明

　　本非連續文本的主旨陳述多次且明確而鮮明，包括標題「熱氣球飛行高度紀錄」。鮮明和一再重複的必要訊息有助於解釋試題的容易性：難度層次位於水準 1a 下半部。

　　雖然主旨的陳述明確，此題被歸類為「統整與解釋」，屬形成廣泛理解的次歷程，因為它涉及從文本的次要訊息分辨最重要和一般化的訊息。第一個選項「辛哈尼亞在熱氣球旅行中處處危險」是一項合理的推測，但得不到文本的任何支持，因此無法成為主旨。第三個選項「辛哈尼亞飛越陸地及海洋」精確地詮釋文本的訊息，但它屬於細節，而非主旨。第四個選項「辛哈尼亞的熱氣球非常巨大」指稱文本中明顯的圖案特徵，但附屬於主旨。

問題❸ 熱氣球

賈伊帕特・辛哈尼亞採用了其他兩種交通工具的技術。是指哪幾種交通工具？

1. _____

2. _____

- 文本情境：教育
- 文本形式：非連續
- 文本類型：敘述文
- 閱讀歷程：擷取與檢索──擷取訊息
- 題型：簡答題
- 難度：滿分 595（水準 4）

- 熱氣球　問題 3 計分

  滿分：**同時提及飛機及太空船**（順序不拘，可將兩個答案寫在同一行中）例如：

  - 1. 航空器。

    2. 太空飛行器。

  - 1. 飛機。

    2. 太空船。

  - 1. 空中旅行。

    2. 太空旅行。

  - 1. 飛機。

    2. 太空火箭。

  - 1. 噴射機。

    2. 火箭。

  部分分數：**僅提及飛機或太空船。**

  - 太空船。

  - 太空旅行。

  - 太空火箭。

- 火箭。
- 航空器。
- 飛機。
- 空中旅行。
- 噴射機。

　　這個試題的滿分答案需列出兩種類型的運輸工具，部分分數答案需列出其中一種類型。上述評分規準呈現可獲得分數之「飛機」和「太空船」數種不同的措詞。

　　部分分數位於水準 2 的上半部，滿分位於水準 4，說明擷取與檢索的問題也可頗具挑戰性。本試題的難度特別受到許多文本特徵的影響，數個不同類型的圖和多個說明文字，這種布局是一種相當普遍的非連續文本展現方式，常見於雜誌與現代教科書，但因為沒有慣用的順序結構（例如：不像表格或圖表），欲尋找特定的各別訊息是相當無效率的。說明文字（「材質」、「最高紀錄」等）提供讀者導航文本的某些支持，但試題所需的特定訊息沒有說明文字，故讀者在搜尋相關訊息時，需產生自己的分類。一旦找到需要的訊息，位於圖中左下角不明顯的位置，讀者需確認「如同飛機的鋁質構造」和「太空衣」與運輸工具的類別有關。要在這題得分，讀者需指出運輸工具的形式，而非抄寫文本近似的片段。因此，「太空旅行」可以得分，但「太空衣」不行。文本中一項很重要的競爭訊息更加深了難度：許多學生的答案為「空中巨無霸」。雖然「空中旅行」或「飛機」或「噴射機」可以得分，但「空中巨無霸」被視為是明確指稱圖中右側的圖像和說明文字，這個答案無法得分，因為插圖中的大型噴射機並未包括在辛哈尼亞熱氣球所用科技的參考材料中。

問題❹ 熱氣球

為何在文章中有張空中巨無霸的插圖？

_____

_____

- 文本情境：教育
- 文本形式：非連續
- 文本類型：敘述文
- 閱讀歷程：省思與評鑑——省思與評鑑文本內容
- 題型：開放式建構反應題
- 難度：510（水準 3）

- 熱氣球　問題 4 計分

    滿分：明確地或暗示地提及**氣球高度**，或是**紀錄**。可以提及空中巨無霸與熱氣球的比較。

    - 顯示熱氣球飛得多高。
    - 強調熱氣球真的飛得非常高。
    - 顯示他的紀錄令人印象相當深刻——他飛得比空中巨無霸還高！
    - 作為高度的參照依據。
    - 顯示他的紀錄如何真正令人印象深刻。〔最低限度〕

試題說明

　　本文旨在描述賈伊帕特・辛哈尼亞非凡的熱氣球所創下的高度紀錄。圖案中右側的圖解，包括空中巨無霸，含蓄地表達了文本中極大的欽佩：「哇！」顯示辛哈尼亞所成就的高度，與我們一般所連結的宏偉高度（一架空中巨無霸的高度）相比，多麼令人印象深刻。此題欲得分，學生需辨識空中巨無霸插圖意涵的說服性意圖。故此題被歸類為「省思與評鑑」，屬省思與評鑑文本內容的次歷程。此題屬中等難度，位於水準 3 的頂端。

問題❻ 熱氣球

為何有兩個熱氣球的插圖？

常見的
熱氣球尺寸

高度：
49公尺

A. 比較辛哈尼亞的熱氣球充氣前與充氣後的尺寸。

B. 比較辛哈尼亞的熱氣球與其他熱氣球的尺寸。

C. 顯示辛哈尼亞的熱氣球，從地面上看起來很小。

D. 顯示辛哈尼亞的熱氣球差點撞到另一個熱氣球。

- 文本情境：教育
- 文本形式：非連續
- 文本類型：敘述文
- 閱讀歷程：省思與評鑑──省思與評鑑文本內容
- 題型：選擇題
- 難度：411（水準 2）

- 熱氣球　問題 6 計分
  滿分：B. 比較辛哈尼亞的熱氣球與其他熱氣球的尺寸。

試題說明

對讀者而言，重要的是覺察文本並非是隨機出現的人為產物，而是深思熟慮和刻意繪製的，且文本的部分意義可由作者選擇納入的元素中尋得。如先前的試題，此試題被歸類為「省思與評鑑」，因為它問及寫作的意圖。此題著重圖案的元素——兩個熱氣球的插圖——並要學生思考放入的目的。文本中這個非常重要的情境，描述（並頌揚）辛哈尼亞的飛行，熱氣球的插圖傳達了這項訊息，「這真是一個非常高的飛行！」較小熱氣球的說明文字（傳統熱氣球的大小）顯示它不同於辛哈尼亞的熱氣球，因此，對細心的讀者來說，選項 A 和 C 是不合理的，選項 D 沒有任何文本的支持。這是一個相當容易的試題，難度接近水準 2 的底部。

四 守財奴和他的金子

> **伊索寓言**
>
> 　　有一個守財奴賣掉他所有的東西，買了一塊金子。他把金子埋在一座老牆旁邊的地洞裡，每天都要去看一下。守財奴的一個工人發現他常到那個地方去，決定監視他的行動。工人很快就發現藏寶的秘密，於是挖了金子並將它偷走。守財奴再來的時候，發現洞裡空空如也，於是撕扯著自己的頭髮嚎啕大哭。一個鄰居看到守財奴如此悲痛，知道原因後說：「別再難過了！去搬塊石頭，把它放在原來的洞，然後想像那金子仍在裡面，這樣做對你來說效果是差不多的。因為金子在的時候，其實你沒擁有它，因為你並沒讓它發揮一點作用。」

　　依據上文的寓言〈守財奴和他的金子〉回答下列問題。

問題❶ 守財奴和他的金子

讀下面的句子，並根據文中事件發生的先後順序加以編號。

守財奴決定用他所有的錢買一塊金子。　　　　　　　　　　　　　　☐

有人偷了守財奴的金子。　　　　　　　　　　　　　　　　　　　　☐

守財奴挖了個洞，把他的寶藏埋了進去。　　　　　　　　　　　　　☐

守財奴的鄰居告訴他用石頭代替金子。　　　　　　　　　　　　　　☐

- 文本情境：個人
- 文本形式：連續
- 文本類型：記敘文
- 閱讀歷程：統整與解釋——發展解釋
- 題型：封閉式建構反應題
- 難度：373（水準 1a）

- 守財奴和他的金子　問題 1 計分
  滿分：四個全對，依次為 1、3、2、4。

試題說明

　　寓言是多數文化中常見並受重視的文本類型，也是閱讀評量偏愛的文本類型，理由是：簡短、獨立、具道德啟發性，並禁得起時間的考驗。它或許不是 OECD 國家青少年最常閱讀的材料，但卻可能是自孩童時期便已熟悉，且言簡意賅，通常寓言的尖酸觀察可令一個厭煩的 15 歲學生感到驚喜。〈守財奴和他的金子〉即為此類的典型：它以一個簡潔俐落的故事，在一個段落中完成對特定人性弱點的刻畫與諷刺。

　　由於記敘文涉及時間序列中物件的特質，通常回答的是「何時」的問題，所以適合納入的試題是以記敘文為依據，要求就一系列與故事有關的敘述，以正確的順序安置。此種短文及試題的敘述會與故事密切吻合，此題屬於簡單試題，難度約在水準 1a 的中間。另一方面，本文的語言十分正規，具有某些舊式語風（翻譯者需再現原始版本寓言似的風格）。文本的特性可能增加問題的難度。

問題❼ 守財奴和他的金子

守財奴怎麼得到一塊金子的？

_____

_____

- 文本情境：個人
- 文本形式：連續
- 文本類型：記敘文
- 閱讀歷程：擷取與檢索──擷取訊息
- 題型：簡答題
- 難度：310（水準 1b）

- 守財奴和他的金子　問題 7 計分
  滿分：指出他**賣掉了所有的東西**。可以改寫或直接引用文章的內容。

  - 他賣掉他所有的東西。
  - 他賣掉了所有的家當。
  - 他買來的。〔暗示性地連結到他賣掉他所有的一切〕

試題說明

　　這是 PISA 閱讀最簡單的閱讀試題之一，難度位於水準 1b 的中間。讀者需擷取與檢索短文中起始句明確敘述的訊息。得到滿分的作答反應可以直接引自文本：「他賣掉他所有的東西」，或提供一個同義解釋，諸如「他賣掉了所有的家當」。文本較正式的語言可能會增加單元內其他試題的難度，但在此處不太可能有太大影響，因為所需訊息就在文本的最開端。雖然在 PISA 的參照架構中這是一個極為容易的問題，但仍需要一點超越字面的推論：讀者需推論第一個命題（守財奴賣掉他所有的東西）與第二個命題（他買了金子）間的因果連結。

問題❺ 守財奴和他的金子

這裡是閱讀了〈守財奴和他的金子〉後的兩個人對話。

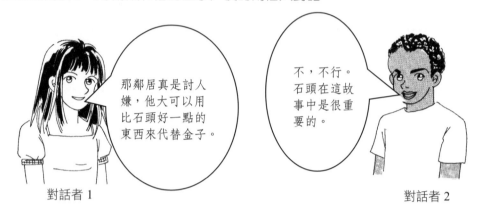

那鄰居真是討人嫌，他大可以用比石頭好一點的東西來代替金子。

對話者 1

不，不行。石頭在這故事中是很重要的。

對話者 2

對話者 2 會說什麼來支持他自己的觀點？

_____

_____

- 文本情境：個人
- 文本形式：連續
- 文本類型：記敘文
- 閱讀歷程：統整與解釋──發展解釋
- 題型：開放式建構反應題
- 難度：548（水準 3）

- 守財奴和他的金子　問題 5 計分
  滿分：認識到故事的含義需要透過無用或無價值的東西替代金子來表達。

  ・需要用沒有價值的東西代替才能說明意思。
  ・石頭在這故事中是很重要的，因為整個重點是守財奴埋石頭所得到的好處和埋金子一樣。
  ・如果用比石頭好一點的東西代替金子，那就會喪失本意，因為埋下的東西應該是真的毫無用處的東西。

・石頭沒一點用處，但對於守財奴來說，金子也一樣。

・因為四處可以找到石頭，金子和石頭對這守財奴而言是相同的。
〔「四處可以找到」暗示石頭沒有特殊價值〕

試題說明

　　此題採用的形式是設定二位想像讀者間的對話，代表兩個對故事的衝突解釋。事實上只有對話者 2 的立場與文本的整體意涵一致，因此當提供支持的理由時，讀者需證明他們已了解此寓言的奧妙——寓意的重要性。此題相對難度接近水準 3 的頂端，可能受到一項事實的影響，即讀者需做許多工作方能產出一個滿分的作答反應。首先，他們必須理解故事中鄰居以正式語體表達其說法（正如上述，翻譯者需再現寓言似的風格）。其次，題幹與所需訊息的關係並不明顯：即使對話者提到石頭和鄰居應能指引讀者到寓言的終結，但題幹幾乎沒有任何支撐（對話者 2 說些什麼來支持他的觀點？）可引導讀者解釋問題。

　　如欲得到滿分的作答範例，學生可用多種方式呈現故事的主要想法，即財富是沒有價值的，除非能加以使用。含義模糊的表達形式，如「石頭具有象徵性的價值」是無法得分的。

學生科學素養表現分析

徐立真、涂柏原、林哲彥

　　　PISA 2012 的評量重點是數學，科學在 2009 和 2012 是輔助的領域，因此 2012 提供科學素養的整體表現而未作深入分析。本章首先說明 PISA 所定義的科學素養及評量架構，其次描述臺灣學生 2012 的 PISA 科學素養表現，及臺灣學生在 2006、2009、2012 科學素養的表現趨勢，並提供 PISA 科學素養的試題示例。

第一節　PISA 評量學生科學素養表現的取向

一　PISA 科學定義

　　「理解科學與科技」不只是年輕學子因應現代社會生活必備的能力，同時也是他們未來參與生活相關之科學與科技政策決定時，所需的科學能力。為了測量學生是否具備此種理解能力，PISA 並不局限於測量學生科學概念的精熟程度，而是著重測量學生解決問題的能力和傳達複雜科學構念的溝通能力，同時考量全球化經濟的趨勢以及科技產業對人力素質的要求。因此，PISA 強調評量學生是否能運用科學知識來辨識科學問題、是否能解釋科學現象，以及是否能針對科學相關的議題形成證據導向的結論。

　　如先前年度的 PISA 調查研究，PISA 2012 定義一位具有科學素養的個體如下：能運用科學知識辨識科學問題、獲得新知、解釋科學現象，並形成證據導向的結論；能理解科學特徵是一種人類知識和探索的型態；能覺察科學與科技形塑

周遭物質、知識以及文化的環境；且成為一個具有意願投入科學相關議題、具有科學概念及具反思性的公民。

以科學素養為第一次調查主軸是 PISA 2006 的調查研究，該次調查科學素養評量共含 103 題科學題目，30 個 OECD 國家的科學素養平均為 500 分，但因 4 個 OECD 國家的加入，重新調整成 498 分，此分數是 PISA 2009 及 PISA 2012 科學表現跨年比較的基準。然而，不同於 PISA 2006 調查，PISA 2009 及 PISA 2012 的科學素養調查僅是副軸，科學的測驗時間只占 90 分鐘，比 PISA 2006 科學的測驗時間短，且測驗題目較少。PISA 2006 的試題分配及涵蓋面較廣，因此可以針對科學素養進行知識和技能的深度分析，而 PISA 2009 及 PISA 2012 的科學部分僅能著眼於總表現。

二 PISA 科學評量架構

為評量 15 歲學生的科學素養，PISA 2012 調查沿用 PISA 2006 科學素養的評量架構，提出了四個相互關聯的向度，並據此發展評量試題：(1) 與生活相關的情境；(2) 學生必須具備的能力；(3) 相關的科學知識；(4) 學生的態度（如圖 6.1）。分述如下：

1. **情境**：為評量學生是否能適應未來的生活，PISA 的科學試題包含了「健康」、「自然資源」、「環境」、「災害」與「科學與科技的探索」等生活

● 圖 6.1　科學素養評量架構

情境。而這些生活情境又可分為個人（個人、家庭與同儕團體）、社會（社區）和全球（世界生活）（詳如表 6.1）。PISA 問題所選用的情境與學生未來所要適應的成人世界息息相關，而成人世界經常遇到健康、環境、災害等科學與科技相關情境之探索。

2. 科學能力：PISA 的科學試題注重學生在三種科學能力的表現，分別是解釋科學現象（explain phenomena scientifically）、辨識科學議題（identify scientific issues）以及運用科學證據（use scientific evidence）等三個項目。

3. 科學的知識：包含了科學內容知識（knowledge of science）與科學本質（knowledge about science）。科學內容知識乃關於自然世界與科技的知識，可分為物理、化學、生物、地球與太空科學，以及科技等領域。科學本質則包含了兩個類別：科學探究（scientific enquiry）和科學解釋（scientific explanations）。

4. 態度：包含了對科學的興趣、科學探究的支持，以及對自然資源與環境的責任。

❖表 6.1　PISA 2012 科學素養評量情境內涵說明

	個人 （個人、家庭與同儕團體）	社會 （社區）	全球 （世界生活）
健康	健康維護、意外、營養	疾病的控制、疾病傳染、食物選擇、社群健康	流行疫情、疫情的擴散
自然資源	材料與能源的個人消費	人口數量的維持、生活品質、安全、糧食的產出與分配、能源供給	再生與非再生自然資源系統、人口生育、物種的永續運用
環境品質	環境友善的行動、使用與拋棄物料與器材	人口分布、廢棄物處理、環境衝擊	生物多樣性、永續生態、汙染控制、土壤／生物量的產出與流失
災害	自然與人為引發的建築災害	劇變（地震、極端氣候）、漸進的變化（海岸侵蝕、沉積）、風險評估	氣候改變、現代武器的衝擊
科學與科技新領域	興趣、個人化科技、音樂、運動與休閒的科學層面	新材料、新器具與新製程、基因改造、保健技術、運輸	物種的滅絕、太空探索、宇宙的起源與結構

　　然而，PISA 2009 及 2012 的科學素養調查為次要領域，故沒有包含學生對科學態度的問題，雖然包含了科學素養三個分項能力試題（辨識科學議題、解釋科學現象，及運用科學證據），但由於題數較少，PISA 2012 並沒有提供科學素養分量表的分數。

三 不同科學素養水準的表現描繪

　　PISA 2006 以科學為主軸的調查中，定義了六個科學量尺素養水準，此素養水準的建立程序與閱讀及數學素養相似。PISA 2012 同樣也沿用這個素養水準的定義。圖 6.2 描述不同的素養水準，學生所呈現的科學知識與技能，其中水準 6 是最高的素養水準。

(一)科學素養水準 6 —— 得分高於 708 分

　　水準 6 的學生，可以在各種複雜的生活情境中，辨認、解釋、應用科學知識與科學本質。他們可以結合不同的訊息來源所得的證據，並加以解釋與運用以支持其決定。他們能運用科學知識且能提出論證，以支持在個人、社會、全球的情境中所形成的決定與建議。

(二)科學素養水準 5 —— 得分介於 633 至 708 分（含）

　　水準 5 的學生能夠在許多複雜的生活情境中，辨認、解釋、應用科學知識與科學本質，並且能比較、選擇、評估適當的科學證據。同時他們也能根據證據建構其解釋，並能根據其批判性分析建構其論證。

(三)科學素養水準 4 —— 得分介於 559 至 633 分（含）

　　水準 4 的學生可以進行有效率的處理，他們可以擷取並整合不同領域的科學及科技知識，以解釋生活情境的問題。這個層級的學生可以反思其行動，並且能運用科學知識與證據進行溝通其針對情境所作的決定。

(四)科學素養水準 3 —— 得分介於 484 至 559 分（含）

　　水準 3 的學生可以辨識出科學議題。他們可以運用事實與知識來解釋現象，

並能運用簡單的模式或探究技巧。他們能直接運用不同領域的科學知識，並且直接應用在該情境的解釋；同時他們能根據事實發展出簡短的陳述，並且根據科學知識形成決定。

（五）科學素養水準 2 —— 得分介於 409 至 484 分（含）

　　水準 2 的學生能針對其熟悉情境，提出可能的解釋。並透過簡易的研究形成結論。在科學探究結果與科技問題解決方面，他們能夠提出直接的推理與簡易的說明。

水準 最低分數	試題特徵
6 708	達到此水準的學生，可以在各種複雜的生活情境中，辨認、解釋、應用科學知識與科學本質。他們可以結合不同的訊息來源所得的證據，並加以解釋與運用以支持其決定。他們展露出精熟的科學思考與推理能力，並有能力使用科學解決陌生的科學與科技情境問題。達到此等級的學生，能運用科學知識且能提出論證，以支持其在個人、社會、全球的情境中所形成的決定與建議。
5 633	此水準的學生，能夠在許多複雜的生活情境中，辨認、解釋、應用科學知識與科學本質，並且能比較、選擇、評估適當的科學證據。達到此水準的學生，能運用既有的探究技巧、連結適當知識並對情境提出批判性觀點，同時他們也能根據證據建構其解釋，並能根據其批判性分析建構其論證。
4 559	當情境與議題中的現象是清楚而明顯時，此水準的學生可以進行有效率的處理。他們可以擷取並整合不同領域的科學及科技知識，以解釋生活情境的問題。這個層級的學生可以反思其行動，並且能運用科學知識與證據，溝通其針對情境所作的決定。
3 484	針對清楚陳述的情境，此水準的學生可以辨識出科學議題。他們可以運用事實與知識來解釋現象，並能運用簡單的模式或探究技巧。他們能直接運用不同領域的科學知識，並且直接應用在該情境的解釋；同時他們能根據事實發展出簡短的陳述，並且根據科學知識形成決定。
2 409	此水準的學生能針對其熟悉情境，提出可能的解釋。並透過簡易的研究形成結論。在科學探究結果與科技問題解決方面，他們能夠提出直接的推理與簡易的說明。
1 335	此水準的學生，只能在極少數熟悉的情境之下，運用其有限的科學知識，並且僅能根據所給的證據當中，擷取顯易的脈絡給予科學詮釋。

◐ **圖 6.2　不同科學素養水準的摘要描述**

(六)科學素養水準 1 —— 得分介於 335 至 409 分（含）或未達水準 1

　　水準 1 的學生只能在極少數熟悉的情境之下運用有限的科學知識，並且僅能根據所給的證據當中擷取顯易的脈絡給予科學詮釋。表現在 335 分以下的學生（即低於水準 1）通常都無法達成 PISA 科學評量中最基本的水準，這些學生很難運用科學於未來的教育與學習，並且不易參與科學與科技相關生活情境中的活動。

第二節　學生的科學表現

一　PISA 2012 學生的科學表現

(一)整體學生的科學表現

　　國家的表現是以平均分數表示科學素養，PISA 2006 調查 34 個 OECD 國家的平均為 498 分。PISA 2012 的 OECD 平均為 501 分，此分數是 2012 年國家比較的基準。

平均	國家	與前述國家平均數差異未達統計顯著的國家
580	上海	■ 顯著高於 OECD 平均數 ▢ 與 OECD 平均數差異未達顯著 ■ 顯著低於 OECD 平均數
555	香港	新加坡、日本
551	新加坡	香港、日本
547	日本	香港、新加坡、芬蘭、愛沙尼亞、韓國
545	芬蘭	日本、愛沙尼亞、韓國
541	愛沙尼亞	日本、芬蘭、韓國
538	韓國	日本、芬蘭、愛沙尼亞、越南
528	越南	韓國、波蘭、加拿大、列支敦斯登、德國、臺灣、荷蘭、愛爾蘭、澳洲、澳門

○ 圖 6.3　各國學生科學素養平均分數對照

平均	國家	與前述國家平均數差異未達統計顯著的國家
526	波蘭	越南、加拿大、列支敦斯登、德國、臺灣、荷蘭、愛爾蘭、澳洲、澳門
525	加拿大	越南、波蘭、列支敦斯登、德國、臺灣、荷蘭、愛爾蘭、澳洲
525	列支敦斯登	越南、波蘭、加拿大、德國、臺灣、荷蘭、愛爾蘭、澳洲、澳門
524	德國	越南、波蘭、加拿大、列支敦斯登、臺灣、荷蘭、愛爾蘭、澳洲、澳門
523	臺灣	越南、波蘭、加拿大、列支敦斯登、德國、荷蘭、愛爾蘭、澳洲、澳門
522	荷蘭	越南、波蘭、加拿大、列支敦斯登、德國、臺灣、愛爾蘭、澳洲、澳門、紐西蘭、瑞士、英國
522	愛爾蘭	越南、波蘭、加拿大、列支敦斯登、德國、臺灣、荷蘭、澳洲、澳門、紐西蘭、瑞士、英國
521	澳洲	越南、波蘭、加拿大、列支敦斯登、德國、臺灣、荷蘭、愛爾蘭、澳門、瑞士、英國
521	澳門	越南、、波蘭、列支敦斯登、德國、臺灣、荷蘭、愛爾蘭、澳洲、瑞士、英國
516	紐西蘭	荷蘭、愛爾蘭、瑞士、斯洛維尼亞、英國
515	瑞士	荷蘭、愛爾蘭、澳洲、澳門、紐西蘭、斯洛維尼亞、英國、捷克
514	斯洛維尼亞	紐西蘭、瑞士、英國、捷克
514	英國	荷蘭、愛爾蘭、澳洲、澳門、紐西蘭、瑞士、斯洛維尼亞、捷克、奧地利
508	捷克	瑞士、斯洛維尼亞、英國、奧地利、比利時、拉脫維亞
506	奧地利	英國、捷克、比利時、拉脫維亞、法國、丹麥、美國
505	比利時	捷克、奧地利、拉脫維亞、法國、美國
502	拉脫維亞	捷克、奧地利、比利時、法國、丹麥、美國、西班牙、立陶宛、挪威、匈牙利
499	法國	奧地利、比利時、拉脫維亞、丹麥、美國、西班牙、立陶宛、挪威、匈牙利、義大利、克羅埃西亞

⊃ 圖 6.3　各國學生科學素養平均分數對照（續）

平均	國家	與前述國家平均數差異未達統計顯著的國家
498	丹麥	奧地利、拉脫維亞、法國、美國、西班牙、立陶宛、挪威、匈牙利、義大利、克羅埃西亞
497	美國	奧地利、比利時、拉脫維亞、法國、丹麥、西班牙、立陶宛、挪威、匈牙利、義大利、克羅埃西亞、盧森堡、葡萄牙
496	西班牙	拉脫維亞、法國、丹麥、美國、立陶宛、挪威、匈牙利、義大利、克羅埃西亞、葡萄牙
496	立陶宛	拉脫維亞、法國、丹麥、美國、西班牙、挪威、匈牙利、義大利、克羅埃西亞、盧森堡、葡萄牙
495	挪威	拉脫維亞、法國、丹麥、美國、西班牙、立陶宛、匈牙利、義大利、克羅埃西亞、盧森堡、葡萄牙、俄羅斯聯邦
494	匈牙利	拉脫維亞、法國、丹麥、美國、西班牙、立陶宛、挪威、義大利、克羅埃西亞、盧森堡、葡萄牙、俄羅斯聯邦
494	義大利	法國、丹麥、美國、西班牙、立陶宛、挪威、匈牙利、克羅埃西亞、盧森堡、葡萄牙
491	克羅埃西亞	法國、丹麥、美國、西班牙、立陶宛、挪威、匈牙利、義大利、盧森堡、葡萄牙、俄羅斯聯邦、瑞典
491	盧森堡	美國、立陶宛、挪威、匈牙利、義大利、克羅埃西亞、葡萄牙、俄羅斯聯邦
489	葡萄牙	美國、西班牙、立陶宛、挪威、匈牙利、義大利、克羅埃西亞、盧森堡、俄羅斯聯邦、瑞典
486	俄羅斯聯邦	挪威、匈牙利、克羅埃西亞、盧森堡、葡萄牙、瑞典
485	瑞典	克羅埃西亞、葡萄牙、俄羅斯聯邦、冰島
478	冰島	瑞典、斯洛伐克、以色列
471	斯洛伐克	冰島、以色列、希臘、土耳其
470	以色列	冰島、斯洛伐克、希臘、土耳其
467	希臘	斯洛伐克、以色列、土耳其
463	土耳其	斯洛伐克、以色列、希臘
448	阿拉伯聯合大公國	保加利亞、智利、塞爾維亞、泰國
446	保加利亞	阿拉伯聯合大公國、智利、塞爾維亞、泰國、羅馬尼亞、賽普勒斯

⊃ 圖 6.3　各國學生科學素養平均分數對照（續）

平均	國家	與前述國家平均數差異未達統計顯著的國家
445	智利	阿拉伯聯合大公國、保加利亞、塞爾維亞、泰國、羅馬尼亞
445	塞爾維亞	阿拉伯聯合大公國、保加利亞、智利、泰國、羅馬尼亞
444	泰國	阿拉伯聯合大公國、保加利亞、智利、塞爾維亞、羅馬尼亞
439	羅馬尼亞	保加利亞、智利、塞爾維亞、泰國、賽普勒斯
438	賽普勒斯	保加利亞、羅馬尼亞
429	哥斯大黎加	哈薩克
425	哈薩克	哥斯大黎加、馬來西亞
420	馬來西亞	哈薩克、烏拉圭、墨西哥
416	烏拉圭	馬來西亞、墨西哥、蒙特內哥羅、約旦
415	墨西哥	馬來西亞、烏拉圭、約旦
410	蒙特內哥羅	烏拉圭、約旦、阿根廷
409	約旦	烏拉圭、墨西哥、蒙特內哥羅、阿根廷、巴西
406	阿根廷	蒙特內哥羅、約旦、巴西、哥倫比亞、突尼西亞、阿爾巴尼亞
405	巴西	約旦、阿根廷、哥倫比亞、突尼西亞
399	哥倫比亞	阿根廷、巴西、突尼西亞、阿爾巴尼亞
398	突尼西亞	阿根廷、巴西、哥倫比亞、阿爾巴尼亞
397	阿爾巴尼亞	阿根廷、哥倫比亞、突尼西亞
384	卡達	印尼
382	印尼	卡達、秘魯
373	秘魯	印尼

⊃ 圖 6.3　各國學生科學素養平均分數對照（續）

　　圖 6.3 依最高分至最低分的順序，呈現 PISA 2012 每個參與國家的科學素養平均表現，並與 OECD 平均分數之間的差距，歸納為三群：(1) 平均分數自 508 至 580 的國家，平均表現顯著高於 OECD 平均；(2) 平均分數在 497 至 506 的國家，平均表現與 OECD 平均沒有統計上顯著差異；(3) 平均分數在 373 至 496 的國家，平均表現顯著低於 OECD 平均，分別以三種底色加以標示。

　　此外，位於圖表中間欄位的國家，除與列於同列中圖表右方欄位的國家沒有

顯著差異外，與其他國家的平均表現則有顯著差異，例如臺灣學生 PISA 2012 的科學素養平均為 523 分，排名在第十三名，與排名分別為第八到十七名的越南、波蘭、加拿大、列支敦斯登、德國、荷蘭、愛爾蘭、澳洲、澳門等國家學生的表現沒有顯著差異，但平均表現顯著優於紐西蘭（第十八名）、瑞士（第十九名）及其以下的國家，而顯著劣於韓國（第七名）、愛沙尼亞（第六名）及其以上的國家。

表 6.2 呈現 PISA 2006、PISA 2009、PISA 2012 科學素養前 15 名國家的對照。有九個國家在三個年度調查排名皆在 15 名之內，PISA 2012 中，越南是首次加入 PISA 調查的國家，英國、捷克、紐西蘭、斯洛維尼亞、澳洲等國家，在 PISA 2012 落於 15 名之外，愛爾蘭及波蘭則進步在 15 名之內。臺灣雖於三個年度調查皆在 15 名之內，平均分數亦較 PISA 2009 進步 3 分，但相較於 2006 年則還是退步 9 分。

❖ 表 6.2　PISA 2006、PISA 2009 及 PISA 2012 科學素養國家排名（前十五名）

名次	2006			2009			2012		
	國家	平均數	標準差	國家	平均數	標準差	國家	平均數	標準差
1	芬蘭	563	86	上海	575	82	上海	580	82
2	香港	542	92	芬蘭	554	89	香港	555	83
3	加拿大	534	94	香港	549	87	新加坡	551	104
4	臺灣	532	94	新加坡	542	104	日本	547	96
5	愛沙尼亞	531	84	日本	539	100	芬蘭	545	93
6	日本	531	100	韓國	538	82	愛沙尼亞	541	80
7	紐西蘭	530	107	紐西蘭	532	87	韓國	538	82
8	澳洲	527	100	加拿大	529	90	越南	528	77
9	荷蘭	525	96	愛沙尼亞	528	84	波蘭	526	86
10	列支敦斯登	522	97	澳洲	527	101	加拿大	525	91
11	韓國	522	90	荷蘭	522	96	列支敦斯登	525	86
12	斯洛維尼亞	519	93	臺灣	520	87	德國	524	95
13	德國	516	100	德國	520	101	臺灣	523	83
14	英國	515	107	列支敦斯登	520	87	愛爾蘭	522	91
15	捷克	513	98	瑞士	517	96	荷蘭	522	95

(二)不同科學素養水準的表現

表 6.3 呈現臺灣與參照國家，學生科學素養表現不同百分等級對照。臺灣 2012 百分等級 10 和百分等級 90 的學生的分數分別為 411、626，兩組的平均分數差距為 215，較 OECD 平均差距 239 小，亦較 2009 及 2006 的科學表現差異 224 與 249 來得小，此乃由於高分組的退步幅度，高於低分群的進步幅度。相較於參照國家，臺灣表現較上海、香港、韓國差，並且臺灣學生高低分群組表現差異的幅度較大，顯示在追求未來整體高科學素養表現的同時，縮短個別差異的幅度仍有改善的空間，而這將是臺灣科學教育持續應關注的議題。

❖表 6.3　臺灣與參照國家不同百分等級學生的科學素養平均數對照

國家	百分等級					
	5th	10th	25th	75th	90th	95th
臺灣 2012	379	411	469	582	626	652
臺灣 2009	370	404	464	581	628	654
臺灣 2006	369	402	466	602	651	676
上海	435	472	527	639	681	704
香港	403	446	505	613	655	679
新加坡	374	412	480	627	681	714
日本	379	421	485	614	664	693
韓國	396	431	485	595	639	664
列支敦斯登	383	408	464	588	635	656
荷蘭	357	393	458	591	641	667
澳門	383	416	469	575	619	643
瑞士	358	394	455	579	630	658
芬蘭	386	424	486	609	662	692
OECD 整體	337	371	428	566	623	655
OECD 平均	344	380	439	566	619	648

❖表 6.4 臺灣與參照國家學生在不同科學素養水準人數百分比對照

國家	素養水準						
	未達 1 （未達 334.9）	1 (334.9~ 409.5)	2 (409.5~ 484.1)	3 (484.1~ 558.7)	4 (558.7~ 633.3)	5 (633.3~ 707.9)	6 （超過 707.9）
臺灣 2012	1.6	8.2	20.8	33.7	27.3	7.8	0.6
臺灣 2009	2.2	8.9	21.1	33.3	25.8	8.0	0.8
臺灣 2006	1.9	9.7	18.6	27.3	27.9	12.9	1.7
上海	0.3	2.4	10.0	24.6	35.5	23.0	4.2
新加坡	2.2	7.4	16.7	24.0	27.0	16.9	5.8
香港	1.2	4.4	13.0	29.8	34.9	14.9	1.8
韓國	1.2	5.5	18.0	33.6	30.1	10.6	1.1
澳門	1.4	7.4	22.2	36.2	26.2	6.2	0.4
日本	2.0	6.4	16.3	27.5	29.5	14.8	3.4
列支敦斯登	0.8	9.6	22.0	30.8	26.7	9.1	1.0
瑞士	3.0	9.8	22.8	31.3	23.7	8.3	1.0
荷蘭	3.1	10.1	20.1	29.1	25.8	10.5	1.3
芬蘭	1.8	5.9	16.8	29.6	28.8	13.9	3.2
OECD 整體	4.8	14.6	25.7	27.5	19.3	6.9	1.2
OECD 平均	4.8	13.0	24.5	28.8	20.5	7.2	1.1

　　表 6.4 呈現臺灣與參照國家在各素養水準的學生人數百分比分配，同時與臺灣 2006 及 2009 的資料做對照。

　　圖 6.4 則呈現 PISA 2012 各國不同科學素養水準的學生人數百分比對照（依水準 2 以上學生排序）。由表 6.4 可知，臺灣的高分群表現（水準 5 以上）學生占 8.4%，相對於參照國家上海（27.2%）、新加坡（22.7%）、芬蘭（17.1%）、日本（18.2%）、香港（16.7%）與韓國（11.7%），我們在高分群的比率仍有待加強；但同樣值得關注的是低分群（水準 1 及未達水準 1）人數比率，臺灣 PISA 2012 人數的比率（9.8%）雖然略低於 2009 及 2006，但仍偏高，僅低於列支敦斯登、瑞士、荷蘭。

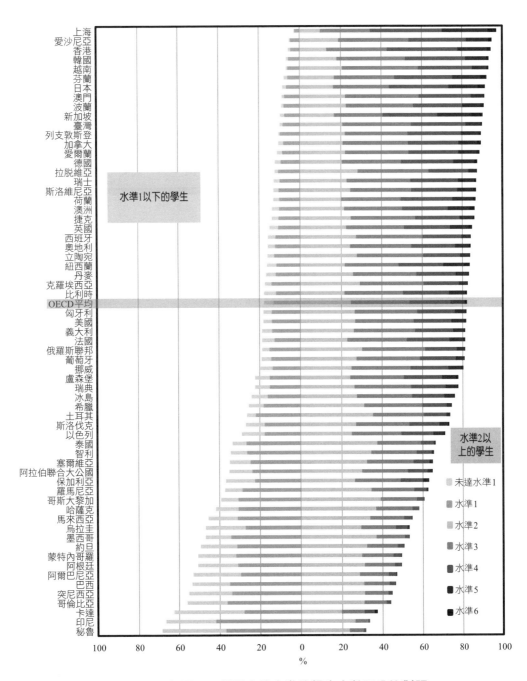

○ 圖 6.4　各國不同科學素養水準的學生人數百分比對照

資料來源：OECD, PISA 2012 Database figure I.5.10.

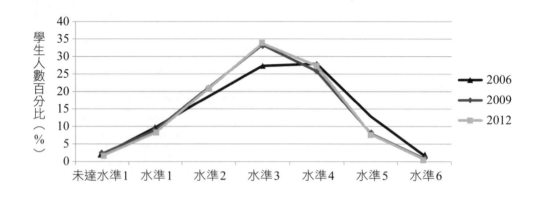

● 圖 6.5 不同科學素養水準人數比率變化

　　圖 6.5 呈現臺灣 PISA 2006、PISA 2009 及 PISA 2012 三次的科學表現之比較對照。臺灣學生 PISA 2012 及 PISA 2009 在各水準的表現相似，整體表現皆略低於 2006。而針對各科學素養水準的人數比率之比較顯示，臺灣在水準 6 的比率減少了 1%，而水準 5 的比率也下降了 5%，亦即水準 5 和水準 6 的高分群比率下降幅度為 6%。水準 2 和水準 3 人數比率有提高的現象，水準 1 和低於水準 1 的低分群學生人數比率則變動不大。

二 科學表現的性別差異

　　表 6.5 呈現臺灣與參照國家在科學素養上性別差異的對照，PISA 2012 除新加坡、芬蘭及澳門外，皆呈現男學生科學表現高於女學生的狀態，而新加坡與澳門女學生僅高於男學生 1 分，性別差異小。圖 6.6 呈現三次調查臺灣男女學生科學素養平均數改變對照，而 PISA 2012 及 2009 臺灣的男、女學生表現差異僅 1 分，較 PISA 2006 的性別差異小，PISA 2009 以後，男女學生在科學方面的表現差異沒有非常明顯。圖 6.7 呈現三次調查臺灣不同年級男女學生科學素養平均數改變對照，PISA 2006、2009、2012 皆呈現十年級男生科學表現優於女生，且三次的差異幅度相近（約為 5～6 分）。九年級的男女學生表現差異則變化較大，PISA 2006 九年級男學生的科學素養表現優於女學生，PISA 2009 及 2012 則呈現女學生的科學素養表現優於男學生的現象，分數差距則以 PISA 2012 的 6 分最

小，PISA 2009 的 13 分最大。相較於 PISA 2012 閱讀和數學素養，科學素養在男女學生表現的性別差異上較小。

　　表 6.6 及表 6.7 則分別呈現男、女學生各科學素養水準的學生人數分配，臺灣 PISA 2009 與 2012 男女學生在各科學表現水準的分配上，亦呈現相近的組型。相較於臺灣 2006 與 2009，2012 女生未達水準 2 的比率稍微降低，但高於水準 4 的比率亦下降。PISA 2006、2009、2012 男生高於水準 4 的比率呈現下降的趨勢，但與 PISA 2009 相比，PISA 2012 男生高於水準 4 的比率下降得不明顯。相較於參照國家，男學生在水準 5 及以上的比率皆低於澳門以外的其他參照國家，女學生在水準 5 及以上的比率則略高於澳門及列支敦斯登的女學生比率，而低於其餘參照國家的女學生比率。同時，男學生水準 2 以下的比率則高於除瑞士及荷蘭以外的其他參照國家的男學生比率，而女學生水準 2 以下的比率則高於除列支敦斯登、瑞士及荷蘭以外的其他參照國家的女學生比率。

❖表 6.5　臺灣與參照國家科學素養排名、平均數、標準差與性別對照

國家	排名	平均數	標準差	男學生平均數	女學生平均數	差異（男－女）
臺灣 2012	13	523	83	524	523	1
臺灣 2009	12	520	87	520	521	-1
臺灣 2006	4	532	94	536	529	7
上海	1	580	82	583	578	5
新加坡	3	551	104	551	552	-1
香港	2	555	83	558	551	7
韓國	7	538	82	539	536	3
澳門	17	521	79	520	521	-1
日本	4	547	96	552	541	**11**
列支敦斯登	10	525	86	533	516	17
瑞士	19	515	91	518	512	**6**
荷蘭	15	522	95	524	520	3
芬蘭	5	545	93	537	554	**-16**
OECD 平均		501	93	502	500	**1**

註：統計達顯著者標以粗體。

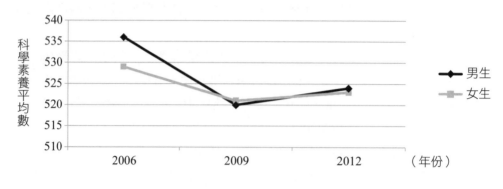

⮒ 圖 6.6　三次調查臺灣男女學生科學素養平均數改變對照

❖表 6.6　臺灣與參照國家男學生在不同科學素養水準人數百分比對照

國家	素養水準						
	未達 1 （未達 334.94)	1 (334.94~ 409.54)	2 (409.54~ 484.14)	3 (484.14~ 558.73)	4 (558.73~ 633.33)	5 (633.33~ 707.93)	6 （超過 707.93）
臺灣 2012	2.1	9.4	19.3	31.3	28.9	8.4	0.6
臺灣 2009	2.9	9.4	20.4	31.1	26.7	8.6	0.8
臺灣 2006	1.9	9.7	17.4	26.4	28.8	13.8	2.0
上海	0.4	2.7	9.7	23.7	34.0	24.5	4.9
新加坡	2.9	8.1	16.3	22.6	26.3	17.0	6.8
香港	1.3	4.7	12.9	27.6	34.6	16.4	2.5
韓國	1.3	6.3	17.6	31.4	30.2	11.6	1.6
澳門	1.7	8.4	21.8	34.1	26.4	7.0	0.5
日本	2.2	6.7	15.2	25.2	29.2	16.9	4.5
列支敦斯登	0.7	7.6	20.8	33.2	25.1	11.4	1.3
瑞士	3.1	9.9	22.1	30.2	24.1	9.4	1.3
荷蘭	3.1	10.1	19.8	28.4	26.0	11.2	1.4
芬蘭	2.2	7.4	18.8	28.8	26.8	12.8	3.2
OECD 整體	5.3	14.9	24.5	26.4	19.7	7.7	1.5
OECD 平均	5.3	13.3	23.6	27.7	20.7	7.9	1.4

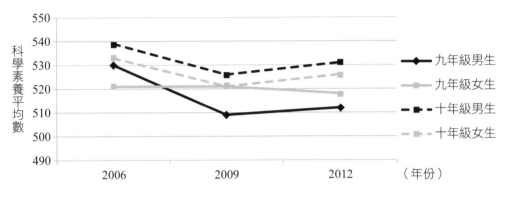

⊃ 圖 6.7　三次調查臺灣不同年級男女學生科學素養平均數改變對照

❖ 表 6.7　臺灣與參照國家女學生在不同科學素養水準人數百分比對照

國家	素養水準						
	未達 1 (未達 334.94)	1 (334.94~ 409.54)	2 (409.54~ 484.14)	3 (484.14~ 558.73)	4 (558.73~ 633.33)	5 (633.33~ 707.93)	6 (超過 707.93)
臺灣 2012	1.1	7.1	22.2	36.1	25.8	7.2	0.5
臺灣 2009	1.4	8.3	21.8	35.4	24.8	7.5	0.8
臺灣 2006	1.9	9.7	19.9	28.3	26.9	12.0	1.4
上海	0.2	2.2	10.3	25.4	36.8	21.6	3.6
新加坡	1.5	6.6	17.2	25.3	27.7	16.9	4.8
香港	1.1	4.0	13.2	32.5	35.3	13.1	1.0
韓國	1.0	4.5	18.5	36.0	30.0	9.4	0.6
澳門	0.9	6.3	22.7	38.3	25.9	5.4	0.4
日本	1.8	6.1	17.6	30.1	29.7	12.6	2.2
列支敦斯登	1.0	12.0	23.4	28.0	28.5	6.5	0.6
瑞士	2.9	9.7	23.6	32.5	23.4	7.2	0.7
荷蘭	3.0	10.0	20.5	29.9	25.6	9.7	1.2
芬蘭	1.3	4.3	14.7	30.5	31.0	14.9	3.2
OECD 整體	4.3	14.3	26.9	28.6	18.8	6.2	0.9
OECD 平均	4.2	12.7	25.5	30.0	20.2	6.5	0.9

三 趨勢分析

(一)平均科學表現的趨勢分析

　　學生平均科學表現的跨年改變分析可以顯示學生不同時間點的科學素養進步趨勢，並藉以評估教育系統提供學生因應現代社會生活所需知識與技能目標在不同時間點達成的進展。臺灣自 2006 年 PISA 以科學為調查主軸起，已連續參加

❖表 6.8　臺灣與參照國家 PISA 2006、2009 及 2012 學生科學平均改變對照

	平均差異 PISA 2012 − PISA 2006	平均差異 PISA 2012 − PISA 2009	現有數據的科學年度改變量	科學表現的曲線變化	
				2012 年的年度變化（線性）	表現的增加或減少（二次）
	平均數差異	平均數差異	年度改變		
臺灣	-9(5.5)	3(4.0)	-1.5(0.92)	3.5(2.31)	**0.8(0.42)**[1]
上海	m[2]	6(4.3)	1.8(1.50)	m	m
香港	**13(5.0)**	6(4.3)	**2.1(0.85)**	1.8(2.28)	-0.1(0.38)
新加坡	m	**10(2.9)**	3.3(0.93)	m	m
日本	**15(6.1)**	7(5.4)	2.6(0.90)	2.3(3.07)	0.0(0.52)
韓國	**16(6.1)**	0(5.4)	2.6(1.02)	-2.7(3.34)	-0.9(0.55)
列支敦斯登	3(6.5)	5(5.3)	0.4(1.03)	2.8(2.99)	0.4(0.51)
荷蘭	-3(5.7)	0(6.8)	-0.5(0.92)	0.4(4.16)	0.1(0.69)
澳門	**10(3.8)**	**10(2.4)**	**1.6(0.64)**	**4.7(1.04)**	**0.5(0.22)**
瑞士	4(5.4)	-1(4.4)	0.6(0.91)	-1.5(2.46)	-0.4(0.43)
芬蘭	-18(4.6)	-9(3.8)	-3.0(0.77)	-2.8(1.97)	0.0(0.33)
OECD 2006 平均	3(0.9)	0(0.8)	**0.5(0.15)**	-0.5(0.44)	**-0.2(0.07)**
OECD 2009 平均	m	0(0.8)	**0.5(0.16)**	-0.5(0.44)	**-0.2(0.07)**

註：[1] 統計達顯著者標以粗體。
　　[2] m 表無資料。
資料來源：OECD, PISA 2012 Database, Table I.5.3b.

三個循環期的 PISA 調查，PISA 2012 學生的科學表現可與 PISA 2006 及 PISA 2009 的表現做比較分析。

　　表 6.8 呈現臺灣與參照國家 PISA 2006、2009 及 2012 學生科學平均改變對照，平均科學表現年度改變量呈現於圖 6.8，PISA 2006 科學平均分數與年度改變量的關係呈現於圖 6.9，PISA 2012 和 2006 的科學平均分數差異與年度改變量的關係則呈現於圖 6.10。由圖 6.9 可看出，在 2006 至 2012 年間，臺灣與芬蘭同於年度表現退步的區域，臺灣的年度改變量為 -1.5 但不顯著，芬蘭則顯著的退步 3 分（參考表 6.8）。年度顯著進步 2 分以上的國家有香港、新加坡、日本及韓國；澳門雖只進步 1.5 分，但改變量亦是顯著；上海、列支敦斯登及瑞士進步量並不顯著。圖 6.11 呈現臺灣與參照國家平均科學表現年度曲線變化，在 2006 至 2012 年間，香港、韓國及日本呈現穩定的進步趨勢，澳門則是以加速的狀態在進步，而芬蘭卻呈現持續的退步趨勢。荷蘭、瑞士及列支敦斯登呈現穩定的不顯著改變，臺灣年度改變雖不顯著，但卻被歸為加速改變，因為在 2006 至 2012 年間臺灣的改變呈現二次曲線的變化，先退步，再些微進步。

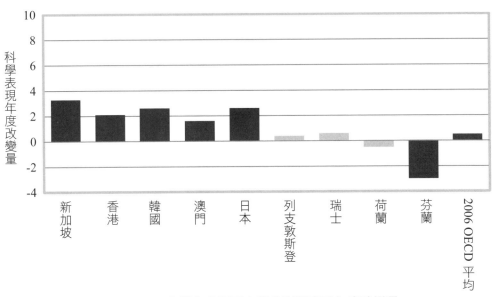

● 圖 6.8　臺灣與參照國家平均科學表現年度改變量

資料來源：OECD, PISA 2012 Database, Table I.5.3b.

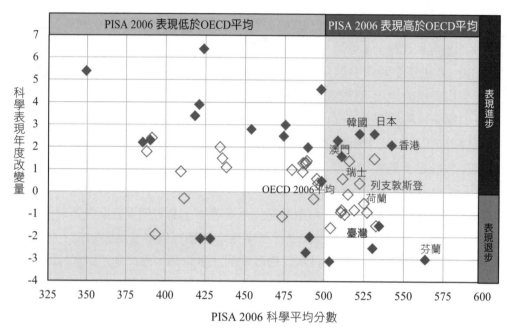

○ 圖 6.9　PISA 2006 科學表現與科學表現年度改變關係

資料來源：OECD, PISA 2012 Database, Table I.5.3a.

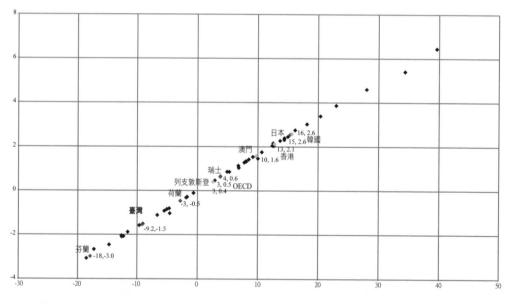

○ 圖 6.10　PISA 2012 和 PISA 2006 的科學表現平均分數差異與年度改變量關係

資料來源：OECD, PISA 2012 Database, Table I.5.3b.

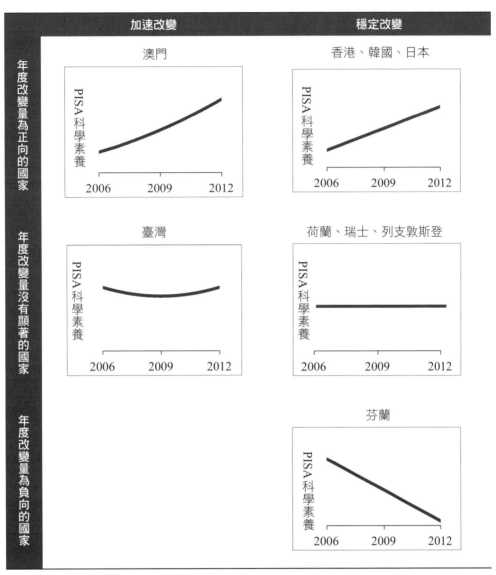

加速改變　　　　　　　　　　　穩定改變

年度改變量為正向的國家

澳門

香港、韓國、日本

PISA 科學素養

2006　　　2009　　　2012

年度改變量沒有顯著的國家

臺灣

荷蘭、瑞士、列支敦斯登

PISA 科學素養

2006　　　2009　　　2012

年度改變量為負向的國家

芬蘭

PISA 科學素養

2006　　　2009　　　2012

⊃ 圖 6.11　PISA 歷次各國科學素養年度改變量曲線圖

　　一個國家或經濟體的學生科學表現的年度改變，有可能因為教育政策或社會人口特徵（如年齡、社經地位、女生所占的比例……等）而改變，為了說明學生科學表現的年度改變並非因為社會人口因素而改變，圖 6.12 呈現了臺灣與參照國家調整社會人口變項前與調整後 PISA 科學素養年度改變量對照。調整後的結

果乃考量每年有關社會人口特徵的變項是不變的情況下的改變量，經過調整後，香港及韓國的年度改變量變得不顯著，臺灣的年度改變量則由不顯著變得顯著；而澳門的趨勢變化較大，由原本顯著的進步變成顯著的退步。如此的結果可能是社會人口特徵的變項，解釋了這些國家在 2006 至 2012 年間部分科學表現的改變。

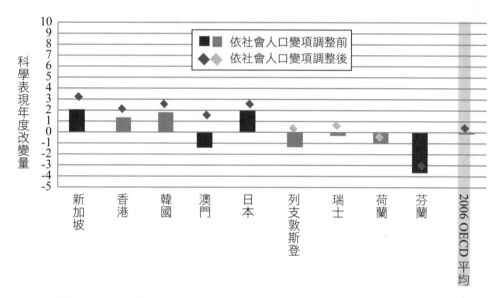

⊃ 圖 6.12　臺灣與參照國家調整社會人口變項前後科學素養年度表現量對照

資料來源：OECD, PISA 2012 Database, Tables I.5.7.

（二）不同科學素養水準的趨勢分析

　　PISA 科學評量以六個水準來解釋學生所具有的科學知能，包含具有科學基本概念的水準 2 至能理解較複雜科學觀念與程序的水準 5 及 6，而科學素養可能因在不同科學表現水準上的進步或退步分配而有不同的跨年平均改變。圖 6.13 為 PISA 2006 至 2012 臺灣科學素養表現趨勢，圖 6.14 與圖 6.15 分別呈現臺灣與參照國家在 2006 與 2012 的低表現學生人數百分比及頂尖表現學生人數百分比。比較臺灣與所有參照國家在 2006 與 2012 的水準 2 以下及水準 5 以上的學生人數百分比可看出，相較於 PISA 2006，除荷蘭與芬蘭外，臺灣與其他參照國家未達基礎水準的人數比率減少；而香港、韓國、澳門及日本水準 5 及 6 的學生人數比率則增加，臺灣與其他參照國家頂尖學生人數比率則減少。

（分數）

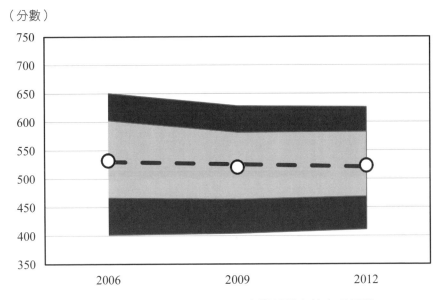

⊃ 圖 6.13　PISA 2006 至 2012 臺灣科學素養表現趨勢

資料來源：OECD, PISA 2012 Database, Figure B4.2.

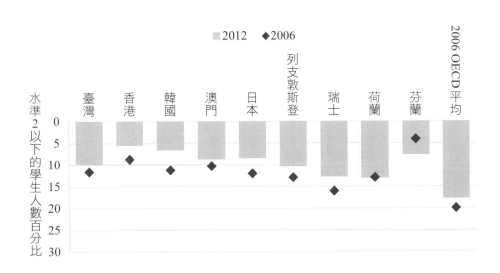

⊃ 圖 6.14　臺灣與參照國家在 2006 與 2012 的低表現學生人數百分比對照

資料來源：OECD, PISA 2012 Database, Table I.5.3b.

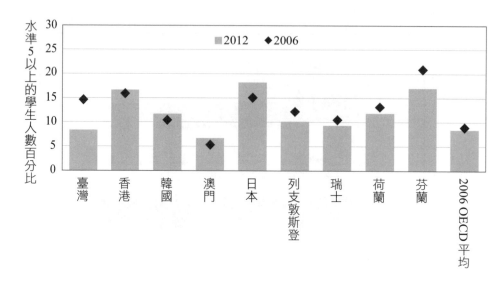

⊃ 圖 6.15　臺灣與參照國家在 2006 與 2012 的頂尖表現學生人數百分比

資料來源：OECD, PISA 2012 Database, Table I.5.3b.

　　表 6.9 為臺灣與參照國家學生科學素養在 PISA 2006 至 2012 的百分等級改變對照，相較於 PISA 2006 科學素養表現，臺灣 PISA 2012 百分等級 10 進步 9 分，百分等級 90 則退步 24 分，芬蘭則各百分等級皆退步，香港、日本、韓國則各百分等級皆進步。在 PISA 2006 及 2009 間，臺灣百分等級 75 及 90 每年約分別退步 3 分及 4 分。

❖表 6.9　臺灣與參照國家學生科學素養在 PISA 2006 至 2012 的百分等級改變對照

	差異 (PISA 2012 － PISA 2006)				年度改變量			
	10th	25th	75th	90th	10th	25th	75th	90th
臺灣	9 (7.5)	2 (7.4)	-20 (5.4)	-24 (4.9)	1.5 (1.71)	0.3 (1.62)	-3.4 (0.61)	-4.2 (0.60)
上海	m	m	m	m	1.6 (63.17)	1.2 (11.36)	2.4 (8.25)	2.3 (8.95)
香港	28 (8.7)	23 (6.3)	4 (5.4)	0 (6.0)	4.6 (2.95)	3.9 (0.76)	0.6 (0.61)	0.0 (0.78)

❖表 6.9 臺灣與參照國家學生科學素養在 PISA 2006 至 2012 的百分等級改變對照（續）

	差異 (PISA 2012 − PISA 2006)				年度改變量			
	10th	25th	75th	90th	10th	25th	75th	90th
新加坡	m	m	m	m	3.9 (6.13)	2.9 (1.63)	3.4 (1.14)	2.7 (10.47)
日本	24 (9.6)	20 (7.7)	11 (5.9)	9 (6.4)	4.1 (5.10)	3.3 (1.22)	1.8 (0.63)	1.5 (0.81)
韓國	27 (8.3)	22 (6.7)	9 (6.6)	4 (7.2)	4.6 (1.88)	3.8 (0.87)	1.4 (0.83)	0.7 (1.39)
列支敦斯登	15 (16.6)	7 (11.7)	-3 (11.4)	-8 (13.7)	2.3 (64.23)	0.9 (16.36)	-0.6 (7.22)	-1.4 (45.69)
荷蘭	-2 (8.4)	2 (7.7)	-5 (5.9)	-5 (6.4)	-0.3 (3.14)	0.4 (1.99)	-0.8 (0.64)	-0.9 (0.63)
澳門	8 (5.1)	11 (4.4)	9 (4.3)	8 (4.3)	1.3 (0.62)	1.9 (0.60)	1.6 (0.60)	1.4 (0.60)
瑞士	16 (6.9)	9 (6.5)	-4 (5.8)	-5 (6.1)	2.6 (1.40)	1.6 (0.86)	-0.7 (0.65)	-0.9 (0.82)
芬蘭	-29 (6.2)	-21 (6)	-13 (4.9)	-11 (5.4)	-4.7 (0.67)	-3.4 (0.60)	-2.2 (0.60)	-1.8 (0.62)
PISA 2006	7 (1.3)	6 (1.1)	0 (1.0)	-2 (1.1)	1.1 (0.46)	1.1 (0.20)	0.0 (0.25)	-0.3 (0.70)
PISA 2009	m	m	m	m	1.1 (0.43)	1.1 (0.20)	0.1 (0.25)	-0.2 (0.72)

註：m 表無資料。

(三)科學表現性別差異的趨勢分析

　　表 6.5 可看出 PISA 2012 及 2009 臺灣的男、女學生表現差異僅 1 分，較 PISA 2006 的性別差異小，男女學生在科學方面的表現差異不再是非常明顯。比較不同年級間性別的差異情形，圖 6.7 可看出 PISA 2006、2009、2012 皆呈現十年級男生科學表現優於女生，且三次的差異幅度相差不大（約為 5～6 分）。九年級的男、女學生表現差異則變化較大，PISA 2006 男學生的科學素養表現優於

女學生，PISA 2009 及 2012 則呈現女學生的科學素養表現優於男學生的現象，
分數差距則以 PISA 2012 的 6 分最小，PISA 2009 的 13 分最大。臺灣與參照國
家在 2006 與 2012 科學素養表現的性別差異呈現於圖 6.16。相較於 PISA 2006，
2012 臺灣、澳門及荷蘭學生科學表現性別差異減少，香港、瑞士的性別差異沒
有顯著改變，韓國、日本及列支敦斯登的性別差異則增加。

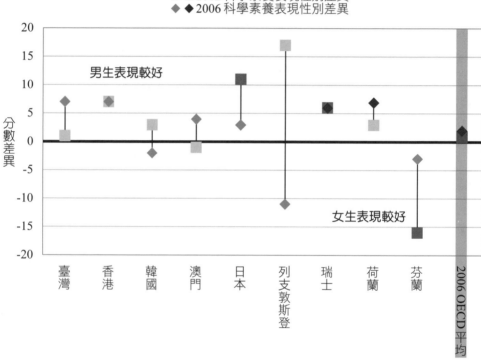

⊃ 圖 6.16　臺灣與參照國家在 2006 與 2012 科學素養表現的性別差異

資料來源：OECD, PISA Database 2012, Table I.5.3b.

　　表 6.10 及表 6.11 則分別呈現臺灣與參照國家男、女學生在未達水準 2 與水
準 5 以上科學素養水準人數百分比對照。相較於 PISA 2006，2012 臺灣男學生科
學表現未達水準 2 的比率減少，女學生的比率也減少；而 2012 臺灣男女學生科
學表現達水準 5 以上的人數比率則同樣為減少的現象。

❖表6.10　臺灣與參照國家男學生未達水準2與水準5以上科學素養水準人數百分比對照

	PISA 2006		PISA 2012		差異 PISA 2012 － PISA 2006	
	未達水準2	水準5以上	未達水準2	水準5以上	未達水準2	水準5以上
臺灣	11.7	15.8	11.5	9.1	-0.2	-6.7
上海	m	m	3.1	29.4	m	m
新加坡	m	m	11	23.8	m	m
香港	9.3	17.6	6.0	18.9	-3.3	1.4
韓國	12.4	11.1	7.6	13.2	-4.8	2.1
澳門	11.3	6.6	10.2	7.5	-1.2	0.9
日本	12.8	17.0	9.0	21.3	-3.8	4.4
列支敦斯登	13.2	12.2	8.1	12.9	-5.1	0.7
瑞士	15.6	11.1	13.0	10.7	-2.6	-0.4
荷蘭	12.2	15.0	13.2	12.6	1.0	-2.3
芬蘭	5.0	21.6	9.7	16.0	4.7	-5.6
PISA 2006	20.3	9.8	18.6	9.3	-1.7	-0.5

註：m 表無資料。

❖表6.11　臺灣與參照國家女學生未達水準2與水準5以上科學素養水準人數百分比對照

	PISA 2006		PISA 2012		差異 PISA 2012 － PISA 2006	
	未達水準2	水準5以上	未達水準2	水準5以上	未達水準2	水準5以上
臺灣	11.6	13.4	8.2	7.6	-3.3	-5.7
上海	m	m	m	m	m	m
新加坡	m	m	m	m	m	m
香港	8.2	14.3	5.1	14.1	-3.2	-0.3
韓國	10.1	9.5	5.6	9.9	-4.5	0.4
澳門	9.2	4.0	7.3	5.8	-2.0	1.8
日本	11.3	13.1	7.9	14.8	-3.4	1.7
列支敦斯登	12.6	12.3	13.0	7.0	0.4	-5.2
瑞士	16.6	9.8	12.6	7.9	-4.0	-1.9
荷蘭	13.7	11.2	13.0	10.9	-0.7	-0.3
芬蘭	3.2	20.2	5.6	18.1	2.4	-2.1
PISA 2006	19.4	7.9	16.9	7.4	-2.5	-0.5

註：m 表無資料。

第三節　PISA 2012 科學素養評量試題示例

　　藉由 PISA 試題範例分析，可以了解 PISA 科學測驗的問題型態。圖 6.17 所呈現的是各試題範例的難度水準圖，依照難度進行試題範例的排序。難度最高排在試題圖的最頂端，難度最低則排在最底層。

水準	最低分數	樣本試題
6	708	溫室：問題 5（709）
5	634	溫室：問題 4.2（659）
4	559	溫室：問題 4.1（568）部分分數 衣服：問題 1（567）
3	484	瑪莉・孟塔古：問題 4（507）
2	410	瑪麗・孟塔古：問題 2（436） 瑪麗・孟塔古：問題 3（431） 基因改造農作物：問題 3（421）
1	335	運動：問題 3（386）

⇒ 圖 6.17　不同科學素養水準的樣本試題圖

　　影響科學試題難度的因素包括：情境的複雜度、學生對科學概念的熟習程度、試題中所包含的處理程序及術語、回答試題所需的邏輯數，意即達成適當反應所需的步驟數，以及某一步驟取決於前一步驟的程度；形成一個反應時，科學思想或概念的抽象程度；形成判斷、結論與解釋時推理、洞察概括的層次。

　　接近量尺最上端的典型試題，包含解釋複雜與不熟悉的資料、解釋真實世界的複雜情境，以及將科學過程應用到不熟悉的問題。問題會包含數個學生需進行連結的科學或科技概念，且需要數個相互有關的步驟，以建立證據為基礎的結論，因此，學生需要批判性的思考與推理能力。例如溫室的問題 5 是水準 6 的試題範例，屬於解釋科學現象。解決此一問題，學生必須先分析溫室效應的影響因素、辨認可能的變因，並藉以決定他所要控制的變因，藉以進一步區辨出影響地球溫度主要的變因；同時也需決定尚有哪些「其他」變因會影響「地球溫度與大

氣二氧化碳排放量」間的關係。因此，為正確回答試題，學生必須對「地球系統」具備足夠的知識，以區辨出一個以上的變因，才能進一步控制變因。對「地球系統」有足夠的知識是解答本題的關鍵，因此，此題歸類到解釋科學現象的類別。

　　在量尺中段的問題，問題情境雖不如量尺上端複雜，但對學生而言卻是陌生的問題情境。有些問題要求學生用不同的科學知識來解題，包括正式的科學或科技知識，以及綜合性的思考哪些知識較有利於理解與分析。有些題目則包含一系列的推理，並要求學生以簡單的解釋來表達他們的推理。典型的題目包括科學探究的各個層面、解釋實驗中所使用的特定程序，以及對建議提出以證據為基礎的理由。例如瑪莉‧孟塔古的問題 4 是量尺中段的樣本試題，此題要求學生辨認為何流行性感冒對年幼兒童與老年人較為危險。此題情境屬於社區疾病的控制，為社會情境。量尺下段的問題，要求學生能運用有限的科學知識在熟悉的情境中，能直接從所給予的證據中，形成簡單的科學解釋。如運動的問題 3 是此類試題的樣本。學生必須擁有正確的身體肌肉運作與脂肪形成的知識，特別是當肌肉運作時所接收到的血液流量增加且不形成脂肪，才能獲取問題 3 的分數。

一 溫室

閱讀文章並回答問題。

溫室：事實還是幻想？

生物需要能量才能生存，而維持地球生命的能量是來自太陽。由於太陽非常炙熱，因此將能量輻射到太空中。只有一小部分的能量會到達地球。

地球表面的大氣層，就像包裹著我們的星球表面的毯子一樣，保護著地球，使她不會像真空的世界那樣，有極端的溫差變化。

大部分來自太陽的輻射能量，會透過大氣層進入地球。地球吸收了部分能量，其他則由地球表面反射回去。部分反射回去的能量，會被大氣層吸收。

由於這個效應，地球表面的平均溫度比沒有大氣層時的溫度為高。大氣層的作用就像溫室一樣，因此有了「溫室效應」一詞。

溫室效應在二十世紀越來越顯著。

事實顯明，地球大氣層的平均溫度不斷上升。報章雜誌常說，二氧化碳排放量增加，是二十世紀氣溫上升的主要原因。

小德有興趣研究地球大氣層的平均溫度和地球上二氧化碳排放量之間的關係。

他在圖書館找到下面兩幅曲線圖。

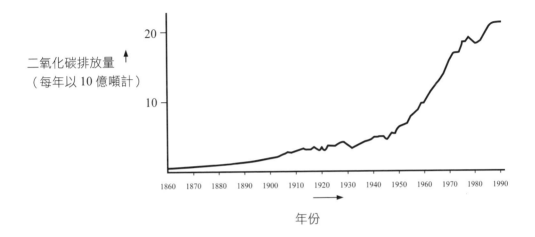

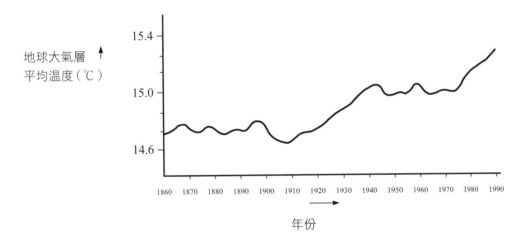

小德從曲線圖得出結論，認為地球大氣層平均溫度的上升，顯然是由二氧化碳排放增加而引起的。

問題❹ 溫室

　　小德的同學小妮卻不同意他的結論。她比較兩幅曲線圖,指出其中有些資料並不符合小德的結論。

　　請從曲線圖中舉出一項不符合小德結論的資料,並解釋答案。

- 試題類型:開放式問答
- 科學能力:運用科學證據
- 知識類別:解釋科學(科學本質)
- 應用範圍:環境
- 情境:全球
- 難度:滿分 659(水準 5)、部分分數 568(水準 4)
- 答對百分比(OECD 國家):34.5%

- 溫室　問題 4 計分

　　滿分:能夠指出兩幅圖中,有哪一部分的曲線不是同時上升或下降,並做解釋。

- (約)在 1900 至 1910 年這段時期,CO_2 增加,但溫度則下降。
- 1980 至 1983 年這段期間,二氧化碳下降而溫度則上升。
- 1800 至 1900 年這段期間,溫度的變化不大,但第一幅圖則持續增加。
- 1950 至 1980 年這段期間,溫度沒有上升,而 CO_2 卻不斷上升。
- 由 1940 年開始,至 1975 年,溫度的變化不大,但二氧化碳則大幅增加。
- 1940 年的氣溫比 1920 年的高得多,但二氧化碳的排放則變化不大。

部分分數：指出了正確的時期，但沒有給予解釋。

・1930 至 1933 年。

・1910 年之前。

指出一個年份（而不是時期），並提供合理解釋。

・在 1980 年，二氧化碳排放量下降，溫度則仍然上升。

或

舉出了證據，證明小德的結論不是正確的，但卻寫錯了時期。〔註：這錯誤必須有證據支持一例：在圖中有一處清楚表示出一個正確答案，但在轉述資料時有錯。〕

・在 1950 年至 1960 年期間，溫度下降，二氧化碳排放量卻上升。

指出兩條曲線的不同之處，但沒有提及任何特定的時期。

・在某些地方可以見到排放量下降，溫度上升。

・開始的時候，二氧化碳的排放量少，但溫度卻高。

・在圖一，可以見到有穩定的上升，但在圖二則見不到有上升，而是維持不變。〔註：「整體上」維持不變。〕

・因為開始時溫度仍高，但二氧化碳則很低。

指出其中一幅圖的趨勢轉變。

・大約在 1910 年，可以見到溫度下降，然後開始上升，並維持了一段時間。

・在圖二，可以見到剛在 1910 年之前，地球溫度下降。

指出了兩幅圖的分別，但未能清楚解釋。

・在 1940 年至 1950 年期間，溫度很高，但二氧化碳卻非常低。

　〔註：這個解釋雖然差，但兩者的分別卻被清楚點出來了。〕

試題說明

　　本題是在題組（unit）「溫室」中關於「運用科學證據」的最後一例，要求學生在圖形中找出無法支持結論的地方。這個問題要求學生尋找兩個圖形中異於正相關一般趨勢的特殊差異。學生必須指出圖形不是同時上升或同時下降的部分，並以此作為結論的理由。這包含了更多的洞察與分析技能，而不僅僅是兩個圖形間一般關係的歸納，學生不但要指出差異的地方，還要提出解釋才能得到滿

分。有效地比較兩組資料的細節，並就所予結論提出批判，若獲得滿分就達到科學素養量尺水準5。如果學生了解問題在問什麼，而且正確指出兩個圖形的差異，但是未能就此差異提出解釋，就只能得到部分分數，並且被歸於科學素養量尺的水準4。這個環境議題的作用是依情境界定的，也是全球性的。要求學生具有解釋所予圖形資料的技能，故屬於「解釋科學」的範疇。

問題❺ 溫室

　　小德堅持自己的結論，即地球平均溫度的升高，是由於二氧化碳排放的增加而引起的，但小妮則認為他的結論太草率。她說：「在接受這個結論之前，你必須確定在大氣層內其他會影響溫室效應的因素維持不變。」

　　請寫出小妮所指的其中一個因素。

_____

_____

_____

- 試題類型：開放式問答
- 科學能力：解釋科學現象
- 知識類別：地球科學（科學知識）
- 應用範圍：環境
- 情境：全球
- 難度 ：滿分 709（水準 6）
- 答對百分比（OECD 國家）：18.9%

- 溫室　問題 5 計分

　　滿分：能夠寫出一個因素，該因素與太陽發出的能量或輻射有關。

　　　　・太陽發熱，又可能地球改變位置。

　　　　・由地球反射回來的能量。

　　　　寫出一個自然成分，或汙染物。

　　　　・空氣中的水蒸氣／濕度。

　　　　・雲。

　　　　・火山爆發活動。

　　　　・大氣層汙染情況（氣體、燃料、碳氫化合物、氧化氮、黑煙、廢氣等）。

　　　　・廢氣的數量。

　　　　・氟氯碳化物（CFC）。

- 汽車數目。
- 臭氧（作為空氣的一個成分）。〔註：如學生填上臭氧層受破壞，請用代號 03。〕

試題說明

　　題組「溫室」的問題 5 是「水準 6」和「解釋科學現象」能力的實例。在此問題中，學生必須分析結論，以說明其他可影響溫室效應的因素。這個問題包含了「辨識科學議題」與「解釋科學現象」兩種。學生需要了解測量變項、了解這些變項以及控制外在的改變因素是必要的。學生必須處理地球系統的科學知識，以找出至少一個將被控制的因素。後者被認為與科學技能有關聯，因此這個問題被分類為「解釋科學現象」。這個環境議題的作用是依情境界定的，也是全球性的。

　　如同第一步驟，學生若要在這個問題得到分數，就需要能找出有何改變，以及有哪些是考量過的變項，並對於如何認出其他因素影響之探究方法要有足夠的了解。無論如何，學生也需要了解脈絡中的情節並認出其主要成分。要決定有什麼「其他」因素可能影響地球溫度與二氧化碳排放的含量關係，包含了許多抽象的概念和它們之間的關係。本問題在「解釋科學現象」的類別上，居於水準 5 和 6 之間。

二 衣服

閱讀文章並回答以下問題。

> 　　一組英國科學家正在研製「智慧型」衣服，以幫助殘疾兒童「說話」。這些兒童穿上由特殊電子布料連接上語言合成器所製成的背心，只要輕拍接觸感應式的物料，就能讓人明白他們的意思。
>
> 　　這種物料由普通布料和一種能導電的含碳纖維的靈巧網絲組成。當布料受壓，通過導電衣料的信號會被轉化，電腦晶片能夠找出導電來源，然後，啟動相連的電子儀器。這個電子儀器只有兩個火柴盒般大小。
>
> 　　其中一位科學家說：「這發明的聰明之處，在於如何編織布料，並怎樣通過它傳遞信號。而且這種導電網絲可以編織在現成的布料上，別人並不會看到它的存在。」
>
> 　　這種衣料可以用水清洗而不會損壞、可以包裹東西，或者揉成一團。該名科學家又說，這種衣料可以大量生產，成本廉宜。

問題❶ 衣服

文章中所說的情況，哪一樣可以在實驗室裡透過科學探究來測試？

請就每項圈出「是」或「否」。

這種物料……	是否可以在實驗室裡透過科學探究來測試？
可以用水清洗而不會損壞。	是／否
可以包裹物件而不會損壞。	是／否
可以揉成一團而不會損壞。	是／否
可以廉價大量生產。	是／否

- 試題類型：多重是非題
- 科學能力：解釋科學現象
- 知識類別：科學探究（有關科學的知識）
- 應用範圍：尖端科學與科技
- 情境：社會
- 難度：567 分（水準 4）
- 答對百分比（OECD 國家）：47.9%

- 衣服　問題 1 計分

　滿分：答案為「是，是，是，否」，按照順序。

試題說明

　　此題要求學生辨識變化和測量變項，其是有關對衣服主張的測試。此題亦涉及了評估是否有技術來量化所測量的變項及其他變項是否可被控制，然後這個程序精確地應用於所有四個主張。「智慧型」衣服的議題是屬於「尖端科學與科技」的類別，且是一個解決障礙兒童需求的社群議題，屬於社會的情境，而所運用的科學技能是有關於調查的性質，所以此題歸屬於「科學探究」類別。

　　學生需要辨識變化及測量的變項，和評鑑涉及完成測量及控制變項的因素為何，因而難度位於水準 4。

三 瑪莉‧孟塔古

閱讀下列的報紙文章，並回答接下來的問題。

疫苗接種的歷史

　　瑪莉‧孟塔古曾是一位美麗的女子，她在 1715 年受到天花感染後生存下來，但留下了滿身的疤痕。當她在 1717 年居住在土耳其的時候，她留意到當地經常使用一種稱為接種的方法。他們將一種弱質天花劃進一個健康年輕人的皮膚內，這個人之後會發病，但大部分僅有輕微病發的情況。

　　瑪莉非常相信這些接種（經常被稱為疫苗接種）的安全性，因此她容許她的兒子和女兒接受接種。

　　在 1796 年，愛德華‧金納利用接種另一種相關疾病：牛痘，以引發抗體對抗天花。與接種天花疫苗相比，這種方式副作用較少，而且不會傳染給其他人。這種方式後來被稱為疫苗接種。

問題❷ 瑪莉・孟塔古

哪些種類的疾病是人們可以透過接種疫苗來抵抗？

A. 遺傳的疾病，例如血友病。

B. 病毒所導致的疾病，例如小兒麻痺症。

C. 身體功能失調所引起的疾病，例如糖尿病。

D. 任何不能治癒的疾病。

- 試題類型：選擇題
- 科學能力：解釋科學現象
- 知識類別：生命（科學知識）
- 應用範圍：健康
- 情境：社會
- 難度：436（水準 2）
- 答對百分比（OECD 國家）：74.9%

- 瑪莉・孟塔古　問題 2 計分
  滿分：B. 病毒所導致的疾病，例如小兒麻痺症。

試題說明

　　學生要在此題得分，必須能回憶有關疫苗接種有助於預防某些疾病的特定知識，而這些疾病是由外來原因所導致的，如病菌、病毒的傳染。學生運用該知識，然後選擇正確的解釋而排除不適當的解釋。選項中的文字「病毒」提供學生答題的線索，而降低了此題的難度。此題目乃在一相當簡單的情境中，回憶適當的明確科學事實及其應用，是屬於水準 2 的試題。

問題❸ 瑪莉·孟塔古

如果人類或動物因一種傳染性細菌疾病而生病，之後康復，導致疾病的細菌種類通常不會讓他們再次患病。

這是什麼原因？

A. 身體已經殺死所有可能導致同類型疾病的細菌。

B. 身體已經製造抗體，在這種細菌繁殖前殺死牠們。

C. 紅血球殺死所有可能導致同類型疾病的細菌。

D. 紅血球捕捉並從身體排除這種細菌。

- 試題類型：選擇題
- 科學能力：解釋科學現象
- 知識類別：生命（科學知識）
- 應用範圍：健康
- 情境：社會
- 難度：431（水準 2）
- 答對百分比（OECD 國家）：75.1%

- 瑪莉·孟塔古　問題 3 計分
  滿分：B. 身體已經製造抗體，在這種細菌繁殖前殺死牠們。

試題說明

　　學生要正確回答此題，必須能回憶身體會產生抗體以對抗外來的病菌，即造成疾病的細菌。學生亦要能更進一步地應用有關「抗體能抵抗相同細菌的後續感染」的知識。此題是有關於公共疾病控制的議題，所以歸屬於社會的情境。此外，學生藉由回憶一明確科學事實，並將其應用在一相當簡單的情境中，而選擇適當的解釋，因此此題目是屬於水準 2 的試題。

問題❹ 瑪莉・孟塔古

請提出一個理由解釋：為什麼年幼兒童和年老的人特別應該接種疫苗，以抵抗流行性感冒。

_____

_____

_____

- 試題類型：開放式問答
- 科學能力：解釋科學現象
- 知識類別：生命科學（科學知識）
- 應用範圍：健康
- 情境：個人
- 難度：507 分（水準 3）
- 答對百分比（OECD 國家）：61.7%

- 瑪莉・孟塔古　問題 4 計分
  滿分：答案提到年幼兒童和（或）年老的人的免疫系統比其他人較為薄弱，或是相似的答案。〔評分建議所給的理由中必須提及兒童或老年人，而不是適用於所有人。同時，答案裡必須表明是直接或間接的，這些人是免疫系統薄弱——不能只說他們身體「比較差」。〕
  - 這些人對於疾病的抵抗力較弱。
  - 年紀輕和年紀大的不像其他人那樣容易戰勝疾病。
  - 他們較有可能染上感冒。
  - 如果他們得到感冒，後果比其他人嚴重。
  - 因為兒童和老人體質較弱。
  - 老年人比較容易生病。

試題說明

　　此題要求學生辨認為何流行性感冒對年幼兒童與老年人較為危險。需直接指出或推論出年幼兒童與老年人的免疫系統較為薄弱。這個題目是疾病控制，屬於

社會的情境。正確的解釋包含了應用數個在社群中建立良好的知識。題目的題幹也提供了此群體有不同抵抗力的線索。此題為水準 3 的樣本試題。

四 基因改造農作物

GM 玉米應該被明令禁止

野生動植物保護團體要求明令禁止一種新的基因改造（GM）玉米。

這種 GM 玉米被設計成不會受到一種新的強力除草劑的影響，但是這新除草劑會殺死傳統的玉米植物，也會殺死長在玉米田中的大部分野草。

環保人士說，雜草是一些小動物、特別是昆蟲的食糧，使用新的除草劑與 GM 玉米將會對環境有害。支持使用 GM 玉米的人士則說，科學研究已顯示這種情況不會發生。

這是上述文章所提及的科學研究的細節：

· 在全國各地 200 處地方種植了玉米。

· 每塊玉米田被一分為二。其中一半種植基因改造（GM）玉米並施用新的強力除草劑，另一半則種植傳統玉米及施用傳統除草劑。

· 在施用新除草劑的 GM 玉米中所找到的昆蟲數目，與施用傳統除草劑的傳統玉米中所找到的昆蟲數目，大致相同。

問題❸ 基因改造農作物

玉米在全國的 200 處地方被種植。為什麼科學家使用了多於一處以上的地方？

A. 這樣可讓很多農夫嘗試種植新的 GM 玉米。

B. 為了察看它們能種植出多少的 GM 玉米。

C. 為了盡可能用 GM 玉米來覆蓋最多的土地。

D. 為了包含各種不同的生長條件來種植玉米。

- 試題類型：選擇題
- 科學能力：辨識科學議題
- 知識類別：科學探究（科學本質）
- 應用範圍：尖端科學與科技
- 情境：社會
- 難度　：421 分（水準 2）
- 答對百分比（OECD 國家）：73.6%

- 基因改造農作物　問題 3 計分
  滿分：D. 為了包含各種不同的生長條件來種植玉米。

試題說明

　　此題為量尺水準底部水準 2 的典型試題，屬於辨識科學議題能力的試題。問題 3 要求學生在科學的調查中辨識簡單的情境，同時也要求學生證明科學實驗設計裡的知識。

　　從抽樣的線索，學生必須能覺察處置（不同的除草劑）對結果（昆蟲）的影響可能取決於環境的因素。因此藉由重複進行 200 次的實驗，指出某個特定的環境因素造成虛假結果的影響。因為此題焦點在於探究的方法，故屬於「科學探究」類別。此題為基因改造領域的應用，因此屬於「尖端科學與科技」，因為限定在一個國家中，所以可以歸為社會的情境。

　　此題線索的抽象程度為水準 4，如學生表現出覺察不同環境因素的影響，並且可以了解適當的處理方式。但是此題實際上屬於水準 2，可能的原因在於其他三個選項。學生可以輕易的刪除這些選項，進而選出正確的解答，因此減低了此題的難度。

五 運動

定期而且適度的運動對我們的健康有益。

問題❸ 運動

當肌肉被運動時發生了什麼事情？請就各項陳述，圈出「是」或「否」。

當肌肉被運動時這情況會發生嗎？	是或否？
肌肉獲得血液流量的增加。	是／否
脂肪在肌肉中形成。	是／否

- 試題類型：多重是非題
- 科學能力：解釋科學現象
- 知識類別：生命科學（科學知識）
- 應用範圍：健康
- 情境：個人
- 難度：386（水準 1）
- 答對百分比（OECD 國家）：82.4%

- 運動　問題 3 計分
  滿分：兩個答案都要正確，答案依序為「是、否」。

試題說明

　　此題要得分，學生必須能正確回憶有關肌肉運作與體脂肪形成的內容知識，即學生必須知道有關「活動中的肌肉血流量增加」及「脂肪不會在運動中的肌肉形成」的科學事實，並接受此多重是非題的第一項解釋，而拒絕第二項解釋。

　　此題中兩個對於科學事實的簡單解釋彼此沒有關聯，是肌肉運動結果的解釋，有可能被接受或拒絕，是普及的知識，因而難度位於水準 1 的底端，是屬於解釋科學現象能力的試題。

7 數學素養與學生學習投入、驅力及自我信念關聯探討

林素微、王長勝

第一節 緒論

　　PISA 評量學生數學、閱讀和科學的表現成就，主要目的在於檢測學生是否能在社會中扮演積極主動的角色，並在未來成為富生產力的公民。然而，只有當學生親身經歷並做好心理準備時，他們才能善用學校所提供的機會，學生必須要投入、被賦與動機、願意學習新事物且感覺其能成功（Christenson, Reschly, & Wylie, 2012）；無論他們是多麼的聰明和天賦異稟，無論專業教師投入多大的心力在工作崗位上，也無論國家投注多少資源在教育上，如果沒有這些意向，他們將無法把原始的潛力轉化成高層次的技能。

　　學生的學習投入、相信他們自己可以達到高水準的信念，以及為了達到目標所具備的能力和意願，這些特質在學生精通學科能力的形塑上，扮演了核心的角色。在成長的道路上，這些珍貴的特質，帶領學生展開充實的生活、迎接挑戰，並營造出成功機會的最大化（Schunk & Mullen, 2013）。為了有效地滿足經濟、政治和社會上對競爭力的需求，學生和成人需要的不僅僅是認知能力（Levin, 2012）。因此，教育系統應該針對發展全方位人力資本所需的能力進行評估，包括從特定的學科成就到社會情感、心理、道德和行為等面向。本章透過教育成功多面向本質進行概念化和檢核，其中包括學科特定的學生成就、教育機會分配的均等，以及學生的學習投入、驅力和自我信念。

一 評量 15 歲青少年學習成功的全方位取向

2008 年世界經濟危機，促使國家政策制定者為了投資教育和其他公共政策提出經濟方案，其目的在於開發人力資本。在這種情況下，PISA 的行動方案是非常有用的，可讓各國衡量國家的教育成果。PISA 可協助各國了解教育措施的成效，並可促進證據本位的政策制定；如果政策制定者、教師、教育工作者、家長和學生均能從各方面關注 PISA 評量結果，並從中充分體會及思考教育成功的多面向本質，了解學習成就其實只是其中的一個因素，便能有效協助各國教育投資的經濟價值達到最大化。

縱貫研究顯示 PISA 測驗（或其他類似 PISA 的測驗）的學生結果，與學生之後的生活作為息息相關（OECD, 2010a, 2012）。然而，標準化評量的強勁表現也僅能解釋學生日後生活的作為（Stankov, 1999; Sternberg, 1995）。生命的成功和幸福也建立在個人特質上，測驗表現僅占其中的一部分。其他像動機、毅力、社群精神，以及自我信念也是不可或缺的成分，但這些卻更難以評量。

多數參加 PISA 2012 評量的各國教師均認為，學生社會和情感的發展與數學技能的習得一樣重要。這些可以從 PISA 2012 學校背景問卷的填答中看出來。

圖 7.1 呈現的是，臺灣與參照國家對學生社會和情感發展的重要性具有共識的在校學生百分比，OECD 國家平均中，71% 學生的校長提到教師對學生的社會和情感發展與學生的學術能力同等重視。在臺灣與參照國家中，以澳門 94% 最高，上海與新加坡其次（92%），臺灣則有 89% 學生的校長認為教師有這樣的想法。教育系統如何提供教師、學校校長以及家長，來提升學生的社會與情感的發展？本章透過探究更廣泛的教育成果關聯的社會和情感因素，來回答這個問題。

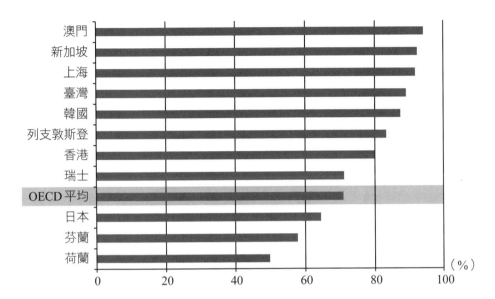

● 圖 7.1　臺灣與參照國家對學生社會和情感發展重要性具共識的學生人數百分比對照

註：國家的排序是依據學生的百分比。

資料來源：OECD, PISA 2012 Database, Table III.5.29.

　　首先，PISA 2012 要求學生評估他們在學校的快樂狀況，表 7.1 呈現的是臺灣與參照國家的學生對於樂在學校相關敘述同意或者不同意的百分比。由表可知，各項敘述之間的各國學生比率存在著變異，以「在學校，我覺得很快樂」為例，臺灣有 86.5% 的學生同意或非常同意他們在學校覺得很快樂，這樣的比率和多數參照國家的比率相似，OECD 國家平均約有近 80% 的學生，在參照國家中，僅有韓國和芬蘭比率較低，分別為 60.4% 和 66.9%。而「在我的學校，每件事都很理想」敘述中，臺灣學生同意或非常同意為 44.8%，比率相對低於其他參照國家。

❖表 7.1 臺灣與參照國家同意有關樂在學校敘述的學生人數百分比對照

	對於以下敘述同意／不同意的學生人數百分比								
	在學校，我感覺像個局外人（或被排擠）**	在學校，我很容易交到朋友*	我感覺自己是學校的一份子*	在我的學校，我感覺尷尬和不自在**	其他的學生似乎都喜歡我*	在學校，我覺得很孤單**	在學校，我覺得很快樂*	在我的學校，每件事都很理想*	我對我的學校很滿意*
臺灣	90.5	88.1	91.0	85.8	72.3	88.3	86.5	44.8	71.1
上海	86.7	87.3	67.5	86.8	77.3	86.2	84.6	46.9	69.3
新加坡	83.7	88.4	83.8	83.3	86.4	84.4	87.9	75.2	81.0
香港	82.0	86.3	73.0	87.3	80.1	86.0	86.3	59.8	76.6
韓國	91.8	78.8	76.3	89.3	77.7	91.1	60.4	48.4	65.0
澳門	84.3	81.9	65.5	83.4	72.8	82.6	81.8	53.1	60.0
日本	91.5	79.0	83.9	83.3	77.4	89.8	85.4	30.6	67.6
列支敦斯登	93.5	87.9	92.5	92.9	89.8	95.2	86.6	83.6	84.9
瑞士	92.6	87.9	82.5	90.3	94.2	94.6	87.1	82.3	84.1
荷蘭	92.8	89.6	84.5	91.0	94.0	94.6	82.3	65.3	83.1
芬蘭	90.9	85.5	84.3	85.5	87.6	91.3	66.9	51.0	73.4
OECD 平均	88.8	86.9	81.3	87.6	89.2	91.1	79.8	61.1	78.2

註：* 選擇「非常同意」、「同意」的學生比率。
　　** 選擇「不同意」、「完全不同意」的學生比率。

　　參與 PISA 2012 的學生針對他們的學習投入、驅力，以及身為數學學習者所抱持的信念程度（例如：他們在數學上能做到什麼程度）進行作答。圖 7.2 呈現的即是本章分析的各種學習成果及其簡短的定義。

　　本章的分析主要針對參與 PISA 2012 評量的在校學生生活和環境。然而，這些分析成果可視為代表這些 15 歲學生在日後生活中接受挑戰並且具備積極的學習態度。他們代表一個基礎，一個學生將能夠建立自己未來並為他們的學習生涯、職場和日常生活中持續進步的能力所打下的基礎。雖然人們在其一生中都有可能發生改變，但在他們的年少歲月中，很可能已經形成了一套相對穩定

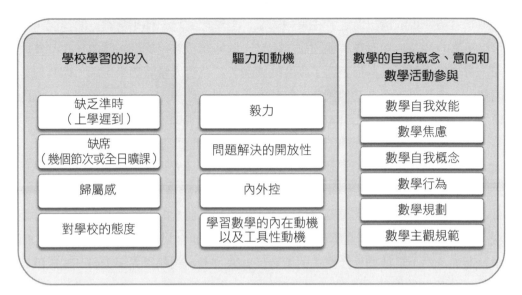

● 圖 7.2　PISA 2012 學生的學習投入、驅力和自我信念

的意向和自我信念，這將導致他們跨情境下以一致、可預見的方式來進行相關的因應（Bouchard & Loehlin, 2001; Canli, 2006; DeYoung et al., 2010; Midgley, Feldlaufer, & Eccles, 1989; Mischel, 1968; Thaler & Sustein, 2008）。

　　有些人可能會認為學生的學習投入、驅力和自我信念主要受到內在人格特質的影響，而無法被外在影響（參見 Plomin & Caspi, 1999）。然而，有證據顯示，學生的學習投入、驅力和自我信念具有可塑性，並可以透過個人的際遇和賦予他們機會來產生影響（Guthrie, Wigfield, & You, 2012; Hipkins, 2012; Skinner & Pitzer, 2012），而且 PISA 結果也證實，它們在跨不同國家間有很大差異存在。有些源自於真實心理學現象的專有名詞，如學生所感知的自我效能及學習無助感，這些特質使得個人逐漸修改對這個世界、自身的知覺，以及如何根據經驗與他人互動（Dweck & Master, 2009; Schunk & Pajares, 2009）。更重要的是，有越來越多證據證實教學的介入（特別是在兒童早期），可以持續地改變學童的意向和自我信念（Heckman, Stixrud, & Urzua, 2006; Heckman et al., 2010）。

　　本章主要是基於學生、學校校長所完成的自陳報告來進行分析，針對學生在行為、概念和態度上的差異，學生對於情境脈絡中必須應對的理解，以及在這樣的應對理解下的意願差異。此外，行為、信念和態度或多或少受到文化背景所影

響，其適切性可依情況而定。在某些國家，上學遲到是一種相當常見的情況，是可以接受的行為，然而在其他國家，這是一個極端不尊重學習的跡象。在某些國家，青少年們對學校科目表達了高度的興趣，並花費大量時間來研讀，因為這是同儕的社會認可；而在其他國家，這樣的學生被其他學生所尊重並被視為正面的模範（Ladd, Kochenderfer-Ladd, Visconti, & Ettekal, 2012）。

在企圖探討學生的學校學習投入、驅力以及他們身為數學學習者的信念，與評量教育系統、學校和家庭在形塑學生社會和情感成長所扮演的角色，尤其是國際性的脈絡下，都面臨了概念化和方法論的挑戰。例如，除了學科特定技能外，什麼是教育系統應該要努力發展的，這並沒有清楚的定義或共識。在許多情況下，與學生社會及情感發展所連結的學習成果通常是根據他們不是什麼（何者為非），而不是他們是什麼（何者為是）來定義。例如學界在定義某些成就表現以外的其他教育成果，常常會交替使用「非成就性成果」（non-achievement outcomes）、「其他成果」（other outcomes），以及「非認知性技能」（non-cognitive skills）等術語（Forster, 2004）。在此，PISA 針對了三個關鍵領域且定義清楚的成果進行探討，此三項成果包含學校學習的投入、驅力和動機，以及學生關於身為數學學習者的信念。

二 經濟和社會動力形塑出學生終身學習需要

快速的全球化和現代化對個人及社會帶來新挑戰。日益多元化和相互關聯的人群、職場和日常生活，急遽的科技變化，隨手可得的大量資訊，這些都是新挑戰的影響因素之一。在這全球化的世界中，人們的工作競爭不再只是區域性，而開始邁向國際性的競爭。隨著勞動市場的整合，較為富裕國家的工作者必須直接與較低工資國家相同技能的人互相競爭。當今國家之間的競爭，和他們的人力資本的品質，以及創造體制結構的能力環環相扣，因此提供有效地運用人民技能和才華的機會是各國必須面臨的挑戰和考量。

科技改變進展的結果，我們越來越不需要那些只能進行例行工作的人，反而逐漸需要那些能進行知識本位或者無法自動化的手工工作者。有越來越多比率的人們需要被教育成專業人才，這導致國家內和跨國之間勞動市場機會更大幅度的兩極化。

　　勞動市場的轉變改變了職場的本質。對於人才的期待，不再是希望他們被動地吸收定義明確來源的資訊，也不再強調他們運用以同樣方式和同樣情境脈絡所累積的知識。當今的資訊產自於各種可能相互矛盾的多重來源，而且知識需要被整合、批判、轉換和應用到陌生新穎的情境中。現今的知識工作者需要具有深度知識（deep knowledge），但明日的知識工作者需要的則是既深且廣的知識（deep and wide knowledge），這些知識要能被模組化且被形塑得以適應這個不斷變遷的世界。既深且廣的知識需求，意味著教育系統必須帶給學生一種健全心智或心態，能夠開放地吸收和過濾新資訊，並能夠以創新的方式運用習得知識來結合這些新資訊。比起過去，現今的教育系統更需要幫助學生學會如何學習：惟有當學生具備成為終身學習者的能力、動機和熱情，他們才能夠在他們的生活中成為積極且富有生產力的公民（Christenson et al., 2012）。

　　為了因應深度知識的快速需求，大部分 OECD 及夥伴國家教育政策的主要目標，在於推動及不斷提升後續世代的教育程度。世界各國的教育政策及其重大的社會、人口結構和制度轉變，使現今的教育程度相對於上一個世紀有大幅度的提升（OECD, 2013c）。然而，在未來世界性的經濟中，國家的競爭優勢將是建立在國民既深且廣的知識，以及持續的學習能力基礎之上；教育系統應能夠發展學習者思維的靈活與彈性，方能進而創造和維持富有彈性的勞動人口，以適應這世界的快速變遷。

　　隨著人口結構的趨勢影響，培養學生具備終身學習的能力日益重要。出生率的下降以及預期壽命的增加，意味著全球人口正逐漸老化。經濟的成長和穩定將取決於工作者是否能繼續留在勞動人口和更長時期的從事生產。由於少子化的影響，工作人口未來幾年內將日益萎縮，教育系統如何排除現今學生未來充分發揮潛力的可能阻礙越來越重要。例如，社經弱勢的男學生常常從學校輟學，他們往往只有具備少量（甚至少到令人擔憂）的技能，對於自己未來發展的意願或願望均相當低落（Finn & Zimmer, 2012）。教育系統也一直無法確保多數數學表現卓越的女學生有意願並有機會充分發展她們的潛能，並且在快速發展的科學、技術、工程和數學（STEM）行業中去追求其生涯（Wang, Eccles, & Kenny, 2013）。除非教育系統能開發和善用每位學生的天賦，不然人口結構的變化意味著未來整個國家可能會面臨技術人才的短缺。

　　當前，國家的教育機會均等和經濟效益緊密地環環相扣。在這樣的脈絡下，

政府需要建立讓所有人都能受益的教育系統，而不只是偏厚少數幾個人；教育品質需具有全球競爭力，提供各階層人們均有獲得學習成功的公平機會；並且在國家能負擔的代價內實現這一切。教育目標不再只是提供每個人基本教育，而是提供讓每個人都可能成為「知識工作者」的教育。更甚者，教育應使人人都可以發展各種廣泛的技能，包括終其一生對學習的好奇心、能力、毅力和耐力，接受挑戰與不斷精進的意願，以及複雜問題解決的啟蒙和發現樂趣，洞察電腦無法察覺的資訊規律的能力，與他人從事有生產性的合作，並能夠成為團隊的領導者，必要時，同時也是團隊中優秀的成員。

三 主要議題

本章在學生的投入、驅力和動機，以及自我信念與數學成績間的關係所呈現的結果，可用來回答以下兩項政策上的主要議題：

議題一：數學表現與學生的投入、驅力和動機，以及自我信念間的關聯
　　　　程度為何？

兩個指標可用來回答此一問題：斜率和不同數學學生百分等級學生的差距。

斜率代表學生的投入、驅力以及自我信念每一單位分數的改變之後，相對造成的數學成績差異，此一指標可測量兩個變項間的關聯強度。

假如斜率不高，那麼在學生不同的投入、驅力以及自我信念水準所觀察到的數學成績差異就不大。也就是說，投入、驅力以及自我信念水準接近 OECD 平均（指數為 0）的學生，其數學表現與那些投入、驅力以及自我信念水準高出 OECD 平均一個標準差（指數為 1）學生的數學表現差不多。

假如斜率很高而且是正值，那麼在學生不同投入、驅力以及自我信念水準所觀察到的數學成績有相當大的差異。投入、驅力以及自我信念水準類似 OECD 的平均（指數為 0）的學生，其數學成績會比這些相關變項高於 OECD 平均一個標準差的學生（指數為 1）數學成績還低。

不同數學學生百分等級學生的差距代表在最高和最低的學生投入、驅力以及自我信念水準之間的差距（也就是分別位在該指標上下不同數學學生百分等級學生的差距的那些學生），這個指標顯示對學習熱衷和冷漠的學生之間數學表現的

差異幅度。

議題二：學生的投入、驅力以及自我信念是表現的良好指標嗎？

　　學生表現變異可透過學生的投入、驅力以及自我信念所解釋的比率（或稱為解釋變異量）來回答所觀察到的學生表現變異歸因於意向、行為和自我信念的比率。

　　假如這個數值不高，那麼表示我們對於學生的投入、驅力以及自我信念與其數學表現的關聯所知甚少。

　　假如這個數值相當高，那麼表示我們可以透過學生的投入、驅力以及自我信念有效地預測其數學表現。

第二節　學生學校學習的投入

　　學習需要投入和動機（Christenson et al., 2012; Wigfield, Eccles, Schiefele, Roeser, & Davis-Kean, 2006）。然而學生的曠課、上課遲到或是在上課時精神不集中，都會失去學習的機會。參與 PISA 2012 的學生大多數對教育抱持正面看法，例如，92% 的臺灣學生認為在學校努力用功是重要的，只有 13.5% 的學生認為，學校學習是在浪費時間。然而，很多學生都沒有學校投入；他們對學校感到不滿意，不會感覺到自己可以控制獲得知識的能力，也不會感覺自己能有較高的表現水準（參見 Skinner & Pitzer, 2012）。更令人擔憂的是，特定的次群體持續地處於低度的投入和動機，這群高風險的學生也對自己的能力抱持消極的信念，由於在他們都還很年輕時就不參與學習活動，因此無法在未來（無論是在勞動市場或在個人生活）發揮自己的潛力。

　　青少年時期是受到同儕影響相當大的階段（Baumeister & Leary, 1995; Rubin, Bukowski, & Parker, 2006）。同儕可以鼓勵和支持學生實現目標的驅力，同時也可能消弱學生的學習動機和決心（Ladd et al., 2012）。由於青少年對同儕壓力十分敏感，與學校脫鉤的學生可能特別容易產生問題行為及相關負面的結果（Barber, Stone, & Eccles, 2010; Fredricks & Eccles, 2006; Griffiths, Lilles, Furlong, & Sidwha, 2012; Juvonen, Espinoza, & Knifsend, 2012）。學校學習對許多學生未來長期的幸福攸關重大，這反映在他們對於學校舉辦的學術和非學術活動參與程

度。雖然大部分學生往往與學校教職員和其他學生具有良好的關係，覺得他們是學校的一分子，但少數學生並未感受到這種歸屬感。從長遠來看，後者可能對學校心懷不滿，最後導致不良的後果（Bonell, Fletcher, & McCambridge, 2007; Due, Lynch, Holstein, & Modvig, 2003; Finn, 1989; Jenkins, 1995）。

學校參與的社會面向表現在學生願意與他人合作、對社會組織能發揮所長並有所貢獻。當學生對學校有歸屬感，往往會提高他們的投入程度（Juvonen et al., 2012）；當他們沒有這樣的歸屬感時，行為問題往往就隨之而來。當學生在校，家庭和教育系統都無法解決這些問題時，這些問題及其後果有可能會從學生時期延續至成年時期（Bennett & Offord, 2001; Offord & Bennett, 1994）。破壞性行為、不良的出席率和對學習的負面意向都與低落的學業表現有關聯，同時也都關係到幸福感低迷、輟學、青少年犯罪和毒品濫用等負面結果（如 Baker, Sigmon, & Nugent, 2001; Lee & Burkam, 2003; McCluskey, Bynum, & Patchin, 2004; Valeski & Stipek, 2001）。

針對學校學習投入構念，PISA 2012 界定了以下四個測量變項，相關界定以及初步定義請見圖 7.3。

学校学习的投入

缺乏準時
學生在測驗前兩週內是否遲到

缺席
學生在測驗前兩週內是否部分節次或全日曠課

歸屬感
學生在校的社會連結感受、快樂以及滿足

對學校的態度（學習結果以及學習活動）
學生認為學校對其未來的重要性，以及在校內努力讀書所衍生的愉快感受

⊃ 圖 7.3　學校學習投入的測量變項

　　由於 OECD 及各個參與國家在學習投入的學校歸屬感以及學校態度部分與數學表現的關聯性均呈現過低的狀態（這兩項指標對臺灣學生數學表現變異的解釋力分別為 0 及 2.6%），因此在本報告中將不特別針對此兩變項進行分析。

一　缺乏準時：上課遲到

　　表 7.2 呈現的是臺灣與參照國家最近兩週上學遲到次數與學生數學表現對照。從表中可以看出，有顯著比率的學生在接受 PISA 測驗的兩個星期內，至少有一次未經准許的遲到事件。OECD 國家平均有超過三分之一的學生（35%）回報說，在兩個星期內至少有一次遲到，其中，有 25.1% 的學生遲到一次或兩次，6.2% 遲到三次或四次，以及 4% 遲到五次或更多。臺灣則有 22% 的學生提到至少有一次遲到，14.7% 遲到一到二次，4.5% 遲到三次或四次，3.1% 遲到五次以上。而對應其數學表現，從表中可以看出遲到次數越多者，其數學表現越低。

❖表 7.2　臺灣與參照國家上學遲到次數與學生數學表現對照

	兩週內上學遲到不同次數學生人數百分比				兩週內上學遲到不同次數學生數學表現			
	沒有	一次或兩次	三次或四次	五次或更多次	沒有	一次或兩次	三次或四次	五次或更多次
臺灣	77.7	14.7	4.5	3.1	**570**	536	511	**485**
上海	83.4	13.1	2.1	1.3	**620**	581	558	**545**
新加坡	79.4	16.9	2.4	1.3	**583**	547	504	**473**
香港	85.4	12.5	1.3	0.8	**569**	533	494	**469**
韓國	74.9	17.3	4.6	3.2	**565**	529	501	**499**
澳門	74.9	20.9	2.7	1.5	**551**	511	488	**454**
日本	91.1	7.5	1.0	0.5	**541**	512	479	**468**
列支敦斯登	81.3	16.5	c	c	**541**	514	c	c
瑞士	75.7	19.4	3.4	1.5	**533**	530	512	**503**
荷蘭	69.7	23.4	3.7	3.2	**535**	509	477	**461**
芬蘭	57.0	30.8	8.2	4.0	**532**	512	495	**465**
OECD 平均	64.7	25.1	6.2	4.0	**504**	484	467	**450**

註：統計達顯著者標以粗體。
　　c 表示該項人數百分比為 0，所以無法計算。

　　表 7.3 呈現的是臺灣與參照國家上學遲到的男女及不同社經背景學生人數百分比及表現對照，從表中可以看出來，芬蘭學生上學遲到的比率很高（43%），相反的，日本和香港只有不到 15% 的學生上學遲到。在臺灣與參照國家，社經弱勢的學生比社經優勢的學生更容易發生上學遲到：臺灣有 24% 的社經弱勢學生曾經上學遲到，而同樣的情況在社經優勢的學生為 20%。OECD 國家平均則有 37% 的社經不利學生近兩週內發生過上學遲到，而社經優勢的學生為 33%。不準時上學是一種普遍的現象，社經不利學生尤為嚴重。在眾多不準時上學的原因之中，學生的社經地位是關係最密切的一個因素。某些國家或經濟體，弱勢的學生很有可能得依靠公共交通工具才能上學。而其他國家的社經弱勢學生可能居住在公共交通系統服務效率不好的偏鄉地區，而且他們的家庭可能無法負擔私人交通工具，他們也可能住在相對不太安全的街區。弱勢學生的父母可能將其絕大部分時間放在生活需求的掙扎忙碌中，以至於無法隨時掌握到學生是否準時上學。

　　此外，女學生比男學生較少發生上學遲到的情況。臺灣男學生和女學生的比率差異為 5.5%，所有參照國家中僅有芬蘭（6.3%）略大於臺灣，整個 OECD 國家平均而言，兩者的差異僅有 2% 左右。

　　圖 7.4 呈現的是 PISA 2012 所有參與國家學生遲到與學生數學表現關聯，順序依關聯程度由高到低排序。表 7.4 呈現的是臺灣與參照國家學生上學遲到與學生數學表現關聯對照，表中顯示，在 PISA 測驗前兩個星期內上學遲到至少一次的學生表現成績比沒有上學遲到的學生來得低。OECD 國家，由於上學遲到造成的數學成績差異為 27 分。臺灣與所有的參照國家均呈現數學表現的差距顯著與上學遲到有關，臺灣、新加坡、澳門、韓國、上海、香港，上學遲到與不遲到的學生表現成績相差在 40 分以上。以臺灣而言，這個差距為 46.6 分，沒有上學遲到的學生得分為 570 分，而上學遲到的學生得分為 523.4 分。

❖ 表 7.3　臺灣與參照國家上學遲到的男女及不同社經背景學生人數百分比及表現對照

	兩週內上學遲到的學生人數百分比													兩週內上學遲到的學生數學表現						
	所有學生	男學生	女學生	ESCS 最低 25%	ESCS 次低 25%	ESCS 次高 25%	ESCS 最高 25%	男 25% ESCS 最低 學生	女 25% ESCS 最低 學生	男 25% ESCS 最高 學生	女 25% ESCS 最高 學生	ESCS 最低 25% 性別差異	ESCS 最高 25% 性別差異	所有學生	男學生	女學生	ESCS 最低 25%	ESCS 次低 25%	ESCS 次高 25%	ESCS 最高 25%
臺灣	22.3	25.1	19.6	24.1	21.5	23.3	20.1	26.6	21.7	23.5	16.8	4.8	6.7	524	524	523	453	513	538	607
上海	16.6	18.6	14.6	18.4	16.9	16.4	14.6	19.6	17.2	17.4	12.0	2.3	5.4	576	583	566	530	562	587	635
新加坡	20.6	22.2	18.8	26.1	21.2	19.7	15.3	28.7	23.4	17.2	13.4	5.4	3.8	537	532	544	487	522	561	613
香港	14.6	15.6	13.6	16.7	14.5	13.6	13.6	18.7	14.6	12.8	14.7	4.1	-1.8	526	533	516	499	509	533	572
韓國	25.1	25.7	24.3	29.3	25.9	24.5	20.6	32.1	26.4	21.4	19.6	5.8	1.7	520	526	514	491	516	524	562
澳門	25.1	26.6	23.7	26.5	26.0	24.9	23.0	28.8	23.7	23.7	22.4	5.1	1.3	505	507	502	485	494	515	531
日本	8.9	10.4	7.4	11.2	7.5	8.7	8.2	12.2	10.1	11.0	5.1	2.1	5.9	506	519	487	459	500	525	563
列支敦斯登	18.7	21.8	c	22.3	20.3	15.8	16.5	26.6	17.5	18.8	13.9	9.1	4.9	508	520	c	c	c	c	c
瑞士	24.3	24.4	24.3	23.0	20.1	25.1	29.0	23.8	22.2	30.5	27.6	1.6	2.9	526	533	519	470	504	537	576
荷蘭	30.3	31.2	29.4	33.2	29.4	27.7	30.7	33.0	33.4	31.7	29.8	-0.4	-1.9	500	508	491	465	485	514	542
芬蘭	43.0	46.1	39.8	45.8	41.8	43.9	40.1	51.4	39.6	41.6	38.6	11.9	3.0	505	502	507	467	501	517	540
OECD 平均	35.3	36.4	34.1	37.2	34.9	35.3	33.5	38.8	35.7	34.3	32.6	3.1	1.7	477	483	471	434	464	490	529

註：統計達顯著者標以粗體。

c 表示該項人數百分比為 0，所以無法計算。

ESCS 即為 PISA 的經濟、社會與文化地位指標。

此外，表 7.4 的結果顯示無法準時上學造成的成績差異在低分組（百分等級 10）會造成特別大的差距。在 OECD 國家平均中，上學遲到分數的差距在低分組學生部分相差為 31 分，在百分等級 90 的高分組學生部分相差為 20 分。在臺灣與參照國家中，與上學遲到有關的表現差異低分組學生顯著高於高分組學生：低分組學生比高分組學生的差異更大。臺灣低分組學生之間的差異為 59.7 分，高分組學生的差異則為 30.3 分，顯示對於低分組的影響較大。排除社經地位和性別的影響後，對於百分等級 10 和 90 的學生影響幅度為 45.4 分與 29.6 分，百分等級 90 的變化不大，顯示社經地位和性別對於臺灣百分等級 10 的低數學表現學生的影響頗大。

❖表 7.4　臺灣與參照國家學生上學遲到與學生數學表現關聯對照

| | 不同數學百分等級學生上學遲到的數學成績差異 | | | | | | | | | | | |
| | 平均 | | | | 百分等級 10[1] | | | | 百分等級 90[1] | | | |
	未調整[2]	調整後[3]	ESCS[4]	男學生	未調整[2]	調整後[3]	ESCS[4]	男學生	未調整[2]	調整後[3]	ESCS[4]	男學生
臺灣	**-46.6**	**-41.0**	**57.2**	8.7	**-59.7**	**-45.4**	**56.0**	-11.0	**-30.3**	**-29.6**	**46.0**	16.4
上海	**-44.7**	**-41.6**	**40.1**	9.6	**-56.7**	**-55.1**	**39.7**	1.4	**-29.6**	**-30.8**	**35.1**	13.0
新加坡	**-46.1**	**-36.7**	**42.1**	-1.7	**-48.1**	**-36.8**	**43.6**	-15.9	**-38.2**	**-33.3**	**36.5**	10.4
香港	**-43.1**	**-40.4**	**26.1**	14.8	**-62.0**	**-54.2**	**30.4**	0.1	**-29.3**	**-28.6**	**21.2**	26.8
韓國	**-45.0**	**-39.9**	**40.1**	15.9	**-54.6**	**-53.8**	**35.9**	-0.5	**-38.9**	**-31.4**	**38.1**	26.6
澳門	**-45.9**	**-44.7**	**16.5**	5.5	**-53.3**	**-51.7**	**15.4**	-7.1	**-27.6**	**-28.9**	**15.5**	12.2
日本	**-34.5**	**-31.4**	**40.1**	20.5	**-55.9**	**-49.6**	**36.9**	6.2	-8.0	-15.1	**39.2**	29.5
列支敦斯登	**-33.6**	**-33.0**	**27.7**	22.6	**-34.7**	-21.2	**25.8**	27.3	-7.6	-9.9	**30.5**	23.6
瑞士	-7.3	-10.3	**38.3**	14.2	-22.0	-20.2	**38.2**	4.8	3.8	-5.2	**37.3**	20.1
荷蘭	**-34.7**	**-33.3**	**39.0**	10.5	**-38.3**	**-37.4**	**34.8**	4.7	**-18.9**	**-21.0**	**34.5**	13.3
芬蘭	**-26.9**	**-24.4**	**32.7**	1.7	**-25.5**	**-21.2**	**35.8**	-11.2	**-23.0**	**-25.5**	**30.3**	14.1
OECD 平均	**-26.9**	**-24.3**	**38.3**	11.2	**-31.0**	**-27.9**	**34.8**	1.1	**-20.2**	**-20.7**	**38.2**	19.2

註：統計達顯著者標以粗體。

[1] 結果是依據上學遲到在數學表現的分量迴歸（quantile regression）模型而來。

[2] 未調整的結果是根據上學遲到為唯一自變項的迴歸分析結果。

[3] 調整後的結果是根據上學遲到、ESCS 以及男學生作為自變項的迴歸分析結果。

[4] ESCS 即為 PISA 的經濟、社會與文化地位指標。

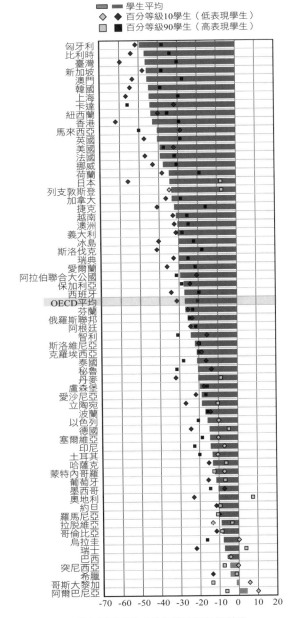

學生平均
百分等級10學生（低表現學生）
百分等級90學生（高表現學生）

匈牙利
比利時
臺灣
新加坡
澳門
韓國
上海
卡達
紐西蘭
香港
馬來西亞
英國
美國
法國
挪威
荷蘭
日本
列支敦斯登
加拿大
捷克
越南
澳洲
義大利
冰島
斯洛伐克
瑞典
愛爾蘭
阿拉伯聯合大公國
保加利亞
西班牙
OECD平均
芬蘭
俄羅斯聯邦
阿根廷
智利
斯洛維尼亞
克羅埃西亞
泰國
秘魯
丹麥
盧森堡
愛沙尼亞
立陶宛
波蘭
以色列
德國
塞爾維亞
印尼
土耳其
哈薩克
蒙特內哥羅
葡萄牙
墨西哥
奧地利
約旦
羅馬尼亞
拉脫維亞
哥倫比亞
烏拉圭
瑞士
巴西
突尼西亞
希臘
哥斯大黎加
阿爾巴尼亞

-70 -60 -50 -40 -30 -20 -10   0   10   20

學生遲到所造成的數學表現分數差異

⊃ 圖 7.4   學生上課遲到和數學素養的關聯

註：1. 淺色空心的標示表示分數差異並未達顯著水準。
　　2. 國家的排序是根據一般學生上學遲到的數學成績差異。

資料來源：OECD, PISA 2012 Database, Table III.2.1c.

　　對學校持正面態度的學生，也就是會主動學習數學並對自己身為數學學習者有正面形象的學生，在 PISA 數學評量有更好的表現。然而，此一發現並無法作為解釋學生的意向、行為和自我信念與數學精熟之因果關係的直接證據。本章所呈現的證據反映了對學生的態度、行為和自我信念與他們的表現之間長期觀察累積的關聯。

　　長期觀察累積的關聯是什麼意思呢？在教育和應用心理學研究發現，數學能力是多個發展累積循環的結果。學生對學習數學的意向、動機、參與數學活動和數學的精熟程度是相輔相成的。正向增強運作在兩個層面上：首先它反映了一個事實——過去決定了未來。過去的行為關係著當前和未來的行為，並且過去的數學成績也是預測未來數學成績很好的指標（Baumert, Nagy, & Lehmann, 2012; Fredericks, Blumenfeld, & Paris, 2004）。這顯示，學生過去的態度、行為和自我信念會影響他們未來的態度、行為和自我信念。第二個層面，態度、行為和自我信念與成績之間的關聯是交替循環的。學生的態度、行為和自我信念和數學成績是相互依存的，例如，相信能夠解決數學問題的學生變得更會解決這些問題；並且當他們看到自己擅長數學和預期有良好的數學成績時，他們往往有更高層次的

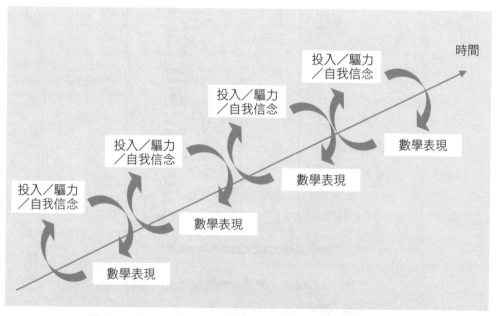

⊃ 圖 7.5　投入、驅力、自我信念和數學表現之間的正向循環

322

自我效能，享受數學並投入在學校和數學之中（Nurmi, Aunola, Salmela-Aro, & Lindroos, 2003）。圖 7.5 說明了學生的態度、行為和自我信念之間以及與數學表現的關聯程度，應該在這兩個相互增強的層面中來加以詮釋。

　　PISA 發現，學生的意向、行為、自我信念與數學表現之間存在著正向的交互作用；此證據顯示提升數學能力和提升對數學的熱情，學校及學習不一定需要加以取捨。高度投入和有效學習的學生極有可能都精通數學，而且精熟數學的學生也會是那些對學校和學習抱持正面的意向、規律地上學，以及對數學有積極的自我信念的學生。

二　缺席：幾個節次或全日曠課

　　經常曠課代表錯過學習機會，也表現出缺乏興趣，同時也對同學造成了不良的後果，因為它會產生一種破壞性的學習環境。參加 PISA 2012 的學生被問到在 PISA 測驗的前兩個星期內，他們擅自曠課了多少節次或多少個全日。表 7.5 與表 7.6 呈現的是臺灣與參照國家曠課多少節次或多少個全日的概況。臺灣有 9.3% 的學生至少曠課過一節次，以及有 4.3% 的學生在 PISA 測驗的前兩個星期內未經准許的至少全日曠課一次。而 OECD 國家平均有 18% 的學生至少曠課過一節次，以及近 15% 的學生在 PISA 測驗的前兩個星期內未經准許的至少全日曠課一次。學生曠課頻率越高，其數學表現相對越低落。

　　表 7.7 和表 7.8 呈現的是臺灣與參照國家節次／全日曠課的男女及不同社經背景學生人數百分比及表現對照，從表中可以看出來，臺灣男學生比女學生較常發生曠課的情況。幾個節次的曠課中，臺灣男學生和女學生的比率分別為 11.4% 和 7.3%，男女曠課比率差異為 4%，而全日曠課則男、女學生的比率為 5.6% 及 3.1%。OECD 國家平均而言，男學生節次曠課的比率為 18.2%，女學生為 17.3%，全日曠課則男女學生比率相近（15%）。參照國家中，日本、瑞士、荷蘭、芬蘭女學生節次曠課的比率略大於男學生，而全日曠課部分僅芬蘭、香港、荷蘭呈現女學生比率較高的現象。

❖表 7.5　臺灣與參照國家節次曠課次數與學生數學表現對照

	最近兩週不同節次曠課次數的學生人數百分比				最近兩週學生不同節次曠課次數學生數學表現			
	沒有	一次或兩次	三次或四次	五次或更多次	沒有	一次或兩次	三次或四次	五次或更多次
臺灣	90.7	7.1	1.2	1.0	**568**	493	446	**438**
上海	96.6	2.9	0.0	0.0	**614**	596	c	c
新加坡	87.5	10.6	1.4	0.5	**574**	577	557	**516**
香港	96.9	2.8	0.0	0.0	**565**	499	c	c
韓國	97.1	2.3	0.0	0.0	**557**	449	c	c
澳門	94.6	4.7	0.0	0.0	**540**	520	c	c
日本	97.1	2.3	0.0	0.0	**541**	454	c	c
列支敦斯登	96.3	0.0	0.0	0.0	**538**	c	c	c
瑞士	89.4	9.0	0.9	0.7	**533**	520	513	**468**
荷蘭	89.0	9.5	1.1	0.0	**524**	527	504	c
芬蘭	84.4	13.1	1.7	0.8	**525**	498	471	**435**
OECD 平均	82.2	14.2	2.3	1.2	**499**	472	455	**439**

註：統計達顯著者標以粗體。
　　c 表示該項人數百分比為 0，所以無法計算。

❖表 7.6　臺灣與參照國家全日曠課次數與學生數學表現對照

	兩週內不同全日曠課次數的學生人數百分比				兩週內不同全日曠課次數的學生數學表現			
	沒有	一次或兩次	三次或四次	五次或更多次	沒有	一次或兩次	三次或四次	五次或更多次
臺灣	95.7	3.2	0.6	0.6	**566**	441	414	**402**
上海	99.3	0.6	0.0	0.0	**614**	532	c	c
新加坡	85.5	12.5	1.5	0.5	**580**	540	506	**486**
香港	96.0	3.4	0.0	0.0	**566**	499	c	c
韓國	98.2	1.3	0.0	0.0	**556**	433	c	c
澳門	95.1	4.3	0.0	0.0	**543**	472	c	c
日本	98.5	1.3	0.0	0.0	**539**	461	c	c
列支敦斯登	98.0	0.0	0.0	0.0	**535**	c	c	c
瑞士	95.0	4.3	0.4	0.3	**534**	474	471	**456**
荷蘭	97.3	2.2	0.0	0.0	**526**	455	c	c
芬蘭	89.6	8.9	0.8	0.7	**525**	482	496	**404**
OECD 平均	85.5	11.6	1.7	1.0	**501**	454	431	**416**

註：統計達顯著者標以粗體。
　　c 表示該項人數百分比為 0，所以無法計算。

❖ 表 7.7　臺灣與參照國家節次曠課的男女及不同社經背景學生人數百分比及表現對照

國家	兩週內不同節次曠課的學生人數百分比													兩週內不同節次曠課的學生數學表現						
	所有學生	男學生	女學生	ESCS最低25%	ESCS次低25%	ESCS次高25%	ESCS最高25%	ESCS最低25%男學生	ESCS最低25%女學生	ESCS最高25%男學生	ESCS最高25%女學生	ESCS最低25%性別差異	ESCS最高25%性別差異	所有學生	男學生	女學生	ESCS最低25%	ESCS次低25%	ESCS次高25%	ESCS最高25%
臺灣	9.3	11.4	**7.3**	**12.9**	10.7	8.0	**5.8**	14.4	11.4	8.0	3.8	3.0	4.2	481	488	471	**428**	494	502	**547**
上海	3.4	**4.6**	**2.2**	3.5	3.5	2.5	4.0	5.2	1.8	5.0	2.9	3.4	2.1	584	574	604	**562**	559	568	**634**
新加坡	12.5	**13.7**	**11.2**	12.3	12.0	12.4	13.2	15.3	9.4	12.9	13.6	**5.9**	-0.6	572	564	582	**511**	548	598	**627**
香港	3.1	3.4	2.7	3.4	3.3	2.7	2.9	4.4	2.2	2.9	3.0	2.2	-0.1	491	495	484	**448**	488	497	**541**
韓國	2.9	3.3	2.6	**4.4**	2.8	2.8	**1.8**	5.6	3.1	1.8	1.8	2.5	0.0	437	436	437	**436**	433	440	c
澳門	5.4	6.0	**4.8**	**5.2**	5.4	3.8	**7.3**	6.5	3.8	7.1	7.6	2.8	-0.6	517	515	520	**491**	505	526	**542**
日本	2.9	2.6	3.2	4.3	2.4	2.3	2.3	4.0	4.7	2.5	2.1	-0.6	0.4	449	460	439	**396**	459	454	**539**
列支敦斯登	0.0	0.0	0.0	8.0	1.3	0.0	5.7	12.6	2.8	8.5	2.6	9.7	5.8	c	c	c	c	c	c	c
瑞士	10.6	**9.6**	**11.7**	**8.1**	9.5	11.1	**13.6**	8.4	7.9	12.7	14.5	0.5	-1.8	516	515	517	**454**	487	520	**571**
荷蘭	11.0	10.9	11.2	**9.1**	9.7	11.0	**14.3**	9.2	9.1	15.1	13.4	0.1	1.8	522	535	510	**480**	501	527	**561**
芬蘭	15.6	15.3	15.9	**18.5**	15.1	15.7	**12.7**	18.8	18.2	11.5	13.9	0.5	-2.4	492	**483**	501	**461**	486	505	**531**
OECD平均	17.8	**18.2**	**17.3**	**18.8**	17.8	17.7	**16.6**	19.3	18.4	17.0	16.3	0.9	0.6	467	**472**	463	**426**	457	479	**520**

註：統計達顯著者標以粗體。

c 表示該項人數百分比為 0，所以無法計算。

ESCS 即為 PISA 的經濟、社會與文化地位指標。

❖ 表 7.8 臺灣與參照國家全日曠課的男女及不同社經背景學生人數百分比及表現對照

	兩週內不同全日曠課次數的學生人數百分比													兩週內不同全日曠課次數的學生數學表現						
	所有學生	男學生	女學生	ESCS最低25%學生	ESCS次低25%學生	ESCS次高25%學生	ESCS最高25%學生	ESCS最低25%男學生	ESCS最低25%女學生	ESCS最高25%男學生	ESCS最高25%女學生	ESCS最低25%性別差異	ESCS最高25%性別差異	所有學生	男學生	女學生	ESCS最低25%	ESCS次低25%	ESCS次高25%	ESCS最高25%
臺灣	4.3	**5.6**	**3.1**	**8.0**	3.6	3.4	**2.4**	9.6	6.5	3.4	1.4	3.1	**1.9**	432	435	427	**402**	427	453	**512**
上海	0.7	**1.3**	0.0	0.8	0.5	0.9	0.7	1.3	0.3	1.3	0.2	**1.0**	**1.1**	519	**517**	c	c	c	c	c
新加坡	14.5	14.9	14.1	17.5	16.3	11.9	**12.3**	18.4	16.5	12.7	11.9	1.8	0.9	534	532	537	**487**	519	557	**602**
香港	4.0	3.7	4.3	3.9	4.3	3.6	4.1	4.5	3.2	2.6	6.0	1.4	-3.4	495	492	497	**471**	465	486	**559**
韓國	1.8	2.1	1.5	**3.0**	1.5	1.6	**1.1**	4.0	2.0	1.6	0.5	1.9	1.1	422	416	431	**423**	c	c	c
澳門	4.9	5.4	4.3	5.0	5.3	4.1	5.0	6.3	3.6	5.0	5.0	2.7	0.1	470	470	470	**445**	473	469	**499**
日本	1.5	1.9	1.2	**2.8**	0.8	**1.2**	**1.2**	3.1	2.4	1.7	0.6	0.7	1.1	449	450	449	**415**	c	c	c
列支敦斯登	0.0	0.0	0.0	4.4	1.3	0.0	2.5	2.9	6.1	2.4	2.6	-3.2	-0.2	c	c	c	c	c	c	c
瑞士	5.0	5.6	4.4	6.0	3.9	5.3	4.6	5.9	6.1	6.2	3.1	-0.2	**3.1**	473	479	465	**430**	450	501	**519**
荷蘭	2.7	2.2	3.1	**3.9**	2.4	2.3	**2.1**	3.3	4.4	1.3	2.9	-1.1	-1.6	449	457	443	**434**	c	454	c
芬蘭	10.4	9.9	10.9	**13.8**	11.1	9.7	**6.9**	13.8	13.8	7.0	6.7	-0.1	0.3	478	467	488	**458**	470	492	**518**
OECD平均	14.5	14.6	14.5	**17.6**	15.1	13.7	**11.8**	17.7	17.5	11.8	11.7	0.2	0.2	**448**	**452**	445	**417**	441	466	**503**

註：統計達顯著者標以粗體。

c 表示該項人數百分比為 0，所以無法計算。

ESCS 即為 PISA 的經濟、社會與文化地位指標。

　　在臺灣，社經弱勢的學生比社經優勢的學生更容易發生曠課。臺灣有 12.9% 的社經不利學生（相對於社經優勢學生 5.8%）曾經曠課，而 8% 的社經不利學生（相對於社經優勢學生 2.4%）曾經全日曠課。OECD 國家平均則有 18.8% 和 17.6% 的社經不利學生近兩週內發生過曠課幾個節次或全日，而社經優勢的學生比率則分別為 16.6% 與 11.8%。對臺灣而言，未經准許的曠課或全日曠課對社經不利學生是個特別嚴重的問題，但在參照國家中，有許多國家呈現出社經優勢的學生有高比率的曠課現象，例如新加坡、澳門、瑞士、荷蘭、芬蘭。

　　表 7.9 呈現的是臺灣與參照國家學生曠課與學生數學表現關聯對照。圖 7.6 呈現的是各國學生曠課和數學素養的關聯，也就是在 PISA 測驗的前兩個星期內至少有一次曠課或全日曠課的學生，比不曠課或不全日曠課的學生有較低的分數，國家間的排序是依據有無曠課所造成的成績差異幅度。OECD 國家平均有無曠課的數學成績差異是 37 分，臺灣的數學成績差異則為 93 分；韓國、日本、臺灣的得分差異超過 80 分，其中韓國的分數差異達 117.6 分，日本則有 88.2 分，阿爾巴尼亞和土耳其是唯一的曠課或全日曠課與數學成績表現不佳沒有關係的國家。

　　表 7.9 和圖 7.6 也可以看出有無曠課在低數學表現的學生（也就是百分等級 10）分數差異較大：臺灣百分等級 10 的學生有無曠課的成績差異為 82.1 分，百分等級 90 的學生成績差異為 69.6 分，排除社經地位和性別的影響之後，兩組學生有無曠課的成績差異則分別為 72.9 分與 62 分。OECD 國家平均而言，百分等級 10 學生與曠課幾個節次或全日曠課關聯的數學表現差異為 37.2 分，而在百分等級 90 的學生為 33.9 分。

　　受到曠課或全日曠課影響最深的是成績較差的學生，這反映了一個事實：這些學生其實是最需要善用學習機會的一群。

❖表 7.9　臺灣與參照國家學生曠課與學生數學表現關聯對照

| | 不同數學百分等級學生曠課幾個節次或全日的數學成績差異 | | | | | | | | | | | |
| | 平均 | | | | 百分等級 10[1] | | | | 百分等級 90[1] | | | |
	未調整[2]	調整後[3]	ESCS[4]	男學生	未調整[2]	調整後[3]	ESCS[4]	男學生	未調整[2]	調整後[3]	ESCS[4]	男學生
臺灣	**-93.4**	**-76.9**	**54.9**	9.9	**-82.1**	**-72.9**	**55**	-9.5	**-69.6**	**-62**	**45.4**	20.0
上海	**-33.1**	**-36.0**	**40.7**	8.9	**-59.1**	**-77.7**	**41.5**	4.7	8.9	-1.3	**35.4**	**11.1**
新加坡	**-26.7**	**-21.7**	**43.2**	-2.5	**-31.1**	**-21.2**	**43.7**	-17.8	**-14.9**	-14.7	**37.7**	**9.4**
香港	**-67.3**	**-66.4**	**26.6**	13.6	**-81.5**	**-81.8**	**31.3**	-2.5	**-46.5**	**-51.5**	**22.1**	**26.7**
韓國	**-117.6**	**-107.3**	**39.9**	16.4	**-114.6**	**-118.4**	**35.4**	1.2	**-112**	**-86.7**	**38.2**	**26.5**
澳門	**-47.2**	**-47.3**	**17.4**	4.9	**-56.2**	**-53.9**	**17**	-7.0	**-28.1**	**-30.5**	**15.5**	**11.3**
日本	**-88.2**	**-75.4**	**39.3**	19.5	**-97.3**	**-84.8**	**36.1**	4.7	**-65**	**-66.1**	**39.3**	**28.3**
列支敦斯登	**-57.0**	-52.8	**27.5**	23.4	**-67.1**	-107.5	22.1	42.9	-21.1	-8.1	**30.9**	23.4
瑞士	**-23.9**	**-27.6**	**38.5**	13.7	**-34.2**	-31.5	**37.9**	4.2	-11.8	-19.9	**37.9**	**20.1**
荷蘭	-9.2	-14.5	**39.8**	9.6	-23.3	-25	**35.9**	6.0	-3.2	-8.1	**35.0**	**13.6**
芬蘭	**-35.7**	**-30.2**	**32.0**	-0.1	**-31.8**	**-26.3**	**35.1**	-12.6	**-38.6**	**-31.8**	**28.3**	**11.5**
OECD 平均	**-37.2**	**-32.2**	**37.9**	**10.7**	**-37.2**	**-32.8**	**34.7**	0.9	**-33.9**	**-29.6**	**37.5**	**18.6**

註：統計達顯著者標以粗體。

[1] 結果是依據曠課幾個節次或全日在數學表現的分量迴歸模型而來。

[2] 未調整的結果是根據曠課幾個節次或全日為唯一自變項的迴歸分析結果。

[3] 調整後的結果是根據曠課幾個節次或全日、ESCS 以及男學生作為自變項的迴歸分析結果。

[4] ESCS 即為 PISA 的經濟、社會與文化地位指標。

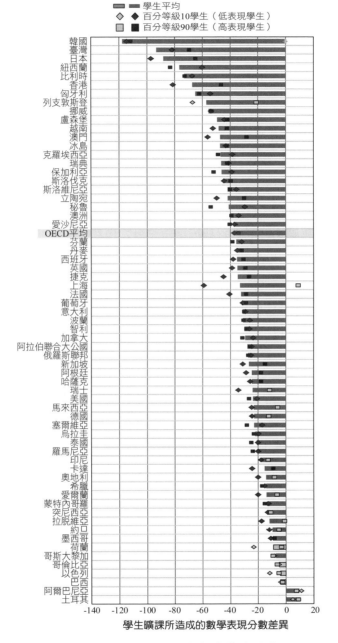

⊃ 圖 7.6　學生曠課和數學素養的關聯

註：1. 淺色空心的標示表示分數差異並未達顯著水準。

　　2. 國家的排序是根據一般學生曠課的數學成績差異。

資料來源：OECD, PISA 2012 Database, Table III.2.2c.

第三節　學生的學習驅力與動機

　　先天的潛力和天賦是數學素養養成的一小部分。學生的成功取決於家庭、學校和教育系統為開發每個學生的潛能所投資的重要無形資源。最重要的是，學生高水準的表現能力取決於他們的信念，雖然性向和天賦有助於特定學科的學習，但假如學生努力研讀並持之以恆，他們也可以達到精熟。相信智力是個固定不變的特質而且惟有擁有它的人才能在學校表現取得成功並不正確，這樣的想法是邁向成功的一大阻礙。自認聰明卻不認為需要培育相關的智能使它茁壯、或者那些認為自己不夠聰明的學生，往往不願意努力用功來克服初始的困難（Carr & Dweck, 2012; Dweck, 2006; Rattan, Savani, Naidu, & Dweck, 2012）。

　　由於大腦具有可塑性，並且一生之中都能加以改變，因此我們的所作所為和整個人生的經歷，都有可能重新塑造我們大腦的運作方式。特別是，大量的實作經驗和專業知識都會刺激到大腦，而大腦被刺激區域中的神經元之間連結的變化和這些經驗與知識有著密切的關聯。透過實作，大腦形成新的連結以及現有突觸的內部結構發生改變，以至於大腦某些區域的尺寸和複雜度都有所成長。邁向精熟，耐力、努力和毅力的必要性並不亞於天賦和性向。正如數學表現有個別差異一樣，學生在逆境、缺乏進步以及失敗中朝著目標前進時，他們的毅力也有不同（Duckworth, Peterson, Matthews, & Kelly, 2007）。例如，某些學生失敗之後會堅持並且繼續努力，而其他學生可能會很快地放棄（Diener & Dweck, 1978）。Duckworth 和 Quinn（2009）用了「毅力」（grit）一詞來描述在成就作業上努力和堅持的重要性，即使這些作業可能是困難而且（有時）不太有趣。

　　心理學家和教育者對於評量學生努力實現長期目標的能力越來越感興趣，這些能力包括他們在面對困難時的自律和毅力，以及他們專注在目標和目的之能力（Greene, Miller, Crowson, Duke, & Aikey, 2004; Husman & Shell, 2008; Miller & Brickman, 2004; Zimmerman & Schunk, 2001）。假如學生從來沒有遭遇過失敗，也沒有挑戰過失敗，他們將無法發展出在困難條件下茁壯成長所需的耐力、毅力和動機（Dweck, 1975; Dweck & Master, 2009）。他們也永遠無法感受到「心流」（flow），那種來自完全沉浸於目標的付出以及全心全意專注於手中任務的快感（Csíkszentmihályi, 1990）。

　　具有驅力、耐力、毅力和努力用功的學生不一定具有性向和天賦，天賦和驅力都是個人的屬性，但不一定是互相關聯。在許多情況下，天資不高但具有較多耐力、毅力和努力用功的人，比起那些相對有才華但少有能力立定偉大志向且持續專注於實現的人，更有可能成功（Duckworth et al., 2007; Duckworth & Seligman, 2006; Duckworth et al., 2010; Zimmerman & Schunk, 2011）。事實上，具有天賦和性向的人，有時是不太可能培養出強大的驅力，因為他們一開始就不太費力、也很少會面臨失敗，以至於當他們終於遇到困難時，他們可能會發現自己不知所措。尤其是那些相信自己的能力是固定不變的學生，他們不相信增加付出可以改善自己的能力和表現。

　　PISA 2012 透過學生問卷的設計，探討學生的耐力、辛勤工作的能力，以及對成功或失敗取決於自身行為的覺知（對於數學失敗所感受到的自我責任，以及學校和數學表現成功所感受到的控制感）。圖 7.7 呈現的即是 PISA 2012 所測量驅力與動機的相關構念。為進一步理解辛勤工作的心態構成以及會對個人成果所

驅力和動機

毅力
學生對於困難問題甚至遭遇困頓時所反應的意願

問題解決的開放性
學生對於投入問題所反應的意願

內外控
學生將數學考試中的失敗歸因於他們自己或者其他人；
以及學生是否強烈同意數學和學校的成功是因為他們付出了足夠努力

學習數學的內在動機以及工具性動機
學生對於他們是否喜歡數學和因為喜歡這門學科而努力用功，以及他們相信數學
對於他們未來的學習以及生涯是重要的

⊃ **圖 7.7　PISA 2012 如何測量學生的驅力**

造成的差異，通常會依靠兩種方法——自我報告，以及在控管的實驗室環境中檢視行為。每一種方法都有其限制，且他們對於努力用功的意向發展及著重的面向不同（Dweck, 2006）。自我報告的方式可能受到偏誤的影響，尤其是要比較來自不同國家學生的反應。同樣的，實驗室情境的行為檢視的結果也值得考量，因為學生在控管的實驗室環境中面對明確定義的作業時，其行為是否等同於他們在真實世界情境的行為也受到質疑（Duckworth, 2013）。PISA 2012 將焦點放在學生的自我報告。

一 毅力和數學素養的關聯

PISA 透過要求學生根據各種解題情況的敘述，判斷與他們自身情況相像的程度，題目包含：「當遭遇一個問題，我會輕易放棄」、「我拖延不做困難的問題」、「對於我開始做的作業，我一直保有興趣」、「我持續努力做作業，直到一切都很完美」、「當遭遇到一個問題，我所做的比我被期望的還要多」。學生的反應包含「非常像我」、「很像我」、「有點像我」、「不太像我」或「完全不像我」。PISA 以此反應來作為學生毅力（perseverance）的指標，並以 OECD 國家學生的表現將指標轉成平均數為 0、標準差為 1 的標準化分數。表 7.10 呈現的即是臺灣與參照國家學生在有關毅力敘述的相像狀況。由表中可知，OECD 國家平均有 56% 的學生會認為當他們遭遇問題時，不會輕易放棄；有 49% 則提到對於他們開始做的作業，會一直保有興趣；44% 陳述他們持續努力做作業，直到一切都很完美。臺灣有 59.3% 的學生認為當遭遇問題時，他們不會輕易放棄；超過一半（55%）的學生認為碰到困難的作業，他們會拖延；約三分之一（34.9%）的學生會對開始做的作業保持興趣；不到三分之一（31.5%）的學生會持續努力做作業，直到一切都很完美；而自認為實際作為比期待付出更多的學生比率僅有 28.2%。

各國男女學生的毅力差異並沒有一定的趨勢：65 個國家中有 26 個國家或經濟體的男學生毅力水準高於女學生，而有 17 個國家或經濟體則是女學生的毅力指標水準高於男學生，而臺灣與參照國家之間均呈現出男學生的毅力比女生好，除了列支敦斯登未達顯著之外，其他國家的毅力均有顯著的性別差異（參見表 7.13）。這個狀態從同意這些敘述的男女比率可以看出來（參見表 7.11），以臺

灣而言，遭遇問題時不會輕易放棄、不會拖延或逃避難題、碰到問題時所付出的比原先期待還要多的男學生比率均顯著高於女學生；持續保持對問題的興趣一項雖然男學生比率高於女學生，但未達顯著水準；而會持續努力做作業直到完美則以女學生略高，但比率的差異並未達統計顯著。

❖表7.10　臺灣與參照國家有關毅力敘述的學生人數百分比對照

	對於以下敘述同意／不同意的學生人數百分比				
	當遭遇一個問題，我會輕易放棄 **	我拖延不做困難的問題 **	對於我開始做的作業，我一直保有興趣 *	我持續努力做作業，直到一切都很完美 *	當遭遇到一個問題，我所做的比我被期望的還要多 *
臺灣	59.3	45.0	34.9	31.5	28.2
上海	53.1	37.3	72.7	54.6	38.2
新加坡	61.8	43.8	57.9	61.1	45.3
香港	61.4	36.5	52.2	49.9	35.4
韓國	39.9	19.8	60.4	43.9	26.9
澳門	49.8	33.9	50.9	52.9	46.2
日本	32.5	16.0	29.3	25.3	12.2
列支敦斯登	59.2	32.7	52.1	40.8	22.7
瑞士	61.0	34.3	49.2	38.4	21.6
荷蘭	61.5	40.3	27.8	35.8	28.8
芬蘭	58.9	45.7	45.4	40.1	28.1
OECD 平均	56.0	36.9	48.9	43.8	34.5

註：* 選擇「非常像我」、「很像我」的學生比率。
　　** 選擇「不太像我」、「完全不像我」的學生比率。

❖ 表 7.11　臺灣與參照國家有關毅力敘述的男女學生人數百分比及差異對照

	男學生對於以下敘述同意／不同意的人數百分比					女學生對於以下敘述同意／不同意的人數百分比					對於以下敘述同意／不同意學生人數百分比的性別差異（男－女）				
	我當遭遇一個問題，我會輕易放棄**	我拖延不做困難的問題**	對於我開始做的作業，我一直保有興趣*	直到一切都做完美，我持續努力做作業*	做的比我被期望的還要多，當遭遇到一個問題，我所*	我當遭遇一個問題，我會輕易放棄**	我拖延不做困難的問題**	對於我開始做的作業，我一直保有興趣*	直到一切都做完美，我持續努力做作業*	做的比我被期望的還要多，當遭遇到一個問題，我所*	我當遭遇一個問題，我會輕易放棄**	我拖延不做困難的問題**	對於我開始做的作業，我一直保有興趣*	直到一切都做完美，我持續努力做作業*	做的比我被期望的還要多，當遭遇到一個問題，我所*
臺灣	65.0	47.6	36.1	30.4	30.3	53.5	42.4	33.6	32.5	26.1	**11.5**	**5.2**	2.5	-2.1	**4.2**
上海	59.8	42.3	71.3	55.6	40.0	46.7	32.5	74.0	53.6	36.5	**13.1**	**9.8**	-2.7	2.0	3.5
新加坡	64.4	44.7	61.5	61.7	48.6	59.2	42.8	54.1	60.5	41.9	**5.2**	1.9	**7.3**	1.1	**6.7**
香港	66.3	38.8	54.5	50.8	37.1	55.9	34.0	49.6	48.9	33.5	**10.4**	**4.9**	**4.8**	1.9	3.7
韓國	46.4	25.1	61.5	46.0	32.2	32.5	13.9	59.1	41.7	21.0	**13.9**	**11.2**	2.4	**4.3**	**11.2**
澳門	54.1	35.7	52.1	52.1	47.9	45.1	32.0	49.6	53.8	44.4	**9.0**	**3.7**	2.5	-1.7	**3.6**
日本	35.8	19.1	30.2	26.1	14.3	28.9	12.5	28.3	24.4	10.0	**6.9**	**6.5**	1.9	1.7	**4.3**
列支敦斯登	63.0	41.5	53.2	38.5	26.3	55.4	24.0	50.9	43.0	19.1	7.6	**17.5**	2.2	-4.6	7.1
瑞士	67.3	39.4	53.0	40.3	25.5	54.9	29.3	45.5	36.5	17.9	**12.4**	**10.1**	**7.6**	**3.9**	**7.5**
荷蘭	63.3	41.7	30.9	34.1	30.5	59.7	38.9	24.7	37.7	27.1	3.6	2.8	**6.2**	**-3.6**	3.4
芬蘭	63.8	47.5	46.9	39.7	31.5	53.8	43.8	43.9	40.5	24.6	**10.0**	**3.7**	3.0	-0.8	**6.9**
OECD 平均	59.8	39.1	51.1	43.5	36.1	52.1	34.6	46.8	44.1	32.8	**7.7**	**4.6**	**4.3**	-0.5	**3.3**

註：統計達顯著者標以粗體。

* 選擇「非常像我」、「很像我」的學生比率。

** 選擇「不太像我」、「完全不像我」的學生比率。

　　表 7.12 呈現的是臺灣與參照國家不同社經背景學生有關毅力敘述的人數百分比及差異對照，由表中可知，在「我持續努力做作業，直到一切都很完美」、「對於我開始做的作業，我一直保有興趣」、「當遭遇一個問題，我會輕易放棄」、「當遭遇到一個問題，我所做的比我被期望的還要多」等問題有較高毅力水準的學生，其數學成績優於毅力較低水準的學生。圖 7.8 的長條顯示毅力指標每一單位的改變所造成的數學成績差異。就臺灣而言，這個差異（31.9）大約相當於一般學生與高毅力水準學生之間的成就差異（560 vs. 598）。在圖中，各國的排序是根據一般學生的毅力指標每改變一個單位的數學成績差異。

❖ 表 7.12　臺灣與參照國家不同社經背景學生有關毅力敘述的人數百分比及差異對照

	社經弱勢學生對於以下敘述同意／不同意的人數百分比						社經優勢學生對於以下敘述同意／不同意的人數百分比						對於以下敘述同意／不同意學生人數百分比的社經差異					
	社經弱勢學生的毅力指標	當遭遇一個問題，我會輕易放棄 **	我拖延不做困難的問題 **	對於我開始做的作業，我一直保有興趣 *	我持續努力做，直到一切都很完美 *	當遭遇到一個問題比我被期望的還要多，我所 *	社經優勢學生的毅力指標	當遭遇一個問題，我會輕易放棄 **	我拖延不做困難的問題 **	對於我開始做的作業，我一直保有興趣 *	我持續努力做，直到一切都很完美 *	當遭遇到一個問題比我被期望的還要多，我所 *	學生毅力指標的社經差異	當遭遇一個問題，我會輕易放棄 **	我拖延不做困難的問題 **	對於我開始做的作業，我一直保有興趣 *	我持續努力做，直到一切都很完美 *	當遭遇到一個問題比我被期望的還要多，我所 *
臺灣	-0.23	50.3	43.0	32.2	26.2	24.9	0.10	68.6	49.9	38.6	38.3	32.1	0.33	18.3	7.0	6.4	12.1	7.2
上海	0.10	46.4	36.9	67.9	47.7	31.0	0.40	60.1	38.6	79.7	62.6	44.7	0.30	13.6	1.7	11.9	14.9	13.8
新加坡	0.18	54.4	34.6	57.2	58.7	44.8	0.37	67.3	50.7	58.0	62.4	43.4	0.19	12.9	16.1	0.8	3.7	-1.4
香港	-0.06	53.6	32.5	45.3	44.8	31.9	0.23	66.3	39.0	59.2	55.6	40.2	0.29	12.7	6.4	13.9	10.8	8.3
韓國	-0.21	35.5	19.3	55.9	36.3	21.2	0.09	48.1	22.6	66.4	51.7	35.0	0.30	12.6	3.3	10.5	15.4	13.8
澳門	0.06	44.7	31.4	46.6	48.2	42.7	0.30	56.9	37.0	55.4	59.6	50.6	0.24	12.1	5.6	8.8	11.4	7.9
日本	-0.71	28.0	14.6	25.2	22.6	11.3	-0.53	34.8	15.2	31.3	26.9	14.3	0.18	6.8	0.6	6.1	4.4	3.1
列支敦斯登	-0.39	39.8	21.1	36.4	30.1	26.2	0.08	57.7	37.0	70.0	47.0	32.0	0.46	17.9	16.0	33.5	16.9	5.8
瑞士	-0.16	57.9	32.8	44.7	38.7	24.9	-0.12	65.0	36.3	54.8	37.9	20.3	0.05	7.2	3.5	10.1	-0.7	-4.6
荷蘭	-0.15	59.1	40.8	27.5	34.4	29.9	-0.15	63.9	36.9	25.7	35.1	27.7	0.00	4.8	-3.9	-1.9	0.7	-2.2
芬蘭	-0.22	50.5	36.4	37.2	33.0	22.0	0.24	65.3	53.0	54.6	50.1	32.2	0.46	14.8	16.7	17.5	17.0	10.2
OECD平均	-0.13	48.9	33.1	45.3	40.1	32.2	0.14	63.1	40.7	53.3	48.5	37.1	0.28	14.3	7.6	8.0	8.4	4.9

註：統計達顯著者標以粗體。

＊ 選擇「非常像我」、「很像我」的學生比率。

＊＊ 選擇「不大像我」、「完全不像我」的學生比率。

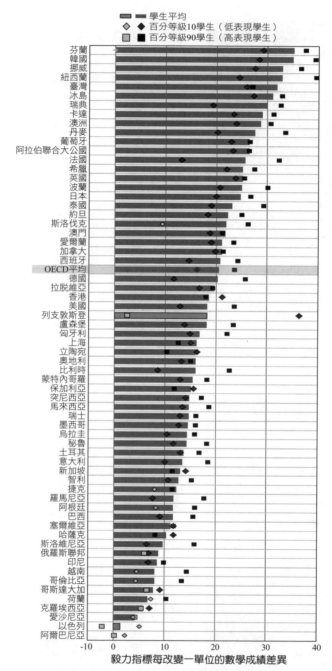

● 圖 7.8　毅力和數學素養的關聯

註：1. 淺色空心的標示表示分數差異並未達顯著水準。

　　2. 國家的排序是根據一般學生毅力指標每改變一個單位的數學成績差異。

資料來源：OECD, PISA 2012 Database, Table III.3.1e.

　　對臺灣而言，學生數學成績有 6% 的變異可透過「當遭遇一個問題，會輕易放棄」、「我拖延不做困難的問題」、「對於我開始做的作業，我一直保有興趣」、「我持續努力做作業，直到一切都很完美」以及「當遭遇到一個問題，我所做的比我被期望的還要多」等相像程度所解釋。而這個變異的解釋量略高於 OECD 國家平均（5.6%），在參照國家中，芬蘭有超過 10% 的學生成績變異可被毅力水準所解釋，韓國次之（7.2%），日本（5.3%）則略低於臺灣，而上海、新加坡、香港、澳門、列支敦斯登、瑞士、荷蘭等均低於 5% 的解釋力。在大部分的國家或經濟體，學生成績差異和學生自陳的毅力水準相關非常高，從圖 7.8 可以看到，有 25 個國家或經濟體，每改變一個單位的毅力指標會造成數學成績至少 20 分的差異；其中在芬蘭、韓國、挪威、紐西蘭、臺灣和冰島等國，這樣的差異甚至超過 30 分（參見表 7.13）。

　　從圖 7.8 可以看出多數國家學生的毅力和數學表現間的關聯上，對數學表現高的學生而言，其關聯會大於數學表現低者。33 個國家或經濟體的高、低表現學生，其毅力指標每改變一個單位所造成的數學成績差異落差幅度可超過 5 分。例如，法國高數學表現學生由毅力指標每改變一個單位所造成的數學成績差異幅度可達 32 分，而在低表現組卻只有 13 分。德國、越南和斯洛維尼亞，高數學表現的學生由於毅力所造成的數學成績差異超過 14 分，但低表現學生的毅力水準與數學成績之間卻沒有顯著的關係存在。新加坡、列支敦斯登和克羅埃西亞則是與這種趨勢例外的國家，在這些國家高分組學生的毅力水準與數學成績之間沒有顯著的關係，然而在低分組則有關係存在。不過對臺灣而言，高、低數學表現學生因為毅力的改變而造成的數學成績差異幾乎雷同（參見圖 7.8）。在沒有納入社經地位（ESCS）以及性別的考量，百分等級 10 和百分等級 90 的學生分別因為毅力指標提升一個單位，其數學素養分別提高 26、27 分，但納入社經以及性別之後，高、低兩個百分等級的學生則會因為毅力指標改變一個單位而數學素養分別提高 21.3、20.7 分的變化；毅力、ESCS、性別這三個指標中，數學表現與 ESCS 的關聯較大，百分等級 10 的學生每改變 ESCS 一個單位，數學素養會有 56.2 分的變化，而百分等級 90 則約有 44.8 分。而性別在高、低表現的學生有不同方向的影響，百分等級 10 的學生中，男生會比女生低約 15.7 分，而針對百分等級 90 的學生，男生會比女生高出 18.4 分（參見表 7.14）。

　　圖 7.9 呈現的是臺灣與參照國家的數學素養表現平均與毅力指標平均對照，從圖中可以看出，以 OECD 國家平均為高低的分野之下，新加坡、上海、澳門、香港為高表現高毅力的國家或地區，臺灣則屬於高表現低毅力的國家。

❖表 7.13　臺灣與參照國家學生毅力指標的差異及不同指標組別學生數學表現對照

	毅力指標									毅力指標四等分的數學表現				每單位的數學分數改變量	數學表現最低25%位於此指標最低25%的增加可能性	解釋學生表現的變異量（r-squared×100）
	平均數	標準差	男學生平均	女學生平均	性別差異男-女	最低25%	次低25%	次高25%	最高25%	最低25%	次低25%	次高25%	最高25%	效果	比率	百分比
臺灣	-0.08	0.89	-0.04	-0.12	**0.09**	-1.02	-0.36	0.06	1.01	**519**	547	577	**598**	31.9	**1.8**	6.0
上海	0.25	0.83	0.32	0.17	**0.16**	-0.66	-0.03	0.38	1.30	**592**	609	619	**633**	16.2	**1.4**	1.8
新加坡	0.29	0.83	0.36	0.23	**0.13**	-0.58	0.00	0.41	1.34	**552**	566	586	**587**	13.0	**1.4**	1.1
香港	0.12	0.80	0.18	0.05	**0.13**	-0.72	-0.16	0.24	1.13	**540**	551	569	**589**	18.6	**1.5**	2.4
韓國	-0.09	0.75	0.03	-0.22	**0.25**	-0.92	-0.33	0.05	0.83	**523**	540	560	**594**	35.0	**1.5**	7.2
澳門	0.15	0.80	0.19	0.11	**0.09**	-0.68	-0.13	0.26	1.16	**514**	531	549	**565**	21.8	**1.6**	3.5
日本	-0.59	0.86	-0.55	-0.64	**0.10**	-1.60	-0.76	-0.37	0.36	**508**	534	545	**566**	24.8	**1.6**	5.3
列支敦斯登	-0.11	0.78	-0.02	-0.19	0.17	-0.91	-0.38	0.03	0.86	**514**	538	545	**543**	18.2	**1.8**	2.2
瑞士	-0.14	0.88	-0.04	-0.24	**0.21**	-1.14	-0.40	0.04	0.94	**518**	524	535	**550**	14.7	**1.2**	1.9
荷蘭	-0.13	0.82	-0.10	-0.16	**0.06**	-1.04	-0.39	0.02	0.89	**520**	521	533	**537**	6.7	1.1	0.4
芬蘭	0.00	0.89	0.07	-0.07	**0.13**	-0.98	-0.29	0.17	1.10	**484**	508	535	**565**	35.2	**2.1**	14.3
OECD 平均	0.00	0.96	0.05	-0.05	**0.10**	-1.06	-0.31	0.16	1.21	**472**	486	505	**525**	20.5	**1.5**	5.6

註：統計達顯著者標以粗體。

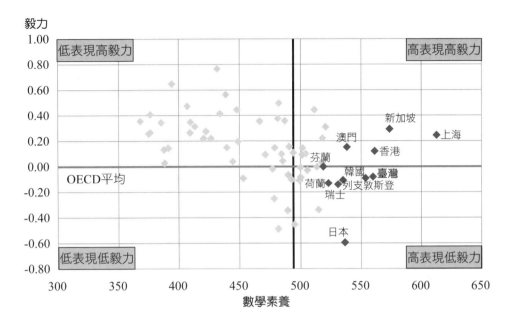

⊃ 圖 7.9　臺灣與參照國家的學生數學素養表現平均與毅力指標平均對照

❖表 7.14　臺灣與參照國家不同數學百分等級學生的毅力與數學表現關聯對照

	不同數學百分等級學生毅力指標每改變一個單位的數學成績差異											
	平均				百分等級 10[1]				百分等級 90[1]			
	未調整[2]	調整後[3]	ESCS[4]	男學生	未調整[2]	調整後[3]	ESCS[4]	男學生	未調整[2]	調整後[3]	ESCS[4]	男學生
臺灣	**31.9**	**24.1**	**53.3**	7.1	**26.0**	**21.3**	**56.2**	-15.7	**27.0**	**20.7**	**44.8**	18.4
上海	**16.2**	**10.1**	**38.7**	6.8	**15.0**	**8.1**	**40.6**	5.5	**12.6**	**6.9**	**34.5**	9.2
新加坡	**13.0**	**8.9**	**43.4**	-3.9	**14.1**	**8.7**	**43.3**	**-17.9**	**11.4**	**9.8**	**39.4**	5.6
香港	**18.6**	**13.7**	**26.6**	**13.3**	**21.2**	**16.9**	**32.4**	0.7	**17.9**	**13.1**	**19.1**	**26.8**
韓國	**35.0**	**28.4**	**35.8**	**11.2**	**28.4**	**23.6**	**31.4**	-0.9	**39.4**	**30.8**	**32.3**	**23.2**
澳門	**21.8**	**19.2**	**15.8**	1.2	**18.7**	**17.9**	**15.2**	-9.3	**21.2**	**18.6**	**15.3**	5.7
日本	**24.8**	**21.4**	**39.7**	**18.0**	**20.0**	**15.9**	**39.2**	3.1	**26.7**	**23.0**	**38.1**	**26.3**
列支敦斯登	**18.2**	11.2	**18.6**	**34.4**	**36.3**	**30.4**	9.9	35.7	2.5	-4.5	**28.5**	**37.7**
瑞士	**14.7**	**12.7**	**37.4**	**13.9**	**13.0**	**10.0**	**36.1**	10.5	**16.1**	**12.6**	**36.2**	**17.9**
荷蘭	**6.7**	**6.6**	**36.8**	**13.5**	7.4	6.8	**31.5**	**12.6**	**10.3**	**9.8**	**32.0**	**14.4**
芬蘭	**35.2**	**30.8**	**26.2**	-0.9	**29.2**	**24.9**	**27.4**	**-8.1**	**37.5**	**33.5**	**27.0**	**5.4**
OECD 平均	**20.5**	**16.8**	**35.9**	**10.3**	**16.2**	**13.9**	**33.2**	**1.9**	**23.4**	**18.9**	**34.8**	**17.6**

註：統計達顯著者標以粗體。
[1] 結果是依據毅力指標在數學表現的分量迴歸模型而來。
[2] 未調整的結果是根據毅力指標為唯一自變項的迴歸分析結果。
[3] 調整後的結果是根據毅力指標、ESCS 以及男學生作為自變項的迴歸分析結果。
[4] ESCS 即為 PISA 的經濟、社會與文化地位指標。

二 問題解決的開放性和數學素養的關聯

　　學生需要有意願投入問題，並且要在面對挑戰時具有開放的態度，以便能解決複雜的問題和情境。和其他學科相同，數學的精熟需要同時具備內容知識以及對學習新事物投入心力。PISA 以下列問題來評量學生問題解決的開放性（openness to problem solving）：「我可以處理許多的資訊」、「我可以很快理解事情」、「我尋求事情的解釋」、「我可以輕易地將各種事實連結起來」以及「我喜歡解決複雜的問題」。學生根據這些描述從「非常像我」、「很像我」、「有點像我」、「不太像我」或「完全不像我」五項反應選項中進行選擇。表 7.15 呈現的是臺灣與參照國家學生選擇「非常像我」、「很像我」的學生比率，由表中可以看出，臺灣有 30.3% 的學生認為他們可以處理許多的資訊；42% 認為自己可以很快理解事情；54.1% 的學生認為他們會尋求事情的解釋；39.2% 的學生則認為他們可以輕易地將各種事實連結起來，而只有四分之一（25.7%）的學生喜歡解決複雜的問題。臺灣在這些情境的人數比率均低於 OECD 國家平均，OECD 國家平均有 53% 的學生提到他們可以處理許多的資訊；56.6% 的學生認為他們可以很快理解事情；60.7% 的學生會去尋求事情的解釋；56.7% 的學生認為他們可以輕易地將各種事實連結起來，另外，有 33.1% 的學生喜歡解決複雜的問題。在解題開放性的人數比率上，臺灣與參照國家之間存在著差異。例如在列支敦斯登、瑞士和荷蘭至少有一半以上的學生提到他們可以處理許多資訊。而日本只有四分之一（25.9%）的學生可以輕易地將各種事實連結起來，但上海、新加坡、列支敦斯登、瑞士、荷蘭、芬蘭等國家，卻有一半以上學生認為他們可以輕而易舉地將各種事實進行連結（參見表 7.15）。

❖表 7.15　臺灣與參照國家有關解題開放性敘述的學生人數百分比對照

	對於以下敘述同意的學生人數百分比				
	我可以處理 許多的資訊	我可以很快 理解事情	我尋求事情 的解釋	我可以輕易地將 各種事實連結起來	我喜歡解決 複雜的問題
臺灣	30.3	42.0	54.1	39.2	25.7
上海	46.6	55.4	65.5	62.2	36.2
新加坡	44.2	50.4	68.5	52.4	39.1
香港	34.7	47.9	48.1	41.8	30.9
韓國	30.2	37.0	52.2	47.5	23.2
澳門	30.8	38.2	48.5	38.1	25.4
日本	26.2	34.6	31.8	25.9	19.0
列支敦斯登	69.2	60.8	61.5	54.4	26.7
瑞士	58.9	61.5	59.3	54.6	29.0
荷蘭	54.4	60.4	49.9	51.9	31.7
芬蘭	40.9	52.5	52.9	56.5	33.5
OECD 平均	53.0	56.6	60.7	56.7	33.1

　　表 7.16 呈現的是臺灣與參照國家男、女學生的解題開放性人數比率。一般而言，男學生都比女學生更傾向於認為自己是「可以處理許多的資訊」、「可以很快理解事情」、「會尋求事情的解釋」以及「可以輕易地將各種事實連結起來」的人，臺灣男學生在這五個有關解題開放性敘述的同意比率明顯高於女學生，這情形和其他多數參照國家雷同。惟澳門女學生在「我可以處理許多的資訊」的人數比率略高於男生，但未達顯著差異。表 7.18 呈現的是臺灣與參照國家學生解題開放性指標的差異及不同指標組別學生數學表現對照，其中可以看出所有表列的國家或經濟體均是男學生的解題開放性指標顯著高於女學生，而 PISA 2012 的 65 個國家中，有 52 個國家或經濟體呈現出男學生的解題開放性指標高於女學生，而且當中並沒有任何國家呈現女學生高於男學生（參見 OECD, 2013b）。

　　表 7.17 呈現的是臺灣與參照國家不同社經背景學生的解題開放性人數比率。臺灣社經優勢的學生在這五個有關解題開放性敘述的同意比率明顯高於社經

弱勢學生，這情形也和其他多數參照國家雷同。社經優勢學生比社經弱勢的學生有較高的解題開放性，表中呈現的這些國家，兩群學生的差距約在 0.3 ～ 0.5 個標準差左右，而臺灣、上海、列支敦斯登、芬蘭的差距幅度更大，約為 0.6 ～ 0.7 個標準差。

❖表 7.16　臺灣與參照國家有關解題開放性敘述的男女學生人數百分比對照

	男學生對於以下敘述同意的人數百分比					女學生對於以下敘述同意的人數百分比					對於以下敘述同意學生人數百分比的性別差異（男－女）				
	我可以處理許多的資訊	我可以很快理解事情	我尋求事情的解釋	我可以輕易地將各種事實連結起來	我喜歡解決複雜的問題	我可以處理許多的資訊	我可以很快理解事情	我尋求事情的解釋	我可以輕易地將各種事實連結起來	我喜歡解決複雜的問題	我可以處理許多的資訊	我可以很快理解事情	我尋求事情的解釋	我可以輕易地將各種事實連結起來	我喜歡解決複雜的問題
臺灣	37.5	48.7	57.7	44.1	31.7	23.1	35.4	50.5	34.3	19.8	**14.4**	**13.3**	**7.2**	**9.8**	**11.8**
上海	50.6	61.2	69.6	65.8	45.1	42.9	49.8	61.7	58.7	27.7	**7.7**	**11.4**	**7.9**	**7.1**	**17.4**
新加坡	48.7	56.4	71.2	58.1	44.6	39.5	44.2	65.8	46.5	33.2	**9.2**	**12.2**	**5.4**	**11.6**	**11.4**
香港	40.3	54.4	54.0	46.6	38.3	28.3	40.4	41.3	36.4	22.6	**11.9**	**14.0**	**12.7**	**10.2**	**15.7**
韓國	34.8	41.7	55.8	50.2	29.0	25.0	31.7	48.1	44.4	16.6	**9.8**	**10.0**	**7.7**	**5.7**	**12.4**
澳門	29.3	42.3	50.1	40.5	31.5	32.4	33.8	46.7	35.6	18.8	-3.1	**8.5**	**3.4**	**5.0**	**12.7**
日本	30.9	40.0	37.1	31.6	26.4	21.0	28.6	26.1	19.7	11.0	**9.9**	**11.5**	**10.9**	**12.0**	**15.3**
列支敦斯登	71.0	67.7	67.3	61.4	35.8	67.4	53.8	55.6	47.3	17.6	3.6	**13.9**	**11.7**	**14.1**	**18.1**
瑞士	63.5	69.2	62.2	62.9	39.1	54.4	54.1	56.4	46.6	19.2	**9.2**	**15.1**	**5.9**	**16.3**	**19.9**
荷蘭	60.6	67.9	54.2	59.6	37.0	48.0	52.7	45.4	44.0	26.1	**12.7**	**15.2**	**8.8**	**15.5**	**10.9**
芬蘭	45.3	55.7	53.0	57.9	38.1	36.4	49.2	52.7	55.1	28.9	**9.0**	**6.5**	0.2	2.8	**9.2**
OECD 平均	56.9	61.7	61.8	60.8	38.5	49.2	51.4	59.6	52.6	27.6	**7.7**	**10.3**	**2.2**	**8.2**	**10.9**

註：統計達顯著者標以粗體。

❖ 表 7.17　臺灣與參照國家不同社經背景學生有關解題開放性敘述的人數百分比及差異對照

	社經弱勢學生解題開放性指標	社經弱勢學生對於以下敘述同意的人數百分比					社經優勢學生解題開放性指標	社經優勢學生對於以下敘述同意的人數百分比					學生解題開放性指標的社經差異	對於以下敘述同意的學生人數百分比的社經差異				
		我可以處理許多的資訊	我可以很快理解事情	我尋求事情的解釋	連結起來我可以輕易地將各種事實	我喜歡解決複雜的問題		我可以處理許多的資訊	我可以很快理解事情	我尋求事情的解釋	連結起來我可以輕易地將各種事實	我喜歡解決複雜的問題		我可以處理許多的資訊	我可以很快理解事情	我尋求事情的解釋	連結起來我可以輕易地將各種事實	我喜歡解決複雜的問題
臺灣	-0.64	19.9	30.8	42.4	27.4	18.1	0.00	41.7	54.5	66.5	51.2	34.5	0.64	21.8	23.8	24.1	23.8	16.4
上海	-0.26	33.2	42.5	55.0	49.8	26.7	0.43	61.9	68.4	77.0	75.2	46.8	0.69	28.7	25.9	22.0	25.4	20.1
新加坡	-0.22	32.5	39.4	60.8	41.4	32.1	0.25	54.4	60.8	77.2	64.9	45.5	0.47	21.9	21.4	16.4	23.5	13.4
香港	-0.49	28.2	41.2	39.8	34.1	22.7	-0.01	43.6	57.3	56.7	50.8	39.9	0.48	15.5	16.1	16.9	16.8	17.1
韓國	-0.61	20.1	26.0	43.3	36.8	16.8	-0.08	42.9	49.2	62.5	60.5	30.4	0.54	22.9	23.1	19.2	23.8	13.6
澳門	-0.51	21.6	30.4	43.8	31.2	21.8	-0.09	42.0	47.4	54.6	47.3	32.1	0.42	20.4	17.0	10.8	16.1	10.3
日本	-0.97	21.9	26.7	24.8	18.7	13.6	-0.54	32.0	38.4	38.3	31.1	22.3	0.43	10.1	11.7	13.5	12.4	8.7
列支敦斯登	-0.15	66.1	46.7	55.6	47.6	19.6	0.54	90.1	74.0	73.9	71.2	35.2	0.69	24.0	27.4	18.3	23.7	15.6
瑞士	-0.18	52.1	52.7	51.4	45.7	22.9	0.19	64.6	67.7	66.9	64.1	33.8	0.37	12.5	15.0	15.5	18.4	10.9
荷蘭	-0.19	52.2	57.8	44.8	45.9	27.9	0.11	59.5	67.4	55.6	59.0	39.8	0.30	7.3	9.7	10.9	13.1	11.9
芬蘭	-0.44	27.5	40.9	39.4	44.1	24.5	0.26	55.5	65.0	65.7	70.7	45.8	0.70	28.0	24.1	26.3	26.7	21.3
OECD 平均	-0.24	44.0	48.1	52.7	46.3	27.1	0.27	63.2	66.3	69.7	67.7	41.0	0.51	19.2	18.3	16.9	21.4	13.8

註：統計達顯著者標以粗體。

343

　　表 7.18 呈現的是臺灣與參照國家學生解題開放性指標的差異及不同指標組別學生數學表現對照。從表 7.18 中可以看出，臺灣學生的解題開放性比 OECD 國家低 0.33 個標準差，整體的解題開放性和香港、韓國、澳門接近。而臺灣學生的數學成績將近 9% 的變異可透過「我可以處理許多的資訊」、「我可以很快理解事情」、「我尋求事情的解釋」、「我可以輕易地將各種事實連結起來」和「我喜歡解決複雜的問題」等相像程度所解釋。而這個變異的解釋量略低於 OECD 國家平均（11.5%），在參照國家中，芬蘭有超過 20% 的學生成績變異可被學生的解題開放性所解釋，韓國次之（17.1%），日本（9.2%）則略高於臺灣，而上海、香港、澳門、列支敦斯登、瑞士等情況和臺灣差不多，但解釋力略低於臺灣。新加坡、荷蘭則不到 5%。

❖表 7.18　臺灣與參照國家學生解題開放性指標的差異及不同指標組別學生數學表現對照

	解題開放性指標								解題開放性指標四等分的數學表現				每單位的數學分數改變量	數學表現最低25%位於此指標最低25%的增加可能性	解釋學生表現的變異量（r-squared×100）
	平均數	標準差	男學生平均	女學生平均	性別差異男-女	最低25%	次低25%	次高25%	最高25%	最低25%	次低25%	次高25%	最高25%	效果	比率	百分比
臺灣	-0.33	1.01	-0.19	-0.48	**0.29**	-1.49	-0.69	-0.10	0.95	**509**	550	583	**599**	34.1	2.0	8.9
上海	0.07	0.99	0.21	-0.08	**0.29**	-1.10	-0.29	0.29	1.36	**566**	608	634	**644**	29.7	2.2	8.5
新加坡	0.01	0.87	0.13	-0.12	**0.26**	-0.99	-0.31	0.21	1.12	**535**	567	592	**597**	24.8	1.7	4.3
香港	-0.25	0.94	-0.08	-0.44	**0.36**	-1.34	-0.57	-0.03	0.93	**521**	552	580	**596**	29.3	1.9	8.1
韓國	-0.37	0.85	-0.26	-0.50	**0.24**	-1.36	-0.64	-0.16	0.67	**499**	544	570	**605**	47.7	2.4	17.1
澳門	-0.34	0.90	-0.26	-0.42	**0.17**	-1.36	-0.67	-0.15	0.83	**501**	530	552	**576**	29.8	2.0	8.4
日本	-0.73	1.01	-0.54	-0.94	**0.40**	-1.93	-1.04	-0.46	0.51	**496**	535	550	**572**	28.1	2.1	9.2
列支敦斯登	0.05	0.88	0.22	-0.12	**0.33**	-0.99	-0.24	0.24	1.21	**495**	537	546	**564**	29.7	1.9	7.7
瑞士	0.00	0.90	0.19	-0.18	**0.37**	-1.04	-0.32	0.20	1.16	**498**	520	544	**565**	28.7	1.6	7.6
荷蘭	-0.08	0.93	0.09	-0.24	**0.33**	-1.12	-0.38	0.10	1.11	**491**	525	545	**549**	20.9	1.8	4.9
芬蘭	-0.11	0.98	0.00	-0.21	**0.21**	-1.25	-0.44	0.13	1.13	**471**	505	540	**578**	40.9	2.7	23.6
OECD 平均	0.00	0.97	0.12	-0.12	**0.23**	-1.14	-0.33	0.22	1.26	**455**	487	512	**534**	30.5	2.0	11.5

註：統計達顯著者標以粗體。

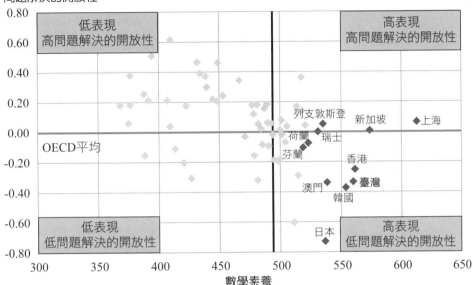

問題解決的開放性

⊃ 圖 7.10　臺灣與參照國家的學生數學素養表現平均與解題開放性指標平均對照

　　同樣的，從表 7.18 可知，解題開放性較高的學生，其數學成績優於解題
開放性較低的學生。從圖 7.10 可知，臺灣是屬於高表現、低問題解決開放性的
國家。圖 7.11 的長條顯示解題開放性指標每一單位的改變所造成的數學成績差
異。就臺灣而言，解題開放性指標每提高一單位的改變學生的數學成績就會提升
約 34 分的幅度。這分數也大約和一般學生與高解題開放性水準學生之間的成就
差異（560 vs. 599）相近。在大部分的國家或經濟體，學生成績差異和學生自陳
的解題開放性水準相關非常的高：有 44 個國家或經濟體，每一單位的解題開放
性指標水準差異造成數學成績至少 20 分的差異；其中在芬蘭、英國、澳洲、紐
西蘭和韓國等國，這樣的差異甚至超過 40 分。在圖 7.11 中，各國的排序是根據
國家平均學生的解題開放性指標每改變一個單位的數學成績差異。

　　從圖 7.11 可以看出，絕大多數國家的高數學表現學生的解題開放性和數學
表現間的關聯性會比低數學表現者的關聯強。除了上海、阿爾巴尼亞、澳門、香
港、哈薩克、列支敦斯登和日本以外，其他所有國家或經濟體的高、低表現學
生，其解題開放性指標每改變一個單位所造成的數學成績差異落差幅度均超過

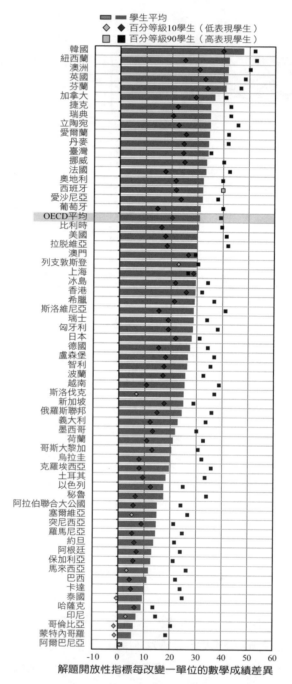

■━ 學生平均
◇ ◆ 百分等級10學生（低表現學生）
□ ■ 百分等級90學生（高表現學生）

韓國
紐西蘭
澳洲
英國
芬蘭
加拿大
捷克
瑞典
立陶宛
愛爾蘭
丹麥
臺灣
挪威
法國
奧地利
西班牙
愛沙尼亞
葡萄牙
OECD平均
比利時
美國
拉脫維亞
澳門
列支敦斯登
上海
冰島
香港
希臘
斯洛維尼亞
瑞士
匈牙利
日本
德國
盧森堡
智利
波蘭
越南
斯洛伐克
新加坡
俄羅斯聯邦
義大利
墨西哥
荷蘭
哥斯大黎加
烏拉圭
克羅埃西亞
土耳其
以色列
秘魯
阿拉伯聯合大公國
塞爾維亞
突尼西亞
羅馬尼亞
約旦
阿根廷
保加利亞
馬來西亞
巴西
卡達
泰國
哈薩克
印尼
哥倫比亞
蒙特內哥羅
阿爾巴尼亞

-10   0   10   20   30   40   50   60
解題開放性指標每改變一單位的數學成績差異

⟳ 圖 7.11　解題開放性和數學素養的關聯

註：1. 淺色空心的標示表示分數差異並未達顯著水準。
　　2. 國家的排序是根據一般學生解題開放性指標每改變一個單位的數學成績差異。
346　資料來源：OECD, PISA 2012 Database, Table III.3.2e.

10 分，以臺灣而言，大約 11 分左右。圖中可看出有多達 10 個國家或經濟體，低數學表現學生的成績與解題開放性沒有關聯，但在高分群之間則有相當大的關係存在。

表 7.19 呈現的是臺灣與參照國家不同數學百分等級學生的解題開放性與數學表現關聯對照。以臺灣而言，在沒有納入社經地位（ESCS）以及性別的考量，每提升一個單位的解題開放性，百分等級 10 和 90 的高、低表現學生的成績分別可進步 24.3 和 35.1 分，兩組學生因為解題開放性的改變而造成的數學成績差異大約 11 分左右；而若排除社經地位以及性別的影響後，則分別仍有 17、25

❖表 7.19 臺灣與參照國家不同數學百分等級學生的解題開放性與數學表現關聯對照

| | 不同數學百分等級學生解題開放性指標每改變一個單位的數學成績差異 | | | | | | | | | | | |
| | 平均 | | | | 百分等級 10[1] | | | | 百分等級 90[1] | | | |
	未調整[2]	調整後[3]	ESCS[4]	男學生	未調整[2]	調整後[3]	ESCS[4]	男學生	未調整[2]	調整後[3]	ESCS[4]	男學生
臺灣	**34.1**	**23.6**	**50.1**	2.2	**24.3**	**17.0**	**53.7**	**-16.6**	**35.1**	**25.3**	**41.1**	**13.8**
上海	**29.7**	**20.5**	**34.2**	2.3	**28.6**	**21.1**	**34.4**	-0.1	**26.3**	**17.3**	**31.4**	**6.6**
新加坡	**24.8**	**16.6**	**40.8**	**-7.0**	**17.6**	**9.9**	**42.6**	**-19.7**	**28.8**	**18.8**	**35.4**	2.6
香港	**29.3**	**23.7**	**23.7**	**6.7**	**25.8**	**20.7**	**30.6**	-5.1	**31.9**	**26.9**	**17.4**	**18.0**
韓國	**47.7**	**40.7**	**28.3**	**9.1**	**39.8**	**35.7**	**24.9**	-6.3	**52.0**	**45.0**	**25.5**	**22.4**
澳門	**29.8**	**27.4**	**12.4**	-2.2	**26.5**	**25.4**	**10.3**	**-13.3**	**29.3**	**27.7**	**11.9**	**5.6**
日本	**28.1**	**22.2**	**36.5**	**11.3**	**21.9**	**18.0**	**37.1**	-0.8	**31.0**	**23.1**	**33.7**	**19.1**
列支敦斯登	**29.7**	**21.1**	**14.5**	**27.2**	**22.8**	**22.2**	9.9	**43.4**	**30.3**	**20.2**	**21.9**	**23.9**
瑞士	**28.7**	**22.7**	**34.1**	**7.9**	**18.9**	**14.5**	**34.8**	5.3	**34.0**	**28.7**	**31.0**	**8.9**
荷蘭	**20.9**	**17.3**	**34.9**	**7.9**	**10.9**	**9.0**	**30.7**	9.0	**32.6**	**26.8**	**28.9**	**10.6**
芬蘭	**40.9**	**36.8**	**21.0**	-4.2	**33.7**	**30.3**	**25.1**	**-14.8**	**46.7**	**44.0**	**16.4**	3.3
OECD 平均	**30.5**	**24.3**	**32.5**	**6.7**	**20.3**	**16.6**	**32.0**	-1.4	**38.5**	**31.2**	**29.6**	**13.1**

註：統計達顯著者標以粗體。

[1] 結果是依據解題開放性指標在數學表現的分量迴歸模型而來。

[2] 未調整的結果是根據解題開放性指標為唯一自變項的迴歸分析結果。

[3] 調整後的結果是根據解題開放性指標、ESCS 以及男學生作為自變項的迴歸分析結果。

[4] ESCS 即為 PISA 的經濟、社會與文化地位指標。

的變化幅度（參見圖 7.11 和表 7.19）。但納入社經以及性別之後，高、低兩個百分等級的學生則會因為解題開放性指標改變一個單位而數學素養分別提高 25.3、17.0 分的變化；解題開放性、ESCS、性別這三個指標中，數學表現與 ESCS 的關聯較大，百分等級 10 的學生每改變 ESCS 一個單位，數學素養約有 54 分的變化，而百分等級 90 則約有 41 分的改變。而性別在高、低表現的學生有不同方向的影響，百分等級 10 的學生中，男生會比女生低約 16.6 分，而針對百分等級 90 的學生，男生會比女生高出 13.8 分。

三 內外控（locus of control）和數學素養的關聯

(一)數學失敗的自我責任

雖然學生的先天智力和能力不同，但這些特質多數還是會受到環境因子的影響。弗林效應（Flynn effect）指出智商逐年大幅改善的現象（Flynn, 1987）。雖然有人提出其他的解釋以及對於弗林效應的效度提出質疑，但是有越來越多一致的證據顯示環境因子對於天生（基因）決定的特質扮演了重要角色（如 Rutter & Silberg, 2002; Rutter, 2010）。弗林效應指出群體間智力分數的變化，然而近來的研究指出個體的智力分數可以在青少年階段發生改變，而這樣的改變反映在大腦結構的變化（Price et al., 2013; Ramsden et al., 2011）。

PISA 2012 要求學生想像：「每個星期，你的數學老師會出一個小考。最近你這些小考的表現不佳。今天你試圖要找出原因。」要求學生思考或感覺「在解數學問題方面我並不是最擅長的」、「這星期老師沒有把這些概念解釋得很清楚」、「這星期小考時我都猜錯」、「有時候課堂的教材太難」、「老師沒有引起學生對教材的興趣」以及「有時候我就是運氣不好」等原因，與他們自己本身的情況是否「非常像」、「像」、「有點像」，或「完全不像」。數學解題失敗的歸因指標建立在學生對這些假想情境的反應，以反映學生對於數學解題失敗所感受到的自我責任。這項指標數值較高的學生往往會將數學解題失敗的責任歸咎於自己本身，而數值較低的學生則比較會把失敗的責任歸咎於其他人或其他因素。

當最近小考的表現不佳時，臺灣有 57.4% 的學生認為是因為他們並不擅長解數學問題；有 32.2% 的學生認為這星期老師沒有把這些概念解釋得很清楚；有 32.7% 的學生認為這星期小考時我都猜錯；有 41.2% 的學生認為課堂的教材太難；有 42.6% 的學生認為老師沒有引起學生對教材的興趣；有 42.8% 的學生覺得有時候自己就是運氣不好；這些比率均小於 OECD 國家平均。OECD 平均有 57.8% 的學生認為解數學問題方面並不是他們最擅長的；有 47.8% 的學生認為這星期老師沒有把這些概念解釋得很清楚；有 45.9% 的學生認為這星期小考時我都猜錯；有 70.8% 的學生認為課堂的教材太難；另外則分別有 53.3% 和 48.6% 的學生認為老師沒有引起學生對教材的興趣，以及覺得有時候自己就是運氣不好（參見表 7.20）。

表 7.21 呈現的是臺灣與參照國家學生數學失敗的自我責任指標的差異及不同指標組別學生數學表現對照；而圖 7.12 則為臺灣與參照國家學生數學失敗的自我責任與數學表現對照。整體而言，除了新加坡和韓國以外，臺灣和其他參照國家呈現女學生比男學生對於數學失敗有較高的自我責任感，但性別差異在臺灣

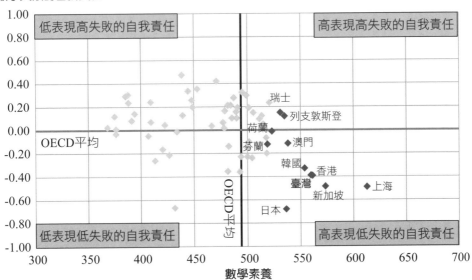

● 圖 7.12　臺灣與參照國家的學生數學素養表現平均與數學失敗自我責任指標平均對照

❖ 表 7.20　臺灣與參照國家有關數學失敗自我責任敘述的全體及男女學生人數百分比對照

說明：各欄敘述（S1～S6）依序為：
- S1：在解數學問題方面，我並不是最擅長的
- S2：這星期老師解釋這些概念時，我並不是很清楚
- S3：這星期小考時我都猜錯
- S4：有時候課堂的教材太難
- S5：老師沒有引起學生對教材的興趣
- S6：有時候我就是運氣不好

國家	對於以下敘述同意的學生人數百分比						男學生對於以下敘述同意的人數百分比						女學生對於以下敘述同意的人數百分比					
	S1	S2	S3	S4	S5	S6	S1	S2	S3	S4	S5	S6	S1	S2	S3	S4	S5	S6
臺灣	57.4	32.2	32.7	41.2	42.6	42.8	50.6	33.1	35.2	39.5	43.7	44.4	64.1	31.3	30.2	42.9	41.6	41.3
上海	50.4	34.7	24.4	52.5	40.6	32.7	44.4	33.7	25.5	47.8	40.1	34.3	56.3	35.6	23.4	56.9	41.0	31.1
新加坡	50.2	30.5	31.2	57.0	35.4	37.0	46.0	30.9	33.4	55.4	39.1	41.4	54.5	30.0	29.0	58.8	31.5	32.4
香港	56.4	38.6	25.1	60.7	41.3	22.2	51.0	40.2	25.1	54.9	43.0	24.8	62.4	36.8	25.0	67.2	39.4	19.3
韓國	47.0	18.8	48.1	51.7	47.2	38.3	43.9	20.6	50.1	52.1	49.6	43.7	50.5	16.8	45.9	51.2	44.5	32.2
澳門	54.5	39.9	38.5	59.1	57.6	39.2	47.4	40.4	38.9	54.9	58.4	43.1	62.2	39.3	38.1	63.8	56.7	35.0
日本	54.9	24.5	22.3	63.9	22.3	21.4	48.7	26.1	24.8	61.2	24.6	24.3	61.7	22.7	19.6	66.8	19.8	18.3
列支敦斯登	47.4	54.2	58.9	62.2	61.8	48.6	41.6	52.7	50.4	50.9	59.7	47.3	53.4	55.8	67.5	73.8	64.0	50.0
瑞士	53.7	54.1	69.3	69.9	61.1	48.5	46.0	50.4	62.6	61.2	60.2	49.8	61.2	57.8	75.7	78.3	62.0	47.2
荷蘭	50.3	47.5	31.8	74.1	46.1	67.4	42.1	46.3	28.7	67.0	48.4	65.8	58.8	48.7	35.1	81.7	43.6	69.0
芬蘭	54.0	49.9	29.0	68.8	53.3	41.3	46.9	46.3	28.4	61.3	53.6	44.2	61.2	53.6	29.7	76.4	53.0	38.2
OECD 平均	57.8	47.8	45.9	70.8	53.3	48.6	51.5	46.0	44.7	65.5	54.2	50.3	64.0	49.7	47.0	76.1	52.4	46.9

和日本並未顯著。社經不利和數學成績表現較差的學生往往比數學成績表現較佳的學生，對數學解題失敗具有較多的責任感。而數學失敗的自我責任對於數學成就變異的解釋力，以臺灣最高（12.2%），其他參照國家以及 OECD 國家平均的解釋力僅有 0 ～ 5% 左右。臺灣學生對於數學失敗的自我責任每改變一個單位，成績的差異幅度達 31 分。

❖表 7.21　臺灣與參照國家學生數學失敗的自我責任指標的差異及不同指標組別學生數學表現對照

	數學失敗的自我責任指標									數學失敗的自我責任指標四等分的數學表現				每單位的數學分數改變量	數學表現最低25%位於此指標最低25%的增加可能性	解釋學生表現的變異量（r-squared×100）
	平均數	標準差	男學生平均	女學生平均	性別差異男-女	最低25%	次低25%	次高25%	最高25%	最低25%	次低25%	次高25%	最高25%	效果	比率	百分比
臺灣	-0.39	1.31	-0.43	-0.35	-0.08	-1.94	-0.73	-0.07	1.19	**612**	578	554	**499**	**-30.9**	**0.3**	12.2
上海	-0.49	1.05	-0.59	-0.40	**-0.19**	-1.76	-0.73	-0.17	0.70	**639**	626	609	**577**	**-20.8**	**0.6**	4.7
新加坡	-0.48	1.07	-0.48	-0.49	0.01	-1.82	-0.72	-0.12	0.73	**596**	592	566	**538**	**-19.6**	**0.6**	4.0
香港	-0.39	1.01	-0.44	-0.34	**-0.10**	-1.56	-0.66	-0.13	0.79	**591**	572	558	**528**	**-22.2**	**0.6**	5.4
韓國	-0.33	0.90	-0.30	-0.36	0.05	-1.39	-0.55	-0.07	0.69	**566**	561	561	**530**	**-12.5**	**0.8**	1.3
澳門	-0.12	0.98	-0.16	-0.07	**-0.09**	-1.28	-0.36	0.14	1.04	**560**	548	534	**517**	**-16.2**	**0.6**	2.9
日本	-0.68	1.20	-0.71	-0.64	-0.07	-2.11	-0.96	-0.38	0.73	**555**	544	536	**518**	**-11.8**	**0.7**	2.3
列支敦斯登	0.12	0.79	-0.06	0.30	**-0.35**	-0.84	-0.04	0.30	1.07	518	553	529	539	2.0	1.4	0.1
瑞士	0.15	0.90	0.01	0.29	**-0.28**	-0.92	-0.01	0.38	1.14	527	542	534	523	-2.1	**1.2**	0.0
荷蘭	-0.01	0.82	-0.11	0.10	**-0.21**	-0.93	-0.17	0.18	0.88	**534**	542	531	**507**	**-11.5**	0.9	1.1
芬蘭	-0.12	0.95	-0.21	-0.03	**-0.18**	-1.21	-0.38	0.10	1.00	**548**	530	517	**497**	**-19.5**	**0.6**	5.0
OECD 平均	0.00	0.97	-0.07	0.08	**-0.15**	-1.13	-0.22	0.24	1.11	**513**	505	495	**474**	**-14.8**	**0.8**	2.9

註：統計達顯著者標以粗體。

❖表 7.22　臺灣與參照國家不同數學百分等級學生數學失敗的自我責任與數學表現關聯對照

| | 不同數學百分等級學生數學失敗的自我責任指標每改變一個單位的數學成績差異 | | | | | | | | | | | |
| | 平均 | | | | 百分等級 10[1] | | | | 百分等級 90[1] | | | |
	未調整[2]	調整後[3]	ESCS[4]	男學生	未調整[2]	調整後[3]	ESCS[4]	男學生	未調整[2]	調整後[3]	ESCS[4]	男學生
臺灣	**-30.9**	**-26.8**	**52.1**	7.4	**-34.4**	**-25.9**	**55.2**	-7.7	**-24.5**	**-22.8**	**46.3**	16.8
上海	**-20.8**	**-18.3**	**38.7**	5.0	**-24.0**	**-21.2**	**38.7**	2.5	**-14.6**	**-13.8**	**35.1**	9.7
新加坡	**-19.6**	**-17.2**	**42.6**	-2.6	**-21.4**	**-17.2**	**41.8**	-16.6	**-15.6**	**-15.0**	**38.6**	7.2
香港	**-22.2**	**-20.5**	**27.0**	12.8	**-25.7**	**-20.4**	**32.2**	-0.7	**-18.6**	**-16.5**	**21.3**	24.4
韓國	**-12.5**	**-10.6**	**39.3**	18.6	-3.9	-4.0	**34.9**	3.5	**-16.0**	**-14.9**	**35.0**	35.5
澳門	**-16.2**	**-16.2**	**17.7**	2.1	**-16.2**	**-17.1**	**15.8**	-8.0	**-12.6**	**-13.5**	**18.2**	7.0
日本	**-11.8**	**-10.0**	**40.6**	19.3	**-10.5**	**-9.3**	**40.5**	5.8	**-10.4**	**-8.2**	**39.7**	29.2
列支敦斯登	2.0	4.8	**20.3**	38.3	11.5	13.9	16.0	40.7	-15.1	-8.8	24.1	36.0
瑞士	-2.1	-2.5	**38.0**	15.8	-4.4	-4.3	**37.7**	8.9	-5.6	-1.7	**36.6**	19.9
荷蘭	**-11.5**	**-10.4**	**37.0**	11.1	**-8.1**	**-7.9**	**32.1**	10.1	**-18.7**	**-15.0**	**32.0**	12.9
芬蘭	**-19.5**	**-17.4**	**31.6**	0.3	**-14.2**	**-14.4**	**31.5**	-8.3	**-21.8**	**-19.1**	**32.5**	7.5
OECD 平均	**-14.8**	**-12.9**	**37.5**	10.3	**-9.6**	**-9.7**	**34.9**	1.3	**-19.9**	**-16.0**	**36.3**	18.2

註：統計達顯著者標以粗體。
[1] 結果是依據數學失敗的自我責任指標在數學表現的分量迴歸模型而來。
[2] 未調整的結果是根據數學失敗的自我責任指標為唯一自變項的迴歸分析結果。
[3] 調整後的結果是根據數學失敗的自我責任指標、ESCS 以及男學生作為自變項的迴歸分析結果。
[4] ESCS 即為 PISA 的經濟、社會與文化地位指標。

(二)數學成功的控制感

　　PISA 透過以下問題來評量學生對於數學表現成功所感受到的控制感，題目包含：「如果投入足夠的努力，我就能成功學好數學」、「我是否能學好數學完全決定於我自己」、「因家庭因素或其他問題，導致我無法投入太多時間在數學的學習上」、「若是能有不同的數學老師，我會試著更認真去學數學」、「若是我願意，我就能學好數學」以及「不管我有沒有為了考試而讀書，我的數學成績都很差」。根據上面的問題，學生根據四項反應類別「非常同意」、「同意」、「不同意」或「非常不同意」進行勾選。

　　表 7.23 呈現的是臺灣與參照國家有關數學表現成功的控制感敘述的學生人數百分比對照。由表中可以看出，對臺灣而言，有 85.9% 的學生同意或非常同意「如果投入足夠的努力，我就能成功學好數學」；84.5% 同意或非常同意「是否能學好數學完全決定於我自己」；84.4% 的臺灣學生不同意或非常不同意「因家庭因素或其他問題，導致無法投入太多時間在數學的學習上」；52.5% 的學生不同意或非常不同意「若是能有不同的數學老師，我會試著更認真去學數學」；而有 86.6% 同意或非常同意「若是我願意，我就能學好數學」；至於「不管我有沒有為了考試而讀書，我的數學成績都很差」則有 71% 的臺灣學生選擇不同意或非常不同意。然而，臺灣與參照國家對於數學表現成功所感受到的控制感差異極大，例如在澳門、荷蘭和日本，不到 85% 的學生同意或非常同意「如果投入足夠的努力，我就能成功學好數學」，然而在新加坡、OECD 國家平均卻有高達 98%、92% 的學生有相同的意見。

❖表 7.23　臺灣與參照國家有關數學表現成功的控制感敘述的學生人數百分比對照

	對於以下敘述同意／不同意的學生人數百分比					
	如果投入足夠的努力，我就能成功學好數學 *	我是否能學好數學完全決定於我自己 *	因家庭因素或其他問題，導致我無法投入太多時間在數學的學習上 **	若是能有不同的數學老師，我會試著更認真去學數學 **	若是我願意，我就能學好數學 *	不管我有沒有為了考試而讀書，我的數學成績都很差 **
臺灣	85.9	84.5	84.4	52.5	86.6	71.0
上海	92.1	88.4	75.7	75.4	84.4	81.5
新加坡	98.1	89.9	63.1	60.5	94.3	75.7
香港	90.2	80.5	68.5	65.8	87.9	75.9
韓國	87.4	91.8	76.3	71.7	85.8	67.8
澳門	81.0	74.8	71.6	47.2	83.6	68.6
日本	83.8	93.3	72.5	73.1	69.8	67.1
列支敦斯登	91.4	80.3	75.2	70.9	83.5	82.2
瑞士	90.8	80.9	71.9	64.8	79.4	77.2
荷蘭	81.7	78.2	83.4	68.4	68.3	75.0
芬蘭	90.9	79.0	88.1	68.0	78.2	71.1
OECD 平均	91.6	83.4	72.6	64.4	83.1	72.7

註：＊選擇「非常同意」、「同意」的學生比率。
　　＊＊選擇「不同意」、「非常不同意」的學生比率。

　　表 7.24 呈現的是臺灣與參照國家數學表現成功的控制感敘述的男女學生人數百分比及差異對照。從表中可以看出，各國男、女學生對於數學表現成功所感受到的控制感差異極大。臺灣的男、女學生只有在兩項看法的人數比率有性別差異，其中，同意或非常同意「我是否能學好數學完全決定於我自己」的差異為 2.5%。而男學生不同意或非常不同意「因家庭因素或其他問題，導致我無法投入太多時間在數學的學習上」的比率比女學生低 6.4%。在荷蘭、列支敦斯登、澳門、瑞士等國，男女學生同意或非常同意「如果投入足夠的努力，我就能成功學好數學」的人數比率差異高於 5%，而臺灣的性別差異則僅有 0.8%。表 7.25 則是臺灣與參照國家不同社經背景學生有關數學成功的控制感敘述的人數百分比及差異對照。而臺灣學生在反應數學成功的控制感六個題目也存在著社經的差異，人數比率差異均達顯著。

　　表 7.26 呈現的是臺灣與參照國家不同數學百分等級學生數學成功的控制感與數學表現關聯對照。圖 7.13 呈現的是各國數學成功的控制感和數學素養的關聯，同樣的，國家間的排序是依據各國學生數學成功的控制感每變化一個單位所造成數學成績的差異。整體而言，臺灣學生平均對於數學成功的控制感每改變一個單位，成績的差異幅度則高達 58.9 分，略低於韓國（59.1）；但針對高低數學表現而言，臺灣的關聯性更值得關注。百分等級 10 的學生若能提高一個單位的數學成功控制感，臺灣學生則將顯著大幅增加 81.5 分（而韓國則提升 60.1 分），高分組（百分等級 90）的學生則有 31.6 分的變化幅度，韓國則有 50 分的差異；而若排除社經地位以及性別的影響後，則對臺灣高、低分組的學生分別仍有 22.4、57.8 的變化幅度。從圖 7.13 中可以看出，多數國家均呈現高數學表現的學生其數學成功的控制感與數學成績的關聯大於低數學表現的學生，以 OECD 國家平均而言，數學成績在百分等級 90 的學生，非常同意或同意「如果投入足夠的努力，我就能在數學表現突出」的學生數學成績高於非常不同意或不同意該陳述的學生 35.7 分。而這個差異在百分等級 10 的學生中只有 24.3 分。有 24 個國家和經濟體這個差異超過 15 分，其中又以斯洛伐克、土耳其、匈牙利和瑞典特別高，超過 30 分。但新加坡、以色列和上海則是特別明顯的例外，這些國家或經濟體，高數學表現的學生所感受到的控制感與數學成績沒有明顯的關聯，但在低數學表現的學生卻有明顯的關聯存在。臺灣雖然高、低表現學生都有存在此關聯，但在低表現群的關聯明顯高於高分組。

❖ 表 7.24　臺灣與參照國家數學表現成功的控制感敘述的男女學生人數百分比及差異對照

敘述代碼：
- a：若是我投入足夠的努力，我就能學好數學*
- b：我是否能學好數學完全決定於我自己*
- c：因家庭因素或其他問題，導致我無法投入大多時間在數學的學習上**
- d：若是我有不同的數學老師，我會更認真去學數學**
- e：若是我願意，我就能學好數學*
- f：不管我有沒有為了考試而讀書，我的數學成績都很差**

	男學生對於以下敘述同意／不同意的人數百分比						女學生對於以下敘述同意／不同意的人數百分比						對於以下敘述同意／不同意學生人數百分比的性別差異（男－女）					
	a	b	c	d	e	f	a	b	c	d	e	f	a	b	c	d	e	f
臺灣	86.3	85.8	81.2	51.8	86.6	71.8	85.5	83.2	87.6	53.2	86.6	70.2	0.8	**2.5**	**-6.4**	-1.4	0.0	1.6
上海	93.4	91.7	72.0	73.9	86.9	83.4	90.9	85.2	79.2	76.9	82.0	79.5	**2.6**	**6.5**	**-7.2**	-2.9	**4.9**	**3.9**
新加坡	97.7	90.5	62.4	58.3	94.3	74.6	98.5	89.3	63.8	62.8	94.3	76.9	-0.8	1.2	-1.4	**-4.5**	0.0	-2.3
香港	90.7	83.8	66.8	67.0	90.1	77.2	89.6	76.7	70.4	64.6	85.5	74.4	1.1	**7.2**	**-3.6**	2.4	**4.6**	**2.8**
韓國	88.1	92.2	73.8	72.2	85.6	71.4	86.7	91.3	79.2	71.2	86.0	63.7	1.3	0.8	**-5.5**	1.0	-0.4	**7.6**
澳門	84.2	80.3	70.2	44.7	86.5	71.9	77.5	68.8	73.0	50.0	80.4	65.1	**6.8**	**11.5**	**-2.8**	**-5.3**	**6.1**	**6.8**
日本	84.0	92.5	69.8	73.1	71.0	70.4	83.7	94.1	75.5	73.1	68.4	63.4	0.3	-1.6	**-5.7**	0.0	2.6	**7.0**
列支敦斯登	95.7	82.8	72.8	71.3	89.8	88.5	87.0	77.6	77.7	70.5	77.0	75.7	**8.8**	**5.2**	**-4.9**	0.7	**12.8**	**12.9**
瑞士	93.6	84.8	71.7	63.5	84.4	79.9	88.2	77.1	72.1	66.1	74.6	74.5	**5.4**	**7.6**	-0.3	**-2.6**	**9.8**	**5.3**
荷蘭	87.1	83.9	81.7	67.6	74.6	80.8	75.9	72.2	85.1	69.2	61.6	69.0	**11.2**	**11.7**	**-3.4**	-1.6	**13.1**	**11.9**
芬蘭	90.9	83.2	87.4	67.3	80.1	72.5	91.0	74.7	88.9	68.7	76.1	69.8	-0.1	**8.4**	-1.5	-1.4	4.0	2.7
OECD平均	92.5	86.0	71.5	63.5	85.4	73.9	90.8	80.8	73.7	65.3	80.9	71.5	**1.7**	**5.2**	**-2.2**	**-1.7**	**4.5**	**2.5**

註：統計達顯著者標以粗體。
* 選擇「非常同意」、「同意」的學生比率。
** 選擇「不同意」、「非常不同意」的學生比率。

表 7.25　臺灣與參照國家不同社經背景學生有關數學成功的控制感敘述的人數百分比及差異對照

（註：以下欄位標題為原表中直書文字，* 表示選擇「非常同意」、「同意」的學生比率；** 表示選擇「不同意」、「非常不同意」的學生比率。）

國家／地區	| 社經弱勢學生對於以下敘述同意／不同意的人數百分比						| 社經優勢學生對於以下敘述同意／不同意的人數百分比						| 對於以下敘述同意／不同意的學生人數百分比的社經差異					
	如果我投入足夠的努力，我就能學好數學*	我是否能學好數學，完全決定於我自己**	因家庭投入大多數時間在其他的學習問題，導致我無法於數學**	若是我更認真去學數學其他問題，我會試*	若是我願意，我就能學好數學老師*	不管我有沒有為了考試而讀書，我數學成績都很差**	如果我投入足夠的努力，我就能學好數學*	我是否能學好數學，完全決定於我自己**	因家庭投入大多數時間在其他的學習問題，導致我無法於數學**	若是我更認真去學數學其他問題，我會試*	若是我願意，我就能學好數學老師*	不管我有沒有為了考試而讀書，我數學成績都很差**	如果我投入足夠的努力，我就能學好數學*	我是否能學好數學，完全決定於我自己**	因家庭投入大多數時間在其他的學習問題，導致我無法於數學**	若是我更認真去學數學其他問題，我會試*	若是我願意，我就能學好數學老師*	不管我有沒有為了考試而讀書，我數學成績都很差**
臺灣	87.5	86.5	87.2	50.9	88.7	81.7	82.3	80.5	81.8	56.3	83.0	60.4	5.3	6.0	5.4	-5.5	5.8	21.3
上海	92.7	88.5	79.6	76.4	87.1	87.7	91.3	87.7	69.5	74.5	80.2	75.1	1.4	0.8	10.1	1.9	6.9	12.6
新加坡	98.1	91.2	70.1	65.3	95.1	86.1	98.0	88.6	56.6	56.9	93.8	66.9	0.0	2.6	13.5	8.4	1.3	19.2
香港	93.3	82.2	70.4	65.3	90.4	81.0	89.6	79.2	65.2	67.7	87.1	73.8	3.7	3.0	5.2	-2.4	3.3	7.3
韓國	91.6	94.4	74.9	72.2	89.1	77.0	82.3	89.9	76.4	73.2	80.9	58.0	9.3	4.6	-1.5	-1.0	8.2	19.1
澳門	81.4	75.2	69.9	47.5	86.0	72.3	80.9	72.5	71.0	48.3	81.2	66.0	0.5	2.7	-1.1	-0.8	4.8	6.3
日本	86.4	94.3	74.1	73.3	74.9	69.0	80.3	92.3	72.7	74.8	65.4	65.1	6.1	1.9	1.4	-1.5	9.5	3.9
列支敦斯登	97.9	81.9	77.9	79.5	82.6	85.8	84.6	86.1	58.0	63.0	79.2	71.0	13.3	-4.2	20.0	16.5	3.4	14.8
瑞士	90.8	78.6	76.2	63.8	79.8	79.2	91.8	84.6	67.8	68.5	80.4	75.9	-1.0	-6.1	8.4	-4.7	-0.6	3.3
荷蘭	84.3	79.7	88.4	68.0	68.4	80.9	78.9	76.0	78.7	70.1	66.7	70.1	5.4	3.7	9.7	-2.1	1.7	10.8
芬蘭	94.6	80.1	90.1	68.7	83.5	83.1	86.7	77.8	86.2	68.9	72.8	61.4	7.9	2.2	3.9	-0.3	10.7	21.8
OECD 平均	93.4	82.9	76.1	64.7	85.4	79.6	90.3	83.7	69.4	65.2	81.3	65.2	3.1	-0.8	6.7	-0.5	4.1	14.4

註：統計達顯著者標以粗體。

* 選擇「非常同意」、「同意」的學生比率。

** 選擇「不同意」、「非常不同意」的學生比率。

❖表 7.26　臺灣與參照國家不同數學百分等級學生數學成功的控制感與數學表現關聯對照

	不同數學百分等級學生數學成功的控制感指標每改變一個單位的數學成績差異											
	平均				百分等級 10[1]				百分等級 90[1]			
	未調整[2]	調整後[3]	ESCS[4]	男學生	未調整[2]	調整後[3]	ESCS[4]	男學生	未調整[2]	調整後[3]	ESCS[4]	男學生
臺灣	**58.9**	**43.2**	**53.2**	5.6	**81.5**	**57.8**	**51.8**	-14.6	**31.6**	**22.4**	**45.9**	18.6
上海	**28.4**	**20.2**	**38.9**	5.7	**46.0**	**34.9**	**37.6**	2.6	9.9	10.4	**35.5**	10.5
新加坡	**14.8**	**11.5**	**43.8**	-3.5	**19.4**	**16.0**	**44.4**	-18.5	10.1	4.6	**39.6**	6.2
香港	**35.3**	**30.2**	**27.1**	10.7	**39.8**	**39.2**	**34.1**	-3.6	**29.6**	**24.7**	**20.7**	25.1
韓國	**59.1**	**48.9**	**35.4**	15.7	**60.1**	**54.0**	**32.4**	-0.3	**50.0**	**40.2**	**31.4**	31.5
澳門	**23.0**	**21.1**	**17.6**	1.6	14.3	13.7	**16.8**	-6.8	**22.4**	**23.6**	**17.3**	5.6
日本	**17.6**	**12.1**	**41.4**	19.1	**19.4**	14.3	**39.6**	4.8	**15.8**	9.4	**39.5**	27.8
列支敦斯登	16.3	6.7	**20.2**	36.1	-4.3	6.4	14.8	42.9	32.1	6.3	26.9	41.0
瑞士	**23.9**	**22.1**	**38.2**	12.9	**21.0**	**20.5**	**37.7**	7.3	**28.6**	**23.4**	**37.1**	16.3
荷蘭	**30.7**	**25.8**	**36.4**	11.4	**35.2**	**26.9**	**30.0**	8.1	**29.1**	**25.6**	**31.5**	14.0
芬蘭	**49.1**	**42.2**	**29.3**	3.0	**39.2**	**33.2**	**30.0**	-8.3	**52.9**	**46.8**	**28.2**	13.7
OECD 平均	**32.4**	**25.9**	**36.8**	11.0	**24.3**	**20.6**	**34.1**	1.5	**35.7**	**28.8**	**35.9**	19.2

註：統計達顯著者標以粗體。

[1] 結果是依據數學成功的控制感指標在數學表現的分量迴歸模型而來。

[2] 未調整的結果是根據數學成功的控制感指標為唯一自變項的迴歸分析結果。

[3] 調整後的結果是根據數學成功的控制感指標、ESCS 以及男學生作為自變項的迴歸分析結果。

[4] ESCS 即為 PISA 的經濟、社會與文化地位指標。

(三)學校成功的控制感

　　類似於數學成功的控制感，PISA 進一步將成功的控制感延伸至學校，在測量學校表現成功的控制感部分，PISA 運用了以下的問題：「如果投入足夠的努力，我就能在學校表現突出」、「我是否能在學校表現良好完全是我自己的選擇」、「家人的要求或其他的問題，妨礙我投入很多的時間在我學校的課業上」、「如果我有不同的老師，我會在學校更努力用功」、「如果我想要，我就能在學校表現良好」、「不論我有沒有準備我的考試，我在學校的表現都不好」，學生同樣依據其自身的狀況，根據四項反應類別「非常同意」、「同意」、「不同意」或「非常不同意」進行勾選。

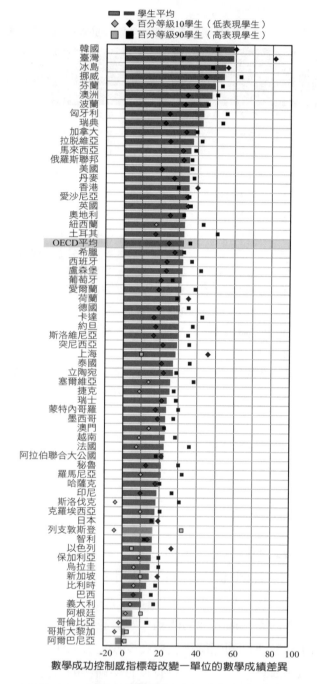

○ 圖 7.13　數學成功的控制感和數學素養的關聯

註：1. 淺色空心的標示表示分數差異並未達顯著水準。

　　2. 國家的排序是根據一般學生數學成功的控制感指標每改變一個單位的數學成績差異。

358　資料來源：OECD, PISA 2012 Database, Table III.3g.

　　表 7.27 是臺灣與參照國家有關學校表現成功的控制感敘述的學生人數百分比對照。對於學生在學校表現成功所感受到的控制感，臺灣有 89.1% 的學生同意或非常同意「如果投入足夠的努力，我就能在學校表現突出」；有 91.4% 的學生同意或非常同意「我是否能在學校表現良好完全是我自己的選擇」；86.4% 的學生同意或非常同意「如果我想要，我就能在學校表現良好」；有 68.9% 的學生不同意或非常不同意「家人的要求或其他的問題，妨礙我投入很多的時間在我學校的課業上」；有 40.1% 的學生不同意或非常不同意「如果有不同的老師，我會在學校更努力用功」；以及有 83.5% 的學生不同意或非常不同意「不論我有沒有準備我的考試，我在學校的表現都不好」。學生陳述在學校表現成功所感受到的控制感在各國之間存在極大的變異。例如，在日本不到 70% 的學生不同意或非常不同意「不論我有沒有準備我的考試，我在學校的表現都不好」，而列支敦斯登卻有超過 85% 的學生有相同的看法。

❖表 7.27　臺灣與參照國家有關學校表現成功的控制感敘述的學生人數百分比對照

	對於以下敘述同意／不同意的學生人數百分比					
	如果投入足夠的努力，我就能在學校表現突出 *	我是否能在學校表現良好完全是我自己的選擇 *	家人的要求或其他的問題，妨礙我投入很多的時間在我學校的課業上 **	如果我有不同的老師，我會在學校更努力用功 **	如果我想要，我就能在學校表現良好 *	不論我有沒有準備我的考試，我在學校的表現都不好 **
臺灣	89.1	91.4	68.9	40.1	86.4	83.5
上海	90.3	86.4	75.4	77.9	88.1	82.9
新加坡	97.0	88.1	57.3	51.2	94.6	77.7
香港	92.4	79.5	65.2	54.5	93.7	84.4
韓國	95.6	94.5	65.7	67.7	88.6	81.6
澳門	82.3	77.7	58.0	42.4	88.8	80.9
日本	89.3	95.0	66.5	70.9	75.4	66.7
列支敦斯登	98.0	85.6	65.3	57.0	91.1	85.4
瑞士	96.6	85.1	62.2	60.8	88.5	83.7
荷蘭	95.9	80.3	75.7	66.0	88.3	83.8
芬蘭	96.4	85.2	83.2	58.6	88.5	80.3
OECD 平均	96.5	86.1	64.9	59.4	89.7	79.7

註：＊選擇「非常同意」、「同意」的學生比率。
　　＊＊選擇「不同意」、「非常不同意」的學生比率。

　　表 7.28 與表 7.29 分別是臺灣與參照國家學校男、女學生以及不同社經背景學生有關學校成功的控制感敘述的人數百分比及差異對照。由表可知，各國男、女學生對於學校表現成功所感受到的控制感差異，臺灣的男、女學生只有在兩項看法的人數比率有顯著的不一致，臺灣男學生在不同意或非常不同意「家人的要求或其他的問題，妨礙我投入很多的時間在我學校的課業上」以及「不論我有沒有準備我的考試，我在學校的表現都不好」的比率顯著比女學生低 7.8%，其餘題目的男女學生人數比率則沒有達到顯著差異。在許多國家和多項指標中，女學生比男學生陳述較高的控制感。例如，OECD 各國平均而言，陳述同意或非常同意「如果投入足夠的努力，我就能在學校表現突出」男女生的百分比相同（分別約為 96% 和 97%）。同樣的，有 86% 的男女學生同意或非常同意「我是否能在學校表現良好完全是我自己的選擇」，而有 65% 的男女學生不同意或非常不同意「家人的要求或其他的問題，妨礙我投入很多的時間在我學校的課業上」。而臺灣學生在反應數學成功的控制感兩個題目存在著社經的差異，分別為：「如果我有不同的老師，我會在學校更努力用功」以及「不論我有沒有準備我的考試，我在學校的表現都不好」，社經優勢的學生不同意或非常不同意此兩項敘述的比率顯著高於社經弱勢的學生。

　　表 7.30 呈現的是臺灣與參照國家不同數學百分等級學生學校成功的控制感與數學表現關聯對照。各國對於學校表現成功所感受到的控制感與數學成績之間關聯較為薄弱，臺灣與參照國家當中數學成績差異超過 25 分的國家只有韓國、臺灣。整體而言，臺灣學生平均對於學校成功的控制感每改變一個單位，數學成績的差異幅度則高達 27.7 分，學校成功的控制感和數學成績表現的關聯明顯不如數學成功的控制感和數學成績的關聯（58.9）。對 OECD 國家平均而言，由於同意或非常同意「如果投入足夠的努力，我就能成功學好數學」造成的數學成績差異為 32.4 分，而由於同意或非常同意「如果投入足夠的努力，我就能在學校表現突出」造成的數學成績差異為 13.1 分。此外，臺灣百分等級 10 的學生若能提高一個單位的學校成功控制感，數學成績顯著增加 34.7 分，百分等級 90 的高表現學生則有 15.7 分的變化幅度；而若排除社經地位以及性別的影響後，則分別仍有 17、12.9 的變化幅度。

❖ 表 7.28　臺灣與參照國家學校表現成功的控制感敘述的男女學生人數百分比及差異對照

	男學生對於以下敘述 同意／不同意的人數百分比						女學生對於以下敘述 同意／不同意的人數百分比						對於以下敘述同意／不同意學生人數百分比的性別差異（男－女）					
	如果我投入足夠的努力，我就能在學校表現突出*	如果我想要，我就能在學校表現良好	如果我有不同的老師，我會在學校表現更努力	家人很多的要求或問題妨礙我投入時間在學校課業上**	我在學校表現良好完全是我自己的選擇*	不論我有沒有準備我的考試，我在學校的表現都不好**	如果我投入足夠的努力，我就能在學校表現突出*	如果我想要，我就能在學校表現良好	如果我有不同的老師，我會在學校表現更努力	家人很多的要求或問題妨礙我投入時間在學校課業上**	我在學校表現良好完全是我自己的選擇*	不論我有沒有準備我的考試，我在學校的表現都不好**	如果我投入足夠的努力，我就能在學校表現突出*	如果我想要，我就能在學校表現良好	如果我有不同的老師，我會在學校表現更努力	家人很多的要求或問題妨礙我投入時間在學校課業上**	我在學校表現良好完全是我自己的選擇*	不論我有沒有準備我的考試，我在學校的表現都不好**
臺灣	88.6	91.6	65.0	39.2	86.7	79.5	89.5	91.1	72.8	41.1	86.1	87.4	-0.8	0.5	**-7.8**	-1.9	0.6	**-7.8**
上海	91.6	88.8	71.7	76.7	88.2	82.0	89.1	84.2	78.9	79.1	88.0	83.7	**2.5**	**4.7**	**-7.2**	-2.5	0.2	-1.7
新加坡	96.4	88.0	57.5	49.9	93.6	77.0	97.7	88.2	57.0	52.5	95.6	78.5	**-1.2**	-0.1	0.6	-2.6	**-2.0**	-1.5
香港	92.1	81.6	63.1	56.7	93.3	82.9	92.8	77.2	67.5	51.9	94.2	86.2	-0.7	**4.4**	**-4.4**	**4.8**	-0.9	**-3.4**
韓國	95.1	94.1	63.2	66.2	87.9	80.7	96.1	95.0	68.4	69.3	89.4	82.7	-1.0	-0.9	**-5.2**	-3.0	-1.5	-2.0
澳門	82.7	79.0	56.6	39.5	89.2	76.8	81.8	76.3	59.5	45.5	88.3	85.2	1.0	2.7	-2.8	**-6.0**	1.0	**-8.5**
日本	87.6	94.6	64.7	69.5	75.4	66.6	91.2	95.5	68.4	72.4	75.5	66.7	**-3.6**	-0.9	**-3.7**	-2.9	-0.1	-0.1
列支敦斯登	98.2	86.8	64.4	54.4	90.6	87.2	97.8	84.1	66.4	60.3	91.8	83.1	0.4	2.7	-2.0	**-5.8**	-1.1	**4.2**
瑞士	96.3	84.4	63.8	59.1	88.8	81.2	96.9	85.8	60.7	62.4	88.2	86.2	-0.6	-1.4	3.1	**-3.4**	0.6	**-4.9**
荷蘭	95.6	83.2	75.0	61.2	88.7	82.5	96.2	77.2	76.5	71.0	87.8	85.1	-0.6	**6.0**	-1.5	**-9.7**	0.8	-2.6
芬蘭	95.3	86.7	84.1	55.9	88.7	79.7	97.4	83.7	82.2	61.3	88.3	80.9	**-2.1**	**3.0**	2.0	**-5.4**	0.4	-1.2
OECD 平均	95.8	86.4	65.3	56.8	89.7	77.4	97.2	85.7	64.5	61.9	89.6	82.0	**-1.4**	**0.7**	**0.8**	**-5.1**	0.1	**-4.6**

註：統計達顯著者標以粗體。
* 選擇「非常同意」、「同意」的學生比率。
** 選擇「不同意」、「非常不同意」的學生比率。

❖ 表 7.29　臺灣與參照國家不同社經背景學生有關學校成功的控制感敘述的人數百分比及差異對照

敘述：
- S1：如果我投入足夠的努力，我就能在學校表現突出 *
- S2：我是否能在學校表現良好完全是自我選擇 *
- S3：家人的要求或其他問題，妨礙我投入很多時間在我學校課業上 **
- S4：如果我有不同的老師，我會在學校更努力用功 **
- S5：如果我想要，我就能在學校表現良好 *
- S6：不論我有沒有準備我的考試，我在學校表現都不好 **

	社經弱勢學生對於以下敘述同意／不同意的人數百分比						社經優勢學生對於以下敘述同意／不同意的人數百分比						對於以下敘述同意／不同意學生人數百分比的社經差異					
	S1	S2	S3	S4	S5	S6	S1	S2	S3	S4	S5	S6	S1	S2	S3	S4	S5	S6
臺灣	88.5	91.5	64.5	37.6	85.3	76.4	87.7	89.1	68.8	42.4	85.2	88.8	-0.8	-2.4	4.4	4.7	0.0	12.4
上海	91.5	85.1	71.0	79.4	83.0	78.0	89.5	88.5	77.9	79.0	90.0	86.5	-2.0	3.4	6.9	-0.4	7.0	8.5
新加坡	96.4	87.7	51.5	48.3	93.6	68.5	96.6	86.5	63.5	55.3	95.7	86.4	0.2	-1.1	12.0	7.0	2.1	18.0
香港	92.3	77.3	60.5	60.6	91.4	81.1	92.4	81.2	66.6	52.2	94.7	86.3	0.1	3.9	6.2	-8.4	3.3	5.2
韓國	94.1	94.4	62.0	66.6	86.4	76.2	96.0	94.3	66.8	67.8	90.3	88.5	1.9	-0.1	4.7	1.3	3.9	12.2
澳門	81.6	73.5	58.6	45.0	85.5	78.3	83.8	80.4	59.5	41.9	91.1	83.5	2.2	6.9	0.9	-3.1	5.7	5.2
日本	86.9	92.9	63.1	70.3	73.9	66.3	90.7	96.1	67.8	71.3	77.9	68.4	3.8	3.2	4.7	1.0	4.0	2.1
列支敦斯登	100.0	89.9	55.1	61.5	96.1	79.6	97.1	84.7	72.5	61.6	91.6	90.9	-2.9	-5.2	17.4	0.2	-4.5	11.3
瑞士	96.1	88.9	57.9	62.7	86.8	77.7	95.6	81.8	67.5	59.9	90.1	88.6	-0.5	-7.1	9.6	-2.8	3.2	10.9
荷蘭	95.4	80.2	71.0	66.9	88.2	78.9	95.8	77.9	77.5	64.8	90.1	88.6	0.4	-2.4	6.5	-2.1	1.9	9.7
芬蘭	95.2	84.9	79.7	57.6	86.8	71.2	98.0	85.5	86.0	60.4	91.4	89.8	2.8	0.6	6.3	2.8	4.6	18.6
OECD 平均	95.9	86.8	60.7	60.0	88.1	73.6	96.9	84.4	68.9	59.5	91.2	86.2	1.0	-2.4	8.2	-0.5	3.1	12.6

註：統計達顯著者標以粗體。
* 選擇「非常同意」、「同意」的學生比率。
** 選擇「不同意」、「非常不同意」的學生比率。

❖表 7.30　臺灣與參照國家不同數學百分等級學生學校成功的控制感與數學表現關聯對照

	不同數學百分等級學生學校成功的控制感指標每改變一個單位的數學成績差異											
	平均				百分等級 10[1]				百分等級 90[1]			
	未調整[2]	調整後[3]	ESCS[4]	男學生	未調整[2]	調整後[3]	ESCS[4]	男學生	未調整[2]	調整後[3]	ESCS[4]	男學生
臺灣	**27.7**	**16.3**	**58.7**	5.4	**34.7**	**17.0**	**57.8**	-9.3	**15.7**	12.9	**47.1**	15.3
上海	2.9	-2.0	**39.8**	6.0	7.7	0.2	**37.9**	-0.5	2.9	1.4	**34.8**	**11.3**
新加坡	**-7.3**	**-8.2**	**42.7**	-2.4	0.2	-2.1	**46.9**	**-18.2**	-7.7	-9.9	**35.4**	**12.7**
香港	**10.5**	6.5	**24.4**	**12.9**	18.3	13.3	**26.4**	-3.6	9.1	5.4	**19.5**	**27.3**
韓國	**37.6**	**29.2**	**37.5**	**14.2**	**43.8**	**39.4**	**32.8**	-4.8	**29.1**	**23.3**	**38.9**	**24.6**
澳門	-1.0	-3.7	**16.8**	**5.4**	-11.9	-13.5	**15.2**	-6.4	4.0	1.1	**12.3**	8.3
日本	**13.4**	8.9	**38.3**	**21.1**	15.5	10.9	**35.6**	4.0	7.6	4.7	**37.6**	**33.2**
列支敦斯登	-18.2	-14.8	**32.2**	18.7	-4.8	6.1	**34.9**	18.9	-1.3	-6.8	**35.5**	**25.5**
瑞士	**15.2**	**12.6**	**35.6**	**16.2**	11.4	10.6	**36.2**	6.1	**15.2**	11.9	**35.4**	**21.3**
荷蘭	**-8.3**	**-10.7**	**35.2**	**13.5**	-9.0	-12.3	**29.7**	11.3	1.1	-7.1	**32.6**	**15.5**
芬蘭	**19.7**	**14.0**	**28.4**	3.3	**18.0**	7.6	**31.6**	**-13.0**	**15.8**	**15.0**	**24.0**	**17.5**
OECD 平均	**13.1**	**8.8**	**36.9**	**12.4**	**10.8**	**6.7**	**33.2**	**2.5**	**13.6**	**9.9**	**37.1**	**20.2**

註：統計達顯著者標以粗體。

[1] 結果是依據學校成功的控制感指標在數學表現的分量迴歸模型而來。

[2] 未調整的結果是根據學校成功的控制感指標為唯一自變項的迴歸分析結果。

[3] 調整後的結果是根據學校成功的控制感指標、ESCS 以及男學生作為自變項的迴歸分析結果。

[4] ESCS 即為 PISA 的經濟、社會與文化地位指標。

四 數學學習動機和數學素養的關聯

(一)數學學習的內在動機

　　動機和投入可被視為學習背後的驅動力量。數學對學生未來生活的重要性已是不可言喻，學校系統需要確保學生除了具備一般正式教育持續學習數學所需的知識以外，也要培養他們未來進一步學習的興趣與動機。PISA 將數學學習動

機（motivation to learn mathematics）區分成兩種：學生可能因為他們喜歡數學並發現數學有趣而學習數學，或者是因為他們覺察學習數學對他們有所幫助而學習數學。這兩種構念是自我決定理論（Ryan & Deci, 2009）和期望—價值理論（Wigfield, Tonks, & Klauda, 2009）的核心概念。

內在動機是指純粹由活動本身所獲得的快樂而從事該活動的驅力。當學生想學習數學時是因為他們發現學習數學有趣且令人愉快，因為它帶給他們愉悅的感受，而不是因為他們精熟了數學概念和解決了數學問題，此時，學生是受到內在的激勵而去學習數學（Gottfried, 1990; Ryan & Deci, 2009）。興趣和樂趣影響了學習投入和理解深度的程度以及持續性（Schiefele, 2009）。內在動機影響學生的投入、參加的學習活動、成就表現、渴望及選擇追求職業類型的程度（Reeve, 2012）。一般而言，內在動機會從小學到高等教育逐漸的消散（Gottfried, Fleming, & Gottfried, 2001; Gottfried, Marcoulides, Gottfried, & Oliver, 2013; Jacobs, Lanza et al., 2002），因為當學生日漸長大，他們的興趣會日益分化（OECD, 2004）。學生對數學的內在動機也會因為數學的難度增加而逐漸減少，也可能會因為受到教學方式對學習數學的動機的不當破壞，因而逐漸減少（Midgley et al., 1989）。然而，學生對於數學的樂趣和興趣是可以被教師的教學行為、學生同儕、課堂教學和活動，以及父母的態度和行為所塑造（如Wigfield et al., 2006，以及本章第四節）。

PISA 透過以下問題來測量學生數學學習的內在動機：「我樂於閱讀數學類的讀物」、「我期待上數學課」、「我練習數學是因為我樂在其中」，以及「我對數學所學到的東西感興趣」。學生根據其「非常同意」、「同意」、「不同意」或「非常不同意」來進行勾選。

表 7.31 呈現的是臺灣與參照國家有關學習數學內在動機敘述的學生人數百分比對照。臺灣 40.4% 的學生同意或非常同意樂於閱讀數學類的讀物、37.8% 的學生期待上數學課、40.3% 的學生同意練習數學是因為他們樂在其中，而 41.7% 的學生對數學所學到的東西感到興趣。OECD 國家平均而言，有 38.1% 的學生同意或非常同意「我練習數學是因為我樂在其中」，芬蘭卻只有不到 30% 的學生樂在數學；53.1% 的 OECD 學生同意或非常同意「對數學所學到的東西感興趣」，但日本只有不到 40% 的學生同意對數學所學到的東西感興趣。

❖表 7.31　臺灣與參照國家有關學習數學內在動機敘述的學生人數百分比對照

	對於以下敘述同意的學生人數百分比			
	我樂於閱讀 數學類的讀物	我期待上數學課	我練習數學是 因為我樂在其中	我對數學所學到 的東西感興趣
臺灣	40.4	37.8	40.3	41.7
上海	50.1	54.4	49.3	60.6
新加坡	68.1	76.8	72.2	77.1
香港	44.4	49.8	54.9	52.4
韓國	27.2	21.8	30.7	47.2
澳門	42.5	41.7	42.3	46.2
日本	16.9	33.7	30.8	37.8
列支敦斯登	22.1	42.3	56.2	55.3
瑞士	19.1	38.9	48.5	56.2
荷蘭	12.1	19.8	32.4	44.6
芬蘭	21.0	24.8	28.8	44.3
OECD 平均	30.6	36.2	38.1	53.1

　　表 7.32 和表 7.33 分別呈現的是臺灣與參照國家不同性別以及不同社經背景學生有關數學學習的內在動機敘述的人數百分比及差異對照。表 7.34 呈現的是臺灣與參照國家學生數學學習的內在動機指標的差異及不同指標組別學生數學表現對照。一般而言，參與 PISA 2012 的學生對數學的樂趣和數學學習的內在動機水準都相當低落，特別對女學生和社經不利學生尤其如此。其中，臺灣男、女學生同意「我對數學所學到的東西感興趣」的百分比差異最大（18.4%）：有 51% 的男學生但只有 32.6% 的女學生對數學所學到的東西感興趣。其次是樂於閱讀數學類的讀物，有 49.2% 的男學生，而只有 31.6% 的女學生認為他們樂於閱讀數學類讀物，性別差異為 17.6%。而「我期待上數學課」以及「我練習數學是因為我樂在其中」男女生的差異均為 12.2%。臺灣及參照國家均呈現出男學生的數學學習內在動機高於女學生。社經優勢的學生也比社經弱勢學生具有較高的內在動機，社經優勢的學生在內在動機四項敘述同意的比率高於社經弱勢學生比率 9.8% ～ 16.6% 左右。低數學興趣與樂趣的學生，也就是那些不會期待上數學

課、不會對數學所學到的東西感興趣的學生，他們的數學素養通常比認為樂在學習數學和對數學課感到興趣學生的數學素養來得低。而從表 7.34 可以看出，數學學習內在動機對於臺灣學生數學表現變異的解釋力達 11.3%，就 OECD 國家平均而言，學生學習數學內在動機可以解釋 5.2% 的數學表現變異，臺灣與參照國家當中有 4 個國家或經濟體有超過 10% 的解釋力，分別為韓國（17%）、芬蘭（11.5%）、臺灣（11.3%）以及日本（10.6%）。

❖ 表 7.32　臺灣與參照國家有關數學學習的內在動機敘述的男女學生人數百分比及差異對照

	男學生對於以下敘述同意的人數百分比				女學生對於以下敘述同意的人數百分比				對於以下敘述同意學生人數百分比的性別差異（男－女）			
	我樂於閱讀數學類的讀物	我期待上數學課	為我練習數學是因我樂在其中	我對數學所學到的東西感興趣	我樂於閱讀數學類的讀物	我期待上數學課	為我練習數學是因我樂在其中	我對數學所學到的東西感興趣	我樂於閱讀數學類的讀物	我期待上數學課	為我練習數學是因我樂在其中	我對數學所學到的東西感興趣
臺灣	49.2	43.9	46.4	51.0	31.6	31.7	34.2	32.6	**17.6**	**12.2**	**12.2**	**18.4**
上海	58.8	58.8	56.4	66.5	41.6	50.2	42.4	54.9	**17.1**	**8.6**	**14.0**	**11.6**
新加坡	70.9	78.2	72.6	77.9	65.1	75.3	71.8	76.2	**5.8**	**2.8**	0.8	1.6
香港	55.0	55.4	60.6	61.2	32.5	43.5	48.6	42.4	**22.5**	**11.8**	**11.9**	**18.8**
韓國	33.8	22.6	32.6	49.5	19.7	20.8	28.6	44.7	**14.1**	1.9	**4.0**	**4.8**
澳門	50.5	48.0	48.9	54.7	33.9	34.7	35.1	36.9	**16.5**	**13.3**	**13.9**	**17.8**
日本	23.2	38.6	35.3	45.1	10.0	28.4	26.0	29.7	**13.2**	**10.2**	**9.2**	**15.3**
列支敦斯登	31.8	46.9	63.1	63.3	12.2	37.6	49.0	47.0	**19.6**	9.3	14.2	16.3
瑞士	27.5	47.1	58.8	67.4	11.0	30.9	38.5	45.2	**16.5**	**16.2**	**20.3**	**22.2**
荷蘭	16.1	20.7	36.4	51.3	8.0	18.8	28.3	37.5	**8.1**	1.9	**8.0**	**13.8**
芬蘭	27.5	27.5	31.5	48.6	14.2	22.1	26.0	40.0	**13.3**	**5.4**	**5.5**	**8.6**
OECD 平均	36.1	39.5	41.7	57.5	25.1	32.9	34.6	48.6	**11.0**	**6.6**	**7.1**	**9.0**

註：統計達顯著者標以粗體。

❖ 表 7.33　臺灣與參照國家不同社經背景學生數學學習的內在動機人數百分比差異對照

	社經弱勢學生對於以下敘述同意的人數百分比					社經優勢學生對於以下敘述同意的人數百分比					對於以下敘述同意同學生人數百分比的社經差異				
	社經弱勢學生的內在動機指標	我樂於閱讀數學類的讀物	我期待上數學課	為我樂在其中數學練習是因	的東西我對數學所學到感興趣是因	社經優勢學生的內在動機指標	我樂於閱讀數學類的讀物	我期待上數學課	為我樂在其中數學練習是因	的東西我對數學所學到感興趣是因	學生內在動機指標的社經差異	我樂於閱讀數學類的讀物	我期待上數學課	為我樂在其中數學練習是因	的東西我對數學所學到感興趣是因
臺灣	-0.07	34.6	33.5	32.7	34.1	0.25	46.4	43.4	47.7	50.7	0.33	11.8	9.8	15.0	16.6
上海	0.37	46.8	51.4	48.2	58.9	0.54	53.8	60.2	53.1	65.0	0.17	7.0	8.8	4.8	6.1
新加坡	0.86	69.0	77.6	71.3	78.7	0.78	63.1	75.4	72.2	75.9	-0.09	-5.8	-2.2	1.0	-2.8
香港	0.24	39.2	47.7	54.2	50.1	0.41	50.3	52.2	58.6	56.7	0.17	11.2	4.5	4.4	6.6
韓國	-0.40	18.7	16.9	23.3	38.2	-0.02	36.9	26.0	37.9	53.6	0.38	18.2	9.2	14.6	15.4
澳門	0.14	40.4	41.8	43.5	44.8	0.18	46.1	44.4	42.9	48.7	0.03	5.7	2.6	-0.6	3.8
日本	-0.41	11.5	28.2	26.3	30.4	-0.06	23.5	39.8	35.8	44.3	0.35	12.0	11.6	9.4	13.9
列支敦斯登	-0.12	22.7	27.8	49.3	51.6	0.26	32.8	43.0	65.6	64.1	0.38	10.1	15.2	16.3	12.5
瑞士	0.07	21.9	43.9	50.3	58.3	-0.04	19.7	35.3	47.7	56.1	-0.11	-2.2	-8.6	-2.5	-2.3
荷蘭	-0.37	12.5	22.7	28.8	41.6	-0.23	15.9	19.9	37.7	51.7	0.15	3.3	-2.9	8.9	10.2
芬蘭	-0.40	15.5	20.5	21.8	35.4	0.01	29.5	30.7	38.1	56.4	0.41	14.0	10.2	16.3	20.9
OECD 平均	-0.04	29.3	36.0	35.6	50.6	0.10	34.6	38.4	43.0	58.0	0.14	5.3	2.3	7.4	7.4

註：統計達顯著者標以粗體。

❖表 7.34　臺灣與參照國家學生數學學習的內在動機指標的差異及不同指標組別學生數學表現對照

	數學學習的內在動機指標								數學學習的內在動機指標四等分的數學表現				每單位的數學分數改變量	數學表現最低25%位於此指標最低25%的增加可能性	解釋學生表現的變異量（r-squared×100）
	平均數	標準差	男學生平均	女學生平均	性別差異男-女	最低25%	次低25%	次高25%	最高25%	最低25%	次低25%	次高25%	最高25%	效果	比率	百分比
臺灣	0.07	0.96	0.23	-0.09	**0.31**	-1.11	-0.27	0.35	1.30	**513**	543	581	**605**	**40.4**	**2.0**	11.3
上海	0.43	0.92	0.57	0.29	**0.28**	-0.67	0.03	0.76	1.59	**590**	608	617	**637**	**19.5**	**1.5**	3.2
新加坡	0.84	0.92	0.88	0.79	**0.08**	-0.37	0.66	1.07	1.99	**563**	576	578	**574**	**6.8**	**1.2**	0.4
香港	0.30	0.98	0.47	0.10	**0.38**	-0.92	-0.06	0.68	1.48	**523**	553	576	**596**	**29.5**	**1.9**	8.9
韓國	-0.20	0.99	-0.12	-0.30	**0.18**	-1.53	-0.44	0.10	1.06	503	537	569	609	**40.8**	**2.3**	17.0
澳門	0.15	0.93	0.31	-0.03	**0.34**	-0.97	-0.21	0.45	1.32	**515**	529	551	**564**	**21.4**	**1.6**	4.6
日本	-0.23	1.02	-0.08	-0.40	**0.32**	-1.55	-0.51	0.00	1.12	**499**	527	549	**577**	**29.7**	**2.0**	10.6
列支敦斯登	0.09	1.05	0.32	-0.15	**0.47**	-1.24	-0.26	0.43	1.47	**519**	518	542	**565**	**18.1**	1.3	4.1
瑞士	-0.02	0.98	0.22	-0.26	**0.48**	-1.28	-0.34	0.33	1.20	514	528	537	546	**12.8**	1.3	1.8
荷蘭	-0.33	0.86	-0.23	-0.44	**0.20**	-1.48	-0.54	-0.04	0.73	**503**	525	536	**548**	**18.2**	**1.5**	3.2
芬蘭	-0.22	0.92	-0.12	-0.33	**0.20**	-1.42	-0.47	0.03	0.97	**488**	512	533	**559**	**30.4**	**1.9**	11.5
OECD 平均	0.00	0.97	0.10	-0.11	**0.21**	-1.25	-0.30	0.31	1.24	**473**	489	504	**521**	**19.3**	**1.4**	5.2

註：統計達顯著者標以粗體。

　　圖 7.14 呈現的是臺灣與參照國家數學素養表現平均與內在動機指標平均對照。由圖可知，新加坡、上海、香港、澳門、列支敦斯登、臺灣均為高表現、高內在動機國家，而瑞士、日本、韓國、芬蘭、荷蘭相對平均內在動機較弱。

　　圖 7.15 呈現的是各國數學學習內在動機和數學素養的關聯，同樣的，國家間的排序是依據各國學生數學學習內在動機指標每改變一單位所造成的成績差異。如圖 7.15 所示，數學學習內在動機和數學表現的關聯強度各國之間有相當大的差異。以 OECD 國家平均而言，學習數學內在動機指標每一個單位的改變

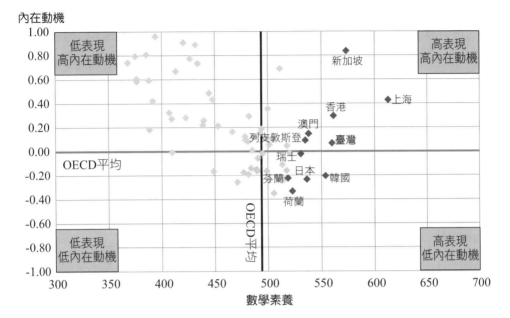

● 圖 7.14 臺灣與參照國家的學生數學素養表現平均與內在動機指標平均對照

所造成的數學成績差異達 19 分。而韓國和臺灣，這個差異超過 40 分，而有 21 個國家或經濟體超過 20 分。臺灣學生平均對於數學學習內在動機每改變一個單位，成績的差異幅度則高達 40.4 分，略低於韓國（40.8 分）。

　　表 7.35 呈現的是臺灣與參照國家不同數學百分等級學生數學學習的內在動機與數學表現關聯對照。就 OECD 國家平均而言，學生內在動機與數學表現的關聯在高數學表現學生顯著比低表現學生來得大，較高的動機可以讓高分群的學生表現更優異，然而在低分群部分則似乎對數學成績表現沒有太大的影響。OECD 各國平均而言，學習數學內在動機指標每一個單位的改變對百分等級 90 的學生所造成的數學成績差異達 25.9 分，然而對百分等級 10 的學生所造成的差異只有 9.5 分。如圖 7.15 所示，有 42 個國家，數學學習的內在動機與數學表現的關係強度的差異在高低分端學生超過 10 分，其中斯洛伐克、匈牙利、法國、克羅埃西亞、紐西蘭、波蘭、比利時、瑞典、斯洛維尼亞、義大利和美國等國家則超過 20 分。但在表 7.35 中，可以看出各國並非都是這樣的現像，例如臺灣、上海、新加坡、香港和列支敦斯登。在上海，數學學習內在動機指標每改變一個

單位對低分組學生造成 27.8 分的數學差異，但對高分組則只有 11.3 分的差異，臺灣百分等級 10 的學生若能提高一個單位的數學學習內在動機，數學成績顯著增加 37.9 分，百分等級 90 的高表現學生則有 33.9 分的變化幅度；而若排除社經地位以及性別的影響後，則分別仍有 31.5、29.1 的變化幅度。

❖表 7.35　臺灣與參照國家不同數學百分等級學生數學學習的內在動機與數學表現關聯對照

| | 不同數學百分等級學生數學學習的內在動機指標每改變一個單位的數學成績差異 | | | | | | | | | | | |
| | 平均 | | | | 百分等級 10[1] | | | | 百分等級 90[1] | | | |
	未調整[2]	調整後[3]	ESCS[4]	男學生	未調整[2]	調整後[3]	ESCS[4]	男學生	未調整[2]	調整後[3]	ESCS[4]	男學生
臺灣	**40.4**	**34.4**	**51.9**	-1.6	**37.9**	**31.5**	**56.1**	**-18.1**	**33.9**	**29.1**	**44.4**	10.7
上海	**19.5**	**16.5**	**38.8**	3.5	**27.8**	**25.4**	**37.9**	1.0	**11.3**	**8.3**	**34.8**	9.9
新加坡	6.8	**8.5**	**44.3**	-3.4	**10.7**	**8.5**	**44.7**	**-18.5**	1.4	6.2	**40.1**	5.3
香港	**29.5**	**26.9**	**26.1**	4.7	**32.6**	**29.4**	**30.3**	**-12.3**	**27.6**	**26.1**	**20.1**	16.7
韓國	**40.8**	**36.5**	**32.9**	11.9	**36.0**	**35.9**	**32.0**	-0.9	**39.8**	**34.9**	**28.6**	25.0
澳門	**21.4**	**21.5**	**17.5**	-3.9	**16.0**	**16.9**	**15.3**	**-13.5**	**19.4**	**19.4**	**16.3**	5.7
日本	**29.7**	**24.9**	**37.1**	11.9	**27.9**	**23.8**	**38.1**	-3.0	**28.1**	**22.4**	**35.1**	18.9
列支敦斯登	**18.1**	12.7	**17.9**	32.1	18.3	17.1	15.4	36.1	12.0	6.9	24.8	**41.2**
瑞士	**12.8**	**13.3**	**38.6**	9.6	8.6	**10.9**	**38.2**	5.1	**16.9**	**15.2**	**35.4**	14.3
荷蘭	**18.2**	**15.8**	**35.9**	10.1	**10.2**	8.8	**31.2**	8.0	**21.9**	**20.2**	**30.8**	11.9
芬蘭	**30.4**	**26.8**	**28.0**	-2.6	**19.5**	**18.0**	**30.8**	**-11.9**	**36.2**	**32.3**	**25.7**	2.5
OECD 平均	**19.3**	**17.3**	**36.8**	8.5	**9.5**	**10.9**	**34.8**	-0.2	**25.9**	**21.7**	**34.2**	16.3

註：統計達顯著者標以粗體。
[1] 結果是依據數學學習的內在動機指標在數學表現的分量迴歸模型而來。
[2] 未調整的結果是根據數學學習的內在動機指標為唯一自變項的迴歸分析結果。
[3] 調整後的結果是根據數學學習的內在動機指標、ESCS 以及男學生作為自變項的迴歸分析結果。
[4] ESCS 即為 PISA 的經濟、社會與文化地位指標。

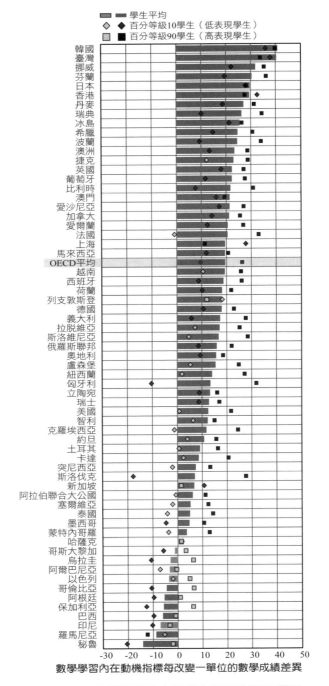

學生平均

◇　百分等級10學生（低表現學生）

□　百分等級90學生（高表現學生）

數學學習內在動機指標每改變一單位的數學成績差異

⊃ 圖 7.15　數學學習內在動機和數學素養的關聯

註：1. 淺色空心的標示表示分數差異並未達顯著水準。

　　2. 國家的排序是根據一般學生數學學習內在動機指標每改變一個單位的數學成績差異。

資料來源：OECD, PISA 2012 Database, Table III.3.4e.

(二)數學學習的工具性動機

數學學習的工具性動機是指學習數學的驅力來自於學生認為數學對他們以及未來的學業和職業有所幫助（如 Eccles & Wigfield, 2002; Miller & Brickman, 2004）。PISA 透過以下四個問題：「努力學習數學是值得的，因為它對我將來的工作有幫助」、「學習數學對我而言是值得的，因為它有助於增加我的就業機會」、「數學對我而言是重要的科目，因為我在日後的學習上需要它」，以及「我會學習許多數學事物，這些事物有助於我將來找到工作」，要求學生針對數學與其未來生活關係的密切程度判斷「非常同意」、「同意」、「不同意」或「非常不同意」。

表 7.36 呈現的是臺灣與參照國家有關學習數學工具性動機敘述的學生人數百分比對照，如表 7.36 所示，六成左右的臺灣學生認為數學在就業市場具有價值，並且是增加就業機會的一種途徑。其中 65.3% 的學生認為「努力學習數學

❖表 7.36 臺灣與參照國家有關學習數學工具性動機敘述的學生人數百分比對照

	對於以下敘述同意的學生人數百分比			
	努力學習數學是值得的，因為它對我將來的工作有幫助	學習數學對我而言是值得的，因為它有助於增加我的就業機會	數學對我而言是重要的科目，因為我在日後的學習上需要它	我會學習許多數學事物，這些事物有助於我將來找到工作
臺灣	65.3	62.1	64.4	57.9
上海	78.2	72.7	79.0	66.3
新加坡	90.4	88.2	87.4	85.5
香港	69.2	71.7	66.3	58.6
韓國	59.3	63.1	61.4	50.2
澳門	68.0	71.6	62.3	57.0
日本	56.5	51.6	47.9	53.5
列支敦斯登	79.2	79.2	59.2	66.5
瑞士	73.7	73.7	54.0	64.3
荷蘭	57.8	71.3	61.3	62.2
芬蘭	73.2	85.4	70.3	73.8
OECD 平均	75.0	78.2	66.3	70.5

是值得的，因為它對我將來的工作有幫助」、62.1% 的學生認為「學習數學對我
而言是值得的，因為它有助於增加我的就業機會」、64.4% 的學生認為「數學對
我而言是重要的科目，因為我在日後的學習上需要它」、57.9% 的學生認為「我
會學習許多數學事物，這些事物有助於我將來找到工作」。而新加坡學生對學
習數學的工具性價值更加重視，在上述的各個敘述項目，分別有高達 90.4%、
88.2%、87.4% 以及 85.5%。上海學生則有接近七成到八成的學生同意上述的看法。

　　從整體的平均來看，臺灣學生的工具性動機並不高，相對於 OECD 國家的
平均而言，我們屬於高數學素養但數學工具性動機偏低的國家；參照國家中，瑞
士、澳門、香港、荷蘭、韓國和日本均有同樣的現象，而新加坡和列支敦斯登
則屬於高數學素養、高工具性動機，而上海、芬蘭學生的工具性動機則和 OECD
國家平均相近（參見圖 7.16）。

　　進一步檢視不同性別、社經地位學生的看法，表 7.37 和表 7.38 分別呈現的
是臺灣與參照國家不同性別以及不同社經背景學生有關數學學習的工具性動機敘
述的人數百分比及差異對照。圖 7.17 呈現的是臺灣與參照國家學生數學學習的
工具性動機指標的差異及不同指標組別學生數學表現對照。

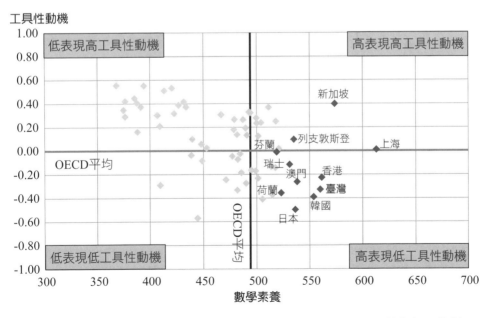

⊃ 圖 7.16　臺灣與參照國家的學生數學素養表現平均與工具性動機指標平均對照

　　整體而言，在數學的工具性價值上，男學生傾向比女學生有較高的認同度。表 7.37 顯示，臺灣有 68.5% 的男學生，而只有 62.2% 的女學生相信「努力學習數學是值得的，因為它對我將來的工作有幫助」。同樣的，有 67.9% 的男學生，而只有 60.9% 的女學生相信「數學對我而言是重要的科目，因為我在日後的學習上需要它」。就 OECD 國家平均而言，則有 77.7% 的男學生，而只有 72.3% 的女學生相信「努力學習數學是值得的，因為它對我將來的工作有幫助」。同樣的，有 71.1% 的男學生，而只有 61.4% 的女學生相信「數學對我而言是重要的科目，因為我在日後的學習上需要它」。數學學習工具性動機的性別差異有一部分反映在數學成績的差異上，但也可能反映在學生進入數學技能相關就學領域以及職業生涯的期望差異（Sikora & Pokropek, 2011）。

　　社經優勢的學生也比社經弱勢學生具有較高的工具性動機，社經優勢的學生在工具性動機的四項敘述：「努力學習數學是值得的，因為它對我將來的工作有幫助」、「學習數學對我而言是值得的，因為它有助於增加我的就業機會」、「數學對我而言是重要的科目，因為我在日後的學習上需要它」、「我會學習許多數學事物，這些事物有助於我將來找到工作」的比率高於社經弱勢學生比率分別高達 6.9%、13.2%、18.4%，以及 13.7% 左右。而從表 7.39 可以看出數學學習工具性動機對於臺灣學生數學表現變異的解釋力達 9.5%，就 OECD 國家平均而言，學生學習數學工具性動機可以解釋 4.2% 的數學表現變異，臺灣與參照國家當中有 4 個國家或經濟體有超過或接近 10% 的解釋力，分別為韓國（17.9%）、芬蘭（10%）、日本（9.7%）以及臺灣（9.5%）。

　　從表 7.39 中也可以看出，數學學習工具性動機較低的學生，數學成績通常會比同意「學習許多數學事物有助於我將來找到工作」或是「學習數學對我而言是值得的，因為它有助於增加我的就業機會」的學生來得低。就臺灣而言，學習數學工具性動機指標每一個單位的改變所造成的數學成績差異達 39.2 分，工具性動機和數學素養在臺灣有顯著的關聯。不過這樣的關聯強度跨國之間有極大的不同，在 PISA 2012 參與的所有國家中，韓國、臺灣和挪威因為每單位工具性動機改變所造成的分數差異超過 30 分，韓國最高（39.9）。而 OECD 國家平均來看，數學學習工具性動機指標每改變一個單位所造成的數學成績差異達 17.4 分。

❖表 7.37　臺灣與參照國家有關數學學習的工具性動機敘述的男女學生人數百分比及差異對照

	男學生對於以下敘述同意的人數百分比				女學生對於以下敘述同意的人數百分比				對於以下敘述同意學生人數百分比的性別差異（男－女）			
	努力學習數學對我而言是值得的，因為它對我將來的工作有幫助	因為學習數學對我而言是值得的，因為它有助於增加我的就業機會	數學對我而言是重要的科目，因為我在日後的學習上需要它	我會學習許多數學事物，這些事物有助於我將來找到工作	努力學習數學對我而言是值得的，因為它對我將來的工作有幫助	因為學習數學對我而言是值得的，因為它有助於增加我的就業機會	數學對我而言是重要的科目，因為我在日後的學習上需要它	我會學習許多數學事物，這些事物有助於我將來找到工作	努力學習數學對我而言是值得的，因為它對我將來的工作有幫助	因為學習數學對我而言是值得的，因為它有助於增加我的就業機會	數學對我而言是重要的科目，因為我在日後的學習上需要它	我會學習許多數學事物，這些事物有助於我將來找到工作
臺灣	68.5	64.7	67.9	62.8	62.2	59.6	60.9	53.0	**6.2**	**5.0**	**7.0**	**9.8**
上海	80.2	72.8	79.3	67.1	76.3	72.7	78.8	65.5	**3.9**	0.1	0.5	1.6
新加坡	89.9	89.4	89.3	86.9	90.9	86.9	85.4	84.0	-1.0	**2.5**	**3.9**	**2.8**
香港	72.7	74.4	71.4	62.8	65.2	68.7	60.5	53.8	**7.5**	**5.8**	**10.9**	**9.0**
韓國	60.2	64.3	63.3	55.4	58.2	61.7	59.3	44.4	2.0	2.6	4.0	**11.1**
澳門	72.2	74.7	68.5	63.1	63.4	68.2	55.6	50.5	**8.7**	**6.5**	**12.9**	**12.6**
日本	61.7	55.9	53.9	58.5	50.6	47.0	41.3	48.1	**11.1**	**8.9**	**12.7**	**10.4**
列支敦斯登	82.7	84.8	69.0	74.7	75.5	73.4	48.9	57.9	7.2	**11.4**	**20.1**	**16.8**
瑞士	81.2	81.9	64.6	73.1	66.4	65.7	43.7	55.6	**14.8**	**16.2**	**20.8**	**17.5**
荷蘭	65.8	75.6	69.0	67.0	49.4	66.8	53.2	57.3	**16.4**	**8.9**	**15.8**	**9.7**
芬蘭	75.3	84.8	72.7	74.2	71.1	86.0	67.8	73.5	**4.3**	-1.2	**4.8**	0.7
OECD 平均	77.7	80.4	71.1	73.8	72.3	75.9	61.4	67.2	**5.4**	**4.5**	**9.8**	**6.6**

註：統計達顯著者標以粗體。

❖ 表 7.38　臺灣與參照國家不同社經背景學生數學學習的工具性動機人數百分比差異對照

	社經弱勢學生對於以下敘述同意的人數百分比					社經優勢學生對於以下敘述同意的人數百分比					對於以下敘述同意同學人數百分比的社經差異				
	社經弱勢學生的工具性動機指標	對努力學習數學是值得的，因為它對我將來的工作有幫助	為它有助於我在日後的就業機會，因為學習數學對我而言是值得的	數學對我而言是重要的科目，因為我需要它	我會學習許多數學事物，因為這些事物有助於我將來找到工作	社經優勢學生的工具性動機指標	對努力學習數學是值得的，因為它對我將來的工作有幫助	為它有助於我在日後的就業機會，因為學習數學對我而言是值得的	數學對我而言是重要的科目，因為我需要它	我會學習許多數學事物，因為這些事物有助於我將來找到工作	學生工具性動機指標的社經差異	對努力學習數學是值得的，因為它對我將來的工作有幫助	為它有助於我在日後的就業機會，因為學習數學對我而言是值得的	數學對我而言是重要的科目，因為我需要它	我會學習許多數學事物，因為這些事物有助於我將來找到工作
臺灣	-0.48	62.6	57.0	55.1	52.7	-0.10	69.5	70.2	73.5	66.4	**0.38**	**6.9**	**13.2**	**18.4**	**13.7**
上海	0.00	79.6	72.9	76.0	70.5	0.13	80.8	76.2	84.5	66.8	**0.13**	1.1	3.3	**8.5**	-3.7
新加坡	0.46	91.3	87.6	90.8	88.8	0.31	88.1	87.1	82.0	80.9	-0.14	-3.2	-0.5	**-8.8**	**-8.0**
香港	-0.24	70.3	71.6	65.9	58.8	-0.12	71.0	74.9	70.7	59.7	0.12	0.7	3.3	**4.8**	0.9
韓國	-0.60	51.9	54.4	54.7	44.8	-0.18	67.2	70.9	66.9	54.8	**0.42**	**15.3**	**16.5**	**12.2**	**10.0**
澳門	-0.26	70.2	71.7	63.7	55.9	-0.21	69.5	72.1	62.6	60.2	0.05	-0.7	0.4	-1.0	4.3
日本	-0.71	48.2	44.5	38.6	46.7	-0.28	65.5	60.0	56.0	59.6	**0.42**	**17.3**	**15.5**	**17.4**	**12.9**
列支敦斯登	-0.04	76.3	72.3	55.7	59.8	0.23	79.9	78.2	61.8	78.2	0.27	3.6	5.9	6.1	**18.4**
瑞士	0.00	77.9	79.1	55.1	70.3	-0.19	69.4	69.8	56.1	60.2	**-0.20**	**-8.5**	**-9.3**	1.1	**-10.1**
荷蘭	-0.42	55.2	67.3	59.6	60.3	-0.24	62.7	76.3	64.4	65.3	**0.18**	**7.5**	**9.0**	4.8	5.0
芬蘭	-0.22	69.1	81.2	62.4	65.7	0.25	78.0	90.2	78.5	82.1	**0.48**	**8.9**	**9.1**	**16.1**	**16.4**
OECD 平均	-0.06	75.0	76.5	64.1	70.7	0.11	76.7	81.1	70.0	72.0	**0.17**	**1.7**	**4.6**	**5.8**	**1.3**

註：統計達顯著者標以粗體。

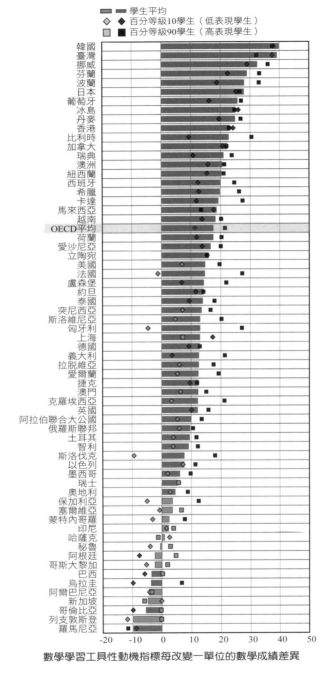

　　　■　■　學生平均
　　◇　◆　百分等級10學生（低表現學生）
　　□　■　百分等級90學生（高表現學生）

韓國
臺灣
挪威
芬蘭
波蘭
日本
葡萄牙
冰島
丹麥
香港
比利時
加拿大
瑞典
澳洲
紐西蘭
西班牙
希臘
卡達
馬來西亞
越南
OECD平均
荷蘭
愛沙尼亞
立陶宛
美國
法國
盧森堡
約旦
泰國
突尼西亞
斯洛維尼亞
匈牙利
上海
德國
義大利
拉脫維亞
愛爾蘭
捷克
澳門
克羅埃西亞
英國
阿拉伯聯合大公國
俄羅斯聯邦
土耳其
智利
斯洛伐克
以色列
墨西哥
瑞士
奧地利
保加利亞
塞爾維亞
蒙特內哥羅
印尼
哈薩克
秘魯
阿根廷
哥斯大黎加
巴西
烏拉圭
阿爾巴尼亞
新加坡
哥倫比亞
列支敦斯登
羅馬尼亞

-20　-10　0　10　20　30　40　50

數學學習工具性動機指標每改變一單位的數學成績差異

⊃ 圖 7.17　**數學學習工具性動機和數學素養的關聯**

註：1. 淺色空心的標示表示分數差異並未達顯著水準。

　　2. 國家的排序是根據一般學生數學學習工具性動機指標每改變一個單位的數學成績差異。

資料來源：OECD, PISA 2012 Database, Table III.3.5e.

❖表 7.39 臺灣與參照國家學生數學學習的工具性動機指標的差異及不同指標組別學生數學表現對照

	數學學習的工具性動機指標									數學學習的工具性動機指標四等分的數學表現				每單位的數學分數改變量	數學表現最低25%位於此指標最低25%的增加可能性	解釋學生表現的變異量(r-squared×100)
	平均數	標準差	男學生平均	女學生平均	性別差異男，女	最低25%	次低25%	次高25%	最高25%	最低25%	次低25%	次高25%	最高25%	效果	比率	百分比
臺灣	-0.33	0.91	-0.23	-0.43	**0.2**	-1.43	-0.65	-0.01	0.78	**512**	551	575	**603**	**39.2**	**2**	9.5
上海	0.01	0.9	0.05	-0.03	**0.08**	-1.12	-0.24	0.18	1.22	**600**	609	613	**629**	13	**1.3**	1.4
新加坡	0.4	0.84	0.46	0.33	**0.13**	-0.62	0.05	0.68	1.49	**579**	574	572	**566**	-4.7	0.9	0.1
香港	-0.23	0.91	-0.11	-0.35	**0.24**	-1.36	-0.53	0.05	0.94	**530**	563	568	**586**	**23.2**	**1.7**	4.8
韓國	-0.39	1.05	-0.31	-0.48	**0.17**	-1.71	-0.75	-0.07	0.97	**499**	544	563	**611**	**39.9**	**2.5**	17.9
澳門	-0.26	0.89	-0.15	-0.39	**0.24**	-1.35	-0.59	0.02	0.87	**530**	533	541	**555**	**12.4**	1.1	1.4
日本	-0.5	1.04	-0.38	-0.63	**0.25**	-1.75	-0.91	-0.2	0.87	**498**	532	549	**572**	28	**2**	9.7
列支敦斯登	0.1	1.02	0.3	-0.12	**0.42**	-1.19	-0.35	0.52	1.43	558	529	532	524	-9.7	0.5	1.1
瑞士	-0.12	1.02	0.16	-0.39	**0.55**	-1.39	-0.54	0.24	1.22	**526**	528	533	**538**	5.4	1.1	0.3
荷蘭	-0.36	0.91	-0.22	-0.49	**0.27**	-1.52	-0.62	-0.03	0.75	**506**	524	537	**545**	17.5	**1.5**	3.3
芬蘭	-0.01	0.9	0.02	-0.04	**0.06**	-1.14	-0.25	0.16	1.18	**492**	515	529	**557**	29	**1.8**	10
OECD 平均	0	0.96	0.09	-0.1	**0.19**	-1.22	-0.32	0.3	1.24	**477**	489	501	**519**	17.4	**1.4**	4.2

註：統計達顯著者標以粗體。

　　表 7.40 呈現的是臺灣與參照國家不同數學百分等級學生的數學學習的工具性動機與數學表現關聯對照。就 OECD 國家平均而言，學生工具性動機與數學表現的關聯在高數學表現學生顯著比低表現學生來得大，學習數學工具性動機指標每一個單位的改變對高分端學生所造成的數學成績差異達 21.1 分，然而對低分端學生所造成差異只有 11.3 分。臺灣百分等級 10 的學生若能提高一個單位的數學學習工具性動機，數學成績顯著增加 37.5 分，百分等級 90 的高表現學生則有 32.2 分的變化幅度，而若調整社經地位以及性別的影響後，則分別仍有 30.6、25 的變化幅度。臺灣與多數參照國家在工具性動機和數學成就均呈現正

❖表 7.40　臺灣與參照國家不同數學百分等級學生的數學學習的工具性動機與數學表現關聯對照

| | 不同數學百分等級學生數學學習的工具性動機指標每改變一個單位的數學成績差異 | | | | | | | | | | | |
| | 平均 | | | | 百分等級 10[1] | | | | 百分等級 90[1] | | | |
	未調整[2]	調整後[3]	ESCS[4]	男學生	未調整[2]	調整後[3]	ESCS[4]	男學生	未調整[2]	調整後[3]	ESCS[4]	男學生
臺灣	**39.2**	**31.1**	**51.6**	3.0	**37.5**	**30.6**	**54.4**	-16.0	**32.2**	**25.0**	**42.7**	16.8
上海	**13.0**	**10.8**	**39.4**	7.4	**17.2**	**18.6**	**40.8**	5.2	7.2	3.6	**34.6**	11.3
新加坡	-4.7	-1.5	**43.9**	-2.5	-0.1	-0.5	**43.9**	-17.3	-5.9	-2.1	**39.8**	7.8
香港	**23.2**	**20.5**	**26.8**	9.8	**24.2**	**21.2**	**32.2**	-2.8	**22.9**	**22.3**	**19.9**	22.4
韓國	**39.9**	**35.6**	**32.3**	12.3	**37.8**	**36.6**	**29.9**	-1.9	**37.5**	**32.1**	**28.5**	23.3
澳門	**12.4**	**11.6**	**17.7**	0.7	6.4	6.3	**15.4**	-6.7	**15.0**	**14.3**	**15.7**	7.6
日本	**28.0**	**22.9**	**36.6**	14.2	**25.2**	**20.6**	**38.0**	0.5	**26.5**	**21.3**	**36.6**	22.6
列支敦斯登	-9.7	**-16.1**	**21.5**	44.4	-11.7	-11.8	**18.6**	44.0	-0.1	-2.5	**27.8**	42.8
瑞士	5.4	6.1	**38.5**	12.7	5.7	7.1	**37.8**	6.8	5.6	5.8	**36.6**	16.2
荷蘭	**17.5**	**14.8**	**35.8**	9.5	**12.0**	**10.6**	**30.2**	8.7	**20.3**	**17.7**	**31.2**	11.7
芬蘭	**29.0**	**24.4**	**27.5**	1.2	**22.4**	**19.5**	**29.8**	-6.4	**33.1**	**27.1**	**26.3**	6.2
OECD 平均	**17.4**	**14.8**	**36.7**	9.6	**11.3**	**11.3**	**34.3**	1.1	**21.1**	**17.1**	**35.5**	16.8

註：統計達顯著者標以粗體。

[1] 結果是依據數學學習的工具性動機指標在數學表現的分量迴歸模型而來。

[2] 未調整的結果是根據數學學習的工具性動機指標為唯一自變項的迴歸分析結果。

[3] 調整後的結果是根據數學學習的工具性動機指標、ESCS 以及男學生作為自變項的迴歸分析結果。

[4] ESCS 即為 PISA 的經濟、社會與文化地位指標。

向的關聯，新加坡和列支敦斯登的情況比較特別，可能是因為絕大多數的學生均認同數學學習工具性價值，因此對於數學成就變異的解釋力相對較低所致。

第四節　學生數學學習的信念與數學活動的投入

學生如何思考和看待自己的方式會塑造他們自身的行為，尤其是在面臨困難的情況之下（Bandura, 1977）。成功的教育系統可以讓學生具備影響自己生活的能力（Bandura, 2002）。數學自我信念在學習和表現的認知、動機、情感和決策等層面有所影響。它們決定了學生如何激勵自己以及在面對困難時能夠有毅力而堅持，它們影響了學生的情感生活，並且影響了學生對課程作業、外加課程，甚至教育和職業路徑的相關抉擇（Bandura, 1997; Wigfield & Eccles, 2000）。

PISA 2012 探索一系列的自我信念：數學自我效能（學生相信自己的能力能夠有效地處理數學任務和克服困難的程度）、數學自我概念（學生對於自己數學能力的信念）、數學焦慮（考量自身與數學打交道時相關的想法和感受，例如處理數學的無助感和壓力），以及在校內外數學活動的參與。結果證實了先前的研究證據，不同的數學自我信念彼此有關，但概念上有所區隔（參見 Pajares & Kranzler, 1995; Pajares & Miller, 1994; Lent, Lopez, & Bieschke, 1991; Lee, 2009）。圖 7.18 呈現的即是 PISA 2012 測量數學的自我信念、意向與數學相關活動投入的指標構念。

數學的自我信念闡述了學生主觀的看法。雖然它們築基於學生不同生命階段的數學表現程度，然而這些信念一旦構築之後，對於個人持續的成長以及數學技巧和能力的發展都具有決定性和獨特的角色（Bandura, 1997; Markus & Nurius, 1986）。雖然是先前數學表現的部分產物，數學自我信念會影響學生面對數學問題時的運作。此外，這些信念對生活的選擇和決策有獨特的效果。相同表現的學生通常會選擇不同的課程、教育途徑和最終的職業生涯，部分理由是因為他們對於身為數學學習者的看待方式所致（Bong & Skaalvik, 2003; Wang et al., 2013）。

⊃ 圖 7.18　數學的自我信念、意向與數學相關活動的投入

一　數學自我效能

　　「自我效能」一詞是用來描述學生透過他們對於自身行動效果預期的信念，轉而在面對困難時能夠對其行動有強大的激勵作用或堅持的毅力（Bandura, 1977）。數學自我效能（mathematics self-efficacy）是指學生在特定水準的學術任務下成功表現的信念（Schunk, 1991）。較佳的數學表現會導致較高的數學自我效能，而低數學自我效能的學生通常也居於表現不夠理想的高風險狀態（Bandura, 1997; Schunk & Pajares, 2009）。如果學生不相信自己的能力足以完成特定的任務，他們不會竭盡全力來成功完成任務，自我效能的缺乏成為一個自我實現的預言。雖然除了自我效能之外，其他因素也可以引導和激勵學生，但當學生不相信他們的能力可以成功完成任務時，則需要有更高的自我控制和動機才能取得成功。不幸的是，低自我效能的學生不太可能調整他們的成就行為或者具有動機來進行學習的投入（Klassen & Usher, 2010; Schunk & Pajares, 2009）。

　　PISA 2012 要求學生報告他們在做下列純數學或應用數學作業時，有多少信心可以解題：「使用火車時刻表來計算從一地到另一地要多久時間」、「計算一臺電視機在打了七折後是多少錢」、「計算鋪滿一塊地板需要有多少平方公尺的瓷磚」、「計算一輛汽車的汽油消耗率」、「理解報紙上的圖表意義」、「在比率為 1:10000 的地圖上計算兩地間正確的距離」，以及「解方程式，如 $3x+5=17$」和「$2(x+3)=(x+3)(x-3)$」。學生根據他們的情況回答「非常有信心」、「有信心」、「不太有信心」、「完全沒信心」以建構出他們的數學自我效能指標。數學自我效能指標根據 OECD 國家平均表現進行標準化為平均數 0、標準差 1 的標準分數。

　　表 7.41 呈現的是臺灣與參照國家學生數學自我效能的學生人數百分比對照。從表中可知，臺灣學生最感到有信心的是「計算一臺電視機在打了七折後是多少錢」，有接近九成的學生認為他們做這題時有信心或非常有信心。其次是

❖表 7.41　臺灣與參照國家學生數學自我效能的學生人數百分比對照

	學生對於做下列敘述的數學作業時感到非常有信心或是有信心的人數比率							
	使用火車時刻表來計算從一地到另一地要多久時間	計算一臺電視機在打了七折後是多少錢	計算鋪滿一塊地板需要有多少平方公尺的瓷磚	理解報紙上的圖表意義	解方程式，如 3x+5=17	在比率為 1:10000 的地圖上計算兩地間正確的距離	解方程式，如 2(x+3)= (x+3)(x-3)	計算一輛汽車的汽油消耗率
臺灣	77.8	89.6	73.1	76.1	84.9	69.6	75.7	47.0
上海	90.8	95.2	91.8	90.3	96.9	92.8	95.1	80.0
新加坡	79.6	94.4	79.8	77.9	93.3	81.2	86.9	73.4
香港	80.3	92.9	78.7	82.0	92.9	65.3	81.2	51.3
韓國	63.7	67.6	55.4	71.8	81.5	38.2	73.9	31.0
澳門	71.3	91.1	76.1	73.6	95.5	65.6	84.5	47.2
日本	67.6	60.6	43.7	54.0	90.6	48.1	83.4	28.3
列支敦斯登	93.0	88.5	85.4	85.8	91.9	68.4	84.6	68.8
瑞士	89.9	87.5	79.9	80.1	87.2	62.3	77.0	60.4
荷蘭	72.4	85.5	70.0	82.6	77.4	59.7	60.8	59.4
芬蘭	83.8	72.3	58.0	59.4	83.7	54.2	61.9	46.4
OECD 平均	81.4	79.8	68.1	79.5	85.2	55.9	73.1	56.0

「解方程式，如 $3x + 5 = 17$」，約 84.9% 的學生指出他們有信心完成此類問題，此兩題對臺灣學生來說應是生活中常見的應用數學以及純數學問題；而最沒有信心的是「計算一輛汽車的汽油消耗率」，有信心的學生不到五成，此問題情境對臺灣學生而言相對較為陌生。在參照國家當中，上海學生對於多數數學作業均有九成以上的學生感到有信心，除了「計算一輛汽車的汽油消耗率」（為80%），但此比率在參照國家之間其有信心的人數比率仍是最高的。

表 7.42 和表 7.43 分別呈現的是臺灣與參照國家不同性別以及不同社經背景學生有關數學自我效能敘述的人數百分比及差異對照。表 7.44 呈現的是臺灣與參照國家學生數學自我效能指標的差異及不同指標組別學生數學表現對照。

一般而言，參與 PISA 2012 的女學生和社經弱勢學生相對於男學生和社經優勢學生有較低的數學自我效能。其中，臺灣男、女學生同意「計算一輛汽車的汽油消耗率」的百分比差異最大（17.9%）：有 56% 的男學生但只有 38.1% 的女學生對於完成此數學作業感到自信。其次是「在比率為 1:10000 的地圖上計算兩地間正確的距離」，有 75.4% 的男學生，而只有 63.9% 的女學生感到自信，性別差異為 11.6%。而「解方程式，如 $3x + 5 = 17$」，或「$2 (x + 3) = (x + 3)(x - 3)$」等課堂常見的兩題代數問題則是女生感到自信的比率較高（與男生差異為 -3.4%、-2.8%），但後者的性別差異未達顯著。

臺灣及參照國家均呈現出男學生的數學自我效能高於女學生。雖然在數學自我效能和相關信念的性別差異一直是研究的課題（Eccles, 1984; Jacobs et al., 2002; Pajares & Miller, 1994），從表 7.43 可以看出自我效能的差異和社經地位的關聯。相對於得天獨厚的社經優勢學生而言，弱勢學生對於他們是否有能力解決特定的數學任務，一般都不太會有信心。雖然這些差異部分反映至不同社經地位的數學表現的差異，但即使比較相同數學表現的學生時，仍可以看到不同社經地位學生數學自我效能的差異仍然達統計顯著。社經優勢的學生也比社經弱勢學生具有較高的自我效能，社經優勢的學生在自我效能的八項敘述的比率高於社經弱勢學生比率 18% ～ 34% 不等。數學自我效能較低的學生，他們的數學素養通常也比高數學自我效能學生的數學素養相對低落。而從表 7.44 可以看出數學自我效能對於臺灣學生數學表現變異的解釋力高達 43.5%，就 OECD 國家平均而言，學生學習數學自我效能可以解釋 28.3% 的數學表現變異，而其他參照國家或經濟體除了荷蘭和澳門以外，其餘國家均超過 30% 的解釋力。

❖ 表 7.42 臺灣與參照國家有關數學自我效能敘述的男女學生人數百分比及差異對照

男學生對於做下列敘述的數學作業時感到非常有信心或是有信心的人數比率

國家／地區	使用火車時刻表來計算從一地到另一地要多久時間	計算一臺電視機在打了七折後是多少錢	理解報紙上的圖表意義	解方程式，如 3x+5 = 17	計算在比率為 1:10000 的地圖上兩地間正確的距離	計算鋪滿一塊地板需要多少平方公尺地磚	計算一輛汽車的汽油消耗率	解方程式，如 2(x+3) = (x + 3) (x − 3)
臺灣	81.1	90.9	77.6	79.1	83.2	75.4	74.4	56.0
上海	91.7	95.3	92.7	91.5	95.7	93.5	93.7	83.9
新加坡	81.6	95.3	82.8	81.9	92.8	83.1	85.5	77.2
香港	85.2	94.5	84.0	84.2	93.6	72.9	83.0	60.3
韓國	68.4	73.2	58.4	72.0	79.9	46.9	72.4	41.0
澳門	76.6	91.5	77.9	74.9	94.0	68.4	84.5	54.1
日本	71.8	69.5	50.4	57.7	89.8	56.6	82.1	38.7
列支敦斯登	93.8	92.7	89.1	90.6	92.0	86.0	86.0	83.1
瑞士	90.8	90.6	87.1	84.8	87.4	75.1	78.0	73.1
荷蘭	79.7	89.2	78.6	87.1	79.7	73.3	61.8	72.1
芬蘭	85.6	81.5	67.9	63.7	81.7	66.7	61.6	64.2
OECD平均	83.8	84.3	75.1	81.6	84.6	65.7	72.8	67.4

女學生對於做下列敘述的數學作業時感到非常有信心或是有信心的人數比率

國家／地區	使用火車時刻表來計算從一地到另一地要多久時間	計算一臺電視機在打了七折後是多少錢	理解報紙上的圖表意義	解方程式，如 3x+5 = 17	計算在比率為 1:10000 的地圖上兩地間正確的距離	計算鋪滿一塊地板需要多少平方公尺地磚	計算一輛汽車的汽油消耗率	解方程式，如 2(x+3) = (x + 3) (x − 3)
臺灣	74.5	88.3	68.6	73.1	86.6	63.9	77.1	38.1
上海	89.9	95.1	90.9	89.2	98.0	92.1	96.4	76.2
新加坡	77.4	93.4	76.6	73.6	94.0	79.2	88.4	69.4
香港	74.9	91.2	72.8	79.5	92.0	56.9	79.3	41.1
韓國	58.3	61.4	52.1	71.5	83.2	28.5	75.5	19.8
澳門	65.6	90.6	74.1	72.2	97.1	62.5	84.5	39.8
日本	62.9	50.7	36.2	50.0	91.5	38.8	84.8	16.9
列支敦斯登	92.2	84.2	81.7	80.9	91.8	50.4	83.2	54.3
瑞士	89.1	84.4	72.9	75.5	86.9	49.8	75.9	48.0
荷蘭	64.9	81.7	61.0	77.9	74.9	45.3	59.8	46.0
芬蘭	81.9	62.7	47.8	54.8	85.8	41.2	62.3	27.9
OECD平均	79.1	75.2	61.1	77.4	85.8	46.0	73.3	44.5

對於做下列敘述的數學作業時感到非常有信心或是有信心的人數百分比的性別差異（男－女）

國家／地區	使用火車時刻表來計算從一地到另一地要多久時間	計算一臺電視機在打了七折後是多少錢	理解報紙上的圖表意義	解方程式，如 3x+5 = 17	計算在比率為 1:10000 的地圖上兩地間正確的距離	計算鋪滿一塊地板需要多少平方公尺地磚	計算一輛汽車的汽油消耗率	解方程式，如 2(x+3) = (x + 3) (x − 3)
臺灣	6.7	2.5	9.0	6.1	−3.4	11.6	−2.8	17.9
上海	1.8	0.1	1.7	2.2	−2.3	1.4	−2.8	7.8
新加坡	4.2	1.9	6.2	8.3	−1.2	3.9	−2.9	7.8
香港	10.4	3.3	11.3	4.7	1.6	16.0	3.7	19.3
韓國	10.1	11.7	6.3	0.5	−3.2	18.4	−3.1	21.2
澳門	11.0	0.9	3.8	2.7	−3.1	6.0	0.0	14.3
日本	8.9	18.8	14.2	7.8	−1.7	17.8	−2.7	21.8
列支敦斯登	1.6	8.5	7.5	9.7	0.3	35.6	2.7	28.8
瑞士	1.7	6.3	14.2	9.3	0.5	25.2	2.1	25.1
荷蘭	14.8	7.5	17.5	9.1	4.8	28.0	2.0	26.1
芬蘭	3.7	18.8	20.1	8.9	−4.1	25.4	−0.7	36.3
OECD平均	4.7	9.2	14.0	4.2	−1.1	19.7	−0.5	23.0

註：統計達顯著者以粗體。

❖ 表 7.43　臺灣與參照國家不同社經背景學生數學自我效能的人數百分比及差異對照

	社經弱勢學生對主於做下列敘述的數學作業時感到非常有信心或是有信心的人數百分比									社經優勢學生對於做下列敘述的數學作業時感到非常有信心或是有信心的人數百分比									對於做下列敘述的數學作業時感到非常有信心或是有信心的人數百分比的差異								
	社經弱勢學生的數學自我效能指標	一 使用地圖要火車時刻表來計算從一地到另一地的時間	少 計算一臺電視機在打了七折後是多少錢	公 計算鋪滿一塊地板需要有多少平方尺的瓷磚	理解報紙上的圖表意義	解方程式，如 $3x+5=17$	地 在比例為 1:10000 的地圖上計算兩地間正確的距離	解方程式，如 $2(x+3)=(x+3)(x-3)$	計算一輛汽車的汽油消耗率	社經優勢學生的數學自我效能指標	一 使用地圖要火車時刻表來計算從一地到另一地的時間	少 計算一臺電視機在打了七折後是多少錢	公 計算鋪滿一塊地板需要有多少平方尺的瓷磚	理解報紙上的圖表意義	解方程式，如 $3x+5=17$	地 在比例為 1:10000 的地圖上計算兩地間正確的距離	解方程式，如 $2(x+3)=(x+3)(x-3)$	計算一輛汽車的汽油消耗率	不同社經地位學生數學自我效能指標上的差異	一 使用地圖要火車時刻表來計算從一地到另一地的時間	少 計算一臺電視機在打了七折後是多少錢	公 計算鋪滿一塊地板需要有多少平方尺的瓷磚	理解報紙上的圖表意義	解方程式，如 $3x+5=17$	地 在比例為 1:10000 的地圖上計算兩地間正確的距離	解方程式，如 $2(x+3)=(x+3)(x-3)$	計算一輛汽車的汽油消耗率
臺灣	-0.36	62.9	78.6	59.3	60.1	71.0	52.8	59.5	35.2	0.76	90.2	96.5	86.0	88.2	95.9	86.5	91.6	62.9	1.12	27.3	17.9	26.8	28.1	24.8	33.7	32.1	27.7
上海	0.50	84.0	90.7	84.6	83.7	93.2	88.1	90.3	70.6	1.41	97.8	98.9	97.2	96.8	99.4	97.3	98.5	91.3	0.91	13.8	8.2	12.6	13.1	6.1	9.3	8.2	20.7
新加坡	0.05	71.1	89.8	66.8	67.0	87.1	70.3	77.1	62.5	0.89	88.7	97.3	90.3	88.8	97.9	89.6	94.7	83.6	0.84	17.7	7.5	23.5	21.8	10.8	19.3	17.6	21.1
香港	-0.08	73.5	89.9	70.2	75.0	89.8	55.7	73.3	40.7	0.56	87.9	94.2	87.6	88.2	95.6	78.7	90.0	63.3	0.65	14.4	4.3	17.4	13.2	5.9	22.9	16.7	22.6
韓國	-0.77	54.6	55.7	39.8	64.1	69.1	25.9	58.5	21.2	0.09	75.0	80.2	71.4	81.7	91.6	53.2	86.7	42.8	0.85	20.3	24.6	31.6	17.5	22.5	27.3	28.3	21.5
澳門	-0.03	66.6	87.7	69.4	68.6	94.5	59.2	81.2	41.4	0.37	77.9	92.8	82.8	79.6	95.7	72.1	90.5	56.9	0.40	11.3	5.1	13.4	11.0	1.3	12.8	9.3	15.4
日本	-0.77	58.2	48.3	30.9	41.4	83.0	34.5	73.5	20.7	-0.08	75.5	71.5	56.6	62.9	95.5	63.8	90.2	38.1	0.70	17.3	23.3	25.7	21.4	12.5	29.3	16.7	17.4
列支敦斯登	0.19	83.2	79.5	86.2	82.1	86.0	58.5	81.3	65.1	0.83	97.0	95.7	88.6	85.5	92.9	77.1	86.6	85.9	0.64	13.8	16.1	2.4	3.4	6.9	18.6	5.2	20.9
瑞士	-0.03	85.8	83.0	71.2	73.9	80.6	55.6	69.5	56.7	0.57	93.6	92.0	87.4	85.4	92.7	71.4	85.3	65.6	0.61	7.8	9.0	16.2	11.5	12.0	15.8	15.8	8.9
荷蘭	-0.36	64.5	80.3	64.8	79.3	72.2	54.3	55.2	56.8	0.03	80.2	89.8	74.9	85.3	83.9	66.0	68.8	63.8	0.39	15.7	9.4	10.2	6.0	11.7	11.7	13.6	7.0
芬蘭	-0.57	77.2	64.5	48.2	46.5	75.3	46.3	51.9	39.6	0.08	89.2	80.1	70.6	73.9	91.9	62.3	74.0	53.1	0.66	12.0	15.6	22.4	27.4	16.6	16.0	22.1	13.5
OECD 平均	-0.31	74.2	72.4	59.0	71.1	77.8	47.0	64.3	49.8	0.38	88.5	87.2	78.2	87.8	92.8	66.5	82.8	63.7	0.69	14.3	14.8	19.2	16.7	15.0	19.5	18.5	13.9

註：統計達顯著者以粗體。

❖表 7.44　臺灣與參照國家數學自我效能指標的差異及不同指標組別學生數學表現的對照

	數學自我效能指標									數學自我效能指標四等分的數學表現				每單位的數學分數改變量	標準最低25%位於此指標最低25%的增加可能性	解釋學生表現的變異量（r-squared×100）
	平均數	標準差	男學生平均	女學生平均	性別差異男-女	最低25%	次低25%	次高25%	最高25%	最低25%	次低25%	次高25%	最高25%	效果	比率	百分比
臺灣	**0.18**	1.19	0.31	0.05	**0.26**	-1.21	-0.30	0.49	1.75	**446**	541	604	**651**	64.2	5.8	43.5
上海	0.94	1.10	1.03	0.85	**0.19**	-0.48	0.46	1.50	2.27	**531**	593	651	**677**	53.5	3.9	34.2
新加坡	0.47	1.02	0.58	0.37	**0.21**	-0.71	0.01	0.71	1.89	**489**	553	603	**646**	57.7	3.8	31.4
香港	0.22	1.07	0.42	-0.01	**0.43**	-0.99	-0.23	0.46	1.64	**484**	549	586	**628**	50.0	3.9	30.5
韓國	-0.36	1.06	-0.22	-0.52	**0.30**	-1.52	-0.68	-0.24	1.01	**474**	533	574	**637**	57.5	3.9	38.7
澳門	0.14	0.95	0.22	0.04	**0.18**	-0.92	-0.27	0.30	1.44	**473**	522	559	**604**	50.0	3.2	26.3
日本	-0.41	1.02	-0.24	-0.60	**0.36**	-1.56	-0.68	-0.25	0.84	**459**	524	563	**607**	53.1	4.0	33.6
列支敦斯登	0.49	0.92	0.78	0.20	**0.58**	-0.62	0.14	0.77	1.70	**463**	511	568	**605**	60.3	3.3	34.1
瑞士	0.25	0.96	0.48	0.03	**0.45**	-0.88	-0.12	0.47	1.52	**458**	512	556	**600**	55.2	3.4	32.4
荷蘭	-0.17	0.93	0.04	-0.38	**0.42**	-1.19	-0.46	-0.04	1.03	**470**	517	543	**584**	43.8	3.0	21.5
芬蘭	-0.27	0.94	-0.07	-0.48	**0.42**	-1.32	-0.60	-0.12	0.96	**465**	505	533	**589**	48.9	3.1	30.6
OECD 平均	0.00	0.98	0.17	-0.16	**0.33**	-1.09	-0.37	0.16	1.31	**433**	476	514	**562**	48.6	3.0	28.3

註：統計達顯著者標以粗體。

　　圖 7.19 呈現的是各國數學自我效能和數學素養的關聯。圖中長條表示在平均學生的數學自我效能和數學表現之間的關聯，菱形和正方形則代表高、低數學表現學生的數學自我效能和數學表現之間的關聯。有 23 個國家或經濟體，自我效能每改變一個單位，其數學表現的差異達 50 分以上，而其中越南、臺灣和列支敦斯登則至少有 60 分以上。以臺灣而言，數學自我效能和數學表現呈現正相關，平均學生每改變一個單位的數學自我效能，其數學素養就有 64 分的差異。圖中顯示阿爾巴尼亞是唯一數學自我效能與表現沒有關聯的國家，哥倫比亞、印尼、阿根廷和哥斯大黎加則是關聯小於 20 分。OECD 國家中，平均學生的自我

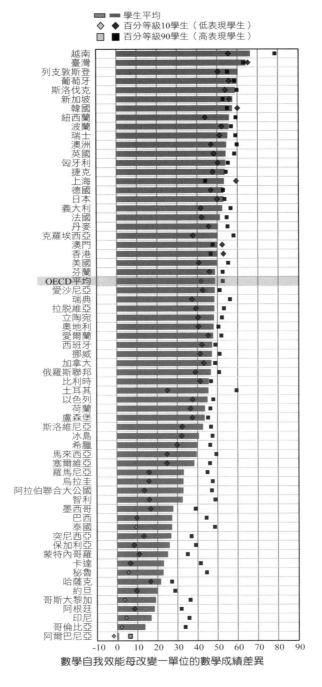

圖 7.19　數學自我效能和數學素養的關聯

註：1. 淺色空心的標示表示分數差異並未達顯著水準。

　　2. 國家的排序是根據一般學生數學自我效能每改變一個單位的數學成績差異。

資料來源：OECD, PISA 2012 Database, Table III.4.1e.

效能和數學素養的關聯為 49 分，相當一個年級的數學素養差異，其中最高與最低表現這個關聯有頗大的差異，百分等級 10 的 OECD 學生在改變一個單位的自我效能指標之後，會有 42 分的差異，而百分等級 90 的學生則會有 52 分的差異。從圖中可以看出，參與 PISA 2012 的 64 個國家中，有 38 個國家或經濟體的高、低表現學生之間的表現差異為 10 分以上，例如泰國和秘魯。在這兩個國家，數學自我效能和數學素養在高表現（百分等級 90）的關聯分別為 49 分和 44 分，但在低表現（百分等級 10）的關聯則不顯著。然而，上海、香港、韓國、澳門、比利時、臺灣和新加坡是顯著的例外，這些國家的自我效能和表現之間的關聯在數學表現分配的底部（也就是百分等級 10）的關聯強度高於表現分配的頂端（也就是百分等級 90）。以臺灣為例，對百分等級 10 的學生而言，每提高一個單位的數學自我效能，則能提高數學素養分數 65.2 分，而對百分等級 90 的學生而言則有 63 分的變化。排除社經地位、性別的影響之後，對於平均學生、百分等級 10 以及百分等級 90 的學生而言，分別有 57.2、58.6、53.8 的分數變異。而上海，百分等級 10 的學生分數差異為 59.4 分，而百分等級 90 的學生則有 44.1 分的差異（參見表 7.44 與表 7.45）。

　　圖 7.20 呈現的是臺灣與參照國家數學自我效能和數學素養的關聯分布，圖中水平和垂直的兩條參照線分別為 OECD 國家平均的數學自我效能和數學素養，而右上至左下的三條斜線則是國家的數學自我效能和數學素養平均所繪出的相關線，其中實線部分為 PISA 2012 所有參與國家，兩條虛線則為臺灣與 10 個參照國家，以及東亞七國的數學自我效能和數學表現相關線。由圖中可以看出，臺灣與 10 個參照國家均屬於數學表現優質的國家或經濟體，因此，這些國家均位於數學素養平均線的上方，在這些國家中，上海學生的自我效能最高，其次是列支敦斯登和新加坡，而日、韓兩國相對的自我效能較低。臺灣、澳門、香港、瑞士、新加坡、列支敦斯登以及上海，這些國家的學生自我效能均高於 OECD 國家平均。整體而言，PISA 2012 參與國家所有學生的數學自我效能對於數學表現的解釋力為 37% 左右，若針對臺灣與參照國家來看，則可以發現數學自我效能對於數學素養的解釋力接近五成，若僅以東亞國家來看，則有 75% 解釋力。圖 7.21 則是臺灣與參照國家的數學素養表現平均與數學自我效能指標平均對照，由圖可知，臺灣及參照國家都是屬於高表現、高自我效能的國家，學生對於解決特定作業的信心程度普遍高於國際平均。

❖ 表 7.45　臺灣與參照國家不同數學百分等級學生的數學自我效能與數學表現關係對照

| | 不同數學百分等級學生自我效能指標每改變一個單位的數學成績差異 | | | | | | | | | | | |
| | 平均 | | | | 百分等級 10[1] | | | | 百分等級 90[1] | | | |
	未調整[2]	調整後[3]	ESCS[4]	男學生	未調整[2]	調整後[3]	ESCS[4]	男學生	未調整[2]	調整後[3]	ESCS[4]	男學生
臺灣	64.2	57.2	28.1	-6.1	65.2	58.6	24.8	-18.5	63.0	53.8	29.5	5.8
上海	53.5	47.2	23.0	-1.1	59.4	53.3	19.1	0.0	44.1	39.5	24.7	2.3
新加坡	57.7	51.0	26.5	-13.2	56.0	50.9	27.9	-23.4	52.9	45.8	26.6	-6.7
香港	50.0	47.0	16.4	-4.5	53.0	50.6	17.6	-18.2	46.7	42.9	14.4	9.7
韓國	57.5	53.7	15.3	3.1	60.0	57.1	13.7	-9.8	55.1	51.4	13.6	13.7
澳門	50.0	48.8	8.4	-6.6	52.4	51.4	6.5	-14.4	47.6	45.3	10.8	-1.0
日本	53.1	48.3	23.6	2.7	49.9	46.0	24.1	-9.2	53.7	49.0	25.0	11.9
列支敦斯登	60.3	58.7	3.9	2.7	50.4	52.1	-7.4	9.8	55.1	48.9	17.2	14.0
瑞士	55.2	51.0	24.3	-7.6	51.2	48.3	25.8	-12.2	59.1	54.1	21.9	-3.2
荷蘭	43.8	40.4	28.9	-3.6	36.5	34.3	27.3	-3.3	46.4	44.3	27.2	-1.9
芬蘭	48.9	47.0	18.2	-16.9	46.0	43.4	21.5	-22.8	52.6	50.1	17.8	-11.1
OECD 平均	48.6	42.6	25.2	-1.9	41.6	36.9	26.4	-9.1	52.1	46.3	23.2	4.4

註：統計達顯著者標以粗體。
1 結果是依據自我效能指標在數學表現的分量迴歸模型而來。
2 未調整的結果是根據自我效能指標為唯一自變項的迴歸分析結果。
3 調整後的結果是根據自我效能指標、ESCS 以及男學生作為自變項的迴歸分析結果。
4 ESCS 即為 PISA 的經濟、社會與文化地位指標。

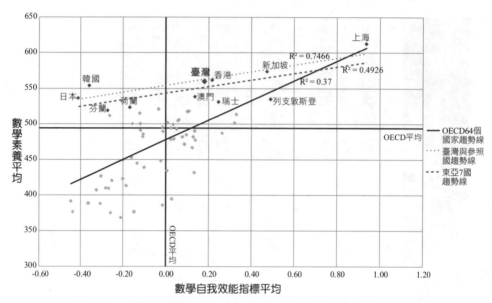

◯ 圖 7.20　臺灣與參照國家的數學自我效能和數學素養關聯分布

資料來源：OECD, PISA 2012 Database, Tables I.2.3a & III.4.1d.

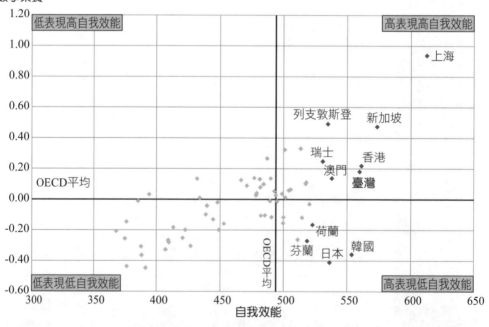

◯ 圖 7.21　臺灣與參照國家的學生數學素養表現平均與數學自我效能指標平均對照

二　數學自我概念

　　學生的數學自我概念（mathematics self-concept），或是對於自己能力的信念，是一種重要的教育成果，其和成功學習有強烈的關聯（Marsh, 1986; Marsh & O'Mara, 2008）。自我概念和成就的縱貫研究顯示，它們是隨著時間推移而彼此相互有關（Marsh & Martin, 2011; Marsh, Xu, & Martin, 2012）。自我概念也可以影響人類福祉和人格發展。PISA 2012 測量學生的數學自我概念是透過以下問題：「我只是不擅長數學」、「我的數學成績很好」、「我學數學很快」、「我一直認為數學是我最拿手的科目之一」，以及「上數學課時，即使是最困難的問題，我都能理解」，經由學生回答「非常同意」、「同意」、「不同意」、「非常不同意」來建構出數學自我概念指標，並以 OECD 國家學生的表現將其標準化為平均數為 0、標準差為 1 的標準分數。

　　表 7.46 呈現的是臺灣與參照國家有關數學自我概念敘述的學生人數百分比對照。由表中可以看出，跨國之間的學生反應有很大的差異。以 OECD 國家平均和臺灣為例，OECD 國家平均 42.7% 的學生同意或非常同意他們不擅長數學，但臺灣卻有 60.1% 的學生有相同的看法。58.9% 的 OECD 學生說他們的數學成績很好，但臺灣僅有 29.4% 的學生認為如此。37.5% 的 OECD 國家學生認為上數學課時即使是最困難的問題他們都能理解，而臺灣的比率不到四分之一；51.8% 的 OECD 學生認為他們學習數學很快，以及 38.1% 的學生認為數學是他們最拿手的科目之一，而這兩項，臺灣學生的比率分別為 36.7% 及 27.6%。

　　表 7.47 呈現的則是不同性別學生在數學自我概念相關敘述的同意人數比率對照，學生數學自我概念的性別差異和數學自我效能的性別差異雷同：臺灣 48.5% 的男學生以及 31.5% 的女生不同意他們不擅長數學。上海、新加坡、澳門、荷蘭、芬蘭等國家有六成以上的男生不同意，而列支敦斯登、瑞士甚至高達七成以上的男生不同意他們不擅長於數學；除了臺灣、上海、韓國、澳門、香港和日本以外，其他國家的女學生約有五成以上不同意他們不擅長數學，上海此題的性別差異最大，男女學生的比率差異為 21.2%。臺灣只有 18.9% 的女學生和 30.8% 的男學生同意「上數學課時，即使是最困難的問題，我都能理解」。

表 7.48 呈現的則是不同社經地位學生在數學自我概念相關敘述的同意人數比率對照,學生數學自我概念的性別差異和數學自我效能的性別差異雷同,臺灣及參照國家均呈現出男學生的數學自我概念高於女學生。社經優勢的學生也比社經弱勢學生具有較高的自我概念,社經優勢的學生在自我概念的五項敘述的比率高於社經弱勢學生比率 14% ~ 26.3% 不等。

❖表 7.46　臺灣與參照國家有關數學自我概念敘述的學生人數百分比對照

	對於以下敘述同意／不同意的學生人數百分比				
	我只是不擅長數學 **	我的數學成績很好 *	我學數學很快 *	我一直認為數學是我最拿手的科目之一 *	上數學課時,即使是最困難的問題,我都能理解 *
臺灣	39.9	29.4	36.7	27.6	24.7
上海	53.1	34.1	48.8	41.8	32.4
新加坡	62.3	62.9	62.6	56.7	44.9
香港	50.1	33.1	55.3	37.1	34.5
韓國	42.6	30.0	33.8	33.2	21.1
澳門	51.6	36.8	44.8	32.3	35.1
日本	45.9	31.0	25.9	29.1	12.8
列支敦斯登	65.6	64.4	59.4	33.1	40.4
瑞士	65.8	63.7	57.0	39.2	41.2
荷蘭	62.6	64.1	55.5	37.8	39.7
芬蘭	58.6	58.4	56.6	35.3	43.5
OECD 平均	57.3	58.9	51.8	38.1	37.5

註:＊選擇「非常同意」、「同意」的學生比率。
　　＊＊選擇「不同意」、「非常不同意」的學生比率。

❖表 7.47　臺灣與參照國家有關數學自我概念敘述的男女學生人數百分比及差異對照

	男學生對於以下敘述同意／不同意的人數百分比					女學生對於以下敘述同意／不同意的人數百分比					對於以下敘述同意／不同意學生人數百分比的性別差異（男－女）				
	我只是不擅長數學**	我的數學成績很好*	我學數學很快*	我一直認為數學是我最拿手的科目之一*	上數學課時，即使是最難的問題，我都能理解*	我只是不擅長數學**	我的數學成績很好*	我學數學很快*	我一直認為數學是我最拿手的科目之一*	上數學課時，即使是最難的問題，我都能理解*	我只是不擅長數學**	我的數學成績很好*	我學數學很快*	我一直認為數學是我最拿手的科目之一*	上數學課時，即使是最難的問題，我都能理解*
臺灣	48.5	37.2	44.6	35.8	30.8	31.5	21.7	29.1	19.7	18.9	**16.9**	**15.5**	**15.5**	**16.1**	**11.9**
上海	64.0	43.9	60.3	55.2	42.2	42.8	24.8	37.8	29.1	23.2	**21.2**	**19.1**	**22.6**	**26.0**	**19.0**
新加坡	64.8	64.5	67.3	61.3	50.5	59.7	61.3	57.9	51.9	39.2	**5.2**	3.2	**9.4**	**9.4**	11.3
香港	58.3	40.2	63.7	44.4	42.3	40.6	24.9	45.5	28.6	25.4	**17.7**	**15.3**	**18.3**	**15.8**	**16.9**
韓國	46.5	33.7	37.3	39.4	26.0	38.2	25.8	29.9	26.2	15.5	**8.3**	**7.9**	**7.4**	**13.3**	**10.6**
澳門	60.3	45.2	55.6	41.9	44.9	42.5	28.0	33.5	22.3	24.9	**17.8**	**17.2**	**22.0**	**19.6**	**20.0**
日本	53.7	35.0	33.3	35.9	17.8	37.2	26.5	17.6	21.5	7.3	**16.5**	**8.5**	**15.6**	**14.5**	**10.4**
列支敦斯登	74.7	68.3	67.7	44.0	45.7	54.6	59.6	48.8	20.1	34.0	**20.1**	8.7	**18.8**	**23.9**	11.8
瑞士	75.7	71.0	68.4	53.4	54.9	55.8	56.2	45.5	24.9	27.2	**19.9**	**14.8**	**22.9**	**28.5**	**27.7**
荷蘭	67.9	67.8	62.6	43.8	48.9	57.1	60.2	48.1	31.6	30.1	**10.8**	**7.6**	**14.5**	**12.3**	**18.9**
芬蘭	64.3	61.3	64.7	45.0	51.8	52.7	55.5	48.4	25.3	35.0	**11.6**	**5.8**	**16.3**	**19.7**	**16.7**
OECD 平均	62.7	61.7	58.8	45.4	44.8	51.9	56.0	44.7	30.8	30.0	**10.8**	**5.7**	**14.0**	**14.5**	**14.8**

註：統計達顯著者標以粗體。

* 選擇「非常同意」、「同意」的學生比率。

** 選擇「不同意」、「非常不同意」的學生比率。

❖ 表 7.48　臺灣與參照國家不同社經背景學生有關數學自我概念敘述的人數百分比及差異對照

	社經弱勢學生對於以下敘述同意／不同意的人數百分比						社經優勢學生對於以下敘述同意／不同意的人數百分比						對於以下敘述同意／不同意的人數百分比的社經差異					
	社經弱勢學生的數學自我概念指標	我只是不擅長數學 **	我的數學成績很好 *	我學數學很快 *	即使數學是我最拿手的科目之一 *	上數學課時，即使是最困難的問題，我都能理解 *	社經優勢學生的數學自我概念指標	我只是不擅長數學 **	我的數學成績很好 *	我學數學很快 *	即使數學是我最拿手的科目之一 *	上數學課時，即使是最困難的問題，我都能理解 *	學生數學自我概念指標的社經差異	我只是不擅長數學 **	我的數學成績很好 *	我學數學很快 *	即使數學是我最拿手的科目之一 *	上數學課時，即使是最困難的問題，我都能理解 *
臺灣	-0.71	28.8	20.5	23.8	19.7	18.8	-0.15	52.4	39.5	50.1	36.1	32.8	0.57	23.6	19.0	26.3	16.5	14.0
上海	-0.16	46.2	29.2	42.6	39.4	26.1	0.08	58.6	39.2	55.0	43.3	38.3	0.24	12.4	10.0	12.4	3.9	12.1
新加坡	0.02	49.3	52.7	53.0	50.4	38.3	0.42	74.1	73.1	70.9	62.4	47.8	0.40	24.9	20.5	17.8	12.0	9.5
香港	-0.24	46.5	27.2	50.9	36.9	30.1	0.02	57.6	42.0	62.1	39.2	42.9	0.26	11.1	14.8	11.2	2.2	12.8
韓國	-0.64	31.4	21.0	25.4	25.7	13.0	-0.12	53.6	39.7	43.6	40.6	31.4	0.52	22.1	18.7	18.2	15.0	18.4
澳門	-0.26	50.0	34.2	40.6	32.1	30.8	-0.09	53.8	43.6	50.4	32.8	40.4	0.17	3.8	9.3	9.8	0.7	9.7
日本	-0.60	42.0	28.4	23.8	28.1	11.3	-0.45	48.4	31.9	26.6	30.8	15.4	0.15	6.5	3.5	2.8	2.7	4.0
列支敦斯登	-0.19	49.7	56.6	41.2	26.2	21.8	0.45	79.0	74.9	79.9	39.8	63.8	0.64	29.4	18.3	38.7	13.6	42.0
瑞士	0.15	65.5	65.2	58.1	43.4	40.4	0.16	68.8	63.8	57.8	38.3	44.3	0.01	3.2	-1.5	-0.3	-5.1	3.9
荷蘭	0.02	58.0	61.8	54.6	35.1	39.0	0.15	70.0	70.1	57.9	40.8	43.0	0.13	12.0	8.3	3.3	5.6	4.0
芬蘭	-0.17	48.6	48.2	50.0	29.5	37.0	0.29	70.7	69.0	66.0	43.8	51.3	0.47	22.1	20.7	16.0	14.3	14.3
OECD平均	-0.14	49.7	53.0	46.1	35.1	32.1	0.19	66.6	66.1	59.3	43.0	44.6	0.34	16.9	13.1	13.2	7.8	12.4

註：統計達顯著者以粗體。

　　表 7.49 呈現的是臺灣與參照國家學生數學自我概念指標的差異及不同指標組別學生數學表現對照，從表可以看出，臺灣學生的自我概念相對於 OECD 國家平均較低，低落幅度接近半個標準差（-.45）（亦可參見圖 7.22），在參照國家當中僅有日本（-.52）低於臺灣，但臺灣學生的自我效能相對於 OECD 國家平均而言略高（.18，請參見表 7.44），也就是說，臺灣的學生對於解決特定數學任務的信心高於國際平均水準，但對於他們自己的數學能力信念相對較為低落。數學自我概念較低的學生，他們的數學素養通常也比高數學自我概念學生的數學素養相對低落。數學自我概念對於臺灣學生數學表現變異的解釋力達 22.2%，對芬蘭和韓國學生而言，則分別高達 32.7% 及 23.3% 的解釋力，而就 OECD 國家平均而言，學生學習數學自我概念可以解釋 17% 的數學表現變異，而其他參照國家除了日本（7.6%）、瑞士（9.2%）以及荷蘭（4.4%）以外，其餘國家的數學自我概念對於學生數學表現變異的解釋力大約在 10% 左右。

❖ 表 7.49　臺灣與參照國家學生數學自我概念指標的差異及不同指標組別學生數學表現對照

	數學自我概念指標									數學自我概念指標四等分的數學表現				每單位的數學分數改變量	數學表現最低25%位於此指標最低25%的增加可能性	解釋學生表現的變異量（r-squared×100）
	平均數	標準差	男學生平均	女學生平均	性別差異男-女	最低25%	次低25%	次高25%	最高25%	最低25%	次低25%	次高25%	最高25%	效果	比率	百分比
臺灣	-0.45	1.01	-0.25	-0.64	**0.39**	-1.77	-0.71	-0.17	0.85	**492**	**537**	**579**	**633**	53.2	**2.6**	22.2
上海	-0.05	0.85	0.20	-0.28	**0.48**	-1.02	-0.38	0.16	1.05	**575**	**596**	**625**	**655**	38.4	**1.8**	10.5
新加坡	0.22	0.90	0.33	0.10	**0.23**	-0.93	-0.04	0.53	1.33	**528**	**567**	**597**	**612**	37.1	**2.0**	10.6
香港	-0.16	0.93	0.04	-0.39	**0.43**	-1.35	-0.42	0.15	0.99	**522**	**548**	**576**	**608**	35.6	**1.9**	12.1
韓國	-0.38	0.93	-0.25	-0.54	**0.30**	-1.58	-0.63	-0.11	0.78	**495**	**536**	**572**	**614**	51.0	**2.6**	23.3
澳門	-0.19	0.94	0.06	-0.44	**0.50**	-1.38	-0.47	0.11	0.99	**505**	**525**	**550**	**579**	31.2	**1.8**	10.2
日本	-0.52	0.96	-0.32	-0.75	**0.43**	-1.79	-0.76	-0.23	0.69	**505**	**529**	**548**	**568**	26.5	**1.8**	7.6
列支敦斯登	0.08	1.02	0.33	-0.21	**0.54**	-1.25	-0.18	0.46	1.35	**496**	**532**	**550**	**570**	30.9	1.5	11.2
瑞士	0.12	1.05	0.33	-0.21	**0.66**	-1.19	-0.23	0.47	1.45	**500**	**518**	**537**	**572**	27.0	1.6	9.2
荷蘭	0.06	0.94	0.25	-0.14	**0.39**	-1.14	-0.19	0.36	1.22	**505**	**522**	**535**	**556**	19.3	1.5	4.4
芬蘭	0.03	1.05	0.20	-0.17	**0.40**	-1.29	-0.31	0.39	1.34	**470**	**495**	**537**	**589**	45.2	**2.7**	32.7
OECD 平均	0.00	0.98	0.17	-0.17	**0.35**	-1.24	-0.30	0.31	1.25	**456**	**479**	**505**	**548**	36.5	**2.0**	17.0

註：統計達顯著者標以粗體。

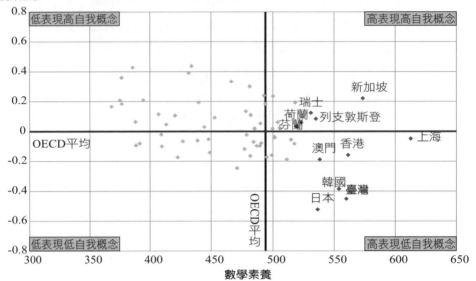

自我概念

◯ 圖 7.22 臺灣與參照國家的學生數學素養表現與數學自我概念指標平均對照

　　圖 7.23 呈現的是各國數學自我概念和數學素養的關聯。圖中長條表示在平均學生的數學自我概念和數學表現之間的關聯，OECD 國家中，平均學生的自我概念和數學素養的關聯為 37 分，接近一個年級的數學素養差異，而臺灣學生平均每改變一個單位的數學自我概念，其數學素養就有 53 分的差異，這個差異幅度超出一個年級的數學素養差異。菱形和正方形則代表高、低數學表現學生的數學自我概念和數學表現之間的關聯，圖中顯示 OECD 國家平均中最高與最低表現群體的這個關聯有頗大的差異，百分等級 10 的 OECD 學生在改變一個單位的自我概念指標之後，會有 28.3 分的差異，而百分等級 90 的學生則會有 40.3 分的差異。從圖中可以看出，多數國家或經濟體中，數學自我概念和數學表現在高表現學生部分相對有較高的關聯，只有臺灣與上海是例外，以臺灣為例，對百分等級 10 的學生而言，每提高一個單位的數學自我概念，則能提高數學素養分數52.7 分，而對百分等級 90 的學生而言則有 44.1 分的變化。排除社經地位、性別的影響之後，對於平均學生、百分等級 10 以及百分等級 90 的學生而言，分別有 46、45.9 和 40.6 的分數變異。而上海，百分等級 10 的學生分數差異為 46.8分，百分等級 90 的學生則有 29.6 分的差異（參見表 7.50）。

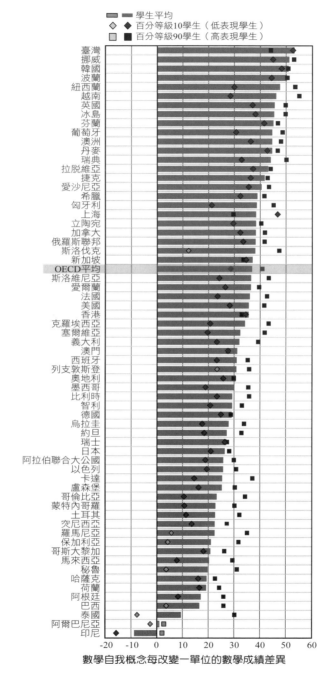

● 圖 7.23　數學自我概念和數學素養的關聯

註：1. 淺色空心的標示表示分數差異並未達顯著水準。

2. 國家的排序是根據一般學生數學自我概念每改變一個單位的數學成績差異。

資料來源：OECD, PISA 2012 Database, Table III.4.2e.

❖表 7.50　臺灣與參照國家不同數學百分等級學生的數學自我概念與數學表現關聯對照

| | 不同數學百分等級學生數學自我概念指標每改變一個單位的數學成績差異 | | | | | | | | | | | |
| | 平均 | | | | 百分等級 10[1] | | | | 百分等級 90[1] | | | |
	未調整[2]	調整後[3]	ESCS[4]	男學生	未調整[2]	調整後[3]	ESCS[4]	男學生	未調整[2]	調整後[3]	ESCS[4]	男學生
臺灣	**53.2**	**46.0**	**47.9**	**-11.6**	**52.7**	**45.9**	**48.3**	**-21.6**	**44.1**	**40.6**	**43.6**	-2.1
上海	**38.4**	**36.1**	**36.3**	**-11.5**	**46.8**	**45.0**	**32.7**	**-18.5**	**29.6**	**27.4**	**32.9**	-1.9
新加坡	**37.1**	**31.5**	**36.9**	**-9.3**	**34.6**	**30.3**	**42.4**	**-26.8**	**33.6**	**27.6**	**32.0**	3.9
香港	**35.6**	**33.2**	**21.8**	-1.7	**34.5**	**32.9**	**24.9**	**-18.3**	**32.9**	**30.6**	**17.7**	**17.0**
韓國	**51.0**	**45.7**	**27.2**	1.9	**48.3**	**45.7**	**27.4**	**-12.3**	**50.8**	**43.1**	**25.1**	**12.7**
澳門	**31.2**	**32.0**	**13.6**	**-11.2**	**27.6**	**30.4**	**12.2**	**-23.4**	**27.6**	**28.3**	**10.4**	-3.1
日本	**26.5**	**23.4**	**36.9**	**11.3**	**21.0**	**19.0**	**35.4**	-1.1	**28.1**	**23.8**	**38.8**	**21.0**
列支敦斯登	**30.9**	**25.2**	**26.3**	5.9	**23.4**	19.8	**30.6**	**28.0**	**35.8**	**28.8**	**25.3**	5.7
瑞士	**27.0**	**27.0**	**35.7**	-1.6	**26.4**	**27.1**	**36.1**	**-10.9**	**27.3**	**25.6**	**35.0**	4.6
荷蘭	**19.3**	**17.3**	**33.8**	6.2	**16.6**	**16.7**	**29.4**	6.6	**24.2**	**21.9**	**29.4**	**8.1**
芬蘭	**45.2**	**44.2**	**19.8**	**-15.9**	**41.6**	**40.1**	**26.0**	**-30.2**	**46.9**	**45.6**	**15.3**	-5.7
OECD 平均	**36.5**	**32.8**	**32.3**	0.9	**28.3**	**27.2**	**31.7**	**-7.6**	**40.3**	**35.6**	**30.1**	**8.0**

註：統計達顯著者標以粗體。
[1] 結果是依據數學自我概念指標在數學表現的分量迴歸模型而來。
[2] 未調整的結果是根據數學自我概念指標為唯一自變項的迴歸分析結果。
[3] 調整後的結果是根據數學自我概念指標、ESCS 以及男學生作為自變項的迴歸分析結果。
[4] ESCS 即為 PISA 的經濟、社會與文化地位指標。

三　數學焦慮

　　許多學生會擔心他們的在校表現，在他們必須參加考試時感到焦慮，其中，學生有很大的焦慮是針對數學這個學科（Ashcraft & Ridley, 2005; Hembree, 1990; Wigfield & Meece, 1988）。高數學焦慮的學生通常會感到緊張、擔憂、害怕數學（Ma, 1999; Richardson & Suinn, 1972; Tobias, 1993; Zeidner & Matthews, 2011），相對於低數學焦慮或者沒有感到焦慮的學生，這些高焦慮的學生往往數學表現較為不佳（Hembree, 1990; Ma, 1999）。

數學表現不佳往往與高數學焦慮有關（Ma & Kishor, 1997; Ma & Xu, 2004），證據顯示，高低焦慮學生的表現差異和焦慮不利於認知資源的激發有部分關聯（Ashcraft & Kirk, 2001）。換句話說，當學生普遍很焦慮，尤其是數學，他們的大腦便沒有辦法投入足夠的注意來解決數學問題，因為他們已經被擔憂所占滿了（Beilock, Kulp, Holt, & Carr, 2004; Hopko, Ashcraft, Gute, Ruggiero, & Lewis, 1998; Hopko, McNeil, Gleason, & Rabalais, 2002; Kellogg, Hopko, & Ashcraft, 1999）。

數學焦慮（mathematics anxiety）不只是一種心理現象，它會限制了解決數學問題的能力。患有數學焦慮的人可能會經驗到類似疼痛的數學生理反應，因此，經驗數學焦慮的人通常逃避需要特定數學技能精熟的數學作業、數學課程和生涯規劃（Ashcraft & Ridley, 2005; Beasley, Long, & Natali, 2001; Hembree, 1990; Ho et al., 2000）。對於這些人而言，逃避數學和逃避痛苦的反應本質相同，因為對他們來說，僅僅想到即將面臨數學問題都可能是痛苦的（Lyons & Beilock, 2012）。

PISA 2012 利用以下問題：「我常會擔心數學課會很困難」、「當我必須做數學作業時，我會很緊張」、「解數學問題時，我會很緊張」、「解數學問題時，我覺得很無助」，以及「我擔心數學拿不到好成績」，透過學生的同意程度進行數學焦慮指標的建構，並依據 OECD 國家學生的表現，將指標轉化為平均數為 0、標準差為 1 的標準分數。國家的焦慮指標數值為正值，則代表該國學生相對於 OECD 國家平均的學生有較高的數學焦慮，負值則表示學生的數學焦慮較低。

表 7.51 呈現的是臺灣與參照國家有關數學焦慮敘述的學生人數百分比對照。由表中可知，有相當高比率的 15 歲學生認為他們在處理數學時會有無助感或者情緒壓力：71.5% 的臺灣學生常常擔心數學課會很困難，76.3% 的學生則擔心數學拿不到好成績，35.2% 的學生指出他們必須做數學作業時會變得緊張，39.9% 的學生則認為解數學問題時會感到緊張，而有 43.7% 的學生提到解數學問題時會感到無助。OECD 國家平均約有 59.5% 的學生會擔心數學課很難，而有 61.4% 會擔心數學成績。在臺灣與參照國家中，可以看出東亞國家的學生普遍有較高比率的學生感到數學焦慮。

❖表 7.51　臺灣與參照國家有關數學焦慮敘述的學生人數百分比對照

	對於以下敘述同意的學生人數百分比				
	我常會擔心數學課會很困難	當我必須做數學作業時，我會很緊張	解數學問題時，我會很緊張	解數學問題時，我覺得很無助	我擔心數學拿不到好成績
臺灣	71.5	35.2	39.9	43.7	76.3
上海	53.4	31.4	27.0	27.7	71.3
新加坡	60.7	35.8	37.4	26.9	73.5
香港	68.9	26.8	26.4	32.2	70.8
韓國	76.9	31.6	43.5	42.1	82.1
澳門	70.4	32.1	36.1	39.5	65.3
日本	70.4	55.5	39.5	34.8	67.0
列支敦斯登	49.8	26.0	13.6	25.6	55.7
瑞士	49.2	26.1	18.2	25.7	53.4
荷蘭	36.9	11.2	18.2	18.8	45.3
芬蘭	51.7	10.0	18.4	27.3	52.4
OECD 平均	59.5	32.7	30.6	29.8	61.4

　　表 7.52 呈現的則是不同性別學生在數學焦慮相關敘述的同意人數比率對照，整體而言，女學生會比男學生有更高的數學焦慮比率，針對「我常會擔心數學課會很困難」、「解數學問題時，我覺得很無助」、「我擔心數學拿不到好成績」，臺灣女學生比率比男學生高出 12% 左右，而「當我必須做數學作業時，我會很緊張」與「解數學問題時，我會很緊張」則女學生比男學生的比率高出約有 8 ～ 9%。而對 OECD 國家平均學生而言，「我常會擔心數學課會很困難」和「我擔心數學拿不到好成績」的性別比率差異最高（11.6%），其次是「解數學問題時，我覺得很無助」（9.4%），「解數學問題時，我會很緊張」（7.5%），差異最小的是「當我必須做數學作業時，我會很緊張」（5.5%）。

❖表 7.52　臺灣與參照國家有關數學焦慮敘述的男女學生人數百分比及差異對照

	男學生對於以下敘述同意的人數百分比					女學生對於以下敘述同意的人數百分比					對於以下敘述同意學生人數百分比的性別差異（男－女）				
	我常會擔心數學課會很困難	當我必須做數學作業時，我會很緊張	解數學問題時，我會很緊張	解數學問題時，我覺得很無助	我擔心數學拿不到好成績	我常會擔心數學課會很困難	當我必須做數學作業時，我會很緊張	解數學問題時，我會很緊張	解數學問題時，我覺得很無助	我擔心數學拿不到好成績	我常會擔心數學課會很困難	當我必須做數學作業時，我會很緊張	解數學問題時，我會很緊張	解數學問題時，我覺得很無助	我擔心數學拿不到好成績
臺灣	65.4	31.2	35.4	37.8	70.1	77.5	39.0	44.3	49.5	82.2	**-12.2**	**-7.8**	**-9.0**	**-11.7**	**-12.1**
上海	43.1	27.4	22.8	22.2	61.6	63.0	35.1	30.9	32.9	80.5	**-19.9**	**-7.7**	**-8.2**	**-10.6**	**-18.9**
新加坡	58.4	36.4	36.1	25.0	71.4	62.9	35.1	38.7	28.7	75.6	**-4.5**	1.3	-2.7	**-3.7**	**-4.2**
香港	62.1	23.9	21.5	25.0	65.3	76.9	30.3	32.1	40.6	77.2	**-14.8**	**-6.4**	**-10.6**	**-15.6**	**-11.9**
韓國	72.0	30.4	40.9	40.1	77.8	82.5	33.0	46.5	44.4	87.1	**-10.5**	-2.6	**-5.6**	**-4.4**	**-9.4**
澳門	62.3	28.0	30.8	32.8	57.1	78.8	36.4	41.7	46.6	73.8	**-16.5**	**-8.4**	**-10.9**	**-13.8**	**-16.7**
日本	63.7	53.3	36.6	30.1	61.1	78.1	58.0	42.7	40.0	73.6	**-14.4**	**-4.8**	**-6.1**	**-10.0**	**-12.5**
列支敦斯登	39.4	19.6	14.9	21.6	47.6	62.5	33.6	12.0	30.6	65.6	**-23.1**	**-14.0**	3.0	-9.0	**-17.9**
瑞士	40.9	21.6	15.1	17.1	44.7	57.6	30.7	21.4	34.5	62.2	**-16.7**	**-9.0**	**-6.2**	**-17.3**	**-17.5**
荷蘭	30.6	9.6	16.3	15.0	38.2	43.4	12.8	20.2	22.9	52.9	**-12.7**	**-3.3**	**-3.9**	**-7.9**	**-14.7**
芬蘭	40.7	8.2	15.4	20.0	41.2	62.9	11.8	21.5	34.8	63.8	**-22.2**	**-3.6**	**-6.1**	**-14.8**	**-22.7**
OECD 平均	53.7	29.9	26.9	25.2	55.6	65.3	35.4	34.3	34.6	67.2	**-11.6**	**-5.5**	**-7.5**	**-9.4**	**-11.6**

註：統計達顯著者標以粗體。

表 7.53 呈現的則是不同社經地位學生在數學焦慮相關敘述的同意人數比率對照，學生的數學焦慮的性別差異和數學自我效能的性別差異雷同，臺灣及參照國家均呈現出女學生的數學焦慮高於男學生。社經弱勢學生也比社經優勢的學生具有較高的焦慮，社經優勢的學生在焦慮的五項敘述的比率高於社經弱勢學生比率 2%～23% 不等。其中解數學問題時，社經弱勢的學生感到無助的比率比社經優勢的學生顯著高出 23%，而擔心數學成績的比率則兩群學生的差異僅有 2.4%，未達統計顯著水準。數學焦慮的社經差異不如性別差異明顯（參見表 7.53 和表 7.54），以臺灣為例，社經弱勢學生的數學焦慮為 0.44，高社經地位的

❖ 表 7.53　臺灣與參照國家不同社經背景學生有關數學焦慮敘述的人數百分比及差異對照

| | 社經弱勢學生對於以下敘述同意的人數百分比 | | | | | | 社經優勢學生對於以下敘述同意的人數百分比 | | | | | | 對於以下敘述同意同學人數百分比的社經差異 | | | | | |
	社經弱勢學生的數學焦慮指標	我常會擔心數學課會很困難	當我必須做數學作業時，我會很緊張	解數學問題時，我會很緊張	解數學問題時，我覺得很無助	我擔心數學拿不到好成績	社經優勢學生的數學焦慮指標	我常會擔心數學課會很困難	當我必須做數學作業時，我會很緊張	解數學問題時，我會很緊張	解數學問題時，我覺得很無助	我擔心數學拿不到好成績	學生數學焦慮指標的社經差異	我常會擔心數學課會很困難	當我必須做數學作業時，我會很緊張	解數學問題時，我會很緊張	解數學問題時，我覺得很無助	我擔心數學拿不到好成績
臺灣	0.44	77.0	44.0	44.5	55.5	77.1	0.15	64.3	26.3	37.0	32.5	74.6	**-0.30**	**-12.7**	**-17.6**	**-7.5**	**-23.0**	-2.4
上海	0.13	59.8	36.1	30.1	33.1	72.9	-0.10	47.4	29.5	24.3	23.0	67.4	**-0.23**	**-12.4**	**-6.7**	**-5.9**	**-10.1**	**-5.5**
新加坡	0.40	70.1	47.0	46.6	36.6	81.1	-0.10	48.8	23.2	28.1	19.4	64.9	**-0.50**	**-21.3**	**-23.8**	**-18.5**	**-17.2**	**-16.2**
香港	0.15	71.5	30.2	25.3	34.2	73.1	-0.02	61.5	22.4	23.0	26.2	65.7	**-0.17**	**-10.0**	**-7.7**	**-2.3**	**-8.0**	**-7.4**
韓國	0.41	83.3	39.2	46.0	47.9	79.8	0.20	68.9	25.6	43.4	36.0	82.8	**-0.21**	**-14.5**	**-13.6**	**-2.6**	**-11.9**	3.0
澳門	0.23	73.3	33.0	35.1	43.2	67.2	0.20	68.6	33.7	38.3	36.7	65.7	-0.03	**-4.7**	0.7	3.2	**-6.5**	-1.5
日本	0.42	70.4	60.3	41.2	36.8	66.9	0.31	68.9	51.9	36.4	32.3	67.5	**-0.11**	-1.5	**-8.4**	**-4.8**	**-4.4**	0.6
列支敦斯登	0.04	59.6	42.5	19.1	35.5	66.7	-0.66	38.3	12.5	5.4	9.9	40.5	**-0.70**	**-21.3**	**-30.0**	**-13.8**	**-25.6**	**-26.3**
瑞士	-0.25	48.8	28.6	19.4	27.5	52.8	-0.35	47.6	24.2	17.2	25.0	53.3	**-0.10**	-1.2	**-4.4**	-2.2	-2.5	0.5
荷蘭	-0.36	37.4	11.5	19.7	19.8	46.3	-0.44	33.8	10.6	14.6	15.6	44.2	-0.08	-3.5	-0.8	**-5.1**	-4.2	-2.1
芬蘭	-0.23	53.2	10.4	21.2	32.1	52.8	-0.43	48.6	10.0	15.7	21.1	50.9	**-0.20**	-4.6	-0.4	**-5.5**	**-11.0**	-1.9
OECD平均	0.13	64.1	38.0	35.1	35.0	64.1	-0.16	53.3	26.8	25.7	23.6	58.2	**-0.29**	**-10.8**	**-11.2**	**-9.4**	**-11.4**	**-5.8**

註：統計達顯著者標以粗體。

學生之數學焦慮為 0.15，社經差異和性別差異差不多，韓國與 OECD 國家平均也是。而上海、香港、澳門、日本、瑞士、荷蘭及芬蘭均是數學焦慮的性別差異大於社經地位的差異；新加坡和列支敦斯登比較特殊，數學焦慮的社經地位差異高於性別上的差異。以新加坡為例，70.1% 的社經弱勢學生提到會擔心數學課很困難，而僅有 48.8% 的社經優勢學生會有相同的看法；46.6% 的社經弱勢學生在解數學問題時會很緊張，但 28.1% 的社經優勢學生會感到緊張；另外，47% 的學生提到他們必須做數學作業時會感到緊張、壓力，而同意這項敘述的社經優勢學生比率僅有 23.2%。

❖ 表 7.54　臺灣與參照國家學生數學焦慮指標的差異及不同指標組別學生數學表現對照

	數學焦慮指標								數學焦慮指標四等分的數學表現				每單位的數學分數改變量	數學表現最低25%位於此指標最低25%的增加可能性	解釋學生表現的變異量（r-squared×100）
	平均數	標準差	男學生平均	女學生平均	性別差異男-女	最低25%	次低25%	次高25%	最高25%	最低25%	次低25%	次高25%	最高25%	效果	比率	百分比
臺灣	0.31	0.94	0.16	0.46	**-0.30**	-0.84	0.05	0.57	1.46	**603**	576	542	**519**	-34.7	**0.5**	8.1
上海	0.03	0.94	-0.17	0.22	**-0.39**	-1.11	-0.22	0.29	1.16	**652**	624	603	**571**	-33.4	**0.4**	9.7
新加坡	0.16	0.92	0.10	0.23	**-0.13**	-1.00	-0.09	0.47	1.27	**625**	602	558	**518**	-44.6	0.3	15.9
香港	0.11	0.92	-0.05	0.30	**-0.34**	-1.02	-0.13	0.35	1.25	**606**	573	551	**524**	-33.0	**0.4**	10.2
韓國	0.31	0.84	0.20	0.42	**-0.21**	-0.72	0.10	0.54	1.29	**578**	563	550	**527**	-23.7	**0.8**	4.1
澳門	0.19	0.99	0.00	0.38	**-0.38**	-1.06	-0.08	0.49	1.40	**584**	548	524	**503**	-29.8	**0.4**	10.3
日本	0.36	1.01	0.22	0.52	**-0.30**	-0.88	0.05	0.63	1.63	**558**	549	534	**510**	-18.9	**0.7**	4.2
列支敦斯登	-0.29	1.00	-0.49	-0.05	**-0.45**	-1.54	-0.55	0.00	0.95	**557**	554	551	**484**	-28.8	0.7	9.4
瑞士	-0.29	1.03	-0.55	-0.04	**-0.51**	-1.65	-0.55	0.06	0.96	**570**	543	521	**493**	-28.8	0.5	10.2
荷蘭	-0.39	0.91	-0.52	-0.26	**-0.26**	-1.57	-0.54	-0.16	0.70	**554**	537	524	**503**	-20.9	0.6	4.9
芬蘭	-0.33	0.90	-0.52	-0.13	**-0.39**	-1.50	-0.53	-0.03	0.75	**575**	532	505	**479**	-40.8	**0.3**	19.8
OECD 平均	0.00	0.97	-0.15	0.14	**-0.29**	-1.23	-0.25	0.29	1.18	**542**	507	482	**456**	-33.8	**0.4**	14.0

註：統計達顯著者標以粗體。

　　表 7.54 呈現的是臺灣與參照國家學生數學焦慮指標的差異及不同指標組別學生數學表現對照。由表可知，臺灣與參照國家均呈現女學生有較高的數學焦慮；其中以日本學生整體的焦慮最高（0.36），其次是臺灣與韓國（0.31），參照國家之中學生數學焦慮最低的則是荷蘭（-.39）。而臺灣男學生的數學焦慮平均為 0.16，女學生平均為 0.46，數學焦慮的男、女差異為 -.3，而參照國家之中，數學焦慮性別差異最大的為瑞士（-.51），東亞國家則以澳門性別差異最大（-.38）。從表中也可以看出，臺灣學生的焦慮相對於 OECD 國家平均高出 0.31 個標準差。數學焦慮較低的學生，他們的數學素養通常也比高數學焦慮學生的數學素養相對較佳。數學焦慮對於臺灣學生數學表現變異的解釋力達 8.1%，對芬蘭和新加坡學生而言，則分別高達 19.8% 及 15.9% 的解釋力，而就 OECD 國家平均而言，學生學習數學焦慮可以解釋 14% 的數學表現變異。

　　圖 7.24 呈現了臺灣與參照國家數學焦慮和數學素養的關聯分布，圖中水平和垂直的兩條參照線分別為 OECD 國家平均的數學焦慮和數學素養，而左上至右下的斜線（實線部分）為 PISA 2012 所有參與國家的數學焦慮和數學素養平均所繪出的相關線，右上至左下的斜線（虛線部分）則是臺灣與 10 個參照國家的

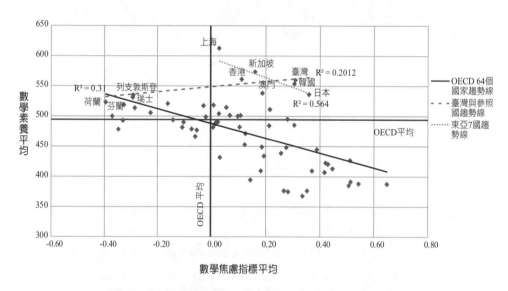

◯ 圖 7.24　臺灣與參照國家的數學焦慮和數學素養關聯

資料來源：OECD, PISA 2012 Database, Tables I.2.3a & III.4.3d.

❖表 7.55　臺灣與參照國家不同數學百分等級學生的數學焦慮與數學表現關聯對照

	不同數學百分等級學生數學焦慮指標每改變一個單位的數學成績差異											
	平均				百分等級 10[1]				百分等級 90[1]			
	未調整[2]	調整後[3]	ESCS[4]	男學生	未調整[2]	調整後[3]	ESCS[4]	男學生	未調整[2]	調整後[3]	ESCS[4]	男學生
臺灣	**-34.7**	**-29.5**	**55.9**	-2.5	**-15.8**	**-19.6**	**60.8**	**-13.7**	**-34.6**	**-31.7**	**45.2**	5.4
上海	**-33.4**	**-30.9**	**37.2**	-6.1	**-39.9**	**-37.0**	**34.7**	-9.1	**-25.9**	**-23.4**	**34.0**	4.0
新加坡	**-44.6**	**-37.7**	**34.2**	-7.2	**-44.2**	**-38.3**	**39.0**	**-21.9**	**-38.9**	**-32.1**	**30.6**	5.2
香港	**-33.0**	**-31.3**	**23.2**	2.0	**-38.1**	**-35.3**	**26.2**	**-16.3**	**-27.3**	**-24.5**	**18.3**	17.5
韓國	**-23.7**	**-19.3**	**38.0**	10.6	-6.6	-7.4	**34.7**	-3.0	**-29.9**	**-24.5**	**36.1**	18.2
澳門	**-29.8**	**-30.8**	**15.9**	-6.7	**-29.6**	**-30.5**	**15.6**	**-14.7**	**-26.8**	**-26.5**	**13.3**	-2.4
日本	**-18.9**	**-16.8**	**37.8**	16.5	**-15.1**	**-14.6**	**36.3**	1.7	**-21.3**	**-17.2**	**38.3**	27.0
列支敦斯登	**-28.9**	**-22.8**	**27.2**	9.4	-24.5	-20.8	**25.6**	27.1	**-37.2**	**-33.7**	**26.9**	1.0
瑞士	**-28.8**	**-27.5**	**34.5**	2.0	**-26.5**	**-28.0**	**34.3**	-5.9	**-28.9**	**-28.1**	**33.7**	6.3
荷蘭	**-20.9**	**-19.1**	**33.9**	7.9	**-20.3**	**-18.3**	**29.8**	10.7	**-22.7**	**-20.9**	**29.9**	10.1
芬蘭	**-40.8**	**-40.7**	**25.8**	**-13.8**	**-35.8**	**-37.8**	**32.1**	**-26.3**	**-42.6**	**-42.6**	**21.8**	-5.5
OECD 平均	**-33.8**	**-30.1**	**33.5**	3.4	**-27.5**	**-26.1**	**32.0**	-4.1	**-36.7**	**-32.0**	**32.0**	9.5

註：統計達顯著者標以粗體。

[1] 結果是依據數學焦慮指標在數學表現的分量迴歸模型而來。
[2] 未調整的結果是根據數學焦慮指標為唯一自變項的迴歸分析結果。
[3] 調整後的結果是根據數學焦慮指標、ESCS 以及男學生作為自變項的迴歸分析結果。
[4] ESCS 即為 PISA 的經濟、社會與文化地位指標。

資料所繪出的相關線。由圖中可以看出臺灣與 10 個參照國家均屬於數學表現優質的國家或經濟體，因此，這些國家均位於數學素養平均線的上方，在這些國家中，日本學生的焦慮最高，其次是臺灣和韓國與其他東亞國家，而荷蘭、芬蘭、瑞士及列支敦斯登等歐洲國家學生的數學焦慮均較低。也就是說，東亞國家的學生焦慮均高於 OECD 國家平均，而歐洲國家的學生焦慮則平均低於 OECD 平均，這兩條相關線的趨勢走向大相逕庭。整體而言，PISA 2012 參與國家所有學生的數學焦慮和數學表現呈現負相關，數學焦慮對於數學表現的解釋力為 31% 左右，而若就臺灣及參照國家而言，學生的數學焦慮和數學表現呈現正相關，數學焦慮對於數學表現的解釋力為 20% 左右。但若扣除掉參照國家的歐洲國家，7

個東亞國家呈現數學焦慮與數學表現的相關狀態則和 64 個國家資料雷同，數學焦慮和數學表現呈現負相關，數學焦慮對於數學表現的解釋力為 56.4% 左右。

PISA 2012 雖然無法建立數學焦慮與數學素養間的因果關係，但其結果顯示這兩者之間有高度的關聯，圖 7.25 呈現的是各國數學焦慮和數學素養的關聯。圖中灰色長條表示在平均學生每改變一個單位的數學焦慮，其數學表現可能的變異幅度。圖中可以看出，數學焦慮與數學素養表現呈現負向的關聯，在 OECD 國家中，平均學生的焦慮和數學素養的關聯為 33.8 分，接近一個學年的數學素養差異。從圖中可以看出 13 個國家或經濟體，學生的數學焦慮每變化一個單位，則造成數學成績差異為 40 分以上，尤其是紐西蘭、波蘭和挪威，其分數差異達 45 分以上。阿爾巴尼亞是唯一數學焦慮與數學素養沒有關聯的國家；在印尼、突尼西亞和日本，數學焦慮指數的變化一個單位，數學表現差異低於 20 分。OECD 國家中，學生數學素養變異可由數學焦慮解釋 14% 的比率，臺灣則為 8%，韓國、日本和荷蘭則解釋力不到 5%（參見表 7.54）。

圖 7.25 中菱形和正方形分別代表高、低數學表現學生的數學焦慮和數學表現之間的關聯，而臺灣學生平均每改變一個單位的數學焦慮，其數學素養就有 34.7 分的差異，對百分等級 10 的學生而言，每降低一個單位的數學焦慮，則能提高數學素養分數 15.8 分，而對百分等級 90 的學生而言，則有 34.6 分的變化。排除社經地位、性別的影響之後，對於平均學生、百分等級 10 以及百分等級 90 的學生而言，分別有 29.5、19.6 和 31.7 的分數變異。OECD 國家中，平均其中最高與最低表現這個關聯有頗大的差異，百分等級 10 的 OECD 學生在改變一個單位的焦慮指標之後，會有 27.5 分的差異，而百分等級 90 的學生則會有 36.7 分的差異。從圖中可以看出，多數國家或經濟體中，數學焦慮和數學表現在高表現學生部分相對有較高的關聯，觀察 64 個國家的數學焦慮與數學素養的關聯，有 35 個國家的高、低分組學生的關聯差異大於 10 分以上，臺灣與參照國家之中，韓國的差距最大（23.3），其次是臺灣（18.8）、列支敦斯登（12.7）。但上海、新加坡、香港、澳門的現象則是相反，數學焦慮和數學素養的關聯在低數學表現的關聯性較強，數學焦慮在這四個國家或經濟體每改變一個單位，百分等級 10 的學生分數差異分別為 39.9、44.2、38.1、29.6 分，而百分等級 90 的學生則分別有 25.9、38.9、27.3、26.8 分的差異（參見表 7.55）。

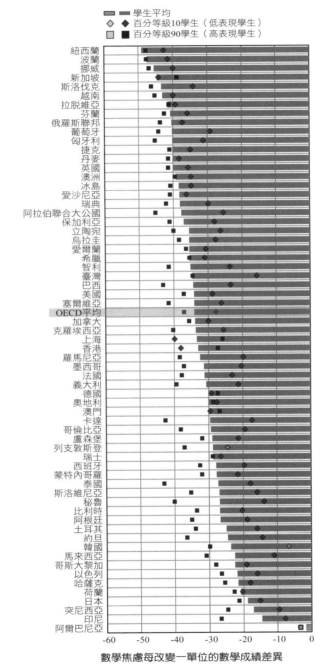

➲ 圖 7.25　數學焦慮和數學素養的關聯

註：1. 淺色空心的標示表示分數差異並未達顯著水準。

　　2. 國家的排序是根據一般學生數學焦慮每改變一個單位的數學成績差異。

資料來源：OECD, PISA 2012 Database, Table III.4.3e.

四 數學活動的參與、數學規劃和規範

(一)數學活動的參與

　　PISA 2012 要求學生報告他們有多常參與以下校內與校外的數學相關活動，包括「我和我的朋友一起談論數學問題」、「我幫助我的朋友解答數學問題」、「我把做數學當作一種課外活動」、「我參加數學競賽」、「放學後，我做數學的時間一天超過 2 個小時」、「我下棋」、「我設計電腦程式」、「我參加數學社團」，學生根據這些相關活動回答其投入程度：「總是如此或幾乎總是如此」、「經常」、「有時候」、「從來沒有或很少」。

　　表 7.56 呈現的是臺灣與參照國家有關數學行為敘述的學生人數百分比對照。由表可知，30.5% 的臺灣學生經常幫助朋友解答數學問題，26.1% 會和朋友一起討論數學問題，18.4% 的學生會下棋，12.8% 的學生經常把數學當作一種課外活動，6.5% 的學生放學後做數學的時間一天超過 2 個小時，5.2% 的學生經常參加數學競賽或者設計電腦程式，僅有 2.1% 參加數學社團。OECD 國家平均有 25.5% 的學生提到總是或經常幫助朋友解答數學問題，17.6% 會經常和朋友一起討論數學問題，15% 左右的學生經常把數學當作一種課外活動或者設計電腦程式，12.4% 的學生會下棋，9.3% 的學生放學後做數學的時間一天超過 2 個小時，7.1% 的學生經常參加數學競賽，僅有 3.9% 參加數學社團。雖然某些活動是 15 歲學生較常參與的活動，但整體而言，學生很少參與學校以外要求的相關數學活動，例如，在臺灣和參照國家，經常參加數學社團學生的比率均相當低，幾乎不到 4%，除了上海（7.1%）、香港（4.3%）以外。臺灣學生放學後做數學的時間一天超過 2 小時的比率僅有 6.5%，上海、新加坡、韓國則均有超過 20% 以上的學生認為他們放學後一天超過 2 個小時做數學。

　　表 7.57 與表 7.58 分別是臺灣與參照國家學校男、女學生，以及不同社經背景學生有關數學行為敘述的人數百分比及差異對照。由表可知，各國男、女學生參與數學活動的比率相差甚大。臺灣的男、女學生多項數學活動的參與人數比率達顯著差異，除了兩題：「我和我的朋友一起談論數學問題」，男學生的比率為 25.7%，女學生則為 26.5%，女學生比率略高於男學生，但未達顯著差異；「放

❖表 7.56 臺灣與參照國家有關數學行為敘述的學生人數百分比對照

	對於以下敘述同意的學生人數百分比							
	我和我的朋友一起談論數學問題	我幫助我的朋友解答數學問題	我把做數學當作一種課外活動	我參加數學競賽	放學後，我做數學的時間一天超過2個小時	我下棋	我設計電腦程式	我參加數學社團
臺灣	26.1	30.5	12.8	5.2	6.5	18.4	5.2	2.1
上海	38.7	29.7	13.9	9.3	28.0	33.6	9.5	7.1
新加坡	36.1	46.4	13.3	7.8	23.2	13.5	16.3	2.5
香港	26.4	28.1	11.4	4.0	6.3	15.6	5.4	4.3
韓國	13.8	24.8	34.1	6.0	27.4	7.7	9.3	3.7
澳門	26.5	30.7	7.4	6.4	7.5	16.5	10.7	3.3
日本	20.3	20.4	10.8	1.0	5.7	11.0	6.8	0.6
列支敦斯登	10.7	30.0	19.1	1.7	3.7	10.3	15.0	0.5
瑞士	15.7	31.5	14.8	2.2	3.5	10.3	13.2	1.4
荷蘭	14.5	19.7	5.4	4.0	4.3	5.3	6.1	2.3
芬蘭	11.0	21.1	22.5	5.0	2.2	6.6	16.9	1.1
OECD 平均	17.6	25.5	15.2	7.1	9.3	12.4	15.0	3.9

學後，我做數學的時間一天超過 2 個小時」，男學生為 7.3%，女學生為 5.6%，但比率的差距也未達顯著。多數活動則呈現男學生對於相關的數學活動較女學生熱衷；33.5% 的臺灣男學生經常幫助朋友解答數學問題，女學生為 27.4%；28.5% 的男學生經常下棋，但女學生僅有 8.4%；16.9% 的男學生經常把做數學當作一種課外活動，女學生為 8.7%；8% 左右的男學生經常參加數學競賽或者設計電腦程式，女學生僅有 2% 左右經常參加此兩類活動；僅有 3.4% 的男學生指出他們經常參加數學社團，而女學生則不到 1%。同樣的，表 7.58 顯示社經弱勢學生不太可能參加與數學相關的活動。在 PISA 所調查的各項數學活動中，臺灣社經優勢學生均比社經弱勢學生有較高的參與比率，除了數學社團和程式設計兩項未達顯著，其餘社經差異均達統計顯著，尤其是經常「和朋友一起談論數學問題」、「幫助朋友解答數學問題」的比率差異高達 20% 以上。然而，PISA 調查

❖ 表 7.57　臺灣與參照國家有關數學行為敘述的男女學生人數百分比及差異對照

	男學生對於以下敘述同意的人數百分比								女學生對於以下敘述同意的人數百分比								對於以下敘述同意同學生人數差異（男－女）							
	我和我的朋友一起談論數學問題	我幫助我的朋友解答數學問題	我把做數學當作一種課外活動	我參加數學競賽	過放學後2個小時，我做數學的時間一天超	我下棋	我設計電腦程式	我參加數學社團	我和我的朋友一起談論數學問題	我幫助我的朋友解答數學問題	我把做數學當作一種課外活動	我參加數學競賽	過放學後2個小時，我做數學的時間一天超	我下棋	我設計電腦程式	我參加數學社團	我和我的朋友一起談論數學問題	我幫助我的朋友解答數學問題	我把做數學當作一種課外活動	我參加數學競賽	過放學後2個小時，我做數學的時間一天超	我下棋	我設計電腦程式	我參加數學社團
臺灣	25.7	33.5	16.9	8.2	7.3	28.5	8.3	3.4	26.5	27.4	8.7	2.3	5.6	8.4	2.2	0.8	-0.8	6.0	8.2	5.9	1.7	20.1	6.0	2.6
上海	38.3	33.2	18.7	13.2	25.9	48.3	13.3	9.7	39.1	26.3	9.2	5.5	29.9	19.4	5.8	4.5	-0.7	6.8	9.5	7.7	-4.0	29.0	7.5	5.2
新加坡	38.7	48.2	14.7	10.2	23.3	21.8	21.7	3.8	33.3	44.6	11.9	5.4	23.0	4.8	10.7	1.2	5.4	3.6	2.8	4.8	0.4	17.0	11.0	2.7
香港	28.7	33.9	14.2	6.4	8.0	24.8	8.7	5.8	23.8	21.6	8.3	1.4	4.3	5.3	1.7	2.6	4.8	12.2	5.9	5.0	3.7	19.4	7.0	3.2
韓國	15.0	26.5	34.6	7.9	30.6	12.9	13.3	5.4	12.5	22.8	33.6	3.9	23.8	1.9	4.9	1.8	2.5	3.7	0.9	4.0	6.9	11.0	8.3	3.6
澳門	27.3	34.9	9.7	9.1	7.6	25.9	13.9	4.6	25.7	26.2	4.9	3.5	7.4	6.4	7.2	1.8	1.5	8.7	4.7	5.6	0.2	19.4	6.7	2.8
日本	21.1	21.0	11.5	1.7	6.0	19.4	9.3	1.0	19.4	19.6	10.0	0.3	5.5	1.7	4.2	0.1	1.7	1.4	1.6	1.4	0.5	17.7	5.1	0.8
列支敦斯登	13.9	30.6	20.5	2.4	5.5	12.7	24.0	0.0	7.5	29.5	17.7	1.0	1.9	7.9	6.1	1.0	6.3	1.1	2.8	1.5	3.6	4.8	17.9	-1.0
瑞士	16.1	33.8	17.3	3.5	4.6	16.0	20.1	2.3	15.4	29.3	12.5	1.0	2.5	4.7	6.4	0.5	0.7	4.6	4.8	2.6	2.2	11.3	13.7	1.7
荷蘭	13.1	20.6	5.9	5.3	5.2	7.8	9.9	3.5	15.8	18.7	4.8	2.5	3.3	2.7	2.1	1.1	-2.7	1.8	1.1	2.8	2.0	5.1	7.8	2.4
芬蘭	12.5	22.5	19.6	6.2	3.1	10.1	22.2	1.8	9.4	19.8	25.5	3.8	1.3	3.0	11.5	0.3	3.0	2.7	-6.0	2.4	1.9	7.2	10.6	1.4
OECD平均	18.5	26.6	16.4	9.5	10.1	18.5	21.8	5.0	16.7	24.3	13.9	4.8	8.4	6.3	8.2	2.7	1.8	2.3	2.5	4.7	1.7	12.3	13.6	2.4

註：統計達顯著者以粗體。

❖ 表 7.58　臺灣與參照國家不同社經背景學生有關數學行為敘述的人數百分比及差異對照

	社經弱勢學生對於以下敘述同意的人數百分比									社經優勢學生對於以下敘述同意的人數百分比									學生數學行為指標的社經差異	對於以下敘述同意／不同意學生人數百分比的社經差異							
	社經弱勢學生的數學行為指標	我和我的朋友一起談論數學問題	我幫助我的朋友解答數學問題	我把做數學當作一種課外活動	我參加數學競賽	過放學後2個小時我做數學的時間一天超	我下棋	我設計電腦程式	我參加數學社團	社經優勢學生的數學行為指標	我和我的朋友一起談論數學問題	我幫助我的朋友解答數學問題	我把做數學當作一種課外活動	我參加數學競賽	過放學後2個小時我做數學的時間一天超	我下棋	我設計電腦程式	我參加數學社團	學生數學行為指標的社經差異	我和我的朋友一起談論數學問題	我幫助我的朋友解答數學問題	我把做數學當作一種課外活動	我參加數學競賽	過放學後2個小時我做數學的時間一天超	我下棋	我設計電腦程式	我參加數學社團
臺灣	-0.24	15.1	20.0	9.6	3.0	3.6	14.3	5.0	2.2	0.42	38.3	42.0	17.0	9.0	11.6	22.8	6.6	2.9	0.67	23.2	22.0	7.4	6.0	8.1	8.5	1.6	0.7
上海	0.34	29.3	20.7	12.0	4.8	19.4	30.8	4.1	4.9	0.81	51.3	39.3	16.4	15.6	34.7	38.3	14.7	9.9	0.47	21.9	18.5	4.4	10.8	15.3	7.5	10.7	4.9
新加坡	0.46	38.5	42.9	16.7	6.5	19.1	11.1	20.3	2.7	0.49	33.7	51.5	9.4	10.9	25.0	15.3	12.8	3.3	0.04	-4.8	8.6	-7.3	4.4	5.9	4.2	-7.5	0.6
香港	0.02	22.1	24.1	8.2	3.2	3.9	13.3	4.8	4.1	0.33	31.4	34.9	17.0	4.9	8.0	17.9	7.0	5.4	0.31	9.3	10.8	8.8	1.8	4.1	4.5	2.2	1.3
韓國	-0.22	9.3	18.4	19.1	1.9	13.7	6.1	6.8	2.4	0.57	18.1	33.3	48.2	12.8	42.1	10.6	11.9	4.4	0.79	8.9	14.9	29.1	10.9	28.4	4.5	5.2	2.0
澳門	0.10	19.9	25.9	5.2	3.9	4.3	12.5	7.3	2.5	0.43	28.8	36.2	10.9	8.5	11.6	20.5	15.8	5.1	0.33	9.0	10.3	5.7	4.6	7.3	8.0	8.5	2.5
日本	-0.43	16.7	15.9	7.7	0.5	3.6	8.7	5.1	0.4	0.00	23.9	23.9	14.3	1.5	8.4	13.9	8.1	0.8	0.43	6.9	8.0	6.5	1.0	4.8	5.1	3.0	0.4
列支敦斯登	-0.28	4.9	22.4	4.4	0.0	0.0	4.7	4.0	0.0	0.19	16.4	35.0	26.0	1.9	5.9	11.7	25.3	0.0	0.47	11.5	12.5	21.6	1.9	5.9	7.0	21.3	0.0
瑞士	-0.03	15.2	34.3	13.7	2.8	4.2	8.1	15.2	1.4	0.00	16.3	31.4	15.1	1.7	2.8	12.4	13.1	0.9	0.03	1.1	-2.9	1.4	-1.1	-1.4	4.2	-2.1	-0.5
荷蘭	-0.51	16.6	20.7	6.4	5.0	6.1	5.2	5.6	1.3	-0.41	13.5	17.2	5.0	3.2	4.9	4.8	6.6	1.1	0.10	-3.1	-3.5	-1.4	-1.8	-1.2	-0.4	1.0	-0.2
芬蘭	-0.16	11.5	16.0	18.9	4.7	6.3	6.3	17.1	0.8	0.13	12.7	27.6	27.5	6.4	6.3	5.9	14.3	0.6	0.29	1.2	11.6	8.6	1.7	0.0	-0.4	-2.8	-0.2
OECD平均	-0.09	17.4	23.4	13.9	6.8	8.4	11.2	14.6	4.3	0.11	18.0	28.8	17.1	8.3	10.2	13.7	14.6	3.6	0.20	0.7	5.4	3.2	1.8	1.8	2.5	0.0	-0.7

註：統計達顯著者標以粗體。

無法確定這些相關數學活動參與的社經差距是否是由於弱勢學生缺乏家庭資源或興趣低落所致。

　　表 7.59 呈現的是臺灣與參照國家學生數學行為指標的差異及不同指標組別學生數學表現對照,從表中可以知道,臺灣學生的數學行為指標(0.09)略高於OECD 國家平均,其中男學生的平均指標為 0.23,女生則為 -0.04,男女差距為0.27;將學生的數學行為指標四等分之後可以看出這些學生的數學表現隨著高度參與而有較佳的數學表現;而以數學行為指標來解釋臺灣學生數學表現變異的解釋力為 18.7%,略低於韓國的 20.1%,臺灣學生平均每改變一單位的數學行為指標,則會產生 52.1 分的數學差異。圖 7.26 顯示了在以 OECD 平均為參照之下,臺灣與多數參照國家(主要為高表現的亞洲國家)均屬於高數學素養及高數學行為的國家,但臺灣在這七個高表現亞洲國家中,相對的數學行為指標略低。

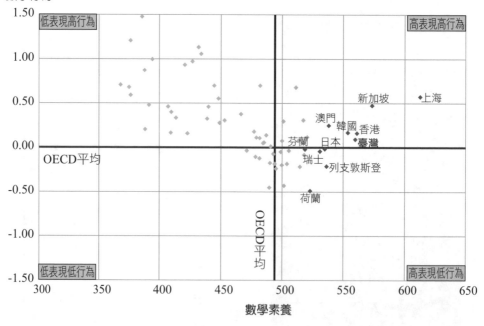

　　◯ 圖 7.26　臺灣與參照國家的學生數學素養表現平均與數學行為指標平均對照

❖表 7.59　臺灣與參照國家學生數學行為指標的差異及不同指標組別學生數學表現對照

	數學行為指標									數學行為指標四等分的數學表現				每單位的數學分數改變量	標最低25%位於此指標最低25%的增加可能性	解釋學生表現的變異量（r-squared×100）
	平均數	標準差	男學生平均	女學生平均	性別差異男-女	最低25%	次低25%	次高25%	最高25%	最低25%	次低25%	次高25%	最高25%	效果	比率	百分比
臺灣	0.09	0.96	0.23	-0.04	**0.27**	-1.20	-0.05	0.47	1.15	**486**	550	588	**617**	**52.1**	**2.9**	18.7
上海	0.57	0.83	0.71	0.44	**0.26**	-0.47	0.42	0.85	1.50	**566**	607	630	**649**	37.7	**2.2**	9.8
新加坡	0.47	0.78	0.58	0.36	**0.22**	-0.48	0.32	0.71	1.35	**575**	580	576	**560**	-4.5	0.9	0.1
香港	0.16	0.88	0.34	-0.03	**0.37**	-0.99	0.03	0.47	1.15	**525**	562	575	**587**	27.7	**1.9**	6.5
韓國	0.17	0.98	0.28	0.05	**0.23**	-1.20	0.04	0.63	1.21	**492**	540	580	**605**	44.9	**2.6**	20.1
澳門	0.25	0.83	0.39	0.09	**0.30**	-0.80	0.07	0.53	1.21	**506**	534	556	**563**	26.2	**1.7**	5.4
日本	-0.21	0.93	-0.08	-0.35	**0.27**	-1.50	-0.33	0.15	0.83	**498**	537	557	**560**	26.6	**2.1**	7.1
列支敦斯登	-0.02	0.92	0.13	-0.16	**0.30**	-1.23	-0.16	0.35	0.44	512	539	545	544	7.4	1.5	0.5
瑞士	-0.04	0.87	0.10	-0.18	**0.28**	-1.17	-0.22	0.28	0.94	523	542	543	519	-0.9	1.1	0.0
荷蘭	-0.49	1.04	-0.42	-0.56	**0.15**	-1.82	-0.75	-0.13	0.75	512	537	541	523	1.0	**1.3**	0.0
芬蘭	-0.02	0.87	0.03	-0.07	**0.10**	-1.18	-0.19	0.33	0.95	**505**	517	532	**539**	14.0	**1.4**	2.2
OECD 平均	0.00	0.97	0.13	-0.13	**0.25**	-1.27	-0.19	0.35	1.11	**478**	499	509	**501**	9.1	**1.4**	1.9

註：統計達顯著者者標以粗體。

而表 7.60 則是呈現臺灣與參照國家不同數學百分等級學生數學行為與數學表現關聯對照。臺灣與參照國家之間學生的數學行為與數學表現的關聯並不一致，整體而言，臺灣學生平均對於數學行為指標每提升一個單位，數學成績的提高幅度顯著高達 52.1 分；對 OECD 國家平均而言，數學行為指標一單位的增加會造成數學成績 9.1 分的顯著提升，但對新加坡學生來說，提升了一單位的數學行為指標，則會下降 4.5 分，但此變異幅度未達顯著。此外，臺灣百分等級 10 的學生若能提高一個單位的數學行為指標，數學成績顯著增加 41.6 分，百分等級 90 的高表現學生則有 51.1 分的變化幅度；而若排除社經地位以及性別的影響後，則分別仍有 31.6 和 43.6 的變化幅度。

❖表 7.60　臺灣與參照國家不同數學百分等級學生的數學行為與數學表現關聯對照

| | 不同數學百分等級學生數學行為指標每改變一個單位的數學成績差異 | | | | | | | | | | | |
| | 平均 | | | | 百分等級 10[1] | | | | 百分等級 90[1] | | | |
	未調整[2]	調整後[3]	ESCS[4]	男學生	未調整[2]	調整後[3]	ESCS[4]	男學生	未調整[2]	調整後[3]	ESCS[4]	男學生
臺灣	**52.1**	**41.7**	**44.2**	-2.2	**41.6**	**31.6**	**46.4**	**-20.6**	**51.1**	**43.6**	**40.7**	7.7
上海	**37.7**	**28.8**	**34.2**	0.6	**40.7**	**31.2**	**34.0**	**-4.4**	**32.2**	**24.3**	**31.5**	7.0
新加坡	-4.5	**-5.0**	**43.9**	-1.7	-6.8	-4.9	**44.0**	**-15.7**	-0.3	-4.9	**40.4**	7.9
香港	**27.7**	**23.0**	**25.3**	6.5	**23.3**	**20.5**	**31.6**	-6.2	**29.7**	**25.5**	**19.0**	18.1
韓國	**44.9**	**38.4**	**24.2**	10.0	**40.4**	**37.8**	**21.3**	-8.8	**46.3**	**39.1**	**20.8**	24.2
澳門	**26.2**	**24.0**	**14.3**	-4.4	**15.9**	**14.6**	**12.6**	**-11.9**	**30.9**	**28.4**	**13.9**	1.2
日本	**26.6**	**19.9**	**37.5**	14.6	**22.0**	**17.3**	**37.2**	-2.1	**27.8**	**18.6**	**35.6**	22.8
列支敦斯登	7.4	-1.4	**21.0**	36.7	3.9	-5.7	16.1	52.7	8.5	-5.3	29.4	39.5
瑞士	-0.9	-2.7	**37.9**	17.0	-4.6	-3.9	**38.2**	10.6	5.4	1.0	**36.5**	19.7
荷蘭	1.0	0.0	**37.4**	13.8	-4.9	-3.3	**32.5**	13.6	11.3	8.9	**31.6**	16.1
芬蘭	**14.0**	**10.6**	**31.8**	2.6	3.0	1.8	**31.4**	-4.8	**23.9**	**19.2**	**29.8**	8.6
OECD 平均	**9.1**	**6.0**	**37.2**	10.9	1.9	1.0	**34.4**	2.7	**18.3**	**13.3**	**35.6**	17.8

註：統計達顯著者標以粗體。

[1] 結果是依據數學行為指標在數學表現的分量迴歸模型而來。

[2] 未調整的結果是根據數學行為指標為唯一自變項的迴歸分析結果。

[3] 調整後的結果是根據數學行為指標、ESCS 以及男學生作為自變項的迴歸分析結果。

[4] ESCS 即為 PISA 的經濟、社會與文化地位指標。

（二）數學規劃

　　PISA 2012 也讓學生報告他們在升學及就業使用數學的規劃。學生針對額外課程、主修、學習、課程時間、職業五組配對的陳述，選擇出最能描述他們對於未來生活的規劃和願望。

　　表 7.61 呈現的是臺灣與參照國家有關數學規劃敘述的學生人數百分比對照。針對放學後是否打算參加額外的數學或國文課程，臺灣有 54.5% 的學生打算選擇額外的數學課程，45.5% 的學生打算選擇國文課程；37.4% 的學生打算在大學主修需要數學技巧的科目，而有 62.6% 的學生則打算主修科學相關技能的

❖表 7.61　臺灣與參照國家有關數學規劃敘述的學生人數百分比對照

	學生選擇的比率									
	額外的課程		主修		學習		課程時間		職業	
	我打算在放學後上一些額外的數學課程	我打算在放學後上一些額外的國文課程	我計畫在大學時，主修一些需要數學技巧的科目	我計畫在大學時，主修一些需要科學技巧的科目	我願意比數學課的要求還要更努力用功	我願意比國文課的要求還要更努力用功	我計畫在求學期間盡可能多上一些數學課	我計畫在求學期間盡可能多上一些科學課	我正計畫從事與數學非常相關的職業	我正計畫從事與科學非常相關的職業
臺灣	54.5	45.5	37.4	62.6	49.6	50.4	43.6	56.4	39.6	60.4
上海	65.5	34.5	36.3	63.7	67.0	33.0	52.3	47.7	37.6	62.4
新加坡	56.7	43.3	47.1	52.9	64.2	35.8	50.0	50.0	47.7	52.3
香港	49.5	50.5	29.1	70.9	55.8	44.2	34.1	65.9	31.8	68.2
韓國	40.6	59.4	41.5	58.5	47.3	52.7	49.6	50.4	41.5	58.5
澳門	60.2	39.8	33.2	66.8	58.7	41.3	36.5	63.5	34.9	65.1
日本	62.8	37.2	43.6	56.4	54.4	45.6	50.3	49.7	42.8	57.2
列支敦斯登	69.7	30.3	47.9	52.1	69.0	31.0	58.0	42.0	52.8	47.2
瑞士	56.7	43.3	48.9	51.1	57.2	42.8	55.8	44.2	53.9	46.1
荷蘭	54.0	46.0	56.2	43.8	59.5	40.5	54.7	45.3	51.4	48.6
芬蘭	55.7	44.3	42.9	57.1	54.9	45.1	43.5	56.5	49.0	51.0
OECD 平均	57.1	42.9	45.1	54.9	58.3	41.7	50.9	49.1	45.8	54.2

科目；臺灣學生願意比數學課的要求還要更用功的比率和國文課的比率相近；而 43.6% 的學生打算在求學期間盡可能多上一些數學課，則另有 56.4% 的學生打算多上科學相關課程；職業選擇部分則有六成的學生打算從事科學相關職業，但選擇數學相關職業的比率僅約四成。平均而言，OECD 國家平均 57% 的學生打算參加額外的數學課程，45% 的學生打算在大學主修數學相關學科，而 55% 的學生打算主修科學相關學科。

　　表 7.62 呈現的是臺灣與參照國家學生數學規劃指標的差異及不同指標組別學生數學表現對照，從表中可知，臺灣學生的數學規劃指標（-.18）略低於 OECD

❖表 7.62　臺灣與參照國家學生數學規劃指標的差異及不同指標組別學生數學表現對照

	數學規劃指標									數學規劃指標四等分的數學表現				每單位的數學分數改變量	數學表現最低25%位於此指標最低25%的增加可能性	解釋學生表現的變異量（r-squared×100）
	平均數	標準差	男學生平均	女學生平均	性別差異男-女	最低25%	次低25%	次高25%	最高25%	最低25%	次低25%	次高25%	最高25%	效果	比率	百分比
臺灣	-0.18	1.03	-0.21	-0.15	-0.06	-1.53	-0.50	0.10	1.20	**487**	584	586	**591**	35.3	3.2	10.0
上海	0.03	1.04	0.11	-0.05	**0.17**	-1.31	-0.34	0.31	1.46	**578**	629	617	**628**	16.6	**1.9**	2.9
新加坡	0.06	0.97	0.11	0.01	**0.10**	-1.16	-0.32	0.38	1.35	574	601	552	564	-6.2	1.0	0.3
香港	-0.31	0.99	-0.20	-0.44	**0.24**	-1.53	-0.66	-0.10	1.04	**525**	564	585	**576**	19.7	**1.9**	4.1
韓國	-0.21	1.02	-0.16	-0.28	**0.12**	-1.53	-0.55	0.07	1.16	**507**	566	568	**579**	25.7	**2.0**	7.1
澳門	-0.17	0.95	-0.11	-0.24	**0.12**	-1.36	-0.43	-0.04	1.14	**520**	556	548	**538**	6.2	**1.5**	0.4
日本	-0.01	0.96	0.04	-0.07	**0.11**	-1.26	-0.32	0.28	1.26	**514**	559	535	**546**	11.1	**1.5**	1.3
列支敦斯登	0.24	0.99	0.51	-0.03	**0.54**	-1.10	-0.09	0.73	1.45	557	525	514	556	-6.7	0.7	0.5
瑞士	0.09	1.01	0.41	-0.22	**0.63**	-1.27	-0.25	0.45	1.40	537	535	525	544	1.6	0.9	0.0
荷蘭	0.10	0.91	0.11	0.10	0.01	-1.10	-0.13	0.36	1.28	535	530	526	526	-3.6	1.0	0.1
芬蘭	-0.06	1.11	0.22	-0.33	**0.55**	-1.52	-0.50	0.35	1.45	**498**	517	535	**559**	20.5	**1.7**	7.9
OECD平均	0.00	0.99	0.17	-0.16	**0.33**	-1.27	-0.35	0.32	1.31	**482**	505	495	**515**	11.3	**1.3**	2.3

註：統計達顯著者標以粗體。

國家平均，其中男學生的平均指標為 -.21，女生則為 -.15，女學生的數學規劃比男學生略高一些，但未達顯著水準。總體而言，在臺灣與參照國家中，除了臺灣和荷蘭以外，其他國家或經濟體的男學生往往有更高的規劃進行數學相關的學習或者職業生涯。將學生的數學規劃指標四等分之後，可以看出臺灣學生的數學表現隨著高度參與而有較佳的數學表現，但數學規劃較高的三組之間的差距不大。而以數學規劃指標來解釋臺灣學生數學表現變異的解釋力為 10%，均大於其他參照國家，臺灣學生平均每改變一單位的數學規劃指標，則會產生 35.3 分的數學差異。

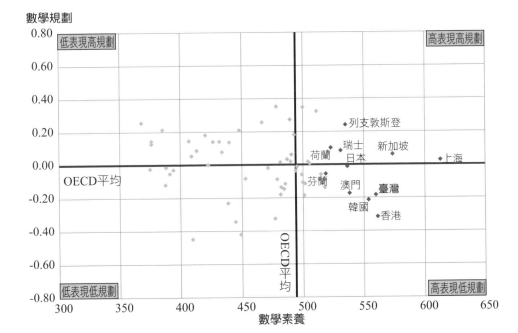

數學規劃

低表現高規劃　　　　　　　　　　　　　　　　　　　高表現高規劃

　　　　　　　　　　　　　　　　　　　　　　列支敦斯登

　　　　　　　　　　　　　　　　　　　　瑞士　新加坡
　　　　　　　　　　　　　　　　荷蘭　　日本

OECD平均

　　　　　　　　　　　　　　　芬蘭　澳門　　臺灣
　　　　　　　　　　　　　　　　　　　　韓國
　　　　　　　　　　　　　　　　　　　　　香港

低表現低規劃　　　　　　　　　　　　　　　　　　　高表現低規劃

OECD平均

數學素養

⊃ 圖 7.27　臺灣與參照國家的學生數學素養表現平均與數學規劃指標平均對照

(三) 數學主觀規範

　　PISA 2012 調查中也要求學生針對他們很重要的人，也就是父母和朋友，看待數學的方式。問題諸如：「我大部分的朋友數學成績都很好」、「我大部分的朋友都認真學數學」、「我的朋友都樂於參加數學考試」、「我的父母親相信學數學對我及我的職業生涯很重要」，以及「我的父母親喜歡數學」。學生針對這些問題的同意程度勾選其「非常同意」、「同意」、「不同意」或「非常不同意」。學生的反應被用來建立數學主觀規範的指標，以反映學生的社會環境在提升其數學力和數學研讀的程度。該指標透過 OECD 國家學生的反應轉為平均值為 0、標準差為 1 的標準化分數，若學生該指標數值為正數代表這位學生比整個 OECD 國家平均學生在數學上有更正向的社會規範，而負值則表示該學生比整個 OECD 國家平均學生有比較負向的數學社會規範。圖 7.28 呈現的是臺灣與參照國家的學生數學素養表現及數學主觀規範指標平均對照，由圖可知，在高表現

國家中,臺灣與香港、瑞士、芬蘭、韓國、澳門、荷蘭、日本均屬於主觀規範較OECD 國家平均略低,而僅有新加坡、列支敦斯登及上海的學生具有較高的主觀規範。這三個地區或國家相對於臺灣及其他參照國家,學生的父母及朋友有較正向的數學態度及看法。

　　表 7.63 呈現的是臺灣與參照國家有關數學主觀規範敘述的學生人數百分比對照。在這些敘述當中,可以看出新加坡相對有較高比率的學生同意朋友及父母相對比較重視數學,而日本則是比率最低。臺灣有 51.4% 的學生同意他們的朋友數學成績都很好,OECD 平均為 60.2%,新加坡則高達 82.4%,日本則僅有 34%。臺灣約有 55.7 的學生同意朋友都認真學習數學,OECD 國家平均則為 51%,而新加坡和日本則相對有 85.5% 及 49.7%。臺灣約四分之一的學生認為其朋友樂於參加數學考試,新加坡則高達四成以上,而 OECD 和日本則僅約13%。78% 和 65.9% 的臺灣學生認為父母相信數學對學生及其未來的職業生涯

❖表 7.63　臺灣與參照國家有關數學主觀規範敘述的學生人數百分比對照

	對於以下敘述同意的學生人數百分比					
	我大部分的朋友數學成績都很好	我大部分的朋友都認真學數學	我的朋友都樂於參加數學考試	我的父母親相信學數學對我很重要	我的父母親相信數學對我的職業生涯很重要	我的父母親喜歡數學
臺灣	51.4	55.7	23.2	78.0	65.9	33.3
上海	62.2	72.2	21.3	88.9	75.0	46.8
新加坡	82.4	85.5	44.3	97.1	91.9	71.8
香港	64.2	70.5	27.3	82.9	74.7	41.1
韓國	56.1	72.1	7.1	85.1	74.8	34.9
澳門	54.1	40.1	26.5	78.7	67.1	32.5
日本	34.0	49.7	13.8	68.4	53.5	32.5
列支敦斯登	67.9	47.5	7.4	90.1	82.0	74.8
瑞士	61.5	40.5	9.8	89.3	80.5	66.2
荷蘭	56.3	47.0	7.4	86.0	71.7	46.2
芬蘭	67.4	52.5	10.5	90.9	72.7	52.6
OECD 平均	60.2	51.0	13.3	90.4	80.4	58.2

很重要，OECD 國家平均為 90.4% 及 80.4%，而新加坡則有 97.1% 和 91.9%，日本則相對有 68.4% 及 53.5%。臺灣、香港、澳門和日本僅有三成左右的學生指出他們的父母喜歡數學，新加坡有 71.8%，OECD 國家平均則約為六成。

　　表 7.64 呈現的是臺灣與參照國家數學主觀規範指標的差異及不同指標組別學生數學表現的對照，由表中可知，臺灣與所有參照國家男學生的數學主觀規範高於女學生，除了列支敦斯登未達統計顯著水準以外，其他各國的性別差異均達統計顯著水準。而以數學主觀規範解釋學生數學表現的變異，則可看出對韓國的解釋力最高（9.8%），其次是日本（4.9%），臺灣及列支敦斯登則均為 2.3%。

❖表 7.64　臺灣與參照國家數學主觀規範指標的差異及不同指標組別學生數學表現的對照

	規範指標									規範指標四等分的數學表現				每單位的數學分數改變量	數學表現最低25%位於此指標最低25%的增加可能性	解釋學生表現的變異量（r-squared×100）
	平均數	標準差	男學生平均	女學生平均	性別差異男-女	最低25%	次低25%	次高25%	最高25%	最低25%	次低25%	次高25%	最高25%	效果	比率	百分比
臺灣	-0.25	1.04	-0.20	-0.30	**0.10**	-1.42	-0.58	-0.01	1.02	**532**	558	577	**575**	16.8	**1.5**	2.3
上海	0.11	1.03	0.15	0.07	**0.09**	-1.02	-0.25	0.29	1.42	605	613	619	614	4.3	**1.2**	0.2
新加坡	0.80	1.01	0.84	0.76	**0.07**	-0.34	0.45	0.98	2.12	574	579	574	564	-4.3	1.0	0.2
香港	-0.02	0.99	0.03	-0.08	**0.11**	-1.17	-0.29	0.19	1.21	**535**	565	577	**571**	14.2	**1.6**	2.2
韓國	-0.21	0.95	-0.13	-0.29	**0.16**	-1.35	-0.45	0.16	0.89	**511**	547	571	**589**	32.4	**2.1**	9.8
澳門	-0.34	1.01	-0.30	-0.38	**0.08**	-1.53	-0.61	-0.11	0.92	536	544	542	537	0.5	**1.1**	0.0
日本	-0.58	1.06	-0.51	-0.67	**0.16**	-1.83	-0.89	-0.31	0.69	**504**	537	551	**560**	19.5	**1.8**	4.9
列支敦斯登	0.16	0.88	0.22	0.09	0.14	-0.86	-0.17	0.42	1.26	559	526	527	527	-16.5	1.6	2.3
瑞士	-0.06	0.95	0.05	-0.18	**0.24**	-1.20	-0.35	0.19	1.10	**537**	541	537	**511**	-9.9	0.9	1.0
荷蘭	-0.34	0.82	-0.29	-0.40	**0.10**	-1.31	-0.54	-0.16	0.63	**514**	531	538	**530**	8.0	**1.3**	0.6
芬蘭	-0.12	0.89	-0.06	-0.19	**0.13**	-1.16	-0.42	0.10	0.99	**508**	520	529	**535**	11.2	**1.3**	1.5
OECD 平均	0.00	0.95	0.06	-0.06	**0.12**	-1.12	-0.30	0.24	1.17	**489**	500	502	**495**	1.2	**1.1**	1.1

註：統計達顯著者標以粗體。

數學主觀規範

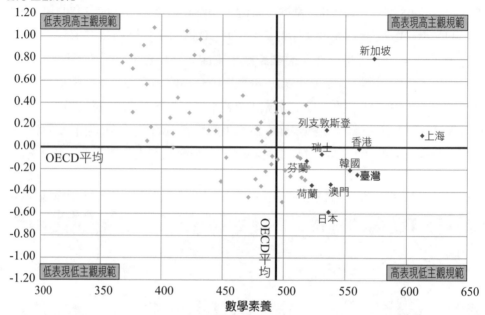

8 數學素養與學校因素關係的探討

徐立真、涂柏原

學校是最佳的學習場所，也是影響學習最直接的地方，為了尋找有效改善學習成效的教育政策，決策者和教育學者可探究各國表現差異的程度、學校間表現差異的來源，以及學生間表現差異的原因。欲了解造成差異的原因，更必須進一步探討學校因素與國際、校際、學生間表現差異的關係，以及學校因素如何影響學生表現，和國家、學校、學生社經背景的關係。PISA 2012 的學校及學生問卷調查即在回答這些問題。本章的待答問題有二：

一、學校因素的測量指標與現況為何？

二、數學表現與學校因素的關聯程度為何？

本章首先說明影響學生表現的學校因素，以及 PISA 如何定義成功學校，並就各學校因素，說明 PISA 如何量化這些因素，及描述 2012 年測量指標的現況，以回應待答問題一；並利用階層迴歸模式檢視學校因素與學生表現之關係，以回應待答問題二。因 PISA 2012 的評量重點是數學，故本章主要的分析集中在數學。

第一節 學校因素的測量架構

一 數學表現與學校因素

資源、政策與措施是各國教育系統管理階層一致公認的學校成功要素。為檢

視這些要素與學生表現之關係，PISA 2012 分別就「學生的篩選與分組」、「學校管理」、「評量與績效責任」、「教育資源」及「學習環境」等五個學校系統特徵，定義與學生表現有關之學校相關變項。學校因素的測量架構請參見圖 8.1。

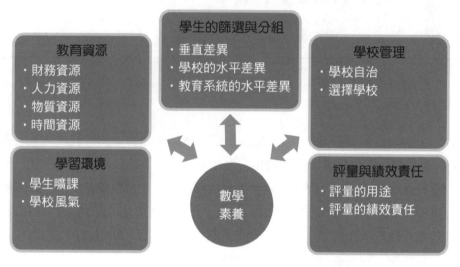

⊃ 圖 8.1　五種不同的學校因素

二 成功學校特徵

PISA 2012 數學素養的調查結果顯示 15 歲學生表現彼此大不相同，有 23% 參與國學生的表現變異是來自於國家間的表現差異，而在 OECD 國家中，此變異比率為 10%。各國間的表現變異可藉由教育系統階層上的政策和措施分析來了解。所有參與國中，平均有 31% 的表現變異是來自於校際間的差異。另一方面，若只考慮 OECD 國家，平均有 36% 的表現變異是校際間的差異，而其中的 21% 則可歸因於學校社經背景的不同。臺灣這兩方面的表現變異比率分別為 32% 和 22%（OECD, 2013c）。各校間政策和措施的差異則可用來解釋此部分的整體表現變異。此外，在所有參與國裡，剩餘的 69% 表現變異則來自校內學生的表現差異。若只考慮 OECD 國家，此比率則為 64%（參見圖 8.2）。

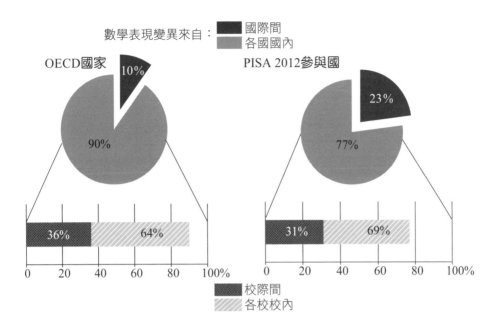

○ 圖 8.2 國際、校際與學生間數學表現變異

資料來源：OECD, PISA 2012 Database, Table I.2.1.

　　PISA 所定義的成功學校系統，是指學生表現高於 OECD 國家平均水準（閱讀 496 分、數學 494 分、科學 501 分），而社經背景不均等的現象（以學生社經背景解釋學生表現的百分比為指標）低於平均水準。即不論學生的社經背景，成功的學校系統能提供同等充分的學習機會。學生表現佳且學習成效較均等的學校系統，往往需要教師和學校在教導學生時能採用因材施教的方式以接納多元化的學生族群。相對的，認為學生有不同生涯規劃、對學生有不同的期望而採用分流方式將學生分發至不同學校、班級就讀的學校系統，學生的表現比較不一致，而且無法改善學校的整體表現。

　　圖 8.3 呈現臺灣與參照國家學生數學表現與均等指標的分布狀況，臺灣位於數學表現高於 OECD 平均，均等指標低於 OECD 平均的區域；上海雖然位於同樣區域，但其均等十分接近 OECD 平均。韓國、瑞士、日本、香港、澳門、芬蘭、列支敦斯登和荷蘭等位於成功學校系統的區域，這些國家不但有高的數學表現，也擁有高的均等；新加坡亦位於成功學校系統的區域，但均等指標較接近

OECD 平均。

　　以下各節將檢視臺灣與這些具有成功學校系統的參照國家，在與數學表現有關的學校因素的特徵上有何差異。

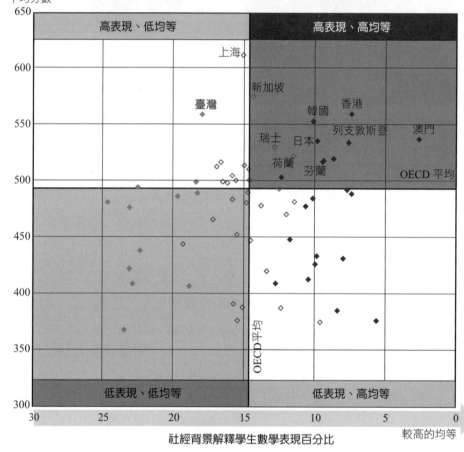

◆ 學生社經地位與數學表現之間的關係強度高於OECD平均
◇ 學生社經地位與數學表現之間的關係強度與OECD平均無顯著差異
◆ 學生社經地位與數學表現之間的關係強度低於OECD平均

　　⊃ **圖 8.3　臺灣與參照國家學生數學表現與均等指標散布圖**

資料來源：OECD, PISA 2012 Database, Table II.2.1.

第二節　學校「學生的篩選與分組」政策與數學素養

　　此特徵包含兩個要素：垂直差異及水平差異，而水平差異可分成學校間（教育系統）與學校內的水平差異。以下分就各要素探討其現況及其與數學素養的關聯。

一　垂直差異

　　在十九世紀初期許多國家中，各年齡層的學生都聚集在同一間教室聽同一個老師的課是很普遍的現象。隨著學生人數的增加及多元化，教育衍生的垂直差異也增多。年紀小的學生專心在基礎能力的學習，年紀較長的學生則參與更複雜且多樣化的學習課程。這樣的垂直差異，產生了不同的年級及教育階層（Sorensen, 1970; Tyack, 1974）。以下探討影響 15 歲學生所就讀年級的二個主要面向：入學年齡與重讀，進而檢視學校系統在年級層級與教育層級裡學生配置的差異（參見圖 8.4）。

(一)垂直差異的測量與現況

　　垂直差異有兩項相關變數：入學年齡與重讀，分別為學生自陳幾歲開始就讀國民小學及曾經在哪些教育階段重讀。入學年齡較具彈性及重讀較普遍的學校系統，試圖藉由最適合學生的課程創造同質的學習環境，但研究發現學生未必受惠於此制度（Alexander, Entwisle, & Dauber, 2003; Hauser, 2004）。許多學校系統都設有法定入學年齡，通常是 5 或 6 歲。不過，同年紀小孩的發展歷程各有不同。因此有些父母覺得他們的小孩也許晚一年上學會比較好，而學校也准許家長這樣的請求（Graue & DiPerna, 2000）。在這種學校系統裡，以年齡為基準所衍生的垂直差異比其他系統相對較小。由於各國入學年齡政策的不同以及各校重讀率的差異，參與 PISA 施測的 15 歲學生有可能就讀於不同年級。

　　圖 8.4 顯示，與參照國家比較，平均而言，臺灣學生入學年齡相對較晚而重讀率較低，此與芬蘭情況類似，但由於入學報名截止日期不同，15 歲學生當中，臺灣約有 64% 的高中生，而芬蘭則 100% 是國中生。相對的，澳門、香

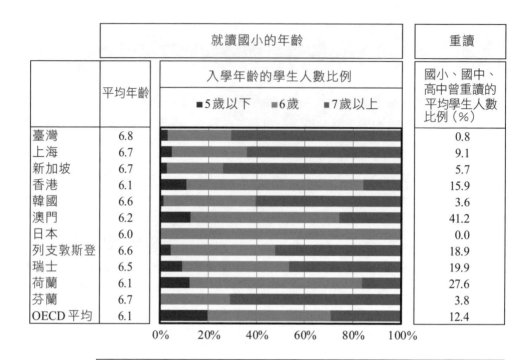

	就讀國小的年齡		重讀
	平均年齡	入學年齡的學生人數比例 ■5歲以下 ■6歲 ■7歲以上	國小、國中、高中曾重讀的平均學生人數比例（%）
臺灣	6.8		0.8
上海	6.7		9.1
新加坡	6.7		5.7
香港	6.1		15.9
韓國	6.6		3.6
澳門	6.2		41.2
日本	6.0		0.0
列支敦斯登	6.6		18.9
瑞士	6.5		19.9
荷蘭	6.1		27.6
芬蘭	6.7		3.8
OECD 平均	6.1		12.4

	15歲學生在年級和教育層級的差異		
	學生人數比例 ■年級低於主要年級 ■主要年級 ■年級高於主要年級	學生人數比例 國中教育（%） / 高中教育（%）	年級變異（標準差）
臺灣		36 / 64	0.5
上海		44 / 56	0.6
新加坡		2 / 98	0.4
香港		33 / 67	0.7
韓國		6 / 94	0.2
澳門		55 / 45	0.9
日本		0 / 100	0.0
列支敦斯登		88 / 12	0.7
瑞士		77 / 23	0.6
荷蘭		70 / 30	0.6
芬蘭		100 / 0	0.4
OECD平均		46 / 54	0.5

⊃ 圖 8.4 臺灣與參照國家 15 歲學生入學年齡、重讀率與就讀年級對照

資料來源：OECD, PISA 2012 Database, Tables IV.2.1, IV. 2.2 & IV.2.4.

港、日本、荷蘭學生入學年齡與 OECD 平均相若，約在 6 歲左右；但日本學生幾乎沒有重讀，而香港、荷蘭、澳門的重讀率則相對偏高，尤其澳門有高達約 41% 的學生重讀（大都是在國小、國中階段）。因此，澳門及荷蘭有較多的 15 歲學生比率低於主要年級，而日本及韓國則有高達 95% 以上的 15 歲學生的年級為主要年級。

　　PISA 2012 資料顯示，考量了數學表現的因素後，在 61 個參與國家中，臺灣與其他 7 個參照國家的弱勢學生較優勢學生更有可能會重讀（參見表 8.1），換言之，當比較兩個數學表現相當的學生，社經地位較不利的學生比其他學生更有可能會重讀。一般而言，學生表現愈好，較不可能會重讀，但相較於社經地位較有利的學生，社經地位較不利的學生仍然有較高的機率會重讀。如表 8.1 所示，在考量數學表現後，社經文化地位指標 ESCS 每降低一個單位，學生的重讀率顯著增加了 0.5，在參照國家中，僅低於上海的 0.63。香港與澳門的學生社經背景與重讀率雖然也有顯著的關係，但重讀率的增加較臺灣與上海低。除芬蘭外，參照的歐洲國家如列支敦斯登、瑞士及荷蘭，學生社經背景與重讀率的關係較不顯著。

❖ 表 8.1　考量數學表現後，學生社經背景與重讀率的關係

	估計學生至少重讀 1 次的羅吉斯迴歸模式		
	截距	數學表現（每增加 1 分）	PISA 經濟、社會與文化地位指標（ESCS）（每增加 1 單位）
臺灣	-0.96	**-0.009**	**-0.50**
上海	2.39	**-0.009**	**-0.63**
新加坡	1.66	**-0.008**	0.10
香港	2.31	**-0.008**	**-0.15**
韓國	-1.40	**-0.004**	**0.26**
澳門	6.43	**-0.013**	**-0.19**
列支敦斯登	1.52	**-0.006**	-0.30
瑞士	3.84	**-0.010**	-0.03
荷蘭	3.24	**-0.008**	-0.07
芬蘭	4.25	**-0.016**	**-0.36**
OECD 平均	3.25	**-0.012**	**-0.21**

註：數值達統計顯著者以粗體字表示。
　　羅吉斯迴歸：重讀率＝截距＋表中所列變項（0 ＝未重讀；1 ＝曾重讀）。

(二)垂直差異與學生數學表現

　　PISA 的分析結果指出，臺灣與大部分參照國家，重讀率與教育系統的學習成效呈負相關，即使納入學生及學校社經背景考量，結果仍是相同。換句話說，高重讀率的學校系統學生的表現會比較差（參見表 8.1、8.2）。

　　若僅納入「學生的篩選與分組」的變項為自變數（部分模式），在固定水平差異的變項下，OECD 國家平均顯示，重讀率高一單位，學生數學表現顯著差了2.8 分，在 7 個參照國中，重讀學生人數越多的學校其成績表現往往顯著越差。在納入學生和學校的社經、人文背景考量後，顯著負相關在 6 個參照國（新加坡、香港、澳門、瑞士、荷蘭、芬蘭）依然存在；在臺灣，每增加一個單位的重讀率，學生的平均數學表現顯著減少 6.7 分（參見表 8.2）。

　　若納入所有學校因素的變項為自變數（完整模式），在固定其他變項下，每增加一單位的重讀率，OECD 國家平均數學表現顯著低了 1.3 分；重讀率與學生數學表現有顯著負相關的現象在 5 個參照國（上海、香港、瑞士、荷蘭、芬蘭）存在。在納入學生和學校的社經、人文背景考量後，顯著負相關在這 5 個國家中依然存在，而在臺灣，每增加一個單位的重讀率，學生的平均數學表現顯著減少7.0（參見表 8.3）。對臺灣與大部分參照國而言，學校社經背景沒有影響到重讀率與學生數學表現的關係。

　　綜合言之，高重讀率不但與學生平均表現呈負相關，與學生社經背景對其本身表現的影響也是如此。若學校系統以重讀的方式垂直區分學生，社經背景和學習成效會出現強烈的關係。換句話說，低社經背景的學生更容易受到重讀的懲罰，此現象和文獻結果是一致的（Alexander et al., 2003; Hauser, 2004）。低社經背景的學生可能僅擁有較低的教學或課程品質，或者可能處於表現差的同儕中。可以解釋此負相關的假設是：選擇將表現差的學生重讀，可使教師或學校較不需要幫忙改善這些社經背景處於劣勢的問題學生的學習表現。

❖表 8.2　臺灣與參照國家「學生的篩選與分組」與數學表現關聯對照（部分模式）

	垂直差異		水平差異					
	重讀一年或以上的比率		學校所有數學課有能力分組		學校以高選擇招生		學校非常可能將問題或特殊需求學生轉學	
	未調整[1]	調整後[2]	未調整	調整後	未調整	調整後	未調整	調整後
臺灣	**-13.4**	**-6.7**	4.3	4.0	**66.2**	**34.1**	-12.1	4.7
上海	**-2.6**	-0.3	-4.0	5.4	**36.8**	**26.7**	-33.9	**-34.1**
新加坡	**-6.3**	**-2.2**	-4.5	-0.1	**28.4**	3.1	**78.3**	**49.9**
香港	**-5.0**	**-3.2**	-22.9	-18.2	**50.1**	29.5	**-21.2**	**-18.5**
韓國	-1.6	-0.8	6.8	3.8	-12.1	3.3	-6.2	-0.8
澳門	**-2.8**	**-2.6**	-4.6	-5.5	**22.2**	13.3	**22.8**	18.4
日本	c	0.4	-18.2	c	-15.6	**-13.4**	-33.0	9.5
列支敦斯登								
瑞士	**-2.6**	**-1.6**	**-41.9**	**-22.1**	7.5	7.9	7.6	2.9
荷蘭	**-3.9**	**-2.3**	-3.6	**-20.0**	-7.6	2.2	4.7	-3.1
芬蘭	**-2.1**	**-1.4**	-4.0	-4.2	-9.2	-6.4	-16.3	-19.0
OECD 平均	**-2.8**	**-1.4**	**-8.5**	**-3.9**	**13.2**	**5.8**	**-9.6**	**-4.2**

註：表中資料為每增加一單位自變項，平均數學分數的改變量。
　　數值達統計顯著者以粗體字表示。c 表示該項人數百分比為 0，所以無法計算。
　[1] 未調整的結果是根據僅以學生的篩選與分組變項為自變項的迴歸分析結果。
　[2] 調整後的結果是根據學生的篩選與分組、學生及學校社經與背景為自變項的迴歸分析結果。
資料來源：OECD, PISA 2012 Database, Tables IV.1.7a, IV.1.7b, & IV.1.7c.

二　水平差異

　　學生來自不同的社經背景，學業表現不同，且興趣也不同，學校系統因這些學生差異而有不同的組織政策，學校通常會應學生的興趣、需求與學術準備度等來調整教育方針、課程，或區分學生，而此種系統上的差異性，即為 PISA 所謂的水平差異。PISA 將學校的水平差異分成兩種：學校間的水平差異，及學校內的水平差異。學校間的水平差異有四項相關變數：學制類型數、學生首次分流年

❖表 8.3　臺灣與參照國家「學生的篩選與分組」與數學表現關聯對照（完整模式）

	垂直差異				水平差異			
	重讀一年或以上的比率		學校所有數學課有能力分組		學校以高選擇招生		學校非常可能將問題或特殊需求學生轉學	
	未調整[1]	調整後[2]	未調整	調整後	未調整	調整後	未調整	調整後
臺灣	**-9.0**	**-7.0**	1.5	8.0	**17.8**	**20.3**	-7.6	-0.8
上海	**-1.4**	**-1.2**	-6.8	-0.4	**14.8**	11.6	-8.2	-9.4
新加坡	-1.0	0.0	-16.9	-9.9	2.1	0.8	13.7	19.9
香港	**-1.8**	**-1.7**	-10.9	-10.2	18.7	9.5	**-18.8**	-11.8
韓國	-0.5	-0.5	-14.2	-10.8	3.5	0.7	-5.4	-6.4
澳門	c	c	c	c	c	c	c	c
日本	c	c	**-19.2**	**-15.0**	**-28.6**	**-25.9**	-13.5	-6.2
列支敦斯登								
瑞士	**-2.1**	**-1.4**	**-27.1**	-10.5	**10.5**	3.2	1.7	4.5
荷蘭	**-2.4**	**-1.8**	-13.8	**-18.5**	-10.3	-0.9	9.6	0.9
芬蘭	**-1.5**	**-1.1**	-3.7	-4.3	-17.3	-11.7	-14.2	-12.9
OECD 平均	**-1.3**	**-0.9**	**-4.4**	**-2.8**	**5.8**	**2.9**	**-5.4**	**-3.4**

註：表中資料為每增加一單位自變項，平均數學分數的改變量。
　　數值達統計顯著者以粗體字表示。c 表示該項人數百分比為 0，所以無法計算。
　　[1] 未調整的結果是根據僅以所有學校因素變項為自變項的迴歸分析結果。
　　[2] 調整後的結果是根據所有學校因素變項、學生及學校社經與背景為自變項的迴歸分析結果。
資料來源：OECD, PISA 2012 Database, Tables IV.1.12a, IV.1.12b, & IV.1.12c.

齡、問題學生轉學政策，及高選擇性學校。學校內的水平差異則有一個相關變數，即全能力分組學校。

（一）水平差異的測量與現況

　　學制類型數為教育系統中可供 15 歲學生選擇的學校及學制類型，如學術導向、職業導向、綜合前兩者的學制等；**學生首次分流年齡**則是學生第一次於教育系統中選擇不同學制就讀的年齡，前兩項有關組織政策的變項都會影響 15 歲學

生的教育經驗及歷程（OECD, 2010b）。此外，PISA 定義**高選擇性學校**為該校校長自陳在接受學生入學時，「總是」會考慮「學生的學業成績」和「前一教育階段畢業學校之推薦」這兩項因素。高選擇性學校所組成的教育系統，校內學生同質性較高，學生平均表現可能較好，但同時也造成低成就的學生失去向高成就同儕學習的機會，學校間的差異較大，因此教育系統水平差異較高。圖 8.5 呈現臺灣與參照國家學校水平差異對照，學生首次分流年齡相對較小的教育系統，所提供的學制類型也較多，若學生就讀高選擇性學校的比率也高，則教育系統水平差異亦較高，如新加坡。相對的，學生首次分流年齡較大的教育系統，提供偏單一的學制，若就讀高選擇性學校的比率亦偏低，則教育系統水平差異亦傾向較低，如芬蘭。日本學生在 2012 年就讀高選擇性學校的比率高達 94%（2009 年時為 88%），但在年齡較大（15 歲）時才首次分流，且僅有兩種學制類型可選擇；臺灣則三項皆近中等程度。

　　問題學生轉學政策及**全能力分組學校**，則分別為學校校長自陳「很有可能」會將低學習成就、具行為問題或特殊學習需求的學生轉學的學校，及自陳所有學科均採用能力分組的學校。學校採用問題學生轉學政策是降低異質學習環境的方法之一，然而，接收其問題學生的學校裡，同類型的學生數必會增多，而轉學生也會失去向高成就學生學習與使用良好學習環境的機會。此外，轉學生可能會被學校視為問題學生，此結果會影響學生學習的動機和態度。另一方面，能力分組亦是希望能創造同質的學習環境並能更貼近學生的需求，使得在教學上更容易。由於學校是教育組織的一部分，所以將學生依照能力進行校內分組的措施，有部分是為了因應學校的水平差異、留級制度，或轉學政策所造成同質或異質的學習環境。然而，因為不同組別的學生會有些許的交互影響，如果是對所有學科都進行分組，便會造成學生在學習環境上的差異，而且低學習成就學生無法獲得和高學習成就學生一同上課的益處。圖 8.5 下方顯示臺灣、韓國、澳門與列支敦斯登的 15 歲學生就讀採用「問題學生轉學政策」學校的比率皆高於 OECD 平均。韓國與列支敦斯登、荷蘭、瑞士的學生就讀採用「全能力分組」學校的比率亦相對地高，臺灣與澳門的學生就讀採用「全能力分組」學校的比率低於 OECD 平均。在數學表現前五名的國家中，上海、新加坡、香港、韓國，就讀「非能力分組」學校學生的比率則皆低於 10%，臺灣學生就讀採用「全能力分組」學校的比率則為 19.5%。

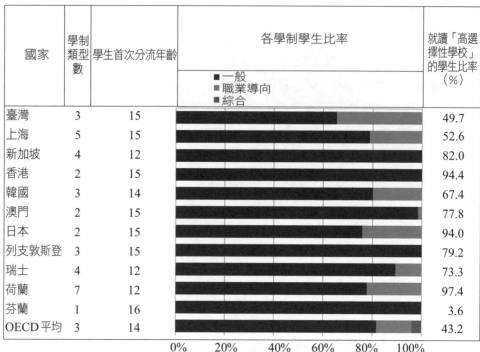

國家	學制類型數	學生首次分流年齡	各學制學生比率	就讀「高選擇性學校」的學生比率（%）
臺灣	3	15		49.7
上海	5	15		52.6
新加坡	4	12		82.0
香港	2	15		94.4
韓國	3	14		67.4
澳門	2	15		77.8
日本	2	15		94.0
列支敦斯登	3	15		79.2
瑞士	4	12		73.3
荷蘭	7	12		97.4
芬蘭	1	16		3.6
OECD平均	3	14		43.2

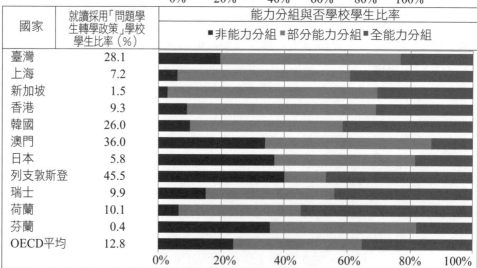

國家	就讀採用「問題學生轉學政策」學校學生比率（%）	能力分組與否學校學生比率
臺灣	28.1	
上海	7.2	
新加坡	1.5	
香港	9.3	
韓國	26.0	
澳門	36.0	
日本	5.8	
列支敦斯登	45.5	
瑞士	9.9	
荷蘭	10.1	
芬蘭	0.4	
OECD平均	12.8	

⊃ 圖 8.5　臺灣與參照國家學校水平差異對照

資料來源：OECD, PISA 2012 Database, Tables IV.2.5, IV.2.6, IV.2.7, IV.2.9, & IV.2.11.

(二)水平差異與學生數學表現

　　表 8.2 及表 8.3 分別為部分模式與完整模式下臺灣與參照國家「學生的篩選與分組」與數學表現關聯對照。在兩模式下，對 OECD 國家平均而言，學校全能力分組、高選擇性學校，及採用問題學生轉學政策皆與學生的數學表現有顯著的相關，但僅有高選擇性學校與學生數學表現有正相關，此結果是可預期的，因為學校以此招生方式通常選擇數學表現較好的學生。臺灣的資料則顯示，在水平差異的變項中，僅有高選擇性學校與數學表現有顯著的正相關。

　　若僅納入「學生的篩選與分組」的變項為自變數（部分模式），OECD 國家平均顯示，學校採全能力分組者，學生數學表現顯著差了 8.5 分，在 8 個參照國中，學校採全能力分組者學生成績表現往往較差。在納入學生和學校的社經、人文背景考量後，僅有瑞士與荷蘭有顯著負相關存在；在臺灣，學校採全能力分組者，學生的平均數學表現多了 4.0（參見表 8.2），但差異量不顯著，此現象與韓國相同。若納入所有學校因素的變項為自變數（完整模式），在固定其他變項下，學校採全能力分組者，OECD 國家平均數學表現顯著差了 4.4 分，在 8 個參照國中，學校採全能力分組者學生成績表現往往較差。在納入學生和學校的社經、人文背景考量後，僅有日本及荷蘭有顯著負相關存在；在臺灣，學校採全能力分組者，學生的平均數學表現多了 8.0（參見表 8.3），但差異量不顯著。對臺灣與大部分參照國而言，學校社經背景沒有影響到全能力分組學校與學生數學表現的關係。

　　若僅納入「學生的篩選與分組」的變項為自變數（部分模式），OECD 國家平均顯示，學校採高選擇性招生者，學生數學表現顯著多了 13.2 分，在 5 個參照國中，學校採全高選擇性招生者學生成績表現往往較好。在納入學生和學校的社經、人文背景考量後，僅有上海有顯著正相關存在，而日本卻有顯著負相關；在臺灣，學校以高選擇性招生者，學生的平均數學表現顯著多了 34.1（參見表 8.2）。若納入所有學校因素的變項為自變數（完整模式），在固定其他變項下，學校採高選擇性招生組者，OECD 國家平均數學表現顯著多了 5.8 分，在 5 個參照國中，學校採高選擇性招生組者學生成績表現往往較好。在納入學生和學校的社經、人文背景考量後，日本卻有顯著負相關存在；在臺灣，學校採高選擇性招生者，學生的平均數學表現顯著多了 20.3（參見表 8.3）。對臺灣與大部

分參照國而言，學校社經背景沒有影響到高選擇性招生學校與學生數學表現的關係。

若僅納入「學生的篩選與分組」的變項為自變數（部分模式），OECD 國家平均顯示，學校採問題學生轉學政策者，學生數學表現顯著差了 9.6 分，在 4 個參照國中，學校採用問題學生轉學政策者學生成績表現較差。在納入學生和學校的社經、人文背景考量後，僅有上海及香港有顯著負相關存在，新加坡為顯著正相關；在臺灣，學校採用問題學生轉學政策組者，學生的平均數學表現多了 4.7（參見表 8.2），但差異量不顯著。若納入所有學校因素的變項為自變數（完整模式），在固定其他變項下，學校採用問題學生轉學政策者，OECD 國家平均數學表現顯著差了 5.4 分，在 5 個參照國中，學校採用問題學生轉學政策者學生成績表現往往較差。在納入學生和學校的社經、人文背景考量後，沒有顯著相關存在；在臺灣，學校採用問題學生轉學政策組者，學生的平均數學表現差了 0.8（參見表 8.3），但差異量不顯著。對臺灣與大部分參照國而言，學校社經背景有影響到採用問題學生轉學政策學校與學生數學表現的關係。

綜合言之，部分國家在學校階層裡，轉學和學生表現之間呈現負相關。如同學校系統中，各校也有相同的情況。若學校會因學生低學習成效、行為問題或特殊學習需求而將學生轉學，則就讀這些學校的學生其成績表現會比不採用轉學政策學校的學生差。另一方面，只有在少部分國家中，學生能力分組和學生表現之間呈現負相關，此關係在多數國家均為正相關。不論學校對學生進行能力分組與學校社經狀況之間是否有密切關聯，幾乎所有國家在納入學生與學校的社經背景後，這二因素之間即無單獨的關係。

學生轉學頻率愈高的學校系統，愈容易造成學生社經背景與表現之間有強烈的關係。此結果指出，轉學政策和學校系統的社經背景分離有關，即高社經背景的學生最終會聚集在高成就表現的學校，低社經背景的學生則聚集在低成就表現學校的狀況。不過，轉學政策對學校而言，會使校內有更多同質性的學生群體，也會減輕學生社經背景的影響。PISA 也證實在轉學政策盛行的系統裡，校際間社經背景不均等的影響比各校校內更為嚴重，換句話說，校內轉學政策的正向效應會被校際間不均等的負向效應抵銷（OECD, 2011b）。

第三節　教育資源

本節檢視學校系統的教育資源要素，包含人力、材料及財務等資源，以及投入教學與學習的時間。雖然研究顯示，這些要素通常與學生的學習結果呈現不高的相關，但基本的教育資源組合對提供學生學習機會也是重要的（Murillo & Roman, 2011; Nicoletti & Rabe, 2012）。以下分就與學生表現較有關的要素探討其現況及其與數學素養的關聯。

一　人力資源

人力資源包含教師職前訓練、教師資歷、教師短缺、教師專業發展等，本節僅就教師短缺做探討。

(一) 人力資源的測量與現況

教師是學生學習時最重要的資源（OECD, 2005）。教師短缺表示教師的教學及行政工作超過負荷，教師的教學無法符合學生的需求，或者教師經常被指派去教他們專業以外的課程，這些都會阻礙學生的學習機會。PISA 在問卷中詢問學校校長在教學上因為缺少各學科合格教師或職員的影響程度，而 OECD 國家的這些問卷資料經彙整後，產生一個平均數為 0、標準差為 1 的指標，稱為教師短缺指標（index of teacher shortage）。指標值較高代表教師短缺的問題較少。在解釋這些結果時需要特別小心，因為不同國家或經濟體間，甚至各國或各經濟體內的學校校長對於是否缺少合格教師的基準點都不相同。雖然如此，校長在問卷中所提供資訊仍可評估學校的領導階層是否提供給學生足夠的人力資源。

根據 PISA 2012 所調查的校長自陳報告，在所有參照國家中，上海與荷蘭的教師短缺影響教學的情況最嚴重，日本、香港與芬蘭的教師短缺皆低於 OECD 平均。相較於其他國家，臺灣與上海、澳門及韓國的學校校長在「教師短缺影響教學」的看法差異較大。上海學校校長認為缺乏科學、數學、國文老師會阻礙學生學習的比率皆在 30% 以上，有 45% 的荷蘭學校校長認為缺乏數學老師會阻礙學生學習的比率，高於缺乏國文老師會阻礙學生學習的比率（23%）。新加坡學

校校長以「認為缺乏國文教師會阻礙學生學習」的比率較高（參見圖 8.6）；臺灣學校校長則以「認為缺乏科學及其他科目教師會阻礙學生學習」較高。

　　圖 8.6 及表 8.4 顯示，臺灣、上海、香港、澳門社經弱勢的學校校長自陳教師短缺的影響程度較社經優勢學校校長自陳的程度大的傾向，尤其是臺灣，社經弱勢及優勢學校校長報告的指標差異為 1.16、其次是上海，指標差異為 0.7，皆達統計顯著水準。臺灣、上海、香港、韓國及芬蘭公立學校校長報告，教師短缺的影響程度較私立學校校長所報告的大，但所有參照國家公私立學校指標差異皆未達統計顯著水準。

❖表 8.4　臺灣與參照國家不同學校類型之教師短缺指標對照

國家	教師短缺指標								
	社經弱勢學校	社經優勢學校	公立學校	私立學校	國中	高中	郊區學校	鄉鎮學校	城市學校
臺灣	**0.33**	**-0.83**	-0.19	-0.01	0.10	-0.29	c	0.13	-0.31
上海	**1.11**	**0.41**	**0.74**	**0.86**	0.87	0.66	c	c	**0.75**
新加坡	**0.14**	**0.10**	0.15	c	0.18	0.13	c	c	**0.13**
香港	0.08	-0.39	-0.34	-0.21	-0.20	-0.24	c	c	-0.23
韓國	**-0.13**	**0.11**	0.03	0.10	-0.19	0.08	c	0.30	**0.04**
澳門	0.01	-0.12	c	0.05	0.09	-0.11	c	c	0.00
日本	**-0.15**	**-0.41**	-0.27	-0.33	c	-0.29	c	-0.38	-0.25
列支敦斯登	c	c	0.04	c	**0.04**	**0.15**	c	0.05	c
瑞士	0.05	-0.15	0.07	-0.13	0.12	-0.19	0.03	0.07	**-0.01**
荷蘭	0.56	0.51	0.59	0.59	0.57	0.67	c	0.60	0.59
芬蘭	-0.22	-0.33	-0.44	-0.35	-0.44	c	-0.58	-0.35	-0.62
OECD 平均	0.11	-0.21	0.00	-0.25	0.05	-0.03	0.08	0.00	-0.14

註：郊區學校其地區人口小於 3,000 人，鄉鎮學校地區人口在 3,000 人至 100,000 人之間，城市學校地區人口超過 100,000 人。

　　c 表示該項人數百分比為 0，所以無法計算。

資料來源：OECD, PISA 2012 Database, Table IV. 3.11.

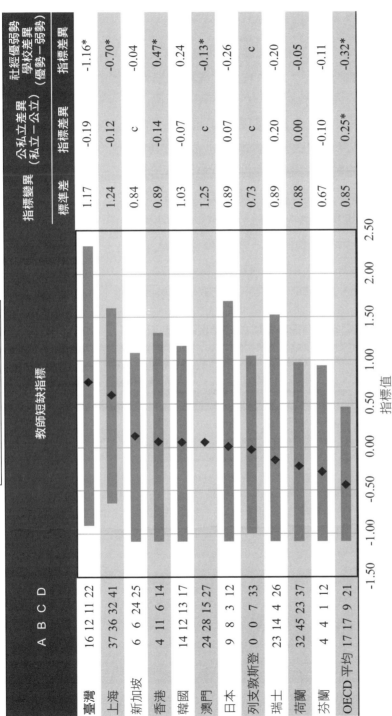

圖例：前 25% 及後 25% 的指標範圍　◆ 平均指標

	A B C D	教師短缺指標	標準差 指標變異	公私立差異（私立－公立）指標差異	社經優弱勢學校差異（優勢－弱勢）指標差異
臺灣	16 12 11 22		1.17	-0.19	-1.16*
上海	37 36 32 41		1.24	-0.12	-0.70*
新加坡	6 6 24 25		0.84	c	-0.04
香港	4 11 6 14		0.89	-0.14	0.47*
韓國	14 12 13 17		1.03	-0.07	0.24
澳門	24 28 15 27		1.25	c	-0.13*
日本	9 8 3 12		0.89	0.07	-0.26
列支敦斯登	0 0 7 33		0.73	c	c
瑞士	23 14 4 26		0.89	0.20	-0.20
荷蘭	32 45 23 37		0.88	0.00	-0.05
芬蘭	4 4 1 12		0.67	-0.10	-0.11
OECD 平均	17 17 9 21		0.85	0.25*	-0.32*

○ 圖 8.6 臺灣與參照國家在校長對於「教師缺乏如何阻礙學校提供教學」的觀點上之對照

註：1. A、B、C、D 分別表就讀學校校長認為以下現象「某種程度上」或「非常」阻礙學生學習的學校學生比率：A 為缺乏科學教師、B 為缺乏數學教師、C 為缺乏國文教師、D 為缺乏其他科目的教師。
2. 教師短缺指標數值愈高就表示教師缺乏的影響愈嚴重，差異達統計顯著者會附註星號。
3. c 表示該項人數百分比為 0，所以無法計算。
資料來源：OECD, PISA 2012 Database, Tables IV.3.10 & IV.3.11.

(二)人力資源與數學表現

表 8.5 為臺灣與參照國家教師短缺指標與數學表現的關聯對照，臺灣、列支敦斯登及上海的資料顯示，教師短缺可解釋學生表現變異的百分比分別為 6.4%、7.5% 與 2.0%，皆高於 OECD 的可解釋百分比 1.6%。除韓國與荷蘭外，教師短缺指標與數學表現呈現負的關聯，換言之，若學校校長自陳教師短缺影響程度大，則學生數學表現較差。臺灣、列支敦斯登及上海的教師短缺指標每增加一單位，學生的數學表現顯著的減少量分別為 25.1 分、35.9 分以及 11.5 分。就讀教師短缺指標為第 25 個百分位數以下學校的臺灣學生平均數學表現為 586，就讀教師短缺指標為第 75 個百分位數以上學校的臺灣學生平均數學表現為 513，差異高達 73 分。

若納入所有「教育資源」變項為自變數（部分模式），OECD 國家平均顯示，教師短缺的學校，每增加一單位，學生數學表現顯著差了 4.8 分，在 5 個參

❖ 表 8.5　臺灣與參照國家教師短缺指標與數學表現的關聯對照

國家	四等分教師短缺指標下的平均數學表現				指標每增加一單位的數學分數改變量	可解釋的學生表現變異（ r-squared×100 ）
	最低25%	次低25%	次高25%	最高25%		
	平均分數	平均分數	平均分數	平均分數	效果	百分比
臺灣	**586**	585	557	**513**	**-25.1**	6.4
上海	**644**	599	599	**608**	**-11.5**	2.0
新加坡	**583**	566	579	**571**	-4.3	0.1
香港	568	568	561	548	-9.3	0.7
韓國	555	550	551	559	1.7	0.0
澳門	**542**	542	536	**533**	**-3.0**	0.2
日本	537	538	539	531	-3.6	0.1
列支敦斯登	c	c	c	c	**-35.9**	7.5
瑞士	546	531	524	527	**-9.5**	0.8
荷蘭	519	525	509	529	4.6	0.2
芬蘭	520	522	517	515	-5.5	0.2
OECD 平均	**504**	499	490	**484**	**-10.2**	1.6

註：數值達統計顯著者以粗體字表示。
　　c 表示該項人數百分比為 0，所以無法計算。

資料來源：OECD, PISA 2012 Database, Table IV.3.10.

照國家中，教師短缺的學校，學生成績表現往往較差。在納入學生和學校的社經、人文背景考量後，僅有臺灣及瑞士有顯著負相關存在；在臺灣，教師短缺的學校，學生的平均數學表現顯著差了 8.7 分（參見表 8.6）。對臺灣而言，學校教師短缺在固定其他教育資源變項的影響下，仍然對學生數學表現有顯著影響。但若亦納入其他學校因素變項為自變數（完整模式），不論有無考量學生和學校的社經、人文背景，臺灣教師短缺學校的學生平均數學表現雖然差了 4.8（無考量）及 2.5（有考量），但差異量不顯著。而在納入其他學校因素變項的影響下，學生和學校社經人文背景並沒有影響到學校教師短缺與學生數學表現的關係，這顯示社經地位指標對學生數學表現的影響被人力資源變項中的教師短缺消弱，而部分其他學校因素變項，消弱了學校教師短缺與學生表現的關聯程度。

❖表 8.6　臺灣與參照國家教師短缺與數學表現關聯對照（部分模式及完整模式）

國家	部分模式		完整模式	
	教師短缺		教師短缺	
	未調整 [1]	調整後 [2]	未調整 [3]	調整後 [4]
臺灣	**-12.5**	**-8.7**	-4.8	-2.5
上海	**-6.7**	-4.8	**-5.9**	-4.1
新加坡	2.3	-1.0	2.6	-0.5
香港	4.7	4.5	3.8	2.4
韓國	-7.7	-6.1	-3.1	-2.5
澳門	5.1	3.1	c	c
日本	1.5	2.0	2.0	2.8
列支敦斯登	c	c	c	c
瑞士	-4.9	**-7.3**	-3.4	**-6.1**
荷蘭	**8.5**	3.3	0.4	0.6
芬蘭	-2.2	-1.1	-1.9	-0.2
OECD 平均	**-4.8**	**-2.3**	**-2.7**	**-1.8**

註：表中資料為每增加一單位教師短缺變項，平均數學分數的改變量。
　　數值達統計顯著者以粗體字表示。
[1] 未調整的結果是根據僅以教育資源為自變項的迴歸分析結果。
[2] 調整後的結果是根據教育資源、學生及學校社經與背景為自變項的迴歸分析結果。
[3] 未調整的結果是根據僅以所有學校因素變項為自變項的迴歸分析結果。
[4] 調整後的結果是根據所有學校因素變項、學生及學校社經與背景為自變項的迴歸分析結果。

資料來源：OECD, PISA 2012 Database, Tables IV.1.8a, IV.1.8b, IV.1.8c, Tables IV.1.12a, IV.1.12b, & IV.1.12c.

二 物質資源

PISA 所指的物質資源包含學校基本設施與教育設備，學校基本設施指的是校園建築空間與附屬設備，教育設備則為與教學有關的設備與用品。擁有充足的實體基本設施與教育設備並不保證學生會有好的學習成效，然而，一旦缺少這些資源則可能會阻礙學生的學習。然而，對學生而言，重要的不必然是這些資源的可得性，而是這些資源的品質與有效運用（Gamoran, Secada, & Marrett, 2000）。此小節僅就與學生數學表現有顯著關聯的學校基本設施做探討。

(一)物質資源的測量與現況

PISA 2012 學校問卷詢問學校校長不只是物質資源的有無，而是他們自陳教學效能會因某些物質資源的短缺或不適當而受到影響的程度，分成：沒有影響、影響很小、有些影響，及影響很大。有關學校基本設施的問題為，就讀學校校長自陳學校教學效能受限於下列因素的程度，包括：「學校建築和場地不足或不適當」、「冷／暖氣和照明系統的不足或不適當」、「授課空間（例如教室）不足或不適當」。

PISA 利用國家學校校長在這些問題的回應資料，產生一個 OECD 國家平均數為 0、標準差為 1 的指標，稱為基本設施品質指標（index of quality physical infrastructure）。指標值愈高代表學校校長認為基本設施的短缺或不適當阻礙學習的程度較小，即基本設施的品質較好。指標值為正，表示學校校長自陳的學校基本設施品質較 OECD 國家好；反之，指標值為負，則表示學校基本設施品質較 OECD 國家差。

圖 8.7 為就校長觀點而言，臺灣與參照國家學校基本設施的適切程度。OECD 國家平均而言，有 65% 到 77% 的學生就讀於校長自陳「學校建築和場地不足或不適當」、「冷／暖氣和照明系統的不足或不適當」、「授課空間（例如教室）不足或不適當」對學習沒有影響或影響很小的學校。臺灣學生就讀於校長自陳該三項因素對學習沒有影響或影響很小的學校的比率則分別為 65%、83%、65%。所有比較的國家中，除荷蘭外，皆顯示相對於「學校建築和場地不足或不適當」及「授課空間不足或不適當」兩項因素，學生就讀於校長自陳「冷／暖氣和照明系統的不足或不適當」對學習沒有影響或影響很小的學生比率較高。

	基本設施品質指標			指標變異	公私立學校差異（私立－公立）	社經優勢弱勢學校差異（優勢－弱勢）
	A	B	C	標準差	指標差異	指標差異
臺灣	65	83	65	1.04	-0.27	0.34
上海	45	82	58	1.13	0.11	0.29
新加坡	78	92	84	0.80	c	0.25*
香港	53	95	65	0.85	0.36	0.29
韓國	64	83	53	0.94	-0.08	-0.18
澳門	48	85	67	1.00	c	0.65*
日本	66	67	66	0.94	-0.56*	0.39*
列支敦斯登	48	93	48	0.79	c	c
瑞士	77	88	75	0.87	-0.28	0.03
荷蘭	65	56	56	0.97	0.18	0.11
芬蘭	59	61	58	0.99	-0.66*	-0.38
OECD 平均	65	77	67	0.96	-0.37*	0.13*

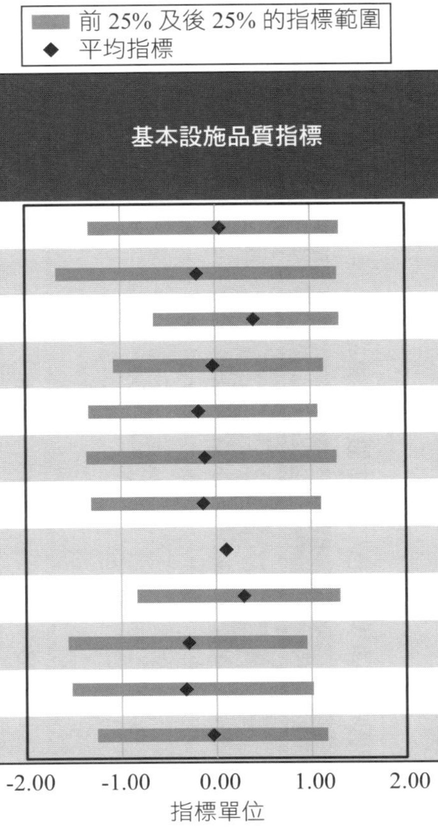

圖例：
- 前 25% 及後 25% 的指標範圍
- 平均指標

指標單位：-2.00　-1.00　0.00　1.00　2.00

圖 8.7　臺灣與參照國家學校基本設施的適切程度（校長觀點）

註：1. 基本設施品質指標數值愈高表示基本設施的品質愈好，差異達統計顯著者會附註星號。
　　2. 就讀學校校長自陳，下列因素阻礙學生學習程度為「沒有影響」或「影響很小」的學生比率：A 為基本設施品質指標，B 為冷／暖氣和照明系統的不足或不適當、C 為授課空間不足或不適當。
　　3. c 表示該項人數百分比為 0，所以無法計算。

資料來源：OECD, PISA 2012 Database, Tables IV.3.14 & IV.3.15.

臺灣、新加坡、列支敦斯登及瑞士的基本設施品質指標為正,其餘國家則為負,換言之,臺灣、新加坡、列支敦斯登及瑞士學校校長自陳的學校基本設施品質較 OECD 國家好。新加坡與瑞士學校基本設施品質指標較其他參照國家的指標高。在臺灣與所有參照國中,上海學校的基本設施品質指標標準差 1.13 最大,其次為臺灣學校指標標準差 1.04,以及澳門指標標準差 1.00,皆高於 OECD 平均,亦即,上海、臺灣及澳門的學校校長,在基本設施品質的看法差異較其他國家大。

表 8.7 及圖 8.7 顯示臺灣、日本、瑞士及芬蘭公立學校校長自陳的基本設施品質指標高於私立學校的指標,日本與芬蘭在公私立學校上的差異達統計顯著水準。上海、香港及荷蘭則為私立學校校長自陳的基本設施品質指標高於公立學校的指標。除韓國與芬蘭外,社經優勢學校校長自陳的基本設施品質指標值,高於弱勢學校的指標。新加坡、澳門及日本社經優弱勢學校自陳的基本設施品質指標差異達統計顯著水準。

❖表 8.7　臺灣與參照國家不同學校類型之基本設施品質指標對照

國家	基本設施品質指標								
	社經弱勢學校	社經優勢學校	公立學校	私立學校	國中	高中	郊區學校	鄉鎮學校	城市學校
臺灣	-0.04	0.29	-0.03	0.24	-0.16	0.17	c	0.00	0.06
上海	**-0.27**	**0.02**	**-0.18**	**-0.28**	**-0.33**	**-0.07**	c	c	**-0.19**
新加坡	0.36	0.61	**0.39**	c	0.44	0.40	c	c	0.40
香港	**-0.17**	**0.12**	0.31	-0.05	-0.04	-0.02	c	c	**-0.02**
韓國	**-0.17**	**-0.35**	**-0.21**	**-0.13**	**-0.18**	**-0.18**	c	-0.11	**-0.19**
澳門	-0.27	0.38	c	-0.11	-0.23	0.04	c	c	-0.11
日本	**-0.23**	**0.16**	-0.30	0.26	c	-0.13	c	-0.33	-0.06
列支敦斯登	c	c	**0.04**	c	0.19	-0.46	c	0.11	c
瑞士	0.31	0.34	**0.28**	**0.56**	0.36	0.06	0.65	0.30	0.10
荷蘭	-0.28	-0.17	**-0.15**	**-0.33**	-0.31	-0.22	c	-0.23	**-0.44**
芬蘭	-0.01	-0.39	-0.34	0.33	-0.32	c	-0.03	-0.37	**-0.26**
OECD 平均	**-0.07**	**0.05**	-0.09	0.29	-0.08	-0.02	0.07	-0.05	-0.03

註:郊區學校其地區人口小於 3,000 人,鄉鎮學校地區人口在 3,000 人至 100,000 人之間,城市學校地區人口超過 100,000 人。

　　c 表示該項人數百分比為 0,所以無法計算。

(二)物質資源與數學表現

　　表 8.8 為臺灣與參照國家基本設施品質指標與數學表現關聯對照，列支敦斯登的資料顯示，基本設施品質指標可解釋學生表現變異的百分比為 19.4%，是所有參照國家最高的比率。除韓國與列支敦斯登外，基本設施品質指標與數學表現呈現正的關聯，換言之，若學校校長自陳基本設施品質指標高，則學生數學表現較好。新加坡、澳門、列支敦斯登學校的基本設施品質指標每增加一單位，學生的數學表現顯著的改變量分別為 7.5 分、6.8 分及 -51.6 分；臺灣學校的基本設施品質指標可解釋學生數學表現變異僅為 0.1%，而每增加一單位的指標，學生的數學表現的改變量為 2.5 分，但改變量未達統計顯著。在考量社經地位指標、學生背景變項及其他教育資源變項下（部分模式），臺灣學校基本設施品質指標與學生數學表現呈現負的關聯，基本設施品質每增加一單位，在學校階層，學生的

❖表 8.8　臺灣與參照國家基本設施品質指標與數學表現關聯對照

國家	四等分基礎建設品質指標下的平均數學表現				指標每增加一單位的數學分數改變量	可解釋的學生表現變異（r-squared×100）
	最低25%	次低25%	次高25%	最高25%		
	平均分數	平均分數	平均分數	平均分數	效果	百分比
臺灣	556	552	574	554	2.5	0.1
上海	606	612	604	629	7.2	0.7
新加坡	**570**	566	577	**581**	**7.5**	0.3
香港	570	549	557	569	0.8	0.0
韓國	557	554	550	555	-1.9	0.0
澳門	**533**	548	521	**550**	**6.8**	0.5
日本	538	532	526	549	4.7	0.2
列支敦斯登	c	c	c	c	**-51.6**	19.4
瑞士	535	523	536	534	0.4	0.0
荷蘭	528	512	512	526	2.3	0.1
芬蘭	517	518	520	520	0.5	0.0
OECD 平均	**491**	493	494	**500**	**2.9**	0.8

註：數值達統計顯著者以粗體字表示。

　　　c 表示該項人數百分比為 0，所以無法計算。

數學表現顯著減少 10.4 分（參見表 8.9）；但在納入學生與學校社經、文化背景變項及學校因素變項下（完整模式），學生的數學表現顯著減少依然有 8.4 分（參見表 8.9）。這顯示社經地位指標對學生數學表現的影響被物質資源變項中的基本設施品質指標消弱，而部分其他物質資源及學校因素變項，增強了基本設施與學生數學表現的關聯程度。

❖表 8.9 臺灣與參照國家學校基本設施與數學表現關聯對照（部分模式及完整模式）

國家	部分模式		完整模式	
	基本設施		基本設施	
	未調整 [1]	調整後 [2]	未調整 [3]	調整後 [4]
臺灣	**-13.1**	**-10.4**	**-10.3**	**-8.4**
上海	0.5	2.8	-3.6	-1.6
新加坡	8.2	-3.0	0.9	-5.4
香港	**11.2**	**9.4**	**14.4**	9.2
韓國	-1.9	1.2	-4.3	-2.9
澳門	4.4	4.0	c	c
日本	-0.5	0.8	-4.9	-1.6
列支敦斯登				
瑞士	-9.0	-0.3	0.5	3.0
荷蘭	10.2	1.1	3.0	0.0
芬蘭	-0.1	1.3	-2.0	-0.7
OECD 平均	-1.4	-0.8	**-2.3**	**-1.1**

註：表中資料為每增加一學校基本設施變項，平均數學分數的改變量。
　　數值達統計顯著者以粗體字表示。
　　c 表示該項人數百分比為 0，所以無法計算。
　　[1] 未調整的結果是根據僅以教育資源為自變項的迴歸分析結果。
　　[2] 調整後的結果是根據教育資源、學生及學校社經與背景為自變項的迴歸分析結果。
　　[3] 未調整的結果是根據僅以所有學校因素變項為自變項的迴歸分析結果。
　　[4] 調整後的結果是根據所有學校因素變項、學生及學校社經與背景為自變項的迴歸分析結果。
資料來源：OECD, PISA 2012 Database, Tables IV.1.8a, IV.1.8b, IV.1.8c, Tables IV.1.12a, IV1.12b, & IV1.12c.

三　時間資源

　　PISA 所定義的時間資源包含學生在學校的學習時間、班級規模、學生的課後學習時間、投入課外活動時間，以及學生學前教育的時間。本節就在校學習時間、學生的課後學習時間、學生學前教育時間，以及投入課外活動時間做探討。

(一)時間資源的測量與現況

1. 在校學習時間

　　PISA 所謂的在校學習時間，乃是 15 歲學生平均每週花在學校正規課堂的時間。PISA 2012 學生問卷詢問學生在校國文、數學、自然科學一節課平均有幾分鐘，以及這些課程一星期通常有幾節課。各科目在校學習時間即為一節課的平均時間，乘以一週的課數。表 8.10 為臺灣與參照國家學生在校學習時間的對照，OECD 國家的學生，平均每週大約花 217.8 分鐘在數學課。臺灣的學生平均每週花約 242.7 分鐘在數學課，高於 OECD 國家學生平均，但低於上海、新加坡、香港、澳門的學生每週所花在數學課的時間，其約在 267 至 288 分鐘間。荷蘭及芬蘭的學生平均每週大約花 170 至 176 分鐘在數學課，是所有參照國家數學學習時間較少的（參見表 8.10）。

　　因為 PISA 的研究對象是 15 歲的學生，但這些學生在不同國家裡可能就讀不同類型的學校：如依層級分，或為國中生，或為高中生；依學校社經地位分，或為社經優勢學校，或為社經弱勢學校；依管理單位分，或為公立學校，或為私立學校。所以在比較學生投注在課程的時間時要特別注意。

　　表 8.11 為臺灣與參照國家不同類型學校學生，在校數學課學習時間對照。除瑞士及荷蘭外，社經優勢學校的學生比社經弱勢學校的學生花更多的時間在正規的數學課程，且臺灣、新加坡、澳門、日本、韓國的平均學習時間差異標準值大於 4 以上。公私立學校的學生在數學學習時間的差異較不明顯，但臺灣公立學校學生比私立學校學生花較多的在校數學學習時間，兩者平均差異的標準值為4.3。臺灣及上海國中學生較高中學生的在校數學學習時間長，新加坡、澳門、韓國及香港，則是國中學生比高中學生花較少的數學學習時間。

❖表 8.10　臺灣與參照國家學生在校學習時間對照

國家	每週課堂數		正規數學課程		正規國文課程		正規科學課程		正規數學、國文、科學課程	
	學校一週的課堂數	課堂週期變異	每週學習時間（分鐘）	學習時間變異	每週學習時間（分鐘）	學習時間變異	每週學習時間（分鐘）	學習時間變異	每週學習時間（分鐘）	學習時間變異
	平均	標準差	平均	標準差	平均	標準差	平均	標準差	平均	標準差
臺灣	39.6	5.9	242.7	76.8	253.1	72.3	190.7	110.6	692.4	219.0
上海	41.3	7.0	269.5	94.4	248.1	84.8	264.1	160.6	770.9	283.5
新加坡	45.6	13.5	287.8	80.8	223.6	45.7	302.2	127.5	813.4	181.2
香港	40.7	5.8	267.6	72.7	279.7	75.4	235.4	158.0	781.9	230.5
韓國	34.9	10.0	213.3	64.5	203.8	57.8	199.4	96.1	616.5	171.6
澳門	40.8	3.6	275.0	58.4	265.2	46.6	188.7	131.9	726.5	172.7
日本	31.9	3.7	234.7	74.7	204.8	58.3	165.4	65.6	604.9	164.1
列支敦斯登	36.2	7.5	210.7	64.4	201.5	147.9	166.5	168.2	579.4	266.5
瑞士	32.1	9.9	207.0	93.1	206.6	120.7	164.3	147.4	575.6	212.6
荷蘭	30.9	6.1	170.7	100.0	168.8	82.9	164.7	152.2	500.6	243.3
芬蘭	29.3	3.9	175.5	38.8	152.2	37.1	188.6	70.0	513.6	104.7
OECD 平均	29.9	7.0	217.8	73.0	214.7	72.4	200.2	104.8	632.3	188.7

　　雖然數學是 PISA 2012 評量聚焦的學科，學生投注在國文和自然科學的學習時間仍然值得考量，因為不同學科的學習時間和表現之間有不同的關聯。臺灣與參照國家花在三科的平均學習時間沒有明顯的組型，但各國學生在正規科學學習時間的標準差較其他二學科的標準差來得大（參見表 8.10）。相對於參照國家，臺灣學生花在正規科學學習時間比其他二學科的平均時間低，上海及新加坡的學生則是花在國文課的學習時間較其他二學科的時間短。

❖表 8.11　臺灣與參照國家不同類型學校學生在校學習時間對照（數學課）

國家	社經弱勢學校	社經優勢學校	優弱勢差異	公立學校	私立學校	公私立差異	國中	高中	國高中差異
	平均	平均	標準值	平均	平均	標準值	平均	平均	標準值
臺灣	204.7	283.5	10.0	253.4	224.4	4.3	266.8	229.5	8.2
上海	245.0	278.1	3.0	267.2	291.1	-1.4	331.3	222.4	21.2
新加坡	272.3	300.7	7.2	287.5	c	c	203.4	289.8	-21.1
香港	264.3	265.5	0.2	260.9	267.6	-0.9	258.8	271.9	-3.0
韓國	181.4	233.6	4.8	211.9	215.2	-0.5	163.5	216.4	-8.7
澳門	267.2	282.6	8.0	c	276.1	c	267.7	283.9	-9.4
日本	183.4	283.7	13.8	226.3	254.6	-3.3	c	234.7	c
列支敦斯登	c	c	c	215.3	c	c	217.1	c	c
瑞士	218.8	194.1	-4.0	207.7	203.0	0.3	220.9	161.5	8.2
荷蘭	188.2	171.0	-1.4	169.2	172.3	-0.5	175.0	161.4	2.6
芬蘭	173.6	176.4	0.6	175.0	191.6	-5.0	175.4	c	c
OECD 平均	213.8	222.5	6.6	218.0	217.1	0.5	219.2	215.3	2.1

註：c 表示該項人數百分比為 0，所以無法計算。

2. 課後學習時間

　　學習可能發生在校內或校外。學生可以選擇參加個人家教班或由學校教師提供的加強與補救課程，或是其他校外各式各樣的課程，而這些課程所需的時間也都不同（參見圖 8.8）。課程的費用可能由學校公費支出、可能是給有需求的學生一個免費的學習資源，或者必須由各家庭獨自支付。

■ 正規數學課程的學習時間　　□ 私人家教

● 正規語文課程的學習時間　　◆ 校外補習時間

▲ 正規科學課程的學習時間　　■ 與家長或家中其他成員一起讀書

■ 教師指定的作業或研讀功課

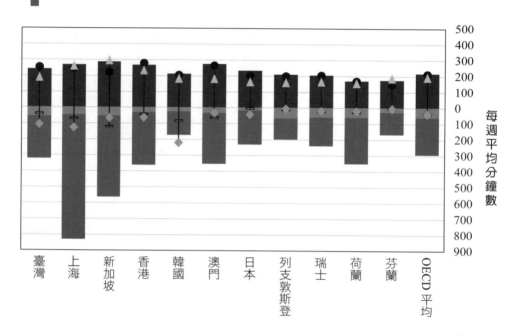

⊃ 圖 8.8　臺灣與參照國家學生在校與課後學習時間對照

資料來源：OECD, PISA 2012 Database, Tables IV. 3.21 & IV. 3.27.

　　PISA 2012 學生問卷詢問學生每週平均花在國文、數學、自然科學及其他科目的課後課程時間。表 8.12 呈現臺灣與參照國家參加課後課程的學生百分比對照，相較於其他科目，所有參照國的學生較可能花課後課程時間在數學科，但在芬蘭有參加課後課程在國文、數學、自然科學的學生比例非常接近，介於 46% 至 47.4% 間。臺灣每週有參加數學課後課程的學生比例約為 57.1%，而上海及日本有參加數學課後課程的學生比例更高達 70%。相較於亞洲的參照國，歐洲的參照國家，如列支敦斯登、瑞士及荷蘭等，至多僅 30% 的學生有參加數學課後

課程（參見表 8.12）。在亞洲參照國，就讀於社經弱勢學校的學生比就讀於社經優勢學校的學生，較會參加數學課後課程的學習，在臺灣兩群學生的百分比差異約有 29%（參見表 8.13），歐洲參照國中，則是就讀於社經優勢學校的學生，較會參加數學課後課程的學習。

　　除了上述課後課程的學習，學生花在與課程有關的學習時間，有可能是為完成老師指定的作業或讀書功課、參加個人家教學習、參加需付費的補習課習課程、與家中成員一起讀書，或使用電腦學習。PISA 2012 的資料顯示，在這些項目中，所有參照國的學生每週花在完成老師指定的作業或讀書功課最多，臺灣學生平均每週花 5.3 小時在老師的指定功課，上海學生所花的時間更高達 13.8 小時，新加坡學生也花了 9.4 小時在此項目上（參見表 8.14）。相較於歐洲參照國的學生，臺灣與亞洲參照國的學生，每週平均花較多時間在個人家教與參加補習課程上，但花較少的時間與家中成員一起讀書（參見表 8.14）。在「完成老師指

❖表 8.12　臺灣與參照國家參加課後課程的學生百分比對照

國家	數學			國文			科學			其他科目		
	沒有參加	每週少於4小時	每週多於4小時	沒有參加	每週少於4小時	每週多於4小時	沒有參加	每週少於4小時	每週多於4小時	沒有參加	每週少於4小時	每週多於4小時
臺灣	42.9	40.5	16.6	56.3	34.8	8.9	53.0	35.7	11.2	43.3	42.3	14.5
上海	29.3	55.1	15.6	48.8	40.6	10.6	44.8	43.5	11.6	43.2	47.0	9.8
新加坡	32.5	49.6	18.0	54.4	37.5	8.2	45.9	41.1	13.0	48.6	40.7	10.7
香港	53.3	40.7	6.0	75.5	22.5	2.0	71.0	24.3	4.7	58.4	36.6	5.0
韓國	34.0	39.7	26.3	47.5	42.8	9.8	60.8	32.3	6.9	35.4	44.3	20.2
澳門	59.5	29.9	10.6	75.5	20.2	4.4	73.8	21.1	5.1	58.1	32.0	9.9
日本	30.2	55.7	14.1	42.4	53.5	4.1	45.8	50.3	3.9	30.5	57.1	12.3
列支敦斯登	74.0	21.7	4.3	84.1	13.9	2.0	85.0	13.3	1.7	74.9	23.1	2.0
瑞士	71.3	24.2	4.5	80.5	16.2	3.3	82.8	15.4	1.9	70.5	24.4	5.0
荷蘭	71.8	24.3	3.9	79.3	17.6	3.1	80.7	16.0	3.3	74.6	19.7	5.7
芬蘭	52.6	37.8	9.6	53.1	41.4	5.4	54.0	41.4	4.7	42.4	42.3	15.3
OECD 平均	62.1	30.0	7.9	72.6	22.1	5.3	73.6	21.8	4.6	63.4	28.2	8.5

❖表 8.13　臺灣與參照國家不同學校類型參加課後課程學生百分比對照（數學）

國家	數學								
	社經弱勢學校	社經優勢學校	公立學校	私立學校	國中	高中	郊區學校	鄉鎮學校	城市學校
臺灣	57.4	28.3	35.6	56.8	35.9	46.8	c	46.8	40.7
上海	**36.1**	**25.6**	**29.9**	**23.7**	**24.7**	**32.9**	c	c	**29.3**
新加坡	**33.0**	**41.8**	**32.2**	c	38.6	32.3	c	c	**32.2**
香港	**60.7**	**40.5**	**46.3**	**54.1**	**56.5**	**51.6**	c	c	53.3
韓國	**56.3**	**23.3**	36.5	31.4	42.6	33.5	c	25.5	34.9
澳門	62.8	51.4	c	59.0	60.3	58.5	c	c	59.5
日本	51.0	12.0	32.2	25.5	c	30.2	c	35.6	28.2
列支敦斯登	c	c	75.1	c	72.2	c	c	74.0	c
瑞士	69.5	73.8	71.5	70.7	70.7	73.1	69.9	71.7	71.4
荷蘭	**67.8**	**74.1**	71.5	72.2	70.4	75.0	c	73.2	67.6
芬蘭	**52.5**	**56.1**	52.7	50.8	**52.7**	c	55.8	52.7	51.5
OECD 平均	62.4	61.4	62.2	62.0	**60.2**	**64.3**	63.4	62.1	62.2

註：郊區學校其地區人口小於 3,000 人，鄉鎮學校地區人口在 3,000 人至 100,000 人之間，
　　城市學校地區人口超過 100,000 人。
　　數值達統計顯著者以粗體字表示。
　　c 表示該項人數百分比為 0，所以無法計算。

定的家庭作業」項目上，就讀於社經優勢學校的學生比就讀於社經弱勢學校每
週平均花較多的時間，在臺灣兩群學生的時間差異平均約有 5 個小時（參見表
8.15）。在「參加付費的課後補習」項目上，就讀於社經優勢學校的學生比就讀
於社經弱勢學校的學生每週平均花較多的時間，在臺灣兩群學生的時間差異平均
約有 1.6 個小時（參見表 8.16）。

❖表 8.14 臺灣與參照國家每週課後讀書平均時數對照

國家	綜合所有科目的每週平均花費時數					
	完成老師指定的家庭作業	其他人陪同或幫助下完成老師指定的家庭作業	個人家教	參加如補習班的額外課程教學	與家長或家中其他成員一起讀書	使用電腦練習(如字彙學習軟體)
臺灣	5.3	1.3	0.7	1.5	0.9	0.7
上海	13.8	2.5	1.2	2.1	0.8	1.2
新加坡	9.4	2.4	2.0	1.0	0.9	0.9
香港	6.0	1.2	0.7	1.0	0.5	0.9
韓國	2.9	0.9	1.4	3.6	0.4	1.1
澳門	5.9	2.0	1.0	0.6	0.6	1.2
日本	3.8	0.8	0.1	0.6	0.3	0.1
列支敦斯登	3.3	1.1	0.2	0.1	1.1	1.3
瑞士	4.0	0.9	0.4	0.3	1.0	0.9
荷蘭	5.8	1.0	0.4	0.3	1.0	1.4
芬蘭	2.8	0.5	0.1	0.1	0.4	0.4
OECD 平均	4.9	1.3	0.7	0.6	1.0	1.2

❖表 8.15 臺灣與參照國家不同學校類型學生完成老師指定家庭作業時數對照

國家	完成老師指定的家庭作業(小時)								
	社經弱勢學校	社經優勢學校	公立學校	私立學校	國中	高中	郊區學校	鄉鎮學校	城市學校
臺灣	**3.2**	**8.1**	5.9	4.4	**5.1**	**5.5**	c	4.7	5.8
上海	**9.3**	**17.7**	**13.7**	**14.9**	**14.6**	**13.3**	c	c	**13.8**
新加坡	**8.1**	**11.6**	**9.4**	c	9.3	9.4	c	c	**9.4**
香港	**4.8**	**6.7**	6.0	6.1	**5.2**	**6.5**	c	c	**6.0**
韓國	**1.7**	**4.0**	2.7	3.1	2.3	2.9	c	2.6	2.9
澳門	5.0	7.2	c	6.0	4.9	7.1	c	c	5.9
日本	**2.1**	**5.7**	3.8	3.9	c	3.8	c	3.3	**4.0**
列支敦斯登	c	c	3.2	c	3.4	c	c	3.3	c
瑞士	**3.5**	**4.6**	3.9	5.1	3.9	4.1	3.5	4.0	4.2
荷蘭	4.1	7.2	5.7	6.0	5.1	7.4	c	5.7	6.4
芬蘭	**2.4**	**3.0**	2.8	3.4	2.8	c	2.6	2.8	**2.8**
OECD 平均	**3.9**	**5.9**	4.7	5.6	4.3	5.2	**4.5**	4.8	5.2

註:郊區學校其地區人口小於 3,000 人,鄉鎮學校地區人口在 3,000 人至 100,000 人之間,城市學校地區人口超過 100,000 人。

數值達統計顯著者以粗體字表示。

c 表示該項人數百分比為 0,所以無法計算。

❖表 8.16　臺灣與參照國家不同學校類型學生參加付費課後補習時數對照

國家	參加如補習班的額外課程教學								
	社經弱勢學校	社經優勢學校	公立學校	私立學校	國中	高中	郊區學校	鄉鎮學校	城市學校
臺灣	**0.8**	**2.4**	**2.0**	**0.7**	**2.0**	**1.3**	c	1.3	1.7
上海	1.2	2.7	2.0	2.9	2.7	1.6	c	c	**2.1**
新加坡	0.8	1.2	1.0	c	1.0	1.0	c	c	**1.0**
香港	**0.5**	**1.7**	1.5	1.0	**0.8**	**1.1**	c	c	1.0
韓國	**1.9**	**5.4**	3.6	3.6	**5.1**	**3.5**	c	2.7	3.8
澳門	**0.5**	**1.0**	**c**	**0.7**	0.7	0.6	c	c	**0.6**
日本	0.2	1.1	**0.6**	**0.6**	c	0.6	c	0.4	**0.7**
列支敦斯登	c	c	0.1	**0.1**	0.1	c	**c**	0.1	**c**
瑞士	0.3	0.2	**0.3**	**0.4**	0.3	0.1	0.2	0.3	0.3
荷蘭	0.4	0.3	**0.3**	**0.3**	0.3	0.3	c	0.3	0.4
芬蘭	0.1	0.1	0.1	0.1	0.1	c	0.1	0.1	0.1
OECD 平均	**0.5**	**0.7**	0.6	0.5	**0.8**	**0.7**	**0.4**	0.6	**0.7**

註：郊區學校其地區人口小於 3,000 人，鄉鎮學校地區人口在 3,000 人至 100,000 人之間，城市學校地區人口超過 100,000 人。

數值達統計顯著者以粗體字表示。

c 表示該項人數百分比為 0，所以無法計算。

3. 學前教育時間

　　學前教育即指在進入學校系統接受正式教育前，對兒童所進行的教育。學前教育若是普及化的、高品質及同質的，或許可改善教育不均等的現象；此外，也可以讓學生有更好的準備去迎接正式的學校教育（Chetty et al., 2011; Hart & Risley, 1995, Heckman, 2000）。學生是否要參加學前教育以及就讀多久，要依據每個人投資於教育時間的長短來決定。學校系統內許多的不均等在學生進入正式學校教育時就已出現，這些現象會一直存留在學生通過教育系統的歷程之中（Downey, Von Hippel, & Broh, 2004; Entwisle, Alexander, & Olson, 1997; Mistry, Aprile, Jeremy, Shaunna, & Carollee, 2010）。

　　PISA 2012 調查學生是否曾參與學前教育，結果顯示 OECD 國家平均有 93% 的學生曾參與學前教育，且 74% 的學生參加一年以上的學前教育，略高於 PISA 2009 的 72%。臺灣有 83.8% 的學生曾參加一年以上的學前教育，參照國家的學生曾參加一年以上的學前教育也幾乎皆在 80% 以上（參見表 8.17）。比較社經

❖表 8.17　臺灣與參照國家參加學前教育的學生百分比對照

國家	曾參與學前教育的學生比率		
	沒有參加	一年以下	一年以上
臺灣	1.5	14.7	83.8
上海	3.6	8.6	87.8
新加坡	2.3	7.1	90.6
香港	1.6	3.3	95.1
韓國	4.5	12.6	82.9
澳門	2.4	11.9	85.6
日本	0.9	2.2	96.9
列支敦斯登	0.7	8.8	90.5
瑞士	1.8	25.0	73.1
荷蘭	2.3	2.7	95.0
芬蘭	2.5	34.8	62.7
OECD 平均	7.2	18.8	74.0

優勢學校與社經弱勢學校學生曾參與一年以上的學前教育比率，臺灣與參照國家的資料幾乎皆顯示前者的學生比例顯著高於後者，唯一未達顯著的荷蘭，則是社經優勢學校與社經弱勢學校學生曾參與一年以上學前教育的比例分別為 95.6% 及 93.3%（參見表 8.18）。換言之，就讀社經優勢學校的學生比就讀於社經弱勢學校的學生，可能有較高的機會參與一年以上的學前教育。

4. 課外活動時間

　　課外活動的形式很多，包括運動活動、學術活動、藝術與文化活動。這些活動可以增進學生非認知的技巧，例如：對工作的堅持、獨立性、服從教導、在團體能和睦相處、與權威人士往來的技巧，以及與同儕契合的能力。這些技巧和能力都是學生在校內、甚至畢業後能成功的基本要素（Carneiro & Heckman, 2005; Covay & Carbonaro, 2009; Farkas, 2003; Howie, Lukacs, Pastor, Reuben, & Mendola, 2010）。

　　PISA 2012 的問卷詢問學校校長該校是否有提供下列的課外活動：「樂團、管弦樂團或合唱團」、「學校話劇或音樂劇」、「學校校刊、報紙或雜誌」、「志工或服務性活動」、「讀書會」、「數學研習社」、「數學競賽」、「棋藝社」、「著重在電腦／資訊與通訊科技的社團」、「藝術社團或藝文活動」、

❖表 8.18　臺灣與參照國家不同學校類型參加學前教育的學生百分比對照

國家	曾參與學前教育一年以上的學生比率								
	社經弱勢學校	社經優勢學校	公立學校	私立學校	國中	高中	郊區學校	鄉鎮學校	城市學校
臺灣	**81.9**	**86.0**	84.5	82.7	83.8	83.7	c	84.0	84.0
上海	**76.0**	**94.8**	**87.5**	**90.9**	84.8	90.1	c	c	**87.8**
新加坡	**88.4**	**92.8**	**90.9**	c	67.8	91.1	c	c	90.8
香港	**92.2**	**98.2**	96.1	95.1	90.6	97.3	c	c	95.1
韓國	**82.1**	**84.6**	82.5	83.2	78.2	83.2	c	81.2	**83.0**
澳門	**84.9**	**86.8**	c	85.6	82.4	89.5	c	c	85.7
日本	**94.9**	**98.0**	96.7	97.4	c	96.9	c	96.4	97.0
列支敦斯登	c	c	90.4	c	90.0	94.4	c	90.5	c
瑞士	**63.2**	**77.8**	**71.8**	**86.3**	74.3	69.4	69.7	70.9	**81.8**
荷蘭	93.3	95.6	94.8	94.7	94.7	95.8	c	95.1	93.9
芬蘭	**47.6**	**78.2**	62.0	81.1	62.7	c	49.1	58.0	**77.3**
OECD 平均	67.4	80.8	73.3	79.2	68.4	73.4	67.6	73.5	76.0

註：郊區學校其地區人口小於 3,000 人，鄉鎮學校地區人口在 3,000 人至 100,000 人之間，
　　城市學校地區人口超過 100,000 人。
　　數值達統計顯著者以粗體字表示。
　　c 表示該項人數百分比為 0，所以無法計算。

「體育團隊或體育活動」、「演講、研討會」。部分的這些項目的回應經彙整
後，產生兩個課外活動指標：創造性課外活動指標、數學課外活動指標。創造性
課外活動指標為，校長回應是否有提供「樂團、管弦樂團或合唱團」、「學校話
劇或音樂劇」及「藝術社團或藝文活動」的加總，指標的可能值為 0 至 3；數學
課外活動指標為，校長回應是否有提供「數學研習社」、「數學競賽」、「著重
在電腦／資訊與通訊科技的社團」、「課後的增強或補救數學課程」、「課後的
增強及補救數學課程」的加總，指標的可能值為 0 至 5。兩個指標值代表學校提
供的課外活動的多寡，指標值愈高表示學校提供的課外活動愈多。

　　圖 8.9 呈現臺灣與參照國家學校課外活動的學生百分比與指標平均值，所有
亞洲參照國家學校提供的課外活動較 OECD 國家平均及歐洲參照國家學校多；
尤其提供課後的增強及補救數學課程的亞洲參照國學校，明顯較歐洲參照國學校
多。在所有調查的活動中，與荷蘭以外的參照國類似，臺灣提供話劇或音樂劇的
活動及數學社團活動的學校較少。香港及澳門在兩項指標之值皆高，其學校在兩
項指標平均值最接近最大值。

A 樂團、管弦樂團、合唱團	**D** 數學社團
B 學校話劇或音樂劇	**E** 數學競賽
C 藝術社團或藝文活動	**F** 電腦資訊社團
	G 課後的增強或補救數學課程
	H 課後的增強及補救數學課程

校長回應學校提供 A、B、C
活動學校的學生比率

	A	B	C
臺灣	74	50	89
上海	74	67	87
新加坡	98	70	86
香港	93	86	98
韓國	73	43	93
澳門	87	96	94
日本	85	42	95
列支敦斯登	79	60	72
瑞士	71	60	68
荷蘭	58	63	65
芬蘭	80	43	37
OECD 平均	63	59	62

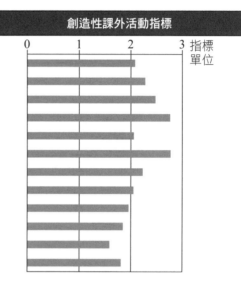

創造性課外活動指標

校長回應學校提供 D、E、F、
G、H 活動的學生比率

	D	E	F	G	H
臺灣	42	59	68	21	67
上海	68	67	70	22	27
新加坡	21	87	95	12	75
香港	90	91	97	18	75
韓國	76	76	85	19	77
澳門	62	88	76	24	69
日本	7	12	56	20	54
列支敦斯登	3	34	29	32	20
瑞士	5	28	18	38	23
荷蘭	3	47	5	34	14
芬蘭	8	88	12	33	37
OECD 平均	27	67	38	28	37

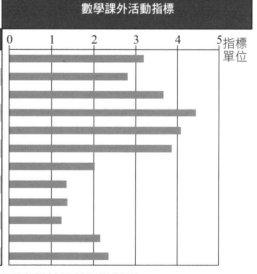

數學課外活動指標

⊃ 圖 8.9　臺灣與參照國家學校課外活動對照

資料來源：OECD, PISA 2012 Database, Tables IV.3.31 & IV.3.32.

455

(二)時間資源與數學表現

表 8.19 及表 8.20 分別為部分模式與完整模式下,臺灣與參照國家時間資源與數學表現關聯對照。對 OECD 國家平均而言,學生在校數學學習時間、學前教育、教師指派的作業或功課,及課外活動指標皆與學生的數學表現有顯著的正相關,即使在調整學生及學校社經地位和其他背景變項、與其他學校因數變項的影響之後,兩者依然有顯著的正相關。但課後數學輔導時間與學生數學表現有負相關,但在調整前述相關變項後,兩者的負向關聯程度已不顯著。此結果是可預期的,因為如表 8.13 所示,臺灣與部分參照國家的學校通常提供數學表現較差的學生課後課程,而這些學生大部分來自社經背景較差的家庭。在時間資源變項與數學表現的關聯方向上,各參照國家呈現不一樣的組型,但臺灣的資料顯示,時間資源與數學表現的關聯方向與 OECD 國家平均類似。

學生在校學習時間對於其數學表現的影響方向,在各參照國家間呈現不一樣的結果。在臺灣每增加一分鐘的學習時間,在部分模式下,學生平均數學表現顯著的增加了 0.3 分;在完整模式下,學生階層的數學表現顯著的增加了 0.3 分,即使在考量學生及學校社經與背景及其他相關變項後,仍有顯著的正向關聯,新加坡、韓國呈現類似的結果。在參照的 10 個國家中,無論有無考量學生及學校社經與背景,約有一半的國家學生在校數學學習時間與數學表現呈現負的關聯,其中有 3 個關聯程度是顯著的,亦即,增加數學學習時間,反而阻礙了學生的數學表現。因為教學時間的量與質皆會影響學生的學習結果,此外,跨國間教師的教學品質的差異,有可能模糊了數學學習時間與數學表現的關聯。

學生參加學前教育時間對於其數學表現的影響方向,在各參照國家間則呈現類似的結果。在臺灣學生曾參加學前教育,平均數學表現比未參加學前教育者多了 19.2 分,即使在考量學生及學校社經與背景及其他相關變項後,仍顯著的多了 9.7 分,上海、香港、韓國、日本呈現類似的結果,而瑞士的增加量並不顯著,在調整相關變項的影響後,有參加過學前教育的學生,平均數學表現反而顯著降低了 4.8 分(參見表 8.19)。

❖表 8.19　臺灣與參照國家時間資源與數學表現關聯對照（部分模式）

國家	在校數學學習時間		學前教育		教師指派的作業	
	未調整[1]	調整後[2]	未調整[1]	調整後[2]	未調整[1]	調整後[2]
臺灣	**0.3**	**0.3**	**19.2**	**9.7**	4.1	6.7
上海	**-0.5**	**-0.4**	**15.9**	**12.2**	**7.4**	0.6
新加坡	**0.3**	**0.3**	**13.9**	1.1	**20.4**	**17.8**
香港	-0.2	-0.2	**14.3**	**10.5**	**44.0**	**32.9**
韓國	**0.5**	**0.4**	**12.8**	**6.5**	3.5	3.7
澳門	0.4	0.1	**8.1**	9.4	**21.4**	**18.5**
日本	**0.6**	**0.3**	**12.0**	**6.6**	**35.6**	**19.3**
列支敦斯登						
瑞士	**-0.6**	-0.1	0.3	**-4.8**	-2.1	**-2.0**
荷蘭	**-0.6**	-0.2	**15.6**	**13.1**	**30.7**	10.9
芬蘭	-0.1	-0.2	**5.4**	1.3	**3.5**	1.5
OECD 平均	**0.3**	**0.2**	**6.8**	**2.5**	**13.7**	**4.8**
國家	課後數學輔導時間		創造性課外活動指標		數學課外活動指標	
	未調整[1]	調整後[2]	未調整[1]	調整後[2]	未調整[1]	調整後[2]
臺灣	3.1	-6.2	2.9	5.6	4.7	2.7
上海	-1.8	-8.3	5.0	1.4	1.2	3.7
新加坡	-4.0	-1.6	8.2	1.7	**8.9**	-2.3
香港	-16.1	-9.0	-3.5	-4.0	0.1	-0.5
韓國	6.4	1.8	7.6	6.3	-2.7	-1.8
澳門	-26.0	-13.8	9.0	6.5	6.8	5.2
日本	-17.4	-13.5	5.9	6.5	3.2	4.0
列支敦斯登						
瑞士	**-28.0**	**-11.2**	10.3	0.4	**12.7**	**7.0**
荷蘭	-1.3	1.5	-2.0	**-11.1**	14.1	5.7
芬蘭	-5.4	-6.2	0.0	0.0	1.7	2.8
OECD 平均	**-4.2**	-1.5	**4.4**	**1.3**	**3.1**	**1.5**

註：數值達統計顯著者以粗體字表示。
　[1] 未調整的結果是根據僅以教育資源為自變項的迴歸分析結果。
　[2] 調整後的結果是根據教育資源、學生及學校社經與背景為自變項的迴歸分析結果。
資料來源：OECD, PISA 2012 Database, Tables IV.1.8a, IV.1.8b, & IV.1.8c.

❖表 8.20　臺灣與參照國家時間資源與數學表現關聯對照（完整模式）

國家	在校數學學習時間		學前教育		教師指派的作業	
	未調整[1]	調整後[2]	未調整[1]	調整後[2]	未調整[1]	調整後[2]
臺灣	**0.3**	**0.4**	**14.6**	4.2	0.4	3.4
上海	**-0.3**	**-0.3**	**11.3**	**8.3**	-1.9	**-7.4**
新加坡	**0.4**	**0.3**	7.3	-0.5	**12.7**	**15.6**
香港	-0.2	-0.3	**11.2**	**7.6**	**27.9**	**19.8**
韓國	**0.3**	**0.3**	**9.1**	**5.6**	4.1	3.3
澳門	c	c	c	c	c	c
日本	**0.6**	**0.2**	**5.8**	1.6	**26.5**	**13.4**
列支敦斯登						
瑞士	-0.2	0.0	0.1	-1.6	-1.1	-1.2
荷蘭	0.0	0.0	**7.9**	7.7	5.7	-1.0
芬蘭	-0.1	-0.2	2.5	-1.3	**3.5**	1.0
OECD 平均	**0.3**	**0.2**	**2.7**	**1.2**	**6.3**	**2.7**

國家	課後數學輔導時間		創造性課外活動指標		數學課外活動指標	
	未調整[1]	調整後[2]	未調整[1]	調整後[2]	未調整[1]	調整後[2]
臺灣	-3.1	-11.1	1.6	2.6	6.3	2.9
上海	-2.1	-3.6	2.3	0.0	3.6	4.7
新加坡	-11.7	-15.5	5.3	2.4	5.3	-1.3
香港	-9.2	-8.0	-3.9	-5.5	4.3	3.1
韓國	-1.7	-3.0	0.5	2.9	1.2	0.1
澳門	c	c	c	c	c	c
日本	-16.8	**-17.7**	1.7	3.0	**7.7**	**8.0**
列支敦斯登						
瑞士	**-18.2**	**-11.9**	**5.3**	-1.1	**10.9**	**8.4**
荷蘭	0.4	0.3	-0.8	-5.6	2.6	2.2
芬蘭	0.4	-1.4	-1.2	-0.9	-0.2	0.8
OECD 平均	**-2.5**	-1.4	**2.1**	0.7	**2.0**	**1.6**

註：數值達統計顯著者以粗體字表示。

　　c 表示該項人數百分比為 0，所以無法計算。

　　[1] 未調整的結果是根據所有學校因素變項為自變項的迴歸分析結果。

　　[2] 調整後的結果是所有學校因素變項、學生及學校社經與背景為自變項的迴歸分析結果。

資料來源：OECD, PISA 2012 Database, Tables IV.1.12a, IV.1.12b, & IV.1.12c.

　　學生花在教師指派的作業的時間對於其數學表現的影響方向，在各參照國家間呈現類似的結果。如表 8.19 所示，在臺灣學生每週平均多花一小時在教師指派的作業上，學生平均數學表現增加了 4.1 分，但關係程度並不顯著，即使在考量學生及學校社經與背景及其他相關變項後，仍是不顯著的正向關聯；新加坡、香港、澳門及日本在調整相關變項的影響後，學生平均數學表現增加了 13 分以上。如表 8.20 所示，上海學生若每週平均多花一小時在教師指派的作業上，學生平均數學表現反而顯著的降低了 7.4 分（調整後），如前所示，上海學生花在完成教師指派的作業上的時間為平均每週 13.8 小時，是所有參照國家中最多的，但卻對學生的數學表現有負向的影響；此結果有可能是花過多教師指派作業時間，壓縮了學生其他更有效的學習時間，也有可能是數學表現不好的學生，花較多的時間完成教師的指派作業。臺灣與香港、日本的學生花在完成教師指派作業的時間接近，但臺灣學生數學表現調整後的增加量卻不若香港及日本；或許，作業的品質對數學表現的影響亦是要考量的因素。

　　學生課後數學輔導時間對於其數學表現的影響方向，在各參照國家間呈現類似的結果。以完整模式來看，在臺灣曾參加數學課後輔導，學校平均數學表現較沒參加過者少了 11.1 分（調整後），此結果似乎可以預期，因為會參加數學課後輔導的學生，通常是表現較不好的學生。

　　學校提供課外活動的量對於其數學表現的影響方向，在各參照國家間呈現類似的結果。若不考量其他變項，單獨檢視課外活動指標對學生數學表現的影響，在臺灣學校的課外活動指標每增加一單位，不論是數學性的或創造性的活動，學校平均數學表現顯著增加了約 18 分（參見表 8.21、表 8.22）；上海、新加坡、韓國、日本及荷蘭等學生，數學表現至少顯著增加 17 分以上（OECD, 2013c）。此兩變項可解釋學生表現的變異百分比分別為 4.3%（數學性）與 2%（創造性）。調整社經地位指標、學生背景變項及其他學校相關變項的影響後，在臺灣學校的課外活動指標每增加一單位，學校平均數學表現增加了約 2.6（創造性課外活動）或 2.9 分（數學課外活動），但增加量並不顯著（參見表 8.20）。這顯示社經地位指標對學生數學表現的影響，並沒有被課外活動指標消弱。

❖表 8.21　臺灣與參照國家創造性課外活動指標與數學表現關聯對照

國家	四等分創造性課外活動指標的平均數學表現				指標每增加一單位的數學分數改變量	可解釋的學生表現變異（r-squared×100）
	最低25%	次低25%	次高25%	最高25%	效果	百分比
	平均分數	平均分數	平均分數	平均分數		
臺灣	**537**	554	568	**580**	**18.0**	2.0
上海	**577**	596	638	**639**	**32.0**	7.8
新加坡	**553**	564	591	**590**	**27.3**	2.8
香港	**537**	569	567	**572**	**32.4**	2.6
韓國	**540**	543	557	**575**	**17.0**	2.3
澳門	**513**	548	546	**546**	**31.0**	4.0
日本	**502**	531	550	**562**	**36.3**	8.6
列支敦斯登	c	c	c	c	**35.6**	17.6
瑞士	525	527	533	543	6.8	0.5
荷蘭	**485**	522	537	**535**	**21.7**	5.6
芬蘭	514	517	523	519	2.6	0.1
OECD 平均	**478**	492	501	**507**	**14.1**	2.8

註：數值達統計顯著者以粗體字表示。
　　c 表示該項人數百分比為 0，所以無法計算。

❖表 8.22　臺灣與參照國家數學課外活動指標與數學表現關聯對照

國家	四等分數學課外活動指標的平均數學表現				指標每增加一單位的數學分數改變量	可解釋的學生表現變異（r-squared×100）
	最低25%	次低25%	次高25%	最高25%	效果	百分比
	平均分數	平均分數	平均分數	平均分數		
臺灣	**537**	540	569	**593**	**18.6**	4.3
上海	**547**	610	635	**659**	**27.6**	16.9
新加坡	**559**	564	572	**603**	**19.2**	2.8
香港	557	560	564	564	3.0	0.1
韓國	**508**	553	578	**577**	**27.9**	10.9
澳門	**525**	534	545	**548**	**6.5**	0.8
日本	**513**	529	538	**566**	**18.7**	5.4
列支敦斯登	**545**	555	544	**495**	**-26.7**	7.0
瑞士	**519**	537	536	**538**	**7.4**	0.6
荷蘭	**471**	522	536	**553**	**30.3**	9.9
芬蘭	517	518	520	519	0.9	0.0
OECD 平均	**479**	492	499	**507**	**10.0**	2.7

註：數值達統計顯著者以粗體字表示。

　　PISA 在檢視學校管理的組織特徵上，主要針對學校自治與學校選擇，學校自治指的是學校可以自行決定學校組織內策略的程度，而學校選擇則指學生和家長能根據學生的教育需求自由選擇學生就讀的學校。以下就各要素分別做探討。

一　學校自治

　　自 1980 年初期開始，許多國家考量學校對於學生的學習需求有較佳的判斷力，並認為學校是最有效的資源分配單位，因此紛紛試圖賦予學校在課程和資源分配上更多自治權，以反映當地需求與提供家長更多的學校選擇，進而改善學校的教學品質（Carnoy, 2000; Clark, 2009; Machin & Vernoit, 2011; Whitty, 1997）。本小節就學校在資源分配及課程與評量的自治權做探討。

(一)學校自治的測量與現況

　　學校自治包含學校資源分配及課程與評量責任兩個層面，分別為學校校長自陳是「教師、校長」或「縣市教育局及中部辦公室、教育部」主要擔負「學校資源分配」和「學校課程與評量」兩方面決策的責任。「學校資源分配」的項目包括：「遴聘教師」、「解聘教師」、「設定教師的起薪」、「決定教師的加薪」、「擬定學校預算」、「決定校內預算分配」等，而「學校課程與評量」的項目包括：「建立學生評量政策」、「選擇教科書」、「決定課程內容」、「決定開設哪些課程」等。利用校長在這些項目的回應資料，產生了兩個學校自治綜合指標：學校資源分配責任指標，以及課程和評量責任指標。OECD 國家在這兩個指標的平均數皆為 0，標準差皆為 1，而指標數值愈高表示學校校長和老師自治權愈高。

　　圖 8.10 臺灣與參照國家「學校資源分配自治權」比率對照為就校長觀點而言，臺灣與參照國家學校資源分配自治權的學生比例。OECD 國家平均而言，有 24% 到 34% 的學生就讀於校長自陳「遴聘和解聘教師」由縣市教育局或中部辦公室或教育部決定，相對的，有 69% 到 73% 的學生就讀於校長自陳「教師的起

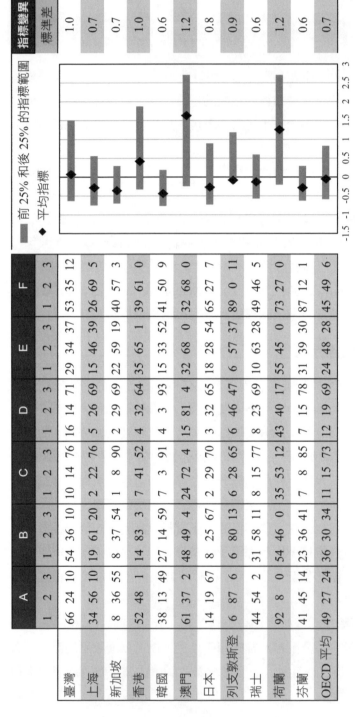

	A			B			C			D			E			F			指標變異 標準差
	1	2	3	1	2	3	1	2	3	1	2	3	1	2	3	1	2	3	
臺灣	66	24	10	54	36	10	10	14	76	16	14	71	29	34	37	53	35	12	1.0
上海	34	56	10	19	61	20	2	22	76	5	26	69	15	46	39	26	69	5	0.7
新加坡	8	36	55	8	37	54	1	8	90	2	29	69	22	59	19	40	57	3	0.7
香港	52	48	1	14	83	3	7	41	52	4	32	64	35	65	1	39	61	0	1.0
韓國	38	13	49	27	14	59	7	3	91	4	3	93	15	33	52	41	50	9	0.6
澳門	61	37	2	48	49	4	24	72	4	15	81	4	32	68	0	32	68	0	1.2
日本	14	19	67	8	25	67	2	29	70	3	32	65	18	28	54	65	27	7	0.8
列支敦斯登	6	87	6	6	80	13	6	28	65	6	46	47	6	57	37	89	0	11	0.9
瑞士	44	54	2	31	58	11	8	15	77	8	23	69	10	63	28	49	46	5	0.6
荷蘭	92	8	0	54	46	0	35	53	12	43	40	17	55	45	0	73	27	0	1.2
芬蘭	41	45	14	23	36	41	7	8	85	7	15	78	31	39	30	87	12	1	0.6
OECD 平均	49	27	24	36	30	34	11	15	73	12	19	69	24	48	28	45	49	6	0.7

圖例：前 25% 和後 25% 的指標範圍　◆ 平均指標

○ 圖 8.10　臺灣與參照國家「學校資源分配自治權」比率對照

註：圖左為對於下列任務學校校長認為「1：只有校長或教師」、「2：校長或教師及縣市教育局或中部辦公室或教育部皆有」、「3：只有縣市教育局或中部辦公室或教育部」負擔重大責任的學校學生比例：

A 為縣市教師、B 為解聘教師、C 為設定教師的起薪、D 為決定學校預算、E 為擬定學校預算、F 為決定校內預算分配。

資料來源：OECD, PISA 2012 Database, Table IV.4.1.

薪和加薪」由縣市教育局或中部辦公室或教育部決定。臺灣在學校資源分配自治權上與 OECD 國家平均的組型相似，臺灣學生就讀於校長自陳學校在「遴聘和解聘教師」上有較大的自主權，而在「教師的起薪和加薪」及「擬定學校預算」上有相對較低的自主權。在參照國家中，只有荷蘭有較高比例的學生就讀於學校有較大的「教師的起薪和加薪」自治權，但大部分學校能決定校內預算分配。在所有參照的國家中，整體而言，澳門與荷蘭的學校資源責任指標明顯高於 OECD 平均，但指標的標準差亦較大；臺灣的指標值很接近 OECD 國家平均，指標的標準差亦大於 OECD 平均。韓國與新加坡的指標值則相對低於 OECD 平均，韓國、瑞士、芬蘭的指標的標準差則略低於 OECD 平均。

　　圖 8.11 為就校長觀點而言，臺灣與參照國家「學校課程與評量自治權」的學生比例。OECD 國家平均而言，有 36% 到 65% 的學生就讀於校長自陳「建立學生評量政策」、「選擇教科書」、「決定課程內容」、「決定開設哪些課程」由校長或教師決定。臺灣學生就讀於校長自陳學校在「選擇教科書」、「決定課程內容」、「決定開設哪些課程」上有較大的自主權，而在「建立學生評量政策」上有相對較低的自主權。在參照國家中，香港、韓國、日本及荷蘭學生在各個項目上，由校長或教師決定的比例皆高於 60%。在所有參照的國家中，整體而言，香港、韓國、澳門、日本與荷蘭的課程與評量責任指標明顯高於 OECD 平均，臺灣的指標值接近 OECD 國家平均，上海與瑞士的指標值則相對低於 OECD 平均。日本及瑞士的指標標準差略低於 OECD 平均，其他國家則有相近的指標標準差。

　　日本、韓國學校在「課程與評量」上的自治權高於其在「學校資源分配」上的自治權。除上海外，各國大部分學校能自行選擇教科書，除此之外，臺灣有超過 70% 的校長認為學校在「遴聘教師」、「解聘教師」、「學生評量政策」、「選擇教科書」、「決定課程內容」和「決定開設哪些課程」有相當大的責任。

　　表 8.23 顯示，臺灣與參照國家不同學校類型的學校資源配置及課程和評量責任指標。在所有可比較的國家中，臺灣與其他國家公立學校的兩項指標低於私立學校的指標，且在公私立學校上的差異達統計顯著水準；此外，臺灣與其他國家高中的兩項指標高於國中的指標，且在國高中的差異達統計顯著水準。

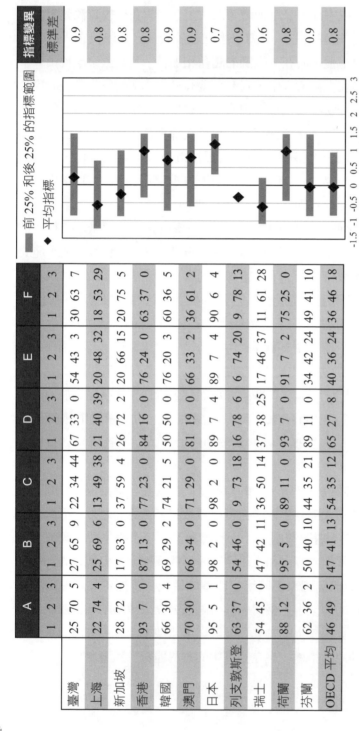

| | A | | | B | | | C | | | D | | | E | | | F | | | 指標變異 |
	1	2	3	1	2	3	1	2	3	1	2	3	1	2	3	1	2	3	標準差
臺灣	25	70	5	27	65	9	22	34	44	67	33	0	54	43	3	30	63	7	0.9
上海	22	74	4	25	69	6	13	49	38	21	40	39	20	48	32	18	53	29	0.8
新加坡	28	72	0	17	83	0	37	59	4	26	72	2	20	66	15	20	75	5	0.8
香港	93	7	0	87	13	0	77	23	0	84	16	0	76	24	0	63	37	0	0.8
韓國	66	30	4	69	29	2	74	21	5	50	50	0	76	20	3	60	36	5	0.9
澳門	70	30	0	66	34	0	71	29	0	81	19	0	66	33	2	36	61	2	0.9
日本	95	5	1	98	2	0	98	2	0	89	7	4	89	7	4	90	6	4	0.7
列支敦斯登	63	37	0	54	46	0	9	73	18	16	78	6	6	74	20	9	78	13	0.9
瑞士	54	45	0	47	42	11	36	50	14	37	38	25	17	46	37	11	61	28	0.6
荷蘭	88	12	0	95	5	0	89	11	0	93	7	0	91	7	2	75	25	0	0.8
芬蘭	62	36	2	50	40	10	44	35	21	89	11	0	34	42	24	49	41	10	0.9
OECD平均	46	49	5	47	41	13	54	35	12	65	27	8	40	36	24	36	46	18	0.8

■ 前 25% 和後 25% 的指標範圍　◆ 平均指標

指標單位

-1.5　-1　-0.5　0　0.5　1　1.5　2　2.5　3

○ 圖 8.11　臺灣與參照國家「學校課程與評量自治權」比率對照

註：圖左為對於下列任務學校長認為「1：只有校長或教師」、「2：校長或教師及校長或教育局或縣市辦公室或教育部皆有」、
「3：只有縣市教育局或中部辦公室或教育局或教育部」負擔重大責任的學校學生比例：
A 為建立學生訓導學生政策、B 為建立學生評量政策、C 為核准學生入學許可、D 為選擇教科書、E 為決定課程內容、
F 為決定開設哪些課程。

資料來源：OECD, PISA 2012 Database, Table IV.4.1.

❖表 8.23　臺灣與參照國家不同學校類型的學校資源配置及課程和評量責任指標

國家	學校資源配置責任指標平均				學校課程和評量責任指標平均			
	公立學校	私立學校	國中	高中	公立學校	私立學校	國中	高中
臺灣	**-0.41**	**0.93**	**-0.34**	**0.31**	**0.15**	**0.34**	**0.10**	**0.28**
上海	**-0.38**	**0.67**	-0.32	-0.26	-0.55	-0.57	-0.77	-0.39
新加坡	**-0.40**	c	-0.43	-0.36	-0.24	c	-0.31	-0.25
香港	**-0.48**	**0.48**	**0.40**	**0.43**	**0.98**	**0.99**	**0.98**	**0.95**
韓國	**-0.68**	**-0.17**	-0.57	-0.43	0.72	0.69	0.96	0.69
澳門	c	1.73	**1.69**	**1.58**	c	0.81	0.87	0.67
日本	**-0.64**	**0.61**	c	-0.27	1.04	1.43	c	1.15
列支敦斯登	**-0.27**	c	-0.02	-0.53	**-0.45**	c	-0.24	-0.95
瑞士	-0.22	1.31	-0.09	-0.27	**-0.67**	**0.48**	-0.64	-0.49
荷蘭	**1.16**	**1.65**	1.21	1.38	**1.30**	**1.18**	1.00	0.88
芬蘭	**-0.34**	**1.68**	**-0.28**	c	-0.06	0.72	-0.05	c
OECD 平均	-0.20	0.92	-0.14	0.03	-0.06	0.33	-0.10	-0.06

註：數值達統計顯著者以粗體字表示。

　　c 表示該項人數百分比為 0，所以無法計算。

(二)學校自治與數學表現

　　學校自治權與學生數學表現的影響方向，在各參照國家間呈現不一樣的結果。如果單獨考量學校資源配置責任或學校課程與評量責任對學生數學表現的影響，在臺灣每增加一單位的學校資源配置責任指標，學生平均數學表現顯著減少了 28.3 分（參見表 8.24）；而每增加一單位的學校課程和評量責任指標，學生平均數學表現減少了 11.8 分，但改變量並不顯著（參見表 8.25）。在參照的 10 個國家中，約有一半的國家學校自治變項與數學表現呈現負的關聯，其中有 2 至 3 個關聯程度是顯著的。

　　學校自治權中的學校課程和評量的自治與學習成效，和學校管理的其他變項有重要的關聯。例如：全國性的測驗或評量通常會搭配課程制訂的自主權，才能提供統一的標準，以及提供學校資訊和相關的激勵來幫助學校和家長為學生做最好的抉擇（Fuchs & Woessmann, 2007）。根據 PISA 的數據顯示，全國性測驗

❖表 8.24　臺灣與參照國家「學校資源配置責任指標」與數學表現

國家	四等分學校資源配置責任指標的平均數學表現				指標每增加一單位的數學分數改變量	可解釋的學生表現變異（r-squared×100）
	最低25%	次低25%	次高25%	最高25%		
	平均分數	平均分數	平均分數	平均分數	效果	百分比
臺灣	**570**	581	568	**515**	**-28.3**	6.2
上海	605	603	623	620	3.5	0.1
新加坡	**567**	554	567	**605**	**34.3**	5.0
香港	570	565	560	550	-4.7	0.2
韓國	540	550	557	568	7.7	0.2
澳門	**543**	545	534	**530**	**-3.4**	0.2
日本	535	527	544	539		
列支敦斯登	c	c	514	**479**		
瑞士	520	551	533	523	**-11.2**	0.6
荷蘭	524	517	516	536	1.6	10.7
芬蘭	515	516	526	517	**7.5**	**-33.2**
OECD 平均	**489**	492	496	**500**	6.5	1.1

註：數值達統計顯著者以粗體字表示。
　　c 表示該項人數百分比為 0，所以無法計算。

❖表 8.25　臺灣與參照國家「學校課程和評量責任指標」與數學表現

國家	四等分學校課程和評量指標的平均數學表現				指標每增加一單位的數學分數改變量	可解釋的學生表現變異（r-squared×100）
	最低25%	次低25%	次高25%	最高25%		
	平均分數	平均分數	平均分數	平均分數	效果	百分比
臺灣	570	566	558	541	-11.8	0.9
上海	**620**	627	622	**582**	**-24.1**	3.9
新加坡	**561**	571	571	**590**	**15.0**	1.3
香港	563	564	560	558	-3.8	0.1
韓國	548	557	554	556	1.1	0.0
澳門	**555**	557	520	**521**	**-18.8**	3.2
日本	536	536	538	536	-0.6	0.0
列支敦斯登	c	c	c	c	**-37.7**	12.7
瑞士	**513**	525	537	**552**	7.8	0.3
荷蘭	538	518	520	516	-12.1	1.2
芬蘭	**514**	516	517	**528**	**5.9**	0.4
OECD 平均	**492**	494	495	**496**	1.9	0.5

註：數值達統計顯著者以粗體字表示。
　　c 表示該項人數百分比為 0，所以無法計算。

與學校自治之間有重要的關聯。在沒有全國性測驗的學校系統裡,學校自治和學生表現之間呈負相關,在此類的學校系統裡,就讀於課程制訂方面有較多自主權學校的學生,其表現會比具有較少課程制訂自主權學校的學生差。相反的,若學校系統有全國性測驗,就讀於自主權愈高的學校學生其在數學方面的表現會愈好。因此在解釋學校自主權與學生數學表現時,可納入其他學校管理變項,或其他學校因素變項一併考量。

表 8.26 及表 8.27 分別為部分模式與完整模式下,臺灣與參照國家學校管理與數學表現關聯對照。對 OECD 國家平均而言,兩個學校管理指標,在調整其他有關的變項影響下,與學生數學表現呈負相關。若納入其他學校管理變項一併考量(部分模式),在臺灣,兩個學校管理指標與學生數學表現仍然呈現負相

❖表 8.26　臺灣與參照國家學校管理與數學表現關聯對照(部分模式)

國家	學校資源配置責任指標		學校課程和評量責任指標		選擇學校	
	數學分數改變量		數學分數改變量		數學分數改變量	
	未調整[1]	調整後[2]	未調整	調整後	未調整	調整後
臺灣	**-23.3**	**-6.6**	-7.7	-2.3	23.4	-12.6
上海	4.7	-4.0	**-24.9**	**-12.6**	**39.0**	11.4
新加坡	**33.9**	2.5	7.9	4.7	-9.8	**45.2**
香港	-1.5	-5.6	-7.4	3.1	**-58.4**	-12.1
韓國	-1.2	5.3	3.1	-14.4	5.6	-24.3
澳門	9.2	7.3	**-27.1**	0.3	-74.5	-11.6
日本	17.2		-1.0		29.8	
列支敦斯登	-11.0	0.3	11.4	**7.4**		-3.1
瑞士	8.0	0.7	-12.6	-4.3	5.6	12.6
荷蘭	4.2	0.7	**5.3**	**5.7**	-7.4	-1.6
芬蘭	-0.6	**-10.2**	-0.8	-1.1	-0.1	25.7
OECD 平均	**-23.3**	-2.5	-7.7	-0.5	**13.2**	0.7

註:表中資料為每增加一單位自變項,平均數學分數的改變量。

　　數值達統計顯著者以粗體字表示。

　　[1] 未調整的結果是根據僅以學校管理為自變項的迴歸分析結果。

　　[2] 調整後的結果是根據學校管理、學生及學校社經與背景為自變項的迴歸分析結果。

資料來源:OECD, PISA 2012 Database, Tables IV.1.9a, IV.1.9b, & IV.1.9c.

關，即使調整學生與學校社經背景變項的影響，結果依然相似；但若納入所有學校因素做考量（完整模式），學校資源配置責任指標與學生數學表現呈現不顯著的負相關，每增加一單位的責任指標，學生數學成績降低了 3.8 分，即使調整學生與學校社經背景變項，結果仍然一樣。相反的，學校課程與評量責任指標與學生數學表現呈現不顯著的正相關，每增加一單位的責任指標，學生數學成績增加了 2.1 分，在調整學生與學校社經背景變項，學生成績仍然增加 1.3 分。這顯示社經地位指標對學生數學表現的影響，被學校自治變項消弱。相反的，新加坡及香港的分析結果顯示，在調整社經背景的影響後，學校資源配置責任指標與學生數學表現呈不顯著的負相關；但未調整前，兩者的關係是正的。對新加坡和香港而言，社經背景相關變項影響其學校自治權與學生數學表現的關聯。

❖表 8.27　臺灣與參照國家學校管理與數學表現關聯對照（完整模式）

| 國家 | 學校資源配置責任指標 | | 學校課程和評量責任指標 | | 選擇學校 | |
| | 數學分數改變量 | | 數學分數改變量 | | 數學分數改變量 | |
	未調整[1]	調整後[2]	未調整	調整後	未調整	調整後
臺灣	-3.8	-3.8	2.1	1.3	2.4	-8.2
上海	5.3	2.1	-4.3	-4.5	-0.5	1.6
新加坡	9.2	-3.2	-0.3	0.7	**-44.7**	12.2
香港	1.9	-1.9	-3.9	-0.8	-15.3	23.2
韓國	-2.3	-0.9	1.5	0.7	2.7	2.8
澳門	c	c	c	c	c	c
日本	11.7	8.0	3.7	4.3	-13.7	-13.2
列支敦斯登						
瑞士	-6.5	-1.5	-2.5	0.1	-5.5	-7.0
荷蘭	-0.5	0.6	-3.1	-3.6	11.3	-1.6
芬蘭	4.1	2.9	**4.9**	**4.7**	0.0	25.7
OECD 平均	-2.6	**-4.2**	**-1.3**	-0.5	**2.4**	0.7

註：數值達統計顯著者以粗體字表示。

　　c 表示該項人數百分比為 0，所以無法計算。

　[1] 未調整的結果是根據僅以所有學校因素變項為自變項的迴歸分析結果。

　[2] 調整後的結果是根據所有學校因素變項、學生及學校社經與背景為自變項的迴歸分析結果。

資料來源：OECD, PISA 2012 Database, Tables IV1.12a, IV1.12b, & IV1.12c.

二　學校選擇

(一)學校選擇的測量與現況

　　「學校選擇」測量家長和學生能選擇就讀學校的程度，其為就讀與有招生競爭學校的學生比率。臺灣、香港、新加坡、韓國、澳門、日本等國家有 90% 以上的學生就讀於所在地區內至少有一所學校共同競爭學生來源的學校。相對的，列支敦斯登、瑞士、芬蘭等國家，就讀於有招生競爭的學校的學生比率則低於 50%（參見表 8.28）。比較不同教育階層，學校所在地至少有一所學校共同競爭學生來源的國高中比率差異，兩者的比率差異在臺灣有約 1.6%，但差異量不顯著，韓國及澳門的比例差異分別為 -9.7% 及 -4.3%，差異量是顯著的（參見表 8.29）。

❖表 8.28　臺灣與參照國家有招生競爭學校學生人數分配比率的對照

國家	兩所或兩所以上	另一所學校	沒有其他學校
臺灣	83.7	12.3	4.0
上海	72.5	10.8	16.8
新加坡	92.7	6.7	0.7
香港	93.7	5.1	1.3
韓國	70.9	19.9	9.1
澳門	87.3	8.8	3.9
日本	85.0	5.3	9.8
列支敦斯登	9.2	31.3	59.5
瑞士	25.5	16.8	57.6
荷蘭	76.6	13.8	9.5
芬蘭	30.7	16.1	53.2
OECD 平均	60.7	15.5	23.8

❖表 8.29　臺灣與參照國家不同教育階層的競爭學校學生人數分配比率對照

國家	國中			高中			學校所在地區至少有一所學校共同競爭學生來源的國高中比例差異
	兩所或以上	另一所	沒有其他	兩所或以上	另一所	沒有其他	
臺灣	74.2	20.8	5.0	89.2	7.4	3.4	1.6
上海	67.1	10.5	22.4	76.7	11.0	12.3	10.1
新加坡	92.4	7.6	0.0	92.7	6.7	0.7	**-0.7**
香港	95.4	3.6	0.9	92.8	5.8	1.4	-0.5
韓國	76.5	23.5	0.0	70.6	19.7	9.7	**-9.7**
澳門	92.1	5.9	2.0	81.3	12.4	6.3	**-4.3**
日本	c	c	c	85.0	5.3	9.8	c
列支敦斯登	10.5	35.5	54.1	c	c	c	c
瑞士	27.4	13.7	58.8	19.1	27.3	53.5	5.3
荷蘭	74.6	16.5	8.9	81.8	7.1	11.1	-2.2
芬蘭	30.6	16.1	53.3	c	c	c	c
OECD 平均	58.1	15.9	26.0	66.7	14.1	19.2	2.8

註：數值達統計顯著者以粗體字表示。

　　c 表示該項人數百分比為 0，所以無法計算。

(二)學校選擇與數學表現

　　學校之間的競爭程度是一種測量學校選擇的方式。學校間競爭的目的是為提供學校創新的激勵以及創造更有效的學習環境。然而，在臺灣與參照國家中，大部分國家未發現學校之間的競爭程度與學生表現有顯著關聯。OECD 國家平均顯示，在納入社經背景考量後，會與其他學校競爭學生來源的學校比例和學校系統整體的學生表現之間並無相關（參見表 8.24、表 8.25）。

　　未考量學生和學校的背景時，在臺灣有競爭學校，在部分模式下，學生平均數學表現多了 23.4 分，但改變量不顯著；在完整模式下，平均數學表現多了 2.4 分，但增加量不顯著。而在考量學生及學校社經與背景後，選擇學校與數學表現則呈現不顯著的負向關聯，新加坡呈現相反的結果。在參照的 10 個國家中，無論有無考量學生及學校社經與背景，約有一半的國家學生選擇學校與數學表現呈現負的關聯，但大部分的關聯是不顯著的（參見表 8.26、表 8.27）。

納入學生和學校的社經背景調整後，學校之間的競爭程度與學生表現的正相關不再具統計顯著的情況可反映出成績優秀的高社經背景學生比較可能就讀競爭激烈的學校，反之也可能是對的，因為一般而言，優秀的學生往往具有較高的社經背景，有特權的學校為了吸引這些優秀的學生，在競爭上必定會更為激烈。

與其他學校競爭學生來源的程度會和教育均等有關聯。研究指出，學校選擇更廣泛而言即學校競爭，學校間的競爭則會與學校系統內的高度分離有關，而且最終會導致局部的教育不均等問題（Bunar, 2010a, 2010b; Gewirtz, Ball, & Bowe, 1995; Heyneman, 2009; Hsieh & Urquiola, 2006; Karsten, 1999; Plank & Sykes, 2003; Viteritti, 1999; Whitty, Power & Halpin, 1998）。

第五節　評量與績效責任

PISA 認為教育系統中，有關於「評量與績效責任」的組織特徵有二個要素：評量的用途，以及評量的績效責任。

一　評量的用途

為了確保教學的有效性，大部分的學校教師會使用各種評量方式（如測驗、教師評定、學習檔案、學生專題或家庭作業等）來評量學生的學習成效。標準化測驗通常是教育系統用來比較各國或各區域間學生的學習成效。學生的評量結果則可用來監控學校或其他教育機構是否對教育負責。根據 PISA 2009 年的結果報告，OECD 平均有 76% 學生就讀學校的校長指出他們會對 15 歲學生進行標準化測驗。除日本、澳門外，學生一年中曾接受標準化測驗的比率高達 90% 以上，而除韓國外，各國學生一年中曾接受教師自編測驗的比率皆高達 90% 以上。芬蘭、香港、上海、臺灣使用各種評量方式評量學生的學校學生人數皆高達 90% 以上（OECD, 2011b）。

(一)評量用途的測量與現況

評量的用途即為學校使用評量的目的，PISA 所界定的評量用途包括：「告知家長學生的進展」、「作為晉升或留級的決定」、「將學生分組以利教學」、

「與地區或國家表現比較」、「監控學校逐年進展」、「評定教師教學效能」、「找出教學或課程可改進之處」、「與其他學校比較」等八項用途,皆來自學校校長的自陳。這些項目產生一個綜合性評量實施指標,為學校校長對各用途回應「是」的總次數,指標的可能值為 0 至 8,但實際資料顯示最大值到 6,因為沒有校長回應 7 個或 8 個用途。表 8.30 顯示,臺灣與參照國家各種評量用途學校學生人數百分比對照,以及各國評量實施指標的平均值。所有參照國家資料顯示,學生就讀的學校使用評量的目的是為了「告知家長學生的進展」的比率高達 90% 以上;除日本之外的亞洲國家,「找出教學或課程可改進之處」的比率亦高達 94% 以上;新加坡、香港、澳門、日本、荷蘭、芬蘭等國家,學生就讀於校長回應「決定學生升級或留級」的比例亦有 88% 以上;上海、新加坡、香港、韓國、澳門、日本等國家,校長回應「評定教師教學效能」的學生比率亦有 75% 以上。在臺灣,有約 95% 學生就讀於評量的用途主要是「告知家長學生的

❖表 8.30　臺灣與參照國家各種評量用途學校學生人數百分比對照

國家	告知家長學生的進展	作為晉升或留級的決定	將學生分組以利教學	與地區或國家表現比較	監控學校逐年進展	評定教師教學效能	找出教學或課程可改進之處	與其他學校比較	評量實施指標[1] 平均
臺灣	95.6	45.4	35.0	36.6	78.2	47.9	94.2	41.7	4.1
上海	98.0	50.9	55.0	50.1	87.5	86.4	95.8	56.7	4.8
新加坡	100.0	88.4	96.0	95.5	99.4	87.7	98.2	88.2	5.5
香港	98.1	98.1	86.4	44.1	96.1	80.0	99.4	30.5	5.4
韓國	94.7	56.3	85.6	70.2	89.9	85.3	96.3	66.8	4.8
澳門	99.4	94.9	65.2	31.9	86.7	75.3	96.5	21.4	5.1
日本	99.2	90.4	45.3	17.3	51.6	75.7	79.2	14.9	4.3
列支敦斯登	100.0	71.8	49.1	68.1	66.8	20.2	69.5	59.4	5.0
瑞士	93.7	85.7	40.1	41.1	48.0	36.4	50.7	27.5	3.7
荷蘭	99.3	97.7	61.0	69.7	88.8	68.4	78.1	64.1	4.7
芬蘭	98.7	93.3	17.0	45.8	59.5	15.5	60.5	21.1	3.9
OECD 平均	98.1	76.5	50.5	62.6	81.2	50.4	80.3	52.9	4.6

註:[1] 評量實施指標為 8 項用途回答「是」的總和。

進展」、「找出教學或課程可改進之處」的學校；回應「監控學校逐年進展」亦有 78.2% 的學校學生；而回應「作為晉升或留級的決定」則有約 46% 的學生。除瑞士與芬蘭外，評量實施指標平均約在 4 項至 5.5 項用途，學校校長回應學校平均而言，使用評量的目的約有 4 至 5.5 項用途。

(二)評量的用途與數學表現

表 8.31 與表 8.32 呈現在部分模式下與完整模式下，臺灣與參照國家評量用途與績效責任和數學表現關聯對照。臺灣在兩個模式下，未調整學生與學校社經

❖表 8.31　臺灣與參照國家評量用途與績效責任和數學表現關聯對照（部分模式）

| | 評量用途 | | 評量的績效責任 | | | | | | | |
| | 評量實施指標 | | 公開宣布成就資料 | | 相關教育主管機關持續追蹤成就資料 | | 徵求學生的書面回饋意見 | | 教師監督 | |
	未調整[1]	調整後[2]	未調整	調整後	未調整	調整後	未調整	調整後	未調整	調整後
臺灣	-0.4	2.9	12.8	-2.5	-1.2	9.4	**-27.2**	1.9	-5.6	-4.8
上海	-1.5	3.7	-0.7	-0.3	9.9	-6.5	16.1	-19.4	**63.8**	36.3
新加坡	**-96.2**	27.3	**35.1**	-0.2	98.0	56.3	**71.6**	-17.0	**-48.6**	**28.6**
香港	-10.9	0.3	**30.5**	17.2	-9.7	3.1	14.9	4.6	-12.4	-1.0
韓國	-0.3	-0.4	**25.5**	14.7	**-46.3**	-24.6	28.7	7.0	11.6	13.7
澳門	-11.5	-4.7	26.4	**42.2**	-6.3	-13.9	14.7	-8.2	43.8	**43.3**
日本	**10.9**	5.2	23.4	-3.3	-34.2	0.1	8.3	9.2	-23.5	-7.6
列支敦斯登	c	c	c	c	c	c	c	c	c	c
瑞士	**-13.4**	-3.2	23.6	18.7	**29.7**	**11.5**	2.5	6.9	11.0	7.9
荷蘭	-0.3	**6.7**	6.5	-1.9	-5.8	-6.3	**55.7**	-5.3	**56.9**	31.6
芬蘭	0.4	-0.2	13.5	13.2	-4.6	-5.6	1.3	1.9	-1.0	-1.2
OECD 平均	-1.6	0.1	**13.8**	**3.2**	**-7.6**	**-3.6**	**4.9**	1.8	**6.0**	0.2

註：表中資料為每增加一單位自變項，平均數學分數的改變量。
　　數值達統計顯著者以粗體字表示。
　　c 表示該項人數百分比為 0，所以無法計算。
　　[1] 未調整的結果是根據僅以評量與績效責任為自變項的迴歸分析結果。
　　[2] 調整後的結果是根據評量與績效責任、學生及學校社經與背景為自變項的迴歸分析結果。
資料來源：OECD, PISA 2012 Database, Tables IV.1.10a, IV.1.10b, & IV.1.10c.

背景變項時，評量用途的多寡與學生數學表現呈現負相關，在考量其他所有學校因素的影響後，關係程度是顯著的，平均每增加一項用途，學生數學表現減少8.8分；在調整學生與學校社經背景變項後，評量用途的多寡與學生數學表現的關聯程度不顯著。10個參照國家顯示不一樣的組型，但在兩個模式下，納入學生與學校社經背景變項調整後，除荷蘭外的參照國家，皆呈現兩個變項沒有顯著的關聯，顯示社經背景變項對數學表現的影響，沒有被評量用途的多寡消弱。

❖表 8.32　臺灣與參照國家評量用途與績效責任和數學表現關聯對照（完整模式）

	評量用途				評量的績效責任					
	評量實施指標		公開宣布成就資料		相關教育主管機關持續追蹤成就資料		徵求學生的書面回饋意見		教師監督	
	未調整 [1]	調整後 [2]	未調整	調整後	未調整	調整後	未調整	調整後	未調整	調整後
臺灣	**-8.8**	-3.9	15.2	8.4	6.6	6.4	-10.3	-1.0	5.9	2.4
上海	3.9	2.9	-4.0	2.0	**-13.5**	**-12.8**	-11.7	-11.7	14.9	26.1
新加坡	**-39.0**	-10.2	**16.0**	1.8	18.5	8.0	**26.4**	5.8	-4.2	-8.4
香港	-1.6	1.2	-3.8	-3.6	-3.5	1.7	2.6	-2.1	-9.4	-2.8
韓國	**7.7**	5.6	11.3	7.7	**-25.1**	**-18.5**	-10.0	-11.3	8.9	9.2
澳門	c	c	c	c	c	c	c	c	c	c
日本	0.1	2.5	4.5	4.2	-5.4	5.6	-9.3	-7.3	**-20.9**	-11.9
列支敦斯登	c	c	c	c	c	c	c	c	c	c
瑞士	-0.9	1.4	-10.3	2.4	2.6	-0.1	-3.5	-1.4	2.4	3.5
荷蘭	**-5.7**	-2.5	6.0	1.7	-10.8	-10.3	-1.6	-9.1	12.2	15.7
芬蘭	0.4	0.2	13.4	11.9	-3.4	-3.6	0.4	0.4	1.9	1.1
OECD 平均	-0.1	-0.3	**5.0**	**2.6**	**-4.3**	-2.1	-1.0	-0.9	0.7	0.4

註：表中資料為每增加一單位自變項，平均數學分數的改變量。
　　數值達統計顯著者以粗體字表示。
　　c 表示該項人數百分比為 0，所以無法計算。
　　[1] 未調整的結果是根據僅以所有學校因素變項為自變項的廻歸分析結果。
　　[2] 調整後的結果是根據所有學校因素變項、學生及學校社經與背景為自變項的廻歸分析結果。
資料來源：OECD, PISA 2012 Database, Tables IV.1.12a, IV.1.12b, & IV.1.12c.

二　評量的績效責任

　　在許多國家中，民眾與政府在教育方面的關注，已從單純的控管教育資源和內容轉變成重視教育成果，此轉變連帶推動評量教育機構品質的發展。各國設定標準的範圍包括廣泛的教育目標與制定各學科領域簡要的預期表現。標準的設定也帶動了責任系統的建立。在過去十年中，評量學生的表現已普遍出現在許多國家，而且評量的結果通常會被廣泛地報導且公開公布。然而，評量的理由和方法的本質在國際間與各國國內的認知上差異卻非常懸殊。例如 OECD 各國採用的校外評量、審查或各校自我評鑑都不盡相同。

　　PISA 也同時檢視學生在校的成就資料是否會被公開公布、會告知家長、會用來決定資源分配，或者會被相關教育主管機關持續追蹤。然而，學校公開公布學生成就資料與學校的表現之間稍微有一些關聯。校長於問卷中指出該校會公開公布學生成就資料的學校，其校內學生的表現會比未公布學生成就資料的學校佳，臺灣有此現象。然而，在大部分國家裡，這些會公開公布學生成就資料的學校都具有高社經背景。在納入社經背景考量後，此表現優勢僅出現在臺灣、香港（OECD, 2011b）。

　　雖然標準化測驗的使用和學校表現之間往往是不相關的，但標準化測驗的使用會與學校系統內的教育均等程度有關。教師可策略性地挑出或保留弱勢學生的方式來回應責任績效的評鑑（Jacob, 2005; Jennings, 2005）。此外，PISA 的分析結果也顯示，會使用成就資料來決定課程規劃，以及會由相關教育主管機關持續追蹤的學校系統，其社經地位均等程度較高（OECD, 2011b）。

　　有鑑於責任系統在政策與公開討論中的重要性，以及 OECD 國家間的多樣性（參見 OECD, 2007），PISA 進行蒐集與績效責任本質相關的資料，以及權利關係人或民眾使用這些資料所提供之訊息的方法。

(一)評量的績效責任的測量與現況

　　評量的績效責任為使用評量作為決策參考，主要包括四項相關的變數：「公開宣布成就資料」、「相關教育主管機關持續追蹤成就資料」、「徵求學生的書面回饋意見」、「教師監督」。其測量亦根據學校校長的問卷回應，在每一項

目,回應「是」設為 1、「否」設為 0。

　　有些學校系統會公開地公布學生成就資料,使權利關係人了解學校間表現的差異,也提醒家長們學校選擇的權力。PISA 2012 結果顯示,整個 OECD 國家中,平均有 45% 的學生就讀學校的校長指出他們會將學生成就資料提供給社會大眾。臺灣學生就讀於學校會「公開宣布成就資料」的比率僅有 14.5%,上海、澳門、日本、瑞士、芬蘭等在此項目上的學校學生比率更低於 10% 以下;相反的,在韓國和荷蘭有 70% 以上的學校會將學生成就資料公布(參見圖 8.12、表8.33)。

　　學校層級的成就資料也會由相關教育主管機關持續追蹤。OECD 國家平均有72.1% 學生就讀學校的校長指出,相關教育主管機關會持續地追蹤學校學生成就的資料。在 10 個參照國家中,日本僅有 7% 學校會持續地追蹤學校學生成就的資料,其餘皆超過 47% 學校的學業成就被持續追蹤,而新加坡、韓國超過或將近 90% 的學校也被長時間的追蹤學生成就資料(參見圖 8.12、表 8.33)。

　　為確保品質和改善績效,學校也會「徵求學生有關課程、教師或資源等的書面回饋意見」,OECD 國家平均有 60.5% 的學校採用此方式,臺灣學校有 62%的學校採用學生的書面回饋意見,所有參照國家學校採用此方式以確保品質的學生比例皆在 70% 以上。此外,學校也會以「教師監督」來改善績效,OECD

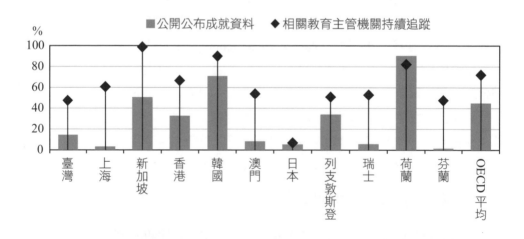

⊃ 圖 8.12　臺灣與參照國家為績效責任而使用學業成就資料的學校學生人數百分比對照

資料來源:OECD, PISA 2012 Database, Table IV 4.31.

❖表 8.33　臺灣與參照國家有評量的績效責任措施學校學生人數百分比對照

國家	為績效責任而使用學業成就資料		有品質保證和改善措施	
	公開宣布成就資料	相關教育主管機關持續追蹤成就資料	徵求學生的書面回饋意見	教師監督
臺灣	14.5	47.6	62.0	73.2
上海	3.4	61.1	91.4	98.5
新加坡	50.8	98.8	87.4	99.7
香港	32.7	66.3	81.1	91.0
韓國	71.0	89.9	84.2	87.8
澳門	8.3	54.0	70.3	91.3
日本	5.5	7.0	75.3	87.9
列支敦斯登	34.1	50.9	93.8	81.8
瑞士	5.8	52.8	72.1	71.0
荷蘭	90.5	82.1	89.2	97.5
芬蘭	1.6	47.6	74.4	55.2
OECD 平均	45.0	72.1	60.5	71.5

國家平均有 71.5% 的學校採用此方式，臺灣、瑞士、芬蘭學校分別有 73.2%、71%、55.2% 的學校採用教師監督，其餘參照國家學校採用此方式以改善品質的學生比例皆在 80% 以上（參見表 8.33）。

　　綜合言之，為了評估績效責任，臺灣與參照國家有較高比率學校的教育主管機關會持續追蹤成就資料；而為了確保品質和改善績效，學校較會採用「教師監督」的方式。

(二)評量的績效責任與數學表現

　　在學校系統裡，為了績效責任而使用評量資料與學校系統的表現之間量測不到明顯的相關，而且檢視各國在此方面的關係時，也未發現有明顯的趨勢（OECD, 2011b）。此結果可能是因為各國在使用評量資料的政策差異所造成的。

評量的績效責任變項與數學表現的關聯方向，在臺灣與參照國家呈現不一樣的組型，可能是評量的理由和方法的本質在國際間與各國國內的認知上差異非常懸殊。在納入學生與學校社經背景變項調整後，每對變項的相關程度僅有 1 至 2 個國家達到統計顯著。臺灣未調整學生與學校社經背景變項時，僅有部分模式下，「徵求學生的書面回饋意見」與學生數學表現呈現顯著的負相關，其餘變項與數學表現的關聯程度皆不顯著。當納入社經背景變項及其他所有學校因素變項考量時（完整模式），公開宣布成就資料、相關教育主管機關持續追蹤成就資料、教師監督與學生數學表現的正相關皆不顯著；學生的書面回饋意見與數學表現關係亦呈現不顯著的負相關（參見表 8.31、8.32）。

在調整社經背景的完整模式下，所有參照國家皆顯示，相關教育主管機關持續追蹤成就資料、徵求學生的書面回饋意見與數學成就有不顯著的關係。上海與韓國的「相關教育主管機關持續追蹤成就資料」與數學成就有顯著的負相關，此兩地區的學校有被追蹤成就資料比沒有被追蹤時，數學表現分別低了 12.8 分與 18.5 分（參見表 8.32）。此外，在調整社經背景變項後，改變了大部分國家評量績效責任變項與數學表現的關聯方向或程度，顯示社經背景變項對數學表現的影響，沒有被評量的績效責任變項消弱。

第六節　學習環境

研究結果指出，教室內、外具備秩序佳且師生共同合作的學習環境，是創造高效能學校最主要的因素（Jennings & Greenberg, 2009）。在學習效能高的學校裡，課堂活動和學生學業表現的優劣是藉由學生與老師這二方面來評斷的（Sammons, 1999; Scheerens & Bosker, 1997; Taylor, Pressley, & Pearson, 2002）。PISA 2012 根據問卷調查結果，測量學習環境學生曠課及學校風氣兩個面向，本節僅探討學校風氣的五個相關變項：師生關係、紀律風氣、影響學校風氣之教師及學生相關因素，和教師士氣。以下分就此五個變項做說明。

一　師生關係

正向師生關係對於建立一個有利學習的環境相當重要。研究發現特別是弱勢學生，當他們認為老師有致力於提升他們的學業成效（Gamoran, 1993）以及他們和老師之間有良好的工作關係（Crosnoe, Johnson, & Elder, 2004）時，這些學生的學習會更好且在紀律上的問題會較少。原因是正向的師生關係有助於傳遞社會資本、創造一個共有的學習環境，且能提升及嚴守有利於學習的規範（Birch & Ladd, 1998）。

(一)師生關係的測量與現況

PISA 2012 問卷要求學生指出，他們與學校老師之間的關係在下列敘述中同意的程度。這些敘述包括：「他們和大部分老師是否相處融洽」、「大部分老師是否關心他們的身心健康」、「大部分老師是否都認真聆聽他們的心聲」、「假如他們需要協助，老師是否都會援手相助」、「大部分老師是否都會公平地對待他們」。資料經彙整後，產生一個以 OECD 國家的平均數為 0、標準差為 1 為參照的指標，稱為師生關係指標（index of student-teacher relations）。指標值愈高代表師生關係愈好（OECD, 2013d）。

圖 8.13 為臺灣與參照國家學生觀點的師生關係對照。平均而言，以日本、上海的師生關係指標最高，臺灣、澳門、瑞士的師生關係指標接近 OECD 平均，而荷蘭及芬蘭則屬師生關係指標相對較低的國家。臺灣、韓國及日本、香港的學生相對地較不認同「大部分老師會關心學生的身心健康」或「大部分老師會傾聽他們的心聲」，臺灣學生在後者的同意或非常同意的比率，在所有比較國中最低。這表示學生的期待和老師的做法之間有落差，這種不一致的結果可能會影響校內學習環境的品質。

此外，國內變異（即學生階層的標準差）可測量學生所感受到的師生關係的差異程度，標準差較小的國家有臺灣、新加坡、芬蘭，表示這些國家的學生所感受到的師生關係比較類似；師生關係指標變異較大的則有瑞士、澳門及香港，表示這些國家的學生所體會到的師生關係都不盡相同。

最高 25% 與最低 25% 的指標範圍

◆ 平均指標

師生關係指標（根據學生問卷）

指標單位

	A	B	C	D	E	指標變異 標準差	校際 指標變異 %
臺灣	89	84	62	81	81	0.96	4.88
上海	93	91	81	93	90	0.98	6.87
新加坡	92	92	83	93	89	0.96	7.41
香港	92	79	71	91	83	1.05	6.62
韓國	90	72	69	89	80	1.02	7.82
澳門	91	82	66	87	75	1.08	3.18
日本	80	59	73	81	79	1.08	3.80
列支敦斯登	82	74	71	79	84	0.89	6.05
瑞士	82	78	76	84	83	1.11	1.61
荷蘭	84	78	74	83	85	1.01	6.80
芬蘭	80	73	74	89	83	0.96	2.47
OECD 平均	82	77	74	82	81	0.98	6.87

A	學生和大部分的老師都能相處得好
B	大部分的老師都會關心學生的身心健康
C	我的大部分老師們都會真正傾聽我的心聲
D	如果我需要額外的幫助，我會從我的老師那邊得到
E	我的大部分老師們都對我很公平

◯ 圖 8.13 臺灣與參照國家學生觀點的師生關係對照

資料來源：OECD, PISA 2012 Database, Table IV.5.5.

(二)師生關係與數學表現

　　表 8.34 為臺灣與參照國家師生關係指標與數學表現關聯對照，臺灣與日本的資料顯示，師生關係指標可解釋學生表現變異的百分比為 2.3%，是所有參照國家最高的比率。在臺灣、韓國、列支敦斯登、荷蘭，師生關係指標與數學表現呈現顯著的正關聯，換言之，若學校師生關係較好，則學生數學表現較好。臺灣、韓國、列支敦斯登、荷蘭學校的師生關係指標每增加一單位，學生的數學表現顯著的改變量分別為 13.9 分、13.9 分、13.3 及 9.2 分。日本、上海、香港及澳門學校的師生關係指標每增加一單位，學生的數學表現反而顯著的退步分別為 13.1 分、4.4 分、4.6 及 4.9 分。

❖表 8.34　臺灣與參照國家師生關係指標與數學表現關聯對照

國家	四等分師生關係指標下的平均數學表現				指標每增加一單位的數學分數改變量	可解釋的學生表現變異（r-squared×100）
	最低25%	次低25%	次高25%	最高25%		
	平均分數	平均分數	平均分數	平均分數	效果	百分比
臺灣	**466**	479	492	**499**	**13.9**	2.3
上海	517	524	526	508	**-4.4**	0.2
新加坡	**553**	565	570	**567**	4.1	0.2
香港	**397**	399	393	**383**	**-4.6**	0.4
韓國	**475**	501	511	**511**	**13.9**	1.7
澳門	**457**	461	458	**445**	**-4.9**	0.3
日本	**426**	423	412	**387**	**-13.1**	2.3
列支敦斯登	**472**	504	506	**509**	**13.3**	1.9
瑞士	511	524	527	519	3.5	0.2
荷蘭	**505**	526	531	**529**	**9.2**	1.0
芬蘭	395	392	397	391	-1.0	0.0
OECD 平均	**475**	480	475	**460**	**-7.2**	0.7

註：數值達統計顯著者以粗體字表示。

　　表 8.35 呈現了納入所有「學習環境」變項為自變數（部分模式）的分析結果。OECD 國家平均顯示，學校師生關係較好的學校，學生數學表現顯著差了 25 分，在 7 個參照國中，學校師生關係較好的學校，學生數學表現較好，上海、韓國及日本呈現顯著的正相關。在納入學生和學校的社經、人文背景考量後，臺灣學校的師生關係指標每增加一單位，學生數學表現雖然增加 29.9，但改變量不顯著（參照國亦呈現不顯著的改變量）。對臺灣而言，學校教師短缺在固定其他教育資源變項的影響下，仍然對學生數學表現有顯著影響。若納入所有學校因素變項為自變數（完整模式），不論有無考量學生和學校的社經、人文背景，臺灣學校師生關係每增加一單位，學生平均數學表現雖然增加了 11.2（無考量）及 19.0（有考量），但差異量不顯著（參見表 8.36）。在調整其他學校因素變項、學生和學校社經人文背景的影響後，學校師生關係指標與學生數學表現的關聯程度被消弱了。

二 紀律風氣

　　教室和學校的紀律風氣也會影響學生的學習。紀律問題較多的教室和學校會阻礙學生的學習，因為老師在上課前必須花較多的時間來營造一個良好的學習環境（Gamoran & Nystrand, 1992）。倘若課堂上有太多干擾，勢必影響學生的投入與上課的進度。

(一)紀律風氣的測量與現況

　　PISA 2012 學生問卷中，學生被問及有關干擾數學課事項發生的頻率。這些問題包括：「學生不聽老師講課」、「吵鬧且秩序不好」、「老師要等很久讓學生靜下來」、「學生不能好好上課」、「課堂開始很長一段時間了，學生還沒開始上課」，而問題的選項有：「從未或幾乎不曾」、「在一些課堂上」、「在大部分課堂上」、「在所有課堂上」。這些問卷資料經彙整後，產生一個以 OECD 國家平均數為 0、標準差為 1 為參照點的指標，稱為紀律風氣指標（index of disciplinary climate）。指標值愈高代表教室內的紀律風氣愈好。

❖表 8.35   臺灣與參照國家學校風氣與數學表現關聯對照 (部分模式)

國家	師生關係		紀律風氣		教師相關因素	
	未調整[1]	調整後[2]	未調整[1]	調整後[2]	未調整[1]	調整後[2]
臺灣	10.9	29.9	**101.8**	20.2	0.8	1.4
上海	**54.6**	-17.1	**77.2**	**71.6**	0.5	2.8
新加坡	9.5	-3.1	**76.6**	**32.1**	1.6	-0.8
香港	-6.4	5.4	**66.6**	**49.1**	7.4	4.9
韓國	**44.4**	23.5	**40.6**	**36.7**	-4.1	-2.1
澳門	25.6	13.2	**92.9**	**94.9**	-2.6	-6.5
日本	**34.8**	4.9	**94.6**	**56.3**	-8.9	-2.5
列支敦斯登						
瑞士	6.9	0.6	**61.6**	**36.6**	4.6	4.2
荷蘭	-11.8	16.0	**46.6**	23.2	**-30.2**	-11.0
芬蘭	10.2	3.8	4.0	-2.1	-3.0	-2.2
OECD 平均	**-25.0**	**-5.0**	**55.0**	**33.0**	**-2.4**	-0.5

國家	學生相關因素		教師士氣	
	未調整[1]	調整後[2]	未調整[1]	調整後[2]
臺灣	5.9	-1.1	3.0	2.5
上海	-0.4	-1.5	0.0	-2.1
新加坡	**17.8**	7.6	6.5	**6.3**
香港	8.0	6.6	10.5	3.3
韓國	2.2	4.3	**8.9**	1.6
澳門	3.9	4.9	**20.8**	**15.7**
日本	2.3	-1.5	**17.0**	4.4
列支敦斯登				
瑞士	7.5	3.1	-5.6	-2.1
荷蘭	**29.3**	**11.1**	0.6	2.5
芬蘭	**9.7**	**9.3**	1.6	-1.3
OECD 平均	**9.8**	**2.8**	**5.0**	0.3

註:數值達統計顯著者以粗體字表示。

[1] 未調整的結果是根據僅以學習環境為自變項的迴歸分析結果。

[2] 調整後的結果是根據學習環境、學生及學校社經與背景為自變項的迴歸分析結果。

資料來源:OECD, PISA 2012 Database, Tables IV.1.11a, IV.1.11b, & IV.1.11c.

❖表 8.36　臺灣與參照國家學校風氣與數學表現關聯對照（完整模式）

國家	師生關係		紀律風氣		教師相關因素	
	未調整 [1]	調整後 [2]	未調整 [1]	調整後 [2]	未調整 [1]	調整後 [2]
臺灣	11.2	19.0	9.3	7.6	3.3	5.1
上海	23.2	-0.3	**39.0**	**48.5**	-0.3	0.1
新加坡	30.9	15.3	**37.6**	**26.1**	0.3	1.6
香港	-7.0	-11.3	0.6	8.4	6.1	6.5
韓國	**44.8**	**29.4**	30.7	**35.7**	-3.2	-2.8
澳門	c	c	c	c	c	c
日本	36.3	24.0	**37.0**	**28.5**	-3.1	-4.1
列支敦斯登						
瑞士	**21.3**	**18.0**	33.3	29.5	-0.2	2.1
荷蘭	17.2	17.4	**24.8**	16.9	**-12.5**	-7.7
芬蘭	5.7	3.1	1.1	-1.5	-2.9	-2.4
OECD 平均	**-6.2**	-0.4	32.4	27.2	-1.2	-0.8

國家	學生相關因素		教師士氣	
	未調整 [1]	調整後 [2]	未調整 [1]	調整後 [2]
臺灣	1.2	-1.8	1.9	2.0
上海	2.2	1.2	-2.1	-1.8
新加坡	10.2	4.5	5.3	**5.2**
香港	-3.2	-1.2	**10.1**	6.0
韓國	1.3	3.3	1.3	0.4
澳門	c	c	c	c
日本	-2.2	-0.9	5.3	2.3
列支敦斯登				
瑞士	3.0	1.1	-2.8	-2.5
荷蘭	4.6	2.9	-5.2	-1.5
芬蘭	**6.4**	**6.2**	1.1	-0.4
OECD 平均	**3.6**	**1.8**	1.0	-0.2

註：數值達統計顯著者以粗體字表示。

　　c 表示該項人數百分比為 0，所以無法計算。

　　[1] 未調整的結果是根據所有學校因素變項為自變項的迴歸分析結果。

　　[2] 調整後的結果是所有學校因素變項、學生及學校社經與背景為自變項的迴歸分析結果。

資料來源：OECD, PISA 2012 Database, Tables IV.1.12a, IV.1.12b, & IV.1.12c.

　　圖 8.14 為臺灣與參照國家學生觀點的紀律風氣對照。平均而言，以上海、日本的紀律風氣指標最高，臺灣、澳門及瑞士師生關係指標接近 OECD 平均，而荷蘭及芬蘭則屬紀律風氣指標相對較低的國家。臺灣、芬蘭的學生幾乎不曾或從來沒有發生過「學生不聽老師講課」及「吵鬧且秩序不好」的比率相對地較低。荷蘭的學生幾乎不曾或從來沒有發生過「吵鬧且秩序不好」、「老師要等很久讓學生靜下來」，及「課堂開始很長一段時間了，學生還沒開始上課」的比率相對地較低。這些比率偏低的結果可能會影響校內學習環境的品質。

　　此外，國內變異（即學生階層的標準差）可測量學生所感受到的紀律風氣的差異程度，標準差較小的國家有韓國及澳門，表示這些國家的學生所感受到的紀律風氣比較類似；紀律風氣指標變異較大的則有新加坡及列支敦斯登，表示這些國家的學生所體會到的紀律風氣都不盡相同。

(二)紀律風氣與數學表現

　　表 8.37 為臺灣與參照國家紀律風氣指標與數學表現關聯對照，臺灣與韓國的資料顯示，紀律風氣指標可解釋學生表現變異的百分比為 8.1% 及 9.2%，是所有參照國家最高的比率。所有參照國家的紀律風氣指標與數學表現呈現顯著的正相關，換言之，若學校紀律風氣較好，則學生數學表現較好。除芬蘭外，學校的紀律風氣指標每增加一單位，學生的數學表現顯著的改變量幾乎皆在 10 分以上。

　　在納入其他「學習環境」變項一起考量下，亦有類似的結果，即除了芬蘭外，臺灣與其他參與國之紀律風氣指標每增加一單位，學生數學表現顯著的增加；但在考量學生和學校的社經、人文背景下，臺灣與荷蘭學生數學表現的改變量並不顯著（參見表 8.35）。若納入所有學校因素變項為自變數（完整模式），不論有無考量學生和學校的社經、人文背景，臺灣學校紀律風氣指標每增加一單位，學生平均數學表現雖然增加了 9.3（無考量）及 7.6（有考量），但差異量皆不顯著。在調整其他學校因素變項、學生和學校社經人文背景的影響後，臺灣與部分參照國學校紀律風氣指標與學生數學表現的關聯程度被消弱了。

下列關於課堂發生的情形，選擇幾乎不曾或不曾從未發生有發生的學生比例

凡例：
- 最高 25% 與最低 25% 的指標範圍
- ◆ 平均指標

紀律風氣指標（根據學生問卷）

指標單位（-2 到 2）

	A	B	C	D	E	指標變異 標準差	校際指標變異 %
臺灣	65	72	75	75	78	0.98	10.04
上海	85	87	91	89	89	0.95	14.37
新加坡	76	72	77	85	83	1.00	11.10
香港	80	81	86	85	83	0.97	6.41
韓國	81	70	83	85	81	0.87	15.63
澳門	76	85	85	84	79	0.79	18.09
日本	91	90	93	84	90	0.90	17.16
列支敦斯登	75	75	79	80	80	1.01	20.05
瑞士	72	69	75	79	72	0.98	6.30
荷蘭	71	63	66	80	56	0.92	14.24
芬蘭	57	51	64	78	65	0.86	8.49
OECD 平均	68	68	72	78	73	0.98	13.99

A	學生不聽老師講課
B	吵鬧且秩序不好
C	老師要等很久讓學生靜下來
D	學生不能好好上課
E	課堂開始很長一段時間了，學生還沒開始上課

◯ 圖 8.14 臺灣與參照國家學生觀點的紀律風氣對照

資料來源：OECD, PISA 2012 Database, Table IV.5.6.

❖表 8.37　臺灣與參照國家紀律風氣指標與數學表現關聯對照

國家	四等分紀律風氣指標下的平均數學表現				指標每增加一單位的數學分數改變量	可解釋的學生表現變異（r-squared×100）
	最低 25%	次低 25%	次高 25%	最高 25%		
	平均分數	平均分數	平均分數	平均分數	效果	百分比
臺灣	**447**	477	499	**515**	**25.3**	8.1
上海	**502**	513	525	**534**	**11.8**	1.9
新加坡	**542**	559	575	**578**	**14.1**	2.1
香港	**376**	391	397	**407**	**11.6**	2.0
韓國	**463**	486	507	**543**	**29.8**	9.2
澳門	**430**	446	459	**486**	**21.6**	5.0
日本	**386**	405	422	**435**	**19.0**	4.5
列支敦斯登	**466**	485	513	**526**	**23.0**	6.9
瑞士	**498**	515	529	**540**	**16.8**	4.0
荷蘭	**509**	523	523	**534**	**8.6**	0.8
芬蘭	389	399	395	392	0.8	0.0
OECD 平均	**438**	460	480	**513**	**26.7**	9.6

註：數值達統計顯著者以粗體字表示。

三　影響學校風氣之教師相關因素

在高效能學校和學習環境的相關文獻曾證實過：學生在愈有利的學習環境，他們的學習表現會愈好。這表示學習的最佳方式必須要具備學生和老師之間良好的關係（Jennings & Greenberg, 2009）以及老師對學生要有高度的期望，特別是當學生是來自弱勢背景（Gamoran, 1993; Gamoran, Porter, Smithson, & White, 1997; Jussim & Harber, 2005）。

(一)教師相關因素的測量與現況

為了評估校內與校際間教師行為影響學生學習的程度，PISA 2012 要求各校校長在問卷中指出 11 種阻礙學習的教師行為，包括「學生未受鼓勵發揮最

大潛能」、「不良的師生關係」、「教師必須在同一個班級中教導能力異質的學生」、「教師必須在同一個班級中教導族群背景不同（如語言、文化）的學生」、「教師對學生的期望低」、「教師無法滿足個別學生的需求」、「教師曠職」、「教職員拒絕改變」、「教師對學生太嚴格」、「教師上課遲到」、「教師備課不充分」。回答這些問題的選擇有「沒有影響」、「影響很小」、「有些影響」、「影響很大」。這些問卷資料經彙整後，產生一個以 OECD 國家的平均數為 0、標準差為 1 為參照的指標，稱為影響學校風氣之老師相關因素指標（index of teacher-related factors affecting school climate）。與 OECD 國家平均比較，正的指標值代表校長認為老師相關行為阻礙學習的程度較小；負的指標值代表校長認為老師相關行為阻礙學習的程度較大。

圖 8.15 為臺灣與參照國家校長觀點的影響學校風氣之教師相關因素對照。平均而言，臺灣、新加坡、韓國及瑞士的影響學校風氣之教師相關因素指標雖然不高，但為正，表示這些國家的校長認為老師相關行為阻礙學習的程度較小。澳門、列支敦斯登及芬蘭的教師相關因素指標為負但接近 OECD 平均，而上海、香港、日本及荷蘭則屬教師相關因素指標為負值的國家，表示這些國家的校長認為老師相關行為阻礙學習的程度較大。與其他參照國類似，臺灣校長認為老師「在同一個班級中教導能力異質的學生」，「沒有影響」或「影響很小」學生學習的比率相對於其他因素來得低，尤其是香港，在這個項目上的比率只有 18%。校長在這些影響學生學習的教師相關項目上的低比率，表示校長的期待和老師的做法之間有所落差，這種不一致的結果可能會影響校內學習環境的品質。

此外，國內變異（即學生階層的標準差）可測量校長所感受到的教師相關因素的差異程度，標準差較小的國家有荷蘭，表示荷蘭校長所感受到的教師相關因素比較類似；教師相關因素指標變異較大的則有臺灣、上海及澳門，表示這些國家的校長所體會到的教師相關因素都不盡相同。

就讀於學校校長認為下列現象對學生學習沒有影響或影響很小的學校學生比率

最高 25% 與最低 25% 的指標範圍
◆ 平均指標

教師相關因素

指標單位

	指標變異
	標準差
	1.3
	1.5
	1.1
	0.9
	1.1
	1.3
	0.8
	0.7
	0.8
	0.5
	0.8
	0.9

	A	B	C	D	E	F	G	H	I	J	K
臺灣	78	85	46	81	79	69	91	79	84	92	85
上海	51	66	35	78	63	43	65	50	74	69	55
新加坡	90	93	52	73	88	77	96	86	94	96	94
香港	63	95	18	95	70	55	89	82	94	96	93
韓國	80	86	39	98	75	74	99	86	84	96	90
澳門	62	83	54	93	78	57	84	82	84	87	78
日本	72	90	28	96	80	74	97	69	81	93	87
列支敦斯登	100	93	57	48	100	93	88	74	93	100	100
瑞士	89	98	44	56	96	87	95	75	94	98	98
荷蘭	35	93	41	85	75	29	60	54	89	84	82
芬蘭	93	95	30	81	97	80	83	78	96	95	96
OECD 平均	79	93	45	81	85	76	87	74	90	93	92

A	學生未受鼓勵發揮最大潛能
B	不良的師生關係
C	教師必須在同一個班級中教導能力互異的學生
D	教師必須在同一個班級中教導族群背景不同（如語言、文化）的學生
E	教師對學生的期望低
F	教師無法滿足個別學生的需求

G	教師曠職
H	教職員拒絕改變
I	教師對學生太嚴格
J	教師上課遲到
K	教師備課不充分

○ 圖 8.15　臺灣與參照國家校長觀點的影響學校風氣之教師相關因素對照

資料來源：OECD, PISA 2012 Database, Table IV.5.7.

(二)教師相關因素與數學表現

表 8.38 為臺灣與參照國家影響學校風氣之教師相關因素指標與數學表現關聯對照。日本的資料顯示，教師相關因素指標可解釋學生表現變異的百分比為9.3%，是所有參照國家最高的比率。除芬蘭外，教師相關因素指標與數學表現呈現顯著的正關聯，換言之，若學校風氣之教師相關因素指標較高，則學生數學表現較好。臺灣、新加坡、香港、韓國、日本、列支敦斯登及瑞士學校的教師相關因素指標每增加一單位，學生的數學表現顯著的改變量幾乎在 8 分以上。

但在納入其他相關變項一起考量下，不論是部分模式或完整模式，有無納入學生和學校的社經、人文背景做調整，臺灣與大部分參照國教師相關因素指標每增加一單位，學生數學表現改變量並不顯著（參見表 8.35、表 8.36）。在調整其他學校因素變項、學生和學校社經人文背景的影響後，臺灣與部分參照國影響學校風氣之教師相關因素指標與學生數學表現的關聯程度被消弱了。

❖表 8.38　臺灣與參照國家影響學校風氣之教師相關因素指標與數學表現關聯對照

國家	四等分影響學校風氣之教師相關因素指標下的平均數學表現				指標每增加一單位的數學分數改變量	可解釋的學生表現變異（r-squared×100）
	最低25%	次低25%	次高25%	最高25%		
	平均分數	平均分數	平均分數	平均分數	效果	百分比
臺灣	**451**	491	489	**498**	**13.0**	2.8
上海	513	521	514	522	5.2	0.2
新加坡	**532**	553	575	**585**	**22.7**	4.1
香港	**380**	385	388	**413**	**11.0**	3.3
韓國	**474**	510	513	**509**	**16.0**	1.6
澳門	**440**	443	467	**462**	3.8	0.3
日本	**385**	401	400	**451**	**26.8**	9.3
列支敦斯登	**479**	499	487	**515**	**12.6**	1.9
瑞士	**512**	514	521	**532**	**8.2**	0.8
荷蘭	514	520	521	520	1.9	0.0
芬蘭	395	395	396	392	-0.9	0.0
OECD 平均	463	462	481	478	7.5	0.5

註：數值達統計顯著者以粗體字表示。

四　影響學校風氣之學生相關因素

(一)學生相關因素的測量與現況

　　學生與老師的行為會直接影響學校的學習風氣。PISA 2012 要求校長在問卷中指出八種阻礙學習的學生行為，包括「學生逃學」、「學生翹課」、「學生上學遲到」、「學生不參加義務性的校園活動（例如：運動會）或校外教學」、「學生不尊重教師」、「學生干擾上課進行」、「學生飲酒或使用禁藥」、「學生恐嚇或霸凌其他學生」。回答這些問題的選項有：「沒有影響」、「影響很小」、「有些影響」、「影響很大」。這些問卷資料經彙整後，產生一個以 OECD 國家平均數為 0、標準差為 1 為參照的指標，稱為影響學校風氣之學生相關因素指標（index of student-related factors affecting school climate）。與 OECD 國家平均比較，正的指標值代表校長認為這些學生相關行為阻礙學習的程度較小，負的指標值代表學校校長認為這些學生相關行為阻礙學習的程度較大。

　　圖 8.16 為臺灣與參照國家校長觀點的影響學校風氣之學生相關因素對照。平均而言，臺灣、新加坡、澳門的影響學校風氣之學生相關因素指標高且為正，表示這些國家的校長認為學生相關行為阻礙學習的程度較小。韓國、列支敦斯登及瑞士的學生相關因素指標接近 OECD 平均，而芬蘭及荷蘭則屬學生相關因素指標為負值的國家，表示這些國家的校長認為學生相關行為阻礙學習的程度較大。與其他參照國類似，臺灣、韓國及澳門校長認為學生「學生上學遲到」及「學生干擾上課進行」，「沒有影響」或「影響很小」學生學習的比率相對於其他因素來得低。幾乎所有比較國家，在「學生干擾上課進行」這個項目上的比率相對於其他因素偏低。校長在這些影響學生學習的學生相關項目上的低比率，表示校長的期待和學生的做法之間有所落差，這種不一致的結果可能會影響校內學習環境的品質。

　　此外，國內變異（即學生階層的標準差）可測量校長所感受到的教師相關因素的差異程度，標準差較小的國家有瑞士、荷蘭、芬蘭，表示這些國家的校長所感受到的學生相關因素比較類似；學生相關因素指標變異較大的則有澳門、臺灣、上海及日本，表示這些國家的校長所體會到的學生相關因素都不盡相同。

就讀於學校校長認為下列現象對學生學習沒有影響或影響很小的學校學生比率

	A	B	C	D	E	F	G	H	指標變異 標準差
臺灣	90	89	79	91	80	76	91	88	1.35
上海	67	66	73	88	68	61	71	68	1.82
新加坡	91	95	88	95	91	88	100	95	0.97
香港	91	94	76	91	86	87	99	94	0.88
韓國	72	85	74	87	62	69	93	80	1.13
澳門	84	93	83	95	79	76	89	83	1.41
日本	90	90	63	88	82	95	98	96	0.94
列支敦斯登	93	93	93	93	87	38	93	95	0.63
瑞士	82	83	80	91	84	60	91	92	0.76
荷蘭	75	71	61	89	78	63	89	76	0.70
芬蘭	52	65	49	88	68	41	98	70	0.65
OECD 平均	68	69	69	87	81	68	94	89	0.91

最高 25% 與最低 25% 的指標範圍
◆ 平均指標

影響學校風氣之學生相關因素指標

指標單位

A	學生逃學
B	學生翹課
C	學生上學遲到
D	學生不參加義務性的校園活動（例如：運動會）或校外教學

E	學生不尊重教師
F	學生干擾上課進行
G	學生飲酒或使用禁藥
H	學生恐嚇或霸凌其他學生

◯ 圖 8.16　臺灣與參照國家校長觀點的影響學校風氣之學生相關因素對照

資料來源：OECD, PISA 2012 Database, Table IV.5.8.

(二)學生相關因素與數學表現

表 8.39 為臺灣與參照國家影響學校風氣之學生相關因素指標與數學表現關聯對照。日本的資料顯示，學生相關因素指標可解釋學生表現變異的百分比為 12.8%，是所有參照國家最高的比率。除芬蘭外，學生相關因素指標與數學表現呈現顯著的正關聯，換言之，若學校風氣之學生相關因素指標較高，則學生數學表現較好。臺灣、新加坡、香港、韓國、日本、列支敦斯登、荷蘭學校的學生相關因素指標每增加一單位，學生的數學表現顯著的改變量幾乎在 10 分以上。

❖表 8.39　臺灣與參照國家影響學校風氣之學生相關因素指標與數學表現關聯對照

國家	四等分影響學校風氣之學生相關因素指標下的平均數學表現				指標每增加一單位的數學分數改變量	可解釋的學生表現變異（r-squared×100）
	最低25%	次低25%	次高25%	最高25%		
	平均分數	平均分數	平均分數	平均分數	效果	百分比
臺灣	**447**	476	502	**504**	**18.5**	3.8
上海	513	507	527	523	6.9	0.4
新加坡	**542**	548	563	**591**	**23.6**	4.7
香港	**381**	376	384	**424**	**15.0**	5.1
韓國	**459**	495	531	**521**	**29.1**	7.1
澳門	**439**	442	467	**464**	**5.5**	0.4
日本	**376**	393	416	**453**	**25.1**	12.8
列支敦斯登	**477**	484	498	**521**	**20.2**	3.7
瑞士	513	517	527	525	**7.3**	0.6
荷蘭	**509**	514	523	**528**	**11.5**	0.8
芬蘭	398	396	391	392	-2.4	0.1
OECD 平均	**451**	455	472	**507**	**20.8**	5.1

註：數值達統計顯著者以粗體字表示。

五 教師士氣

在高效能學校和學習環境的相關文獻曾證實過：學生在愈有利的學習環境，他們的學習表現會愈好，而高昂的教師士氣，則有助於提升學校風氣。

(一)教師士氣的測量與現況

為了評估校內與校際間教師士氣影響學校風氣的程度，PISA 2012 要求各校校長回應四項有關的教師態度的同意程度，包括「本校教師士氣高昂」、「教師工作熱忱」、「教師對本校感到自豪」、「教師重視學業成就」。回答這些問題的選擇有「非常同意」、「同意」、「不同意」、「非常不同意」。這些問卷資料經彙整後，產生一個以 OECD 國家的平均數為 0、標準差為 1 的參照指標，稱為影響學校風氣之教師士氣指標（index of teacher morale）。與 OECD 國家平均比較，指標值愈高代表愈正向的教師士氣。

圖 8.17 為臺灣與參照國家校長觀點的教師士氣對照。平均而言，瑞士及芬蘭的教師士氣指標最高，上海、新加坡及列支敦斯登的教師士氣指標為正並接近 OECD 平均，臺灣教師士氣指標雖為負，但接近 OECD 平均，而香港、韓國、澳門及日本則為教師士氣相對較低的國家。香港及韓國就讀學校校長同意或非常同意「本校教師士氣高昂」的學生比率偏低（分別為 78%、79%），日本則是就讀學校校長同意或非常同意「教師重視學業成就」的學生比率偏低（76%）。在這些項目偏低的比率可能會影響校內學習環境的品質。

此外，國內變異（即學生階層的標準差）可測量學生所感受到的教師士氣的差異程度，標準差較小的國家有列支敦斯登，表示這個國家的校長所感受到的教師士氣比較類似；教師士氣指標變異較大的則有韓國，表示韓國校長所體會到的教師士氣不盡相同。

就讀於學校校長同意或非常同意
下列現象的學校學生比率

	A	B	C	D
臺灣	95	98	94	98
上海	96	95	99	95
新加坡	94	98	95	99
香港	78	98	89	100
韓國	79	97	91	93
澳門	93	93	89	91
日本	97	98	90	76
列支敦斯登	100	100	100	100
瑞士	96	98	99	97
荷蘭	97	100	96	95
芬蘭	99	97	94	100
OECD 平均	91	94	95	97

A	本校教師士氣高昂
B	教師工作熱忱
C	教師對本校感到自豪
D	教師重視學業成就

指標變異

標準差
0.97
0.95
0.95
0.89
1.06
0.83
0.94
0.70
0.89
0.85
0.83
0.92

　圖 8.17　臺灣與參照國家校長觀點的教師士氣對照

資料來源：OECD, PISA 2012 Database, Table IV.5.10.

（二）教師士氣與數學表現

表 8.40 為臺灣與參照國家教師士氣指標與數學表現關聯對照。日本的資料顯示，教師士氣指標可解釋學生表現變異的百分比為 5.5%，是所有參照國家最高的比率。除荷蘭與芬蘭外，教師相關因素指標與數學表現呈現顯著的正關聯，換言之，若學校教師士氣較好，則學生數學表現較好。兩變項有顯著正相關的國家，教師士氣指標每增加一單位，學生的數學表現顯著的改變量幾乎在 10 分以上。

但在納入其他相關變項一起考量下，不論是部分模式或完整模式，有無納入學生和學校的社經、人文背景做調整，臺灣與大部分參照國教師士氣指標每增加一單位，學生數學表現改變量並不顯著（參見表 8.35、表 8.36）。在調整其他學校因素變項、學生和學校社經人文背景的影響後，臺灣與部分參照國教師士氣與學生數學表現的關聯雖然為正向，但程度被消弱了。

❖表 8.40　臺灣與參照國家教師士氣指標與數學表現關聯對照

國家	四等分教師士氣指標下的平均數學表現				指標每增加一單位的數學分數改變量	可解釋的學生表現變異（r-squared×100）
	最低25%	次低25%	次高25%	最高25%		
	平均分數	平均分數	平均分數	平均分數	效果	百分比
臺灣	**465**	472	492	**500**	**14.4**	2.5
上海	**506**	515	521	**528**	**10.9**	1.2
新加坡	**535**	564	563	**583**	**21.2**	3.9
香港	**382**	382	389	**413**	**12.8**	3.1
韓國	**487**	491	512	**517**	**15.6**	2.0
澳門	**439**	451	461	**461**	**8.5**	1.1
日本	**385**	395	421	**436**	**21.6**	5.5
列支敦斯登	**470**	497	506	**504**	**16.7**	2.6
瑞士	**512**	512	526	**531**	**10.1**	1.2
荷蘭	518	515	520	522	2.4	0.1
芬蘭	394	396	393	394	-0.9	0.0
OECD 平均	**456**	478	467	**483**	**10.5**	1.2

註：數值達統計顯著者以粗體字表示。

六　學校風氣各變項的關聯

　　各項與學校風氣相關的特徵中，哪些與學生表現有正相關？分析結果顯示，在許多國家中，師生關係佳、紀律風氣佳、教師及學生相關行為阻礙學生學習程度較小者，及教師士氣較正向者的學校，學生在數學表現方面會愈好，即使納入學生及學校社經、人文背景考量，結果仍是一樣。

　　表 8.41 為臺灣與參照國家學校風氣指標間的相關對照，臺灣與大部分參照國之各學校風氣指標間存在顯著的正相關。擁有良好師生關係的學校，其紀律風氣通常也較佳、教師及學生相關行為阻礙學生學習程度較小，教師士氣也較正向。而紀律風氣佳的學校，學生表現較好。一部分原因是，紀律風氣佳的學校裡高社經背景學生人數較多，而這些學生的表現也會比較好；另一部分原因是，高社經背景的學生具有較佳的紀律風氣，有利於學習。此外，尚有部分原因是與社經背景不相干的（OECD, 2010a）。其他的學校風氣相關變項亦有類似的現象。

❖表 8.41　臺灣與參照國家學校風氣指標間相關對照

國家	(C) 師生關係指標 (學校平均)				(D) 紀律風氣指標 (學校平均)			(E) 影響學校風氣之學生相關因素指標		(F) 影響學校風氣之教師相關因素指標
	(D)	(E)	(F)	(G)	(E)	(F)	(G)	(F)	(G)	(G) 教師士氣指標
臺灣	**0.42**	**0.40**	**0.36**	**0.31**	**0.44**	**0.29**	**0.31**	**0.76**	**0.50**	**0.50**
上海	**0.26**	0.13	0.01	-0.02	0.09	-0.03	-0.02	**0.63**	**0.29**	**0.46**
新加坡	**0.23**	0.04	-0.03	-0.11	0.09	0.05	-0.03	**0.63**	**0.25**	**0.56**
香港	0.10	**0.15**	**0.14**	**0.16**	**0.13**	0.10	**0.13**	**0.70**	**0.34**	**0.51**
韓國	**0.32**	**0.24**	**0.23**	**0.16**	**0.42**	**0.26**	0.05	**0.61**	0.30	**0.37**
澳門	0.13	**0.17**	**0.22**	0.04	**0.24**	0.13	**0.20**	**0.71**	**0.40**	**0.39**
日本	0.02	**-0.19**	**-0.15**	**-0.15**	**0.38**	**0.33**	**0.23**	**0.64**	**0.32**	**0.59**
列支敦斯登	**0.35**	**0.14**	**0.19**	**0.27**	**0.18**	0.09	0.08	**0.68**	**0.43**	**0.48**
瑞士	0.13	**0.16**	0.14	0.05	0.10	**0.16**	0.05	**0.59**	**0.31**	**0.39**
荷蘭	**0.17**	**0.17**	0.06	0.05	**0.17**	0.05	-0.09	**0.45**	**0.22**	**0.45**
芬蘭	**0.24**	-0.02	0.06	0.01	-0.01	-0.02	-0.07	**0.48**	**0.36**	**0.32**
OECD 平均	0.01	**0.24**	**0.18**	**0.26**	**0.28**	**0.13**	**0.13**	**0.54**	**0.32**	**0.41**

註：數值達統計顯著者以粗體字表示。

第七節　學校管理與措施政策上的省思

綜上所述，PISA 2012 分析結果顯示，不論是否將學生及學校社會經濟、文化因素納入考量，本章所檢核的大部分學校因素與數學素養之間都有顯著的相關，如「學生的篩選與分組」中的垂直差異、學校水平差異，「學校管理」中的學校資源分配責任自治，「評量與績效責任」中的評量用途，「教育資源」中的教師短缺、學校基本設施及時間資源，「學習環境」中的師生關係指標與紀律風氣指標。

PISA 2012 成功學校系統的代表學校如芬蘭、荷蘭、瑞士、列支敦斯登、日本、澳門、韓國、香港、新加坡等，擁有一些相同的特徵，例如：垂直差異或水平差異的分流措施較少、教師短缺情形較不嚴重、課程制定和評量使用的自主權較高、學校選擇權較低及師生關係佳。臺灣學校很接近 PISA 的成功學校系統定義，臺灣學校的社經背景不均等指標顯著低於 OECD 平均，但數學表現約在 OECD 平均附近。同時，比較臺灣學校與 PISA 2012 成功學校系統的代表學校顯示，臺灣學校亦具有成功學校系統的部分特徵，如垂直差異低、課程制定和評量使用的自主權較高、經常使用評量或成就資料做決策等。但臺灣在學校水平差異如「將問題學生轉學」上及教師短缺情形仍有改善的空間。

9 數學素養與社經地位關係的探討

涂柏原、涂嘉玲

教育均等是經濟繁榮與社會凝聚的核心，提供均等的教育機會是各國政策的主要目標。較高品質水準的教育與包括更高的收入、更高受雇的可能性、更好的健康、更高生活滿意度，以及更多的公民參與和社區參與等經濟和社會結果連結在一起。一個有較良好教育的母群體也享受了更多的社會凝聚、較低的犯罪率、較低的健康成本和一個更為活躍的社會生活。缺少高品質的教育，科技的進步並不轉換成有生產力的成長，且國家無法在一個以漸增的知識為基礎的全球經濟中與其他的國家競爭（OECD, 2013c）。

一個國家所提供教育品質的一個象徵或指標（indication）在於學生的表現，特別是與其他國家學生的表現相比較，如同 PISA 所做的。但是學生表現只說了故事的一部分，一個成功的教育系統不僅是在 PISA 上有較高的得分，而且是各種背景的學生也都能有更高的表現。

PISA 是以由各種社經脈絡來的學生能有相似的教育機會來定義教育均等（equity in education），學生社經地位對他（她）的表現之影響力愈大，則學校系統愈不均等。這種定義方式並不意表均等是對所有的學生教授相同的材料，或是提供相同的資源，它也不表示每一個人要有相同的結果。

本章著重在均等的議題，分析學生社經背景特徵之差異如何與學生數學表現差異有所關聯。本章從三個面向探討教育的均等：在第一節中主要介紹 PISA 的社經背景之定義以及 PISA 如何測量社經背景，然後簡單介紹不同社經地位學生數學之素養。第二節介紹 PISA 是如何審視教育均等，第三節則探討學生的數學素養與社經背景之關係。藉由分析學生及學校社經背景與學習成果的關聯來探

討。在均等的教育系統下，社經背景的影響是很小的，也就是說學生在教育上的成功，絕大部分與家庭、學生社經背景或是學校平均社經背景沒有關係。相反的，如果社經背景的影響很大，學生的成功與否會有一大部分取決於社經背景或是學生所就讀的學校，那麼教育機會的分配就會不均等。

第一節　社經地位的定義與測量

本節主要介紹 PISA 2012 中對社經地位的定義與如何測量進行描述，然後簡要說明社經背景與教育成效之間的關係。先前的研究顯示，學生與學校的社經背景與學習成果的關係不會因學習領域不同而有顯著的不同，因此本章將分析局限在 PISA 2012 評量的重心——數學素養；而且此項分析將立基於之前 PISA 的研究成果（OECD, 2001, 2004, 2007; Willms, 2006, 2010）。

一　社經背景

家庭背景指的是每個學生家庭的各種特徵，包含了 (1) 他們的社經地位；(2) 學生或其家長是否出生在另一個國家（亦即學生是第一代或第二代的移民）；(3) 學生在家是否使用測驗所使用的語言或是其他的語言；(4) 學生是否只和單親或雙親居住的家庭狀態；(5) 學校所在位置是否位於農村？（村莊或農村地區是指人口數少於 3,000 人，小城鎮是 3,000 至 15,000 人，城鎮為 15,000 至 10 萬人，城市是 10 萬至 100 萬人，大城市則是超過 100 萬人。）

社經地位是一個寬廣的概念，摘要了一個學生、學校或教育系統很多不同的外貌，一個學生的社經地位是由「PISA 社會、文化和經濟地位」（PISA index of social, cultural and economic status）這個指標所決定，一般簡稱為 ESCS（OECD, 2013c）。這個指標是以父母教育和職業、家中擁有與教育有關的物品之數目和種類等指標為根據，這些被視為是財富及家中可用的教育資源之代表物。如 ESCS 這個指標所測量的，PISA 所定義的社經地位是國際間可以相互比較的；如果他們的 PISA ESCS 指標的分數是屬於最高的 25%，學生被視為是社經優勢的，而分數落在 PISA ESCS 指標的分數最低 25% 之學生則是社經弱勢的。

OECD 國家學生母群的 ESCS 指標平均數被設定為 0，標準差設為 1，每個

國家都給予相同的權重，在此指標量尺上，1 分的差異代表在 OECD 國家學生母群中一個標準差的不同；也就是說，如果在此量尺上得 -1.0 分，代表此考生的社經地位比 OECD 國家平均低一個標準差，僅比六分之一的學生之 ESCS 高，但比其他六分之五的學生劣勢。同樣的，擁有 1.0 以上的分數表示比六分之五的學生占優勢。因此，本報告中學生的社經背景就是指學生在這個指標上的分數，學校的社經背景則是指就讀於此學校所有學生社經背景的平均，而一個國家所有學生社經背景的平均數就代表這個教育系統的社經背景。社經背景指標的數值較低者表示其社經背景較劣勢，數值較高者則表示其社經背景較優勢。在個人層級的分析，本章聚焦於學生社經背景與 PISA 數學表現間關係的探討；在學校層級的分析，則專注於學校 15 歲學生平均社經背景與學校 15 歲學生平均數學分數間的關係。

二　PISA 2012 社經背景問卷題目

　　PISA 的社經背景或社會、文化和經濟地位指標（即 ESCS）是由家長的教育與職業以及家中所有物的擁有情況計算得來。以下依序呈現 PISA 2012 家長的教育與職業，以及家中所有物的擁有情況的問卷題目。

(一)父母最高教育年數的問卷題目

　　　　題目一：你母親在中小學教育階段之最高學歷為何？
　　　　　　　　如果你不確定如何回答此問題，請尋求施測人員的協助。
　　　　　　　　（請只勾選一個答案）
　　　　　　　　高中畢業　　　　　　　　　　　　　　　　□
　　　　　　　　高職畢業或五專（不含最後兩年）　　　　　□
　　　　　　　　國中畢業　　　　　　　　　　　　　　　　□
　　　　　　　　國小畢業　　　　　　　　　　　　　　　　□
　　　　　　　　國小肄業　　　　　　　　　　　　　　　　□

　　　　題目二：你母親是否具有下列學位？
　　　　　　　　如果你不確定如何回答此問題，請尋求施測人員的協助。

（請只勾選一個答案）

	是	否
(1) 碩士、博士學位	☐	☐
(2) 學士學位	☐	☐
(3) 專科學校畢業	☐	☐

題目三：你父親在中小學教育階段之最高學歷為何？

如果你不確定如何回答此問題，請尋求施測人員的協助。

（請只勾選一個答案）

高中畢業	☐
高職畢業或五專（不含最後兩年）	☐
國中畢業	☐
國小畢業	☐
國小肄業	☐

題目四：你父親是否具有下列學位？

如果你不確定如何回答此問題，請尋求施測人員的協助。

（請只勾選一個答案）

	是	否
(1) 碩士、博士學位	☐	☐
(2) 學士學位	☐	☐
(3) 專科學校畢業	☐	☐

（二）父母最高職業地位的問卷題目

題目一：你母親的主要職業是什麼？

（例如：學校老師、廚房助手、銷售經理）

（如果你母親目前沒有工作，請寫下她最後一份主要職業）

請填入她的工作職稱：

題目二：你母親的主要職業內容是在做什麼？

（例如：教中學生、協助餐廳廚師準備餐點、管理一組銷售人員）

　　　　請用句子描述她在主要職業中，目前從事或曾經從事的工作內容。

題目三：你父親的主要職業是什麼？

　　　　（例如：學校老師、廚房助手、銷售經理）

　　　　（如果你父親目前沒有工作，請寫下他最後一份主要職業）

　　　　請填入他的工作職稱：

題目四：你父親的主要職業內容是在做什麼？

　　　　（例如：教中學生、協助餐廳廚師準備餐點、管理一組銷售人員）

　　　　請用句子描述他在主要職業中，目前從事或曾經從事的工作內容。

（三）家中資產的問卷題目

　　家中資產題目可分為財產、家中教育資源、文化資產三大題，依序如下：

1. 財產

題目一：你家中是否有下列物品或設施？

　　　　（每一項請勾選一個答案）

	是	否
(1) 讀書用的書桌	☐	☐
(2) 自己的房間	☐	☐
(3) 安靜的讀書空間	☐	☐
(4) 你可用來做學校作業的電腦	☐	☐
(5) 教育類電腦軟體	☐	☐
(6) 網路連線	☐	☐
(7) 古典文學（例如：李白、杜甫）	☐	☐
(8) 詩、詞集	☐	☐
(9) 藝術作品（例如：油畫）	☐	☐
(10) 可協助完成你的學校作業的參考書籍	☐	☐
(11) 技術性參考書籍（例如：電腦操作說明書）	☐	☐
(12) 字典（辭典）	☐	☐

(13) 洗碗機 ☐ ☐

(14) DVD 或 VCD 播放機 ☐ ☐

(15) 鋼琴或小提琴 ☐ ☐

(16) iPod（蘋果電腦生產之隨身聽） ☐ ☐

(17) 數位相機 ☐ ☐

2. 家中教育資源

題目二：你家中有多少下列物品？

（每一項請只勾選一個答案）

	沒有	一個	二個	三個或三個以上
(1) 手機	☐	☐	☐	☐
(2) 電視	☐	☐	☐	☐
(3) 電腦	☐	☐	☐	☐
(4) 汽車	☐	☐	☐	☐
(5) 附有浴室的房間	☐	☐	☐	☐

3. 文化資產

題目三：你家中有多少本書？

書櫃每公尺通常可裝約 40 本書。請勿包括雜誌、報紙或你的教科書。

（請只勾選一個答案）

0 ～ 10 本 ☐

11 ～ 25 本 ☐

26 ～ 100 本 ☐

101 ～ 200 本 ☐

201 ～ 500 本 ☐

超過 500 本 ☐

三 社經背景與教育成效

在所有的 OECD 國家中，學生之間數學表現的差異有 14.6% 可由學生的社經地位不一致（disparities in students' socio-economic status）所解釋（OECD, 2013c）。在數學表現與學生社經地位之間有較強關係的國家和經濟體中，由不利的家庭出身的學生是比較不可能克服各項不利因素而達到高的表現水準；而且更為顯著的是，社經優勢學生和那些社經背景約等於 OECD 平均數的學生，其數學表現的分數差距約為 39 分，約略等同於一年正式學校教育的差距。而社經優勢與社經弱勢（亦即社經地位前四分之一與後四分之一）學生之間的差異甚至更大，達到 90 分，相當於超過在校兩年之差異或是比一整個 PISA 精熟水準的寬度（70 分）還要大。PISA 結果說明了對所有 OECD 國家平均而言，社經弱勢的學生比社經優勢的學生有高過兩倍的機率，得分會落在表現分配中後面的四分之一處。

臺灣與各個參照國家學生的 ESCS 與數學表現之平均值呈現於表 9.1，由表中數據可以看到，臺灣（-0.40）、上海（-0.36）、新加坡（-0.26）、香港（-0.79）及澳門（-0.89）的 ESCS 平均值皆低於 OECD 的平均數，而同樣在亞洲的韓國（0.01）與日本（-0.07）之 ESCS 平均值則與 OECD 平均數約略相同。若將整體學生依社經地位高低均分為四等分，上海最底端的四分之一學生的 ESCS 平均值（-1.63）與臺灣（-1.47）相近，但是最高的四分之一學生的社經背景平均值（0.83）則比臺灣（0.68）高，香港（0.50）在這二者上皆比臺灣低，日本（0.85）與韓國（0.92）皆比臺灣高。不同社經地位群組學生在數學上的表現，臺灣、上海、香港、澳門、新加坡、韓國與日本 ESCS 最低的四分之一學生數學表現之平均數（分別為 497、562、532、521、523、516 和 500）皆高於 OECD 的平均值（452），而所有這些國家最高社經地位的四分之一學生之數學表現平均值也都高於 OECD 之平均值（542）。像上海、新加坡、香港、澳門和臺灣等國家顯示出一個世界被分別為「高度發展（通常 ESCS 會比較高）與教育良好的國家」和「發展欠佳與教育較差的國家」這樣的觀念已不再是真實的。這些國家的平均 ESCS 值皆低於 OECD 的平均值，在每一個 ESCS 四分位數的值皆低於 OECD 平均，但是數學表現的分數皆高於 OECD 平均，因此在這些國家

中，ESCS 與數學表現之間的關聯就比較低，顯示一些正在崛起的國家正快速地改善他們人口的教育。

❖ 表 9.1 臺灣與參照國家之學生的社經地位與數學表現

國家	PISA ESCS 指標分數					各個 ESCS 群組之數學量尺分數				學生之 ESCS 在最低 1/4 之數學表現也在最低 1/4 提升之可能性
	全部學生	最低 1/4	第二 1/4	第三 1/4	最高 1/4	最低 1/4	第二 1/4	第三 1/4	最高 1/4	
臺灣 2009	-0.33	-1.40	-0.58	-0.03	0.71	459	484	505	535	**2.00**
臺灣 2012	-0.40	-1.47	-0.70	-0.11	0.68	497	546	572	626	**2.46**
上海	-0.36	-1.63	-0.70	0.06	0.83	562	602	627	660	**2.19**
新加坡	-0.26	-1.46	-0.54	0.09	0.88	523	557	588	627	**2.17**
香港	-0.79	-2.00	-1.20	-0.46	0.50	532	554	567	600	**1.70**
韓國	0.01	-0.97	-0.23	0.33	0.92	516	538	567	595	**1.77**
澳門	-0.89	-1.91	-1.23	-0.68	0.28	521	535	543	558	**1.36**
日本	-0.07	-0.99	-0.35	0.20	0.85	500	528	551	575	**1.95**
列支敦斯登	0.30	-0.89	0.01	0.66	1.42	490	552	542	564	**2.33**
瑞士	0.17	-1.00	-0.12	0.52	1.29	488	519	543	576	**2.06**
荷蘭	0.23	-0.82	0.02	0.58	1.15	484	513	537	565	**1.97**
芬蘭	0.36	-0.68	0.13	0.73	1.28	488	509	529	555	**1.90**
OECD 平均	0.00	-1.15	-0.32	0.34	1.15	452	482	506	542	**2.15**

註：臺灣 2009 的資料是根據主要調查領域閱讀的分數得到的，表格中的數字除最後一個欄位以外皆為平均數。
　　表中粗體字為達統計顯著者。
資料來源：OECD, PISA 2012 Database, Table II.2.4a.

　　就表 9.1 中最後一個欄位所提供的 ESCS 最低的四分之一學生其數學表現也落在最低的四分之一之可能性來看，可以看到 OECD 國家平均來說，弱勢的學生比優勢的學生有高過兩倍的機率，得分會落在分配底層四分之一。臺灣學生的可能性（2.46）高於 OECD 國家的平均值（2.14），也高於所有列表 9.1 中的參照國家，顯示國內社經弱勢學生要有比較好的學習表現的可能性低於其他國家，這是值得注意的（PISA 分數的意義可以參考方塊 9.1 的說明）。因為 PISA 2009 並沒有提供數學素養這個部分的分析，因此將閱讀部分的分析結果一併呈現在方塊 9.1 中，方便有興趣的讀者自行參照。

方塊 9.1　PISA 分數的意義

　　數學第一次作為 PISA 主要評估領域是在 2003 年，在那時數學表現量尺被標準化為平均數 500 分以及標準差 100 分。這意謂所有參與 PISA 2003 的 OECD 國家，典型的學生在數學上的得分為 500 分，且將近三分之二的 OECD 國家的學生得分在 400 ～ 600 分之間；約有 40% 學生的分數在 450 ～ 550 分之間，因此 100 分的表現差距代表一個在學習表現上大的差異。雖然 PISA 是一個測驗，但是 PISA 並沒有最高分（或最低分）存在，因此並無法說是通過 PISA 或是在 PISA 上失敗，只在與某一個特定的標準（例如，OECD 國家的平均表現）加以比較時，測驗結果才會有關聯的。

　　數學表現的六個精熟水準彼此間隔 70 分，代表在不同表現水準的學生所擁有的技能和知識有明顯不一致的差距（gap），70 分的差距代表典型的 OECD 國家相差兩個年級的差距。在一個典型的 OECD 國家中，二個相鄰年級（例如九年級和十年級）學生的平均表現差異約為 39 分。如同在本書前面幾章所提到的，在 PISA 2012 數學量尺上，表現最佳與最低的國家分數相差 245 分；而 OECD 國家中，前四分之一與後四分之一學生數學表現之平均差異為 128 分。

　　與學生或學校的社會人口變項特徵有關聯表現差異之最大值比 70 分小得很多，在典型的 OECD 國家中，男生的數學分數比女生高 11 分；非移民學生比具有移民背景的同儕高出 34 分；社會環境優勢的學生比弱勢的學生分數平均高出 90 分；而都市學校的學生比鄉下學校的學生平均高出 31 分（OECD, 2013c）。

第二節　教育的均等

　　PISA 2012 主要由下列三個角度來探討教育機會均等（equity in education opportunities）：(1) 教學的內容與實務；(2) 卓越與均等的兼顧；(3) 教育資源的數量與品質（OECD, 2013c）。在本節中，將簡要探討卓越與均等的兼顧，以及教育資源的相關議題這兩個部分。因為學生分數的差異太大，也是教育機會不均等的指標之一，因此本節也一併呈現臺灣和主要參照國家的學生在分數高低分端

之對照比較，以及能力未達基準線水準的學生比率等資訊。

一 教學的內容與實務

如果學生沒有接觸過那些他們必須精熟以便於完全地參與社會的學科內容，那麼教育資源的量與質對於學習沒有任何的效果存在。因此項理由，PISA 在學生問卷中調查了 15 歲的學生在數學課中所遇見的數學作業以及他們對那些作業相對的熟悉程度。本章探究不同的學生、學校和教育系統中，這些「學習機會」（opportunity to learn）是如何的變化，以及這些變異是如何影響教育均等。

PISA 也藉由探索學校的學習環境來監督教育均等，諸如師生關係、教師士氣和教室管理（classroom discipline）等議題的資料，皆一起透過分發給學生和學校主管人員的問卷來加以蒐集，並統計這些資料彼此間的相關以及與學生表現之間的相關，在學校內和學校間學習環境品質之間明顯不一致能指出教育機會不均等。

二 卓越與均等的兼顧

雖然有一些人爭論到教育均等以及卓越的表現只能在某些特定的環境中達到，參與 PISA 的國家和經濟體展示了卓越和均等是可以同時達成的目標。

（一）財富不是好的數學表現之先備條件也不是保證

PISA 2012 發現一個國家的人均國民所得（per capita GDP）解釋了 OECD 國家平均表現之間大約為 12% 的變異，和夥伴國家與經濟體為 21% 的變異。然而擁有類似財富的國家和經濟體顯示了非常不同的 PISA 平均表現，例如，加拿大和波蘭在數學評量上的分數皆為 518，但是波蘭的人均國民所得僅是加拿大的一半。日本和法國的人均國民所得是在 OECD 的平均數 35,000 美元左右，然而，日本的數學表現遠在 OECD 的平均數以上（536 分），而法國則是在 OECD 平均數附近（495 分）。另一方面，具有非常不一樣的人均國民所得的國家顯示了相似的表現，拉脫維亞和盧森堡兩個國家的表現皆稍微低於 OECD 的平均數，但是拉脫維亞的人均國民所得低於 17,000 美元，而盧森堡卻是高於 84,000

美元。

　　像愛沙尼亞、香港、波蘭、上海、新加坡、斯洛維尼亞、臺灣和越南等國家和經濟體顯示出，一個世界被分別為「高度發展與教育良好的國家」和「發展欠佳與教育較差的國家」這樣的觀念已不再是真實的。一些正在崛起的國家正快速地改善他們人口的教育。

　　類似的組型也在教育機會均等中看到，就所有參與評量的國家和經濟體中，人均國民所得僅與教育均等有微弱的關聯。在人均國民所得以及數學表現與社經地位之關係強度之間，並無關聯存在。在人均國民所得低於 20,000 美元的國家中，較高的人均國民所得與社經優勢和碩士學生之間表現的差異有正向的關係存在，也就是較不均等。但是對於較高收入的國家而言，這個關係已不再存在。

(二)學生母群中社經地位多樣性與卓越表現和均等並存

　　一般而言，PISA 的結果顯示在學生的多樣性（heterogeneity，或譯為異質性）與表現之間並無關聯存在。在 23 個平均表現高於 OECD 平均數的國家中，香港和澳門具有平均以上的均等，且社經地位多樣性大於平均；而在芬蘭，社經多樣性是在平均數左右，在那些具有高的表現且均等是在平均水準以上的國家或經濟體中，上海和新加坡皆有高於平均的社經多樣性，而荷蘭、瑞士、丹麥和德國則有平均的社經多樣性。

　　相似地，相對於高表現者與低表現者之比率，在前 25% 和後 25% 的學生之間表現差異之全距（範圍）或表現分數之變異，如果不是與教育均等有微弱的關聯，就是完全沒有關聯。具有較高的表現之國家傾向於有較大的變異，但是那些差異僅是與社經不一致有微弱的關聯。例如上海、新加坡和臺灣之平均表現是高的，且學生表現的整體變異情形也比較大。

　　在圖 9.1 中，所有參與 PISA 2012 評量的國家和經濟體，依照數學表現比 OECD 國家平均來得高或低，以及均等高於或低於 OECD 平均，分成四個象限。我們可以看到有許多國家或經濟體（包括韓國、瑞士、日本、香港、澳門、芬蘭和荷蘭等）不但有高的數學表現，也擁有高的均等（即在右上角第一個象限中），新加坡有高的表現，但均等十分接近 OECD 平均。而臺灣則是在左上角的第二個象限中，屬於有高的數學表現，但均等低於 OECD 的平均，上海雖也在第二象限中，但其均等十分接近 OECD 平均。

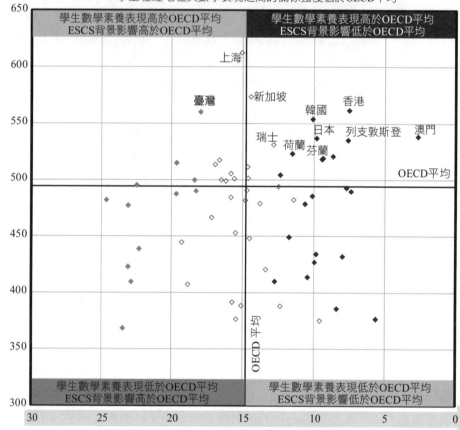

數學素養平均數

◆ 學生社經地位與數學表現之間的關係強度高於OECD平均
◇ 學生社經地位與數學表現之間的關係強度與OECD平均無顯著差異
◆ 學生社經地位與數學表現之間的關係強度低於OECD平均

➲ 圖 9.1　學生的數學表現與均等

資料來源：OECD, PISA 2012 Database, Table II.2.1.

三 教育資源的數量與品質

　　無論是質的或量的，成功的教育系統吸引了最高品質的資源到那些資源可以形成最大差異的地方。PISA 提供了學校系統是如何分配他們的教育資源之資訊，以及該分配是否與社經地位、移民背景或學校位置等學生或學校的特徵有關聯。

PISA 分派問卷給學生和學校的校長來填寫，以蒐集他們可用的教育資源之數量和質量等資訊。例如，學校被問到有關學校基礎組織的品質和合格教師的可用性。學生被問到他們付出多少的上課時間在他們所學習的學科上面，以及他們課後學習活動的程度。

PISA 藉由分析對這些問卷的反應，以及將這些反應與學習表現的結果加以比較來測量學校系統的均等（equity）。分析可以決定一個學校系統是否把更多和更好的資源用於最有利的學生和學校，或是用在不利學生和學校上。雖然這一章簡要探索各國在資源分配上的變化程度，在前一章「數學素養與學校因素關係的探討」中，詳細探索了包括教育資源分配在內的一些學校本位和系統本位的政策和實務與學生和學校表現之間的關聯，以及它們是如何反應一個系統中的均等水準。

學習結果和機會不均等潛在的來源之一，在於學生和學校間資源的分配。在那些均等地分配教育資源的學校系統中，教育資源和一個學校的社經剖面是無關聯的。在學校的社經剖面與資源的量或質之間有正向的關聯，意謂著社經優勢的學校由更多或更好的資源中得到助益；一個負向的關係，則意表更多或更好的資源是被分配給社經弱勢的學校。若是學校的社經剖面與教育資源二者之間沒有關聯，代表社經弱勢學生所就讀的學校與社經優勢學生所就讀的學校，有均等的機會接觸更佳或更多的資源。關於教育資源這個議題，在第八章亦有詳細的說明。

表 9.2 顯示在學校的社經剖面（學校內學生 ESCS PISA 指標的平均）和不同的學校特徵（比如生師比、具有大學文憑教師的比率等）之間的關係。在學生所就讀的社經弱勢學校中，若其校長報告有更多和（或）更好品質的資源則該細格以上標 a 表示。那些學生就讀具有較少或較低品質資源之不利的學校之關係則以上標 b 表示，如果在一個學校系統中之關聯顯著與 OECD 平均不同者，以粗體字表示。

（一）更多的資源未必是好的

對於就讀社經弱勢學校的學生，資源的量並不一定轉譯成資源的品質。一般而言，有較多的社經弱勢學生就讀生師人數比較低的學校，但是較多社經優勢的學生就讀有較多具有大學文憑之教師的學校。

❖表 9.2　臺灣與參照國家學校平均社經背景與辦學特色（學校特徵）的相關

國家	學習行為		學生和教師剖面		學校氣氛		
	課後學習活動的參與	家庭作業	學生／教師比	具有大學文憑之教師的比率	影響學校氣氛之學生相關因素	行為後果：中輟退學	父母給予的成就壓力
臺灣 2009			-0.07	**0.29**			
臺灣 2012	**0.29**ᵃ	**0.36**ᵇ	-0.01	0.02	**0.36**ᵇ	-0.20	**0.29**ᵇ
上海	**0.24**	**0.35**ᵇ	**-0.26**ᵇ	**0.26**ᵇ	0.17	**-0.35**ᵇ	0.19
新加坡	0.13	**0.18**	0.11	**0.36**ᵇ	**0.47**ᵇ	-0.17	**0.38**ᵇ
香港	**0.20**	**0.14**	0.04	0.04	0.21	**0.02**	**-0.07**
韓國	**0.36**ᵇ	**0.28**ᵇ	**0.27**ᵇ	**0.02**	0.25	-0.24	**0.42**ᵇ
澳門	**0.15**	0.16	-0.05	**-0.09**	**0.26**ᵇ	-0.23	0.16
日本	**0.31**ᵇ	**0.33**ᵇ	**0.30**ᵃ	0.18	**0.34**ᵇ	**-0.39**ᵇ	**0.44**ᵇ
列支敦斯登	0.01	0.12	**0.50**ᵃ	**0.46**ᵇ	**0.45**ᵇ	c	**-0.56**ᵇ
瑞士	0.06	0.12	**-0.07**	0.18	**0.08**	c	**-0.10**
荷蘭	0.12	0.22	**0.43**ᵃ	**0.51**ᵇ	0.21	-0.34	0.39ᵇ
芬蘭	**0.05**	**0.05**	**0.36**ᵃ	0.01	**0.01**	**0.02**	0.14
OECD 平均	0.10	0.18	0.16	0.14	0.30	-0.28	0.31

註：本表中所呈現的變項大都與 2009 年的不同，僅有「學生和教師剖面」中的兩個變項是相同的，因此其餘細格以空白表示。粗體表示該數值與 OECD 平均顯著地不同。
　　c 表示該項人數百分比為 0，所以無法計算。
　　ᵃ 學生所就讀的社經弱勢學校中，其校長報告有更多和（或）更好品質的資源。
　　ᵇ 學生就讀具有較少或較低品質資源之不利的學校。
資料來源：OECD, PISA 2012 Database, Table II.4.6.

　　由 PISA 所得到的發現指出，很多學生面臨了來自弱勢的背景以及就讀低品質教學資源的學校等雙重的不利（liability）。將學校中學生母群的人數納入解釋的話，OECD 國家至少分配給社經弱勢的學校與社經優勢學校相等數量（如果不是更多）的數學教師。然而，就所有參加 PISA 2012 評量的國家來說，社經弱勢學校傾向於較難吸引合格的教師人數。例如，荷蘭的社經優勢學校中，合格教師的人數與社經弱勢學校相比為 52% 比 14%，而在生師比部分，社經優勢學校比弱勢學校高出 28%（每位教師分別有 18 位和 14 位學生），類似的情形也

可以在比利時、克羅埃西亞、希臘、冰島、義大利、哈薩克、盧森堡、蒙特內哥羅、俄羅斯和斯洛維尼亞等國看到。在奧地利，與弱勢學校相比，優勢學校的生師比較小，而具有大學文憑的教師也比較多。也就是說，弱勢學校每一位學生有較少數的教師，且那些教師接受較少的教育。類似的情形可以在羅馬尼亞、上海和烏拉圭中看見。

　　由這些發現可以得到的政策結論是，要確保資源的公平分配對很多國家仍然是主要的挑戰，如果不是資源的量的問題，就是他們的品質之問題。

(二)學校的紀律風氣

　　社經弱勢學校有不佳的紀律風氣（disciplinary climate），在克羅埃西亞、匈牙利、上海和斯洛維尼亞中，社經優勢和弱勢學校之間紀律風氣之差異尤其明顯，皆超過紀律風氣指標（index of disciplinary climate）0.5 個單位以上；在約旦、拉脫維亞、挪威、秘魯和泰國則是沒有明顯的差異。在一些教育系統中，社經地位與紀律風氣有強烈的關聯，然而在其他某些國家中，此項關係是弱得多了。這種不同教育系統有不同的關係強度之變異情形，建議了系統層級和學校層級的政策對提升或降低這些差異扮演了一些角色。

　　雖然這些因素或多或少與學生表現有關，很清楚地，他們並未組成弱勢學生所需要的那種支持性的學習環境。如果學校要補償學生在家所缺少的資源和支持，很難想像這些環境要如何幫助社經弱勢學生以達到他們的潛能。

(三)校外的學習機會和父母對學校的期望

　　父母親對孩子的教育可在不同的方式上扮演關鍵的角色，包括透過放學後活動或私人家教來提供額外的學習機會、或是學校的支持性學習（support learning），藉由對他們的孩子或所就讀的學校設定高的期待，並要求那些期待必須被滿足，對學校施加壓力以達到更高的學業標準。在這些領域中，社經地位和家中的資源是密切關聯的。

　　在所有參加 PISA 2012 的國家中，社經優勢的學生傾向於放學後用更多時間做家庭作業，或是他們的教師所設定的其他學習功課。在比利時、保加利亞、匈牙利、義大利、日本、上海、臺灣和英國，社經優勢學生比社經弱勢學生用更多的時間參加由商業公司所組織、且由父母所付帳的放學後的班級活動。

　　父母親對他們孩子的教育之熱烈期望同樣也與社經地位有強烈的關聯，優勢學生的父母親比弱勢學生的父母親有更高的教育熱望。這些父母也給學校較大的壓力以滿足高的學業標準。除了香港、印尼、列支敦斯登、盧森堡、蒙特內哥羅和瑞士以外，在其他所有國家中，優勢的學生就讀的學校多半是那些校長所報告的「多數家長期待我們的學校能設定非常高的學業標準，且要求學生能達成」。

四　學習成效的均等

　　各國學生表現之變異程度可作為該國教育機會均等的一個觀察指標，如果一個國家表現最佳的學生與表現低落學生之素養差距過大，就某個程度而言，可能是因為學生教育機會不均等所造成。而各國學生在各國表現水準上的人數比率也可提供有用的資訊，尤其是低於水準 2（亦即表現在水準 1 以下以及水準 1）的學生在 PISA 中被視為是成就低落的學生，他們所占的比率亦可視為學習成就落差的一項重要指數，此數字代表未獲得核心知能的學生比率，這些基本知能促使學生在教育及其後續過程中有所進展。較大的學習成就落差或較大的落後學生比率，均可視為學校系統未能提供所有學生平等且充分的知識與技能的訊號。

(一)各國內相對表現差距

　　分配高分端的表現差距相對於分配低分端的差距，是一個很好的相對表現差距標竿。若在表現分配低分端呈現很大的差距，就意味著有相當大比率的學生處於落後的情況，這些學生的表現遠遠低於分配中間的學生群，因此藉由提升成就低落學生的表現來縮短國家內部的表現差異是各國重要的教育政策目標。要了解分配高低分端學生表現之差異情形，可藉由檢視各國內部表現各百分位數的分數差異。第 5 百分位數的分數表示有 95% 的學生達到此分數，也表示仍有 5% 尚未達到。第 25 百分位數，也稱為第一四分位數，其定義為該國有四分之三的學生超過此分數，另四分之一則未達到。傳統上第一四分位數與第三四分位數之距離的一半稱為四分差（semi inter-quartile range）。由於 PISA 2012 的結果並未提供第 50 百分位數，本文無法沿用 PISA 2009 比較第 10 百分位數與中位數以及中位數與第 90 百分位數之間距離的差異，以探討高分端與低分端何者分散程度較大之作法；但是，以比較第 5 百分位數與第 25 百分位數之距離和第 75 百分位數

與第 95 百分位數之距離何者較大，也可以提供有用的資訊。

　　由表 9.3 可以得知，臺灣與各個參照國家低分端表現的差距通常都比高分端的差距寬。這樣的差異數據顯示，各國學生表現的主要變異來源較多來自於素養表現較為落後的學生。因為 PISA 量尺分數的設計是 OECD 國家平均分數為 500 分，標準差為 100 分，OECD 國家在 PISA 2012 實際得到的平均為 494 分，十分接近原來所設計的 500。因此以半個標準差（即 50 分）為間距，以 450 分以下和 550 分以上作為標準，可以將平均分數在 450 以下的視為得分較低的教育系統，而平均分數在 550 以上者為得分較高的教育系統。就所有 PISA 2012 的參加國家來說，在 22 個得分較低的國家中，有 21 個低分端的寬度小於高分端，而得分較高的 6 個國家中，有 5 個的低分端寬度大於高分端。這種現象與 PISA 2009 的觀察是類似的。

❖表 9.3　臺灣與參照國家的高、低分端的數學表現對照

國家	5th	10th	25th	75th	90th	95th	5th與25th 的差距	75th 與 95th 差距	差距 （低分端－高分端）
臺灣 2009	343	380	439	555	600	627	96	72	24
臺灣 2012	363	402	478	645	703	738	115	93	22
上海	435	475	546	685	737	765	111	80	31
新加坡	393	432	501	650	707	737	108	87	21
香港	391	430	499	629	679	709	108	80	28
韓國	386	425	486	624	679	710	100	86	14
澳門	379	415	476	605	657	685	97	80	17
日本	377	415	473	603	657	686	96	83	13
列支敦斯登	370	403	470	606	656	680	100	74	26
瑞士	374	408	466	597	651	681	92	84	8
荷蘭	367	397	457	591	638	665	90	74	16
芬蘭	376	409	463	577	629	657	87	80	7
OECD 平均	343	375	430	558	614	645	87	87	0

註：臺灣 2009 的資料是根據主要調查領域閱讀的分數得來的。
資料來源：OECD, PISA 2012 Database, Table I.2.3a.

(二)能力未達基準線水準的學生比率

PISA 將數學表現分為六個素養水準，其中水準 2 被視為要完整地參與現代社會所需要的數學精熟度之基礎的基礎線，達此水準的學生開始可以表現出數學素養能力，並能有效地運用在日常生活。精通數學素養能力水準 2 的學生能夠解釋和分辨不需要超過直接推論以上之脈絡中的情境，他們可以由單一來源抽取適切的訊息且使用一個單一的表徵形式（representation mode）。這個水準的學生可以運用基本的運算法、公式、程序或規則慣例來解整數的問題，他們能夠對結果進行字面上的解釋。低於水準 2 的學生可能已經有了數學的能力，但對於應用數學來學習則仍需努力。從均等的角度來看，這是一群關鍵的學生，特別是從國際性的角度來看，當這些表現不好的學生結束學校教育進入日益全球化的勞動市場時，情況將對他們相當不利。

在 PISA 評量中低於素養水準 2 的學生是一個需要關注的群體，他們有限的能力讓他們在未來的教育與工作生涯中充滿風險。舉例來說，在加拿大的一個縱貫研究中證實，在 2000 年 PISA 閱讀素養低於水準 2 的 9% 學生中，有三分之二的學生不會發展到大專，且其中只有 10% 的學生讀到大學。相對的，在水準 2 的學生當中，多數都讀到大專；而水準 5 的學生群當中，只有 7% 的學生沒有接受任何形式的大專教育（OECD, 2010b）。澳洲、瑞士與烏拉圭也都顯示出類似的結果，強調了獲得更多教育、參加並成功完成許多智力挑戰的職業學校，或是獲得高等教育，這些都會與在 PISA 評量上的表現有直接或間接的正相關（Bertschy, Cattaneo, & Wolter, 2009; Boado & Fernández, 2010; Marks, 2007）。

PISA 數學素養的水準 2 對許多國家來說是一個有用的標竿，因為這能協助國家覺察學生是否有輟學或是無法發展全部潛力的風險。在其中一些國家，不同的標竿可能會更有意義。例如，水準 3 以上的學生表示其表現遠高於基本要求，因此，從均等的角度來看，水準 3 以上的學生比率可代表教育系統成功拉起每個學生至素養水準的程度。

若以未達水準 2（亦即分數低於 420.07）的學生比率為低素養表現或落後比率，OECD 國家平均落後比率為 23.0%。表 9.4 所列的國家水準 2 以下學生的比率皆低於 OECD 國家的平均，其中上海（3.7）、韓國（9.1）、香港（8.5）、新加坡（8.3）、澳門（10.8）、日本（11.1）和臺灣（12.8）等亞洲國家中，臺

灣的落後比率是最高的，而上海的落後比率最少。若將分數在水準 5 及以上的比率視為是高素養表現（即分數高於 606.99），則 OECD 國家的平均為 12.6%，表 9.4 中所列國家均高於 OECD 國家平均，而亞洲地區國家水準 5 以上學生所占的比率皆高出 OECD 國家平均甚多，比如臺灣（37.2）、上海（55.4）、新加坡（40.0）、香港（33.7）、韓國（30.9）、澳門（24.4）和日本（23.6）等皆高出 OECD 國家平均甚多。

❖表 9.4　臺灣與參照國家數學表現在各水準的人數比率

國家	未達水準 1	水準 1	水準 2	水準 3	水準 4	水準 5	水準 6	水準 2 以下	水準 5（含）以上
臺灣 2009	4.2	8.6	15.5	20.9	22.2	17.2	11.3	12.8	28.5
臺灣 2012	4.5	8.3	13.1	17.1	19.7	19.2	18.0	12.8	37.2
上海	0.8	2.9	7.5	13.1	20.2	24.6	30.8	3.7	55.4
新加坡	2.2	6.1	12.2	17.5	22.0	21.0	19.0	8.3	40.0
香港	2.6	5.9	12.0	19.7	26.1	21.4	12.3	8.5	33.7
韓國	2.7	6.4	14.7	21.4	23.9	18.8	12.1	9.1	30.9
澳門	3.2	7.6	16.4	24.0	24.4	16.8	7.6	10.8	24.4
日本	3.2	7.9	16.9	24.7	23.7	16.0	7.6	11.1	23.6
列支敦斯登	3.5	10.6	15.2	22.7	23.2	17.4	7.4	14.1	24.8
瑞士	3.6	8.9	17.8	24.5	23.9	14.6	6.8	12.5	21.4
荷蘭	3.8	11.0	17.9	24.2	23.8	14.9	4.4	14.8	19.3
芬蘭	3.3	8.9	20.5	28.8	23.2	11.7	3.5	12.2	15.2
OECD 平均	8.0	15.0	22.5	23.7	18.1	9.3	3.3	23.0	12.6

註：低於 357.77 分者為未達水準 1，357.77 ～ 420.07 分者為水準 1，420.07 ～ 482.38 分者為水準 2，482.38 ～ 544.68 分者為水準 3，544.68 ～ 606.99 分者為水準 4，606.99 ～ 669.30 分者為水準 5，669.30 以上者為水準 6。

資料來源：OECD, PISA 2012 Database, Table I.2.1a.

五 社經背景成分對數學表現的解釋力

在一個教育系統中的教育機會若是均等，數學表現與社經背景之間的關係應該是薄弱的。在這樣的系統中，所有學生享有同等機會發展潛力，而他們的學習成果就合理的代表他們的努力、能力及抱負。相反的，若教育系統中社經背景與數學表現間的關係很強，意味著社經背景較低的學生其數學也會比較低，而社經地位較高的，其數學表現會比較好，因此社經弱勢的學生就不太可能實現其學科的潛能，他們往往也不能享有同等的機會。PISA 所蒐集的資料使研究人員能檢驗社經背景與學生和學校表現之間的關聯程度，進而評估如何均等地分配教育機會。儘管社經背景有不同，若學生與學校表現都一樣良好，教育機會可以被視為均等分配；若學生與學校的表現強烈依賴於社經背景，則教育機會不均等的情況仍然存在，學生的潛力就無法實現。

為了評估社經背景對學生表現的效應，PISA 仔細蒐集學生家庭成員的社經文化地位資訊，包括父母親教育程度、父母親職業地位，以及家中可獲得的文化和教育資源。社經背景與數學表現之間的關係不僅取決於學校，同時也取決於家庭健康保險、收入、住屋以及幼托照顧等許多的因素。其中的某些因素本身或是與社經背景之間的交互作用，可能會像學校一樣有很大的效應。然而，PISA 並沒有蒐集所有的相關因素，在分析時也無法將所有因素都考慮進去，因此在解釋報告結果時必須注意到這些。

在先前的 PISA 評量中，許多國家都發現較差表現的學生不見得會有弱勢的社經背景，此一發現對決策者來說具有很重要的啟示。因為數學技能是終身學習以及提高未來就業機會與收入的基礎，所以如果社經背景與數學表現關係較強的國家無法充分利用來自弱勢背景學生的潛力，人力資本可能因此被浪費，社經地位由低到高的世代改變也可能有限；因為表現不好的學生將大部分是那群最不可能獲得提升經濟狀態工作的人。

表 9.5 總結了各國社經背景的每個成分與數學表現之間的關聯程度。此處所分析的社經背景成分包括父母親職業、父母親教育程度、文化資產、家庭教育資源、藏書量和財產。由於這些成分往往是相互關聯的，例如，教育程度較高的父母親很有可能也會有較高的職業地位，表中除呈現各個成分在其餘成分的影響力

被排除之後所能解釋的表現變異以外，表 9.5 最右一欄也呈現了上述成分的整體解釋力；表 9.5 中數值的單位是 %，數值愈大解釋力愈高。

　　由表 9.5 中的數據可以發現各國整體社經背景對學生表現有相當的解釋力，但是只有臺灣（24.9）的整體解釋力比 OECD 國家平均（20.8）高，而上海（18.4）、新加坡（18.1）、列支敦斯登（20.5）、瑞士（19.7）、荷蘭（18.8）與 OCED 的平均接近。就個別的成分來看，比較有趣的是在所有的國家中，臺灣家中所有的財產對數學成就的解釋力，似乎高出其他國家許多，而藏書量似乎對亞洲國家來說，解釋力皆低於 OECD 國家平均。如表 9.5 所顯示，多個因素所共同解釋的變異會大於單一個因素獨特所解釋的變異，這現象說明各方面的社經背景往往是密切相關的，因此後續的報告會將其總結為單一的指標，即 PISA 社會、文化和經濟地位指標（ESCS）。

❖表 9.5　臺灣與參照國家的社經背景每個成分對數學表現的解釋力

國家	父母親職業	父母親教育程度	文化資產	家庭教育資源	藏書量	財產	整體
臺灣 2009	1.6	0.6	1.2	1.3	2.6	2.6	22.3
臺灣 2012	0.8	1.3	0.7	1.6	2.4	0.9	24.9
上海	0.6	1.5	0.3	0.9	2.6	0.1	18.4
新加坡	1.2	0.0	0.0	1.4	2.0	0.0	18.1
香港	0.8	1.0	0.6	1.2	3.8	0.8	11.9
韓國	0.3	0.1	0.0	1.9	3.9	0.0	16.8
澳門	0.5	0.2	0.8	2.2	1.2	0.8	8.4
日本	0.0	1.3	0.0	0.5	0.8	0.0	13.7
列支敦斯登	9.7	0.0	0.0	0.0	3.1	0.0	20.5
瑞士	1.5	0.2	0.4	0.3	7.5	0.1	19.7
荷蘭	3.0	0.0	0.0	1.1	6.4	0.2	18.8
芬蘭	1.4	0.1	0.0	0.0	5.9	0.2	16.4
OECD 平均	1.9	0.3	0.1	0.5	5.0	0.2	20.8

註：表中數字代表各個變項對於受測者數學表現變異的解釋百分比。

資料來源：OECD, PISA 2012 Database, Table II.2.6.

第三節　數學素養與社經背景

在這一節中，將由「學生社經文化地位與數學表現」、「社經陡坡」、「社經弱勢學生在 PISA 成功的比率」和「學校層級社經背景的效應」等四個部分來詳細探討社經背景與學生的數學素養之間複雜的關係。

一　學生社經文化地位與數學表現

雖然很多社經弱勢學生在學校成功，且很多達到 PISA 評量上高的表現水準，但社經地位仍然是表現的一個重要預測變項，且在大部分所有參與 PISA 的國家和經濟體中與表現大的差異是有關聯的。社經優勢的學生和學校在每一個國家中傾向於都比弱勢的學生和學校得到更高的分數，且一般來說，皆比其他群體的學生有較大的分數差距。

然而，社經地位不是命運（destiny）。很多在 PISA 的平均表現有改善的國家和經濟體也努力降低社經地位與表現之間的關聯，有些時候，這樣的努力導致優勢和弱勢學生之間表現的差距變小了。圖 9.2 呈現了社經陡坡（socio-economic gradient），描述了社經地位與表現之間的關係，這個關係的強度是這一節所聚焦的重點，也是 PISA 用來表示教育結果均等的主要測量值。如果這個關係是微弱的，那麼學生的社經地位無法預測他或她的表現。雖然一個單一的數字無法完全捕捉住教育均等中很多的複雜性，當要對不同的教育系統進行比較時，它提供了一個有用的基標（benchmark）。

教育的成功可以用一個高水準的成就與教育結果高度的均等之組合來加以定義，如圖 9.1 所示，在 PISA 2012 表現高於 OECD 平均的 23 個教育系統中，澳門、香港、列支敦斯登、愛沙尼亞、芬蘭、加拿大、日本、韓國和澳洲這 9 個國家或經濟體之數學表現與社經地位之間的關聯強度低於 OECD 的平均；而荷蘭、瑞士、新加坡、愛爾蘭、越南、上海、斯洛維尼亞、奧地利、丹麥、波蘭、德國等 11 個國家或經濟體之數學表現與社經地位之間的關係強度和 OECD 平均接近；只有臺灣和紐西蘭的數學表現與社經地位之間的關係強度高於 OECD 平均。

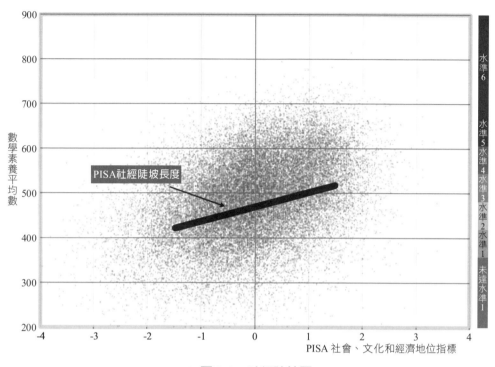

⊃ 圖 9.2　社經陡坡圖

資料來源：OECD, PISA 2012 Database, Figure II.2.1.

二　社經陡坡：PISA 表徵均等的方法

　　社經陡坡摘要了 PISA 可以分析的教育均等的許多層面，PISA 社經陡坡指的是 PISA 的社會、文化和經濟地位指標（ESCS）與學生表現間的關係。了解這項關係將有助於分析教育機會的分配；從學校政策的角度來看，這關係可顯示受教的利益是否均勻分配於不同社經背景的學生。PISA 調查顯示學生若來自較有利的社經背景，通常會有較好的表現，臺灣和參照國家在此項關係上之資訊摘要呈現在表 9.6 之中。就 OECD 國家而言，社經背景分數每增加一個標準差，數學表現平均增加 39 分，這相當於 OECD 國家平均一年的教育成效。

　　圖 9.2 中的每一個點代表一個由 OECD 國家中隨機抽出的學生，在這個圖中包含有 10% 的 OECD 國家學生。橫軸是學生的社經地位（PISA 的 ESCS 指標所

測量的），而縱軸是學生的數學分數。圖中的粗線代表學生的數學表現與社經地位之間的關係，也就是所熟知的社經陡坡。社經陡坡描繪給定了社經背景之學生的一般表現，也就是社經背景與學生表現之間的關係。由國際比較的觀點來看，其中有五個特性是值得注意的，分別是社經陡坡的強度（strength）、社經陡坡線的斜率（slope）、高度（height）、長度（length），以及直線性（linearity of the gradient line）或曲線性指標（index of curvilinearity）。

社經陡坡強度測量學生表現與背景間的關聯強度，是根據學生的社經地位來預測所得到的表現有多精確有關，也就是表現的變異為社經背景所解釋的比率。若此強度高，大部分的表現變異與社經背景有關，反之亦然。在 OECD 國家當中，平均有 14.6% 的數學表現變異與 PISA ESCS 指標有關。表 9.6 中所呈現的各國中，臺灣（17.9）與上海（15.1）之社經陡坡的強度高於 OECD 平均。新加坡（14.4）與 OECD 國家平均相近，其他亞洲區的國家之陡坡強度均低於 OECD 國家平均。在表 9.6 所列的國家中，社經陡坡強度最大的即是臺灣，最小的是澳門（2.6）；與 2009 年的閱讀評量結果相比較，對臺灣來說，社經背景與數學的關聯比和閱讀的關聯強。

社經陡坡斜率測量數學表現因社經背景所導致的不均等程度，此斜率顯示隨著社經背景一個單位的改變，伴隨學生表現改變的大小；亦即給定一個社經地位之差異後，相關聯的表現差距之平均大小。愈陡峭的斜率表示社經文化地位對學生表現有較大的效應，亦即愈不均等；較平緩的斜率則表示效應較小，亦即較均等。在 OECD 國家中，平均斜率為 39 分，表示 OECD 國家的學生每提高一個單位的社經文化指標，其表現就會高出 39 分。在表 9.6 中，香港、澳門、列支敦斯登、瑞士和芬蘭等國家的社經陡坡斜率低於 OECD 國家的平均，其餘國家社經陡坡斜率都比 OECD 平均大。在亞洲地區中，臺灣（58）斜率最高而澳門（17）最低，上海（41）與新加坡（44）稍微比 OECD 平均高一些。

陡坡斜率和強度測量了社經背景與表現之間關係不同的方面，有相同的陡坡未必會有一樣的斜率，同樣的，具有相同的陡坡斜率的國家，其強度也未必會相同。例如，保加利亞和韓國陡坡的斜率皆為 42，皆為相當陡峭的關係，然而保加利亞的社經背景解釋了學生表現 22.3% 的變異（陡坡強度為 22.3），韓國的社經背景僅解釋了學生表現 10.1% 的變異，這意謂在韓國弱勢學生比較可能有超過期望的表現。這個例子說明了雖然在保加利亞和韓國中，社經優勢和弱勢學

❖表 9.6　臺灣與參照國家社經背景與學生表現之關係的測量指數摘要表

國家	數學						閱讀		科學	
	平均表現	陡坡高度	陡坡強度（%）	陡坡斜率	陡坡長度	陡坡的曲線性	陡坡強度（%）	陡坡斜率	陡坡強度（%）	陡坡斜率
臺灣 2009	495	507			2.70	3.2	**11.8**	**36**		
臺灣 2012	560	583	**17.9**	**58**	2.69	-0.5	**15.1**	**42**	**16.7**	**40**
上海	613	627	**15.1**	**41**	3.00	**-3.9**	**15.6**	**33**	**15.3**	**33**
新加坡	573	585	**14.4**	**44**	2.98	1.7	**15.2**	**43**	**16.5**	**46**
香港	561	584	**7.5**	**27**	3.10	0.9	**5.2**	**20**	**6.0**	**21**
韓國	554	553	**10.1**	**42**	2.38	**6.6**	**7.9**	**33**	**6.7**	**29**
澳門	538	555	**2.6**	**17**	2.94	0.8	**1.5**	**11**	**2.1**	**13**
日本	536	541	**9.8**	**41**	2.22	-2.6	**7.9**	**38**	**7.3**	**36**
列支敦斯登	535	528	**7.6**	**28**	3.02	**-12.3**	**7.0**	**25**	**9.7**	**29**
瑞士	531	525	**12.8**	**38**	2.85	-1.5	**13.9**	**38**	**15.4**	**40**
荷蘭	523	515	**11.5**	**40**	2.41	3.1	**10.8**	**39**	**12.5**	**43**
芬蘭	519	508	**9.4**	**33**	2.39	1.6	**7.5**	**33**	**7.9**	**33**
OECD 平均	494	495	**14.6**	**39**	2.83	**0.8**	**13.1**	**38**	**14.0**	**38**

註：曲線性指標是 ESCS 和 ESCS 平方項對數學表現的迴歸中平方項之迴歸係數，為當
　　ESCS 平方增加一個單位時，數學分數改變的情形。陡坡強度為數學表現的變異數
　　為 ESCS 所解釋的百分比；陡坡斜率為 ESCS 改變一個單位時，數學分數的改變量；
　　陡坡長度為 95th 和 5th 百分位數的 ESCS 值之差異；陡坡高度則是當 ESCS 的值等於
　　OECD 平均數時，數學分數的值。
　　臺灣 2009 的資料是根據主要調查領域閱讀的分數得到的。
　　粗體表示該數值達到統計顯著。
資料來源：OECD, PISA 2012 Database, Table II.2.1.

生之間的平均表現差異是類似的，但是弱勢學生有類似優勢學生相同水準之表現
的可能性，對保加利亞來說是比韓國低的。

　　如果陡坡的斜率是陡峭的且陡坡強度是強的，例如斯洛伐克的斜率是 54，
強度為 24.6%，那麼對該國的教育系統而言挑戰是相當大的。因為此項組合意謂
學生和學校是無法避免在社經背景與學習結果之間有密切的關係；在這樣的國家
中，這個強的關係同樣也造成優勢和弱勢背景的學生之間表現有明顯的差異。就

表 9.6 所列的國家來看，臺灣的陡坡斜率是 58，陡坡強度 17.9%，似乎也面臨了與斯洛伐克類似的挑戰。

社經陡坡高度指的是考慮社經背景後學生的表現，也就是將學生的社經地位調整為 OECD 國家平均值（標準化為 0）時，其數學表現的分數。此高度所提供的資訊是，當一個教育系統中學生的平均社經等同於 OECD 的平均數時，其學生平均表現將會為何。因為學生的平均表現與教育系統以及影響學生表現所有的經濟和政治組織等有關，因此這方面的比較是受到限制的，因為各國中這些條件的差異並未被納入解釋。

社經陡坡長度測量學生社經背景差異的程度。陡坡長度以 PISA 學生的 ESCS 第 5 百分位數到第 95 百分位數的距離表徵，亦即陡坡長度所代表的是分配中間 90% 學生的社經分數之全距（範圍）。陡坡愈長，代表優勢與弱勢學生的社經背景差距愈大。OECD 平均長度為 2.83，從表 9.6 可以看到，上海（3.00）、新加坡（2.98）、香港（3.10）、澳門（2.94）、瑞士（2.85）和列支敦斯登（3.02）等國的陡坡長度皆大於 OECD 平均，臺灣（2.69）、韓國（2.38）和日本（2.22）及其他國家都小於 OECD 平均。國家若具有較大的社經背景差異，即使社經坡度是比較平緩的，社經背景對學習結果還是會有一定程度的影響。社經坡度的長度愈長對公共政策的挑戰愈大，因為這表示學校與學校系統所面對的是社經背景相當異質的學生母群。如果社經坡度的長度很長，即使是較平緩的斜率也暗示著社經弱勢與社經優勢的學生之間很大的預測表現差異；相對地，若社經坡度長度較短，表示學生的社經背景較為同質，那麼即使斜率較陡，對表現差異的影響也較為有限。

社經陡坡曲線性指標測量社經背景與表現間的關係是否為線性的，亦即若以社經地位和社經地位之平方為預測變項，來計算他們對於數學表現之迴歸，則 ESCS 平方項的迴歸係數即為曲線性指標（index of curvilinearity）。這個迴歸係數代表當 ESCS 平方的值改變一個單位時，數學分數的改變情形，因此如果這個指標的絕對值愈接近於 0，代表社經地位與數學表現之間的關係是愈接近線性的。若要將此指標解釋成社經陡坡的線性程度亦可，因此指標數值之絕對值愈小愈接近線性；PISA 2009 將此指標稱為陡坡線的直線性（linearity of the gradient line），表示在跨不同層次的社經背景時恆常不變程度。若此指標為正值，表示社經陡坡在社經背景較高的地方變得陡峭。換句話說，隨著社經地位的上升，社

經背景不均等（社經差異）造成表現差異的程度變得比較大，表現的不均等也更加劇。若指標為負值，表示在較高社經背景的地方，社經陡坡有變得比較平坦的現象，也就是隨著社經地位的上升，社經背景不均等造成成就差異的程度會下降衰退。

許多 PISA 參與國家的社經陡坡都幾乎是線性的或是適度的曲線性，表示隨著 PISA 社經文化地位指標的增加，在數學表現上的增加程度幾乎是固定的。不過，在某些國家中，社經陡坡在低社經背景時較陡峭，到了高社經背景則漸趨水平，這表示超過一定水準的社經背景後，其對學生表現的效應就會逐漸減少，而這種現象最顯著的是上海（-3.9）、德國（-4.5）、日本（-2.6）及瑞士（-1.5）；臺灣在這個指標上的值為 -0.5，顯示數學表現在高社經學生部分，陡坡也有漸趨平坦的趨勢。韓國（6.6）則是在低社經背景時的斜率較為平緩，隨著社經背景上升而漸趨陡峭，也就是社經優勢學生的表現將比線性預測的表現還要來得高；換句話說，擁有愈好的社經優勢，學生表現的邊際效益將愈高；而社經弱勢的學生之間，表現差異就比較小。

表 9.6 中同樣也提供了社經背景與閱讀及科學兩個評量領域社經陡坡強度和斜率之資訊，相較於數學領域，臺灣學生的閱讀和科學之斜率與 OECD 國家平均之差距似乎較不明顯，表示在 PISA 2012 的評量中，臺灣學生在閱讀和科學的表現受到社經地位的影響較不像數學那麼明顯。

三 社經弱勢學生在 PISA 成功的比率

雖然在 PISA 當中，大多數表現較差的學生都呈現較為弱勢的社經背景，但仍有為數不少的弱勢學生在 PISA 評量中表現突出（OECD, 2010c），並能克服許多對其不利的條件。由此可知，要克服社經地位對成就的障礙是可能的。

如果弱勢學生在 PISA 中表現優異，可視他們具強韌性，PISA 定義社經地位在底層 25% 而數學表現在最高 25% 的學生為具強韌性的（resilient）學生（在社經地位被納入解釋之後），因為他們設法克服了困難的社經環境且在學校成功。由表 9.7 可以看到，就所有 OECD 國家來說，有 26% 的社經弱勢學生（相當於全體學生母群中的 6.5%）勝過了對他們不利的社經因素。表 9.7 所列各個國家強韌性學生的比率皆高於 OECD 平均，尤其是亞洲地區國家的比率明

顯高出 OECD 很多，其中最高的是上海（19.2），接下來是香港（18.1）、澳門（16.9）、新加坡（15.1）、韓國（12.7）、臺灣（12.3），和日本（11.3）。若換算為社經弱勢學生中強韌性的比率，則可發現上海、新加坡、香港、韓國和澳門皆超過 50% 以上，而臺灣剛剛好為 50%。

在表 9.7 中也可以看到社經弱勢學生中學習成就低落的比率，OECD 國家平均為 4.8%，相當於所有弱勢學生中的 19.2%；臺灣的比率為 2.9%，相當於弱勢學生中有 11.6% 的學習表現屬於最底層四分之一，在亞洲地區的國家中，此項數據是最高的，尤其是高過上海（0.4）、香港（0.8）和澳門（0.7）甚多，這個現象是值得繼續觀察的。

❖ 表 9.7　臺灣與參照國家之社經弱勢學生為強韌性的與低成就者之百分比

國家	具強韌性的學生				弱勢的低成就者			
	所有學生	男生	女生	差異（男－女）	所有學生	男生	女生	差異（男－女）
臺灣 2009	9.7	7.6	11.9	-4.3	3.0	4.4	1.5	2.9
臺灣 2012	12.3	12.6	12.1	0.5	2.9	3.2	2.5	0.7
上海	19.2	20.3	18.1	**2.2**	0.4	0.4	0.3	0.1
新加坡	15.1	14.5	15.6	-1.1	1.3	1.6	1.0	0.6
香港	18.1	17.6	18.7	-1.1	0.8	0.8	0.8	0.0
韓國	12.7	12.4	13.1	-0.7	1.9	2.2	1.6	0.6
澳門	16.9	18.2	15.6	2.6	0.7	0.7	0.7	0.0
日本	11.3	12.6	9.9	**2.7**	2.4	2.6	2.3	0.2
列支敦斯登	10.1	11.8	8.2	3.6	3.2	2.2	4.4	-2.2
瑞士	9.9	11.7	8.2	**3.5**	2.9	2.5	3.3	-0.8
荷蘭	8.6	8.6	8.7	-0.1	3.7	3.4	4.0	-0.6
芬蘭	8.1	8.6	7.6	1.0	3.2	3.8	2.6	**1.2**
OECD 平均	6.5	7.0	6.0	**1.0**	4.8	4.4	5.1	**-0.7**

註：臺灣 2009 的資料為根據主要調查領域閱讀的分數得到的結果。表格中的數字是占全部學生的百分比。社經地位在底層 25% 而數學表現也在底層 25% 的學生則為弱勢的低成就者（disadvantaged low-achievers）。粗體表示該數值達到統計顯著。

資料來源：OECD, PISA 2012 Database, Table II.2.7a.

四　學校層級社經背景的效應

　　社會經濟的缺點是多方面的，無法單靠教育政策來改善，更不用說想要在短期內收到效果。父母的教育程度只能逐步提高，而每個家庭的平均財富也必須依賴於國家長期的經濟發展及個人的積蓄成長。社經背景本身是難以改變的，但在OECD 國際報告中也提到，有些國家成功地調節了社經背景對學習效果的影響。因此，何種程度的社經背景對學生表現的影響，是學校與學校政策可以調節的呢？

　　前面曾提到，社經陡坡是用來檢驗社經背景與學生表現之間的關係。這裡將擴展此檢驗，也就是仔細分析每個國家的組型，其中包括學校的社經地位是如何影響這些組型。為此，國家的社經陡坡將被分為兩個部分，分別為「校內社經陡坡」以及「校際社經陡坡」。校內社經陡坡描述在共同學校環境中的學生其社經背景與表現間的關係；校際社經陡坡則是說明學校平均表現與平均社經文化地位之間的關係。

(一)學校內與學校間的表現差異

　　學生分布於不同的學校的方式會造成明顯的表現差異。大的校際表現差異可能緣於學校坐落於不同區域所導致的不同社經文化特質，例如行政區或城鄉之間的差異，這些差異使得各社區的社經文化特徵有所不同，因此各學校的表現就可能有很大的差異。另外，大的校際表現差異也可能緣於一些較難量化的學校特質，例如學校所提供的教學品質與效能上的差異。

　　就表 9.8 所列國家中學生數學表現總變異而言，臺灣、上海、新加坡和韓國分別高出 OECD 平均 57.6%、20.3%、30.9% 和 15.8%，除了芬蘭低於 OECD 平均數約 14.2% 以外，其餘國家學生數學表現總變異皆與 OECD 國家平均接近。因此亞洲地區的數學素養差異性大致上是高於 OECD 平均，其中以日本為最小。

　　學生表現的總變異可分為校際變異與校內變異，校際變異常被視為教育機會均等的指標之一。PISA 定義各國「校際變異比率」為各國校際變異占 OECD 國家平均總變異的比率，而各國「校內變異比率」為各國校內變異占 OECD 國家平均總變異的比率。OECD 國家平均校際變異比率與校內變異比率各為

❖表 9.8 臺灣與參照國家數學表現總變異、校際變異、校內變異摘要表

| 國家 | 總變異 | 校際變異 | 校內變異 | 變異表徵為相對於 OECD 國家平均變異的比率（%） | | | 學業融合指標 |
				總變異	校際變異	校內變異	
臺灣 2009	7,446	2,772	5,808	85.9	32.0	67.0	67.7
臺灣 2012	13,368	5,613	7,710	157.6	66.2	90.9	57.9
上海	10,199	4,767	5,401	120.3	56.2	63.7	53.1
新加坡	11,102	4,070	7,033	130.9	48.0	82.9	63.3
香港	9,277	3,924	5,330	109.4	46.3	62.9	57.6
韓國	9,818	3,840	5,864	115.8	45.3	69.2	60.4
澳門	8,929	3,568	6,385	105.3	42.1	75.3	58.2
日本	8,748	4,620	4,094	103.2	54.5	48.3	47.0
列支敦斯登	9,111	5,513	3,305	107.1	65.0	39.0	37.5
瑞士	8,892	3,196	5,771	104.8	37.7	68.0	64.4
荷蘭	8,394	5,534	2,858	99.0	65.3	33.7	34.1
芬蘭	7,276	530	6,533	85.8	6.3	77.0	92.5
OECD 平均	8,481	3,114	5,375	100.0	36.8	63.4	64.2

註：學業融合指標（index of academic inclusions）的計算方式為 100（1-rho），其中 rho 為表現的組內相關係數，也就是校際學生表現的變異情形所占的比率。

資料來源：OECD, PISA 2012 Database, Table II.2.8a.

36.8% 與 63.4%。由表 9.8 可以看到除了芬蘭（6.3%）以外，其餘國家或地區的校際變異明顯高於 OECD 平均，而臺灣（90.9%）、新加坡（82.9%）、韓國（69.2%）、澳門（75.3%）、瑞士（68.0%）、芬蘭（77.0%）等之校內變異也大於 OECD 平均。

校際變異大表示就讀相同學校學生的表現類似，但不同學校學生的表現非常不同；而校內變異大表示學生和父母知道無論學生就讀哪一所學校，他們都可以期待能夠有較高的表現水準（因為校與校之間差異不大）。學生表現中的變異發生在學校內的比率，可作為「學業融合」（academic inclusion）的一個指標（Monseur & Crahay, 2008; Willms, 2010），它測量了跨各個學校而言，學生不會因為表現的不同而被分離到不同的學校去之程度。當校際變異較大而校內變異較小時，學生傾向被依照相似的能力分群到學校中，這可能反映出由家庭所做的學校選擇、人民生活地點、關於學校入學的政策，或是學生處於課程分流或能力

分組的形式。

(二)社經背景對校內與校際變異的解釋力

　　學生表現的變異情形為各校之間學生 ESCS 之差異所解釋的比率，在所有參與 PISA 2012 調查的國家中有大的差異存在，比如新加坡、斯洛維尼亞和澳門等國家或地區，其比率皆在 5% 左右，而紐西蘭、盧森堡和丹麥等國，則在 50% 以上。若是將學校的社經地位指標一起考慮的話，此項比率被提升更多，比如盧森堡、蒙特內哥羅、愛爾蘭、秘魯、匈牙利、紐西蘭、斯洛維尼亞和智利等國家之數學表現校際的差異為學生和學校的社經地位所解釋的百分比，在 93%（盧森堡）～ 75%（智利）之間。

　　表 9.9 呈現數學表現校際變異與校內變異可被學生與學校的社經背景差異解釋的比率。在 OECD 國家當中，學生與學校的社經背景差異〔或稱為社經

❖表 9.9　臺灣與參照國家社經背景對校內與校際變異解釋力摘要表（一）

國家	學生表現整體的變異為學生社經地位差異所解釋的比率		學生表現整體的變異為學生和學校社經剖面差異所解釋的比率	
	被解釋的校際變異	被解釋的校內變異	被解釋的校際變異	被解釋的校內變異
臺灣 2009	9.7	3.8	16.3	3.8
臺灣 2012	0.0	5.2	72.2	5.3
上海	14.4	1.5	65.4	1.6
新加坡	23.9	4.4	61.2	4.4
香港	8.0	0.6	41.9	0.7
韓國	13.2	1.5	57.3	1.5
澳門	4.9	4.7	14.2	5.8
日本	5.9	1.8	65.9	1.8
列支敦斯登	8.3	2.2	51.0	2.2
瑞士	21.3	7.2	44.0	7.2
荷蘭	7.1	1.5	57.8	1.5
芬蘭	33.5	9.7	38.3	9.8
OECD 平均	27.6	5.1	62.8	5.1

註：臺灣 2009 的數據是閱讀的資料。第一個欄位中，臺灣 2012 的數據原來表格中的值是 -9.1，因為比率不可能為負數，所以在此表中以 0 表示。

資料來源：OECD, PISA 2012 Database, Table II.2.9a. (part 1/2).

不一致（socio-economic disparities）〕平均可解釋 62.8% 的校際表現差異。香
港、芬蘭、瑞士以及澳門等教育結果有較大均等的國家或地區，被解釋的校際
變異比率皆低於 45%，尤其是澳門最低，僅 14.2%；而臺灣則高於 70%，上海
（65.4%）和日本（65.9%）比 OECD 國家平均稍微高了一些。若不考慮學校社
經地位的平均，僅單看學生社經地位的差異時，臺灣學生表現校際的差異被解釋
的量為 0%，上海則有 14.4%，日本變成 5.9%，顯示這些國家的學校社經背景平
均對於學生表現之差異有大的解釋量。

　　由表 9.10「ESCS 校際效果」一欄可以看到在 OECD 的國家中，平均來說，
就讀社經優勢學校學生的數學分數比他們的弱勢同伴高出 72 分，在相同學校

❖表 9.10　臺灣與參照國家社經背景對校內與校際變異解釋力摘要表（二）

國家	ESCS 整體效果 學生層級 ESCS 改變 一個單位時 學生分數增 加的量	ESCS 校內效果 學生層級 ESCS 改變 一個單位時 學生分數增 加的量	ESCS 校際效果 學校平均 ESCS 改變 一個單位時 學生分數增 加的量	學生就讀學校類 型所解釋的變異		學生就讀學校類型以 及學生及學校社經剖 面所解釋的變異	
				校際	校內	校際	校內
臺灣 2012	**58**	**27**	**123**	35.3	2.6	79.0	7.1
上海	**41**	**10**	**88**	58.8	1.9	85.0	3.0
新加坡	**44**	**22**	**85**	0.0	0.0	61.2	4.4
香港	**27**	**4**	**65**	7.6	6.1	44.3	6.2
韓國	**42**	**14**	**114**	35.2	0.2	61.3	1.8
澳門	**17**	**7**	**31**	33.4	21.1	37.3	21.2
日本	**41**	**4**	**150**	13.1	1.7	66.9	1.8
列支敦斯登	**28**	**8**	**132**	10.9	2.7	54.0	4.3
瑞士	**38**	**25**	**66**	24.5	0.8	53.1	7.7
荷蘭	**40**	**9**	**147**	87.7	22.4	88.1	22.8
芬蘭	**33**	**29**	**22**	0.0	0.0	38.3	9.8
OECD 平均	**39**	**19**	**72**	40.0	10.4	71.2	13.9

註：粗體表示該數值達到統計顯著。
資料來源：OECD, PISA 2012 Database, Table II.2.9a. (part 1/2, 2/2).

內，優勢學生比弱勢學生分數高出約 20 分。不同社經地位學生在不同學校之間的差距最小的是芬蘭（22 分），最大的是日本（150 分）。臺灣的學校平均社經背景改變一個單位時，學生的表現改變 123 分，這項數據雖小於日本，但比起表中其他的國家來說，算是相當大的，比上海（88 分）、新加坡（85 分）、香港（65 分）和澳門（31 分）皆高出許多。

(三)社經弱勢與優勢學生表現之比較

　　表 9.11 中所呈現的是臺灣與各個參照國家就讀社經弱勢、社經平均和社經優勢學校學生所占的比率、這些學校的學生 ESCS 平均數，以及這些學校學生的數學表現情形。就 OECD 國家而言，在優勢學校的學生表現比弱勢學校的好，但與國際的標準來加以比較時，他們未必表現得特別好。平均而言，優勢學校與弱勢學校學生之分數相差超過 100 分。雖然芬蘭就讀優勢學校的學生與就讀弱勢學校的學生之表現差異相當小（小於 40 分，小於 OECD 平均），然而臺灣、上海、新加坡、韓國及日本等國家或地區，此差異分數皆高於 OECD 的平均，尤其是臺灣的差異分數高達 156 分，是表中所列國家中最高的，荷蘭（151 分）的差異分數也與臺灣近似。一些就讀相當弱勢的學生母群所組成之學校設法達到高的表現水準，例如，新加坡、上海、香港、澳門、芬蘭和瑞士就讀弱勢學校的學生平均數學得分幾乎都在 500 分以上；雖然芬蘭這樣的學生之平均社經背景是在 OECD 的平均數（所有 OECD 學生 ESCS 平均數為 0），香港和上海則是比 OECD 平均數低超過一個單位。另外，表 9.11 可以看到，上海、香港、澳門就讀社經弱勢學校之學生的 ESCS 平均數皆比臺灣來得低，但是這些學生的數學表現平均分數皆在 500 分以上，皆比臺灣此類學生的平均分數高出許多，這個現象是值得臺灣教育系統主管當局注意的。另外，因為 PISA 2009 在這個部分資料的分析主要在社經優勢學生所就讀學校之 ESCS 平均數與弱勢學生所就讀學校之 ESCS 平均數之間的差異，分析角度與 2012 的不同，因此在表 9.11 和表 9.12 中就不呈現 2009 年臺灣的結果。

❖表 9.11　臺灣與參照國家就讀社經弱勢、社經平均及社經優勢學校的人數比率

國家	學生比率			ESCS 平均數			平均數學表現			
	弱勢	平均	優勢	弱勢	平均	優勢	弱勢	平均	優勢	差異
臺灣 2012	30.0	42.2	27.7	-0.86	-0.44	0.15	485	560	641	156
上海	29.4	37.4	33.2	-1.06	-0.35	0.25	541	611	678	137
新加坡	30.5	45.3	24.2	-0.71	-0.33	0.45	526	562	655	129
香港	35.3	40.2	24.5	-1.33	-0.84	0.05	510	573	615	105
韓國	26.7	48.6	24.8	-0.46	0.03	0.48	493	557	613	120
澳門	51.6	17.5	30.8	-1.22	-0.89	-0.32	527	535	558	31
日本	29.5	43.1	27.4	-0.49	-0.08	0.37	474	540	599	125
列支敦斯登	14.8	51.2	34.1	c	0.24	c	c	506	c	c
瑞士	26.5	47.2	26.3	-0.28	0.11	0.73	497	516	592	95
荷蘭	23.4	50.9	25.7	-0.26	0.23	0.68	440	527	591	151
芬蘭	16.0	67.0	17.0	-0.04	0.36	0.77	499	519	538	39
OECD 平均	26.4	47.2	26.5	-0.56	-0.02	0.60	444	492	548	104

註：最後一個欄位指的是社經優勢學生與弱勢學生數學表現的差異。c 表示人數太少無法
估計。
資料來源：OECD, PISA 2012 Database, Table II.4.2.

　　一般而言，不佳的表現與社經弱勢在學校的層級有密切的關聯，表 9.12 中
可以看到在所有的 OECD 國家中，就讀社經弱勢學校且數學表現為低成就的學
生，占全部學生的 18.1%，而就讀社經優勢學校且數學表現為高成就的學生占
全部的 19.7%。然而，這些比率在不同的國家有很大的不同。例如臺灣就讀社
經弱勢學校的學生中，表現仍屬於低成就的比率為 25.8%，上海為 25.6%，香港
為 25.5%，日本為 23.7%。但是有些學校系統能將這方面的關係弱化，比如在芬
蘭，就讀弱勢學校且數學表現為低成就的學生僅有 4%。而就讀優勢的學校且數
學表現為高成就者的學生，在臺灣有 22%，上海為 27.2%、香港為 19.8%、韓
國有 18.5%、澳門 19.3%，以及日本的 21.4%；然而，在芬蘭僅有 5.9%，且由
表 9.12 中可見芬蘭有 50.5% 的學生是就讀一般社經學校，且數學表現為一般成
就，這個數字與表中其他參照國家是明顯不一樣的。

❖表 9.12   臺灣與參照國家之社經弱勢、一般及優勢學校中學生之數學表現

國家	在社經弱勢學校中，下列各類學生的比率			在一般社經學校中，下列各類學生的比率			在社經優勢學校中，下列各類學生的比率		
	低成就	一般成就	高成就	低成就	一般成就	高成就	低成就	一般成就	高成就
臺灣 2012	25.8	3.7	0.6	10.9	21.5	9.8	0.1	5.6	22.0
上海	25.6	3.6	0.3	10.6	16.6	10.2	1.0	5.0	27.2
新加坡	19.9	10.6	0.0	15.7	20.8	8.8	0.0	5.2	19.0
香港	25.5	6.6	3.3	9.7	12.4	18.0	0.7	3.9	19.8
韓國	20.8	5.2	0.7	9.1	22.5	17.0	0.7	5.5	18.5
澳門	26.4	9.0	16.2	3.4	6.0	8.1	4.0	7.5	19.3
日本	23.7	4.4	1.4	14.3	14.2	14.6	2.3	3.6	21.4
列支敦斯登	c	c	c	c	c	c	c	c	c
瑞士	16.1	8.0	2.4	16.9	24.6	5.8	2.6	4.4	19.3
荷蘭	20.5	2.9	0.0	19.2	9.2	22.5	1.0	1.7	22.9
芬蘭	4.0	11.8	0.1	8.5	50.5	8.0	0.4	10.7	5.9
OECD 平均	18.1	7.5	0.7	11.4	25.4	10.4	0.8	6.0	19.7

註：表中數據為百分比。c 表示人數太少無法估計。
資料來源：OECD, PISA 2012 Database, Table II.2.11 (part 1/2, 2/2).

(四) 單親家庭與非單親家庭學生表現之比較

　　家庭通常是學生被鼓勵學習的第一個地方，父母親可能讀書給他們的孩子聽、幫助他們做作業以及主動參與幫助孩子在校內的事。對年紀稍微大的學生，支持性的父母（supportive parents）可提供鼓勵並與教師或學校行政人員會面以保持追蹤他們的孩子在學校的進展，支持性較低的家庭的學生也可從學校系統內部的支持得到幫助。 由表 9.13 可以發現，OECD 國家中參加 PISA 2012 評量的 15 歲學生有 13.3% 是出於單親家庭，他們當中很多也是出於社經弱勢的背景，這可由來自單親家庭學生之平均 ESCS 分數（-0.21）與非單親家庭學生 ESCS 平均（0.06）二者之間相差 0.27 這個事實看到。而且，表 9.13 中所有的國家或地區，來自單親家庭學生的 ESCS 平均數皆低於其他家庭類型的學生，其中差距

比較大的（超過 0.3 以上）有臺灣、韓國、日本和芬蘭等，其差距分別為 0.38、0.47、0.46 和 0.43，皆明顯高過 OECD 的平均 0.27。

在將社經地位納入考慮之前，OECD 國家由單親家庭和其他家庭類別所出的學生之間，表現的差異為 15 分，或相當於半個學年的學習結果；表列國家中以臺灣、日本、列支敦斯登、荷蘭和芬蘭表現差異較大，分別為 37、28、24、29 和 21 分，差異最小的是上海，僅為 1 分。將社經地位納入解釋之後，臺灣的差距仍為最大，由單親家庭來的學生之表現比其他家庭類型的學生低 15 分，日本低 10 分，列支敦斯登低 20 分、荷蘭低 19 分，而在韓國，卻是高出 9 分。就

❖表 9.13　臺灣與參照國家單親與其他類型的家庭學生

國家	學生百分比		ESCS 平均數		數學表現		在 ESCS 納入解釋前，單親與其他家庭類型學生之表現差異	在 ESCS 納入解釋後，單親與其他家庭類型學生之表現差異	單親家庭學生得分在底層增加的可能性	單親家庭學生得分在底層之母群關聯性	單親與其他家庭類型學生表現之效果量
	單親	其他	單親	其他	單親	其他					
臺灣 2009	13.6	86.4	-0.6	-0.3	478	501	**-22**	**-9**	**1.43**		**-0.2**
臺灣 2012	12.9	87.1	-0.72	-0.34	531	568	**-37**	**-15**	**1.47**	5.7	**-0.3**
上海	9.4	90.6	-0.42	-0.35	615	615	1	3	0.89	-1.1	0.0
新加坡	9.2	90.8	-0.45	-0.22	564	579	**-15**	**-5**	**1.24**	2.2	**-0.1**
香港	13.3	86.7	-1.01	-0.75	555	566	**-11**	**-4**	**1.20**	2.6	**-0.1**
韓國	8.8	91.2	-0.39	0.08	549	560	**-11**	9	**1.11**	1.0	**-0.1**
澳門	13.6	86.4	-1.03	-0.86	533	543	**-10**	**-7**	**1.19**	2.5	**-0.1**
日本	12.1	87.9	-0.47	-0.01	516	544	**-28**	**-10**	**1.47**	5.3	**-0.3**
列支敦斯登	15.0	85.0	0.18	0.31	518	541	-24	-20	1.21	3.0	-0.3
瑞士	13.6	86.4	0.11	0.19	527	536	**-9**	**-6**	**1.10**	1.3	**-0.1**
荷蘭	11.2	88.8	0.02	0.27	501	530	**-29**	**-19**	**1.45**	4.8	**-0.3**
芬蘭	15.9	84.1	0.02	0.45	507	528	**-21**	**-7**	**1.41**	6.1	**-0.2**
OECD 平均	13.3	83.8	-0.21	0.06	487	502	**-15**	**-5**	**1.24**	3.1	**-0.2**

註：PISA 2009 的結果報告中並未呈現「單親家庭學生得分在底層之母群關聯性」，因此該
　　細格加以空白。粗體代表達到統計上的顯著。

資料來源：OECD, PISA 2012 Database, Table II.3.1. (part 1/2, 2/2).

OECD 國家平均而言，來自單親家庭的學生在他們的國家中，得分在底層四分之一的機率約為與其他家庭類型學生的 1.24 倍；這即是一般所知由單親家庭所出與其他家庭所出學生相比較的「相對的風險」（relative risk）。由表 9.13 可以看到臺灣與日本的相對風險是最大的，皆為 1.47，其次為荷蘭 1.45 及芬蘭的 1.41，上海的 0.89 是所有參照國中最低的。

　　測量這個風險因素重要性的方式之一是透過它的「母群關聯性」（population relevance）。母群關聯性表示在整體結果（比如低的數學分數）中與是否為一個潛在脆弱的母群（potentially vulnerable population）之成員有關聯的比率。在單親家庭的脈絡中，母群的關聯性應測量若由單親家庭來的學生的低表現之風險與其他家庭類型學生一樣時，在所有的學生母群中數學表現不好的發生減低的程度。分析的結果提議相較於其他家庭類型學生的低表現風險，如果公共政策能夠減低單親家庭學生低表現的風險，那麼低表現學生的比率將會降低 3%。雖然低表現學生的相對風險僅是提供關於一個來自特殊母群學生有多少可能會是低表現的，母群關聯性提供一個對整個學生母群而言，這個脆弱性（可能性）來源有多普遍的一個絕對測量。母群關聯性視與脆弱的群體中之成員資格有關的相對的風險，以及有脆弱的群體相對大小而定。由表 9.13 的數據可了解，如果公共政策能夠減低單親家庭學生低表現的風險，那麼臺灣低表現學生的比率可能降低 5.7%。

　　一般而言，將社經背景納入解釋之後，降低了由單親家庭和其他家庭類型來的學生可觀察到的表現差距，甚至在某些情形下，可完全消除。家庭結構與社經背景有關，但是 PISA 的分析無法將這些變項對於學生表現的影響力完全分解開來。在將學生的社經地位納入考慮之後，那表現差異仍然保持顯著，建議了在家庭結構和教育機會之間有獨立的關係存在。

　　雖然由單親家庭出身的學生表現不好的證據是令人沮喪的，各國間表現差異的變異，建議了這個關聯並不是無可避免的。一般來說公共政策，尤其是教育政策可藉由單親父母對其子女的支持和鼓勵來使得成就之間的差距窄化。例如，學校系統和個別的學校可以考慮哪一種父母的參與在僅有受限制的時間來參與學校活動的單親父母中應被鼓勵以及如何被鼓勵。很明顯地，教育政策需要與其他的政策一起來審視，比如福利和兒童照顧等。

第四節　結論

綜合以上各節所述，可歸納出幾點數學素養與社經地位之關係。

第一，表現最好的國家會設法提供高品質的教育給所有的學生。香港、澳門、韓國、日本和瑞士之學生表現都遠在 OECD 平均表現之上，同時也有大的均等，這些國家不只有較大比率學生的數學精熟度在最高水準，其較低水準精熟度的學生也相對較少。而上海和臺灣學生的表現都相當好，但是上海的教育均等在 OECD 國家的平均數附近，臺灣的均等則明顯低於 OECD 平均。這個教育機會均等的議題是值得國內教育主管當局注意的。

第二，社經弱勢學生可能有機會獲得較多教師，但不一定獲得最好的教師。社經弱勢的學校往往會被剝奪基本資源，以師生比為例，如果差異不大，OECD 國家會安置一些教師到社經弱勢的學校當中，以達到最基本的均等。但儘管做了這些努力，弱勢學校在吸引具資格的教師上仍有很大的困難。換句話說，在弱勢地區，資源的數量並不一定能轉換成資源的品質。因為一般而言，社經越優勢的學生會就讀擁有大學學位且全職教師比率較高的學校。PISA 的結果顯示在教師資源方面，許多學生面臨來自弱勢背景和就讀學校資源短缺的雙重窘境。許多國家也顯示，學生的社經背景與學生在校成功與否兩者之間有強烈的關聯性，且在部分國家，學生的社經背景差異性會被學校的社經差異所放大。

第三，社經背景影響教育成功，而學校教育常會加強此效應。雖然在校表現落後並不一定來自弱勢的社經背景，但是學生和學校的社經背景對表現有很大的效應。在所有的參照國家中，臺灣社經背景各個成分整體對數學表現的解釋力是最大的，意味著臺灣學生的表現變異可以由社經背景各個成分所解釋的比率最高（24.9%），這個情形值得教育界注意。社經弱勢有許多面向，且無法只靠教育政策改善，更不用說要在短期內改善。家長的教育成就只能逐步改善，而平均家庭財富需依靠國家長期的經濟文化發展提升。縱使社經背景本身很難改變，PISA 顯示部分國家成功降低社經背景對學習成果的效應。儘管有許多在 PISA 表現低下的學生是來自社經弱勢背景，但是部分來自相似背景的同儕則在 PISA 表現突出，證明克服社經障礙以達到成功是有可能的。在臺灣、上海、新加坡、香港、澳門和韓國皆有 50% 或以上的弱勢學生表現優良具強韌性，在日本、列

支敦斯登和瑞士亦有 40% 以上的學生是具強韌性的。

　　第四，不論自身的社經背景為何，學生進入優勢社經背景學校就讀往往表現比那些就讀於弱勢學校的同儕表現更好。在大多數的 OECD 國家中，學校社經地位對學生表現的影響，遠大於個別學生社經地位的影響，且其差異的規模是很驚人的。以臺灣為例，就讀社經弱勢學校的學生平均數學表現比社經背景平均學校學生低 75 分，比社經優勢學校學生平均低 156 分，這項差異是值得關注的。

　　最後，就所有 OECD 國家來說，來自單親家庭學生的數學表現低於其他類型家庭的學生 15 分，考慮社經地位之後，仍然低 5 分。臺灣單親家庭學生的表現比其他類型家庭學生低 37 分，在將社經背景納入考慮之後，差距仍為 15 分；真正造成來自單親家庭之數學表現低於其他類型家庭的學生之原因有待進一步的研究，但此情形也許是值得注意的。

10 學生學習機會

林素微

第一節　學習機會指標

　　先前研究顯示學生在校相關學科內容的接觸程度（此被稱為「學習機會」）和學生的表現有所關聯（如 Schmidt et al., 2001）。根據以往學習機會的測量（Carroll, 1963; Schmidt et al., 2001; Sykes, Schneider, & Plank, 2009; Wiley & Harnischfeger, 1974），PISA 2012 有關學生數學學習機會的調查中，納入了學生在校所接觸到的數學理論、概念和內容等相關問題，以及他們在該內容所花費的學習時間來進行探討。

　　學生問卷中共有六個涵蓋了內容和時間的學生學習機會問題，其中，四個問題是 PISA 數學架構以及評量的一部分，主要是在測量學生在學習過程碰到這些數學問題或作業的接觸程度。其中之一為常見的形式數學問題，如解方程或計算盒子體積（請參見本書末附錄的問題 4）；另一個問題涉及了在真實世界應用的情境中運用數學（參見附錄的問題 6）；另一個問題型態需要在數學情境下運用數學，例如運用幾何定理來決定一個金字塔的高度（參見附錄的問題 5）。最後的問題型態涉及形式數學，但文字題的情境類似於教科書常見的情境（參見附錄的問題 3），其解題所需的數學知識和技能對學生而言是顯而易見的。學生根據他們在數學課遇到類似作業的實際頻率來進行四點量表的勾選：從來沒有、很少、有時、常常。

　　在另一個問題上，學生針對他們對於特定的形式數學內容的熟悉程度進行作

答,主題包括二次函數、根號和角的餘弦(參見附錄的問題 2)。學生針對這些主題的熟悉程度,在五點量表上進行勾選。學生若勾選「經常聽到」的主題則是反映學生有較大程度的學習機會。

最後一個問題則是要求學生針對曾經學過的八個特定數學作業的解題頻率,在四點量表上進行勾選(參見附錄的問題 1)。這些作業同時包含形式數學以及應用數學。

除了最後一題之外,所有的問題都被用來設定三個指標:「形式數學」(formal mathematics)、「文字題」(word problems)和「應用數學」(applied mathematics)。這些學習機會指標數值範圍從 0 到 3,代表學生的接觸程度,其中,0 代表「從來沒有」,3 則為「常常」(指標建構的詳細情形請參見附錄)。在解釋這些資料時,須謹記對象是 PISA 評量中的 15 歲學生,在某些國家,這一系列的數學內容可能散布在不同的年級和數學課程範圍。

表 10.1 呈現的是臺灣與參照國家學習機會變項指標平均對照,而圖 10.1 至圖 10.3 呈現的是臺灣與參照國家學生對於「文字題」、「形式數學」、「應用數學」的接觸程度。如前面提到 0 到 3 的範圍中,OECD 國家平均在這文字題和應用數

❖表 10.1　臺灣與參照國家學習機會變項指標平均對照

國家	學習機會變項		
	文字題	形式數學	應用數學
臺灣	1.48	1.98	1.75
上海	1.30	2.30	1.62
新加坡	1.56	2.23	2.00
香港	1.35	1.83	1.80
韓國	1.68	2.07	1.82
澳門	1.23	2.20	1.62
日本	1.59	2.05	1.73
列支敦斯登	2.15	1.55	2.02
瑞士	2.14	1.41	1.95
荷蘭	1.58	1.50	2.13
芬蘭	2.06	1.72	1.71
OECD 平均	1.87	1.70	1.92

學兩個指標約為 1.9，而形式數學指標為 1.7。平均而言，OECD 的 15 歲學生指出他們「有時」會碰到應用數學作業和文字題，而形式數學作業則不那麼頻繁。

　　而對臺灣 15 歲的學生而言，最常碰到的是形式數學（1.98），其次是應用數學（1.75），而文字題則相對較為陌生（1.48）。臺灣和上海、新加坡、韓國、澳門、日本有類似的情形。相對於形式數學、文字題兩個指標，荷蘭以應用數學的接觸較為頻繁。列支敦斯登、瑞士、芬蘭的學生則最常接觸文字題，應用數學其次，而形式數學的接觸相對較少。

　　值得注意的是，在 PISA 評量高表現的東亞國家或經濟體，上海、新加坡、香港、臺灣、韓國、澳門和日本，學生接受形式數學明顯強於其他 PISA 參與國家或經濟體（2.09 比 1.73）（請見圖 10.2）。文字題的組型則和形式數學相反，在高表現的 9 個國家學生接觸文字題的程度並沒有比其他國家強烈（1.45 比 1.83）（請見圖 10.1）。而針對應用數學指標，高表現的東亞國家或經濟體和其他國家之間的差異約為 0.2 左右（1.76 比 1.96）（請見圖 10.3）。

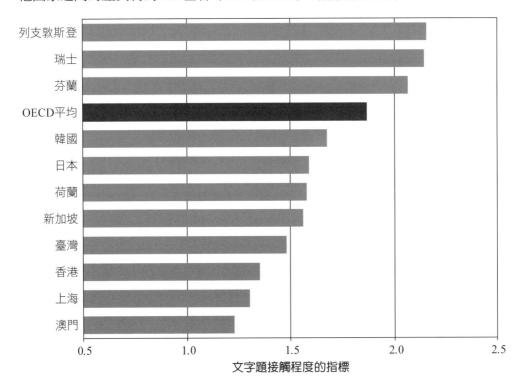

⊃ 圖 10.1　臺灣與參照國家學生對於文字題的接觸程度

資料來源：OECD, PISA 2012 Database, Table I.3.1.

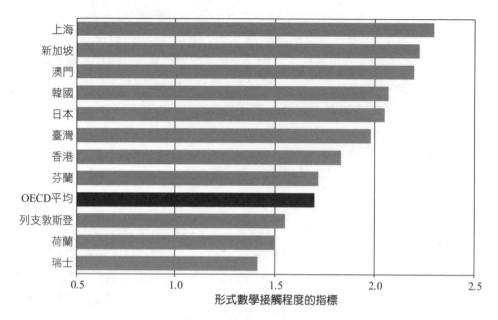

● 圖 10.2　臺灣與參照國家學生對於形式數學的接觸程度

資料來源：OECD, PISA 2012 Database, Table I.3.1.

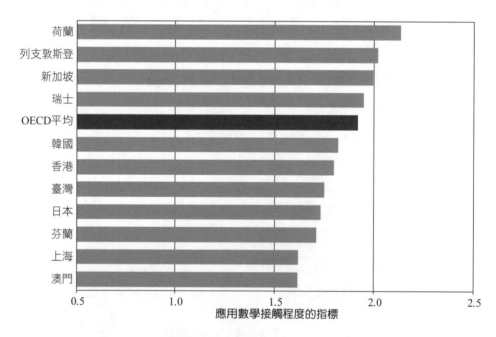

● 圖 10.3　臺灣與參照國家學生對於應用數學的接觸程度

資料來源：OECD, PISA 2012 Database, Table I.3.1.

第二節　學習機會和學生成就的關聯

　　為了檢驗數學學習機會和成就之間的整體關係，PISA 2012 針對三個層次（國家、學校和學生）模式來進行分析，適配顯示在這三個層次中，學習機會和學生表現之間的關係具有統計意義。

　　針對應用數學，三個層次都呈現曲線關係（也就是二次趨向）：平均而言，學生接觸涉及應用數學的問題越頻繁，他們的數學表現越好，但這個現象只到某一頻率點，在這頻率點後，表現便會下降。圖 10.4 呈現的即是 OECD 國家以及全部跨 64 個國家平均這種關係特質的描繪。

　　在 OECD 國家中，當學生接觸的頻率由「從來沒有」到「很少」，他們的成績可以提高約 40 分，但在「很少」到「有時」之間的一個點，學生的表現達

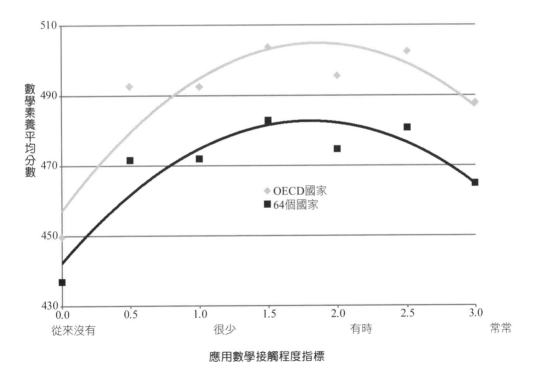

⊃ 圖 10.4　數學素養表現與學生應用數學接觸程度的關聯

資料來源：OECD, PISA 2012 Database, Figure I.3.2.

到了最高峰，倘若更頻繁的碰到此類問題，其表現則呈現負相關。「常常」碰到此類問題的 15 歲學生會比「有時」碰到此類問題的學生分數低約 10 分。

　　針對其他兩個學習機會變項，也就是文字題和形式數學，它們和成就表現的關係是線性的。就學校和學生兩個層次來看，文字題的接觸程度和成就均為正相關，但在國家層次則否。而形式數學的接觸程度和表現之間的關係在三個層次均達顯著。

　　每個國家都可以觀察學校和學生兩個階層下的學習機會和數學表現之間的關係。使用二階模型進行關係的分析，參加 PISA 2012 的 64 個國家或經濟體當中，除了阿爾巴尼亞和列支敦斯登以外，其他所有國家在學校和學生兩個階層中，學生的形式數學接觸程度和其成就表現皆呈現顯著的正相關。表 10.2 呈現的是臺灣與參照國家在學生階層，以及學校階層的學習機會和數學素養表現的迴歸關係。從表中可以看出，在學生階層中，臺灣與多數參照國家在形式數學的學

❖表 10.2　臺灣與參照國家在學生與學校階層之學習機會與數學素養表現的迴歸（線性或二次趨向）

國家	學生			學校		
	文字問題	應用數學	形式數學	文字問題	應用數學	形式數學
臺灣		Q	L			L
上海	L	L	L	L	L	L
新加坡	L	Q	L	L		L
香港			L			L
韓國	L		L			L
澳門	L	Q	L			L
日本	L	Q	L	L		L
列支敦斯登			L			
瑞士	L	Q	L	L	Q	L
荷蘭	L	Q	L			L
芬蘭	L	Q	L	L	L	L

註：L 表示線性，Q 為二次趨向。

習機會與數學素養呈現線性的關係，而這個關係在學校階層也相當明顯，顯示形式數學的接觸機會越多，數學素養的表現越佳。文字問題的學習機會和形式數學學習機會的狀態雷同，但不如形式數學明顯，以臺灣為例，文字問題的學習結果在學生及學校兩個階層均不顯著。而應用數學在學生階層則多數呈現二次趨向的關係（香港、韓國、列支敦斯登不顯著，而上海則呈線性關係），但在學校階層的分析結果中，可以看出除了瑞士是二次趨向的關聯之外，上海和芬蘭為線性關係，臺灣及其餘的參照國家在這個階層均沒有顯著的關係。換句話說，從學校階層來看，文字問題和應用數學對於臺灣學生的 PISA 數學素養表現關聯並不顯著，僅有形式數學與數學素養表現呈現線性關聯。而從學生階層來看，應用數學與數學素養表現關聯為二次趨向的曲線關係，形式數學與數學素養表現關聯為線性，文字問題則與數學素養沒有關聯。

　　表 10.3 呈現的是臺灣與參照國家學生與學校階層之學習機會與數學素養表現的迴歸估計係數。從學生階層來看，形式數學的熟悉度越高，對於數學表現的影響也較大，形式數學在臺灣的平均影響為 70.5 分（即指標增加一個單位就會提升 PISA 數學分數），僅次於新加坡（84.2）、韓國（73.9）和芬蘭（72.1），而和澳門（69.1）則相當接近，OECD 國家平均影響則為 48.9 分。此結果顯示，學生進階數學內容的接觸程度越高，其在應用這些相關內容到 PISA 任務上的表現相對也較佳，或者也可以說，這結果顯示，高表現的學生參加了更進階的數學課。若以學校階層來看，對臺灣而言，形式數學同樣有較高的影響力，形式數學的接觸機會每增加一個單位，學校可以提升 246.4 分的幅度，高於所有的參照國家。文字問題的呈現，通常是由教材編寫者設計作為數學的應用，雖然多數國家呈現出此變項和成就表現有關，但強度不高。對於臺灣而言，此變項的接觸程度與數學素養的關聯並未達統計顯著，從學生階層來看，文字問題的接觸程度和數學素養表現關聯為 2.7 分，從學校階層來看，則為 -4.5 分。

　　以上結果顯示，形式數學的學習機會和 PISA 數學表現有關。此外，進階的數學內容（如代數和幾何）接觸程度越高，似乎 PISA 數學表現也越高，即使目前這種因果關係仍無法確定。

❖表 10.3　臺灣與參照國家學生與學校階層之學習機會與數學素養表現的廻歸估計係數

	學生				學校			
	文字問題	應用數學	（應用數學）²	形式數學	文字問題	應用數學	（應用數學）²	形式數學
臺灣	2.7	**18.8**	**-9.3**	**70.5**	-4.5	114.4	-30.4	**246.4**
上海	**-5.6**	**-10.0**	-0.5	**53.9**	**-44.2**	**-129.7**	22.1	**225.1**
新加坡	**-4.8**	**15.7**	**-5.8**	**84.2**	**-31.5**	16.6	-4.7	**190.4**
香港	-3.0	2.5	**-3.8**	**46.1**	-40.7	157.9	-47.8	**188.3**
韓國	**4.7**	-1.2	**-2.7**	**73.9**	5.3	-18.7	-2.3	**208.2**
澳門	**-5.0**	**11.9**	**-5.9**	**69.1**	54.5	186.0	-47.0	**195.7**
日本	**5.7**	6.6	**-3.1**	**50.9**	44.6	-9.1	1.3	**188.7**
列支敦斯登	-0.5	35.6	-8.4	**25.0**	59.2	269.4	-65.9	93.9
瑞士	**3.9**	**41.9**	**-10.9**	**49.7**	25.3	**195.1**	-57.3	56.5
荷蘭	**-4.0**	10.2	**-4.4**	**49.9**	-7.0	40.8	-13.4	**155.8**
芬蘭	**8.1**	1.9	**-3.8**	**72.1**	15.8	71.1	-15.0	36.8
OECD 平均	**4.3**	**7.7**	**-4.5**	**48.9**	18.6	39.9	**-19.2**	**124.1**

註：統計達顯著者標以粗體。

　　表 10.4 呈現的是應用數學在各國學生與學校階層廻歸的顯著性。學習機會變項中，應用數學指標在於測量學生接觸應用數學作業的頻率。在 65 個參與國家或經濟體中，47 個國家分別在學生、學校，或兩個階層兼具，發現應用數學的頻率和 PISA 表現有關（參見表 10.2）。而沒有關係的 18 個國家是美國、波蘭、香港、希臘、阿爾巴尼亞、拉脫維亞、德國、捷克、匈牙利、澳洲、比利時、阿根廷、斯洛維尼亞、葡萄牙、列支敦斯登、韓國、俄羅斯聯邦和越南。在某些國家，可能由於低成就學生就讀的類科或者學制提供了較多應用數學內容，同樣的，應用數學指標和成就表現的因果關係仍無法成立。

　　40 個國家在學生階層上呈現出應用數學和成就表現之間有所關聯，除了烏拉圭、土耳其和上海，而且此一關聯是曲線關係。這意味著，學生應用數學和成就表現之間為正相關，直到某一個頻率點之後，則變成負相關。高表現的東亞

國家在應用數學指標（1.76）介於「很少」、「有時」之間。圖 10.4 中所示，斜率開始下滑的這個拐點約比平均略高一些。而其他 58 個國家的平均位於此曲線的下方，他們的數學表現下滑幅度更大。有 20 個國家，分別是烏拉圭、英國、芬蘭、斯洛伐克、泰國、加拿大、愛爾蘭、保加利亞、智利、丹麥、秘魯、哥斯大黎加、瑞士、冰島、卡達、哥倫比亞、墨西哥、羅馬尼亞、義大利和上海，在學校、學生兩個階層均呈現應用數學和成就表現有關（參見表 10.3 和表 10.4）。

　　雖然教育家和教育政策制定者傾向於同意學生應用數學內容的能力對他們日後生活的成功運作是重要的，因為現代的就業市場在意的不是人們知道什麼，而是人們可以運用他們所知來做什麼。教育家和政策制定者經常辯論哪些數學與真實問題有關、而應在何種程度上將其納入數學課程。某些看法認為，學生學習進階的數學內容最好的時候是在應用的情境下，而另外的看法則傾向認為，情境脈絡的材料可能會降低數學內容，因此在接觸進階的數學內容時，應盡可能不用情境式的材料來有效幫助學生學習以及應用數學內容。

❖ 表 10.4　應用數學在各國學生與學校階層迴歸的顯著性

		學校	
		顯著	不顯著
學生	顯著	保加利亞，加拿大，智利，哥倫比亞，哥斯大黎加，丹麥，芬蘭，冰島，愛爾蘭，義大利，墨西哥，秘魯，卡達，羅馬尼亞，上海，斯洛伐克，瑞士，泰國，英國，烏拉圭	巴西，克羅埃西亞，賽普勒斯，法國，日本，約旦，立陶宛，盧森堡，澳門，馬來西亞，蒙特內哥羅，紐西蘭，荷蘭，挪威，塞爾維亞，新加坡，西班牙，瑞典，臺灣，土耳其
	不顯著	奧地利，愛沙尼亞，印尼，以色列，哈薩克，突尼西亞，阿拉伯聯合大公國	阿爾巴尼亞，阿根廷，澳洲，比利時，捷克，德國，希臘，香港，匈牙利，韓國，拉脫維亞，列支敦斯登，波蘭，葡萄牙，俄羅斯聯邦，斯洛維尼亞，美國，越南

PISA 學習機會測量的結果並沒有直接回答這個問題，但他們認為這是一個平衡事件。其顯示出，PISA 高數學表現的不僅和形式數學的學習機會有關，同時也和應用數學的學習機會有關。學習形式數學是必要的，但不夠充分。即使與形式數學學習機會有高度的相關，更多的應用數學學習機會也與成就表現有正向的關聯。

第三節　臺灣與參照國家在學習機會的差異

課程內容的決定，無論是在國家、區域、局部或學校層次，都直接影響到學生的學業成就（Schmidt et al., 2001; Sykes et al., 2009）。作為課程的完整特色，學習機會屬於教育政策的管轄範圍。根據上述，學習機會和成就表現顯著的關聯，政策制定者可以透過 PISA 了解到其課程決定最終會體現在學生的成就表現狀況。

學生針對在校期間、六種現實世界相當普遍的數學問題之接觸頻率進行作答，這六題如下（請參見附錄問題 1）：

- 「使用火車時刻表來計算從一地到另一地要多久時間」
- 「計算稅後，一台電腦會貴多少錢」
- 「計算鋪滿一塊地板需要有多少平方公尺的瓷磚」
- 「理解在一篇文章中的科學表格」
- 「在比率為 1:10000 的地圖上計算兩地間精確的距離」
- 「計算電器設備每星期的電力消耗」

上述這些生活常見數學問題中，臺灣學生回答「常常」的比率，從 8.7％（使用火車時刻表來計算從一地到另一地要多久時間，請參見表 10.5）至 15.6％（理解在一篇文章中的科學表格，請參見表 10.8）不等。換句話說，對臺灣學生而言，解真實生活情境的數學問題的接觸機會不高，54.8％的學生指出「很少」或「從來沒有」被教導做「計算稅後，一台電腦會貴多少錢」（請參見表 10.6），而 57.8％的學生指出「很少」或「從來沒有」被教導做「計算電器設備每星期的電力消耗」類型的作業（請參見表 10.12）。

　　而 OECD 國家平均學生回答「常常」的比率，從 11.2％（參見表 10.12，計算電器設備每星期的電力消耗）至 25.4％（參見表 10.7，計算鋪滿一塊地板需要有多少平方公尺的瓷磚），平均 35.9％至 57.2％不等的 15 歲學生指出「很少」或「從來沒有」被教導做此類型作業。

　　在這些測量結果，國家之間的差異頗大，雖然某些差異是由於不同國家學生對於情境脈絡考量的差異所致。例如，香港、澳門不到 10％的學生認為他們經常會碰到類似購買電腦時稅的計算問題。

　　相比之下，約有 62％的 OECD 和夥伴國家或經濟體的學生說他們經常遇到形式數學作業，例如兩個涉及解決二次方程式的問題，臺灣則有 59.6％，而結果顯示國家之間的變異要小得多。

❖表 10.5　臺灣與參照國家學生對於「使用火車時刻表來計算從一地到另一地要多久時間」數學作業的接觸程度

國家	使用火車時刻表來計算從一地到另一地要多久時間			
	常常	有時	很少	從來沒有
臺灣	8.7	36.3	42.2	12.8
上海	14.2	36.2	36.3	13.3
新加坡	12.4	47.3	30.1	10.2
香港	6.5	37.4	47.0	9.0
韓國	24.3	51.6	17.5	6.7
澳門	11.9	47.0	34.7	6.4
日本	17.5	38.7	26.6	17.2
列支敦斯登	13.8	41.2	33.0	12.0
瑞士	17.7	44.2	29.1	9.0
荷蘭	6.8	32.8	29.4	30.9
芬蘭	21.1	59.9	15.7	3.3
OECD 平均	17.1	40.0	26.4	16.5

❖表 10.6 臺灣與參照國家學生對於「計算稅後，一台電腦會貴多少錢」數學作業的
接觸程度

國家	計算稅後，一台電腦會貴多少錢			
	常常	有時	很少	從來沒有
臺灣	10.7	34.5	36.9	17.9
上海	20.8	40.8	27.6	10.9
新加坡	20.5	51.0	20.6	7.9
香港	8.7	48.1	33.5	9.7
韓國	12.5	33.8	35.5	18.1
澳門	7.1	33.3	46.8	12.7
日本	11.9	31.3	31.0	25.8
列支敦斯登	17.6	40.4	28.9	13.1
瑞士	16.4	37.9	26.5	19.3
荷蘭	29.5	46.1	14.8	9.6
芬蘭	14.7	45.0	26.2	14.0
OECD 平均	18.2	37.8	25.4	18.6

❖表 10.7 臺灣與參照國家學生對於「計算鋪滿一塊地板需要有多少平方公尺的瓷
磚」數學作業的接觸程度

國家	計算鋪滿一塊地板需要有多少平方公尺的瓷磚			
	常常	有時	很少	從來沒有
臺灣	15.5	38.4	30.9	15.2
上海	18.2	38.3	31.7	11.7
新加坡	14.9	42.8	29.9	12.3
香港	9.3	43.5	38.0	9.2
韓國	32.3	45.2	15.9	6.6
澳門	12.1	42.8	37.5	7.6
日本	13.4	37.2	27.5	21.9
列支敦斯登	33.0	47.9	13.1	6.0
瑞士	31.8	38.6	18.3	11.3
荷蘭	36.6	45.4	11.5	6.5
芬蘭	24.5	47.2	17.2	11.1
OECD 平均	25.4	38.7	20.9	15.0

❖表 10.8 臺灣與參照國家學生對於「理解在一篇文章中的科學表格」數學作業的接觸程度

國家	理解在一篇文章中的科學表格			
	常常	有時	很少	從來沒有
臺灣	15.6	34.3	34.1	15.9
上海	25.2	37.6	27.6	9.5
新加坡	14.8	43.0	30.7	11.5
香港	7.4	27.4	43.4	21.8
韓國	25.8	45.0	22.3	6.8
澳門	8.6	29.5	42.2	19.8
日本	6.9	22.2	38.0	32.8
列支敦斯登	9.4	33.3	36.5	20.9
瑞士	10.1	30.2	37.9	21.7
荷蘭	22.1	46.0	21.1	10.8
芬蘭	9.9	37.3	36.2	16.5
OECD 平均	14.6	34.4	31.6	19.4

❖表 10.9 臺灣與參照國家學生對於「解方程式,如 $6x^2 + 5 = 29$」數學作業的接觸程度

國家	解方程式,如 $6x^2 + 5 = 29$			
	常常	有時	很少	從來沒有
臺灣	59.6	24.9	8.8	6.6
上海	67.0	20.7	7.9	4.5
新加坡	74.8	19.1	4.2	1.9
香港	64.4	28.4	5.1	2.1
韓國	79.4	14.6	3.5	2.6
澳門	68.3	24.9	5.3	1.6
日本	69.4	18.0	6.4	6.2
列支敦斯登	76.2	13.3	4.8	5.7
瑞士	62.7	22.3	8.5	6.4
荷蘭	64.6	20.7	7.4	7.3
芬蘭	61.3	28.2	6.8	3.7
OECD 平均	61.6	23.7	8.4	6.3

❖表 10.10　臺灣與參照國家學生對於「在比率為 1:10000 的地圖上計算兩地間精確的距離」數學作業的接觸程度

國家	在比率為 1:10000 的地圖上計算兩地間精確的距離			
	常常	有時	很少	從來沒有
臺灣	15.1	38.5	36.5	10.0
上海	28.0	35.1	29.7	7.2
新加坡	34.1	43.1	19.0	3.7
香港	14.1	39.1	40.7	6.1
韓國	25.6	47.8	21.5	5.1
澳門	9.4	36.9	47.1	6.6
日本	30.3	36.2	22.0	11.5
列支敦斯登	14.1	30.2	45.9	9.7
瑞士	15.0	37.8	36.6	10.6
荷蘭	17.3	45.6	28.8	8.3
芬蘭	18.9	51.6	24.8	4.7
OECD 平均	17.1	36.3	32.5	14.1

❖表 10.11　臺灣與參照國家學生對於「解方程式，如 $2(x+3)=(x+3)(x-3)$」數學作業的接觸程度

國家	解方程式，如 $2(x+3)=(x+3)(x-3)$			
	常常	有時	很少	從來沒有
臺灣	59.6	24.7	9.1	6.6
上海	68.3	19.8	7.8	4.2
新加坡	76.3	17.6	4.2	1.9
香港	64.5	27.5	5.7	2.3
韓國	81.5	13.5	2.8	2.2
澳門	69.3	24.0	5.0	1.7
日本	69.8	18.5	6.4	5.4
列支敦斯登	75.9	13.0	4.1	6.9
瑞士	62.5	22.0	8.6	7.0
荷蘭	59.5	23.6	8.5	8.4
芬蘭	50.5	34.6	9.9	5.0
OECD 平均	60.9	23.8	8.8	6.5

❖表 10.12　臺灣與參照國家學生對於「計算電器設備每星期的電力消耗」數學作業的接觸程度

國家	計算電器設備每星期的電力消耗			
	常常	有時	很少	從來沒有
臺灣	12.1	30.1	39.1	18.7
上海	14.7	30.1	37.1	18.1
新加坡	20.6	45.1	25.6	8.7
香港	5.9	27.1	49.3	17.8
韓國	13.7	49.0	29.9	7.4
澳門	10.3	30.2	41.8	17.7
日本	10.1	30.5	36.6	22.9
列支敦斯登	4.3	28.1	42.7	24.9
瑞士	6.9	25.5	41.3	26.2
荷蘭	12.9	44.3	30.2	12.6
芬蘭	10.9	41.9	32.6	14.6
OECD 平均	11.2	31.6	35.1	22.1

　　為了在形式數學和應用數學有更細緻的區隔，PISA 也將數學問題分為四種類型：形式數學、文字題、數學應用和真實世界問題。表 10.13 呈現的是臺灣與參照國家學生對於「解方程式、計算體積」數學問題的接觸程度。由表中可知，臺灣 45.5% 的學生表示，他們經常在數學課中遇到形式數學相關作業（例如 $3x + 7 = 25$，以及算出盒子的體積），OECD 國家平均為 68.4%。在參照國家中，這個比率從日本的 78.7% 至葡萄牙、上海的 44.4% 變化。臺灣和上海學生分別有 17.5% 和 26.5% 的學生很少或從來沒有碰到此種類型的問題，相對之下，OECD 國家只有約 6.5% 的學生很少或從來沒有碰到此種類型的問題。

❖表 10.13　臺灣與參照國家學生對於「解方程式、計算體積」數學問題的接觸程度

國家	解方程式、計算體積			
	常常	有時	很少	從來沒有
臺灣	45.5	36.9	14.8	2.7
上海	44.4	29.2	19.8	6.7
新加坡	58.5	30.7	9.1	1.7
香港	51.1	38.3	9.6	0.9
韓國	60.9	30.6	6.4	2.1
澳門	47.7	36.6	14.0	1.7
日本	78.7	17.3	2.5	1.4
列支敦斯登	77.5	18.4	2.4	1.7
瑞士	73.6	21.4	3.6	1.4
荷蘭	66.0	25.4	5.6	2.9
芬蘭	78.2	19.9	1.3	0.7
OECD 平均	68.4	25.2	4.7	1.8

　　第二類包含形式數學概念的數學問題是在教科書中經常看到的文字題。這些類型的文字題的確具有「應用」的成分，但它們常常被學生認為是虛假做作的真實世界問題。學生通常能辨識出這樣的文字題和課堂老師教導的運算方式相同，只是將這些計算用語言包裝起來罷了。這樣的例子包括：打折購買家具、根據某人和他人年齡的關係算出其年齡等問題。

　　有 25.7％的臺灣學生指出他們在數學課中經常遇到此類的文字題（參見表10.14），而 OECD 平均有 44.5％的 15 歲學生說他們常常遇到，而列支敦斯登和瑞士則約 60％的學生經常接觸到這類的文字題，而澳門僅有 13.6％的學生提到常常接觸到這類的文字題。

❖表 10.14　臺灣與參照國家學生對於「文字題」數學問題的接觸程度

國家	文字題			
	常常	有時	很少	從來沒有
臺灣	25.7	50.4	20.4	3.5
上海	18.9	40.3	33.2	7.6
新加坡	29.9	47.3	18.9	3.9
香港	18.8	54.0	24.7	2.5
韓國	35.9	47.6	12.3	4.2
澳門	13.6	45.2	36.7	4.5
日本	32.3	47.7	14.3	5.7
列支敦斯登	57.7	35.5	6.8	0.0
瑞士	57.7	36.6	4.7	1.0
荷蘭	31.0	48.7	15.9	4.4
芬蘭	53.6	42.7	3.0	0.7
OECD 平均	44.5	42.8	10.0	2.7

　　在 PISA 的數學分類中，有兩種應用的情境脈絡類型：數學本身的情境脈絡，以及真實世界的情境脈絡。在 OECD 國家，認為在學校教學中經常遇到這兩種類型的問題的學生比率，明顯少於認為經常碰到形式數學問題和文字題的比率。臺灣學生則是經常遇到這兩種類型的問題的比率略高於文字題的比率，但仍明顯少於形式數學問題。

　　數學情境的問題需要使用數學定理，例如算出一個金字塔的高度或找出質數，這些主要的數學情境問題作業也同時有較多的實際應用。臺灣 28.1% 的 15 歲學生認為在數學課中常常遇到這些問題，而在 OECD 國家，約有 34% 的 15 歲學生認為在數學課中常常遇到這些問題，但有近四分之一的學生認為他們很少或從來沒有碰到這類問題，臺灣則為 26.9%（參見表 10.15）。

❖表 10.15　臺灣與參照國家學生對於「幾何定理、質數」數學問題的接觸程度

國家	幾何定理、質數			
	常常	有時	很少	從來沒有
臺灣	28.1	44.9	21.9	5.0
上海	27.1	28.1	23.1	21.6
新加坡	43.0	43.5	11.3	2.2
香港	33.3	46.1	16.8	3.8
韓國	35.5	43.0	15.8	5.7
澳門	29.5	40.1	20.4	10.0
日本	48.3	35.3	10.6	5.7
列支敦斯登	54.1	30.7	10.6	4.6
瑞士	43.3	39.9	12.3	4.5
荷蘭	39.6	37.9	13.7	8.7
芬蘭	20.9	46.9	22.0	10.2
OECD 平均	34.0	41.8	17.8	6.4

　　表 10.16 呈現的是臺灣與參照國家學生對於「資料」真實數學問題情境的接觸程度。平均 21.2％的 OECD 國家學生認為他們經常遇到真實世界情境下的數學問題，約有 33.6％的學生認為很少或從來沒有在課堂上遇到這樣的問題；臺灣則僅有 14% 學生指出常常遇到，而有 48.7% 的學生認為很少或從來沒有在課堂上遇到這樣的問題。

　　檢視這四種問題類型時，可以看到兩件事。第一，這種分類顯示出學生經常接觸的問題類型有連續性的降低，OECD 國家平均從形式數學（68％）、數學取向的文字題（45％）、數學的應用問題（34%），以及真實世界的應用問題（21%）。而從分配的另一端來看，指出教學中很少或從來沒有接觸過這些類型問題的學生則是連續性的增加，從 7％、13％、24％至 34％。

　　第二，不同類型數學問題的學習機會在國與國之間有很大的差異，國家之內的差異甚至會更大。

❖表 10.16　臺灣與參照國家學生對於「資料」真實數學問題情境的接觸程度

國家	資料			
	常常	有時	很少	從來沒有
臺灣	14.0	37.2	37.5	11.2
上海	20.3	36.8	28.6	14.4
新加坡	18.4	43.7	29.4	8.6
香港	9.8	39.2	42.4	8.6
韓國	12.2	41.7	35.4	10.7
澳門	7.8	34.3	42.4	15.4
日本	6.7	27.8	43.7	21.8
列支敦斯登	14.0	48.2	29.5	8.3
瑞士	14.8	45.7	31.4	8.1
荷蘭	36.4	48.6	12.1	2.9
芬蘭	12.4	47.7	31.3	8.5
OECD 平均	21.2	45.2	25.8	7.8

　　而臺灣則在接觸問題類型的頻率上略有差異，形式數學（45.5％）、數學的應用問題（28.1％）、數學取向的文字題（25.7％），以及真實世界的應用問題（14％）。而指出教學中很少或從來沒有接觸過這些類型問題的學生也是有連續性增加的趨勢，但是數學的應用問題、數學取向的文字題兩個略為接近，四種題型很少或從來沒有接觸的頻率分別為 17.5％、26.9％、23.9％至 48.7％。

　　為測量學生對數學內容的熟悉度，PISA 2012 問學生有多常聽到 13 個數學主題。表 10.17 至表 10.29 分別呈現的是特定主題下，臺灣與參照國家學生「從未聽過」、「聽過一兩次」、「聽過幾次」、「經常聽到」和「非常知道，並理解它的概念」的學生比率。這些反應在跨所有數學主題，以及國家間的變異相當驚人。考量 PISA 學習機會的變項（例如特定的問題類型），這些結果顯示學習機會有相當大的變異，這和其他國際數學研究（例如 TIMSS）的發現雷同。

❖表 10.17　臺灣與參照國家學生對於「指數函數」數學概念的接觸程度

國家	指數函數				
	從未聽過	聽過一兩次	聽過幾次	經常聽到	非常知道，並理解它的概念
臺灣	8.2	11.9	26.5	33.8	19.7
上海	9.4	6.8	10.4	18.6	54.8
新加坡	32.6	8.5	11.4	19.9	27.5
香港	10.7	12.7	21.2	26.6	28.7
韓國	26.2	37.9	19.8	10.0	6.0
澳門	12.1	11.6	17.9	26.1	32.4
日本	27.9	25.0	27.1	13.7	6.3
列支敦斯登	49.8	13.4	15.3	6.2	15.3
瑞士	55.1	19.4	12.8	5.3	7.3
荷蘭	40.5	11.2	16.4	16.5	15.4
芬蘭	35.0	25.0	23.2	10.4	6.4
OECD 平均	44.8	18.9	16.6	10.9	8.8

❖表 10.18　臺灣與參照國家學生對於「除數」數學概念的接觸程度

國家	除數				
	從未聽過	聽過一兩次	聽過幾次	經常聽到	非常知道，並理解它的概念
臺灣	2.6	4.9	10.4	26.2	56.0
上海	4.74	3.7	9.2	15.5	66.9
新加坡	30.2	12.0	12.9	17.1	27.9
香港	0.9	1.4	4.4	12.4	80.8
韓國	0.7	2.7	8.1	17.8	70.8
澳門	2.5	2.4	5.1	11.8	78.1
日本	2.1	2.6	5.7	23.7	65.9
列支敦斯登	4.8	5.9	8.3	15.0	65.9
瑞士	7.1	7.6	10.9	16.4	58.1
荷蘭	24.6	12.9	16.3	21.2	25.0
芬蘭	6.7	8.6	13.4	27.2	44.0
OECD 平均	11.7	9.5	12.0	19.7	47.2

❖表 10.19 臺灣與參照國家學生對於「二次函數」數學概念的接觸程度

國家	二次函數				
	從未聽過	聽過一兩次	聽過幾次	經常聽到	非常知道，並理解它的概念
臺灣	1.4	3.2	12.5	36.8	46.1
上海	1.8	1.7	2.4	13.4	80.7
新加坡	6.1	6.6	10.6	20.6	56.1
香港	17.2	13.0	18.0	21.7	30.1
韓國	1.1	3.3	11.4	35.3	48.9
澳門	8.1	6.8	11.7	23.6	49.8
日本	1.4	1.7	4.8	30.7	61.4
列支敦斯登	16.9	22.4	12.0	16.2	32.5
瑞士	20.9	17.6	17.1	14.2	30.1
荷蘭	12.2	8.2	14.4	27.4	37.7
芬蘭	10.8	13.4	22.9	28.8	24.0
OECD 平均	17.0	12.5	16.5	21.5	32.5

❖表 10.20 臺灣與參照國家學生對於「線性方程式」數學概念的接觸程度

國家	線性方程式				
	從未聽過	聽過一兩次	聽過幾次	經常聽到	非常知道，並理解它的概念
臺灣	21.1	13.1	19.3	22.5	23.9
上海	w	w	w	w	w
新加坡	2.4	3.2	8.1	23.7	62.6
香港	31.7	11.1	13.2	15.5	28.4
韓國	0.9	2.7	6.5	20.9	69.0
澳門	1.3	2.1	6.7	17.6	72.3
日本	1.6	1.5	3.8	24.0	69.1
列支敦斯登	16.2	9.5	9.8	13.8	50.7
瑞士	21.1	14.9	15.6	17.2	31.2
荷蘭	10.2	5.4	12.3	29.6	42.5
芬蘭	7.9	11.1	19.8	27.8	33.4
OECD 平均	12.8	9.6	13.2	22.6	41.8

註：w 表 PISA 2012 Database 未納入。

❖表 10.21　臺灣與參照國家學生對於「向量」數學概念的接觸程度

國家	向量				
	從未聽過	聽過一兩次	聽過幾次	經常聽到	非常知道，並理解它的概念
臺灣	19.6	13.1	22.7	25.2	19.4
上海	7.1	1.7	4.0	12.5	74.7
新加坡	15.1	8.5	11.0	21.3	44.0
香港	45.1	14.4	16.3	11.2	13.0
韓國	34.4	31.8	21.6	9.4	2.7
澳門	33.3	12.6	18.1	15.2	20.8
日本	31.6	20.2	21.1	17.5	9.6
列支敦斯登	38.3	12.3	10.8	11.4	27.3
瑞士	45.5	16.4	11.7	9.2	17.3
荷蘭	58.0	13.1	12.3	8.4	8.2
芬蘭	60.1	18.8	13.1	5.4	2.6
OECD 平均	34.9	15.1	14.9	14.9	20.3

❖表 10.22　臺灣與參照國家學生對於「複數」數學概念的接觸程度

國家	複數				
	從未聽過	聽過一兩次	聽過幾次	經常聽到	非常知道，並理解它的概念
臺灣	11.3	10.3	18.6	28.4	31.4
上海	16.1	11.1	13.8	14.9	44.1
新加坡	19.4	14.8	22.8	22.3	20.6
香港	13.1	12.8	23.2	23.5	27.5
韓國	6.0	5.1	8.9	23.8	56.2
澳門	10.9	13.8	24.6	23.0	27.6
日本	61.2	17.3	11.7	5.5	4.2
列支敦斯登	39.1	24.5	12.8	10.1	13.5
荷蘭	35.0	22.4	19.0	12.0	11.6
瑞士	56.0	19.0	14.8	6.4	3.8
芬蘭	61.2	22.7	11.0	3.6	1.4
OECD 平均	33.0	20.2	19.1	14.9	12.9

❖表 10.23　臺灣與參照國家學生對於「有理數」數學概念的接觸程度

國家	有理數				
	從未聽過	聽過一兩次	聽過幾次	經常聽到	非常知道，並理解它的概念
臺灣	9.0	7.1	13.7	27.6	42.6
上海	0.5	0.6	2.1	11.1	85.7
新加坡	8.8	8.6	16.3	25.9	40.4
香港	6.0	4.6	14.6	24.6	50.2
韓國	0.3	1.9	5.8	20.2	71.9
澳門	1.3	2.9	9.7	25.8	60.3
日本	2.5	3.6	9.0	28.0	57.0
列支敦斯登	30.8	12.1	9.3	12.3	35.6
瑞士	20.9	14.3	15.4	18.4	30.9
荷蘭	60.5	17.7	12.9	5.3	3.7
芬蘭	43.2	20.0	17.1	10.8	8.9
OECD 平均	14.5	10.9	14.6	22.9	37.2

❖表 10.24　臺灣與參照國家學生對於「根號」數學概念的接觸程度

國家	根號				
	從未聽過	聽過一兩次	聽過幾次	經常聽到	非常知道，並理解它的概念
臺灣	1.5	2.8	8.6	31.3	55.8
上海	0.9	0.9	2.2	11.2	84.9
新加坡	31.3	18.9	22.0	17.4	10.4
香港	7.8	5.2	10.6	22.0	54.4
韓國	0.7	2.1	5.6	20.3	71.3
澳門	6.3	4.4	8.8	20.6	59.9
日本	39.9	16.3	16.9	14.0	13.0
列支敦斯登	0.8	0.5	1.7	13.1	84.0
瑞士	8.0	6.6	9.3	13.3	62.9
荷蘭	1.9	3.5	5.8	20.6	68.2
芬蘭	42.4	22.0	17.8	10.1	7.8
OECD 平均	15.1	10.7	12.1	17.9	44.2

❖表 10.25　臺灣與參照國家學生對於「多邊形」數學概念的接觸程度

國家	多邊形				
	從未聽過	聽過一兩次	聽過幾次	經常聽到	非常知道，並理解它的概念
臺灣	2.0	4.0	11.2	27.1	55.7
上海	1.3	1.2	3.7	17.1	76.8
新加坡	7.2	7.4	15.6	28.4	41.4
香港	0.6	2.0	7.9	20.2	69.2
韓國	5.8	7.4	13.4	17.8	55.5
澳門	1.6	2.6	8.5	23.0	64.3
日本	6.5	3.8	7.9	17.6	64.2
列支敦斯登	67.7	11.7	7.9	3.8	8.8
瑞士	53.4	9.1	6.9	7.4	23.3
荷蘭	57.5	13.1	10.9	8.4	10.0
芬蘭	8.0	7.0	11.7	19.0	54.2
OECD 平均	17.8	8.5	11.5	18.2	44.1

❖表 10.26　臺灣與參照國家學生對於「全等圖形」數學概念的接觸程度

國家	全等圖形				
	從未聽過	聽過一兩次	聽過幾次	經常聽到	非常知道，並理解它的概念
臺灣	5.3	7.2	14.0	24.4	49.1
上海	4.0	2.2	3.4	10.7	79.7
新加坡	11.8	6.7	11.8	22.1	47.6
香港	9.3	7.3	11.8	20.1	51.5
韓國	10.5	4.9	9.3	13.0	62.3
澳門	8.2	5.9	10.4	17.2	58.3
日本	4.1	3.3	6.1	20.6	65.9
列支敦斯登	23.3	8.5	9.0	11.1	48.0
瑞士	28.0	10.6	10.5	12.8	38.1
荷蘭	66.7	12.9	9.8	5.0	5.7
芬蘭	27.1	20.2	20.9	16.3	15.4
OECD 平均	27.9	12.7	13.9	15.5	30.0

❖表 10.27　臺灣與參照國家學生對於「餘弦」數學概念的接觸程度

國家	餘弦				
	從未聽過	聽過一兩次	聽過幾次	經常聽到	非常知道，並理解它的概念
臺灣	37.1	14.2	17.9	15.6	15.2
上海	6.6	2.0	2.8	9.3	79.4
新加坡	8.5	3.0	4.7	18.9	64.9
香港	46.4	11.7	12.7	10.6	18.5
韓國	10.1	5.1	13.5	21.6	49.7
澳門	22.9	6.9	9.1	16.2	44.8
日本	50.8	14.1	12.0	11.6	11.4
列支敦斯登	53.6	7.6	3.6	6.8	28.5
瑞士	57.7	10.5	7.2	6.0	18.6
荷蘭	33.0	4.3	7.4	15.7	39.8
芬蘭	18.3	5.3	9.2	21.4	45.8
OECD 平均	32.7	9.0	9.8	14.2	34.3

❖表 10.28　臺灣與參照國家學生對於「算術平均數」數學概念的接觸程度

國家	算術平均數				
	從未聽過	聽過一兩次	聽過幾次	經常聽到	非常知道，並理解它的概念
臺灣	9.6	7.0	12.7	24.5	46.2
上海	7.4	4.5	7.2	12.6	68.3
新加坡	35.8	11.2	12.8	14.2	26.0
香港	15.8	8.9	13.8	16.8	44.7
韓國	52.4	15.2	9.6	9.6	13.2
澳門	22.7	11.5	14.4	15.7	35.7
日本	1.2	1.4	3.9	17.4	76.1
列支敦斯登	60.0	11.9	10.9	6.4	10.8
瑞士	51.0	15.4	12.7	9.8	11.1
荷蘭	27.5	14.3	16.1	17.2	25.0
芬蘭	67.0	14.8	10.9	4.0	3.3
OECD 平均	30.8	12.4	13.1	14.4	29.4

❖表 10.29　臺灣與參照國家學生對於「機率」數學概念的接觸程度

國家	機率				
	從未聽過	聽過一兩次	聽過幾次	經常聽到	非常知道，並理解它的概念
臺灣	3.2	5.7	14.8	35.0	41.4
上海	1.7	2.0	5.2	16.1	75.1
新加坡	5.3	3.8	9.0	22.7	59.3
香港	6.3	7.6	15.6	27.4	43.1
韓國	0.9	3.1	13.8	29.3	52.8
澳門	18.1	13.9	19.5	17.9	30.6
日本	1.1	1.1	3.3	19.1	75.3
列支敦斯登	7.0	3.9	8.9	15.4	64.9
瑞士	11.3	9.6	15.7	20.4	43.1
荷蘭	14.9	7.3	13.0	22.8	42.0
芬蘭	5.8	7.6	14.5	25.1	47.0
OECD 平均	7.7	7.2	12.0	22.0	51.1

　　假設數學主題的熟悉度和學習機會的接觸以及擴展有關，13 個主題的平均結果可分為低、中、高三個類別來反映不同的接觸程度。針對「低接觸類別」的主題，少於 40％的學生比率認為他們「經常聽到」或「非常知道，並理解它的概念」；而針對「高接觸類別」的主題，則有 60％以上學生比率（參見表 10.30）。此結果顯示，不同的數學內容明顯有不同的學習機會。

　　平均而言，學生認為除數、多邊形、函數、根號、機率、全等圖形、算術平均數以及有理數是他們經常聽說或非常知道的主題，而其他主題，如複數和指數函數，這些在更高年級之後才教導的主題，15 歲的學生則相對較不熟悉，臺灣在這兩個主題的比率為 53.5% 以及 59.8%（表 10.22、表 10.17）。在 OECD 國家中，只有 41.8％的學生說他們相當清楚線性方程式，但是如果同時納入「經常聽到」這個反應類別，那麼將近三分之二（64.4%）的 15 歲學生說他們常聽到這些主題；然而，跨國之間有很大的差別，臺灣僅有 46.4% 有類似的線性方程式接觸機會，而線性方程式是初等代數課程的核心主題。相對的，90％以上的日本和澳門的學生有相當頻繁的機會了解線性方程式（參見表 10.20）。

❖表 10.30　臺灣及 OECD 國家學生對於各數學主題的熟悉度

數學主題接觸程度	OECD	臺灣
低接觸程度的主題 （40% 以上）	指數函數	餘弦
	向量	
	複數	
中接觸程度的主題	二次函數	向量
	有理數	線性方程式
	全等圖形	指數函數
	餘弦	複數
	算術平均數	
高接觸程度的主題 （60% 以上）	除數	有理數
	線性方程式	算術平均數
	根號	全等圖形
	多邊形	機率
	機率	除數
		多邊形
		二次函數
		根號

資料來源：OECD, PISA 2012 Database, Tables I.3.15-I.3.27.

　　這些數學主題熟悉程度在某些國家之內即有明顯的變異，顯示課程的實施之間有相當大幅度的變異。再次以線性方程式的代數主題為例，臺灣學生在跨五個反應類別（從未聽過、聽過一兩次、聽過幾次、經常聽到、非常知道，並理解它的概念）的比率幾乎相同，每一個反應類別各約五分之一的學生比率。

　　透過形式數學和應用數學的量尺以及 OECD 國家在這兩個量尺的平均接觸程度，可以把國家分為四個不同的群體（請參見圖 10.5，橫軸代表各國 15 歲學生在學習形式數學機會的平均頻率，而縱軸代表應用數學的學習機會平均頻率）。

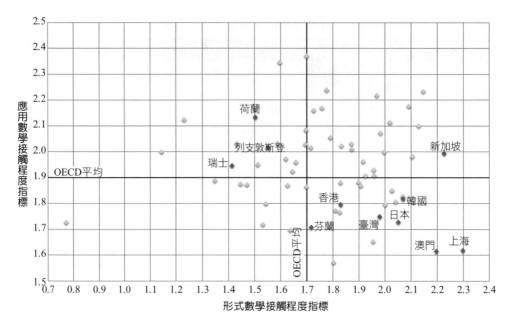

⊃ 圖 10.5　臺灣與參照國家在應用數學 vs. 形式數學的接觸程度

資料來源：OECD, PISA 2012 Database, Table I.3.1.

　　整體而言，位於第一象限國家的學生，有較多的機會去學習應用數學和形式數學。在 PISA 2012 的 65 個國家中，有 19 個國家位於此象限，其中 8 個為 OECD 國家。在參照國家中，僅有新加坡位於此國家群組。而位於第三象限國家的學生有較少的數學學習機會，不論是形式數學還是應用數學，這些國家中包含了 6 個 OECD 國家（英國、愛爾蘭、盧森堡、挪威、瑞典和奧地利）和 3 個夥伴國家（烏拉圭、哥斯大黎加和阿根廷）。多數表現優秀的東亞國家（新加坡除外），臺灣、上海、香港、韓國、澳門和日本均位於第四象限中，顯示臺灣的學生平均而言有較多形式數學的學習機會，但應用數學的學習機會較少。

結論與建議

洪碧霞、林素微

一 數學素養

數學基礎知能與個人生涯密切關聯,數學較差的人通常較難獲得高薪或有價值的工作,數學素養對個人學習及未來成就有實質的預測效果。OECD 國家每年在數學教育的投資超過 2,300 億美元。雖然這是一個龐大的投資,但相對的收益更是高出許多倍。有些國家針對學生表現(包含 PISA)進行縱貫性研究,結果顯示數學的精熟度是年輕人學習成果的正向預測因子,影響他們後續進階教育的參與以及未來謀生的能力。最近的成人技能調查(OECD, 2014a)同時發現,數學基礎技能對個人的謀生機會有明顯影響,薄弱的數學技能嚴重限制人們獲得較佳報酬及較多獎勵的工作機會。整體而言,國家人口中數學技能的分布狀態和所享有財富密切相關。除此之外,數學知能較強的人通常也有較高自主性,不容易成為政治操弄的對象。由於公共政策的公平性、完整性和包容性部分取決於公民的關鍵知能,因此,許多先進國家針對學校的數學教育投入大量的經費。

PISA 2012 調查針對學校發展的數學技能提供完整的圖像,不僅檢視學生在不同數學領域的知能,同時也探討他們應用數學知能的表現。PISA 2012 結果顯示國家間 15 歲學生數學素養差異達 245 分,相當於六年的學習。臺灣內部的差異更為明顯,百分等級 90 和 10 的學生數學素養高達 301 分的差異相當於七年教育。縮小不同族群學生數學素養的差距,是一項艱鉅的挑戰。各國教育政策所特別著力的學生群不同,有些關注改善低成就學生,有些重視提高優異學生成就。就變化趨勢而言,較高教育效能體系的國家逐漸擴大領先優勢,另有些低表現的

國家也呈現明顯的進展。

PISA 結果顯示，國家的經濟力對於國家之間的表現變異僅具有小幅的解釋力（在所有國家和經濟體占 21% 的解釋力，OECD 國家則為 12%）。每位學生的教育支出也有相當的解釋力（所有國家和經濟體解釋力為 30%，OECD 國家則為 17%），顯示國家的富貧與學生的學力有部分關聯，但並不等同於國家教育成果的高低。

更重要的是，PISA 2012 評量結果，打破了數學主要是與生俱來的能力而非努力投入的學習成果的想法。跨所有國家中有 32% 的 15 歲學生尚未達到 PISA 數學素養水準 2 的基本水準（OECD 為 24%），意味著這些學生僅能處理明確指示的例行數學程序。但在日本和韓國，未達水準 2 的學生不到 10%，而上海則低於 4%。這些教育系統，對所有學生的高期望不是口號而是行動的落實；學生開始出現落後的當下即能很快的識別，並且及時準確地診斷出學習的問題所在，進而進行適當的補救處理。

部分國家中有大量的 15 歲學生未達水準 2，這些學生成年後很可能無法在職場或者社會中有效運作。未達數學、閱讀和科學的基準線（水準 2）的學生，可預期的是他們很少繼續接受義務教育之後的進階教育，因此，很可能會在後續生活面臨運用數學、閱讀和科學知能困難的風險。例如，未達數學水準 2 的學生，碰到涉及不熟悉的情境脈絡或需要不同來源資訊的問題時會有困難。各國在這個水準的 15 歲學生比例差異頗大，只有 4 個國家這個比例不到十分之一，而有 15 個國家這個水準的學生占了相當高的比例。OECD 平均超過五分之一的學生未達水準 2，臺灣則有將近 13% 的學生，顯示薄弱群學生能力的提升是重要而迫切的挑戰。

從經濟面向來看，降低未達表現水準 2 的學生比例是相當重要的，根據 OECD 估計，如果所有學生數學達到水準 2，OECD 國家的綜合經濟產出可高達 200 兆美元（OECD, 2010a）。雖然這只是估計，但他們認為，相對於低表現學生可能效應，提高教育成果的成本相對微小。

為了提升弱勢學生的表現並且同時增加頂尖學生的比例，各國需要考慮社會背景所造成的障礙，素養和學生學習態度之間的關係，以及學校的組織、資源和學習環境可能造成的影響。

解讀 PISA 2012 結果資訊，提升國人的核心學習素養，培養善用科技工具、

主動解決問題及與他人有效溝通的能力，不僅是教育社群刻不容緩的共同任務，更是接軌當前十二年國教變革的重要課題。PISA 2012 數學素養的評量強調真實世界問題的挑戰，也就是評量個體在情境脈絡中形成、應用以及詮釋數學的能力。整體而言，臺灣學生表現相當優異，我國學生的高分群比率為 37.2%，是 OECD 國家平均的 3 倍，若分性別來看，男學生高分群為 40%，女學生則為 34.4%。就變化趨勢而言，相較於 2009，2012 數學素養高分群（尤其是水準 6）的比率明顯提升。另一項特別值得關心的是水準 1 及未達水準 1 的學生人數比率（12.8%）並沒有下降，數學素養落後學生人數比率仍是臺灣數學教育不容迴避的議題。換言之，臺灣學生數學素養的個別差異亟待正視，又以男學生更為嚴重。

數學素養有助就業機會的提升，學生必須能夠精熟數學，包括從情境中形成數學問題和解釋結果，將現實生活情境「轉化」成為數學語彙並且針對現實生活情境進行結果的詮釋。因此，提供學生數學學習與應用的成功經驗，鼓勵他們在生活中運用數學，學生每天可能面對多個數學關聯的任務，他們必須學會如何形成、解釋並完成任務。我們可以透過學生在 PISA 各分測驗的表現，檢視教育政策、教學方向和課程內容的調整需求。

臺灣學生在各個數學歷程分測驗中，「形成數學情境」歷程表現最好，顯示學生將真實情境的問題轉換成數學問題有不錯的表現，情境問題的教學在臺灣已顯現成效；而「應用數學概念、事實、程序以及推理」與「詮釋、應用以及評鑑數學結果」分測驗則相對較弱，顯示學生在「應用」、「詮釋」歷程的運作上，還有實質可進步空間，未來可能需要積極研擬更精緻的教學方案與系統性的介入，協助學生進行全方位的數學問題解決。

數學學習機會影響學生的數學素養，PISA 2012 第一次正式探討學生的數學學習機會和數學素養之間的關係。PISA 發現，僅讓學生接觸數學無法和高數學素養有所關聯。高表現的學生在數學學習中通常都會接觸到形式數學和應用數學，這樣的關聯相當強，顯示學校除了強調數學素養發展的重要性外，也需在數學教導方式上取得平衡，使學生能掌握數學概念和內容，並且能夠將其應用到實際生活的問題和情境之中。

在全球化的市場競爭中，藉由與其他國家學生表現的參照比較，我們能更客觀檢視臺灣教育的理念和實務。整體而言，我國學生的數學素養表現保持優異，

但巨幅的個別差異顯示，針對明顯落後學生的有效介入方案發展，刻不容緩。參照教育效能優質國家的學生表現，不論拔尖或扶弱，臺灣數學教育社群仍須積極努力，精益求精。就課程、教學及評量等層面提出具體精進策略，以期培養學生具備全球化現代公民的核心能力和學習意向。

二 數位化問題解決能力

PISA 2012 臺灣學生問題解決能力平均數為 534、標準差為 91，在所有單位中排名第七。整體而言，表現尚佳；但就亞洲的參與國家或經濟體而言，表現相對較弱。性別差異的分析結果，臺灣整體男學生的問題解決能力平均為 540 分，略優於女學生平均的 528，性別差異為 12 分。就臺灣學生問題解決能力不同水準人數分配比率來看，水準 5 以上比率為 18.4%，與上海、澳門及香港相近，但低於日本、韓國及新加坡等三國，其中又以「監控與反思」分測驗的落後幅度較大。未達水準 2 的學生人數比率約為 11.6%，略高於排名前六名的國家或經濟體。

整體來看，我國學生的問題解決能力尚稱優良，但降低水準 2 以下的學生人數比率，是目前亟待努力的重點工作。此外，在互動情境的問題掌握上，我國學生較鄰近的日本、韓國及新加坡等國為弱。因此，在未來教學與評量的因應措施，宜增加更豐富的互動情境，提供具有溝通、回饋機制的學習與評量設計，讓學生有更多線上主動探索、獲取解決問題必要資訊的擬真問題解決經驗，將可實質激勵學生動態問題解決能力的發展，強化他們終身學習的投入和習慣。

三 閱讀與科學素養

PISA 閱讀素養側重學生運用閱讀以進行學習、溝通和問題解決能力的評量，2012 年的調查，臺灣學生整體閱讀素養呈現明顯進步。但如果就華語職場的競爭而言，臺灣水準 5 以上學生比率為 11.8%，雖較 2009 的 5.2% 進步許多，但臺灣前 10% 學生的閱讀素養還是很難與上海和香港前 10% 學生相抗衡。就未達水準 2 的學生比率（11.5%）來看，2012 的調查結果較 2009 的 15.6% 也呈現明顯下降，顯示臺灣這幾年重視閱讀教育，學生閱讀素養的確有顯著的提升。檢

視 PISA 2006 至 2012 三次各百分等級學生的平均分數變化，PISA 2012 臺灣學生閱讀素養呈現全面的提升。其中男學生的閱讀素養也有實質的進步，但性別差異仍未明顯改善。後續宜斟酌依據男學生主動感興趣的文本主題進行積極介入，尊重學生自主的選擇，適性的引導和回饋，可以是下一波閱讀教學努力的方向。此外，線上閱讀是終身學習非常重要的取向之一，臺灣學生數位化閱讀素養的表現略低於書面閱讀素養，因此，線上閱讀融入教學與評量也可斟酌納為未來教師專業成長研習的內涵。

臺灣約有 9.8% 的學生，在科學素養僅達水準 1 甚至未達水準 1，這些學生未來在學校或職場中，將面臨科學學習和真實問題解決的困難。教育社群應正視這些低表現水準學生所面臨的障礙，努力降低水準 2 以下的學生比率，讓更多學生了解科學在真實世界中的運作意涵，協助他們跨越障礙，進行有效而持續的學習。另一方面，水準 5 以上的頂尖學生比率對於想要開創高階科學或技術性知識的國家而言特別重要，這些優質的學生可幫助國家成為具全球影響力的經濟體。臺灣的頂尖學生比率（8.4%），相對於上海的 27%、新加坡 23%、芬蘭 17%、日本 18%、香港 17% 與韓國 12%，我們顯然還需要積極省思拔尖的政策和具體作為。

雖然，臺灣 PISA 2012 與 PISA 2009 的科學素養沒有明顯的差異，但與 PISA 2006 比較，臺灣學生科學素養表現依然呈現下降的現象。由於不同國家、不同年份 PISA 評量結果的量尺是相同的，因此，科學素養仍停滯在降低超過 10 分的狀態，是值得注意的警訊。就科學素養不同水準人數分配比率來看，臺灣與參照國家在 2006 與 2012 的未達基本水準（2 以下）及頂尖水準（5 及 6）的學生人數百分比可看出，相較於 PISA 2006，臺灣未達基礎水準的人數比率沒有增加，但臺灣頂尖水準的學生人數比率則減少。學生科學的優異表現，一直是臺灣競爭力的基石，因此，面對 PISA 2009 及 2012 科學素養優勢不再的資訊，緊接著以科學素養為主軸的 PISA 2015 又即將登場，關心臺灣科學教育的社群宜立即啟動對談，共商精進策略。

四 頂尖學生人數比率

大多數國家和經濟體，都只有小部分的學生達到最高水準，這類學生也就是

閱讀、數學和科學素養的頂尖表現者，而三項素養同時都達到水準 5 以上的學生比率當然更少。培育數學、閱讀、科學，甚至所有領域的卓越學生，對國家的發展而言至關重要，因為這些學生將會是全球化知識經濟中具有競爭力的尖兵。

PISA 2012 評量結果顯示，卓越的追求和弱勢的強化並不互斥。PISA 2012 高表現的國家，例如芬蘭，學生的整體表現優異，且學生間的變異幅度小。同樣重要的是，臺灣、香港、日本、韓國、澳門等國家，從首次參與 PISA 以來，在數學、閱讀或科學的高分群比例不斷提高，說明高效能的教育系統還可進一步追求或者提升卓越的學生比例，即使這些國家的起始點就優於 OECD 平均水準。

PISA 2012 臺灣學生至少一項素養達到頂尖水準的人數比率為 37.5%，高於 OECD 國家平均，僅低於新加坡與上海。單一素養達到頂尖水準的人數比率為 23.50%，排名第二。但是傲人的統計主要都是源於數學素養的優異表現，因為臺灣學生三項素養均達頂尖水準的比率僅 6.13%，雖略高於 OECD 平均，卻低於上海、新加坡、香港、韓國、日本及芬蘭等國。

相對於教育效能優質的國家，臺灣學生均衡卓越的比率略低，單一素養卓越的學生比率相對較高。雖然說大多數國家頂尖學生只占少數，三項素養皆頂尖的更少，但是臺灣均衡發展的優異學生比率，尚存在明顯可提升的空間。臺灣學生數學素養優異的比率相當高，相對的，閱讀和科學素養優異學生比率可進一步努力精進。人才是臺灣最珍貴的資源，培育卓越的數學、閱讀或科學人才，對國家的發展至關重要。

五　學生的投入、驅力和自我信念

PISA 2012 的分析結果破除了「數學成就主要決定於先天的能力，而非後天的努力」的想法，同時也顯示高低素養學生都有可能進步。大多數國家和經濟體，很多學生並未能善用學習機會，因為他們對於學校和學習不夠投入。以臺灣為例，超過五分之一的學生在 PISA 施測前兩個星期曾有上學遲到的紀錄，近十分之一的學生曾經曠課。遲到和曠課不僅僅是喪失學習時間的問題，這些學生的表現往往也較為低落。學校師長需覺察學生缺乏學校投入的跡象，並在學生與學校嚴重脫節之前妥善處理。學生和家長的教育期待往往與社會或文化價值密切關聯，而學習成就的期待如何與教育政策和實踐呼應，是值得進一步研究的重要課

題。如果國家追求較佳的教育績效，那麼政治和社會領導人應積極投入（包含投資），說服國民更重視教育，而不是其他層面的國家利益。

　　PISA 結果顯示，驅力、動機和自信是學生發揮潛力的必要條件。而這其中，社經不利的學生以及女學生的數學學習尤其需要更多的教育關懷。教育和社會脈絡對教育價值信念影響很大，開發每位學生的潛力，練習和努力是必要而且需要長期經營，當學生相信他們的成就主要是努力的產物，而不是由天生智力所決定，具備成功是可控制的信念時，學生比較能達到最高的表現水準。

　　學生對於自我、努力和毅力等相關信念，和所觀察到的數學表現變異密切相關。這些信念跨校和跨國有明顯的差異，顯示信念是可以透過教育的政策和實踐來形成。教育政策制定者應體認到，數學意向的培養不應以少數學生為對象，而應該是以所有學生為努力的目標。學校可以幫助學生學會如何學習，培養他們解決問題的意願，使他們願意付出努力和毅力。教師可以透過支持學生為滿足高期望而持續的努力，幫助學生培養毅力和動機，並鼓勵學生將錯誤和挫折視為學習的契機。唯有教育系統積極地培養、強化並且不斷溝通所有學生都能夠達到更高水準的信念，才能讓學生感受學習的驅力和動機所造成的差異。

六　教育機會均等

　　PISA 重視教育機會均等議題，嘗試提供各國不同的參考指標。整體而言，臺灣的教育機會均等狀態略優於 OECD 平均，如果與上海、香港、澳門、日本、韓國及新加坡等亞洲地區的國家或經濟體比較的話，臺灣學生的數學素養受到社經地位影響幅度較大。因此，臺灣的教育機會均等，還有明顯可改善的空間。跨國比較利於教育政策的具體省思，除了城鄉差異外，臺灣高中、高職的入學考試是校際變異的重要來源之一。目前教育部積極推展的優質區域高中、高職經營，或是十二年國民教育的實施，都將有助於降低校際變異的比率。

七　反省與前瞻

　　PISA 關心學生未來學習和職場所需的關鍵能力，提出素養的定義。這個素養取向的評量設計，著眼於關鍵能力在真實情境脈絡的應用，對考試文化明顯影

響教學實務的臺灣教育現場，尤其具有深刻省思的意涵。將關鍵能力的培育和評量納入國民教育的工作視野，是參與 PISA 的重要回饋之一。參與 PISA，臺灣教育社群一方面認識 OECD 對於明日世界公民重要能力的定義，另一方面也客觀而具體的了解 15 歲學生素養的表現概況，包括學生持續學習的動機、樂趣與態度。

在 64 個國家或經濟體的趨勢分析中，40 個國家或經濟體至少有一項素養表現有所提升。各個國家或經濟體的 PISA 進步充滿了多樣性，這些國家和經濟體來自世界各地，包含不同的學制和教育系統、起始的表現水準也相當歧異（可能低於、相當於或者高於 OECD 平均），各國進步的多樣性顯示教育系統若要提升學生的素養是可能且可為的，以臺灣而言，PISA 2012 的進步主要是閱讀素養的提升。

有人認為國家之間所觀察到的表現差異，主要是源於文化和社會經濟地位的差異所致；然而，PISA 2012 的結果顯示，許多國家和經濟體都提高了學生的表現，無論他們的文化或社會經濟地位的高低如何。有些國家在一個或多個領域呈現所有學生都「往上提升」；有些國家則是呈現了低成就學生的進步；另有些國家則呈現頂尖學生人數比率的增加。部分表現頂尖的教育系統能夠持續擴展他們的領先優勢，而部分相對表現較低教育系統也逐步追進。這樣的結果顯示，無論學生、學校或者教育系統的起點為何，都有可能促成教育進步。儘管不同的國家和經濟體面臨的教育挑戰多所差異，其運作的背景也不同，但是從提高素養國家的改革軌跡來看，這些改革政策與 PISA 所調查的社經文化、學生的學習投入與意向，以及學校政策等相關屬性的呼應非常一致。

由於 PISA 創新而真實的評量設計、標準化的抽樣和計分程序，以及嚴謹的執行品質監控，大致能說服關心教育統計的產、官、學各界。PISA 跨國和跨時間的調查設計，提供豐富、客觀、統整的長期教育統計資訊，受到相當普遍的重視。

除了將素養的理念落實到具體的評量外，展望未來，PISA 擬進一步全面改採數位化的素養評量。PISA 2015 以科學素養為調查的主軸，同時包含數位數學、數位文本閱讀及合作式問題解決等前瞻導向的評量。面對數位化的評量，除了需要基本的 ICT 能力外，主動嘗試探索解題關聯資訊，並依循回饋進行動態調整的能力，將是影響各項素養表現的要素。有關 PISA 評量的理念、設計和新

近消息請參閱臺灣 PISA 2012 網站（http://pisa.nutn.edu.tw），其中紙筆評量和數位評量樣本試題尤其值得教育研究與實務社群的夥伴親身模擬應試。

　　PISA 2015 重視數位學習與人際合作的能力，我國教育研究和實務社群宜共同省思如何協助學生發展面對未來生活、學習或工作職場上挑戰的能力。PISA 2015 進一步關注學生的合作問題解決能力，亦即融入人際互動中了解並善用他人知能的嶄新關鍵元素。因此，教育部與科技部宜積極啟動各項方案，提出短、中、長程計畫，包含數學、科學以及閱讀三大素養，並就課程、教學及評量等層面提出具體精進策略，希望能更有效的培養學生具備全球化現代公民的核心能力。

　　臺灣 PISA 2012 報告提供國人 PISA 評量設計與結果資訊的概要說明，希望能協助教育決策者掌握臺灣教育成效及其趨勢的客觀統計，同時激勵學校教師省思 PISA 結果所隱含的教學精進意涵。面對跨國比較的結果，教育社群可有效凝聚各界的反省和建議，積極提升教學品質。因此，參考 PISA 的評量設計，依據臺灣學生 PISA 的表現概況，教育主管單位應鼓勵核心素養評量資源的研發，同時協助探索科技融入教學與評量的應用，實質引領並回饋教學實務，努力厚植國民的關鍵能力。

參考文獻

Adams, R., & Wu, M. (Eds.). (2003). *PISA programme for international student assessment (PISA) PISA 2000 technical report: PISA 2000 technical report.* Paris, France: The Author.

Albion, P. (1999). Self-efficacy beliefs as an indicator of teachers' preparedness for teaching with technology. In Proceedings of the 10th International Conference of the Society for Information Technology & Teacher Education (SITE 1999) (1602-1608). Association for the Advancement of Computing in Education (AACE).

Alexander, K., Entwisle, D., & Dauber, S. (2003). *On the success of failure: A reassessment of the effects of retention in the early grades.* Cambridge: Cambridge University Press.

Ashcraft, M. H., & Kirk, E. P. (2001). The relationships among working memory, math anxiety, and performance. *Journal of Experimental Psychology: General, 130*(2), 224-237.

Ashcraft, M. H., & Ridley, K. S. (2005). Math anxiety and its cognitive consequences. In J. I. D. Campbell (Ed.), *Handbook of mathematical cognition* (p. 315-327). New York: Psychology Press.

Baker, M. L., Sigmon, J. N., & Nugent, M. E. (2001). Truancy reduction: Keeping students in school. *Juvenile Justice Bulletin.* Washington, D.C.: Office of Juvenile Justice and Delinquency Prevention.

Bandura, A. (1977). *Social learning theory.* New York: General Learning Press.

Bandura, A. (1997). *Self-efficacy: The exercise of control.* New York: Freeman.

Bandura, A. (2002). Growing primacy of human agency in adaptation and change in the electronic era. *European Psychologist, 7*, 2-16.

Barber, B. L., Stone, M. R., & Eccles, J. S. (2010). Protect, prepare, support, and engage. In J. L. Meece & J. S. Eccles (Eds.), *Handbook of research on schools, schooling, and human development* (p. 366-378). New York: Routledge.

Baumeister, R., & Leary, M. R. (1995). The need to belong: Desire for interpersonal attachments as a fundamental human motivation. *Psychological Bulletin, 117*, 497-529.

Baumert, J., Nagy, J., & Lehmann, R. (2012). Cumulative advantages and the emergence of social and ethnic inequality: Matthew effects in reading and mathematics development within elementary schools?. *Child Development, 83*(4), 1347-1367.

Beasley, T. M., Long, J. D., & Natali, M. (2001). A confirmatory factor analysis of the Mathematics Anxiety Scale for Children. *Measurement and evaluation in counseling and development, 34*, 14-26.

Beilock, S. L., Catherine, A. K., Lauren, E. H., & Thomas, H. C. (2004). More on the fragility of performance: Choking under pressure in mathematical problem solving. *Journal of Experimental Psychology-General, 133*(4), 584-600.

Bennett, K. J., & Offord, D. R. (2001). Conduct disorder: Can it be prevented?. *Current Opinion in Psychiatry, 14*(4), 333-337.

Bertschy, K., Cattaneo, M. A., & Wolter, S. C. (2009). PISA and the transition into the labour market. *Labour, 23*(s1), 111-137.

Birch, S., & Ladd, G. (1998). Children's interpersonal behaviors and the teacher-child relationship. *Developmental Psychology, 34*(5), 934-946.

Boado, M., & Fernández, T. (2010). *Trayectorias académicas y laborales de los Jóvenes en Uruguay (Academic and work trajectories of young Uruguayans).* Montevideo: Facultad de Ciencias Sociales, Universidad de la República.

Bonell, C., Fletcher, A., & McCambridge, J. (2007). Improving school ethos may reduce substance misuse and teenage pregnancy. *British Medical Journal, 334*(7594), 614-616.

Bong, M., & Skaalvik, E. M. (2003). Academic self-concept and self-efficacy: How different are they really?. *Educational Psychology Review, 15*, 1-40.

Bouchard, T. J., & Loehlin, J. C. (2001). Genes, evolution and personality. *Behavior Genetics, 31*(3), 243-273.

Buchner, A., & Funke, J. (1993). Finite-State automata: Dynamic task environments in problem-solving research. *The Quarterly Journal of Experimental Psychology, 46A*, 83-118.

Bunar, N. (2010a). The controlled school market and urban schools in Sweden. *Journal of School Choice, 4*, 47-73.

Bunar, N. (2010b). Choosing for quality or inequality. *Journal of Education Policy, 25*, 1-18.

Bybee, R. W., & McCrae, B. J. (2009). Scientific literacy: Implications of PISA for science 2006 for teachers and teaching. In R. Bybee, & B. McCrae (Eds.), *PISA science 2006: Implications for science teachers and teaching* (p. 227-247). Arlington, VA: NSTA Press.

Canli, T. (2006). When genes and brains unite: Ethical implications of genomic neuroimaging. In J. Illes (Ed.), *Neuroethics in the 21st century* (p. 169-183). New York: Oxford University Press.

Carneiro, P., & Heckman, J. (2005). Human capital policy. In J. Heckman & A. Krueger (Eds.),

Inequality in America: What role for human capital policies?. Cambridge, MA: MIT Press.

Carnoy, M. (2000). Globalization and educational reform. In N. Stromquist & K. Monkman (Eds.), *Globalization and education: Integration and contestation across cultures,* Oxford: Rowman and Littlefield Publishers.

Carr, P. B., & Dweck, C. S. (2012). Motivation and intelligence. In S. Feldman & R. Sternberg (Eds.), *Handbook of intelligence.* Cambridge: Cambridge University Press.

Carroll, J. B. (1963). A model of school learning. *Teachers College Record, 64*(8), 723-733.

Chetty, R., Friedman, J. N., Hilger, N., Saez, E., Schanzenbach, D. W., & Yagan, D. (2011). How does your kindergarten classroom affect your earnings? Evidence from Project STAR. *The Quarterly Journal of Economics, 126*(4), 1593-1660.

Christenson, S. L., Reschly, A. L., & Wylie, C. (Eds.). (2012). *Handbook of student engagement.* New York: Springer.

Clark, D. (2009). The performance and competitive effects of school autonomy. *Journal of Political Economy, 117*(4), 745-783.

Covay, E., & Carbonaro, W. (2009). After the bell: Participation in extracurricular activities, classroom behavior, and academic achievement. *Sociology of Education, 83*(1), 20-45.

Crosnoe, R., Johnson, M., & Elder, G. (2004). Intergenerational bonding in school: The behavioral and contextual correlates of student-teacher relationships. *Sociology of Education, 77*(1), 60-81.

Csíkszentmihályi, M. (1990). *Flow: The psychology of optimal experience.* New York: Harper and Row.

DeYoung, C. G., Hirsh, J. B., Shane, M. S., Papademetris, X., Rajeevan, N., & Gray, J. R. (2010). Testing predictions from personality neuroscience: Brain structure and the Big Five. *Psychological Science, 21*, 820-828.

Diener, C. I., & Dweck, C. (1978). An analysis of learned helplessness: Continuous changes in performance, strategy and achievement cognitions following failure. *Journal of Personality and Social Psychology, 36*, 451-462.

Downey, D., Von Hippel, P., & Broh, B. (2004). Are schools the great equalizer? Cognitive inequality over the summer months and the school year. *American Sociological Review, 69*(5), 613-635.

Duch, B. J., Groh, S. E., & Allen, D. E. (Eds.) (2001). The power of problem-based learning. Sterling, VA: Stylus.

Duckworth, A. L. (2013). True grit. *The Observer, 26*(4), 1-3.

Duckworth, A. L., Peterson, C., Matthews, M. D., & Kelly, D. R. (2007). Grit: Perseverance and passion for long-term goals. *Journal of Personality and Social Psychology, 92*(6), 1087-1101.

Duckworth, A. L., Kirby, T. A., Tsukayama, E., Berstein, H., & Ericsson, K. A. (2010). Deliberate practice spells success: Why grittier competitors triumph at the National Spelling Bee. *Social Psychological and Personality Science, 2*, 174-181.

Duckworth, A. L., & Quinn, P. D. (2009). Development and validation of the Short Grit Scale (Grit-S). *Journal of Personality Assessment, 91*, 166-174.

Duckworth, A. L., & Seligman, M. E. P. (2006). Self-discipline gives girls the edge: Gender in self-discipline, grades, and achievement test scores. *Journal of Educational Psychology, 98*(1), 198-208.

Due, P., Lynch, J., Holstein, B., & Modvig, J. (2003). Socioeconomic health inequalities among nationally representative sample of Danish adolescents: The role of different types of social relations. *Journal of Epidemiology and Community Health, 57*, 692-698.

Dweck, C. S. (1975). The role of expectations and attributions in the alleviation of learned helplessness. *Journal of Personality and Social Psychology, 31*, 674-685.

Dweck, C. S. (2006). *Mindset*. New York: Random House.

Dweck, C. S., & Master, A. (2009). Self-theories and motivation: Students' beliefs about intelligence. In K. R. Wentzel & A. Wigfield (Eds.), *Handbook of motivation at school*. New York: Taylor Francis.

Eccles, J. (1984). Sex differences in mathematics participation. In M. Steinkamp & M. Maehr (Eds.), *Women in Science, 2* (p. 93-137). Greenwich, CT: JAI Press.

Eccles, J. S., & Wigfield, A. (2002). Motivational beliefs, values, and goals. *Annual Review of Psychology, 53*, 109-132.

Entwisle, D., Alexander, K., & Olson, L. (1997). *Children, schools and inequality*, Boulder, CO: Westview Press.

Farkas, G. (2003). Cognitive skills and non-cognitive traits and behaviors in stratification process. *Annual Review of Sociology, 29*, 541-562.

Finn, J. (1989). Withdrawing from school. *Review of Educational Research, 59*(2), 117-142.

Finn, J. D., & Zimmer, K. S. (2012). Student engagement: What is it? Why does it matter?. In S. L. Christenson, A. L. Reschly, & Wylie, C. (Eds.), *Handbook of student engagement* (p. 97-131). New York: Springer.

Flynn, J. R. (1987). Massive IQ gains in 14 nations: What IQ tests really measure. *Psychological Bulletin, 101*, 171-191.

Forster, M. (2004). Measuring the social outcomes of schooling: What does ACER research tell us?. Conference paper: Supporting student well-being, 85-89.

Fredricks, J. A., Blumenfeld, P. C., & Paris, A. H. (2004). School engagement: Potential of the concept, state of the evidence. *Review of Educational Research, 74*, 59-109.

Fredricks, J. A., & Eccles, J. S. (2006). Is extracurricular participation associated with beneficial outcomes? Concurrent and longitudinal relations. *Developmental Psychology, 42*(4), 698-713.

Fuchs, T., & Woessmann, L. (2007). What accounts for international differences in student performance? A re-examination using PISA data. *Empirical Economics, 32*(2-3), 433-464.

Funke, J. (2001). Dynamic systems as tools for analysing human judgement. *Thinking and Reasoning, 7*, 69-79.

Gamoran, A. (1993). Alternative uses of ability grouping in secondary schools: Can we bring high-quality instruction to low-ability classes?. *American Journal of Education, 102*(1), 1-12.

Gamoran, A., & Nystrand, M. (1992). Taking students seriously. In F. Newman (Ed.), *Student engagement and achievement in American secondary schools*. New York: Teachers College Press.

Gamoran, A., Porter, A. C., Smithson, J., & White, P. A. (1997). Upgrading high school mathematics instruction: Improving learning opportunities for low-achieving, low-income youth. *Educational Evaluation and Policy Analysis, 19*(4), 325-338.

Gamoran, A., Secada, W., & Marrett, C. (2000). The organizational context of teaching and learning: Changing theoretical perspectives. In M. Hallinan (Ed.), *Handbook of the sociology of education*. New York: Springer.

Gewirtz, S., Ball, S., & Bowe, R. (1995). *Markets, choice and equity in education*. Buckingham, UK: Open University Press.

Gottfried, A. E. (1990). Academic intrinsic motivation in young elementary school children. *Journal of Educational Psychology, 82*, 525-538.

Gottfried, A. E., Fleming, J. S., & Gottfried, A.W. (2001). Continuity of academic intrinsic motivation from childhood through late adolescence: A longitudinal study. *Journal of Educational Psychology, 93*(1), 3-13.

Gottfried, A. E., Marcoulides, G. A., Gottfried, A. W., & Oliver, P. H. (2013). Longitudinal pathways from math intrinsic motivation and achievement to math course accomplishments and educational attainment. *Journal of Research on Educational Effectiveness, 6*, 68-92.

Graue, E., & DiPerna, J. (2000). Redshirting and early retention: Who gets the 'gift of time' and what are its outcomes?. *American Educational Research Journal, 37*(2), 509-534.

Greene, B. A., Miller, R. B., Crowson, H. M., Duke, B. L., & Akey, K. L. (2004). Predicting high school students' engagement and achievement: Contributions of classroom perceptions and motivation. *Contemporary Educational Psychology, 29*, 462-482.

Greiff, S., Wüstenberg, S., Holt, S. V., Goldhammer, F., & Funke, J. (2013b). Computer-based assessment of complex problem solving: Concept, implementation, and application. *Educational Technology Research & Development, 61*, 407-421.

Greiff, S., Wüstenberg, S., Molnár, G., Fischer, A., Funke, J., & Csapó, B. (2013a). Complex problem solving in educational settings-something beyond g: Concept, assessment, measurement invariance, and construct validity. *Journal of Educational Psychology, 105*(2), 364-379.

Griffiths, A-J., Lilles, E., Furlong, M. J., & Sidhwa, J. (2012). The relations of adolescent student engagement with troubling and high-risk behaviors. In S. L. Christenson, A. L. Reschly, & C. Wylie (Eds.), *Handbook of student engagement* (p. 563-584). New York: Springer.

Guthrie, J. T., Wigfield, A., & You, W. (2012). Instructional contexts for engagement and achievement in reading. In S. L. Christenson, A. L. Reschly, & C. Wylie (Eds.), *Handbook of student engagement*. New York: Springer.

Hart, B., & Risley, T. (1995). *Meaningful differences in the everyday experiences of young American children*. Baltimore, MD: Paul H. Brookes.

Hauser, R. (2004). Progress in schooling. In K. Neckerman (Ed.), *Social inequality*. New York: Russell Sage Foundation.

Heckman, J. (2000). Policies to Foster Human Capital. *Research in Economics, 54*(1), 3-56.

Heckman, J. J., Moon, S. H., Pinto, R., Savelyev, P. A., & Tavitz, A. (2010). The rate of return to the HighScope Perry Preschool Program. *Journal of Public Economics, 94*, 114-28.

Heckman, J. J., Stixrud, J., & Urzua, S. (2006). The effects of cognitive and non-cognitive abilities on labor market outcomes and social behaviour. *Journal of Labor Economics, 24*(3), 411-482.

Hembree, R. (1990). The nature, effects, and relief of mathematics anxiety. *Journal of Research in Mathematics Education, 21*, 33-46.

Heyneman, S. (2009). International perspectives on school choice. In M. Berends et al. (Eds.), *Handbook of school choice*. London: Routledge.

Hipkins, R. (2012). The engaging nature of teaching for competency development. In S. L. Christenson, A. L. Reschly, & C. Wylie (Eds.), *Handbook of research on student engagement* (p. 441-456). New York: Springer.

Ho, H., Senturk, D., Lam, A. G., Zimmer, J. M., Hong, S., & Okamoto, Y. (2000). The affective and cognitive dimensions of math anxiety: A cross-national study. *Journal for Research in Mathematics Education, 31*(3), 362-380.

Hopko, D. R., Ashcraft, M. H., Gute, J., Ruggiero, K. J., & Lewis, C. (1998). Mathematics anxiety and working memory: Support for the existence of deficient inhibition mechanism. *Journal of Anxiety Disorders, 12*(4), 343-355.

Hopko, D. R., McNeil, D. W., Gleason, P. J., & Rabalais, A. E. (2002). The emotional stroop paradigm: Performance as a function of stimulus properties and self-reported mathematics anxiety. *Cognitive Therapy and Research, 26*(2), 157-166.

Howie, L. D., Lukacs, S. L., Pastor, P. N., Reuben, C. A., & Mendola, P. (2010). Participation in activities outside of school hours in relation to problem behavior and social skills in middle childhood. *Journal of School Health, 80*(3), 119-125.

Hsieh, H., & Urquiola, M. (2006). The effects of generalized school choice on achievement and stratification: Evidence from Chile's voucher program. *Journal of Public Economics, 90*(8-9), 1477-1503.

Hung, P. H., Hwang, G. J., Lee, Y. H., & Wu, T. H. (2011). The problem-refining progress of 5th graders' ubiquitous inquiry. *International Journal of Mobile Learning and Organisation, 5*(3-4), 255-267.

Husman, J., & Shell, D. F. (2008). Beliefs and perceptions about the future: A measurement of future time perspective. *Learning and Individual Differences, 18*, 166-175.

Jacob, B. (2005). Accountability, incentives and behavior: The impact of High-Stakes Testing in Chicago public schools. *Journal of Public Economics, 89*(5-6), 761-796.

Jacobs, J. E., Hyatt, S., Eccles, J. S., Osgood, D. W., & Wigfield, A. (2002). Ontogeny of children's self-beliefs: Gender and domain differences across grades one through 12. *Child Development, 73*, 509-527.

Jacobs, J. E., Lanza, S., Osgood, D. W., Eccles, J. S., & Wigfield, A. (2002). Changes in children's self-competence and values: Gender and domain differences across grades one through twelve. *Child Development, 73*(2), 509-527.

Jenkins, P. H. (1995). School delinquency and school commitment. *Sociology of Education, 68*,

221-239.

Jennings, J. (2005). Below the bubble: 'Educational Triage' and the Texas Accountability System. *American Educational Research Journal, 42*(2), 231-268.

Jennings, P. A., & Greenberg, M. T. (2009). The prosocial classroom: Teacher social and emotional competence in relation to student and classroom outcomes. *Review of Educational Research, 79*(1), 491-525.

Jussim, L., & Harber, K. (2005). Teacher expectations and self-fulfilling prophecies: Knowns and unknowns, resolved and unresolved controversies. *Personality and Social Psychology Review, 9*(2), 131-155.

Juvonen, J., Espinoza, G., & Knifsend, C. (2012). The role of peer relationships in student academic and extracurricular engagement. In S. L. Christenson, A. L. Reschly, & C. Wylie (Eds.), *Handbook of student engagement* (p. 387-402). New York: Springer.

Karsten, S. (1999). Neoliberal education reform in the Netherlands. *Comparative Education, 35*(3), 303-317.

Kellogg, J. S., Hopko, D. R., & Ashcraft, M. H. (1999). The effects of time pressure on arithmetic performance. *Journal of Anxiety Disorders, 13*(6), 591-600.

Klassen, R. M., & Usher, E. L. (2010). Self-efficacy in educational settings: Recent research and emerging directions. In T. C. Urdan & S. A. Karabenick (Eds.), *The decade ahead: Theoretical perspectives on motivation and achievement* (p. 1-33). United Kingdom: Emerald.

Korsnakova, P., McCrae, B. J., & Bybee, R. W. (2009). Improving science teaching and learning. In R. Bybee & B. McCrae (Eds.), *PISA science 2006: Implications for science teachers and teaching* (117-122). Arlington, VA: NSTA Press.

Ladd, G. W., Kochenderfer-Ladd, B. K., Visconti, K. J., & Ettekal, I. (2012). Classroom peer relations and children's social and scholastic development: Risk factors and resources. In A. M. Ryan & G. W. Ladd (Eds.), *Peer relationships and adjustment at school* (p. 11-49). Charlotte, NC: Information Age Press.

Lafontaine, D., & Monseur, C. (2007). *Impact of test characteristics on gender equity indicators in the assessment of reading comprehension.* Belgium: University of Liege.

Lee, J. (2009). Universals and specifics of math self-concept, math self-efficacy, and math anxiety across 41 PISA 2003 participating countries. *Learning and Individual Differences, 19*, 355-365.

Lee, V. E., & Burkam, D. T. (2003). Dropping out of high-school: The role of school-organization and structure. *American Educational Research Journal, 40*(2), 353-393.

Lent, R. W., Lopez, F. G., & Bieschke, K. J. (1991). Mathematics self-efficacy: Sources and relation to science-based career choice. *Journal of Counseling Psychology, 38*, 424-430.

Levin, H. M. (2012). More than just test scores. *Prospects, 42*(3), 269-284.

Lyons, I. M., & Beilock, S. L. (2012). When math hurts: Math anxiety predicts pain network activation in anticipation of doing math. *Plus ONE, 7*(10), 1-6.

Ma, X. (1999). A meta-analysis of the relationship between anxiety toward mathematics and achievement in mathematics. *Journal for Research in Mathematics Education, 30*(5), 520-540.

Ma, X., & Kishor, N. (1997). Assessing the relationship between attitude toward mathematics and achievement in mathematics: A meta-analysis. *Journal for Research in Mathematics Education, 28*(1), 26-47.

Ma, X., & Xu, J. M. (2004). The causal ordering of mathematics anxiety and mathematics achievement: A longitudinal panel analysis. *Journal of Adolescence, 27*(2), 165-179.

Machin, S., & Vernoit, J. (2011). *Changing school autonomy: Academy schools and their introduction to England's education*, Paper No. CEE DP 123, London: Centre for the Economics of Education.

Marks, G. N. (2007). Do schools matter for early school leaving? Individual and school influences in Australia. *School Effectiveness and School Implementation, 18*(4), 429-450.

Markus, H., & Nurius, P. (1986). Possible selves. *American Psychology, 41*, 954-969.

Marsh, H. W. (1986). Verbal and math self-concepts: An internal/external frame of reference model. *American Educational Research Journal, 23*, 129-149.

Marsh, H. W., & Martin, A. J. (2011). Academic self-concept and academic achievement: Relations and causal ordering. *British Journal of Educational Sychology, 81*, 59-77.

Marsh, H. W., & O'Mara, A. J. (2008). Self-concept is as multidisciplinary as it is multidimensional: A review of theory, measurement, and practice in self-concept research. In H. W. Marsh, R. G. Craven, & D. M. McInerney (Eds.), *Self-Processes, learning, and enabling human potential: Dynamic new approaches, 3* (87-115). Charlotte, NC: Information Age Publishing.

Marsh, H. W., Xu, K., & Martin, A. J. (2012). Self-concept: A synergy of theory, method, and application. In K. Harris., S. Graham, & T. Urdan (Ed.), *APA educational psychology handbook, 1: Theories, constructs, and critical issues* (p. 427-458). Washington, D.C.: American Psychological Association.

McCluskey, C. P., Bynum, T. S., & Patchin, J. W. (2004). Reducing chronic absenteeism: An assessment of an early truancy initiative. *Crime and Delinquency, 50*(2), 214-234.

MEXT (2008). Explanation of the elementary school curriculum guidelines (小学校学習指導要領). Tokyo: Ministry of Education, Culture, Sports, Science and Technology.

Midgley, C., Feldlaufer, H., & Eccles, J. S. (1989). Student/teacher relations and attitudes toward mathematics before and after the transition to junior high school. *Child Development, 60*, 981-992.

Miller, R. B., & Brickman, S. A. (2004). A model of future oriented motivation and self-regulation. *Educational Psychology Review, 16*, 9-33.

Mischel, W. (1968). *Personality and assessment*. London: Wiley.

Mistry, R. S., Aprile, D. B., Jeremy, C. B., Shaunna, L. C., & Carollee, H. (2010). Family and social risk, and parental investments during the early childhood years as predictors of low-income children's school readiness outcomes. *Early Childhood Research Quarterly, 25*(4), 432-449.

Monseur, C., & Crahay, M. (2008). Composition academique et sociale des etablissements, efficacite et inegalites scolaires: Une comparaison internationale. Analyse secondaire des donnees PISA 2006. *Revue Française De Pédagogie, 164*, 55-65.

Murillo, F. J., & Roman, M. (2011). School infrastructure and resources do matter: Analysis of the incidence of school resources on the performance of Latin American students. *School Effectiveness and School Improvement, 22*(1), 29-50.

Nicoletti, C., & Rabe, B. (2012). *The effect of school resources on test scores in England*, working paper no. 2012-13, Institute for Social and Economic Research, Essex.

Nurmi, J. E., Aunola, K., Salmela-Aro, K., & Lindroos, M. (2003). The role of success expectation and task-avoidance in academic performance and satisfaction: Three studies on antecedents, consequences and correlates. *Contemporary Education Psychology, 28*, 59-90.

OECD (2001). *Knowledge and skills for life: First results from PISA 2000*. Paris, France: The Author.

OECD (2004). *Learning for tomorrow's world: First results from PISA 2003*. Paris, France: The Author.

OECD (2005). *Teachers matter: Attracting, developing and retaining effective teachers*. Paris, France: The Author.

OECD (2007). *Understanding the social outcomes of learning*. Paris, France: The Author.

OECD (2009a). *Creating effective teaching and learning environments: First results from TALIS.* Paris, France: The Author.

OECD (2009b). *PISA 2009 assessment framework: Key competencies in Reading, Mathematics and Science.* Paris, France: The Author.

OECD (2010a). *PISA 2009 results: What makes a school sucessful? Resources, policies and practies* (Volume IV). Paris, France: The Author.

OECD (2010b). *Pathways to success: How knowledge and skills at age 15 shape future lives in Canada.* PISA, OECD Publishing.

OECD (2010c). *PISA 2009 results: Learning trends* (Volume V). PISA, OECD Publishing.

OECD (2011a). *OECD economic surveys: Brazil.* PISA, OECD Publishing.

OECD (2011b). *Strong performers and successful reformers in education: Lessons from PISA for the United States.* PISA, OECD Publishing.

OECD (2012). *Learning beyond fifteen: Ten years after PISA.* PISA, OECD Publishing.

OECD (2013a). *PISA 2012 assessment and analytical framework: Mathematics, reading, science, problem solving and financial literacy.* PISA, OECD Publishing.

OECD (2013b). *PISA 2012 results: Ready to learn: Students' engagement, drive and self-beliefs* (Volume III). PISA, OECD Publishing.

OECD (2013c). *PISA 2012 results: Excellence through equity-Giving every student the chance to succeed* (Volume II). PISA, OECD Publishing.

OECD (2013d). *PISA 2012 results: What makes schools successful? Resources, policies and practices* (Volume IV). PISA, OECD Publishing.

OECD (2014a). *PISA 2012 results: What students know and can do–student performance in Mathematics, Reading and Science* (volume I, revised edition, February 2014). Paris, France: The Author.

OECD (2014b). *PISA 2012 technical report.* Paris, France: The Author.

OECD (2014c). *PISA 2012 results: Creative problem solving-Students' skills in tackling real-life problems* (Volume V). Paris, France: The Author.

Offord, D. R., & Bennett, K. J. (1994). Conduct disorder: Long-term outcomes and intervention effectiveness. *Journal of the American Academy of Child and Adolescent Psychiatry, 33*(8), 1069-1078.

Pajares, F., & Kranzler, J. (1995). Self-efficacy beliefs and general mental ability in mathematical problem solving. *Contemporary Educational Psychology, 20*, 426-443.

Pajares, F., & Miller, M. D. (1994). Role of self-efficacy and self-concept beliefs in mathematical problem solving: A path analysis. *Journal of Educational Psychology, 86*, 193-203.

Plank, D., & Sykes, G. (Eds.) (2003). *Choosing choice: School choice in international perspective.* New York: Teachers College Press.

Plomin R., & Caspi, A. (1999). Behavioral genetics and personality. In L. A. Pervin & O. P. John (Eds.), *Handbook of personality theory and research* (p. 251-276). New York: Guildford.

Price, C. J., Ramsden, S., Hope, T. M. H., Friston, K. J., & Seghier, M. L. (2013). Predicting IQ change from brain structure: A cross-validation study. *Developmental Cognitive Neuroscience, 5,* 172-184.

Ramsden, S., Richardson, F. M., Josse, G., Thomas, M. S. C., Ellis, C., & Shakeshaft, C. (2011). Verbal and non-verbal intelligence changes in the teenage brain. *Nature, 479*(7371), 113-116.

Rattan, A., Savani, K., Naidu, N. V. R., & Dweck, C. S. (2012). Can everyone become highly intelligent? Cultural differences in and societal consequences of beliefs about the universal potential for intelligence. *Journal of Personality and Social Psychology, 103*(5), 787-803.

Reeve, J. (2012). A self-determination theory perspective on student engagement. In S. L. Christenson, A. L. Reschly, & C. Wylie (Eds.), *Handbook of student engagement.* New York: Springer.

Reschly A. L., & Wylie, C. (Eds.). *Handbook of student engagement.* New York: Springer.

Richardson, F. C., & Suinn, R. M. (1972). The mathematics anxiety rating scale: Psychometric data. *Journal of Counseling Psychology, 19*(6), 551-554.

Rubin, K. H., Bukowski, W. M., & Parker, J. G. (2006). Peer interactions, relationships, and groups. In W. Damon & N. Eisenberg (Eds.), *Handbook of child psychology* (6th ed.) (p. 571-645). New York: Wiley.

Rutter, M. (2010). Gene-environment interplay. *Depression and Anxiety, 27,* 1-4.

Rutter, M., & Silberg, J. (2002). Gene-environment interplay in relation to emotional and behavioral disturbance. *Annual Review of Psychology, 53,* 463-490.

Ryan, R. M., & Deci, E. L. (2009). Promoting self-determined school engagement: Motivation, learning and well-being. In K. R. Wentzel & A. Wigfield (Eds.), *Handbook of motivation at school.* New York: Taylor Francis.

Sage, S. M. (2000). A natural fit: Problem-based learning and technology standards. *Learning & Leading with Technology, 28*(1), 6-12.

Sammons, P. (1999). *School effectiveness: Coming of age in the twenty-first century.* Lisse: Swets and Zeitlinger.

Scheerens, J., & Bosker, R. (1997). *The foundations of educational effectiveness*. Oxford: Pergamon Press.

Schiefele, U. (2009). Situational and individual interest. In K. R. Wentzel & A. Wigfield (Eds.), *Handbook of motivation at school*. New York/London: Routledge.

Schmidt, W. H., McKnight, C. C., Houang, R. T. Wang, H. C., Wiley, D. E., & Cogan, L. S. (2001). *Why schools matter: A cross-national comparison of curriculum and learning*. San Francisco, CA: Jossey-Bass.

Schunk, D. H. (1991). Self-efficacy and academic motivation. *Education Psychology, 26*, 207-231.

Schunk, D. H., & Mullen, C. A. (2013). Motivation. In J. Hattie & E. M. Anderman (Eds.), *International guide to student achievement* (p. 67-69). New York: Routledge.

Schunk, D. H., & Pajares, F. (2009). Self-efficacy theory. In K. R. Wentzel & A. Wigfield (Eds.), *Handbook of motivation at school* (p. 35-53). New York: Taylor Francis.

Sikora, J., & Pokropek, A. (2011). Gendered career expectations of students: Perspectives from PISA 2006. *OECD Education Working Papers, 57*. Paris, France: The Author.

Skinner, E. A., & Pitzer, J. R. (2012). Developmental dynamics of student engagement, coping, and everyday resilience. In S. L. Christenson, A. L. Reschly, & C. Wylie (Eds.), *Handbook of student engagement* (p. 21-44). New York: Springer.

Sorensen, A. (1970). Organizational differentiation of students and educational opportunity. *Sociology of Education, 43*(3), 355-376.

Stahl, G., Koschmann, T., & Suthers, D. (2006). Computer-supported collaborative learning: An historical perspective. In R. K. Sawyer (Ed.), *Cambridge handbook of the learning sciences* (p. 409-426). Cambridge, UK: Cambridge University Press.

Stankov, L. (1999). Mining on the 'No Man's Land' between intelligence and personality. In P. L. Ackerman, P. C. Kyllonen, & R. D. Roberts (Eds.), *Learning and individual differences: Process, trait, and content determinants* (p. 315-338). Washington, D.C.: American Psychological Association.

Sternberg, R. J. (1995). *In search of the human mind*. Orlando, FL: Harcourt Brace.

Sykes, G., Schneider, B., & Plank, D. N. (2009). *Handbook of education policy research*. New York: Routledge.

Taylor, B., Pressley, M., & Pearson, P. (2002). Research-supported characteristics of teachers and schools that promote reading achievement. In B. Taylor & P. Pearson (Eds.), *Teaching* reading: *Effective schools, accomplished teachers*. Mahwah, NJ: CIERA.

Thaler, R. H., & Sustein, C. R. (2008). *Nudge: Improving decisions about health, wealth and happiness*. New York: Penguin Books.

Thomson, S. (2009). Teaching and learning science: PISA and the TIMSS video study. In R. Bybee & B. McCrae (Eds.), *PISA science 2006: Implications for science teachers and teaching* (p. 163-176). Arlington, VA: NSTA Press.

Tobias, S. (1993). *Overcoming math anxiety* (revised and expanded edition). New York: W. W. Norton and Company.

Turner, R., Dossey, J., Blum, W., & Niss, M. (2013). Using mathematical competencies to predict item difficulty in PISA. In M. Prenzel, M. Kobarg, K. Schops, & S. Ronnebeck (Eds.), *Research on PISA: Research outcomes of the PISA Research Conference 2009* (p. 23-37). Dordrecht, Netherlands: Springer.

Tyack, D. (1974). *The one best system: A history of American urban education*. Cambridge, MA: Harvard University Press.

Valeski, T. N., & Stipek, D. J. (2001). Young children's feelings about school. *Child Development, 72*(4), 1198-1213.

Viteritti, J. (1999). *Choosing equality*. Washington, D.C.: Brookings Institution Press.

Wang, M., Eccles, J. S., & Kenny, S. (2013). Not lack of ability but more choice: Individual and gender difference in choice of careers in sciences, technology, engineering, and mathematics. *Psychological Sciences, 24*(5), 770-775.

Whitty, G. (1997). Creating quasi-markets in education: A review of recent research on parental choice and school autonomy in three countries. *Review of Research in Education, 22*, 3-47.

Whitty, G., Power, S., & Halpin, D. (1998). *Devolution and choice in education*. Buckingham, UK: Open University Press.

Wigfield, A., & Eccles, J. S. (2000). Expectancy-value theory of motivation. *Contemporary Educational Psychology, 25*, 68-81.

Wigfield, A., Eccles J. S., Schiefele, U., Roeser, R. W., & Davis-Kean, P. (2006). Development of achievement motivation. In W. Damon & N. Eisenberg (Eds.), *Handbook of child psychology*, (6th ed.). New York: Wiley.

Wigfield, A., & Meece, J. (1988). Math anxiety in elementary and secondary school students. *Journal of Educational Psychology, 80*, 210-216.

Wigfield, A., Tonks, S., & Klauda, S. L. (2009). Expectancy-value theory. In K. R. Wentzel & A.

Wigfield (Eds.), *Handbook of motivation at school*. New York: Taylor Francis.

Wiley, D. E., & Harnischfeger, A. (1974). Explosion of a myth: Quantity of schooling and exposure to instruction, major educational vehicles. *Educational Researcher, 3*(4), 7-12.

Willms, J. D. (2006). *Learning divides: Ten policy questions about the performance and equity of schools and schooling systems*. Montreal, Canada: UNESCO Institute for Statistics.

Willms, J. D. (2010). School composition and contextual effects on student outcomes. *Teachers College Record, 112*(4), 1008-1037.

Wüstenberg, S., Greiff, S., & Funke, J. (2012). Complex problem solving: More than reasoning?. *Intelligence, 40*, 1-14.

Zeidner, M., & Matthews, G. (2011). *Anxiety 101*. New York: Springer.

Zimmerman, B. J., & Schunk, D. H. (Eds.) (2011). *Handbook of self-regulation of learning and performance*. New York: Routledge.

附錄

一 學生問卷中有關學習機會的題目

問題 1　在校期間，你有多常遇到下列這些數學作業型態？

（每一項請只勾選一個答案）

		常常	有時	很少	從來沒有
(1)	使用火車時刻表來計算從一地到另一地要多久時間	$\square_1$	$\square_2$	$\square_3$	$\square_4$
(2)	計算稅後，一台電腦會貴多少錢	$\square_1$	$\square_2$	$\square_3$	$\square_4$
(3)	計算鋪滿一塊地板需要有多少平方公尺的瓷磚	$\square_1$	$\square_2$	$\square_3$	$\square_4$
(4)	理解在一篇文章中的科學表格	$\square_1$	$\square_2$	$\square_3$	$\square_4$
(5)	解方程式，如 $6x^2 + 5 = 29$	$\square_1$	$\square_2$	$\square_3$	$\square_4$
(6)	在比率為 1:10000 的地圖上計算兩地間精確的距離	$\square_1$	$\square_2$	$\square_3$	$\square_4$
(7)	解方程式，如 $2(x+3) = (x+3)(x-3)$	$\square_1$	$\square_2$	$\square_3$	$\square_4$
(8)	計算電器設備每星期的電力消耗	$\square_1$	$\square_2$	$\square_3$	$\square_4$
(9)	解方程式，如 $3x + 5 = 17$	$\square_1$	$\square_2$	$\square_3$	$\square_4$

問題2 想一想，有關數學上的概念：你對這些數學術語熟悉程度如何？

（每一項請只勾選一個答案）

		從未聽過	曾聽過一兩次	聽過幾次	經常聽到	非常知道，並理解它的概念
(1)	指數函數	□₁	□₂	□₃	□₄	□₅
(2)	除數	□₁	□₂	□₃	□₄	□₅
(3)	二次函數	□₁	□₂	□₃	□₄	□₅
(4)	適數	□₁	□₂	□₃	□₄	□₅
(5)	線性方程式	□₁	□₂	□₃	□₄	□₅
(6)	向量	□₁	□₂	□₃	□₄	□₅
(7)	複數	□₁	□₂	□₃	□₄	□₅
(8)	有理數	□₁	□₂	□₃	□₄	□₅
(9)	根號	□₁	□₂	□₃	□₄	□₅
(10)	虛擬量尺化	□₁	□₂	□₃	□₄	□₅
(11)	多邊形	□₁	□₂	□₃	□₄	□₅
(12)	陳述性分數	□₁	□₂	□₃	□₄	□₅
(13)	全等圖形	□₁	□₂	□₃	□₄	□₅
(14)	餘弦	□₁	□₂	□₃	□₄	□₅
(15)	算術平均數	□₁	□₂	□₃	□₄	□₅
(16)	機率	□₁	□₂	□₃	□₄	□₅

*註：適數、虛擬量尺化以及陳述性分數為虛構的數學概念，用來檢核學生的作答態度。

下列的四個問卷題目，是關於你在學校所做不同數學問題的經驗。你將會看到問題的描述及灰色的文字方塊，其每項都是一道數學問題。

請閱讀每一道問題。你不用解題。

問題3 在文字方塊內，有一系列的問題。每一項都需要你去理解問題的文字敘述並計算出正確的答案。通常問題都是實際的情況，但提到的數字、人物及地點是虛構的。所有你所需要的資訊皆已提供。以下為兩個例題：

> (1) 安安比貝蒂大兩歲，而貝蒂的年紀是山姆的 4 倍。當貝蒂 30 歲時，山姆幾歲？
>
> (2) 江小培先生買一台電視和一張床。電視花費 NT$ 20,000，但打九折。床花費 NT$ 6,000。他付了 NT$ 600 的運費。問江小培先生共花了多少錢？

我們想知道，你在學校中遇到這類問題的經驗。你不用解題。

（每一項請只勾選一個答案）

		常常	有時	很少	從來沒有
(1)	在你的數學課上，有多常遇到這類問題？	□₁	□₂	□₃	□₄
(2)	在你參加過的學校測驗上，有多常遇到這類問題？	□₁	□₂	□₃	□₄

問題4 以下例題是另一類型的數學技巧。

> (1) 解 $2x + 3 = 7$。
>
> (2) 算出邊長 3 公尺、4 公尺、5 公尺的盒子體積。

我們想知道，你在學校中遇到這類問題的經驗。你不用解題。

（每一項請只勾選一個答案）

		常常	有時	很少	從來沒有
(1)	在你的數學課上，有多常遇到這類問題？	□₁	□₂	□₃	□₄
(2)	在你參加過的學校測驗上，有多常遇到這類問題？	□₁	□₂	□₃	□₄

問題5 接下來的題型,你必須應用數學知識來求得此類問題的結論,但非為實際的應用,以下有兩個例題。

(1) 此題你需要使用幾何的定理:

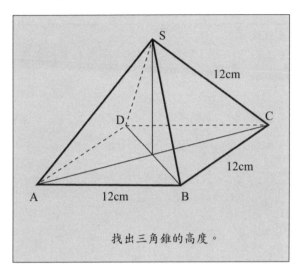

找出三角錐的高度。

(2) 此題你需要知道何謂質數:

如果 n 是任意數,$(n+1)^2$ 可能是一個質數嗎?

我們想知道,你在學校中遇到這類問題的經驗。你不用解題。

(每一項請只勾選一個答案)

		常常	有時	很少	從來沒有
(1)	在你的數學課上,有多常遇到這類問題?	$\square_1$	$\square_2$	$\square_3$	$\square_4$
(2)	在你參加過的學校測驗上,有多常遇到這類問題?	$\square_1$	$\square_2$	$\square_3$	$\square_4$

問題6 在這種題型中，你必須應用適當的數學知識，來找出日常生活或工作中會遇到的問題的有用答案。這些數據和資訊是關於真實的情況。這裡提供兩個例題：

例題一：

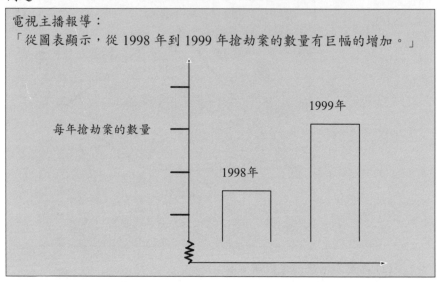

電視主播報導：
「從圖表顯示，從 1998 年到 1999 年搶劫案的數量有巨幅的增加。」

每年搶劫案的數量

1999年

1998年

例題二：

多年來，個人建議最大心跳率和個人年齡的關係以下列的公式描述：

建議最大心跳率＝ 220 －年齡

最近的研究顯示這個公式應略為修正。新的公式如下：

建議最大心跳率＝ 208 －（0.7× 年齡）

使用新公式推算，從哪一個年齡起的建議最大心跳率開始增加？ 寫出你的計算過程。

我們想知道，你在學校中遇到這類問題的經驗。你不用解題。

（每一項請只勾選一個答案）

	常常	有時	很少	從來沒有
(1) 在你的數學課上，有多常遇到這類問題？	□₁	□₂	□₃	□₄
(2) 在你參加過的學校測驗上，有多常遇到這類問題？	□₁	□₂	□₃	□₄

二 學習機會指標的建構

三個學習指標（文字題、應用數學以及形式數學）的建構如下：

1. 文字題接觸指標：根據（ST73Q01 至 ST73Q02）勾選的頻率：常常＝3，有時及很少＝1，從來沒有＝0。

2. 應用數學接觸指標：根據數學情境（ST75Q01 至 ST75Q02）以及真實世界情境（ST76Q01 至 ST76Q02）的平均建構而來，每一個情境分別計算：常常＝3，有時＝2，很少＝1，從來沒有＝0。

3. 形式數學接觸指標：形式數學的指標則是來自三個量表的平均。

兩個獨立的量尺（代數和幾何）來自於學生對 13 個數學內容領域（ST62Q01 至 ST62Q19）的熟悉度。透過五點量表的方式反映出學生對於相關主題的熟悉程度，分數的範圍分別從 0 到 4，其中 4 代表「非常知道，並理解它的概念」，0 表示「從未聽過」。三個主題的頻率編碼（指數函數、二次函數、線性方程式）平均代表代數的熟悉度。同樣的，幾何量尺的定義則透過以下四個主題的平均而來：包括向量、多邊形、全等圖形和餘弦。

第三個量表（形式數學作業）來自於以下被定義為形式數學的問題，學生指出他們有多常遇到這些問題（ST74Q01、ST74Q02）。當所勾選頻率的類別分為「常常」、「有時」、「很少」時編碼為 1，而勾選「從來沒有」則編碼為 0，亦即，此量表為二元計分。代數、幾何以及形式數學作業的平均構成「形式數學」指標，數值範圍從 0 到 3，類似於其他三個指標。

國家圖書館出版品預行編目（CIP）資料

臺灣 PISA 2012 結果報告／臺灣 PISA 國家研究中心
主編. -- 初版. -- 新北市：心理，2015.10
　　面；　公分. --（社會科學研究系列；81227）
　　ISBN　978-986-191-656-9（平裝）

　1.教育政策　2.教育評量　3.臺灣

526.933　　　　　　　　　　　　　104005803

社會科學研究系列 81227

臺灣 PISA 2012 結果報告

主　編　者：臺灣 PISA 國家研究中心

執行編輯：林汝穎

總　編　輯：林敬堯

發　行　人：洪有義

出　版　者：心理出版社股份有限公司

地　　　址：231 新北市新店區光明街 288 號 7 樓

電　　　話：(02) 29150566

傳　　　真：(02) 29152928

郵撥帳號：19293172　心理出版社股份有限公司

網　　　址：http://www.psy.com.tw

電子信箱：psychoco@ms15.hinet.net

駐美代表：Lisa Wu（lisawu99@optonline.net）

排　版　者：臻圓打字印刷有限公司

印　刷　者：正恒實業有限公司

初版一刷：2015 年 10 月

Ｉ Ｓ Ｂ Ｎ：978-986-191-656-9

定　　　價：新台幣 650 元

統籌機構：國立臺南大學　　委辦機構：科技部、教育部　　協作機構：經濟合作暨發展組織

地址：70005 臺南市中西區樹林街二段 33 號　電話：(06) 214-1731　傳真：(06) 214-1713

電子郵件：pisa@pubmail.nutn.edu.tw　網站：http://pisa.nutn.edu.tw